CONY ZIEGLER

ZYPERN

REISE-HANDBUCH

IWANOWSKI'S REISEBUCHVERLAG

Im Internet:

www.iwanowski.de

Hier finden Sie aktuelle Infos
zu allen Titeln, interessante Links –
und vieles mehr!

Einfach anklicken!

6., aktualisierte Auflage 2004

Salm-Reifferscheidt-Allee 37 · 41540 Dormagen
Telefon 0 21 33/26 03 11 · Fax 0 21 33/26 03 33
E-Mail: info@iwanowski.de
Internet: http://www.iwanowski.de
USA-Büro: POB 542, Inverness, FL 34450, Telefon/Fax 352 637 4852

Titelbild: Kourion, Bildagentur Huber
Alle anderen Farb- und Schwarzweißabbildungen:
Cony Ziegler; Farbteil S. 53, 54 oben, 62 oben, 63 (2x), 65 unten: Dr. Volkmar Janicke
Redaktionelles Copyright, Konzeption und dessen ständige Überarbeitung: Michael Iwanowski
Karten: Palsa-Graphik, Lohmar
Reisekarte: Astrid Fischer-Leitl, München
Titelgestaltung sowie Layout-Konzeption: Studio Schübel, München
Layout: Ulrike Jans, Krummhörn

Gesamtherstellung: B.o.s.s Druck und Medien, Kleve
Printed in Germany

ISBN 3-923975-14-7

INHALTSVERZEICHNIS

ÜBERBLICK

ÜBERBLICK

REISEROUTEN

REISEROUTEN

Außerdem weiterführende Informationen zu folgenden Themen:

INTERESSANTES

Verzeichnis der Karten und Grafiken

Legende

- Autobahn/beschrieb. Route
- Hauptstraße/beschrieb. Route
- Nebenstraße/beschrieb.Route
- Staubstraße/beschriebene Route
- Spazierwege
- Ortschaften
- Sehenswürdigkeit
- Berge
- Aussichtspunkt
- Strand
- Höhle
- Wandermöglichkeit
- Golfplatz
- Tauchen
- Skigebiet
- Fahrradstrecke/Mountainbiking
- Picknickplatz
- Hafen
- Jachthafen
- Leuchtturm
- Schiffswrack
- Internationaler Flughafen
- Militärflughafen
- Busbahnhof/Haltestelle
- Stadtbusse/Mini-Bus
- Taxi/Sammeltaxi
- Parkplatz
- Tankmöglichkeit
- Information
- Denkmal
- wichtiges Gebäude
- Krankenhaus
- Post
- Markt
- Einkaufsmöglichkeit
- Internetzugang
- Toiletten
- Hotel
- Restaurant
- Bar/Club/Disco
- Jugendherberge
- Campingplatz
- Kirche/-Ruine
- Kloster/-Ruine
- Moschee
- Museum
- Kunstgalerie
- Burg/Fort
- Palast/Hist. Gebäude
- Tempel/-Ruinen
- Archäol. Ausgrabungen
- Bogenbrücke
- Mine
- Thermalquelle
- Töpferei
- Köhler
- Wasserfall
- Wasserpark
- Baumpersönlichkeit
- Weinkellerei
- Reptilienhaus
- Vogelbeobachtung
- Schildkrötenbrutplatz
- Kamelreiten
- Esel (Pflegeheim)
- Straußenfarm
- Mufflongehege
- Ziegenhaltung
- Pferdefarm
- Flamingos

I. WO DAS WUNDER NOCH WIRKSAM IST

Mehr als zehn Jahre habe ich sie nicht gesehen: *Theodora Soforonia*, die Töpferin von Foiní. Wie damals saß sie auch jetzt wieder am Eingang ihrer höhlenartigen Töpferei. Das Gesicht etwas älter geworden, aber ihre Augen so wach, so jung, so lebendig wie eh und je. Damals war ich noch Chefreiseleiterin bei einem Reiseveranstalter für Griechenland und Zypern.

Es gab in jenen Jahren nur wenige Reiseführer über Zypern und nur einen einzigen für Individualreisende: das Buch meines Verlegers *Michael Iwanowski*. Dieses Buch habe ich damals unseren Gästen als beste Reiseliteratur über Zypern empfohlen. Dann wurde auch ich eine Reiseschriftstellerin und bin irgendwann zum Iwanowski-Verlag gekommen. Und nun auch wieder nach Foiní. Ich erzählte der Töpferin, dass ich ein Buch über Zypern schreiben würde und darin solle auch sie vorkommen. Sie strahlte und deutete begeistert auf einen Tisch in der Ecke: Dort würden die Bücher liegen, die ein blonder Mann damals geschrieben hätte und in denen sie abgebildet wäre. Tatsächlich, da lagen sie unter einer durchsichtigen Plastikplane, die durch die Feuchtigkeit schon etwas angegriffenen Bücher meines Verlegers *Michael Iwanowski.*

Im Verlauf des Gespräches fragte ich sie, wann denn der letzte Pithari, dieser für Zypern so typische Vorratstopf, hergestellt wurde. Und wieder deutete sie auf die Bücher, denn da stünde das drin. Sie selbst würde es nicht mehr wissen.

Zypern ist eine Stätte, wo das Wunder noch wirksam ist.
Giorgos Seferis

Meine erneuten Reisen auf die Insel, auf der ich so oft war, haben mich nun ein ganz anderes Zypern entdecken lassen. Vor 10 Jahren fast vollständig verlassene Dörfer werden seit einiger Zeit wieder besiedelt – neues Leben in den alten Mauern. Wegen wirtschaftlicher Not einstmals ausgewanderte Zyprioten sind nun heimgekehrt, setzen die Dörfer ihrer Vorfahren wieder instand. Naturschönheiten wie die Schlucht von Avgás, die Bäder des Adonis oder der Myllomeri-Wasserfall – von denen in diesem Buch die Rede sein wird – wurden „entdeckt". Im Gegensatz zu damals gibt es heute nicht nur Bettenburgen, sondern auch ganz individuelle Unterkünfte in traditionellen Häusern. Ich selbst sehe einen Ort, eine Insel, ein Land nicht mehr aus dieser rein touristischen Warte, aus dem „Welches ist das beste Hotel"-Blickwinkel. Ich muss nichts mehr auf touristische Tauglichkeit hin beurteilen. Ich darf einfach hinschauen und zuhören.

Noch immer ist Zypern eine Insel für Entdeckernaturen, die nicht Sehenswürdigkeiten abhaken, sondern sich die Geschichten ihrer Reise selbst schreiben. Wenn man eine Kirche gesehen hat, hat man alle gesehen, meinte eine durchaus sympathische Touristin. Schade, denn keine Kirche ist wie die andere. So wie keine Ikone und kein Mensch dem anderen gleicht.

Griechischkenntnisse helfen natürlich, Herzen zu öffnen. Aber die Zyprioten, durch das Fegefeuer jahrhundertelanger verschiedener Besatzungen gegangen, sind weltläufige, offene Menschen, die meist sehr gut englisch sprechen, sich sogar entschuldigen, wenn sie es nicht ganz so gut können. Die ständigen Fremdherrschaften haben ihre Spuren im Alltag und in der Architektur der Insel hinterlassen. Den größten Einfluss hatten die Engländer, die letzten der Besatzer. Zypern ist heute anders als Griechenland, mit dem der südliche Teil der Insel oft verglichen wird. Die Zyprioten sind zurückhaltender als die Festlandsgriechen, jedoch höflich und dem Fremden gegenüber sehr aufgeschlossen, kontaktfreudig auf eine unaufdringliche Art.

> Zypern ist die wirkliche Heimat der Aphrodite.
> Niemals sah ich eine Insel mit so weiblichem Charakter,
> niemals atmete ich solche Luft voll gefährlicher, süßester Versuchung.
> Und gingest Du bis ans Ende der Welt,
> Du findest keine
> zweite Insel wie diese: Zypern
> Nikos Kazantzakis

Zypern, geografisch weitab von Europa gelegen, hat heute den Spagat zwischen Okzident und Orient, zwischen Tradition und Moderne, auf eine bemerkenswerte Weise geschafft. So wie *Theodora Soforonia*, die alte Töpferin, die nach der Art ihrer Mutter und ihrer Großmutter arbeitet und doch die Geschichte ihres Handwerks in einem modernen Reiseführer gut aufgehoben sieht.

München, im Juni 2004

IWANOWSKI'S
Highlights Supertipps Warnungen

News im Web: www.iwanowski.de

HIGHLIGHTS

Kirchen und Klöster

Südzypern
• **Die neun unter dem Schutz der UNESCO stehenden Scheunendachkirchen** des Tróodos-Gebirges (S. 348) – am schönsten ist das Kirchlein von **Asinou** (S. 354).
• Drei Kirchen auf einen Streich birgt **Ágios Ioannis Lampadistis**, und über allen dreien liegt ein Scheunendach (S. 359).
• Das unscheinbare **Kirchlein von Vikaziá**, wenig gekonnt, aber mit viel Liebe ausgemalt (S. 356)
• Das reiche und mächtige **Kloster Kýkko** (S. 361)
• **Kloster Ágios Neófytos**, von den Wänden der Höhlenkirche blicken gestrenge Heilige aus der Zeit um 1200 auf die heutigen Besucher (S. 299).
• Sogar Frauen dürfen den Blick vom **Kloster Machairás** genießen, allerdings nur von außerhalb der heiligen Mauern (S. 336).
• Das älteste Kloster der Insel, **Kloster Stavrovoúni**, bewahrt einen Splitter vom Kreuz Christi auf (S. 223).
• **Im Kloster Chryssorogiátissa** werden feine Weine gekeltert und alte Ikonen restauriert (S. 287).
• Die äußerlich unscheinbare **Johannes-Kathedrale in Nikosía** ist über und über mit Fresken geschmückt, unter anderem dem „Jüngsten Gericht" und dem „Herrn der Finsternis" (S. 328).
• **Kloster Panagia tou Sinti**, traumschön tief im Tal unten gelegen (S. 291)
• **Panagía Angelókistos** – schön wie von den Engeln erbaut (S. 213)
• Die **Fünfkuppelkirche Agía Paraskeví** in Geroskípou ist von archaischer Schlichtheit (S. 262).
• **Kloster Agía Nápa**, ein Hort der Ruhe und Idylle mitten im Trubel von Agía Nápa (S. 191)

Nordzypern
• **Kloster Bellapais**, wo die Dichter ins Schwärmen kamen (S. 385)
• Ein gotisches Kleinod ist die **Nikolaus-Kathedrale** in Famagusta, heute eine Moschee (S. 399).

Was die Geschichte übrig ließ

Südzypern
• **Choirokoitía**, eine Siedlung aus der Steinzeit (S. 216)
• Die sogenannten **Königsgräber in Páfos**, einer Stadt für die Toten (S. 285)
• Wo Mohammeds Tante vom Maultier fiel: die **Hala Sultan Tekke-Moschee** (S. 212)

- Die **Mosaik-Teppiche in den Häusern des Dionysos und des Theseus in Páfos** erzählen spannende Geschichten (S. 276).
- Auf einem Felsen über dem Meer liegt **Koúrion** (S. 244).
- Als die Phönizier Zypern eroberten: **Amathoús** (S. 238)

Nordzypern
- **Salamis**, das ausgedehnte Ruinengelände nahe Famagusta (S. 402)
- Die **Ruinen von Soli** mit Mosaiken, unter anderem mit einem eleganten Schwan (S. 395)

Burgen und Ruinen

Südzypern
- Die **Burg von Kolóssi** war Stammsitz der Templer und Produktionsstätte für Zucker (S. 241).
- In der **Burg von Limassol** – heute ein Museum – heiratete Richard Löwenherz seine Berengeria (S. 233).

Nordzypern
- Gleich drei spektakuläre Burgen liegen in Sichtweite voneinander auf dem Pentadaktylosgebirge: D i e Burg der Superlative ist die **Burgruine Buffavento** (S. 393). **St. Hilarion** war Inspiration für Walt Disney (S. 382). **Kantara**, die Dritte im Bunde, ist die abgelegenste der drei Burgen (S. 408).

Orte

Südzypern
- **Das Bergdorf Ómodos** mit Zyperns schönstem Dorfplatz (S. 267)
- **Der alte Ortskern von Kakopetriá** mit seinen Häusern aus Lehmziegelwänden und mit seinen geschnitzten Holzbalkonen (S. 353)
- Die pittoresken Dörfer **Láneia** (S. 251) **und Lóufou** (S. 250)
- **Der Fischerort Lakkí** im Westen der Insel mit nur wenigen Häusern (S. 310)
- **Léfkara**, wo die schönsten Stickereien hergestellt werden (S. 219)

Nordzypern
- **Das Hafenstädtchen Kerýneia (Girne)** in Nordzypern, auch das Saint Tropez des Nahen Ostens genannt (S. 388)

Ikonen

Südzypern
- **Museum des Klosters Kýkko** (S. 363), **Byzantinisches Ikonenmuseum** (S. 327) in Nikosía sowie das **Museum für byzantinische Kunst** (S. 283) in Páfos. Die **Ikonenkammer beim Kloster Ágios Lampadistis**, wo unter alten Schränken jüngst die schönsten Ikonen gefunden wurden (S. 360).

Museen

Südzypern
- Im Zypern-Museum in Nikosía wird die **zyprische Geschichte vom Neolithikum bis zur hellenistischen und römischen Epoche** sehr schön präsentiert (S. 328).

- Wer wissen will, „wie es weiterging", der schaut sich dann das **Museum des zyprischen Mittelalters** in der Burg in Limassol an (S. 233).
- Im **Leventis-Stadtmuseum** in Nikosía ist die Lebensweise der Hauptstadt von der Antike bis zur Gegenwart dokumentiert (S. 326).
- Eine beeindruckende Privatsammlung ist die **Sammlung Pierides** in Lárnaka mit Exponaten aus der bewegten Geschichte **Zyperns** (S. 207).
- Eine interessante Sammlung über die **Geologie der Insel** ist in einer Reiseagentur in Páfos zu sehen (S. 282).

Nordzypern

- Das **Schiffswrackmuseum** in der alten Festung in Kerýneia, in der auch Szenen aus der Vergangenheit nachgestellt sind (S. 390)
- Das **Kloster der tanzenden Derwische** in Nikosía, heute ein Volkskunstmuseum (S. 381)

Herausragende Landschaften und Naturerlebnisse

Südzypern

- **Pétra tou Romioú**, wo Aphrodite dem Schaum entwuchs (S. 255)
- Die (noch) unberührte **Akámas-Halbinsel** (S. 312)
- Die **Bäder der Aphrodite** (S. 311) sind bekannt, aber weitaus schöner und noch nicht so überlaufen sind die **Bäder des Adonis** (S. 301).
- Eine Wanderung durch die enge **Avgás-Schlucht** (S. 296)
- Wildromantisch ist der (noch!) **einsame Küstenstrich zwischen Agios Geórgios und Páfos** (S. 294).
- Wandern oder mountainbiken im **Tróodos-Gebirge** – im Winter kann man hier sogar Ski laufen (S. 342).
- Die **Meereshöhlen** westlich des Kap Greko, ein pittoresker **Felsenbogen** (S. 198) und die **Zyklopen-Höhle** (S. 199) sind weitere Naturschönheiten, die leicht zu erreichen sind.
- Im Westen der bizarre **Küstenstrich mit den Kantarkasti-Grotten südlich von Agios Georgios** (S. 294)
- An den schönsten Stellen der Insel gibt es **Picknickplätze**, eines der schönsten Plätzchen zum Picknicken liegt bei der **venezianischen Kelefos-Brücke** (S. 290).
- **Das paradiesische Green Valley** im noch unberührten Westen der Insel (S. 316)

Nordzypern

- Die einsame **Karpaz-Halbinsel** mit ihren herrlichen Stränden (S. 407)

Die schönsten Ausblicke

Südzypern

- **Stavrovoúni**: Bis zur Küste und auf die Silhouette des Tróodos-Gebirges reicht von hier oben der Blick (S. 223).
- **Vom Berg Throni**, wo Erzbischof *Makarios III* begraben liegt, hat man einen weiten Blick über das Tróodos-Gebirge (S. 365).
- In **Derýneia** liegen Ferngläser bereit für den (nicht schönen, aber interessanten) Blick auf die Geisterstadt Varósha bei Famagusta In Nordzypern (S. 202).

Nordzypern

• Von der **Abtei Bellapais** mit Blick auf Kerýneia und die windumtosten Gipfel des Pentadaktylos-Gebirges (S. 385)

• Der allerschönste Blick ist aber der von der **Burg Buffavento**, auch wenn der flämische Weltreisende *Cornelis de Bruyn* etwas übertrieb, als er 1683 schrieb: „Wohin wir auch unsere Blicke richteten: was wir sahen, ließ uns die Haare zu Berge stehen" (S. 392).

Besonders empfehlenswerte Unterkünfte

Gehoben bis luxuriös

Südzypern

• **The Annabelle******* in Páfos mit einer wunderschönen Gartenanlage (S. 156)

• Die **Columbia Beach Resort****** in Pissoúri – eine der typisch zyprischen Architektur nachempfundene Anlage (S. 168)

• Gegensätzlicher könnten diese beiden Luxus-Hotels nicht sein: das **Anassa******* bei Lakkí (S. 128) und das **Four Seasons******* (S. 141) östlich von Limassol. Das Anassa liegt in Einzellage auf der Akámas-Halbinsel und setzt auf minimalistische Architektur und Bepflanzung im Landesstil, das Four Seasons hingegen liegt mitten in der Touristenmeile der umtriebigen Stadt Limassol und setzt in jeglicher Beziehung auf Exotik – eines haben die beiden Hotels jedoch gemeinsam: Sie sind die besten der Insel.

Nordzypern

- **The Dome****** in Kerýneia (S. 181)
- **The Palm Beach******* in Famagusta (S. 179)

Historisch

Südzypern

- **Forest Park****** (S.164) und das **New Helvetia***** in Plátres (S.165)
- **Park Mansion***** in Ktima in Páfos (S. 159)
- **Agora***** in Léfkara (S. 139)
- **The Mill Hotel** in Kakopetriá, ausgefallen und aussichtsreich! (S. 126)

Urig-rustikal

Südzypern

- **Antoni´s Gartenhaus** in Episkopí bei Limassol (S. 144)
- **Bunch of grapes** in Pissoúri (S. 168)
- **Agrotourismus Amarakos Inn** in Káto Akourdália (S. 132)
- **Agrotourismus Socrates Hotel und Appartements** in Tóchni (S. 127)
- **Vasilias Nikoklis Inn** in Nikókleia (S. 149)
- **Léfkarama***** in Léfkara (S. 139)

Originell

Südzypern

- **Roman***** in Ktima Páfos (S. 158)
- **Kiniras***** in Ktima Páfos (S. 158)

Zum Wohlfühlen

Südzypern

- **King Richard***** in der Touristenmeile von Limassol (S. 142)
- **Averof**** in Nikosía (S. 151)

Nett und preiswert

Südzypern

- **Manolas Tavern** in Kelláki (S. 128)
- in Limassol das **Icaros Guesthouse** oder die **Hotelappartements Old Port** (S. 141)
- in Lárnaka das **Harry´s Inn** oder die **Tourist-Appartements Augusta** (S. 134)

Nordzypern

- **The Ergenekon Hotel** in Kerýneia (S. 182)
- **Exotic Hotel** in Iskele (S. 181)
- **Mimoza-Hotel** in der Salamis Bay, herzlich geführt und mit sehr guter Küche (S. 179)

Als Ausgangspunkt für Erkundungen der ganzen Insel gut geeignet

- Das **Nikókleia-Inn** (S. 149) am **Eingang des Diarízos-Tales** ist ein idealer Ausgangspunkt für naturkundliche und archäologische Exkursionen sowohl an der Westküste als auch im Tróodos-Gebirge.
- Wer eintägige Abstecher in den Norden der Insel plant, kann im **Avli Georgallides Courtyard in Lythrodóntas** (im geografischen Mittelpunkt der Insel) naturverbunden und doch nahe der Stadt Nikosía wohnen (S. 139).
- Wer ein touristischtes Umfeld mit Pool, Strand und Nachtleben nicht missen möchte, andererseits aber Touren in die verschiedenen Inselteile plant, ist mit dem **King Richard** in der Touristenmeile von Limassol gut beraten (S. 142).

Behindertengerecht (rollstuhlgängig)

Südzypern

- In und bei Páfos die Hotels **Cypria Maris** **** (S. 156), **Coral Beach******* (rollstuhlgängiges Hotel mit 6 speziellen Rollstuhlzimmern) (S. 125)
- In Pólis sind die **C&A Appartements** eine sehr empfehlenswerte Adresse (S. 172).
- Behindertengerechten Bergurlaub kann man im **Hotel To Rodon** in Agrós verleben (S. 123).
- In Limassol: das **Amathús Beach******* (S. 141)

Die besten und ausgefallensten Restaurants

Gehoben

Südzypern

- **Linos Inn** in Kakopetriá (S. 126)
- **49 Knives** in Nikosía (S. 151)
- **To Limanaki** im Amathus-Hotel in Limassol (S. 141)
- **Ta Kokkalakia** im Limassol – wenns mal afrikanisch sein darf (S. 144)
- Im **Ladas** im Hafen von Limassol gibt´s den besten Fisch der Insel – so sagt man (S. 144).
- **Kiniras** in Ktima-Páfos (S. 158)

„Ich lann wirklich nicht mehr" lassen die gastfreundlichen Zyprioten keinesfalls gelten. Im Gegenteil: Immer neue Leckereien werden auf den Teller des Gastes geschaufelt. Die Völlerei-Spirale ist nur zu stoppen, wenn man Essen auf dem Teller liegen lässt. Das hat mir meine Freundin Alexandra verraten, die mit einem Zyprioten verheiratet ist. Denn während wir Deutschen es als höflich ansehen, stets den Teller leer zu essen, empfindet es ein zyprischer Gastgeber als unhöflich, einen Teller leer zu lassen.

(FAZ vom 25. April 2004

Urig und stimmungsvoll

Südzypern

- **Socrates** in Tóchni (S.127)
- **Arouzos** in Káthikas (S. 131)
- **Lóufou Tavern** in Lóufou (S. 148)

Originell

Südzypern

- **Maryland** in Kakopetriá (S. 127)
- **Art Café** in Lárnaka (S. 136)

SUPERTIPPS

Morgenstund hat Gold im Mund

Im Klartext: Früh aufbrechen ist angesagt, da die Kirchen im Tróodos-Gebirge mittags geschlossen sind oder der Verwahrer des Kirchenschlüssels gerade zu Mittag isst.

Ein Fernglas und eine Taschenlampe

gehören ins Gepäck. Denn nur mit dem bloßen Auge sind die Flamingos auf den Salzseen von Akrotiri und bei Lárnaka meist nur als rosa Wolke zu erkennen! Und eine Taschenlampe erweist sich für die Kirchenbesuche als sehr nützlich, da gerade die kleinen abgelegenen Kirchen kein elektrisches Licht haben. Weiterhin liegen nicht alle Appartement- und Hotelanlagen an abends beleuchteten Straßen.

Den Buggy fürs Baby mitnehmen

Kinderzubehör wie Buggys und Autositze müssen die Fluggesellschaften kostenlos und unverpackt transportieren. Wer mit dem Baby an Bord einen Mietwagen mieten will, kann sich hier einiges sparen, denn die Vermieter berechnen für Kinderautositze meist eine Zusatzgebühr.

Kaffee und Kerzen für Nordzypern

Filterkaffee ist in Nordzypern schwer zu bekommen und sehr teuer. Für romantische Abende sollte man Kerzen und Teeelichter einpacken; die Qualität der Kerzen in Nordzypern lässt zu wünschen übrig.

Halbpension buchen

Halbpension kostet in den Hotels in Nordzypern meist nur ein paar Euro mehr.

Hotelappartements

sind eine im Vergleich zu den meisten Hotels sehr preiswerte Unterkunft. Wer die Insel und das städtische Nachtleben gleichermaßen entdecken möchte, sollte sich in einem der Hotelappartements in Lárnaka oder Limassol einquartieren.

WARNUNGEN

Vertrauen ist gut, Kontrolle besser,

wenn Sie einen Mietwagen buchen. Bei Pauschalreisen lohnt sich die Mühe, die Preise vor Ort selbst zu vergleichen, Buchungen über die Reiseleitung können erheblich teurer sein. Außerdem: prüfen, ob die Bremsen des Wagens und das Licht funktionieren und ob ein Ersatzreifen da ist.

Denn wir haben verglichen!

In Léfkara wird schöner Silberschmuck hergestellt, preisgünstiger ist er aber deswegen nicht. Eine Kette in einem Laden in Páfos kann unter Umständen ein Drittel günstiger sein gegenüber einer gleichen Kette in einem Geschäft in Léfkara.

Achtung Radarkontrolle

Besonders auf der Autobahn Limassol – Nikosía ist mit häufigen Radarkontrollen zu rechnen.

Ehrfurcht vor Ikonen

Man sollte in Kirchen nie die Arme auf dem Rücken verschränkt halten, mit übereinander geschlagenen Beinen dasitzen, nicht mit Fingern auf Ikonen zeigen oder in allernächster Entfernung der Ikonostase den Rücken zukehren. Auch sollte man nicht mit nackten Beinen kommen (in den meisten Klöstern und Kirchen kann man aber züchtige „Beinkleider“ ausleihen).

Immer ohne Drogen

Null-Toleranz heißt (offiziell!) die Devise bei kriminellen Delikten, und dazu zählt auf Zypern auch der Besitz von Drogen. Acht Extasy-Tabletten hatte eine junge Touristin dabei, dafür saß sie 12 Monate im Gefängnis – einer auf Zypern ziemlich ungemütlichen Behausung. Im günstigsten Fall drohen ca. 850 € Strafe und die Ausweisung.

Warum denn in die Ferne nach Ägypten, Syrien oder Jordanien kreuzen...

wenn das Gute so nah liegt – und zwar auf Zypern selbst! Bei den Minikreuzfahrten nach Ägypten oder in den Nahen Osten steht der Aufwand an Zeit und Geld nicht immer im Verhältnis zum Gegenwert: So kann es schon sein, dass die Führungen in Geschäften etwas länger dauern als die Führungen an archäologischen Stätten ...

Cabaret!

Meist handelt es sich nicht um ein Varieté, sondern um eine Nachtbar, in der meist osteuropäische Prostituierte arbeiten und das Getränk außerordentlich teuer sein kann.

Rote Flagge

Wenn die am Strand weht, ist Schwimmen lebensgefährlich. Die gelbe Flagge bedeutet: Vorsicht ist angesagt.

Keine Diskussionen

Für viele griechische Zyprioten steht fest: Die Schuldfrage hinsichtlich der Teilung der Insel ist bei den türkischen Zyprioten bzw. bei den Türken zu suchen, vielleicht auch bei den Briten. Wer diese Meinung nicht teilt, sollte dieses äußerst sensible Thema nur mit großer Vorsicht ansprechen.

Übergang vom Süden der Insel in den Nordteil

Die Demarkationslinie zwischen dem griechischen und dem türkischen Teil heißt „Green Line", weil ein britischer Offizier die Trennung zwischen beiden Teilen Nikosías auf dem Stadtplan mit einem grünen Stift eingezeichnet hatte ... Die „Green Line" selbst konnte man auf der gesamten Insel nur an einem einzigen Grenzübergang passieren: am Ledra Palace Hotel, jetzt Quartier der UN-Soldaten. Heute gibt es noch die zusätzlichen Übergänge bei Agios Nikolaos und Pyla.

Zypern: Änderungen per 1. Mai 2004

Seit 1. Mai 2004, mit dem EU-Beitritt Zyperns, ist das ganze Gebiet der Republik Zypern (völkerrechtlich gesehen) der EU beigetreten, in den Gebieten jedoch, die unter türkischer Besatzung stehen, wird die Anwendung des EU-Rechtes bis zu einem Abzug der türkischen Truppen bzw. einer Lösung des Problems verschoben. Da es aber weiterhin europäisches Gebiet ist, dürfen **EU-Staatsbürger die Demarkationslinie überschreiten** und frei zwischen dem Nord- und dem Südteil der Insel reisen. Der Aspekt der Übernachtung jedoch ist weiterhin Verhandlungsthema zwischen der Republik Zypern und der Europäischen Union. Auch sieht sich der griechische Süden berechtigt, Besucher aus dem Norden an der „Green Line" zu kontrollieren.

Passierstelle am Ledra-Hotel

Es wird erwartet, dass die Verhandlungen in den nächsten Wochen abgeschlossen werden. Bis auf weiteres ist eine Übernachtung in den besetzten Gebieten nicht möglich.

Weiterhin verboten ist die Anreise aus international nicht anerkannten Häfen und Flughäfen, solche, die derzeit in den besetzten Gebieten liegen. EU-Staatsbürger, die Gebiete der Republik durch diese Häfen oder Flughäfen betreten, dürfen nicht den freien Teil der Republik, den südlichen Teil, besuchen.

Grüne Linie? Sie ist zu einem juristisch überaus kopmlizierten, für den Personen- und Güterverkehr jedoch Erleichterung schaffenden Regelwerk geworden, in dem unter Man-weiß-ja-nie-Aufsicht von UN-Blauhelmen neben Inselgriechen, Inseltürken und EU-Kommission auch noch britisches Militär verwickelt ist.

Frankfurter Allgemeine Sonntagszeitung, 2. Mai 2004

Zypern auf einen Blick

Name: Woher die Insel Zypern ihren Namen hat, verliert sich im Dunkeln der Geschichte. Homer nennt sie in seiner Illias „Kypros“, was sich von dem griechischen Namen für die Hennapflanze ableiten könnte, die damals auf der Insel wuchs. Als wahrscheinlicher gilt aber ein Zusammenhang mit dem Kupfer, auf lateinisch *cuprum*. Ob aber Zypern nach dem Kupfer oder das Kupfer nach der Insel genannt wurde, das bleibt ungeklärt.

Flagge und Wappen: Flagge: Weißes Feld, auf dem in braunorange der Umriss der Insel abgebildet ist, darunter zwei über Kreuz liegende Ölbaumzweige. **Wappen**: Nach der Erlangung der Unabhängigkeit wurde 1960 das Staatswappen eingeführt, das eine weiße Taube mit einem Olivenzweig darstellt, umgeben von einem Lorbeerzweig. Hiermit sollte das friedliche Zusammenleben von Zyperngriechen und -türken symbolisiert werden.

Man sagt, die Insel habe die Form einer Pfanne. Im Altertum verglich man sie eher mit einer ausgebreiteten Hirschhaut.

Glavkos Koumides, 1950 geborener Maler und Bildhauer, auf die Frage, für welche Eigenschaft seines Landes er sich am meisten schämen würde: *„Die Esssucht und die Laufscheu“.*

Bevölkerung und Landessprachen: Bevölkerung: 715.000 im Süden und 210.000 im Nordteil (wovon bis zur Hälfte Neusiedler aus Anatolien sind). **Ethnische Gruppen**: Griechen 85 %, Türken 12 %, der Rest sind Armenier, Maroniten, Latiner sowie europäische Pensionäre (meist Briten), seit einiger Zeit auch Russen. Man schätzt, dass zur Zeit 30.000 Menschen aus der ehemaligen Sowjetunion auf Zypern leben. **Landessprachen**: Die offiziellen Landessprachen sind Griechisch und Türkisch, ein großer Teil der Bevölkerung spricht auch Englisch.

Religion: Die griechischen Zyprioten sind in der Mehrzahl orthodoxe Christen, die türkischen Zyprioten sunnitische Moslems.

Zypern, rein geografisch schon zu Asien gehörend, wirkt weitaus europäischer als so manch andere Mittelmeerinsel. Das mag unter anderem an den relativ großen Waldflächen und an der für südländische Verhältnisse zurückhaltenden Art der Zyprioten liegen.

Geografische Lage und Fläche: Als zugleich östlichste und südlichste Mittelmeerinsel liegt Zypern im Schnittpunkt dreier Kontinente und uralter Seewege, die das „Morgenland“ mit dem „Abendland“ verbinden. Zypern ist die drittgrößte Insel im Mittelmeer (9.251 km^2) nach Sizilien (25.462 km^2) und Sardinien (23.828 km^2) vor Korsika (8.720 km^2) und Kreta (8.373 km^2). 3.355 km^2 der Insel stehen unter türkischer Verwaltung, 257 km^2 gehören zu britischen Militärstützpunkten. 3 % stehen als Pufferzone unter der Verwaltung der UN. **Ausdehnung:** Küstenlänge: 780 km, größte Ost-West-Ausdehnung: 224 km, größte Nord-Süd-Ausdehnung: 96 km.

Höchster Berg: der Olymp (1.951 m), im nördlichen Teil der Selvili (1.024 m).

Verwaltung: Die Türken haben die Verwaltungsordnung eingeführt, die noch heute gilt. Das Land ist in die Landkreise (Distrikte) Limassol, Famagusta, Lárnaka, Nikosía, Páfos und Kerýneia eingeteilt.

Staat und Politik: Südzypern: Die Republik Zypern ist eine parlamentarische Demokratie. Präsident ist seit Februar 2003 der auf Offshore-Firmen spezialisierte und ehemalige EOKA-Kämpfer Tassos Papadopoulos, einer der reichsten Männer Zyperns. Im 80-sitzigen Parlament sind 24 Sitze für nordzyprische Abgeordnete freigehalten, die der Vertretung aber schon seit 1964 fernbleiben. Die übrigen 56 Sitze entfallen auf fünf Parteien. **Nordzypern**: In der 1983 proklamierten „Türkischen Republik Nordzypern" (TRNC) existiert ebenfalls ein demokratisch gewähltes Parlament mit Verfassung, Parlament und Parteien. Völkerrechtler nennen dieses Gebilde ein „stabilisiertes De-Facto-Gebilde". Geleitet wird die TRNC von dem als starrsinnig geltenden Rauf Denktas. Aus Anatolien ins Land geholte Neusiedler bekommen in Nordzypern sofortiges Stimmrecht, so dass die Nordzyprioten nicht mehr allein über ihr Schicksal bestimmen können.

„Eine nach Osten vordringende Nation muss mit Zypern beginnen. So sahen es Alexander, Augustus, Richard Löwenherz und Ludwig der Heilige. Eine nach Westen vordringende Nation muss mit Zypern beginnen. So sahen es Sargon, Ptolemaios, Kyrus, Harun al-Raschid."
so schrieb W. H. Dixon im Jahr in seinem Werk British Cyprus 1887

Wirtschaft: Südzypern: Anteil am Bruttoinlandsprodukt (BIP): Dienstleistungen 78 Prozent, Industrie 18 Prozent, Landwirtschaft 4 % (1999), BIP-Wachstum (2002): 2,2 %, BIP pro Einwohner in Kaufkraft (2001): 18.500 €, Inflation (2002): 2,8 % Arbeitslosigkeit (2002):

3,8 %, Handelsbilanzsaldo (2001): -3.289 Mio. €, Export (2001): 49 % in die EU, Import (2001): 55,5 % aus der EU, Hauptexportgüter: Bekleidung, Zitrusfrüchte, pharmazeutische Produkte, Chemikalien, Haupthandelspartner: USA, Großbritannien, Italien, Griechenland. Die Wirtschaft **Nordzyperns** ist hingegen in einem eher desolaten Zustand – nicht zuletzt wegen der internationalen Isolation und der vollständigen Abhängigkeit von der Türkei.

Nach dem „Human Development Index" der Vereinten Nationen (ermittelt werden Angaben zu Lebenserwartung, Bildungsstand und Pro-Kopf-Einkommen des betreffenden Landes) liegt Zypern 2004 auf Platz 25 weltweit und nur sieben Ränge hinter Deutschland. Die Lebenserwartung auf Zypern liegt bei 78,1 Jahren und damit sogar knapp über der in Deutschland mit 78,0 Jahren.

Status der geteilten Insel: Zypern ist seit 1960 eine unabhängige Republik, Mitglied der Vereinten Nationen und des Britischen Commonwealth. Seit dem Sommer 1974 befindet sich ein Teil der Republik (ca. 37 %) unter der Besatzung von türkischen Invasionstruppen. Die »Republik Zypern« versteht sich als Staat Gesamtzyperns, dessen nördlicher Teil von der Türkei besetzt ist. Die 1983 proklamierte »Türkische Republik Nordzypern« (»Kibris«) hingegen versteht sich als eigenständiger Staat in den von der Türkei geschaffenen Grenzen. Sie wird nur von der Türkei völkerrechtlich anerkannt. Ausländer sprechen üblicherweise von Südzypern und Nordzypern.

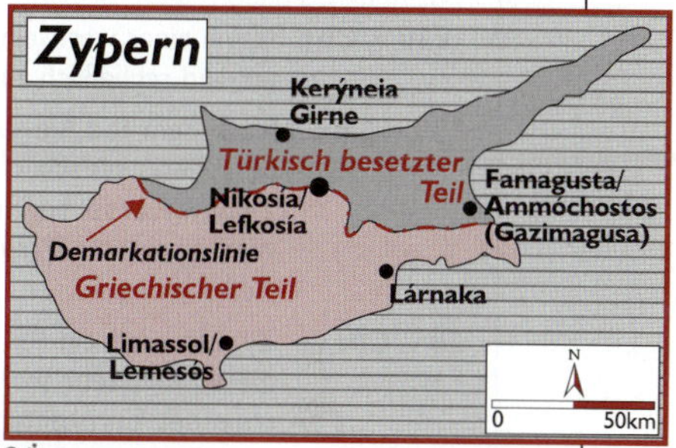

© igraphic

Städte: Nikosía (derzeit geteilt) 196.000 Einwohner, Limassol 156.000, Páfos 40.000 Einwohner, Famagusta (derzeit türkisch besetzt) 22.000 Einwohner. Übrigens könnte, ungeachtet der politischen Zugehörigkeit, nach Nikosía und Limassol London die drittgrößte zyprische Stadt sein angesichts der dort lebenden ca. 100.000 Zyperngriechen.

Seit 1. Mai ist der griechische Süden Zyperns Mitglied der EU. Die Europäische Union hat allerdings angekündigt, den ärmeren Norden auch ohne Mitgliedschaft enger an Europa zu binden.

2. ZYPERN – LAND UND LEUTE

Die Geschichte Zyperns im Überblick

8200–3900 v. Chr.	Älteste bekannte Siedlungen.
Um 3000 v. Chr.	Schmuckfunde bekunden die Einfuhr von Erzeugnissen der kretisch-minoischen Kultur. Die reichen Kupfervorkommen bringen Wohlstand und Handelsbeziehungen zum Nahen Osten, Ägypten und den Inseln der Ägäis.
1500 v. Chr.	Die Ägypter dringen in Zypern ein.
1400 v. Chr.	Besiedlung Zyperns durch die Achäer vom griechischen Festland. Es folgen weitere Einwanderungswellen der griechischen Dorerstämme und der Griechen aus Kleinasien. Die griechische Kultur und Sprache werden bestimmend.
1050 v. Chr.	Beginn einer wechselnden Herrschaftsgeschichte: Assyrer, Ägypter und schließlich auch Perser beherrschen die Insel.
300 v. Chr.	Nach dem Tod Alexander des Großen, der durch die Vernichtung des persischen Großreiches nebenbei auch Herr über Zypern wurde, beginnt die Herrschaft der Ptolemäer. Zypern wird ägyptische Provinz und erlebt einen starken kulturellen Aufschwung.
58 v. Chr.	Zypern wird ein Teil des Römischen Reiches. Die Insel ist in dieser Zeit sehr wohlhabend und wird später zu einem Zentrum des Christentums.
330 n. Chr.	Durch die Teilung des Römischen Reiches fällt Zypern an Byzanz. Arabische Flotten greifen die Insel immer wieder an, können aber vertrieben werden. Danach kommt es zu einer ruhigen und friedvollen Periode.
1191	Richard Löwenherz erobert die Insel. Der französische Kreuzritter Guy de Lusignan erwirbt Zypern. Während der Herrschaft der Lusignan steigert sich der Wohlstand der Insel. In diese Zeit fällt der Bau zahlreicher gotischer Kirchen.
1489	Nach dem Tod der letzten Königin der Lusignan-Dynastie fällt Zypern an Venedig. Als Bollwerk gegen die türkische Großmacht bauen die Venezianer die vorhandenen Festungen aus.
1570	Die Türken greifen überraschend die Insel an. Nach 10 Monaten standhaften Widerstandes der Festung von Famagusta müssen die griechisch-venezianischen Truppen aufgeben. Die Türken übernehmen die Herrschaft.

„Es gibt fast zuviel Geschichte auf dieser Insel. Das verursacht mir eine Art geistiger Magenverstimmung".
Lord Byron,
„Die Straße nach Oxiana"

1878	Nach dem Niedergang ihrer Macht überlassen die Türken Zypern Großbritannien in einem Pachtvertrag.
1925	Großbritannien erklärt Zypern zur britischen Kronkolonie. Nach dem Ende des Zweiten Weltkrieges steigen die Hoffnungen auf Selbstbestimmung.
1955	Die Bewegungen zu einer Vereinigung mit Griechenland verstärken sich. Es kommt zu zahlreichen Terrorakten der griechischen Untergrundbewegung EOKA.
1960	Unabhängigkeitserklärung Zyperns durch die Großmächte. Erzbischof Makarios wird zum Staatspräsidenten gewählt. Die Regierung wird aus türkischen und griechischen Zyprioten zusammengesetzt, es kommt jedoch immer wieder zu blutigen Kämpfen zwischen griechischen und türkischen Zyprioten.
1963	Die bürgerkriegsähnlichen Zustände veranlassen die Vereinten Nationen, Friedenstruppen nach Zypern zu schicken.
1974	Putsch rechtsextremistischer Zyperngriechen gegen Makarios, der ins Ausland fliehen kann. Die Türkei nimmt das zum Anlass, einen Großteil der Insel zu besetzen.
1983	Die türkischen Zyprioten erklären das Gebiet nördlich der Linie Léfkara-Nikosía-Famagusta zur unabhängigen „Türkischen Republik Nordzypern". Kein Staat der Welt – außer der Türkei – ist jedoch bis heute bereit, den türkisch besetzten Norden der Insel diplomatisch anzuerkennen.
1988	Der neu gewählte Präsident *Geórgios Vassilios* erklärt sich zu Verhandlungen mit dem zyperntürkischen Präsidenten Denktasch bereit, die jedoch bis heute zu keiner wesentlichen Änderung der Verhältnisse geführt haben.
3. Juli 1990	Die Republik Zypern beantragt ihren Beitritt zur Europäischen Union (EU).
1996	Es kommt zu Demonstrationen von griechischen Zyprioten in der Pufferzone bei Famagusta. Am 11. August wird ein griechischer Zypriote von einem Türken zu Tode geprügelt. Ein anderer Zypriote, der die türkische Flagge von einem Mast holen will, wird einige Tage später erschossen. *Ciller*, die türkische Außenministerin, verteidigt diese Morde.
Ab 1998	Verhandlungen der Europäischen Union mit der Republik Zypern über den EU-Beitritt des Landes.
2004	Zypern soll Mitglied der Europäischen Union werden.

Der Time Elevator in Limassol – eine Art historische Multimedia-Show, führt in 40 Minuten durch 10.000 Jahre zyprische Geschichte. Die unter anderem deutschsprachigen Vorführungen im „Lanitis Carob Mill Complex" bei der mittelalterlichen Burg in Limassol beginnen alle 40 Minuten.

Jungsteinzeit – älteste bislang bekannte Siedlungen
(8200–3900 v. Chr.)

Reste der ältesten bisher bekannten Siedlungen jener Zeit auf Zypern sind in Choirokoitía und Kalavasós (Tentea) zu sehen; beide liegen unweit der Autobahn Nikosía-Limassol. Die Lebensgrundlage der Menschen bildete der Wildreichtum, außerdem waren sie des Anbaus von Weizen kundig und hielten Haustiere. Auf Ihrer Reise durch Zypern sollten Sie sich unbedingt die ausgegrabenen Reste der Siedlungen aus jener Zeit anschauen: Die Häuser von damals, die sogenannten Tholoi (Rundhäuser), hatten bis zu drei Meter dicke Mauern und wurden aus Lehm gebaut. Unter den Fußböden der Häuser begrub man die Toten, deren Grabbeigaben Schlüsse auf die damalige Lebensweise gestatten. Stein- und Knochenwerkzeuge wurden benutzt, Idolfiguren aus Andesit symbolisieren eine Fruchtbarkeitsgöttin.

Diese Kultur entwickelte sich an der Nord- und Südküste. Nachdem zuerst nur Steingefäße in Gebrauch waren, treten nach 5000 v. Chr. auch Töpferwaren in Erscheinung.

Kupfersteinzeit – Kupfer wird zum Exportschlager
(3900–2500 v. Chr.)

Sie ähneln den christlichen Kreuzen, diese Steatit-Anhänger, die die Menschen der Kupfersteinzeit ihren Toten mit ins Grab gaben.

Kupfer wurde gefunden

Übergangsphase zwischen Steinzeit und Bronzezeit. Die meisten Niederlassungen dieser Zeit finden sich in Westzypern, wo sich ein Fruchtbarkeitskult entwickelte. In dieser Zeit wird Kupfer auf Zypern entdeckt und daher hat die Insel vielleicht auch ihren Namen (Kupfer = Kuprum (lat.), Kypros = der griech. Name für Kupfer).

Bronzezeit – erste Städte entstehen, Beginn der Hellenisierung
(2500–1050 v. Chr.)

Aus der frühen Bronzezeit – um 2000 v. Chr. – wissen wir verlässlich, dass die Menschen bereits Kupfer gewannen und verarbeiteten. Da Kupfer zur Herstellung von Bronze benötigt wurde, war es ein „strategischer" Bodenschatz, von anderen Mächten heiß begehrt. Die Handelsbeziehungen zu den östlichen Küstennachbarn wurden ausgebaut, die Kontakte reichten bald auch bis nach Sizilien und Kreta.

Kein Wunder, dass die Handelspartner nach der Quelle der Reichtümer selbst trachteten: Die kriegerischen Hyksos kamen aus Syrien und besetzten den Ostteil der Insel. Bald gewann Ägypten an Einfluss und machte Zypern zu seinem Vasallenstaat.

So sahen die Hütten im prähistorischen Dorf in Lémpa aus.

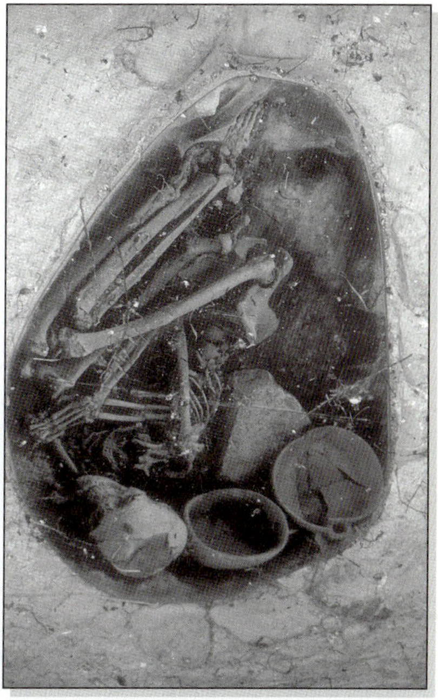

Oben in den Hütten wohnten die Lebenden, und unter dem Fußboden ihre Toten. Für den Kontakt untereinander sorgte ein Loch im Fußboden. durch das Flüssigkeiten geopfert wurden. Die Szene hier im Bild sieht man im rekonstruierten Dorf in Lémpa nordwestlich von Páfos.

Das wichtigste Ereignis der Bronzezeit, die Hellenisierung durch achäische Siedler, hinterließ Spuren, die sich bis in die Gegenwart verfolgen lassen (Sprache, Kultur, nationale Identitätsgrundlage). Mit den Griechen sollte der Okzident über den Orient siegen. Und die Griechen vertrieben die Perser nicht nur aus Griechenland, sondern auch aus den Gebieten, über die sie Einfluss hatten. Viele archäologische Funde auf Zypern berichten von der Zeit der griechischen Kultur und ihrem wachsenden Einfluss auf der Insel. Der Aphrodite-Tempel in Paláia-Páfos, dessen bescheidene Reste man noch heute sehen kann, legt Zeugnis dieser Zeit ab. Doch der Kult der Aphrodite, der Schutzgöttin der Insel, hatte schon Vorläufer. Viele Jahrhunderte bestimmte ihr Götterkult das Leben und die Vorstellungen der Menschen, bis schließlich das Christentum sie und andere heidnische Gottheiten aus dem Alltagsleben verbannte.

Anbetung des Apollon

Auch das Ende der Anbetung des Apollon (z.B. in Koúrion in seiner Funktion als Beschützer des Waldes), fällt in diese Zeit. Ihm war ein imposanter Tempel geweiht, dessen Reste und Teilrekonstruktionen die einstige Großartigkeit erahnen lassen.

Geometrische Zeit – der Wohlstand wächst
(1050–725 v. Chr.)

Zypern war nun eine Insel mit zehn Stadtkönigreichen. Phönizier siedelten sich in Kition an. Die Verarbeitung von Eisen verdrängte allmählich die Bedeutung von Bronze. Geometrische Motive bestimmten die Ausschmückung der Tongefäße. Phönizische Händler wurden sesshaft und deklarierten Kition zum phönizischen Heiligtum. Das 8. Jh. v. Chr. war eine Zeit großen Wohlstands.

INFO Zypern – Drehscheibe im antiken Opiumhandel

Seit Jahrzehnten schwelt in der Archäologen-Zunft ein Streit um das geheimnisvolle Gewächs. Wer kultivierte als Erster die Pflanze? Welches Volk begann mit der Drogenproduktion? Nicht einmal die Urheimat der rosaroten Blume war bekannt. Nun endlich liegen gesicherte Resultate vor. Dem Würzburger Virologen Klaus Koschel ist ein sensationeller Coup gelungen. Erstmals hat er 3.500 Jahre altes Rauschgift isoliert. Das Material stammt aus einer 13 Zentimeter hohen Kanne, die in der Antiken-Sammlung der Stadt Würzburg in einer Vitrine steht. Das Gefäß hat einen langen trompetenartigen Hals und wurde um 1500 vor Christus auf Zypern getöpfert. Der Spatenzunft ist dieser Keramiktyp gut bekannt. Bauchige Bilbil-Krüge sind über die halbe antike Hemisphäre verstreut. Vor allem aber tauchen die Flakons massenhaft zur Zeit Echnatons (um 1350 vor Christus) in Ägypten auf. Offensichtlich befand sich in den Gefäßen ein Exportschlager aus Zypern. Nur welcher?

Koschel weiß jetzt mehr. Neugierig blickte er in die Vase und entdeckte am Boden klebrigen Belag. Die Firma Hoechst legte den gelblichen Klumpen unter einen Massenspektrografen. Ergebnis: Die Probe enthält Alkaloide und deren Oxidationsprodukte. In dem Gefäß wurde pures Opium transportiert.

Mit diesem „ersten objektiven Beweis für antikes Rauschgift“ (Koschel) gewinnt die von Gerüchten überlagerte Debatte endlich festen Boden. Zypern, als Drehscheibe im antiken Opiumhandel, verkaufte in speziellen Exportkannen im großen Stil narkotisierenden Schlafmohn ins Pyramidenland.

DER SPIEGEL vom 08. April 2002

Kypro-archaische Zeit – kulturelle Blüte der Stadtstaaten (725–475 v. Chr.)

Assyrer, Ägypter, Perser

Während dieser Periode hatte Zypern viele aufeinander folgende Fremdherrscher: zuerst kamen die Assyrer (672–669 v. Chr.), dann die Ägypter (560–525 v. Chr.) und anschließend die Perser (545–332 v. Chr.). Sowohl die Assyrer als auch die Ägypter ließen den zyprischen Königen ihre Macht.

Dem Assyrer-König Sargon II. unterwarfen sich für eine Periode von 40 Jahren die zyprischen Könige, die ihm nun tributpflichtig wurden. Danach erreichte Zypern für etwa 100 Jahre Unabhängigkeit. Um 560 v. Chr. herrschten Ägypter über die Insel, aber nur bis 525 v. Chr.

Später gab es, obwohl das griechische Element vorherrschte und die Könige der Stadt Griechen waren, unter den Einwohnern von Amathoús eine Menge Phönizier und Ägypter. Sie verrieten in der Schlacht mit den Kouriern im Jahre 498 v.

Chr. ihren König *Onesilos* und ließen ihn im Stich – der König kam um. Daraufhin hängten sie seinen Kopf außerhalb der Mauern ihrer Akropolis auf. Aber die Götter schickten Bienen, die aus dem heroischen Kopf ihren Bienenkorb machten. Das Orakel befahl daraufhin den Bewohnern von Amathoús, den toten König von Salamis zu ehren, als wäre er ihr eigener halbgöttlicher Held.

Beim Hotel Amathus in Limassol ist ein Grab aus kypro-archaischer Zeit zu sehen.

Ab 545 kam Zypern für 200 Jahre unter persischen Einfluss. Während der Herrschaft der Perser konnten zwar die einheimischen Herrscher ihre Macht behalten, doch mussten sie Abgaben bezahlen und die Perser mit Waffen und Kriegsschiffen beliefern. Trotz der Unterwerfung wuchs der Wohlstand und somit auch die Macht der Stadtstaaten. Das führte zu Autonomiebestrebungen und bis auf Amathoús lehnten sich die Stadtstaaten auf – 498 v. Chr. deklarierten sie ihre Unabhängigkeit von den Persern. Doch die Perser reagierten umgehend: Mit Hilfe der phönizischen Flotte besiegten sie die Zyprioten erneut. 478 v. Chr. befreiten die Griechen mit Hilfe von 50 Schiffen Zypern, das jedoch nach dem Verschwinden der Retter wieder an die Perser zurückfiel.

Kypro-klassische Zeit – vom Kriegsschauplatz zur Unabhängigkeit
(475–325 v. Chr.)

Um 450 v. Chr. gelangte eine athenische Flotte unter dem Befehl Kimons nach Zypern, um den Persern die strategisch wichtige Insel zu entreißen, doch Kimon starb während des Unternehmens – alles blieb beim Alten.

„Obwohl tot, war er siegreich"
bedeutet die Übersetzung der Inschrift auf der Marmorbüste des griechischen Feldherren *Kimon.*
Er belagerte im Jahre 450 v. Chr. die Stadt Kition (das heutige Lárnaka) mit 200 Schiffen, um die zyprischen Könige im Kampf gegen die persische Herrschaft zu unterstützen. Während der Belagerung erlag er aber einer Seuche. Schon im Sterben liegend, blies er zum Rückzug und seine Schiffe segelten davon. Heute steht seine Marmorbüste an der Strandpromenade in Lárnaka. Der Überlieferung nach kann man ihn um Rat fragen...

Hat man Fragen, nicht verzagen: Kimon wird die Antwort sagen...

Euagoras I. von Salamis war die herausragende Persönlichkeit dieser Zeit, verfolgte er doch das Ziel, Zypern unter der Herrschaft von Salamis zu vereinen. Er versuchte, sich sowohl mit den Griechen als auch mit den Persern zu arrangieren, indem er sich beispielsweise an dem Angriff der Perser und Athener gegen die spartanische Flotte beteiligte. Doch als 386 v. Chr. die Athener im Königsfrieden von Sparta den Persern alle Ansprüche im östlichen Mittelmeer abtraten, verlor *Euagoras* als nun wieder tributpflichtiger König an Bedeutung, denn Zypern zersplitterte sich wieder in die individuellen Interessen seiner Stadtkönigreiche.

333 – Issus-Keilerei

Unter Führung von *Alexander dem Großen* wurden die Perser in der Entscheidungsschlacht von 333 v. Chr. bei Issus (als „333-Issus-Keilerei" bekannt) besiegt. Zypern stand voll an der Seite seines Befreiers und unterstützte ihn zum Beispiel durch die Lieferung großer Kupfermengen sowie mit 130 Schiffen bei der Belagerung von Tyros. 331 v. Chr. erhielt Zypern seine Unabhängigkeit.

Mit der Befreiung Zyperns von den Persern durch die Griechen begann ein wichtiges Kapitel Zyperns, da mit den Griechen der Okzident über den Orient siegte.

Zypern wurde hellenisiert (325–58 v. Chr.)

Nach dem Tode *Alexander* des Großen stürzte Zypern in folgenreiche Konflikte. Die Könige von Salamis, Páfos, Soli und Amathoús schlossen sich im Gegensatz zu Kition, Lapithos, Kerýneia und Márion Antigonos dem *Ptolemäus* an. *Ptolemäus* konnte schließlich 24 v. Chr. die Gesamtherrschaft über Zypern erringen. Die Stadtkönigtümer wurden aufgelöst, erstmals wurde die Insel zentral von einem Strategos, einer Art Generalgouverneur, regiert. Ein „Epistates" kontrollierte die Wirtschaft. Insgesamt war es eine Periode des Wohlstandes und der kulturellen Weiterentwicklung, denn ägyptische Einflüsse sprangen auf Zypern über (erkennbar zum Beispiel am aufkommenden Serapis-Kult). Páfos löste durch seine Nähe zu Alexandria Salamis als bedeutendste Stadt ab.

„Zyprischer Luxus war das Sprichwort des Altertums. Man nannte die Insel die Selige, aber nur vom Rausch. Von allen Nachbarn wurden Gelüst und schlimme Sitten auf die Insel übertragen. Das Vergnügen, sagten die Alten, machte die Zyprer unfrei und ungebildet. Wenn man sich bei Tafel unterhielt, handelte es sich nicht um geistige Stoffe, sondern man legte sich Fragen vor, wie: welcher Tisch überhaupt der beste, zu welcher Zeit er der beste und welcher im Sommer der wohlschmeckendste ist und dergleichen mehr. Wer diese Fragen gut beantwortete, erhielt einen Kuss, wer nicht, musste zur Strafe Wein aus großen Bechern trinken."
A. Drummond

Römische Zeit – Zypern wurde christianisiert
(58 v. Chr.–326 n. Chr.)

Zwei Hauptereignisse kennzeichneten diese Zeit: Die Einführung des Christentums und der blutige Aufstand der Juden. Die Bevölkerung wuchs bis auf **1 Million Menschen** heran (ca. 40 % mehr als heute). Es war eine Zeit des Wohlstands, man lebte vom **Wein-, Oliven- und Getreideanbau**, baute Eisen, Kupfer und Silber ab.

Die Römer annektierten 58 v. Chr. Zypern und schlugen es der Provinz Kilikien zu. Erster römischer Statthalter wurde Cato, von dem *Alexander Drummond* 1765 berichtete: *„Cato eroberte die Insel mit leichter Mühe, und schickte unendlichen Reichthum nach Hause, welchen er den von der Schwelgerei entkräfteten und in der Wollust ersoffenen Einwohnern abgenommen hatte“.* Und nach *Plutarch* soll *Cato „aus Zypern mehr Schätze für Rom nach Hause gebracht haben als Pompejus mit all seinen Kriegen und Triumphen“. Julius Cäsar* (74 v. Chr.) und nach ihm *Mark Antonius* (36 v. Chr.) schenkten Zypern ihrer Geliebten *Kleopatra. „Deine Süße, meine Geliebte, ist wie der Nama-Wein Zyperns“*, soll *Mark Antonius zu Kleopatra* gesagt haben, als er ihr die Insel gab.

Nach der gewonnenen Seeschlacht bei Actium 30 v. Chr. wurde Zypern endgültig Besitz der Römer. Zypern war 27–22 v. Chr. direkt dem römischen Kaiser unterstellt. Die Verwaltung der Insel wurde 22 v. Chr. von einem Prokonsul übernommen, Páfos zur Provinzhauptstadt ernannt.

Die *Apostel Paulus und Barnabas* kamen 15 n. Chr. nach Zypern und verkündeten das Christentum. Sie zogen von Salamis nach Páfos, wo sie den römischen Prokonsul *Sergius Paulus* zum christlichen Glauben bekehrten. In einem zensorischen Akt schlugen die ersten Christen den griechischen Skulpturen die Geschlechtsteile, den Kopf und sonstige Gliedmaßen ab.

Nach der Zerstörung Jerusalems 70 n. Chr. flüchteten viele Juden nach Zypern. 116 n. Chr. kam es dann zum großen Aufstand der jüdischen Gläubigen, die ihren hebräischen Monoteismus standfest vertraten und sich gegen den griechischen Polytheismus auflehnten. In den Auseinandersetzungen sollen 240.000 Menschen umgekommen sein, darunter alle nichtjüdischen Bürger von Salamis. Die Römer bekamen die Unruhen unter Kontrolle, verboten aber den Juden den Aufenthalt auf Zypern. In der Folge begann sich allmählich das Christentum auszubreiten. Baudenkmäler aus dieser Zeit sind in Páfos, Koúrion und Salamis zu sehen.

Der Apostel Paulus *auf Zypern: „Vom heiligen Geiste ausgesandt, zogen sie nach Seleuzia hinab und fuhren von da nach Zypern. Als sie in Salamis angekommen waren, verkündeten sie das Wort Gottes in den Synagogen der Juden. Johannes hatten sie als Helfer bei sich. Sie durchwanderten die ganze Insel bis Páfos. Dort trafen sie einen Mann namens* Barjesus, *der Jude war und zum Gefolge des Prokonsuls* Sergius Paulus, *eines verständigen Mannes, gehörte. Dieser ließ* Barnabas *und* Saulus *rufen und wünschte, von ihnen das Wort Gottes zu hören. Aber* Elymas, *der Zauberer – so wird nämlich der Name* Elymas *übersetzt- trat gegen sie auf und wollte den Prokonsul vom Glauben abhalten.* Saulus, *der auch* Paulus *heißt, blickte ihn, vom heiligen Geist erfüllt, an und sagte: Du elender, gerissener Betrüger, du Sohn des Teufels, du Feind aller Gerechtigkeit, willst du nicht endlich aufhören, die geraden Wege des Herrn zu durchkreuzen? Jetzt kommt die Hand des Herrn über dich. Du wirst blind sein und eine Zeit lang die Sonne nicht mehr sehen.*
Im selben Augenblick fiel Finsternis und Dunkel auf ihn, er tappte umher und suchte jemand, der ihn an der Hand führte. Als der Prokonsul das alles sah, wurde er gläubig, denn er war betroffen von der Lehre des Herrn.“
Neues Testament, Apostelgeschichte 13,4ff

Die lange byzantinische Herrschaft – viele Klöster wurden gegründet (327–1191 n. Chr.)

Die Mutter des byzantinischen Kaisers, *Helena*, gelangte 327 auf ihrer Rückreise aus Jerusalem nach Zypern. Sie brachte Relikte des im Heiligen Land wieder aufgefundenen Kreuzes von Jesus mit. Diese Reliquien führten zur Gründung des Klosters Stavrovoúni: Mit diesem Ereignis begann das Mönchtum auf der Insel.

Neben einer langen Dürre, die Hungersnöte hervorrief, wurde Zypern 332 und 342 von zwei großen Erdbeben erschüttert.

Sieg des Christentums

Theodosius verbot 391/392 den Besuch von heidnischen Tempeln sowie jede Art von dort praktiziertem Götterkult – das Christentum siegte nun endgültig. In dieser Zeit ist unter anderem die frühchristliche Basilika von Koúrion entstanden, um die neuen Gläubigen aufzunehmen bzw. dem neuen Glauben zuzuführen. Das Imperium Romanum wurde 395 geteilt, Zypern gehörte fortan zu Byzanz. Unter *Justinian* wurde Zypern 527 bis 565 zu einem starken Flottenstützpunkt im östlichen Mittelmeer ausgebaut. Unter *Kaiser Heraklios* erkannte man 610 bis 640 die Bedrohung durch expandierende Araber, Befestigungsanlagen wurden gebaut. Von dieser Zeit zeugt zum Beispiel die Befestigung der „Saránta Kolónes" in Nea Páfos.

Arabische Einfälle führten 632–965 zeitweise zur Tributpflicht der Zyprer. Constantina (Salamis) wird vollständig zerstört. 647 kommt es zu einem arabischen Flottenübergriff, bei dem eine Tante Mohammeds gestorben sein soll. An ihrer Grabstätte entstand später die Hala Sultan Tekke bei Lárnaka.

Durch *Nikephoros Phokas II* gelangte Zypern 965 erneut unter byzantinische Herrschaft. Die religiösen Führer wurden in die Politik mit einbezogen – wie es sich auch viel später in Gestalt von *Erzbischof Makarios* wiederholen sollte. Die großen **Inselklöster** (Kýkko, Machairás, Chrysorogiatissa und Ágios Neófytos) wurden in diesem Zeitabschnitt, der ca. 100 Jahre währte, gegründet. Diese Klöster, in Gemeinsamkeit mit vielen Kirchen, sorgten für die Ausbreitung des Christentums.

Ein großes Erdbeben erschütterte 1157 die Insel. *Isaak Komnenos* führte von 1185 bis 1191 eine Willkürherrschaft und ließ sich zum Kaiser krönen. *Richard Löwenherz* besiegte ihn – die byzantinische Herrschaft ging zu Ende.

Kreuzzüge – Ruhe und Aufschwung unter den katholischen Lusignans (1191–1489)

Schiffbruch im Seesturm

Richard Löwenherz landete 1191 im Rahmen des 3. Kreuzzuges ungewollt auf Zypern, nachdem wegen eines Seesturms zuvor das Schiff, auf dem sich seine Braut *Berengaria von Navarra* befand, an Zyperns Gestaden gestrandet war. Weil Zyperns Herrscher, *Isaak Komnenos,* den Schiffbrüchigen die gebührende Hilfe verweigert hatte und zudem Richards Schwester *Joana*, Königin von Sizilien, beleidigte – griff *Richard Löwenherz* den *Komnenos* an. *„Isaak Komnenos selbst wurde*

In der Nationalbibliothek von Turin fand man geistliche Kompositionen vom Hofe des Königs Janus I. de Lusignan (1374-1432). Die Musik ist als CD-Rom im Handel: Huelgas Ensemble, Music from the Court of King Janus of Nicosia, Sony Classical, SK 53976.

trotz seines wunderbaren braunen Renners auf der Flucht gefangen, und da er als Bedingung ausgemacht hatte, keine eisernen Fesseln zu tragen, so empfing er silberne", berichtete *Paulus Stephanus Cassel* über die Gefangennahme des *Komnenos. Richard Löwenherz* nahm Amathoús ein und heiratete am 12.5.1191 *Berengaria*, die er sogleich zur Königin von England krönte. Da der englische Monarch nicht so recht wusste, was er mit der Insel anfangen sollte, verkaufte er sie für 100.000 Dinar an die Templer. Der Templerorden, eine mächtige Organisation in der Levante und der römischen Kirche zugehörig, betrachtete Zypern hauptsächlich als eine Einnahmequelle. Die Zyprioten revoltierten gegen die harte Behandlung, die sie von Seiten der Templer erfuhren.

unrentables Zypern

Am Ostertag 1192 konnte diese Revolte nur unter schwerem Blutvergießen unterdrückt werden. Dazu kam die Verschuldung an den englischen König, die ein immer größeres Problem für die Templer wurde – sie wollten die unrentable Insel wieder an *Richard Löwenherz* verkaufen, der nahm aber Zypern nicht zurück. Als Abnehmer fand sich dann 1192 *Guy de Lusignan,* ein französischen Kreuzritter. Damit begann das **goldene Zeitalter des mittelalterlichen Zypern** – die 300 Jahre dauernde Herrschaft der **Lusignans**.

Franz Georg Maier beschreibt in seinem Buch „Cypern" die Lusignan-Zeit als *„eine eigentümliche Mischung von französischem Rittertum und orientalischem Lebensstil, gotischer Kunst und byzantinischem Kulturerbe"*. Heute findet man in Nordzypern viele gotische Kathedralen aus der Lusignan-Zeit, die allerdings zu Moscheen umfunktioniert wurden.

„Eine Wolke verdunkelte die Sonne und Nebel verhüllt Berge und Hügel, und so sind wir von den wärmenden und leuchtenden Sonnenstrahlen abgeschlossen; zwölf Jahre lang hüllten die Wolken und der Nebel aufeinander folgenden Elends unser Land ein.. Der Zustand unseres Landes gleicht einer aufgewühlten, sturmgepeitschten See. Nein, er ist vielmehr schlimmer noch als die wütende See; einem Sturm folgt nämlich eine Phase der Ruhe, wogegen hier das Ungewitter von Tag zu Tag wächst und sein Wüten kein Ende kennt".
So schrieb im Jahr 1196 der Mönch *Neófytos* in einem Schreiben an einen Glaubensbruder in Konstantinopel über die Lusignan-Zeit.

Amaury de Lusignan übernahm 1194 nach dem Tode seines Bruders Guy die Nachfolgeherrschaft. Unter ihm wurde der byzantinische Charakter der Insel zurückgedrängt, die orthodoxe Kirche verboten und der römisch-katholische Glaube zur Staatsreligion erklärt. Vier römisch-katholische Bistümer wurden gegründet: Pafos, Limassol, Famagusta und Nikosía. Zur Bildung einer Oberschicht des Neuen Reiches rief *Guy de Lusignan* zahlreiche französische Adlige ins Land, die sich zuvor in Jerusalem oder in Syrien niedergelassen hatten. Diese Siedler stützten das Reich der Lusignans. Sie wurden durch eine Bekanntmachung in Palästina, Syrien und Armenien von *Guy de Lusignan* auf die Insel gelockt. Er vergab Lehen an alle, die bereit waren, sich auf Zypern niederzulassen. Wegen der Eroberung Jerusalems und Syriens durch die Sarazenen waren viele Ritter (die ihre Lehen dort verloren hatten) bereit, nach Zypern zu kommen.

Während der Herrschaft der Lusignan wurden die historischen Namen der Städte Lefkosía, Ammóchostos und Lemesós durch die Namen Nicosia, Famagusta und Limassol ersetzt. Seit Ende des zweiten Jahrtausend haben die Städte aber wieder ihren ursprünglichen Namen aus der fränkisch-lusignanischen Zeit.

1204 wurde Byzanz durch die Venezianer und Kreuzritter erobert. Die letzte Kreuzritterburg, Akkon in Syrien, ging 1291 verloren. Zypern musste in der Folgezeit viele Flüchtlinge (darunter viele Adlige, Ordensritter und Kaufleute) aufnehmen, die die Basis für einen andauernden Aufschwung bildeten – zum Beispiel florierte in der von den Johannitern gegründeten Burg Kolóssi die Seidenraupenzucht. Die Herrschaft des erst 15-jährigen *Peter II* leitete 1369 allmählich den Niedergang der Lusignans ein. Eine Bagatelle führte im Jahr 1372, während der Krönung *Peter II*, in Famagusta zu einem **schweren Zusammenstoß,** der wohl der Anfang vom Ende war: Nach der Tradition hatte der Abgesandte von Genua das Privileg, die Zügel des königlichen Pferdes auf der rechten Seite zu halten. Provokanterweise aber versuchte der Abgesandte von Venedig die Zügel ebenfalls auf der rechten anstatt auf der linken Seite, zu ergreifen. Darüber brach ein Aufruhr aus, der mit Massenmord, Plünderung und Raub endete. Genua rächte sich an seinen Feinden und behielt Famagusta bis 1472.

Massenmord, Plünderung und Raub

Außer Gebäuden nichts gewesen

Das Zeitalter der Lusignan, zuweilen auch Zyperns Großes Zeitalter genannt, vermachte der Insel nichts Dauerhaftes. Es war undurchlässig fremdländisch und starb exotisch auf einem Boden, der es nicht ernähren konnte. Die Zeitalter, welche die Insel entwickelten und ihr Ausdruck verliehen, lagen in tieferem Dunkel, aber beide waren griechisch – die formenden mykenischen Jahrhunderte, die sie hellenisierten, und die byzantinischen, die sie christlich machten.

So schrieb der Reiseschriftsteller *Colin Thubron* über die Lusignan-Herrschaft, die unter anderem die Kathedrale St. Sophia in Nikosía (seit der türkischen Herrschaft ab 1571 Selimiye-Moschee), die Abtei Bellapais, die Burganlagen von St. Hilarion sowie die Kathedrale St. Nikolaus in Famagusta (heute eine Moschee) zurückgelassen hat.

1426 drangen Mamelucken aus Ägypten ein und forderten Tribut. Der letzte Lusignan-*König Jakob II* (1458–1474) bedrängte mit Hilfe des Sultans aus Kairo die Macht der Genuesen. Er war mit der venezianischen Patriziertochter *Catarina Coronaro* verheiratet, die den Thron übernahm, als ihr Mann bald nach der Hochzeit starb. Von den Venezianern wurde *Catarina Coronaro* 1489 gezwungen, abzudanken, neuer Herr auf Zypern wurde Venedig.

Weiterhin gute Jahre unter der venezianischen Herrschaft
(1489–1571)

Venedig expandierte zu einer bedeutenden Macht. Handelsniederlassungen in Tyros, Konstantinopel, Sidon und auf Kreta zeugen davon. Insgesamt dauerte die venezianische Herrschaft nur etwas über 80 Jahre, denn zwei Ereignisse veränderten die Orientierung der um Macht ringenden Staaten. **1492 entdeckte Columbus Amerika**, womit der Westen zu einer neuen Orientierungsrichtung wurde. *Vasco da Gama* fand 1496 den Seeweg um Afrika herum nach Indien, so dass die Bedeutung Zyperns für den Orienthandel sank.

Aufbegehren gegen Abgaben

Unter *Selim I* und *Selim II* stiegen die Osmanen zur Großmacht auf und bedrohten ständig die Venezianer auf Zypern. Das hatte Konsequenzen: Da die Venezianer sich zu einem aufwändigen Festungsbau gezwungen sahen, wurde die Bevölkerung **immer mehr unterdrückt und zu hohen Abgaben verpflichtet.** Ein Umstand, der zu einem Aufbegehren führte, das aber blutig niedergeschlagen

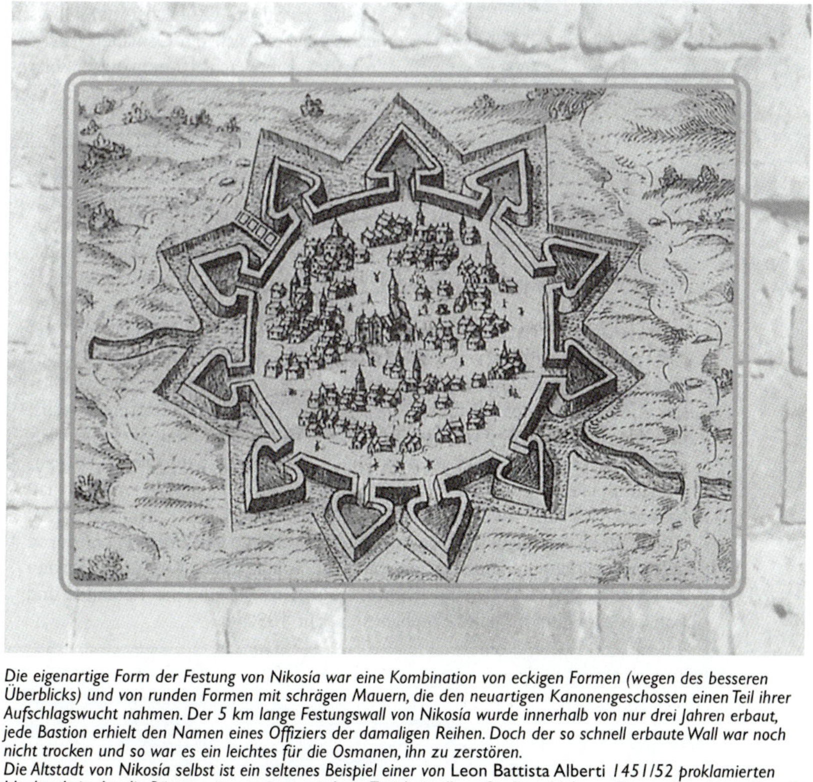

Die eigenartige Form der Festung von Nikosía war eine Kombination von eckigen Formen (wegen des besseren Überblicks) und von runden Formen mit schrägen Mauern, die den neuartigen Kanonengeschossen einen Teil ihrer Aufschlagswucht nahmen. Der 5 km lange Festungswall von Nikosía wurde innerhalb von nur drei Jahren erbaut, jede Bastion erhielt den Namen eines Offiziers der damaligen Reihen. Doch der so schnell erbaute Wall war noch nicht trocken und so war es ein leichtes für die Osmanen, ihn zu zerstören.
Die Altstadt von Nikosía selbst ist ein seltenes Beispiel einer von Leon Battista Alberti *1451/52 proklamierten Idealstadt, in der die Bürger mit „unreinen, minderen Tätigkeiten" am Stadtrand leben sollten, weil es dort während der Belagerungen gefährlicher war als im Stadtinneren.*

wurde. Fieberhaft wurden die Befestigungen von Kerýneia, Famagusta und Nikosía ausgebaut. Unbeirrt sahen die Venezianer in Zypern nur eine Militärbasis und ein Land, das auszubeuten ist.

wenig Rücksicht auf Kunst und Kultur

Angesichts der Bedrohung durch die Osmanen konnten die Venezianer wenig Rücksicht auf Kunst und Kultur nehmen. Alles was sich **außerhalb der Stadtmauern** von Nikosía befand, wurde kurzerhand abgerissen: gotische Kirchen, Herrenhäuser und der Königspalast der Lusignans. Noch heute zeugen die „Venezianischen Wälle“ von Nikosía von der ursprünglichen Verteidigungsanlage der Stadt.

Im Juli 1570 tauchte eine Flotte von 350 Schiffen vor der Südküste Zyperns bei Lárnaka auf. Die Osmanen hatten ein leichtes Spiel, denn die Venezianer leisteten keinen bedeutenden Widerstand: Sie verließen sich auf die Stadtfestungen und warteten außerdem auf eine von *Papst Pius V. zusammen* mit Venedig und Spanien aufgestellte Hilfsflotte. Zunächst fiel Nikosía, dann machten sich die Osmanen nach Famagusta auf: Nach 10-monatiger Belagerung siegten sie auch hier im August 1571.

Selim II war unter dem Namen „Selim der Säufer“ bekannt. Der Überlieferung nach soll er Zypern erobert haben, nur um dessen Wein trinken zu können.

Bis zum 5. August 1571 hatte der Venezianer Bragadino das letzte Bollwerk, Famagusta, gehalten. Als es dem Ende zuging, waren Ratten die einzige Nahrung für die Belagerten. Die Venezianer übergaben Nikosía, während ihre Flaggen noch von den Masten wehten. Ali Pascha sicherte den Verteidigern von Famagusta, der letzten venezianischen Festung, bei ihrer Kapitulation freies Geleit zu. Doch kaum waren die Stadttore geöffnet, ließ er wahllos Zivilisten und Soldaten abschlachten. „Da bricht Ali Pascha, der türkische Pascha, den Vertrag; die Offiziere werden niedergehauen und dem Bragadino zunächst Ohren und Nase abgeschnitten. Zwei Wochen später, am 17. August, wurde er lebendig geschunden, die ausgestopfte Haut im Lager zur Schau herumgeführt und zwar in guter Gesellschaft, denn das Passionsbild Jesu wurde ebenfalls ausgestopft und mitgeschleppt. Die Haut Bragadino's wurde in Konstantinopel ausgestellt und später in Venedig in der Kirche Stil. Johann und Paul aufbewahrt“ so berichtete der ehemalige jüdische Rabbiner und konvertierte Christ Paulus Stephanus im Jahr 1880.

Osmanische Herrschaft – Zyperns Bedeutung nahm weiter ab (1571–1878)

Insgesamt nahm die Bedeutung Zyperns während der Herrschaft der Osmanen rapide ab. Zunächst aber schien alles besser zu werden: Die griechisch-orthodoxe Kirche wurde gemeinsam mit dem Erzbistum wieder hergestellt (allerdings wurden die römisch-katholischen Kirchen in Moscheen umgewandelt), das Feudalsystem sowie die Leibeigenschaft aufgegeben. Doch das alles trog: Die hohen Steuer- und Abgabepraktiken ließen die Bevölkerung weiter verarmen.

Ein paar Tauben geraten in einen Scheiterhaufen, sie retten sich und geraten in einen anderen.
Zyprische Lebensweisheit

An der Ausbeutung der Bevölkerung war der griechische Klerus nicht ganz unschuldig, ab 1754 wurde der griechische Erzbischof offiziell als Führer der Nation anerkannt – die Osmanen versuchten, über den Klerus die eigene korrupte Beamtenschaft zu kontrollieren. Da der Klerus kraft seines Amtes aber die Steuern nicht selbst einziehen konnte, wurde ein Dragoman bestellt, der für die Osmanen die Steuern von den Griechen eintrieb. *„Cypern, nominell unter der Herrschaft eines Beys ... wird in Wahrheit vom griechischen Erzbischof und seinem Klerus regiert“* schrieb der englische Diplomat *Turner* im Jahr 1792.

Mittlerweile eskalierte aber die Tendenz der zur Verwaltung der Insel eingesetzten Beamten, sich persönlich zu bereichern. Dürreperioden, damit verbundene Hungersnöte, Heuschreckenplagen – die Not nahm zu, die Sterberate stieg. Türkische wie griechische Bauern lehnten sich dagegen auf, Erfolg war ihnen aber nicht beschieden. Große Teile der Bevölkerung verließen die Insel. Während 1693 noch 150.000 Menschen auf Zypern lebten, waren es 1741 gerade noch 25.000 Menschen.

„Der Anteil von Gouverneur und Erzbischof am Kornhandel ist größer als der aller anderen Cyprioten zusammen; häufig kaufen sie die gesamte Jahresproduktion zu einem Zwangspreis auf, um sie zu exportieren oder zu erhöhten Preisen wieder zu verkaufen... Durch ihre Machtstellung sind die griechischen Priester in Cypern noch schlimmer als anderswo, sie nehmen dem armen, unwissenden und abergläubischen Bauern seinen letzten Para ab“
schrieb 1851 John Macdonald Kinneier, Kapitän im Dienst der Ostindien-Kompanie

Die zyprischen Bischöfe wurden als Sprecher der auf der Insel verbliebenen Griechen anerkannt, 1754 gar als politische Vertreter der Volksgruppe. Der Freiheitskampf der Griechen in Griechenland gegen die Osmanen tangierte auch Zypern, 1827 erlangte Griechenland seine nationale Unabhängigkeit. Um ein Überschwappen des griechischen Freiheitskampfes zu verhindern, ließ der türkische Statthalter in Nikosía *Erzbischof Kyprianos* sowie die Bischöfe von Páfos, Kitium und Kerýneia und den Abt des Kýkko-Klosters hinrichten. Das geschah einerseits als Abschreckung, andererseits sollte die politische Macht des Klerus dadurch gebrochen werden.

Ein Massaker an griechischen Zyprioten und die Konfiszierung deren Eigentums folgte. **In diesen Ereignissen liegen die Wurzeln für den griechisch-türki-**

Idealbild des freien Griechenland

schen Hass. Viele Zyprioten wanderten nun ins freie Griechenland aus, das zum Idealbild der griechischen Zyprioten wurde.

Als der Suez-Kanal 1869 eröffnet wurde, geriet Zypern in die Interessensphäre der Großmächte. England sah Zypern als idealen Stützpunkt im Mittelmeer an, da es nach dem türkisch-russischen Krieg ein weiteres Vordringen der Russen befürchtete.

Britische Truppen landeten 1878 auf Zypern, die Türken verpachteten die Insel an England. Das Zypern, das die Briten vorfanden, war ein **heruntergekommenes, unterentwickeltes Land** und **alles andere als ein wirtschaftliches Ausbeutungsobjekt.** Die Hafenanlagen waren verfallen, das Inselinnere nur durch Saumpfade erschlossen, der Bergbau zum Erliegen gekommen, in den Sümpfen brütete die Malaria, die Bodenerosion schritt voran und der Außenhandel hatte aufgehört.

„In dem großen türkischen Reich gibt es keine Provinz, deren Einwohner so sehr unterdrückt und ausgebeutet werden wie die der Insel Zypern. Nach der Eroberung gab es hier 80.000 Griechen, die den Charadsch (Kopfsteuer) zu entrichten hatten. Da diese Steuer sehr hoch war, wurden viele Familien zugrunde gerichtet und daher gezwungen, ihr Vaterland zu verlassen und ihren Unterhalt anderswo zu suchen. Viele wurden auch Mohammedaner, um Befreiung von der Kopfsteuer zu suchen. Die Türken fragten allerdings wenig danach, ob sich die Zahl der Bewohner Zyperns verringerte oder nicht, sie forderten jene Einkünfte, die sie von allem Anfang an bezogen hatten. Alle, die Christen geblieben waren, mussten die Kopfsteuer für die abtrünnig gewordenen bezahlen, die Wohlhabenden hatten die Steuern für die Armen zu entrichten. Und als dann der Sultan einen Teil der Einkünfte, die ihm Zypern brachte, dem Wesir als Gehalt überließ, wurde die Lage der Zyprioten noch trauriger. Denn kein Wesir blieb hier lange. Kam ein neuer, mussten die Einwohner doppelt bezahlen, denn der neue war der Meinung, es habe ihn nicht zu bekümmern, was sein Vorgänger erhalten habe. So kam es, dass sich die Unterdrückten gegen den Tyrannen zur Wehr setzten. Immer häufiger kam es zu Aufständen, und als einer der Wesire auch von den Mohammedanern die Kopfsteuer forderte, vereinigten sich alle Bewohner ohne Unterschied der Religion, ermordeten den Wesir und steckten seinen Palast in Brand. Daraufhin schickte der Sultan Kriegsschiffe

So schrieb Carsten Niebuhr, der einzige Überlebende der legendären dänischen Orient-Expedition (1761-1767)

Für Zypern aber gingen die europäischen Lichter aus. Zwei Jahrtausende hindurch, seit der griechisch-persischen Auseinandersetzung Vorposten des Westens an seiner östlichen Flanke, kehrte es nun als Insel im türkischen Binnenmeer für drei Jahrhunderte in den Orient zurück; zurück auch im zeitlichen Sinne, schnitt doch der Stellenwechsel es von der geistigen und technisch-zivilisatorischen Entwicklung des Abendlandes ab.
Johannes Gaitanides

nach Zypern, ein Pascha mit zwei Rossschweifen erhielt den Befehl, die Rebellen – es waren etwa 3.000 – niederzuschlagen. Aber die Rebellen befanden sich in einem Kastell in Nordzypern, und der Pascha war außerstande, es zu erobern. Erst als er die Anführer mit List aus der Festung lockte, war die Rebellion zu Ende. Nahezu alle Rebellen wurden hingerichtet oder in die Sklaverei geschickt..."
Carsten Niebuhr, in seinem Werk „Entdeckungen im Orient"

Zeit der britischen Verwaltung – trenne und herrsche
(1878–1960)

Nur langsam erholte sich Zypern wirtschaftlich, ein britischer Hochkommissar leitete die Geschicke im Sinne der britischen Krone. Der griechische Bevölkerungsanteil war unzufrieden, und *Erzbischof Sophronius* artikulierte das Ziel; die Enosis, das heißt, die Anbindung an Griechenland. Ein politischer Gedanke, den *Erzbischof Makarios* später weiterführte und der bis in die jüngste Gegenwart hineingetragen wurde.

Ziel: Anbindung an Griechenland

„Zypern ist der Schlüssel zum Westen Asiens"
sagte der englische Premierminister *Benjamin Disraeli* im Jahr 1878 über Zypern, eine Insel, die für ihn auch das *„Aschenbrödel des britischen Weltreiches"* war.

1914 annektierte England Zypern, als die Türkei auf die Seite Deutschlands und der Mittelmächte trat. 1925 erklärte England Zypern zu seiner Kronkolonie. Zunächst handelte der *Gouverneur Sir Ronald Storrs* durchaus fair: Er versuchte der Wirtschaft und der Kultur neue Impulse zu geben. Doch immer wieder kam es zu Unruhen, die dazu führten, dass durch eine autoritärer werdende Verwaltung seitens der Engländer die griechische Kultur und Lebensweise immer mehr den Engländern angepasst wurde.

Der britische Hochkommissar empfängt türkische Würdenträger („Illustrated London News", 1879)

Ab 1931 kontrollierten die Engländer das Schulwesen. Im Zweiten Weltkrieg kämpften fast 30.000 Zyprioten in der britischen Armee. Daraufhin wurden die Zügel wieder etwas lockerer gelassen und Kommunalwahlen gestattet. Die Tendenz, auch widerstrebender Parteien Zyperns war eindeutig: Linke wie Rechte wünschten die Enosis, die Vereinigung mit Griechenland.

Pro Briten
Die reorganisierte Verwaltung leistete effiziente Arbeit, eine zeitgemäße Rechtsprechung schuf Rechtssicherheit, der Vetternwirtschaft wurde der Boden entzogen, ein Landkataster erstellt, das Gesundheitswesen ausgebaut.

Contra Briten

Trenne und herrsche

Auf der anderen Seite blieb der Wirtschaftssektor hinter der allgemeinen Entwicklung zurück, Ursache dafür waren unter anderem die ausbleibende Reform des Steuersystems, die unmäßige Abgabenbelastung des Haushalts und eine viel zu niedrige Reinvestitionsquote des erwirtschafteten Geldes – in London sah man Zypern nur unter militärstrategischen Gesichtspunkten. Die Briten rekrutierten nach dem Prinzip „Trenne und herrsche" die Polizei und die Beamtenschaft vorwiegend aus der türkisch-zyprischen Bewölkerung, was zu Unmut bei den Griechen führte.

Das Vaterland des Blumenkohl

„Die Zahl der Bewohner (Zyperns), die im Mittelalter über 1 Million betragen haben soll, beläuft sich nach einer Zählung von 1881 auf 235.539, worunter 46.389 Mohammedaner sind. Die übrigen gehören, mit Ausnahme von 3.066 Katholiken, Juden und Protestanten, der griechischen Kirche an. Der Erzbischof von Cypern ist das unabhängige, keinem Patriarchen unterworfene Haupt der Kirche dieser Insel und hat unter dem Beirat der übrigen drei Bischöfe von Basso, Lárnaka und Gerines, sowie einiger Laien das Abgabenwesen der christlichen Bevölkerung und das Landesschuldenwesen zu ordnen. Die herrschende Sprache ist die griechische, die auch von den Türken gesprochen oder doch verstanden wird. Die Einwohner betreiben Getreideanbau und Gartenbau, gewinnen Baumwolle, Alizzari oder levantischen Krapp, Südfrüchte und so weiter. Auch ist Cypern das Vaterland des Blumenkohls. Die Waldungen, welche aus Cedern, Pinien und Cypressen neben Eichen und Buchen bestehen, liefern ausgezeichnetes Bau- und Nutzholz; die Viehzucht ist unbedeutend, ebenso die Bienen- und Seidenzucht. Noch jetzt stehen in hohem Werte die Cypernweine, von denen der Commandaria der vorzüglichste."

Brockhaus' Conversations-Lexikon. Allgemeine deutsche Real-Encyklopädie. Leipzig, 1882

Eigenwillig, störrisch, sehr leicht zu regieren und hilflos wie ein Haufen russischer Sklaven

Die christlichen Einwohner sind zwar ihrer Sprache und Religion nach Griechen, haben aber wenig von der Intelligenz, dem Unternehmungsgeist und der Ruhelosigkeit des griechischen Charakters, auch entspricht ihr Äußeres nicht dem griechischen Typ. Wie ihre mohammedanischen Nachbarn sind sie von Natur indolent und ohne Ehrgeiz, zwar eigenwillig und störrisch, aber friedliebend, häuslich, vollkommen ehrlich und sehr leicht zu regieren... Wahrscheinlich sind in keinem Teil des britischen Herrschaftsbereiches ihrer Majestät Leben und Eigentum so sicher. Es wäre interessant, einmal zu untersuchen, wieweit die vorherrschende Stumpfheit und Apathie dem Regierungssystem zuzuschreiben ist, unter dem die Generationen lang gelebt haben. Die Ausbildung der Priester und Laien steht auf der

niedrigsten Stufe. Da die Kinder gescheit und fügsam erscheinen, würde die systematische Einrichtung guter Elementarschulen die besten Erfolge zeitigen.
Samuel Brown *im Jahr 1879 über die „Neuerwerbung" im Reiche ihrer Majestät*

Unter den Ottomanen verfügten die Vertreter des Volkes über eine Stimmenmehrheit. Unter den Engländern sind die Vertreter des Volkes von den Regierungsämtern ausgeschlossen. Früher hatten die Cyprioten in ihren eigenen Angelegenheiten ebensoviel Verfügungsgewalt wie das englische Volk, heute sind sie hilflos wie ein Haufen russischer Sklaven...
W.H. Dixon *1887*

Als griechische Partisanen den bewaffneten Freiheitskampf gegen die Briten begannen, pflanzte England die Wurzeln des heutigen Zyperndramas: Obwohl die Untergrundarmee der griechisch-zyprischen EOKA nie mehr als 600 aktive Kämpfer zählte, wurden die Briten, die schließlich 30.000 Soldaten samt ihrem Empire-Generalstabschef Sir John Harding *gegen die Guerillas ins Feld schickten, mit der Herausforderung nicht fertig. Sie suchten Hilfstruppen – und fanden sie bei den Zyperntürken, die bis dahin auch unter der Britenherrschaft friedlich mit ihren griechischen Nachbarn zusammengelebt hatten. Damals gab es zwischen Griechen und Türken die ersten „blutigen Nasen" (so Zyperns kurzlebiger Putschpräsident* Nikos Sampson *zum SPIEGEL) auf der Insel – in Wahrheit Blutbäder, vor allem, nachdem die Insel 1960 unabhängig geworden war. Den 18 Prozent Türken waren in der Inselverfassung überdimensionale Rechte eingeräumt worden – Drittelparität in Ämtern und Exekutive, Vetorecht gegen Regierungsbeschlüsse.* Präsident Makarios *sucht nach drei Jahren das seiner Meinung nach nicht praktikable Grundgesetz zu revidieren. Ankara antwortete, zum ersten Mal, mit einer Interventionsdrohung.*
Der SPIEGEL; 19. August 1974

Enosis-Gedanke erhält Aufschwung

Erzbischof Makarios, d i e Führerfigur der nächsten knapp drei Jahrzehnte, wurde 1950 zum Erzbischof gewählt – die Enosis-Bewegung erhielt durch ihn erneuten Aufschwung. Der Enosis-Gedanke stieß aber gleich mehrfach auf massiven Widerstand: *„Es hat sich schon immer von selbst verstanden, dass es gewisse Gebiete im Commonwealth gibt, die aufgrund spezieller Umstände niemals eine vollständige Unabhängigkeit erwarten können"*, teilte der Staatssekretär für Kolonialfragen, *Hopkinson*, 1954 den Zyprioten lakonisch mit. Die Briten verboten jegliche Äußerung von Enosis-Wünschen und bestraften dies sogar. Konsequenz: ein 24-stündiger Generalstreik und ein einwöchiges Nichterscheinen der Tageszeitungen. *Makarios* zeigte sich von dem Verbot aber unbeeindruckt.

1946, kurz nach Beendigung des Zweiten Weltkrieges erschien die erste Auflage des ersten Touristenführers „Romantisches Zypern – Jedermann's Reisebegleiter und Erinnerungsbuch" (hier abgebildet die 2. Auflage der deutschen Übersetzung von 1972). Damals inserierten vor allem Hotels in den Bergen in der Hoffnung auf Touristenströme.

Auch die Türkei leistete Widerstand gegen die Enosis und sah sich fortan als Schutzmacht der türkischen Bevölkerungsminderheit. Die Folge des Interessenkonfliktes war die Formierung einer Widerstandsbewegung. 1955 begann die Gewaltkampagne, die von der EOKA getragen wurde. Ihr Führer war

Oberst Grivas, der die Organisation bereits 1952 in Athen gegründet hatte. Nach der Suez-Krise im Jahr 1956 war Großbritannien umso entschlossener, an Zypern, dem „unsinkbaren Flugzeugträger“ festzuhalten.

Grundlage für ein unabhängiges Zypern

Das Londoner Zypernabkommen, das die Außenminister der Türkei, Griechenlands und Englands sowie Erzbischof *Makarios* verabschiedeten, legte 1959 die Grundlage für ein unabhängiges Zypern.

Makarios wurde 1956 auf die Seychellen verbannt. Die Lage war brisant, innerhalb von nur drei Monaten ereigneten sich 80 Attentate. *Makarios* wird als indirekter Günstling der EOKA angesehen. 1957 wurde er aus dem Exil entlassen, durfte aber nicht nach Zypern, da die griechische Kirche zu sehr auf Seiten der revolutionären Bewegung stand.

Rechtfertigt die Insel wirtschaftlich gesehen keineswegs den Streit um sie, so hat sie auch strategisch durch die Wandlung der politischen Verhältnisse im Nahen Osten und seit der Entwicklung der modernen Fernwaffen an Gewicht verloren. Die Türkei beruft sich bei ihren Ansprüchen auf die türkische Minderheit der Insel und darauf, daß diese von 1570/71 bis 1878 faktisch und bis 1914 de jure zum Osmanischen Reich gehörte. Die neue Türkei hat aber in ihrer Gründerzeit bewußte Beschränkung auf ihren Kernraum angestrebt und im Willen zu ethischer Einigung alles getan, um die nichttürkischen Gruppen, darunter weit über 1 Million Griechen, auszusiedeln. Es ist nicht recht verständlich, warum sie nun Forderungen auf eine Insel stellt, deren Bewohner in der Masse den Anschluß (Enosis) an Griechenland wünschen. Noch weniger realistisch erscheint die britische Cypern-Politik, eine Bastion mit allen Mitteln zu verteidigen, die im Ernstfall von innen heraus bedroht wäre.

Aus „Die aktuelle JRO-Landkarte“, München 13. Februar 1959

INFO Was von den Besatzern übrig blieb

Die markanten gelben Briefkästen sind ein Überbleibsel der britischen Besetzer.

Die Griechen hinterließen Säulen und unterirdische Totenstädte, die Römer Amphoren und das Odeon von Nea Páfos, die Türken Moscheen und Badehäuser, die Venezianer balkonverzierte Fassaden, die Ravioli und den Karneval von Limassol, die Byzantiner unzählige Klöster und Kirchen, aber die meisten Spuren im Alltag der Insel hinterließ die letzte Besatzungsmacht, die Briten:

Markante runde Briefkästen, den Linksverkehr, fast durchwegs englisch sprechende Einwohner, die Sonntagsruhe, Pünktlichkeit, Disziplin und Ordnung, 99 Quadratmeilen britisches Hoheitsgebiet auf zwei Militärbasen, eine gut funktionierende Verwaltung, britische Friedhöfe, zahllose britische Pubs, einen aufgeforsteten Wald bei Páfos, jede Menge britische Pensionäre, das Nationalspiel Bingo, viele Tennisplätze, Pflegeheime für die verschiedensten Tiere wie Esel oder Katzen, Pommes frites überall zu jedem Gericht; ham, eggs und beans am Frühstückstisch, das Nationalgetränk Brandy Sour, die alten Bedford-Busse und seit neuestem eine Touristenzeitung, „THE SUN TIMES"; aufgemacht im reißerischen Stil der britischen SUN. Die recht interessante, kostenlose Zeitung liegt in allen großen Hotels aus und enthält auch deutschsprachige Texte.

Zypern wird unabhängig (ab 1960)

Am 16. August 1960 erlangte Zypern seine Unabhängigkeit. Regierungsgewalt und Verwaltung wurden nach dem Zypernabkommen zwischen Griechen und Türken im Verhältnis 70 : 30 verteilt. Im Heer sollten die Posten im Verhältnis 60 : 40 verteilt werden. Der ENOSIS-Gedanke musste aufgegeben werden. Die Unabhängigkeit der Insel wurde durch Griechenland, die Türkei und Großbritannien garantiert.

An der **Ausarbeitung und Formulierung der Geburtsurkunde** ihrer Republik waren die Zyprioten nicht beteiligt. Das Abkommen, das zur Gründung des unabhängigen, zyprischen Staates führte, wurde im Frühjahr 1959 in Zürich von den Regierungschefs Griechenlands und der Türkei besiegelt und erst später von Vertretern der britischen Kolonialmacht und den zyprischen Volksgruppenführern abgezeichnet (daher auch die Bezeichnung „Abkommen von Zürich und London"). Doch nicht nur dieser verfahrenstechnische – und zudem höchst undemokratische – Formfehler sollte sich für die politische Zukunft Zyperns negativ auswirken.

Die Abkommen von London und Zürich – in dieser Hinsicht herrscht heute in der Wissenschaft weitgehend Einigkeit – enthielten zudem eine Fülle von Bestimmungen, die der friedlichen Entwicklung eines unabhängigen Einheitsstaats im Wege standen:

- Da waren zum einen die innerstaatlichen Vorschriften, die die türkische Minderheit nicht nur erheblich übervorteilten (so sollten zum Beispiel 30 % der Beamten und 40 % der Armee-Angehörigen türkische Zyprioten sein; im Regierungsgeschäft hatten die Türken ein starkes Mitspracherecht, das sich maßgeblich in der Veto-Kompetenz des Vize-Präsidenten widerspielte, der laut Verfassung immer ein Angehöriger der türkisch-zyprischen Minderheit zu sein hatte).
- Zudem schrieb die Verfassung auch in jedem kleinen Detail den binationalen Charakter der zyprischen Gesellschaft fest. Das war wohl gut gemeint, verhinderte aber praktisch jedwede Entstehung eines gesamt-zyprischen Bewusstseins, geschweige denn die Entwicklung einer nationalen zyprischen Identität.

Grieche blieb Grieche, Türke blieb Türke

- Im Ergebnis blieb der Grieche Grieche und schielte nach Athen, dem „nationalen Zentrum". Und der Türke blieb Türke, der sich seinerseits zum türkischen „Mutterland" hin orientierte.

Historisch und geografisch gesehen argumentierten die beiden Volksgruppen folgendermaßen:

Die Griechen	Die Türken
Zypern ist eine griechische Insel und seit Jahrtausenden von Griechen bewohnt	Zypern ist geographisch eine Fortsetzung des türkischen Festlandes
80 % der Zyprioten sind Griechen, von denen sich 96 % für Griechenland bekennen würden	Zypern sei 300 Jahre lang türkisch gewesen, eine längere griechische Herrschaft habe es hingegen nie gegeben
Perioden von Fremdherrschaft seien nur ein Übergang gewesen	die vertraglichen Vereinbarungen zwischen der Türkei und Großbritannien hätten festgelegt, dass die Insel nach dem Abzug der Briten der Türkei zufalle

„Wir waren diese Nacht im abgeriegelten türkisch-zyprischen Quartier von Nikosía, in welchem in den letzten fünf Tagen 200 bis 300 Menschen ermordet wurden. Wir waren die ersten westlichen Reporter dort und was wir gesehen haben, ist zu furchtbar, um es beschreiben zu können. Das Entsetzen darüber hat die Menschen so sehr erfaßt, daß sie wie betäubt nicht einmal mehr zum Weinen fähig sind.“
THE DAILY NEWS (28. Dezember 1963)

1963 kam es zu Kämpfen zwischen türkischen und griechischen Zyprioten. Eine Partisanengruppe unter *Nikos Sampson* bekämpfte türkische Zyprioten.

Trotz eines auf Betreiben Englands arrangierten Waffenstillstandes entwickelte sich ab 1964 der interne Konflikt zwischen türkischen und griechischen Zyprioten immer stärker. Nikosía wurde schließlich in zwei Teile geteilt, türkische Abgeordnete boykottierten das Parlament. Türkische Enklaven entstanden, in denen bald 25.000 Menschen lebten. Über den Griechen-Türken-Konflikt schrieb Professor *Ernst Forsthoff*, Präsident des Höchsten Verfassungsgerichts von Zypern am 27. Dezember 1963, in der Zeitung DIE WELT: „*Makarios* trägt auf seinen Schultern die alleinige Verantwortung für die gegenwärtigen tragischen Ereignisse. Seine Absicht ist es, die türkischen Zyprer ihrer zustehenden Rechte zu berauben.“ In einem Interview, welches Professor *Forsthoff* am 30. Dezember 1963 der UPI-Presseagentur gab, führte er aus: „All dies ereignete sich, weil *Makarios* versuchte, den türkischen Zyprioten ihre verfassungsmäßig zustehenden Rechte wegzunehmen.“

Flirt mit den Russen

Andererseits sollen die USA ein starkes Interesse daran gehabt haben, Zypern als unabhängigen Staat aufzulösen, da die Insel, anders als Griechenland oder die Türkei, nicht der NATO angehörte, aber mit den Russen gut stand. Nach dem Acheson-Plan wollten die Amerikaner im Juli 1964, dass die beiden Landesteile an das jeweilige „Mutterland“ angegliedert würden.

Am 21. April 1967 übernahmen die Obristen die Macht in Griechenland, der Enosis-Gedanke verlor in Zypern an Popularität. *Erzbischof Makarios* wurde 1968 mit 95 % der Stimmen zum Präsidenten gewählt, obwohl er zuvor die Abkehr von der Idee der Enosis bekannt gab. *General Grivas kehrte* 1971 unerkannt nach Zypern zurück. Als Gegner von *Makarios* und Verfechter des Enosis-Gedankens war er Führer der EOKA.

1974 starb *Grivas*, die Militärjunta in Griechenland half ihrerseits der Enosis-Bewegung. Die Unabhängigkeitsbestrebungen von *Makarios* kollidierten mit den Interessen der griechischen Machthaber. Sie wollten *Makarios* „erledigen“, dieser konnte aber rechtzeitig fliehen. *Nikos Sampson* wurde zum Präsidenten ernannt.

Türkische Truppen besetzen den Nordteil der Insel (1974)

Die Türkei war um die türkische Minderheit besorgt und entsandte Truppen, die am 20. Juli 1974 an der Nordküste bei Kerýneia landeten und hielt schließlich am 16. August fast 40 % der Insel besetzt – bis heute.

Ende des Jahres kehrte *Makarios* wieder nach Zypern zurück und wurde Präsident der Republik Zypern und blieb es bis zu seinem Tod 1977.

Der Vertreter der türkischen Bevölkerungsgruppe, *Rauf Denktasch*, rief am 13. Februar 1975 den „Türkischen Bundesstaat von Zypern“ aus. Der griechische Teil Zyperns, die völkerrechtlich anerkannte Republik Zypern, erlebte ab 1978 einen großen wirtschaftlichen Auf-

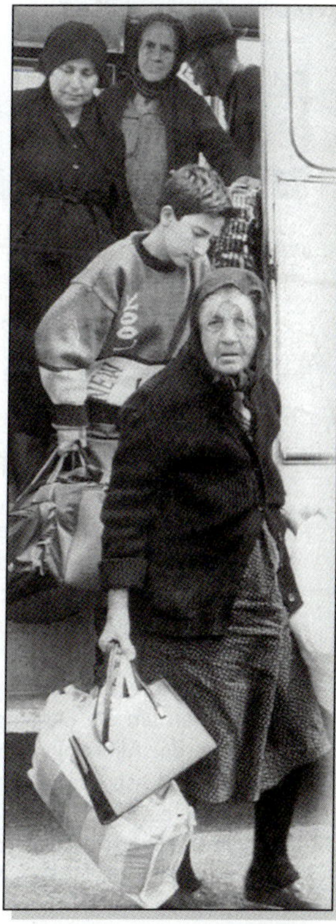

200.000 zyprische Griechen wurden 1974 zu Flüchtlingen im eigenen Land und mussten den Norden der Insel verlassen. 1.500 der griechischen Zyprioten gelten noch immer als vermisst. Umgekehrt zogen 45.000 Zyperntürken aus dem Süden in den Norden der Insel.

„Der Vandalismus und die Schändung sind so methodisch und weit verbreitet, dass diese auf eine institutionalisierte Auslöschung von allem, was einem Griechen heilig ist, hinauslaufen“ schreibt der Journalist J. Fielding am 6.5.1976 im britischen *„the guardian“* über die Zerstörung griechischer Kunstschätze in Nordzypern.

„Wir haben keine Lösung für das Zypern-Problem finden können, weil dies eines der kompliziertesten Probleme auf der Welt ist“.
US-Präsident Lyndon B. Johnson, 1964

„Die Zypern-Frage ist unser ältestes, unser dramatischstes Problem und gleichsam der Ursprung sämtlicher anderer Probleme, die wir haben.“
Konstantinos Karamanlis, griechischer Ministerpräsident, 1979

„Das Zypern-Problem ist eines der kompliziertesten und am meisten emotionsgeladenen Probleme unserer Zeit.“
Kurt Waldheim, ehemaliger Generalsekretär der Vereinten Nationen, 1978

„Wir haben es hier (auf Zypern) nicht mit einer einfachen Pflicht, sondern mit einer Mission zu tun: Es ist unsere Mission, Zypern zum Bestandteil unseres Mutterlandes zu machen.“
Ihsan Sabri Caglayangil, türkischer Außenminister, 1980

„Meine Heimat ist in zwei Teile zerbrochen, welchen der beide Teile muss ich lieben", *steht bitter auf einem Schild im ehemals türkischen Dorf Platanistika nahe Limassol*

schwung, nicht zuletzt aufgrund ausländischer Hilfe. Nord-Zypern, türkisch besetzt, wurde nur von der Türkei anerkannt. Am 21.02.1988 errang der von Kommunisten und Sozialisten unterstützte *Geórgios Vassiliou* mit 51,63 % der Stimmen den Wahlsieg. Er begann Gespräche mit dem Führer des türkisch besetzten Teils mit dem Ziel einer Wiedervereinigung – die erfolglos geblieben sind.

200.000 zyprische Griechen wurden 1974 zu Flüchtlingen im eigenen Land und mussten den Norden der Insel verlassen. 1.500 der griechischen Zyprioten gelten noch immer als vermisst. Umgekehrt zogen 45.000 Zyperntürken aus dem Süden in den Norden der Insel.

Zypern und der EU-Beitritt

1990 stellte die Republik Zypern einen Antrag auf Mitgliedschaft in der EU. Stellte die EU anfänglich noch die Bedingung, dass der Zypernkonflikt bereinigt sein müsse, so stellte sie später eine Mitgliedschaft in Aussicht. Denn Griechenland drohte mit einem Veto für die Ostererweiterung der EU, falls die Republik Zypern nicht Mitglied würde.

ein byzantinischer Kniff

Der zyperntürkische Präsident *Denktas* meinte zum zyperngriechischen Antrag auf EU-Mitgliedschaft: „*Wir haben darauf aufmerksam gemacht, daß der unilaterale zyperngriechische EU-Beitrittsantrag ein großer byzantinischer Kniff ist. Zyperngriechen versuchen jetzt, durch die EU das zu erreichen, was sie mit Waffengewalt, Embargos und Druck nicht erreichen konnten. Die zyperngriechische Administration versucht, Zypern über die EU-Mitgliedschaft in eine zyperngriechische Republik umzuwandeln.*"

Wenn die Republik Zypern Mitglied wird, könnte die Türkei, die ihrerseits seit Jahren um die EU-Mitgliedschaft ersucht, Nordzypern in den eigenen Staat integrieren. Allerdings wird die Türkei seit längerem von einer schweren Wirtschaftskrise erschüttert. Sie kann sich die teure Truppenstationierung auf der Insel eigentlich schon längst nicht mehr leisten – zumal das unterentwickelte Nordzypern auch ansonsten jährlich Unsummen an Hilfsgeldern benötigt. Nicht einmal die türkischen Militärs stehen noch uneingeschränkt zur bisherigen Zypernpolitik.

katastrophale Wirtschaftslage, internationale Isolation

Ebenfalls ist unter den türkischen Zyprioten in den vergangenen Jahren der Ärger über die katastrophale Wirtschaftslage und die internationale Isolation stark gewachsen. Angesichts des Aufschwungs im griechischen Süden wünscht man sich endlich einen Ausgleich zwischen den Inselteilen und Teilhabe – zum Beispiel am blühenden Tourismusgeschäft.

Oktober 2002 – Die EU-Mitgliedschaft wird beschlossen

Gespräche zwischen den Zyperngriechen und Zyperntürken laufen. Türkische Zeitungen vermelden, dass Reisebeschränkungen fallen sollen, Flüge aus der EU nach Nordzypern möglich würden. Bis 2006 will die EU 200 Millionen € für die Entwicklung des armen Inselnordens reservieren. Ein Viertel der Zyperntürken wünscht den EU-Beitritt sofort, nur ein Prozent der befragten Zyperntürken sind gegen den EU-Beitritt.

EU-Kommissar *Günter Verheugen* äußert sich in der ZEIT: „Wir werden bis zum letzten Moment alles tun, um die Aufnahme der ganzen, ungeteilten Insel zu erreichen. Wir arbeiten deshalb mit aller Kraft an der Lösung des Zypernkonfliktes – dazu brauchen wir aber eine handlungsfähige Regierung in Ankara. Der Schlüssel zur Lösung liegt dort".

Falls Du es noch nicht weißt: Die Enosis ist gestorben! Es gibt noch einige (wenige!) Griechisch-Zyprioten, die den Anschluss an Griechenland befürworten, doch wie gesagt, die Enosis gehört der Vergangenheit an. Außerdem, wenn ich mir so Griechenland und Zypern ansehe, wären die Zyprioten schön blöd, wenn sie sich anschließen würden. In Zypern habe ich NIE einen Bettler gesehen...
schreibt ein gewisser Jorgos in einem Internetforum im Juli 2002

So freundlich die Geographie der Insel – ihre Lage sorgte dafür, dass es mit ihrer Geschichte nicht gut gehen konnte. Sie sorgte für ein Zuviel an Geschichte. Jeder Quadratmeter ihres Bodens quillt über von Historie, und sie ist häufiger mit Blut und Elend geschrieben denn mit Glanz und Gloria. Westliches Sprungbrett zur Levante, nach Asien hinüber und östliches Ausfalltor nach Griechenland und Europa, wurde Zypern zum Spielball aller Bewegungen, aller Konflikte zwischen Orient und Okzident. Welche Macht immer auf diesem Entscheidungsfeld mitmischte, sie musste bemüht sein, den strategischen Schlüssel Zypern in die Hand zu bekommen. Prädestiniert zum Objekt und Opfer der mächtigeren Umwelt, war die Insel selten nur und immer nur kurz sich selber eigen. So düster sich die Zukunft Zyperns heute ausnimmt, geübt in Leid und Not der Selbstbehauptung, wird es allen Rückschlägen zum Trotz bleiben, was es die Zeiten hindurch war: die abendländische Insel im Morgenland – das rare Exempel der Überwindbarkeit der Geographie durch die Geschichte.
Johannes Gaitanides

Landschaftlicher Überblick

Zypern ist in sehr unterschiedliche Landschaften gegliedert: Es gibt weiß-gelbe Sandstrände, malerische Steilküsten, liebliche Hügel- und Tallandschaften, weite Ebenen und wilde Gebirgsszenerien. Geologisch gesehen gehört Zypern zum alpinen Faltengebirgsgürtel, der von Europa nach Asien hinüber zieht. **Geografisch** gehört die Insel zu **Asien**, aber in ihren **kulturellen** (im südlichen Teil der Insel) **und historischen Bezügen zu Europa.** Zypern wird als ein abgesprengtes Teilstück des kleinasiatischen Taurus-Massivs betrachtet. Folgende Landschaftszonen kann man klar voneinander unterscheiden:

geografisch asiatisch, kulturell europäisch

- **Die Kerýneia-Kette ist bis zu 1.024 m hoch** (Kyparissos), zumeist aus Kalkstein bestehend, sie weist im Westen die höchsten Berge auf und flacht ostwärts ab. Zu ihr gehört auch die Gruppe des Pentadaktylos („Fünffinger-Berg“ – nach seiner Form benannt). Dieser schmale Gebirgszug zieht sich an der Nordküste entlang.
- **Südlich der Kerýneia-Kette fällt das Land in die Mesaoriá ab** (Mesaoriá bedeutet „zwischen den Gebirgen“). Diese große Ebene zwischen den Buchten von Mórfou im Westen und Famagusta im Osten ist das landwirtschaftliche Hauptanbaugebiet Zyperns. Geologisch handelt es sich um eine Senke, die mit jungtertiären Sedimenten und Ablagerungen der Flüsse angefüllt wurde. Hier liegt auch das bevorzugte Siedlungsgebiet Zyperns, eingenommen von den Städten Nikosía und Famagusta.
- Diese Ebene geht **südlich allmählich in eine aus vulkanischen Gesteinen bestehende Vorgebirgszone über,** die schließlich ins Tróodos-Gebirge

INFO Auf Zypern gab es keine Seen

Außer den Salzseen von Lárnaka und Akrotíri, die während der Sommermonate austrocknen, gab es einst keine Seen auf Zypern. Um die Wasserversorgung auf der heißen Insel für die Einwohner, die jährlich über zwei Millionen Touristen und für die Produktion wichtiger Agrarerzeugnisse zu gewährleisten, wurden seit 1974 systematisch Staudämme angelegt, mit dem Ziel „Kein Tropfen Wasser fließt ins Meer“. Heute ist die Insel der Aphrodite ein Land der Staudämme: Über 80 Staumauern halten das Wasser aus dem Tróodos-Gebirge zurück, bevor es das Meer erreichen kann. Die Stauseen fassen insgesamt über 300 Milliarden Kubikmeter Wasser – der größte allein 112 Milliarden, der zweitgrößte noch 50 Milliarden Kubikmeter, der kleinste und zugleich älteste aus britischer Kolonialzeit von 1900 noch drei Milliarden Kubikmeter. Zwei große Entsalzungsanlagen an der Meeresküste bei Lárnaka zeigen das Bewusstsein der griechischen Zyprioten, wenn es um die Ressource Wasser geht. Ein ausgeklügeltes System von Kanälen und Pipelines stellt die Wasserzufuhr für große Obstplantagen und landwirtschaftlich genutzte Felder sicher. Und nahezu jedes Haus auf Zypern produziert sein eigenes warmes Wasser mit der Sonne: Kollektoren auf den Dächern speichern die Wärme und speisen die Energie in einen Wassertank ein – zusammen mit einem zweiten Behälter für kaltes Wasser ist das die große „Mischbatterie“.

mit dem höchsten zyprischen Berg, dem Olympus (1.953 m) ansteigt. Das Tróodos-Massiv, im heißen Sommer ein traditionelles Erholungsgebiet und gern besuchtes Skigebiet im Winter, besteht zumeist aus kristallinem Gestein, das von jüngerer Lava überdeckt wird.

- **Südlich läuft das Tróodos-Massiv allmählich in ein Hügelland aus**, das neben der Mesaoriá das wichtigste landwirtschaftliche Anbaugebiet Zyperns ist. Im Westen, Süden und Osten schwingt diese Region in unterschiedlich breite Küstenebenen aus. Die zweitgrößte Stadt Zyperns, Limassol, liegt in diesem Gebiet.

Geologie

Vor 200 Millionen Jahren zerbrach der Großkontinent Pangaea, das ausströmende Magma bildete zwischen der Afrikanischen und der Eurasischen Platte den Boden des entstehenden Tethysmeeres. Vor ca. 65 Millionen Jahren begann sich die Afrikanische Platte gegen die Eurasische zu bewegen, die Thetys wurde immer kleiner. Ein Fragment der ozeanischen Kruste des Thetysmeeres bildete schließlich das Tróodos-Gebirge. Wenig später, nach 10 Millionen Jahren, entstand dann nördlich davon das Besparmak Gebirge, zwischen beiden Massiven lag ein Flachmeer (die heutige Mesaoriá-Ebene), das vor ca. 2 Millionen Jahren verschwand und eine Landverbindung zwischen den Gebirgen freilegte: Zypern war entstanden.

Die **Bodenschätze der Insel** stammen vor allem aus der submarinen Bildung der Gebirge. Kupfer, das als Sulfid vorkommt, entstand, als am Tethysboden Meerwasser in Gesteinsklüfte drang und die im Nebengestein vorkommenden Metalle löste. Diese stiegen dann als Kupfer-, Eisen- und Zinksulfide auf. Durch Serpentinisierung wurde der größte Teil der dunklen Perodotite zu grünlichen Serpentiniten umgewandelt. Serpentin-Asbest ist ein weiteres Nebenprodukt der Serpentinisierung. Das Chrom, auf Zypern als Chromit abgebaut, ballte sich durch die Differentationsprozesse in den ozeanischen Magmakammern zusammen.

Erst spät – Anfang der 1970er Jahre – fanden die Geologen heraus, dass es sich bei bestimmten Gesteinen des Tróodos-Gebirges um Reste ozeanischer Kruste handelt. Grünlich gesprenkelt wie eine Schlangenhaut ist das Gestein, das auf Zypern **Sehnsuchtsziel vieler Geologen** ist. Aus dem griechischen Ophis (Schlange) und ithos (Stein) setzt sich der Name Ophiolith zusammen, der an Land beförderte Bruchstücke ozeanischer Kruste benennt, die auf Zypern sichtbar wird wie kaum irgendwo sonst. Genau genommen, setzt sich vollständiger Ophiolith aus einer regelmäßigen Abfolge von Gesteinsschichten aus Tiefseesedimenten, Tiefengestein und untermeerisch ausgeflossenen vulkanischen Kissenlaven zusammen.

Geomantisch gesehen

Die Geomantie (die mit dem chinesischen Feng Shui verglichen wird), die uralte Kunst des Lebens und Bauens in der Harmonie mit den Kräften der Natur, konzentrierte sich vor allem auf positive Energien in der Umwelt.

Auf Zypern soll es zahlreiche dieser Orte der Kraft geben:

- die jungsteinzeitlichen Siedlungen Kalavasós, Tenta und Choirokoitía
- in Páfos die Königsgräber und die Ruinen der frühbyzantischen Basilika Panagía Chrysopolitissa mit der Paulus-Säule
- das Theater von Koúrion
- Kloster Stavrovoúni
- die islamische Hala Sultan Tekke
- die christliche Lazarus-Kirche

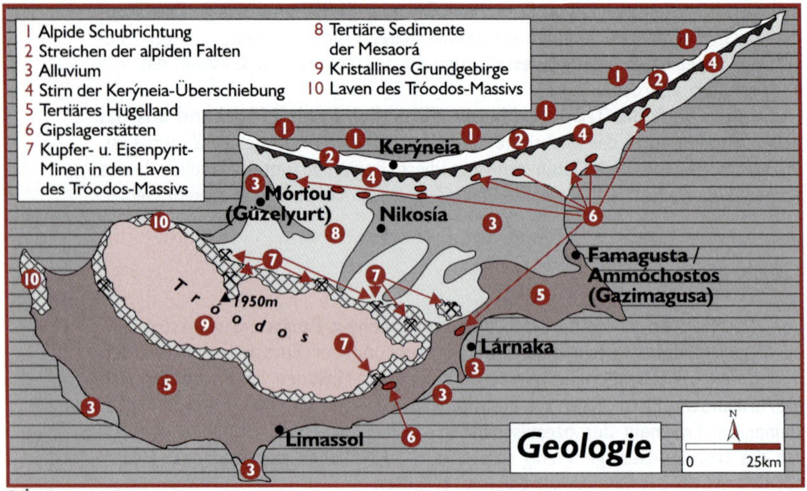

© igraphic

Zyperns jüngste geologische Formationen liegen an den Küsten, wo einst lange Abschnitte Korallenriffe waren.

Die Pflanzenwelt

Vegetationszonen

Die Vegetation auf Zypern kann in drei Kategorien unterteilt werden:

- die **Phrygana** (durch Überweidung und Brand begünstigt) **in Ebenen bis 500 m** mit langsam wachsenden, trockenheitsbeständigen Sträuchern wie Thymian oder Cistus und Kräutern, blühenden Zwiebeln oder Einjährigen
- die **Maquis bis 100 m mit höheren Sträuchern und kleinen Bäumen von einem bis zu fünf Metern** wie Ginster, Terebinthe und Mastix
- die **Waldzone von 100-1.200 m** bildet mit ihren Koniferen den größten Teil des Landes

zu faul zum Bücken beim Fällen

Wo sind sie geblieben, Zyperns Bäume? Das Zypern der Antike war mit Wäldern bedeckt, heute bedecken die Wälder nur etwa 17 % der Inselfläche. Die Bäume wurden gefällt für Handels- und Militärschiffe für die persische Marine, als Grubenstützen für den Bergbau. Sie wurden durch Ziegen überweidet und sie fielen häufigen Waldbränden zum Opfer. Selbst fremde Schiffe ankerten früher vor Zyperns unbewachten Küsten: Ihre Besatzungen fällten die Bäume, um sie dann in Ägypten oder anderswo als Brennholz zu verkaufen. Manche Holzfäller waren sogar zu bequem, sich beim Fällen zu bücken und schlugen die Bäume in Meterhöhe einfach ab.

Winston Churchill begann 1904, damals war er noch Angestellter des Kolonialministeriums, mit der Aufforstung Zyperns. 1974 brannten dann durch die Feuerbomben der türkischen Luftwaffe 16 % der Wälder wieder nieder. Neue Bäume wurden wieder gepflanzt und gelten heute als ein exzellentes Beispiel für einen widerstandsfähigen Wald im Mittelmeerraum.

Malven
Wenn Sie im Frühjahr Zyprioten mit Messern und Tüten bewaffnet gebückt und suchenden Blickes durch die Gegend streifen sehen, dann sind die vielleicht auf der Suche nach Malven, die auf Zypern nicht zu Tee verarbeitet, sondern in der Pfanne als Gemüse zubereitet werden.

Während in früheren Zeiten Zypressen das Landschaftsbild prägten, sind es heute zum überwiegenden Teil Kiefern, Eichen und Zedern (sie stehen unter Naturschutz und dürfen nicht gefällt werden), weiterhin Aleppo-Pinien, Steinpinien und Platanen. In den Ebenen findet man Johannisbrot-, Lorbeer, Nuss- und Olivenbäume sowie Eukalypten, Myrten, Akazien, Pappeln und Palmen. Verschiedene Tannenarten, Akazien und Fichtenarten, die als natürliche Art auf Zypern völlig unbekannt sind, wurden von den fremden Eroberern eingeführt – und sind somit gleichsam ein Spiegel der Geschichte Zyperns.

Für die Landwirtschaft besonders wichtig sind die Zitrusfrüchte wie Orangen, Grapefruit und Zitronen. Die unscheinbaren orange-gelben **Mousmoula-Früchte** (s. Farbteil) wachsen in vielen Vorgärten. Shakespeare erwähnte diese Frucht (engl. medlar) mehrmals in „Romeo und Julia“. In Frankreich gar betrachtete man die Mousmoula als wirksam gegen Zauberei und Hexerei. Die Mosumoula werden auf Zypern normalerweise im späten Frühjahr geerntet und als Marmelade für den einheimischen Markt verarbeitet. **Wichtigste Kulturpflanze aber ist – die Weinrebe**.

Die Roten Anemonen entstanden aus dem Blut des Adonis, der von einem wilden Eber getötet wurde. Die weißen Anemonen entsprossen den Tränen der Aphrodite, die sie über den Tod ihres Geliebten vergoss.

Die Flora Zyperns ist eine der reichsten des östlichen Mittelmeeres und umfasst **152 Pflanzenfamilien, 668 Gattungen und ca. 1.820 Arten**. 86 der mehr als 1.800 Pflanzenarten sollen aus Zypern selbst stammen. Besonders im Frühling ist Zypern eine „Duftende Insel“: Von Februar bis Mai blühen Mandeln und Kirschen, Chrysanthemen, Affodill, Mohn, Tulpen, Hyazinthen, Ringelblumen, Schwertlilien, Narzissen, Krokusse, Pfingstrosen, Alpenveilchen und Anemonen. In den heißen Monaten Juli bis September sieht man die Pastelltöne der Disteln, das Weiß und Violett der Kapernbüsche und die Blüten von Myrten, Oleander und Tamarisken. Nach den ersten Regenfällen im Oktober blühen 45 Orchideen-Arten im Gebirge und an der Küste. Gut ausgeschilderte Naturlehrpfade im Tróodos-Gebirge, auf der Akámas-Halbinsel und Kap Greko illustrieren die Pflanzen.

Bananen-Wunder
Auf Zypern, dieser Insel voller Wunder, bietet sogar die Banane Wundersames, wenn man Roberto da Sanseverino glauben darf, einem Italiener, der 1458 auf seinem Weg ins Heilige Land durch Zypern kam und dort feststellte: *„Man kann sie (die Bananen), so oft man will, durchschneiden, man findet immer ein Kreuz in ihrer Mitte.“*

Die Tierwelt

Weniger reich gegliedert als die Flora ist die Fauna Zyperns. **Heute zählt die Insel 26 Arten von Amphibien und Reptilien, 357 verschiedene Vogelarten und 197 Fischarten.**

Am bemerkenswertesten bei den Landtieren sind **die Mufflons** (griech. agrino), die sonst nur noch auf Sardinien und Korsika vorkommen. Diese Wildschafe leben im Páfosforst und stehen unter Naturschutz. Nachdem Archäologen in der neolithischen Siedlung Choirokoitía Knochen von Wildschafen gefunden haben, nimmt man an, dass diese als Haustiere mit den neolithischen Siedlern nach Zypern kamen und später verwilderten. Wegen seines schmackhaften Fleisches war das Mufflon stets begehrtes Jagdobjekt und so zählte man während der britischen Herrschaft nur noch 20 Tiere. Heute gibt es nach Schätzungen wieder zwischen hundert und mehreren Hunderten von Mufflons auf der Insel. Das männliche Mufflon – der Widder – hat lange, spiralförmige, nach innen gedrehte Hörner, sogenannte „Schnecken" und schwarzbraunes, dichtes Fell. Die Mufflon-Weibchen haben kurze Hörner und sind grau oder dunkelbraun gefärbt. Das Futter der Mufflons besteht aus Pflanzen, Kräutern, Pilzen, Gräsern und jungen Trieben von Bäumen und Sträuchern. **Wer ein Mufflon abschießt, muss nicht nur mit einer drastischen Geldstrafe, sondern auch mit Gefängnis rechnen!**

Das Wappentier der Insel, das Mufflon, gibt durch Bewegung der Kiefer und Lippen einen hörbaren Laut von sich, es „muffelt".

Von den etwa einem Dutzend umfassenden **Echsenarten** ist die größte die Sternenagame (Agama stelio), die bis zu 30 cm lang wird. Aus der Nähe betrachtet, sieht der Kopf des Urzeitlers wie ein Dinosaurier aus, die griechischen Zyprioten nennen ihn Nasenbeißer und die armenischen Zyprioten fürchteten ihn gar sehr, weil er als Gefahr für ihren Penis galt. Auch der langohrige **Igel** war gefürchtet, weniger als Gefahr für die Männer als für die Hennen in den Hühnerställen, die er regelmäßig überfallen haben soll. Wie der Igel das physisch bewerkstelligt haben soll, bleibt unklar, aber bis in die jüngste Zeit wurde er von der Bevölkerung verfolgt.

Penisbeißer und Hennenschreck

Ansonsten gibt es verschiedene Arten von **Schlangen und viele Eidechsen, Chamä-**

„Selbst die Katzen haben auf Zypern ein leidliches Auskommen: Notfalls finden sie Aufnahme im Kloster zum Heiligen Nicolaos der Katzen auf der südlichen Halbinsel Akrotíri oder in Aghia Barbara, der unteren Dependance des Felsenklosters Stavrovoúni – dort kommt ihnen freilich die menschliche Eigensucht entgegen, bewähren sie sich doch trefflichst in der Schlangenbekämpfung" so schrieb *Johannes Gaitanides* über das auf Zypern häufigste Tier: die Katze.

leons, Wasserschildkröten, kleine Eichhörnchen, Wiesel und wilde Kaninchen.

Die **Zwerg-Flusspferde und Zwerg-Elefanten**, die einst auf Zypern herumstapften sind heute ausgestorben, nur noch einige Fossilien von ihnen sind übrig geblieben ...

INFO 100 Vögel für zwei Menschen ...

schwärmte eine britische Vogelbeobachterin – bei ihr zuhause wäre es umgekehrt. Tatsächlich kann man auf Zypern – neben vielen Vogelbeobachtern – auch außerordentlich viele Vögel beobachten, denn zweimal im Jahr ist die Insel Station für viele Zugvögel, da sie an zwei Zugvögelrouten liegt. Ungefähr **150 Millionen Vögel** und **300 Vogelarten** passieren Zypern nach der Brutperiode. Die beste Zeit für Vogelbeobachter sind Frühjahr und Herbst.

Schwarzstirnwürger

Ein Überblick über die Vögel, die man mit etwas Glück beobachten kann:

- **Halbinsel von Páfos, rund um den Leuchtturm:** Wachtel, Eisvogel, Bienenfresser, Wiedehopf, Wendehals, Kurzzehenlerche, Rotkehl- und Brachpieper, Isabell- und Mittelmeer-Steinschmätzer, Orpheus- und Weißbart-Grasmücke, Berglaubsänger, Rotkopfwürger, Neuntöter, Grauortolan, Ortolan, seltener auch Häherkuckuck, Bergkalanderlerche, Zitronenstelze, Sprosser, Maskengrasmücke und Schwarzstirnwürger sind hier neben zahlreichen Steinschmätzern, Rötelschwalben, Schafstelzen, Nachtigallen und Klappergrasmücken zu erwarten. Alljährlich in der zweiten Aprilhälfte werden seltene östliche Arten festgestellt, unter anderem Wermutregenpfeifer, Blauwangenspint, Isabellwürger, Fahlsperling und Wüstengimpel.

Brachpieper

- **Akámas-Halbinsel**: Halsbandfrankolin, einzelne Halsbandschnäpper, manchmal auch Halbringschnäpper. In höheren Lagen trifft man gelegentlich auch eine Kappenammer an.

- **Halbinsel Akrotíri westlich von Limassol:** Am bekanntesten sind die Rosaflamingos, die von ferne wie eine schwebende rosafarbene Wolke dicht über dem See wirken. In den nahegelegenen Schilfflächen und Feuchtwiesen von Fassouri findet man verschiedene Limikolenarten, Spornkiebitze, Stelzenläufer und Teichwasserläufer, seltener die Doppelschnepfe. In den Gräben verstecken sich Purpur- und Rallenreiher, rastende Sichler ziehen offenere Flächen vor, und über dem Schilf jagen Rotflügel-Brachschwalben nach Insekten. In den Teichen entlang dem **Ladie's Mile Beach** rasten Strandläufer, Seeregenpfeifer, seltener auch Dünnschnabelmöwen.

- **Kensington Cliffs nahe Episkopí**: An den weißen Kalkklippen kann mit etwas Glück sogar den Horst eines Gänsegeiers beobachten. Die halbmondförmige Bucht mit weißen Kalkklippen ist einer seiner letzten Zufluchtsorte auf Zypern, im Mai und Juni sind brütende Eleonorafalken zu sehen.

Es gibt in der Stadt eine Menge Gärten, die dicht mit Palmen bestanden sind, in denen Unmengen Krähen hausen. Ihre Zahl ist unglaublich. Die Bäume sind ganz schwarz von ihnen. Sie bringen einen am Morgen um den Schlaf, denn bei Anbruch des Tages veranstalten sie ein so lautes Krächzen, daß man nicht mehr schlafen kann. Aus irgendeinem Aberglauben heraus bringen es die Türken nicht über sich, die Krähen zu töten.
So schreibt der flämische Edelmann Vincent Stochove 1631 in sein Reisetagebuch *"Voyage de Levang"*.

Seeregenpfeifer

- **Tróodos-Gebirge:** Hier findet man Unterarten des Eichelhähers, des Fichtenkreuzschnabels, des Gartenbaumläufers sowie der Tannenmeise. An den Hängen Brutvogelarten wie Heidelerche, Felsenschwalbe oder Maskenwürger.

Gesellschaftlicher Überblick

Bevölkerung

Orient und Okzident müssen, ob sie wollen oder nicht, auf Zypern wenn nicht miteinander, so doch nebeneinander existieren. *„Zypern ist die gemeinsame Heimat der griechisch-zyprischen und der türkisch-zyprischen Volksgruppe. Ihr Verhältnis ist nicht das einer Mehrheit zu einer Minderheit, sondern eines von zwei Volksgruppen auf der einen Insel Zypern"* erklärte der frühere UN-Generalsekretär *Pérez des Cuéllar* im Februar 1990.

gemeinsame Heimat

Südzypern

Sie geistern noch durch viele Reisekataloge und Reiseführer – die alten Frauen neben oder auf dem Esel. So malerisch dieses Bild auch ist – es bleibt nur ein Bild. Denn die griechischen Zyprioten sind längst wohlhabend – längst Kosmopoliten. Wo immer man einen Zyprioten trifft und wie ländlich er auch immer aussehen mag: vielleicht hat er viele Jahre seines Lebens im Ausland, in England, Australien oder den USA verbracht – er wird mit großer Sicherheit Englisch sprechen und mit ziemlicher Sicherheit mindestens ein Familienmitglied haben, das es in London zum Chirurgen oder zum Professor – kurz und gut – zu etwas gebracht hat.

„... er war der Typ des cypriotischen Griechen: ein runder, lockiger Kopf, ein stämmiger Körper, kräftige Arme und Beine, schläfrige gutmütige Augen. Er vermittelte mir meine erste Bekanntschaft mit dem Temperament der Inselbewohner, das von dem üblichen extrovertierten Wesen der Festlandsgriechen stark abweicht. Der Umgangston war formeller, sogar zwischen Cyprioten, wie ich bemerkte. Die Anredeformeln hatten etwas Altmodisches, es mangelte ihnen an Spontanität. In der Unterhaltung herrschte eine gewisse höfliche und maßvolle Zurückhaltung. Gastfreundschaft wurde unaufdringlich und schüchtern angeboten – als ob der Geber eine Zurückweisung fürchtete."
Lawrence Durrell

Das weit verbreitete Vorurteil, dass Zypern eigentlich nur so etwas wie eine griechische Provinz sei, wird auf der Insel nirgends bestätigt. Das Gegenteil ist der Fall: **Zypern erscheint viel westlicher als Griechenland**, auch wenn es viel östlicher liegt. Der westliche Einfluss ist überall spürbar: auf den Straßen kein lautes Gehupe und Geschrei trotz des hohen Verkehrsaufkommen, auf die griechische Unpünktlichkeit ist hier kein Verlass, und Begriffe wie Zuverlässigkeit, Effektivität und Zurückhaltung sind durchaus auf die Zyprioten zutreffend.

Was an vielen Zyprioten auffällt, ist ihre starke Bindung an ihre Heimat. Immer öfter kehren Zyprioten, die unter der Woche an der Küste leben, am Wochenende in ihre Dörfer im Landesinneren zurück, wo sie in den Gärten Obst und

Gemüse anbauen und so etwas vom Leben ihrer bäuerlichen Vorfahren erhalten. Auch kehren in den letzten Jahren viele einstige Ausgewanderte wieder nach Zypern zurück: Ein alter Mann, der in Amerika reich geworden war und in seine Heimat zurückkehrte, drückte es so aus: „*Von Geburt an haben wir davon etwas in uns und keine Kraft der Welt könnte das Bild der schönen Heimat in uns auslöschen. Erst mit dem Tod geben wir es der Erde zurück.*“ Und das im wahrsten Sinne des Wortes, denn auf Zypern gibt es nur eine Erdbestattung.

Ein wenig dünner dosiert bietet Zypern jene spezifisch hellenistischen Eigenschaften des explosiven Temperaments, des stürmischen Entgegenkommens, des aggressiven Charmes. Eher auf Bariton als auf Tenor gestimmt, ist seine Tonlage gedämpfter, sein Rhythmus verhaltener, seine Melodik schwingt weniger weit aus zu den Extremen der Lust und der Klage.
Der Zyprer unterstreicht auch nicht seine Männlichkeit durch die ex- und intensive Kultivierung seiner Bärtigkeit, noch hungert er als Student, um seine gesammelten Gedichte auf eigene Kosten ins Licht der Druckerschwärze setzen zu lassen. Verhaltener in Rede, Gestik und Mimik, lässt er sich nicht einmal durch ein Miniröckchen zur Pose des „Palikaren“, des heldischen Draufgängers, verführen, wie denn nicht jede vorbei flanierende Frauensilhouette sein Auge zu einer platonischen Entkleidungsszene verpflichtet.
Johannes Gaitanides

INFO Fällt ein Stein auf ein Ei – Sprichwörtliches aus Zypern

- Ein Narr wirft einen Stein ins Meer, und hundert Weise können ihn nicht wieder herausholen.
- Wenn der Stein auf das Ei fällt, schade um das Ei. Wenn das Ei auf den Stein fällt, schade um das Ei.
- Der Fuchs träumt im Schlaf stets von Hühnern.
- Wenn das Kind nicht schreit, gibt die Mutter ihm nicht die Brust.
- Man geht nicht in die Hölle, wenn man sich nur eine Zigarette anzünden will.
- Er zerstößt Wasser in einem Mörser.
- An der Tür des Tauben kannst du klopfen, solange du willst.
- Für einen erfolgreichen Menschen legt sogar ein Hahn Eier.
- Einmal für einen Freund, ein zweites Mal für einen Freund – aber beim dritten Mal bin ich krank.
- Die Wände haben Ohren, und die Zäune haben Augen.
- Einer, der nass ist, fürchtet den Regen nicht.
- Der Wein vom nächsten Jahr ist der süßeste.
- Am Feiertag ist jeder gesund.
- Wer in den Dreck fällt, den fressen die Schweine.
- Er zündet eine Kerze an, um eine Lampe zu finden.

Nordzypern

In **Nordzypern** sind etwa 40 % der Bewohner keine Zyprioten, sondern nach der Teilung hier angesiedelte Festlandtürken, die zum größten Teil aus Anatolien und in jüngster Zeit auch aus Bulgarien stammen. Über die genaue Zahl der Siedler gibt es nur vage Schätzungen, etwa 115.000 türkische Siedler sollen sich nach der Teilung der Insel hier niedergelassen haben. Auf der ehemals von Griechen besiedelten und nach 1974 von diesen verlassenen Karpaz-Halbinsel bilden die Festlandtürken schon den größten Teil der Bevölkerung. Während immer mehr junge, gut ausgebildete Zyperntürken die Insel verlassen, um in England, Australien oder den USA mehr zu verdienen, ziehen auf der anderen Seite immer mehr türkische Siedler ins vergleichsweise reiche Zypern. Die Neuankömmlinge werden nach fünf Jahren eingebürgert – und so werden die Zyperntürken nach und nach in ihrem eigenen Land zu einer Minderheit.

Üble Nachrede

Sie sind zwar von Natur zur Liebe geneigt; so ist doch der Geiz ihre Hauptleidenschaft. Es ist keine darunter, die sich nicht das äußerste gefallen lässt, wenn man ihr genug dafür bietet...

so beschrieb der britische Konsul in Aleppo, Alexander Drummond, in seinem 1765 erschienen Buch „Die Reisen Alexander Drummonds" die Zypriotinnen, nicht ohne sittsam zu betonen, dass er selbst natürlich gar keinen Gefallen an ihnen gefunden habe!

Religion

Südzypern ist vor allem geprägt von der jahrhundertealten Präsenz der griechisch-orthodoxen Kirche, der fast alle Zyprioten (des griechischen Teils) angehören. Die orthodoxe Kirche auf Zypern ist von der griechischen unabhängig und als Nationalkirche viel älter. Neben orthodoxen Christen leben auf Zypern Katholiken sowie kleine Gemeinden von christlichen Armeniern, Maroniten, einer christlichen Urgemeinschaft, die aramäisch spricht, die Sprache des *Jesus von Nazareth*.

Ihre religiöse Unabhängigkeit verdanken die orthodoxen Zyprioten einer Vision ihres Bischofs *Anthemios* im Jahr 477. Sie half ihm, das Grab des Apostels *Barnabas* bei Salamis zu entdecken. *Anthemios* fand *Barnabas* mit einem handgeschriebenen Matthäus-Evangelium auf der Brust – Nachweis, dass die zyprische Kirche vom Apostel selbst gegründet war. Eine Synode erhob *Anthemios* zum Erzbischof der anerkannt unabhängigen Kirche Zyperns, die damit die erste Nationalkirche der Christenheit war.

Zur offiziellen Spaltung der christlichen von der orthodoxen Kirche kam es 1053 anlässlich der Frage, ob der Heilige Geist denn nur von Gottvater, oder auch von Gottsohn ausgehe. Im Laufe der folgenden Jahrhunderte entwickelten sich die beiden Kirchen immer weiter auseinander. Im Gegensatz zur römisch-katholischen Kirche verkündet die orthodoxe Kirche seither keine neuen Dogmen mehr. Sie erkennt die Unfehlbarkeit in Glaubensfragen und die Oberhoheit des Papstes nicht an und glaubt auch weder an das Fegefeuer noch an die leibliche Himmelfahrt der Muttergottes. Orthodoxe Christen dürfen bis zweimal geschieden werden. Die Priester dürfen (sollen sogar) **vor** der Priesterweihe heiraten, womit sie von höheren Kirchenämtern ausgeschlossen bleiben, denn die werden nur aus dem Mönchstum rekrutiert. Bischöfe werden wie weltliche Vertreter der Macht durch Wahlen bestimmt.

Die Kirchen und Klöster auf Zypern bieten viele Beispiele der mittelalterlichen Ikonen-Malerei orthodoxer Christen. Die Ikonen und freskenartigen Wandmalereien in Kirchen und Klöstern verbildlichen theologische Aussagen. Häufige Motive sind die Geburt Jesu und der Abstieg Christi in die Unterwelt.

Die Zyprioten feiern wie alle anderen Orthodoxen nicht ihren Geburtstag, sondern ihren Namenstag, was auch die stets gleichen Namen wie Geórgios, Ioannis oder Dimitris erklärt. Trägt jemand aber einen anderen Namen als den eines Heiligen, dann feiert er einfach seinen Namenstag am 9. Juni – an Allerheiligen.

großer Kirchenbesitz

Die große Zahl der Kirchen und Klöster auf Zypern kann aber nicht darüber hinwegtäuschen, dass die orthodoxe Kirche der Insel nicht mehr den Einfluss von einst hat. Vorbei sind die Zeiten, als ein Erzbischof in Personalunion noch weltliche und geistliche Macht innehatte. Großen Besitz aber hat die Kirche noch immer: ihr gehören eine Hotelkette und zwei Golfplätze in Pafos.

Nordzypern als islamische Region erscheint noch heute als eher weltlich denn religiös geprägte Gegend – verschleierte Frauen zum Beispiel sind im Straßenbild eher eine seltene Ausnahme und im Hamam (Dampfbad) in Nikosía gibt es keine getrennten Badezeiten für Männer und Frauen. Doch mit den Zuzügen der anatolischen Siedler und dem allgemeinen Erstarken des Islam ist dieser auch in Nordzypern im Aufschwung.

Wirtschaft

Die Wirtschaft Zyperns im Überblick:

- **Wichtigste Bereiche**: Tourismus, Obst und Gemüse, Wein, Zement, Kleider und Schuhe.
- **Tourismus Südzypern**: **Anteil am Bruttoinlandsprodukt:** 20 Prozent; **Beschäftige im Tourismus:** 40.000; **Urlauber gesamt pro Jahr:** 2,9 Mio. (2000), 40 % der Urlauber kommen mehrmals auf die Insel; **Briten**: 1,48 Millionen; **Deutsche**: 214.000, gefolgt von Skandinaviern, Bürgern der ehemaligen Sowjetunion und Griechen.
- **Tourismus Nordzypern**: **Urlauber gesamt pro Jahr**: 400.000, davon 75–80 % Türken vom Festland (der Anteil sinkt), **Briten:** 40.000, **Deutsche**: ca. 5.000 (die türkischen Nordzyprioten wollen besonders den deutschen Markt erobern!). Und ca. 20.000 ausländische Touristen aus Südzypern, die die Möglichkeit zu einer Tagestour in den Norden wahrnehmen.
- **Wichtigste Handelspartner**: Staaten der ehemaligen Sowjetunion, Bulgarien, Großbritannien, Griechenland, Japan und Deutschland.
- **Energie**: 95 % der Energie der Insel werden über Erdöl erzielt und somit importiert. Die restlichen 5 % per Sonnenkollektoren. Auf Zypern gibt es weder Atomkraftwerke noch Kavernen und auch keine Elektrizitätswerke.

eines der reichsten Länder

Seit der Unabhängigkeit hat sich Südzypern stetig von einem rückständigen Agrarland zu einem der reichsten Länder des östlichen Mittelmeerraumes entwickelt. Das gilt aber nur für den Inselsüden, im Norden Zyperns verläuft die Entwicklung gegenläufig. Der wirtschaftliche Wohlstand des Südens liegt zum einen am Fleiß und unternehmerischen Geist der Griechen-Zyprioten, aber auch an einer massiven Unterstützung durch ausländische Gelder nach der Inselteilung 1974.

Tragende Säulen der Wirtschaft der Republik Zypern sind der **Handels- und der Dienstleistungsbereich** – Banken, Investment und Schiffsmanagement-Gesellschaften. Als Schifffahrtsnation nimmt Zypern den vierten Platz in der Weltrangliste ein. Die Industrie spielt nur eine untergeordnete Rolle.

Export von Schuhen und Kleidung

Im produzierenden Gewerbe ist die **Textil- und Bekleidungsindustrie** die wichtigste Branche des Landes mit einer großen Ausfuhr an Kleidung und Schuhen. Die meisten Firmen sind mittelständische Familienbetriebe, die vor allem Strickmoden, Casual-, Kinder- und Herrenmode und auch Dessous herstellen.

Einen der größten Bereiche bildet die Landwirtschaft, die hauptsächlich Zitrusfrüchte exportiert, weiterhin Kartoffeln, Trauben und Wein. Die **Produktion von Obst und Gemüse** ist in jüngster Zeit enorm angestiegen durch ein Bewässerungssystem, bei dem Schmelzwasser vom Tróodos-Gebirge ein System von Reservoirs und Bewässerungskanälen speist – zusätzliche 100.000 Hektar Land wurden damit in den flachen und sehr fruchtbaren Küstenebenen an der Südküste erschlossen – besonders in der Region um Páfos.

Easypeeler

Zu den **Zitrusfrüchten**, sie werden von Oktober bis Juni geerntet, zählen viele Sorten von Orangen, Zitronen, Grapefruit und Easypeeler (unter Easypeelern werden insbesondere Kreuzungen aus Orangen und Mandarinen verstanden, deren Schale sich sehr leicht ablösen lässt). Die Orangen werden meist nicht als Ganzes, sondern als Saft exportiert.

Im Winter und Frühjahr werden beträchtliche Mengen an **Frühkartoffeln und Roten Beten** verschifft. Weiterhin wachsen Melonen, Feigen und auch tropische Früchte wie Avocados. In den letzten Jahren haben ganzjährig erhältliche Salate und Gemüse einen großen Aufschwung genommen, mit besonderer Nachfrage nach Spezialitäten wie Okra, Methi (Bockshornklee, auch griech. Heu genannt), frischen Kräutern, Koriander, Taro (Wasserbrotwurzel) und frischen Chinabohnen. An **Getreide** wird hauptsächlich Gerste angebaut, da Weizen zu viel Wasser braucht. Teilweise wird die Gerste exportiert, teilweise als Viehfutter verwendet.

Glühwein aus Zypern

Exportiert wird nicht nur der **zyprische Wein**, sondern auch Produkte rund um die Weinrebe wie Weinblätter, Weintrauben, Sultaninen, Rosinen und der Tresterschnaps Tsivania sowie Glühwein, den Tankschiffe nach Deutschland verschiffen, wo er ohne Herkunftsbezeichnung verkauft wird. Auf 23.500 Hektar Land werden 15 einheimische Rebsorten angebaut. Die zwei größten Weinanbaugebiete der Insel findet man am Südhang des Tróodos-Gebirges um Limassol und im südwestlichen Teil in der Nähe von Páfos. Das Zentrum des Rebsortenanbaus ist die Hafenstadt Limassol. Auch kleinere Weingüter und Keltereien haben sich auf Zypern etabliert und produzieren in einem Jahr ca. 20.000 Flaschen hochwertigen Weins.

Industriespionage
Im 6. Jh. verkündeten zyprische Mönche im Hauptberuf das Christentum auf Zypern und förderten im Nebenberuf erheblich die Wirtschaft der Insel: Sie schmuggelten unter ihren Mönchskutten Seidenraupen nach Zypern und gaben zusätzlich streng geheime Informationen der chinesischen Seidenindustrie preis.

Zypern besitzt eine hochentwickelte **Pharmaindustrie**. Kein Wunder eigentlich, denn die Heilkunde hat im Mittelmeerraum ihre Wurzeln.

Der griechische Teil Zyperns entwickelt sich zu einem **Offshore-Zentrum** mit einem wachsenden Bankenwesen. Offshore-Firmen sind Büros mit nur wenigen Angestellten, manchmal bestehen sie nur aus einem Briefkasten. Diese Firmen arbeiten außerhalb Zyperns, sie müssen keine Mehrwertsteuer abführen und dürfen ihre Gewinne frei ausführen. Insgesamt hat Zypern vom Niedergang Beiruts als Handelszentrum profitiert, da sich viele Firmen von dort nun auf Zypern, dem Singapur des östlichen Mittelmeers, niedergelassen haben. Seit dem Zusammenbruch der Sowjetunion haben sich auch russische Firmen – es sollen 21.000 sein – auf Zypern niedergelassen. Unter zyprischer Flagge fährt heute nach Liberia, Panama und Griechenland die viertgrößte Handelsflotte der Welt.

„Zypern steht hinter keiner der anderen Inseln zurück, es hat genug Wein und Öl, ernährt sich von eigenem Weizen, und besitzt riesige Kupferminen."
Strabo, griechischer Geograph (63 v. Chr. – 20 n. Chr.)

„Zypern wird in der Bibel Kettim genannt, es gedeiht hier fruchtbares Korn, es gibt zahlreiche Seidenraupen, Seide, Öl, Zucker und Wein."
Martin von Baumgarten aus Tirol, (1473-1535) auf seiner Pilgerreise im Jahr 1508

Während der Süden der seit 1974 geteilten Insel wirtschaftlich boomt und 2001 eine Rekordsaison im Tourismus erlebt hat, verfällt der Norden zusehends. Die Türkei sollte Cypern „verkaufen", solange es noch etwas wert sei, riet jüngst sogar ein türkischer Kommentator."
Süddeutsche Zeitung, 4. Dezember 2001

florierender Norden, stagnierender Süden

Im Gegensatz zum florierenden Inselsüden sieht es in **Nordzypern** wirtschaftlich ziemlich düster aus. Die türkischen Zyprioten, traditionell Verwaltungsangestellte und Bauern, hatten nach der Teilung der Insel nicht das nötige Know-How, um die von den Zyperngriechen verlassenen Fabriken und Hotels zu betreiben. Auch wurden und werden sie wirtschaftlich boykottiert, von den Hilfsgeldern, die in den Süden flossen, haben die türkischen Zyprioten nur einen Bruchteil bekommen. Bis heute werden 50 % des Staatshaushaltes der „Türkischen Republik Nordzypern" von der Türkei getragen.

Die Zyprioten sind stolz auf ihre neuen Autobahnen, doch schöner ist die Fahrt zwischen **Limassol** *und* **Páfos** *entlang der alten Küstenstraße, wo nur wenig Verkehr herrscht. Immer wieder entdeckt man fast menschenleere Buchten – weit ist hier der Blick aufs oft atemberaubend türkisfarbene Meer.*

Am Hafen von ***Páfos*** *reihen sich Cafes und Restaurants aneinander. Hier sitzt man mit Blick auf Fischer- und Ausflugsboote und lässt sich Fischgerichte schmecken.*

Wie aus dem Nichts tauchte diese Ziegenherde plötzlich auf dem Weg zum ***Kloster Panagiá tou Sinti*** *auf – „Auch ich war in Arkadien" möchte man da sagen. Aus der Ziegenmilch (meist zusammen mit Schafsmilch) wird der Halloumi-Käse hergestellt, ein fester Bestandteil eines jeden zyprischen Mahles.*

Bis 250 m hoch ragen die Felswände der stellenweise nur zwei Meter breiten **Avgás-Schlucht** *auf, deren spektakulärster Teil in einer Stunde relativ leicht zu durchwandern ist. Hier wachsen seltene Pflanzen wie die endemische* **Centauria acamantis, wilde** *Feigen- und Johannisbrotbäume, Zypressen und Oleander.*

Düster-bedrohliche Felsformation an der einsamen Nordküste der (noch) unberührten ***Halbinsel Akamás*** *– einem Paradies für Wanderer, Mountainbiker und Botaniker.*

Viel hat sich vom „Aberglauben" auf Zypern erhalten. Wachsbeine, Wachsarme, Wachsbabies – man findet sie in den meisten zyprischen Kirchen als Dank für erfüllten Kinderwunsch oder Heilung einer Krankheit. Diese Szene wurde in der Höhlenkapelle ***Agíi Patéres im Tal des Diárizos*** *aufgenommen, wo der Legende nach die Gebeine von 318 Heiligen liegen.*

Agíi Patéres im Tal des Diárizos

Theodora Soforonia, die sympathische Töpferin von ***Foiní****, töpfert noch nach herkömmlicher Art.*

*Die schönsten Strände des südlichen Zyperns liegen bei **Agía Nápa** und **Protarás**. Hierher kommt, wer tagsüber baden und nachts in den Clubs und Diskotheken von Agía Nápa feiern möchte. Aber auch Familien mit Kindern fühlen sich in dieser Gegend mit ihren flach abfallenden Sandstränden wohl.*

*Südlich von Protarás in Richtung **Kap Gréko** spannt die Natur eine imposante Felsbrücke, unterhalb der das Meer tost. In dieser wilden und einsamen Gegend soll sich Leucolla befunden haben, in der Antike einer der bedeutenden Häfen der Ptolemäer.*

Südlich von ***Ágios Geórgios*** *erstreckt sich ein einsamer, teilweise wilder Küstenstrich mit vom Land schwer zugänglichen Badebuchten und bizarren Seehöhlen. Wer Glück hat, kann hier auch Bruchstücke finden, die aussehen wie die Überreste von Amphoren.*

Hat hier ein zyprischer Robinson mit seinem Freitag gewohnt? Ein ***idyllisches Plätzchen*** *für ein Picknick oder einfach einen stillen Tag am Meer ist es auf jeden Fall.*

Wie in vielen Dörfern im Landesinneren leben auch in ***Vása*** *fast nur noch alte Menschen. Nur am Wochenende wird es lebhafter, wenn die jungen Zyprioten wieder in ihre ehemaligen Dörfer kommen. Unter der Woche kehren hier gelegentlich Busgesellschaften auf ein ausgedehntes Mezé ein – doch still ist es in Vasa immer noch.*

Charakteristisch für Zypern sind diese fotogenen Plastiktaschen, in denen die Fischer ihre Netze aufbewahren. In ***Pótamos Liopetrí*** *liegen die Boote dicht an dicht nebeneinander, und wer gerne Fisch isst, bekommt ihn hier fangfrisch.*

Mezé – *die unübertroffene Spezialität Zyperns bedeutet „Häppchen" oder „Kleinigkeiten". Ein Mezé kann aus bis zu 30 Gerichten bestehen. Zuerst kommen meist Salate und Teigwaren auf den Tisch, dann Fleisch- und Fischgerichte – je nachdem, was in der Küche gerade fertig geworden ist. Den Abschluss bilden Süßspeisen oder Obst.*

Eines Königs würdig könnten diese Gräber sein, so prachtvoll sind die ***Königsgräber von Páfos****. Doch auf Zypern gab es zu jener Zeit keine Könige: Es waren die Grabstätten reicher Adliger.*

Mit dem neu aufgekommenen Christentum rollten die Köpfe der alten Heidensymbole – wie hier in ***Salamis*** *im Norden der Insel. Die Köpfe, die noch übrig waren, wurden dann während der venezianischen Zeit abgeschlagen: Damals wurden sie als Antiquität nach Europa verkauft.*

In der ***Basilika von Koúrion*** *wurden einzelne Säulen wieder aufgerichtet. Das ausgedehnte Ausgrabungsfeld von Koúrion zählt neben Salamis und Páfos zu den interessantesten archäologischen Ausgrabungsstätten Zyperns.*

Die ***Mosaiken von Páfos*** *erzählen wilde Geschichten von verschmähter Liebe, von Begierde, Trunkenheit, Sehnsucht oder einem Schönheitswettbewerb.*

Adonis soll hier mit seiner Aphrodite gebadet haben – man glaubt es gerne: Die **Bäder des Adonis** *sind wirklich ein äußerst idyllisches Plätzchen, das erst seit einigen Jahren zugänglich ist. Ein Bad in den Wassern des Adonis soll Wunder wirkend sein, nicht nur für die Seele, sondern auch für den Körper.*

So schön, wie „von den Engeln erbaut", ist die Kirche **Panagía Angelolókistós** *in Kiti. Vor dem Gebäude stehen einige an die 300 Jahre alte, besonders große Terpentinpistazien – diese Bäume werden normalerweise nur zwei bis fünf Meter groß.*

Ob Besen, Körbe oder Töpferwaren – in **Geroskípou** *findet man immer ein Souvenir. Sperrige Teile werden flugzeuggerecht verpackt.*

„Wer kommt denn da?", mag sich diese alte Frau in **Ómodos** *fragen. Der Ort gehört zu einem der schönsten Zyperns und wird daher gerne von Ausflugsbussen angefahren. Der Kátoi Wine Cellar, vor dem die Frau steht, ist eine kuschelige Kellertaverne in einem der ältesten Häuser des Ortes.*

Johannis der Täufer soll sich in der Wüste von den Früchten des ***Johannisbrotbaums (Ceratonia)*** *ernährt haben.*

Der ***Pater Noster-Baum*** *heißt so, weil seine Früchte in früheren Zeiten zu Perlen des Rosenkranzes verarbeitet wurden.*

Die Früchte des ***Erdbeerbaumes*** *sind essbar, schmecken aber nicht besonders gut, daher wohl auch der lateinische Name der Frucht:* ***Arbutus unedo*** *(= ich esse eine – dann reicht's).*

Orangenplantagen *findet man viele bei Fasouri südwestlich von Limassol und in der Gegend um Páfos.*

Die unscheinbaren orange-gelben ***Mousmoula-Früchte*** *schmecken süß-säuerlich und wachsen in vielen Vorgärten.*

Die ***Riesenfenchel*** *mit ihren Blüten- oder Fruchtständen, die zu den* ***Doldenblütlern*** *(**Umbellifereae** oder **Apiaceae**) gehört, ist an den Straßenrändern nicht zu übersehen.*

Ágios Nikoláos tis Stegis südlich von Kakopetriá gehört zu den neun, zum Weltkulturerbe der UNESCO gehörenden, Scheunendachkirchen des Tróodos-Gebirges. Die Kirche aus dem 11. Jahrhundert birgt unter anderem ein eindrucksvolles Jüngstes Gericht mit einem Höllenschlund.

Das **Nikokleia Inn**, eine ehemalige Raststation für durchreisende Händler, ist eine urige, naturnahe Unterkunft: Schwalben nisten in der Rezeption, Frösche quaken vor dem Hotel, Vögel zwitschern, Katzen kriegen Junge – ein Paradies für Natur- und Tierfreunde. Es ist auch ein wunderbarer Ausgangspunkt für Erkundungen im Westen Zyperns, insbesondere im Tal des Diárizos.

Aphrodite – die Schaumgeborene – soll hier beim sagenumwobenen Felsen **Petra tou Romiou** *dem Meer entstiegen sein. Ein Motiv, das in keiner Publikation über Zypern fehlt und zum Symbol für die ganze Insel wurde. Ewige Jugend wird dem beschieden sein, der dreimal um diesen Felsen herumschwimmt …*

3. ZYPERN ALS REISEREGION

Allgemeine Reisetipps von A–Z

Benutzerhinweis

Die gelben Seiten werden regelmäßig aktualisiert, so dass sie auf dem neuesten Stand sind. In den ***Allgemeinen Reisetipps*** *(ab S. 69) finden Sie – alphabetisch geordnet – reisepraktische Hinweise für die Vorbereitung Ihrer Reise und Ihren Aufenthalt auf Zypern. Die* ***Regionalen Reisetipps*** *(ab S. 119) geben Auskunft über Unterbringungsmöglichkeiten etc. in den ebenfalls alphabetisch geordneten Städten/Regionen.*

News im Web: www.iwanowski.de

A

⇨ Abkürzungen

AKEL	die Kommunistische Partei des Südens
CAA	Cyprus Automobil Association
CAARI	Cyprus Amercian Archeological Research Institute
CTA	Cyprus Telecommunications Authority
CTO	Cyprus Tourism Organisation
EDEK	die sozialistische Partei des Südens
ENOSIS	die Idee einer Vereinigung der Republik Zypern mit Griechenland
EOKA A	von General Grivas gegründete griechisch-zyprische Untergrundbewegung, die ab 1955 in den Kampf gegen die Briten eintrat
EOKA B	1971, ebenfalls von General Grivas gegründete Widerstandbewegung, die Attentate ausführte – Grivas war vom Helden zum Verbrecher mutiert.
FEEE	Foundation for Environmental Education in Europa
DIKO	die eher konservative demokratische Partei des Südens
DISI	die eher rechts gerichtete Democratic Rally des Südens
KTHY	Cyprus Turkish Airlines
TMT	türkische Widerstandsorganisation
TRNZ/TRNC	Türkische Republik Nordzypern
UNFICYP	United Nations Force in Cyprus

⇨ Ärzte

Zyprische Ärzte haben in der Regel im Ausland studiert – viele von ihnen in Großbritannien oder Deutschland, so dass englische oder deutsche Sprachkenntnisse in Arztpraxen und Krankenhäusern üblich sind.

In allen Städten gibt es öffentliche Krankenhäuser, die durch ländliche Gesundheitszentren oder Landkrankenhäuser ergänzt werden. Im Gesundheitswesen Zyperns gibt es für 350 Menschen einen allgemeinen Arzt, für 280 Patienten eine Krankenschwester und für 1.000 Personen einen Zahnarzt. Dazu kommen private Fachkliniken und niedergelassene Ärzte bis hin zu einem Feriendialysezentrum für Urlauber in Limassol, mit modernen Dialyseverfahren und deutschsprachigem Fachpersonal. Staatliche Krankenhäuser und Gesundheitszentren gewähren Erste Hilfe für Touristen kostenlos.

Im Zuge des EU-Beitritts wird auf Zypern 2004 das deutsche System der Krankenversicherungen eingeführt. Für deutsche Gäste ist bei gesetzlicher Krankenversicherung in Deutschland dennoch eine Auslandskrankenversicherung ratsam. Mitglieder privater Krankenkassen sind im allgemeinen für einen Monat von ihrer Krankenkasse geschützt.

⇨ Anreise

Flughäfen

- **Südzypern**

Der Flughafen von **Lárnaka (LCA)** liegt 5 km südlich der Stadt. Von dort fahren stündlich Busse ins Stadtzentrum (Fahrzeit 15 Min.). Am Flughafen gibt es zwei Banken (24 Std. geöffnet), eine Post, Duty-free-Shops, Mietwagenschalter, Tourist-Information, Hotel-Reservierung, Bars und ein nettes Restaurant mit einer großen Terrasse.

Der kleinere internationale Flughafen von **Páfos (PFO)** liegt 15 km östlich der Stadt (Fahrzeit 25 Min.). Am Flughafen gibt es einen Duty-free-Shop, Mietwagenschalter, eine Bank/Wechselstube, Bars und Restaurants.

Der **„Nicosia International Airport"**, einst Zyperns Tor zur Welt, ist zwar auf den Landkarten der zyprischen Touristenbehörde eingezeichnet, nach der Teilung stehen aber derzeit hier nur einige zerstörte Flugzeuge, bewacht von einem UN-Posten.

Flugverbindungen

- **Südzypern**

Von den **Linienfluggesellschaften** fliegen Cyprus Airways und Lufthansa ab Frankfurt täglich nach Lárnaka und Páfos.

Charterflüge bieten Eurocypria, LTU, Thomas Cook und Hapag Lloyd an, und zwar von zahlreichen deutschen Städten: Berlin-Schönefeld, Berlin-Tegel, Dresden, Düsseldorf, Frankfurt, Hamburg, Hannover, Köln, Leipzig, München, Nürnberg und Stuttgart.

Flugzeiten nach Lárnaka
- Frankfurt – Lárnaka: 3,45 Stunden
- Wien – Lárnaka: 3,15 Stunden
- Zürich – Lárnaka: 3 Stunden

- **Nordzypern**

Von Frankfurt und allen andern europäischen Flughäfen aus bestehen Flugverbindungen über Istanbul oder Ankara in der Türkei. Anschlussflüge nach Nordzypern (Flughafen Ercan – ECN) mit Turkish Airlines oder Cyprus Airways erfolgen in der Regel nach einer Stunde **(Direktflüge nach Nordzypern sind nach internationalem Recht nicht möglich; hier könn-**

te aber nach dem EU-Beitritt Zyperns im April 2004 eine Lockerung des bestehenden Gesetzes erfolgen), so dass die gesamte Reise- und Flugzeit nach Nordzypern bei rund fünf Stunden liegt. Ercan liegt 12 km östlich von Nikosía (Fahrzeit 20 Minuten) in Nordzypern.

Nach Nordzypern fliegen ab Deutschland
- **Turkish Airlines** (THY), mit Umsteigen. www.turkishairlines.com
- **Cyprus Turkish Airlines** (KTHY), 1–2 x pro Woche ab Frankfurt ohne Umsteigen, www.kthy.net. KTHY hat eine Generalvertretung in Frankfurt: Frankfurt Marmara Flugreisen, Kaiserstr. 72, 60329 Frankfurt, Tel. (069) 242 64 00, Fax 242 64 031.

Hinweis
Famagusta, Karavostássi und Kerýneia sowie der Flughafen von Ercan wurden im Oktober 1974 von der Regierung Südzyperns zu illegalen Einreisehäfen erklärt. Wer hier einreist, darf nicht in den südlichen Teil der Insel weiterreisen.

Fährverbindungen

Die einst bestehende umständliche und zeitaufwändige Fährverbindung von Piräus nach Limassol wurde wegen mangelnder Rentabiliät eingestellt.

• Nordzypern

Mit dem Schiff erreicht man Nordzypern von den südtürkischen Häfen Tasucu und Mersin. Die Fährverbindungen von Mersin nach Famagusta werden wöchentlich dreimal angeboten. Einmal am Tag läuft die Fähre vom Hafen von Tasucu in Richtung Girne aus. Zusätzlich verkehren in der Sommersaison Autofähren von den türkischen Häfen Alanya, Antalya und Anamur nach Kerýneia (Girne).

⇨ Apotheken

Sie sind am roten Malteserkreuz zu erkennen. Die meisten der international üblichen Medikamente sind auch in Zypern erhältlich. Der Apotheken-Nachtruf hat die Nummer 192.

⇨ Ausflüge

Unter den zahlreichen Anbietern von geführten Ausflügen sei hier besonders *Exalt alternative excursions* erwähnt. Deren Idee mit den geführten Jeeptouren und Trekkingtouren ist so neu auch wieder nicht, aber die Touren sind engagiert geführt mit dem Anspruch, Land und Leute hautnah zu erleben. Die Preise für diese Ausflüge sind nicht billig, aber dafür fährt der Jeepfahrer auch so richtig rasant über Stock und Stein ... Exalt alternative excursions bietet Ausflüge ab Páfos, Limassol und Agía Nápa an, siehe hierzu die gelben regionalen Seiten.

⇨ Auto fahren

- **Linksverkehr** beachten
- **Geschwindigkeitsbegrenzungen** (soweit nicht anders beschildert):
auf Autobahnen 100 km/h
außerhalb der Ortschaften 80 km/h
innerhalb der Ortschaften zwischen 30 und 50 km/h
- **Kreisverkehr**: Fahrzeuge im Kreisverkehr haben Vorfahrt. Nicht vergessen: im Uhrzeigersinn einfahren.
- **Rechts vor links**: auf gleichberechtigten Straßen
- **Gurtpflicht**: für Fahrer und Beifahrer, Kinder bis 10 Jahre gehören auf den Rücksitz, auf dem Beifahrersitz sind nur Kinder ab 5 Jahren erlaubt, sofern ein Kindergurt vorhanden ist.
- **Telefonieren** mit dem Handy während des Autofahrens ist verboten
- **Promillegrenze:** in Südzypern bei 0,9, in Nordzypern bei 0,5.
- Beim **Parken entlang von Landstraßen** muss eine halbe Stunde vor Sonnenaufgang bis eine halbe Stunde nach Sonnenaufgang das Parklicht/Standlicht eingeschaltet sein.

Hinweise

• Die Mietfahrzeuge auf Zypern haben ein rotes Nummernschild mit einer Z-Nummer – so dass auch jeder gleich gewarnt ist, dass hier ein unter Umständen unberechenbarer „Rechtsfahrer" unterwegs ist!

• Die Autos der Zyprioten haben vorne ein weißes und hinten ein gelbes Nummernschild, man kann aber aus der Zahlenkombination nicht erkennen, in welchem Ort der Wagen gemeldet wurde.

• Oft sind die Ampeln auf der anderen Straßenseite montiert, das kann anfänglich bei Ausländern zu Irritationen führen.

Straßenschilder und Wegweiser

sind griechisch und englisch beschriftet. Die grünen Schilder gelten für die Autobahnen, für die Schnellstraßen die blauen, und für Sehenswürdigkeiten richte man sich nach den braunen Schildern.

Statistisch erwiesen ist, dass die meisten des Linksverkehrs ungewohnten Fahrer zu Beginn und am Ende ihres Urlaubs am häufigsten in Unfälle verwickelt sind. Obwohl sich Linkshänder mit der Umstellung auf den Linksverkehr erheblich leichter tun als Rechtshänder, basieren sowohl der Rechts- als auch der Linksverkehr auf der Tatsache, dass die meisten Menschen Rechtshänder sind.

Der Linksverkehr kommt aus der Zeit der Pferdefuhrwerke, als die Menschen die Zügel der Pferde mit der rechten Hand hielten und wegen des Gegenverkehrs auf der linken Straßenseite gingen. Der Rechtsverkehr kommt aus der Schifffahrt, weil die meisten Menschen rechts paddeln, nach rechts ausweichen und man sich gut am rechten Ufer abstoßen kann.

In Gegenden mit Binnenverkehr gibt es also Rechtsverkehr, in denen ohne Schifffahrt Linksverkehr, so also auch die Engländer – und die haben neben einer gut funktionierenden Verwaltung auf Zypern auch den Linksverkehr hinterlassen.

⇨ Automobilclub

Der zyprische Automobilclub ist bei Pannen behilflich und informiert über günstige Abschlepp- und Reparaturfirmen.

Cyprus Automobile Association, Chr. Mylona 12, Nikosía, Tel. 22 31 32 33.

B

⇨ Baden

s. Stichwort „Strände"

⇨ Behinderte

Sowohl der **Flughafen** Lárnaka als auch der von Limassol sind behindertenfreundlich eingerichtet. Ebenfalls sind viele Hotels behindertengerecht ausgestattet, man findet diese Häuser im offiziellen Hotelverzeichnis der Fremdenverkehrszentrale aufgeführt.

Ein **deutscher Reiseveranstalter** hat eine eigene Broschüre für Behindertenreisen nach Zypern herausgegeben, Kriterien für die Auswahl der Hotels waren Behindertenparkplätze, stufenlose Erreichbarkeit von Aufzügen, Zimmern und Sanitärräumen, die Breite von Durchgängen und Türen sowie Haltegriffe und Bewegungsflächen.

Voni-Touristik, Dorotheenstr. 93, 22301 Hamburg, Tel. (040) 27 98 988, Fax (040) 279 22 81, E-Mail: voni-touristik@t-online.de

Einmal volltanken bitte! In Ómodos macht das Kiria Katharina vom kleinen Krämerladen am Dorfplatz. Eine Zapfsäule braucht sie nicht, ihr reichen ein großer Kanister und ein rosafarbener Plastiktrichter.

Einige **Reisebüros auf Zypern** haben Spezialbusse für Rollstuhlfahrer (s. im Internet unter www.polipafo.com/Disability_Travel_PP.html. Einer der (weit gereisten) Besitzer dieser Agentur ist selbst Rollstuhlfahrer.

⇨ Benzin

Zypern verfügt über ein dichtes Netz von Tankstellen (ausgenommen im Tróodos-Gebirge!) zumeist internationaler Gesellschaften. Die meisten Tankstellen in den Küstenregionen und in Nikosía sind mit automatischen Zapfsäulen ausgerüstet und bieten einen 24-Stunden-Service.

⇨ Botschaften und Konsulate

Für Südyzpern

- **in Deutschland**
- **Botschaft der Republik Zypern,** Wallstr. 27, 10179 Berlin, Tel. (030) 308 68 30
- **Konsulat der Republik Zypern**, Rothenbaumchaussee 3, 20148 Hamburg, Tel. (040) 410 74 97
- **Honorarkonsulat**, Orleansplatz 3, 81667 München, Tel. (089) 48 57 64, Fax 448 98 90
- **in Südzypern**
- **Deutsche Botschaft,** Nikitaras Str. 10, 1080 Nikosía, Tel. 0037-22-451145, Fax 00357-22-665694, E-Mail: info@germanembassy-nicosia.org.cx, www.germanembassy-nicosia.com.cy

- **in Österreich**
- **Botschaft der Republik Zypern,** Parkring 20, 1010 Wien, Tel. (01) 513 06 30, Fax 513 06 32
- **in Südzypern**
- **Österreichisches Konsulat,** Praxippou 3, Laiki Yitonia, 1011 Nikosía, Tel. 00357-22-660994, Fax 00357-22-674528

- **in der Schweiz**
- **Konsulat der Republik Zypern,** Talstr. 83, 8001 Zürich, Tel. (01) 211 30 23

- **in Südzypern**
- **Schweizer Botschaft**, Medcon Thower, Thermistocles Dervis Str. 46, 1663 Nikosía, Tel. 00357-22-766261, Fax 00357-22-76 60 08, E-Mail: swiemnic@spidernet.com.cy

Für Nordzypern

Nach internationalem Recht ist die selbsternannte **„Türkische Republik Zypern"** ein militärisch besetztes Territorium, völkerrechtlich nicht anerkannt und somit auch als Staat nicht anerkannt. Ergo gibt es auch keine diplomatischen Vertretungen, seit neuestem aber in Nord-Nicosia ein Informationsbüro der Deutschen Botschaft: 28 Kazim 15, Nicosia, Tel. 0090-392-227-5161.

Im Ausland wird Nordzypern von den diplomatischen Vertretungen der Türkei repräsentiert.

- **Botschaft der Republik Türkei,** Rungestr. 9, 10179 Berlin, Tel. (030) 27 58 59
- **Botschaft der Republik Türkei**, Prinz-Eugen-Str. 40, 1040 Wien, Tel. (01) 50 52 51 00, Fax 505 36 60
- **Botschaft der Republik Türkei,** Lombachweg 33, Case postale, 3000 Bern 15, Tel. (030) 351 16 91, Fax 352 88 19

⇨ Busse

Die besten Busverbindungen bestehen zwischen den Städten entlang der Küste, wobei neben den öffentlichen Bussen auch private Gesellschaften Verbindungen anbieten. Am Samstag fahren nur wenige Busse und am Sonntag so gut wie gar keine. Einzelheiten zu den Busverbindungen unter den jeweiligen Ortskapiteln in den gelben Seiten.

Die alten Bedford-Busse verkehren noch zwischen den kleinen Ortschaften.

C

⇨ Camper

Camping
Offizielle Campingplätze gibt es in Agía Nápa, Limassol, Páfos, Coral Bay (Pegaia), Pólis und im Tróodos-Gebirge (dort ist auch auf einer Reihe von Picknickplätzen das Campen erlaubt), Beschreibung siehe in den regionalen gelben Seiten. Weiterhin gibt es auch einige Hotels und Restaurants, die auf ihrem Grund einen Campingplatz betreiben. Um Pólis herum wird auch wild gezeltet.

D

⇨ Devisen

Touristen können zyprische oder andere Zahlungsmittel in jeder Höhe einführen. Größere Beträge sollten bei der Einreise beim Zoll unter Angabe des Verwendungszwecks angemeldet werden.

Ausfuhr von Zahlungsmitteln: Besucher können die bei der Einreise angemeldeten Zahlungsmittel auch wieder ausführen.

E

⇨ Einkaufen

Einen guten **Überblick über das zyprische Handwerk** erhält man in den Geschäften des Cyprus Handicraft Service, die es in Nikosía, Lárnaka, Limassol und Páfos gibt. Er wurde 1974 nach der türkischen Besetzung gegründet, um den Flüchtlingen aus den besetzten Gebieten, die sich auf altes Handwerk verstehen, eine Arbeitsmöglichkeit zu bieten.

Beliebte Souvenirs sind **Lederwaren (Schuhe, Handtaschen, Jacken), Kupferartikel, Tonwaren, Textilien. Preisgünstige und beliebte Souvernirs** sind Koffer und Reisetaschen, die allerorten angeboten werden.

Traditionelle **Töpfer- und Terrakottawaren** findet man in Foiní im Tróodos-Gebirge und in Kórnos. Für **Spitzen und filigranen Silberschmuck** ist schließlich das kleine Dorf Léfkara bekannt, wobei diese in Léfkara selbst vergleichsweise teuer sind. In all diesen Orten kann man auch die Herstellung dieser Waren beobachten. Echten Silberschmuck erkennt man an dem winzigen eingravierten Fisch, 18 karätigen Goldschmuck an einer ebenso winzigen Aphrodite.

> Schon Agamemnon bezog seine kupferne Rüstung aus Zypern – so zumindest berichtet Homer in seiner Ilias. Auch das Lieblingsschwert Alexander des Großen stammte aus Zypern.

Der Kauf und die Ausfuhr von Antiquitäten und echten alten Ikonen ist verboten. Im Zweifelsfalle erkundige man sich beim „Cyprus Archaeological Museum" in der Museumsstr. Nikosía, Tel. 22 86 58 07.

Wenn die Anzüge, Kleider oder Schuhe besonders gut sitzen sollen, dann kann man sie sich auf Zypern **maßschneidern** lassen, das dauert nur einige Tage und bleibt preislich im Rahmen.

Etwa 30 % preisgünstiger, aber von gleicher Qualität wie in Deutschland sind **Brillengestelle und Kontaktlinsen**.

Hinweis
Handeln ist in Südzypern nicht mehr üblich.

⇨ Einreise

Südzypern

Die Einreise ist mit einem bei Einreise mindestens drei Monate gültigen deutschen Reisepass oder Bundespersonalausweis bis zu einer maximalen Aufenthaltsdauer von drei Monaten visumsfrei möglich. Der Kinderausweis wird bis zum Alter von 16 Jahren anerkannt. Er muss **immer** ein **Lichtbild** enthalten. Der Eintrag eines Kindes in den Reisepass eines Elternteils ist bis zum Alter von 16 Jahren ausreichend. Die Einreise mit einem vorläufigen Personalausweis ist möglich, sofern dieser mit einem Lichtbild versehen ist.

Nordzypern

Die Einreise nach Nordzypern ist nur mit Reisepass möglich, der noch sechs Monate gültig sein muss. Kinder unter 16 Jahren müssen im Pass ihrer Eltern eingetragen sein.

Hinweis

Sowohl die Republik Zypern als auch Griechenland verweigern die Einreise, wenn im Pass ein nordzyprischer Sichtvermerk enthalten ist. Deswegen sollte man bei der Einreise nach Nordzypern statt des Passes unbedingt die ausliegenden Formulare stempeln lassen.

Eine Einreise vom Nordteil der Insel in den Südteil ist nicht gestattet, wohingegen vom Süden nach Norden Tagesausflüge möglich sind (s. rote Seiten).

⇨ Eisenbahn

Der einzige Zug, der heute noch auf Zypern fährt, ist der kleine elektrische Touristenzug in Nikosía. Dabei gab es auf Zypern einst eine florierende, „richtige" Eisenbahn, die von 1905 bis 1951 zwischen Famagusta im Osten Nordzyperns und Mórfou im Westen verkehrte. Einzige Erinnerung an diese Zeit ist eine restaurierte Dampflok vor dem einstigen Bahnhof von Famagusta.

In Kalavasós im Süden Zyperns (bei Choirokoitía) ist noch eine malerische Schmalspur-Diesellok mit Güterwaggons zu sehen, die bis 1976 Erz von den Minen der Hellenic Mining durchs Vassilikos-Tal zum Meer beförderte.

⇨ Elektrische Geräte

Das zyprische Stromnetz entstammt noch aus britischer Zeit, man braucht also einen dreipoligen Adapter (in den meisten Hotels auch zu leihen oder sehr preisgünstig in Elektrogeschäften zu kaufen).

⇨ Entfernungen

s. nebenstehende Tabellen

Ca.-Fahrzeiten in Stunden ab Nikosía nach

- *Limassol 1,00*
- *Páfos 2,15*
- *Lárnaka 0,50*
- *Agía Nápa 1,10*
- *Plátres 1,30*
- *Protarás 2,00*
- *Pólis 2,30*

⇨ Essen und Trinken

Die Zyprische Küche ist eine wahre Multi-Kulti-Küche: **Griechische, türkische, arabische, englische und italienische Einflüsse sind hier zu spüren.** Die Araber zum Beispiel waren sowohl Meister der Sorbet- und Blätterteigherstellung als auch in der Konservierung von Früchten und Gemüsen sowie beim Salzen von Fisch. Ihnen sind auch Gerichte wie Zwiebelfleisch, gebratener Fleischspieß (Sis Kebap), Reisgerichte,

Entfernungen Südzypern

	Nikosía	Limassol	Lárnaka	Lárnaka-Flughafen	Agía Nápa	Páfos	Pólis	Pano Plátres	Agrós	Tróodos
Nikosía	-	82	44	50	80	150	185	74	53	80
Limassol	82	-	66	70	107	68	103	35	33	51
Lárnaka	44	66	-	6	41	134	169	101	99	112
Lárnaka-Flughafen	50	70	6	-	45	140	175	105	103	116
Agía Nápa	80	107	41	45	-	175	210	141	139	153
Páfos	150	68	134	140	175	-	35	54	99	123
Pólis	188	103	169	175	210	35	-	82	131	113
Pano Plátres	74	35	101	105	141	54	82	-	24	5
Agrós	53	33	99	103	139	99	131	24	-	18
Tróodos	80	51	112	116	153	123	113	5	18	-

Entfernungen Nordzypern

	Nikosía/Lefkosa	Famagusta/ Gazimagusa	Kerýneia/Girne	Mórfou/Güzelyurt	Salamis
Nikosía/Lefkosa	-	61	26	40	60
Famagusta/Gazimagusa	61	-	73	94	10
Kerýneia/Girne	26	73	-	48	64
Mórfou/Güzelyurt	40	94	48	-	93
Salamis	60	10	64	93	-

Milch- und Reispuddings und die in Sirup getränkten gebackenen Obstschnitten zu verdanken. Die Venezianer wiederum haben die Ravioli hinterlassen und wer gerne üppig frühstückt, weiß die britische Herrschaft zu schätzen, denn die haben sich auf den Frühstückstischen mit Toast (eine Wissenschaft für sich, zumindest, wenn man die Briten allmorgendlich vor dem Drehtoaster beobachtet), Würstchen, gegrillten Tomaten, heißen Bohnen und Spiegeleiern verewigt.

Doch trotz aller Einflüsse und Vielfalt ist die zyprische Küche mit der Raffinesse der orientalischen nicht vergleichbar, sondern **in ihrer Grundstruktur eine bäuerliche** geblieben. Noch bis in die 1960er Jahre waren vor allem in den Bergen Bohnen, Nüsse, Rosinen und nur einmal die Woche Fleisch die Hauptnahrungsmittel. Heute zeichnet sich die zyprische Küche durch viele Kräuter und frische Zutaten aus, gewürzt wird hauptsächlich mit Petersilie, Koriander, Zimt und Limonensaft.

Die Gläubigen der orthodoxen Kirche sollten eigentlich an 150 Tagen im Jahr nichts Tierisches, also auch keinen Fisch, Milch und Eier, zu sich nehmen (ausgenommen sind „kaltblütige" Meerestiere wie Muscheln, Tintenfisch und Krabben). Außer in den Klöstern richtet sich so gut wie niemand mehr nach dieser Regel.
Sie hat allerdings eine **reichhaltige vegetarische Küche** hinterlassen, hortophagos – Grashüpfer – heißen die Vegetarier übrigens auf griechisch. Strikte Vegetarier müssen allerdings aufpassen, Pilaw aus Buchweizen kann schon mal in Hühnerbrühe gekocht werden und in den Koupépia, den Weinblättern, ist neben dem Reis oft auch Hackfleisch enthalten.

Die Küche in Nordzypern entspricht im Wesentlichen der des Südens, sie ist allerdings etwas verfeinerter und – durch die Religion bedingt – kommt in der zypern-türkischen Küche kein Schweinefleisch vor. Wie im Süden gibt es auch im Norden die Mezé.

Ein Vergleich mit 4.500 Rezepten aus 36 Ländern zeigt: Je höher die Durchschnittstemperatur in einem Land ist, desto mehr verschiedene Gewürze werden benutzt. In Norwegen sind es pro Gericht durchschnittlich zwei Gewürze. In Indien im Schnitt hingegen 10 Gewürze. Zypern liegt hier irgendwo in der Mitte.

Afélia: in Rotwein mariniertes Schweinefleisch, gebraten oder geschmort, mit Koriander gewürzt
Agréliame avgá: grüner Spargel mit Rührei
Astakós: Hummer/Languste
Baklavá: Mit Zimt und Mandeln gefüllter Blätterteig in Zuckersirup
Barboúnia: Rotbarsch, einer der teuersten und besten Fische
Batata: Süßkartoffeln
Brisola: Schwein- oder Kalbskotelett
Bulgur: Hartweizengrieß (wird nur selten im Restaurant angeboten, da er als Armeleuteessen gilt).
Chiroméri: geräucherter Schweineschinken
Dolmádes: Mit Reis oder gelegentlich auch mit Hackfleisch gefüllte Weinblätter, meist kalt, manchmal auch warm in einer Zitronen-Ei-Sauce serviert
Eliés tsakistés: zerstoßene, in Zitronensaft, Knoblauch und Koriander eingelegte Oliven
Fasólia: weiße Bohnen, gekocht mit Zitrone und Olivenöl oder in Tomatensoße

Fassoládha: Bohnensuppe

Féta: weißer Schafs- oder auch Ziegenkäse (in Deutschland verkaufter Feta-Käse ist oft aus Kuhmilch hergestellt und entsprechend geschmacksneutral)

Flaoúnes: Flötenförmiges (daher auch der Name) Blätterteiggebäck, mit Hallóumikäse, Eiern, frischen Minzeblättern, Sultaninen, Rotwein und einigen Gewürzen gefüllt.

Galatáboureko: mit Pudding gefüllter Blätterteig

Garídes: Garnelen

Glóssa: Seezunge

Glykó: (= Süßes) Leckermäuler kommen in Zypern auf ihre Kosten! Bei einer Einladung bekommt der Gast meist ein Glyko, eine kandierte, in Sirup schwimmende Frucht – in etwa mit den in Oberitalien hergestellten süß-scharfen Sirupfrüchten zu vergleichen. Oft wird das „Glyko" am Straßenrand verkauft, die Einmachgläser mit den bunten, eingemachten Früchten geben ein sehr schönes Fotomotiv ab. Die Kunst, Glyko herzustellen, wird von Mutter zu Tochter weitervererbt und angeblich in keinem Buch gelehrt.

Hallóumi: Ein Käse aus Ziegen-/Schafs- und Kuhmilch von kaugummiartiger Konsistenz, der beim Essen zwischen den Zähnen quietscht. Die Zyprioten nennen diesen in Salzlake eingelegten Käse ihre Spezialität und reichen ihn zum Frühstück, zum Mittag- und Abendessen, roh, gegrillt oder überbacken, zu Spaghetti (anstelle von Parmesan), zu Wassermelonen oder als Füllung für Ravioli. Auch als geraspelter Käse bei der Zubereitung von Omeletts, bei Speisen mit Hackfleisch und Reis findet er Anwendung. Sogar in (sehr leckeren) Kräckern (in Supermärkten erhältlich) wird er verarbeitet. Während der griechische Feta-Käse kein geschütztes Markenzeichen ist, und daher im Ausland oft aus Kuh-, statt aus Schafsmilch hergestellt wird, ist der Markenname Hallóumi hingegen ein geschützter Begriff, nur auf Zypern hergestellter Hallóumi darf also als ein solcher bezeichnet werden.

Hiroméri: Schweinefleisch, das mindestens sechs Wochen in Rotwein mariniert, dann gepresst und geräuchert wird. Kleine Stückchen oder Scheibchen davon findet man gewöhnlich in einer Mezé.

Hortosoúpa: Die „Gartensuppe" besteht aus Gemüse.

Die Zyprioten sind wahre Weltmeister im Grillen, kaum eine Taverne, in der nicht die Kohlen den ganzen Tag vor sich hin glühen. Und damit nicht genug, auf der Insel findet man an den schönsten Stellen Picknickplätze überall dort vor, wo man grillen kann. So gibt es an den schönen Wochenenden und im Ferienmonat August kaum ein Plätzchen, an dem nicht eine Gruppe von Zyprioten sitzt und es sich gut gehen lässt.

Gebratener Hallóumi: Den Käse in ca. 1 cm dicke Scheiben schneiden und in einer Pfanne mit heißem Öl von beiden Seiten braten, bis er eine schöne gold-braune Farbe bekommt.

Gegrillter Hallóumi: Den Käse in ca. 1,5 cm dicke Scheiben schneiden und leicht eingeölt auf den Grill legen. Sobald die Unterseite goldbraun wie ein Steak aussieht, den Käse wenden und von der anderen anderen Seite grillen und gleich servieren.

Gekochter Hallóumi: Den Hallóumi in kochendes Wasser geben und 5 bis 7 Minuten ziehen lassen, bis er schön weich ist. Dabei verliert der Käse an Salz und Fett und kann zu Früchten, Salat oder Gemüse serviert werden.

Frischer Hallóumi: Frischer **Hallóumi** schmeckt besonders zu Wassermelonen, Trauben und Feigen. Aber auch mit Tomaten oder Gurken serviert ist er eine Delikatesse.

www.zypern.com/: Rezepte rund um den Hallóumi-Käse finden Sie unter www.zypern.com.

Hoúmous (Humus): Püree aus Kichererbsen mit Sesamsoße, Petersilie, Knoblauch und Olivenöl. Als pa hoummi auch zum Frühstück serviert. Nach altem Volksglauben sollen Kichererbsen die Energie steigern, Impotenz heilen und sowohl auf Frauen als auch auf Männer als Aphrodisiakum wirken.

Jemistés: (= gefüllte) Tomaten mit Reis, Hackfleisch und Kräutern.

Kalamária: In Ringe geschnittene Tintenfische, meist in Mehl gewendet und frittiert

Kapari: in Salz und Weinessig eingelegte Kapernzweige

Karaóli vrasti: gekochte Schnecken

Karpúsi: Wassermelone

Kebab: gegrilltes Schweinefleisch vom Spieß

Kefálos: Meeräsche

Keftédes: Hackfleischbällchen aus Rind- oder Hammelfleisch, in Olivenöl gebraten

Kléftiko: Lammfleisch in Lehmöfen zubereitet, eine besondere zyprische Spezialität, die relativ aufwändig in der Zubereitung ist. Kléftiko bedeutet Räuberessen: Einst hätten einige Diebe ein gestohlenes Schaf vergraben, und darüber ein Feuer angezündet. Während die Polizei noch nach dem geklauten Schaf suchte, bruzelte dieses fröhlich unter der Erde vor sich.
Als die Polizisten dann die Suche aufgaben, war auch schon das Essen fertig ...
Vom Kléftiko sollen sich auch die Partisanen im Unabhängigkeitskampf gegen die Briten ernährt haben.

In der Antike galt auf Zypern der Stier als Symbol des Lebens. Und das Symbol des Lebens soll man ja nicht essen. Bis zum Zweiten Weltkrieg kam daher auf Zypern kein Rindfleisch auf den Tisch und es wurde auch keine Milch von Kühen verarbeitet. Diese Zeiten sind allerdings vorbei, heute kommt Zyperns Milch zu 95 % von der Kuh.

Kokkinistó: eine Art Gulasch mit Rind- oder Lammfleischstücken, serviert in einer mit Zwiebeln, Knoblauch und Kräutern abgeschmeckten Tomatensoße.

Kokorétsi: gegrillte, mit Naturdarm umwickelte Innereien, mit Senf serviert

Kolokási: intensiv riechende Rübenart, die wie Süßkartoffeln schmeckt und gut zu Schweinefleisch passt

Kolokithakia yemistá: mit Reis, Hackfleisch und Kräutern gefüllte Zucchini

Kottópoulo Lemonáto: in Zitronensoße gekochtes Huhn

Koupépia: Junge Weinblätter, mit einer Mischung aus Hackfleisch und Reis und je nach Jahreszeit mit frischen Kräutern gefüllt.

Koupes: Teigbällchen aus grob gemahlenem Weizen, mit Kräutern, Zwiebeln und Schweinehackfleisch gefüllt

Loukaniká: in Rotwein marinierte Schweinsbratwurst

Loukoumades: frittierte Teigbällchen, vergleichbar mit unseren Krapfen, nur kleiner.

Loukoúmia: ursprünglich nur bei Hochzeiten oder am Namenstag gereichtes Fruchtgelee, das heute überall als Souvenir verkauft wird

Lóunza: Geräucherter und in Wein eingelegter Schweineschinken, ähnlich dem Kasslerfleisch. Er wird kalt, gegrillt oder gebraten serviert.

Maridhes: Sprotte, Sardelle, also ein kleiner Fisch, der gebraten als Mezé gereicht wird. Man kann ihn mitsamt Kopf und Schwanz essen.

Melidsanosalata: Püree aus Auberginen, Joghurt, Olivenöl und Knoblauch

Mezé (= Mischung, pl. mezédes): Die unübertroffene Spezialität von Zypern bedeutet „Häppchen" oder „Kleinigkeiten" und wird „mee-see" ausgesprochen. Mezé ist kein bestimmtes Gericht, auch keine genau festgelegte Speisenfolge. Es ist eine ganze Reihe von Vorspeisen, sowohl kalte als auch warme, ein Journalist der FAZ nannte das Mezé einmal einen „Gewaltmarsch durch die Speisekarte". Ein Mezé kann durchaus aus bis zu 30 Platten und Schälchen bestehen. Man mag sich fragen, wie man solche Mengen schaffen kann, die Erklärung ist einfach: Das Mezé wird auf Zypern bei einer der zahlreichen Familienfeiern oder bei einem Picknickausflug mit der ganzen Familie serviert, Gruppen von zehn oder mehr Personen sind keine Seltenheit. Da ist es für den Wirt einfacher, von allen Speisen etwas zu servieren als von jedem Einzelnen eine Bestellung aufzunehmen.

> ***No chips ...***
> steht mit zwei Ausrufezeichen im Prospekt des Jeepsafari-Veranstalters Exalt Tours. Es ist wirklich etwas Besonderes, auf Zypern ein Essen OHNE Pommes Frites zu bekommen!

> Sigá, sigá – langsam, langsam soll man das Mezé genießen, sonst schafft man es bei einem richtigen zyprischen Schlemmerorgie nicht mal bis zur Hauptspeise.

Minéri: Tunfisch

Moussaká: Wohl eines der bekanntesten Gerichte des Nahen Ostens. Ein Auflauf aus Hackfleisch mit Zwiebeln, gebratenen Auberginen und Kartoffeln, mit einer Béchamelsauce und geriebenem Käse überbacken.

Octapódi (Achtfüßler): Der Polyp wird in einer Soße aus Rotwein, Zwiebeln, Tomaten und frischen Kräutern zubereitet, manchmal auch als kalte Speise mit Olivenöl und Zitronensaft.

Ochtopdódi skarás: gegrillter Oktopus

Padádes: Die im Südosten Zyperns geernteten Kartoffeln werden im Ofen gebacken und mit cremigem Joghurt serviert

Paidákia: gegrillte Lammkoteletts

Pastítsio: Auflauf aus Auberginen, Kartoffeln, Hackfleisch und Béchamelsauce

Patatasaláta: Kartoffelsalat

Pestrófa: Seeforelle

Pilaffe (Pilafia): Eigentlich kein einheimisches Gericht, da auf Zypern kein Reis angebaut wird. Pilaffe sind mit Fleisch oder Gemüse zubereitete, gewürzte Reisgerichte, bei denen der Reis mitsamt den Zutaten geschmort und langsam gekocht wird. Dazu passt gut ein Schafsmilchyoghurt.

Psarosoúpa: Fischsuppe

Ravióli (auch Ravioles): Teigwaren mit Hallóumikäse und Pfefferminze gefüllt – Traditionsgemäß zur Fastenzeit gegessen.

Scheftália: Hackfleischwürstchen, zumeist gegrillt

Skordáliá: Knoblauchbrei

Soúpa louvaná: Erbsensuppe

Skordália – Kartoffelbrei mit Knoblauch

6 Knoblauchzehen
6 weich gekochte Kartoffeln
1 Tasse Olivenöl
1/3 Tasse Weißweinessig
½ TL Salz
gehackte Petersilie
½ Tasse Walnüsse oder gehackte Mandeln

Die Kartoffeln weich kochen und pürieren, den Knoblauch klein hacken, mit dem Salz zu den Kartoffeln in eine Schüssel geben. Langsam nach und nach den Essig und das Olivenöl dazu gießen, bis die Masse dick wird. Zum Schluss die Nüsse einrühren und mit der fein gehackten Petersilie garnieren.

Suppen werden auf Zypern nicht als Auftakt einer Mahlzeit gegessen, sondern im Winter als wärmendes Frühstück oder als frugales Mittagessen, am Abend gibt es dann die mehrgängige Hauptmahlzeit.

Soúpa pátcha: Suppen mit Innereien und Hirn von Kalb und Lamm
Soúpa psaró: Fischsuppe
Sousoukákia: Lange Schnüre aus Nüssen, die mit karamellisiertem und geliertem Traubensaft überzogen sind.
Soúvla: Die zyprische Variante des griechischen Souvlaki: Fleischspieße aus Lamm werden über dem Holzkohlengrill zubereitet, wobei die Fleischstücke des Souvla größer als die des Souvlaki sind.
Spaghétti: Die kann man auf Zypern natürlich auch bekommen, allerdings selten „al dente". Auch kann es durchaus vorkommen, dass der Kellner zu den Spaghetti stellvertretend als Tomatensoße eine Ketchupflasche dazustellt ...
Stifádo: Rind-, Schweine- oder Kaninchengulasch, in Zwiebeln gedünstet, in einer mit Zimt oder Kreuzkümmel gewürzten Tomatensoße
Tahína: Püree aus Sesamsamen, Olivenöl, Zitronensaft und Knoblauch. Die zyprische Tahina ist saurer und mit weniger Knoblauch und Olivenöl zubereitet als die orientalische Variante.
Talatoúri: Vergleichbar dem griechischen Tzaziki, also eine dicke Soße aus fein gehobelten Gurken, Knoblauch und Yoghurt, auf Zypern kommt noch Minze hinzu.

Wer im Inselinneren einen zyprischen Salat bestellt, der bekommt automatisch Tahina und Talatoúri dazu serviert.

Taramosaláta: Appetitlich aussehender rosafarbener Brei aus Fischrogen mit in Milch eingeweichtem Brot und Olivenöl.
Tavá: Lammfleisch, mit Zwiebeln und Kräutern in Tongefäßen im Ofen gegart
Tavúli: Ein Gemisch aus Weizenschrot und Frühlingszwiebeln
Tónnos: Thunfisch
Xypha: Schwertfisch. Ein fleischiger Fisch, der normalerweise in Öl und Zitrone mariniert und dann gegrillt wird.
Zelatína: Fleisch in Aspik mit Zitronensaft und Kräutern gewürzt

Getränke

Die Auswahl der örtlich produzierten Weine und Spirituosen ist wirklich eindrucksvoll, noch bis vor wenigen Jahren war Wein der wichtigste Devisenbringer Zyperns. Allerdings sind die zyprischen Weine keine Spitzenweine, sie sind einfach nur sehr süffig. Die Tradition der Weingärung auf Zypern ist uralt. Heute bestehen vier große Gesellschaften sowie viele kleinere Weinkellereien auf dem Land, die fast jährlich neue Weinsorten vorstellen. Wichtigste Anbauregionen sind die Südhänge des Tróodos-Gebirges, gefolgt von den Küstenebenen zwischen Limassol und Páfos.

Einige zyprische Weinsorten

Trockene Weißweine: Amathoús, Palomino, Keo Hock, Arsinoe (sehr trocken), White Lady, Fair Lady (sehr trocken)

Halbtrockene Weißweine: Aphroditi, Thisbe, St. Hilarion

Leichte und herbe Roséweine: Amaroza, Rosella, Pink Lady, Rosé Lady, Coeur de Lion

Trockene Rotweine: Othello, Arsínoe, Afamés, Keo Claret, Olympus Claret, Dark Lady, Hermes, Negro

Liebliche Rotweine: Pink Lady, Rosita

Halbtrockene Rotweine: Kokkinelli, Vintage Armanes 1962

Einer der bekanntesten Weine Zyperns ist nach dem Mohr Othello benannt, dem Helden aus Shakespeares gleichnamigem Drama, dessen Schauplatz neben Venedig auch die Burg von Kerýneia ist

Eine der Traubensorten auf Zypern heißt Verigo. Sie soll so heißen, weil einst einem durstigen englischen Kreuzfahrer von einem zyprischen Bauern einige Trauben gereicht wurden. Wie der Kreuzfahrer gerade so kaute, fragte der Bauer, wie denn die Trauben so munden würden. Der Kreuzfahrer antwortete – mit vollem Mund: „*Very good*"...

„*Ich muss nach Zypern zurückkehren, nur um seinen Wein wieder zu kosten.*"
Richard Löwenherz

„*In all den Monaten mit r trinkt den Wein ohne Wasser.*
In den Monaten ohne r trinkt den Wein mit Wasser,
meinte Papa Constantinos aus dem Dorf Agía Anna bei Lárnaka

Nichts falsch macht man, wenn man den roten oder weißen Hauswein bestellt, der immer eine gute Empfehlung, in der Regel aber etwas schwerer als die Flaschenweine ist. Guten Hauswein bekommt man unter anderem in Ómodos und Plátres.

„*Zu einem Teile Wein, neun Teile Wasser; wenn aber jemand ein Fass voll von diesem Wein tränke, so wird ihn derselbe nicht bloß berauschen, sondern seine Eingeweide verbrennen und vernichten*" so schrieb der Jerusalempilger Ludolf von Sudheim im Jahr 1336 über den Commandaria.

„*Hier auf dem roten Boden der Gebirgsausläufer zogen die Ritter die Rebstöcke des Commandaria, des ältesten aller bekannten Weine, der noch heute getrunken wird. Er war dickflüssig und süß, fast ein Likör, in der ganzen europäischen Christenheit berühmt und benebelte so manchem Plantagenet-König den Kopf. Es hieß, der Osmanen-Sultan*

Selim, der Trunkenbold, habe sich so an ihm berauscht, dass sein Verlangen nach diesen Weinbergen zur Ursache für seine barbarische Invasion Zyperns wurde. Aber die Traube nahm Rache: Drei Jahre später rutschte er, vom Commandaria-Wein betrunken, auf dem Fußboden seines Badezimmers aus und brach sich den Schädel.
Colin Thubron Anfang der 1970er Jahre

***Commandaria** – Der berühmteste der zyprischen Weine ist ein Dessertwein, dessen Reben schon im 13. Jh. vom Johanniterorden bei Kolóssi angebaut wurden. Er kommt erst nach mindestens 10 Jahren Lagerung auf den Markt. So bekannt der Commandaria auch ist, als Mitbringsel eignet er sich nur bedingt, da dermaßen süße Dessertweine zur Zeit nicht sonderlich beliebt sind.*

Bier: wird von den Brauereien Keo und Carlsberg gebraut. Auch **Ouzo** und **Brandy** (z.B „Five Kings") werden auf der Insel produziert, wobei der Ouzo auf Zypern nicht annähernd so populär wie in Griechenland ist. Der zyprische Brandy ist preisgünstiger und auch leichter als der französische Brandy.

Brandy Sour: Ein für Zypern typischer Longdrink aus zyprischem Brandy, Zitronensaft, Soda und Angostura ist noch ein Relikt aus der Kolonialzeit.

Brandy Sour

100 Teile Brandy
75 Teile Zitronensaft
3 Teile Angosturabitter

Das Ganze mixen, mit Club-Soda auffüllen und Eiswürfel, eine Zitronen- oder Orangenscheibe oder einen Zweig Minze hinzugeben. Sollte der Brandy Sour zuhause nicht so richtig munden: Manche zyprische Barkeeper behaupten, er würde so richtig gut nur mit dem Saft von zyprischen Zitronen schmecken.

Filfar: Ein Likör aus Bitterorangen

Sehr geschmackvoll sind die einheimischen, naturreinen **Fruchtsäfte** (Orangen-, Grapefruit-, Traubensäfte usw.). **Mineralwasser** ohne Kohlensäure heißt „metalliko nero", mit Kohlensäure Soda, das dann allerdings wirklich reichlich von den blähenden Kügelchen enthält.

frapé: (= geschüttelter) kalter Nescafé, ein hervorragender Durstlöscher

kafé: Türkischer Kaffee. Da der zyprische Kaffee bereits bei der Zubereitung gesüßt wird, müssen Sie schon bei der Bestellung angeben, ob Sie ihn ungesüßt (skéto), mittelsüß (metrio) oder sehr süß (glikó) wünschen. Und soll´s die doppelte Menge sein, dann bestellen Sie einen kafé dipló.

Fünf Stühle braucht ein Zypriote im Kafeneion, um sich wohlzufühlen:
Einen für seinen Hintern
einen für die Füße
je einen für die Arme
und einen für die Kaffeetasse.

Essen und Trinken in Nordzypern

Im allgemeinen sind die Speisen Nordzyperns mit denen des Südens vergleichbar, sie haben nur einen anderen Namen und sind zum Teil etwas anders zubereitet. Natürlich gibt es im Norden auch das Mezé, allerdings ohne Schweinefleisch.

Tsivania (Zivania, türk. Raki) – Tsivania, auch „Heiliges Wasser“ genannt, ist vergleichbar mit dem italienischen Grappa, er ist nur hochprozentiger. Die Zyprioten schwören auf ihren Schnaps, der nicht nur innerlich, sondern auch äußerlich als Arznei bei Zahnschmerzen, oder zum Einreiben bei Erkältung oder Verstauchung von umwerfender Wirkung ist. Weiterhin ist der Tsivania die Grundlage der zyprischen Gin-, Sherry- und Branntweinproduktion. Offiziell hat allein der Staat die Verkaufsrechte für den Schnaps, die Brenner selbst dürfen nur einige Liter für den Eigenbedarf behalten. Reiner Tsivania ist nicht der selbst gebrannte, sondern der in Fabriken gebrannte Schnaps. Nur Fabriken können sich die teuren Filteranlagen leisten, die für Augen und Herz schädliche Nebenstoffe wie Sand und Geröll aus dem Trester herausfiltern.

- **Essen**

Balik: Fisch
Biber dolmasi: gefüllte Paprika
Biftek: Beefsteak
Börek: verschiedene Pasteten
Cacik: (griech. Tzaziki) Joghurt, Knoblauch und Gürkenstückchen
Dana: Rind
Domates salatsi: Tomatensalat
Ekmek: Brot
Günür corbasi: Tagessuppe
Imam bayildi: (= der Imam fällt in Ohnmacht) Ein so köstliches Gericht aus Auberginen mit Zwiebeln und Tomaten, dass es den Imam vor Wonne umgehauen hat...
Köfte: Hackfleischbällchen
Kuzu: Lamm
Lahmacun: türkische Pizza mit scharf gewürztem Hackfleisch
Palican: Auberginen
Pirzola: (Lamm-)Koteletts
Seftali: gebackene Fleischröllchen
Sis kebab: Kebab, Fleischspießchen vom Grill
Tarama: Fischrogensauce
Tavuk/Pilic: Huhn/Hühnchen
Yaprak dolmasi: gefüllte Weinblätter
Yesil Salata: grüner Salat
Yumurta: Ei

- **Getränke**

Ayran: mit Wasser und Salz vermischter Joghurt, ein nicht alkoholischer, köstlicher Durstlöscher
Tsai: D a s Nationalgetränk der Türken wird man in Nordzypern selten finden. Als der „Vater der Türkei“, Kemal Atatürk, seine Festlandtürken zu Tee- statt Kaffeetrinkern machte (Tee wuchs im Gegensatz zum Kaffee im eigenen Land), waren die Zyprioten noch eine britische Kolonie.

F

⇨ Feiertage

Kirchliche Feste und Nationalfeiertage in Südzypern

1. Januar: Neujahr. Geschenke werden ausgetauscht und die wasilopitta (Königskuchen) angeschnitten.

6. Januar: Epiphanias, Fest der Wasserweihe und der Taufe Jesu, vor allen in den Küstenorten begangen. Nach dem Gottesdienst zieht eine Prozession ans Meer, dort wirft der Priester ein Kreuz ins Wasser. Junge Männer tauchen danach, wer das Kreuz wieder nach oben befördert, wird im kommenden Jahr ein Glückspilz sein.

Grüner Montag: 50 Tage vor dem Orthodoxen Osterfest

25. März: Griechischer Unabhängigkeitstag. Offizieller Beginn des griechischen Befreiungskampfes gegen die Türken im Jahr 1821

1. April: Griechisch-zyprischer Nationalfeiertag. Offizieller Beginn des zyprischen Freiheitskampfes gegen die Briten im Jahr 1955. Auch Gedenktag zu Ehren der Widerstandsorganisation EOKA, die erst gegen die Briten und dann gegen die türkischen Zyprioten kämpfte. An diesem Tag sollen die griechischen Schüler kein rotes T-Shirt anziehen, denn Rot ist die Farbe der Türkei.

Karfreitag: Am späten Vormittag wird in den Kirchen der „epitapios", das symbolische Grab Christi, mit Blumen geschmückt. Beim Abendgottesdienst küssen die Gläubigen dann den Epitaph, der gegen 21 Uhr in feierlicher Prozession durch den Ort getragen wird.

Ostersamstag: In der Nacht von Ostersamstag zu -sonntag finden um elf Uhr in allen zyprischen Kirchen die Ostergottesdienste statt, bei denen als Symbol für den Tod Christi Punkt Mitternacht alle Lichter gelöscht werden. In völliger Dunkelheit verkündet der Priester seiner Gemeinde dann die Auferstehung, bevor er wieder eine Kerze am Altar anzündet. Alle Gläubigen haben Kerzen mitgebracht, die sie nun der Reihe nach an der Altarkerze anstecken, um so ihrem Glauben an die Auferstehung Ausdruck zu verleihen.

Ostersonntag: Die Zyprioten sitzen zusammen und grillen. Besonders in der Region um Páfos finden in vielen Orten Osterspiele wie Eselsrennen, Sackhüpfen oder Eierlaufen statt (Fremde dürfen gerne mitmachen).Ostern ist in der orthodoxen Welt der wichtigste Feiertag überhaupt.

1. Mai: Tag der Arbeit

15. August: Kimesis (Mariä Entschlafung)

1. Oktober: Zyprischer Unabhängigkeitstag

28. Oktober: Griechischer Nationalfeiertag. Es wird des „Großen Historischen Nein" gedacht, das 1940 der griechische Diktator Metaxas auf ein Ultimatum Mussolinis antwortete und den Eintritt Griechenlands in den Zweiten Weltkrieg bedeutete.

25./26. Dezember: Weihnachten. Als Symbol der Reinheit hängen Olivenzweige über dem Hauseingang.

Bewegliche Feiertage: Ostern und Pfingsten (abhängig vom Mondkalender):

	2005	*2006*
Green Monday	14. März	6. März
Karfreitag	29. April	21. April
Ostersonntag (orthodox)	1. Mai	23. April
Ostermontag (orthodox)	2. Mai	24. April
Kataklysmós (Pfingsten)	20. Juni	12. Juni
Ostersonntag (katholisch)	27. März	16. April

Feiertage in Nordzypern

1. Januar	Neujahr
23. April	Tag des Kindes
1. Mai	Tag der Arbeit
19. Mai	Tag der Jugend und des Sports
20. Juli	Jahrestag der türkischen Intervention des Jahres 1974
1. August	Tag des Widerstands
30. August	Tag des Sieges über die Griechen 1922
29. Oktober	Gründung der Türkischen Republik 1923
15. November	Proklamation der (international nicht anerkannten) Türkischen Republik Nord-Zypern (1983)

Die Tage des Ramadan richten sich nach dem Mondkalender und sind somit bewegliche Feiertage.

⇨ Fernsehen

Ausländische Filme werden in der Originalsprache mit griechischen Untertiteln gesendet. Die meisten Hotels ermöglichen Satellitenempfang und damit den Empfang der Deutschen Welle mit Nachrichtensendungen in deutscher und englischer Sprache.

⇨ Feste und Festivals

Januar

24. Januar: Kloster Neófytos (Volksfest zu Ehren des heiligen Neófytos)

Februar

2. Februar: Kloster Chrysorrogiátissas (Tempelgang Mariens)

50 Tage vor dem orthodoxen Osterfest: Karneval in Limassol. Er hat seine Wurzeln in den antiken Feiern zu Ehren des Gottes Dionysos, der als Schutzherr des Theaters galt. Festlichkeiten finden in vielen Orten statt und erreichen einen Höhepunkt am Faschingssonntag, wenn eine große Kostümparade in Limassol abgehalten wird.

April

variabel: Beim Lazarusfest wird 8 Tage vor Ostern die Ikone des Heiligen durch die Straßen der Stadt getragen.

Mai
variabel: Das „Anthestiria“, das Blumenfest, geht auf antike Dionysien zurück. Bei diesem Fest fahren prachtvoll geschmückte Wägen durch Lárnaka, Limassol und Páfos.

Juni
variabel: Beim Shakespeare-Festival in Koúrion werden seine Dramen aufgeführt.

Juni bis November
variabel: Während der Cyprus Music Days werden im antiken Theater von Koúrion internationaler Jazz und klassische Musik dargeboten.

Juli
variabel: Folkloredarbietungen, Theater und Musik während der Limassol-Summer-Events
variabel: Musik Theater, Tanz und Kunst beim Lárnaka-Festival

August
14./15. August: Jahrmarkt anlässlich Mariä Himmelfahrt im Kloster Kýkko
variabel: „Dionysos“-Weinfest in Stroumpí bei Páfos

September
Antike Dramen und Musik beim Agía Nápa-Festival
die ersten zwei Septemberwochen: Weinfestival in Limassol (s. S. 146)
14. Sept.: Feier des Heiligen Kreuzes im Kloster Stavrovoúni und in Ómodos
variabel: Kunsthandwerksmarkt im Altstadtviertel von Nikosía

Oktober
1. Okt.: Militärparade anlässlich des zyprischen Unabhängigkeitstages
14. Okt.: Markt anlässlich des Festtags des heiligen Ioánnis Lampadistís in Kalopanagiótis
Jeweils im Oktober findet im Weinbauerndorf Koiláni das jährliche Weinfest „Afamia“ statt. Auf dem Programm stehen traditionelle Volkstänze, Weinproben und die Herstellung von Palouze, einer Süßigkeit aus Traubensirup, Mehl, Zimt, Rosenwasser und Mandeln. Zu sehen sind weiterhin Ausstellungen mit Malerei und landwirtschaftlichen Produkten.
Etwa 15 Kilometer westlich von Koiláni liegt das Weindorf Salamiou, das vom 6. bis 10. Oktober das Palouze Festival – benannt nach der süßen Delikatesse – feiert.

Einem alten Brauch zufolge wird bei der Geburt eines Kindes ein gefüllter Weinkrug am Haus vergraben und bei dessen Hochzeit den Gästen serviert.

Dezember bis März
variabel: griechische Volksmusik und Volkstänze sowie klassische Musik während des Cultural Winter von Agía Nápa
variabel: klassische Musik während des European Limassol Festival in Limassol

⇨ Filme

s. Stichwort „Fotografieren“

⇨ FKK

FKK ist offiziell verboten, praktiziert wird es unter anderem in versteckten Winkeln der Avdímou-Bucht. „Oben-ohne-Sonnen“ wird in Südzypern fast überall toleriert.

⇨ Fotografieren

Filmmaterial ist in Zypern teurer als in Deutschland, die Entwicklung entspricht in etwa dem gleichen Preisniveau. Sie können Ihre Filme in einigen Stunden oder innerhalb eines Tages entwickeln lassen. In den größeren Städten sind alle führenden Foto- und Kamerafirmen vertreten.

Nicht fotografieren darf man in der Nähe militärischer Anlagen, wo Schilder auf das Fotografierverbot hinweisen. Sie sollten das Verbot unbedingt respektieren! – Aufnahmen in den Museen und in vielen Kirchen bedürfen der Genehmigung.

Der byzantinische Pope hat sich gerne fotografieren lassen – aber nicht ohne vorher um Erlaubnis gefragt zu werden.

⇨ Fremdenverkehrsämter

s. Stichwort „Informationen"

G

⇨ Geschäfte

s. Stichwort „Öffnungszeiten"

⇨ Gesundheit

Neben dem entsprechenden Anspruchsausweis (bei der Krankenkasse erhältlich) empfiehlt sich auch der Abschluss einer Auslandsreise- und Rückholkranken-Versicherung mit uneingeschränkter Kostenübernahme, da Medikamente und ärztliche Behandlung bar bezahlt werden müssen.

Gewaschenes Obst und Salat kann man bedenkenlos verzehren, da die Kontrollen streng sind. Das Leitungswasser kann ebenfalls getrunken werden. Magenverstimmungen kommen im Allgemeinen vom zu hastigen Genuss zu kalter Getränke. Auch der Genuss von Olivenöl und ungewohnten Speisen kann einem auf den Magen schlagen.

Hausmittelchen
- **Bei Durchfall** helfen
- Coca Cola und Salzstangen
- gesalzener Tee
- oder rohe Teeblätter kauen
- **Bei Sonnenbrand** helfen zwei drei aufgelöste Tabletten Aspirin nicht nur äußerlich (auf die verbrannte Stelle aufstreichen), sondern auch innerlich.
- Bei **Neurodermitis** kann täglich ein Glas Ziegenmilch helfen. Und Ziegen gibt es auf Zypern wahrlich genug!

Hinweis
Man kann nicht oft genug darauf hinweisen: Die ständige frische Brise am Meer bzw. die dadurch nicht spürbare Intensität der Sonneneinstrahlung sollte nicht unterschätzt werden.

⇨ Getränke

s. Stichwort „Essen und Trinken"

⇨ Golf

s. Stichwort „Sport"

H

⇨ Haustiere

Haustiere dürfen erst nach einer sechsmonatigen Quarantäne mit ins Land genommen werden.

I

⇨ Information

Südzypern
In Südzypern findet man Büros der CTO in Agía Nápa, Limassol, Lárnaka, Páfos, Pólis und Pano Plátres.
Deutschland
Fremdenverkehrszentrale Zypern, Hauptwache 7, D - 60313 Frankfurt/M, Tel. 069/ 25 19 19, Fax 25 02 88, E-Mail: CTO-Fra@t-online.de
Österreich
Parkring 20, A - 1010 Wien, Tel. 01/5 13 18 70, Fax 5 13 18 72, E-Mail: Zypern@tourism.vienna.at
Schweiz
Gottfried-Keller-Str. 7, CH - 8001 Zürich, Tel. 01/2 62 33 03, Fax 2 51 24 17, E-Mail: etozurich@bluewin.ch

Nordzypern
Nord-Zypern Tourismus-Zentrum GmbH, UTO HOF, Baseler Str. 35-37, Frankfurt/ Main, Tel. (069) 24 00 79 46, Fax (069) 24 00 79 48, www.nordzypern-touristik.de, E-Mail: info@nordzypern-touristik.de (man sollte die Prospekte rechtzeitig bestellen, denn es kann schon mal eine oder zwei Wochen dauern, bis sie kommen).

⇨ Internet

Zeichenerklärung:
* sehr informativ
(d) deutschsprachig
(e) englischsprachig

Südzypern

- **Allgemeine Informationen**
- ***(d) www.visitcyprus.org.cy/**: Nicht nur Zypern ist einen Besuch wert, sondern auch diese sehr informative, neu gestaltete Seite!
- **(e) cyprustourism.org/**: Optisch schön gestaltet ist der virtuelle Reiseführer des offiziellen Fremdenverkehrsamtes von Zypern, unter anderem mit Infos zu Regionen, Konferenzhotels, Essen und Trinken.
- **(d) zypern.at:** Knapp gehaltene Infos aller Art. Sehr interessantes Gästebuch.
- * **(d)** zypern-reiseberichte.de Private, subjektiv geschriebene Homepage mit Reiseberichten über Limassol, Agia Napa, Larnaca, Platres und die Gegend um Pólis. Interessantes Forum.
- **(d) pfarre-grinzing.at/bei/bei_zypern.htm:** Vom Heiligen Geist ausgesandt, zogen sie nach Seleucia hinab und segelten nach Zypern... die Leute von der Pfarre Grinzing ... und machten gar sehr schöne Fotos...
- * **(d) zypern4u.de**: Zypern-Reiseführer mit Reiseinfos und Reisetipps für Urlauber: Sehenswürdigkeiten und Urlaubsorte, Klima und Wetter, Wirtschaft, Verkehr, Tourismus und Urlaub. Leider nicht auf dem neuesten Stand, unter anderem war hier am 2. Mai 2004 zu lesen „Solange die Zypernfrage ungelöst ist, kann mit einer Aufnahme in die EU nicht gerechnet werden"...
- **(e) hri.org/news/latest/cyprus.old.html**: Hellenic Resources Network. Zugang zu unzähligen Newsquellen, die alle etwas über Zypern zu berichten haben. Nur etwas für Leute, die sich wirklich s e h r für Zypern interessieren.
- *** (e) welcometocyprus.com/about/history.html**: Die neuesten Nachrichten aus Zypern.

- **Wirtschaft**
- ***(d) zypern-wirtschaft.de/:** Infos zur zyprischen Wirtschaft wie Export von Obst und Gemüse, Wein, Dienstleistungen, Hallóumi-Käse. Und auch wer sein Schiff unter zyprischer Flagge fahren lassen will, kann sich hier informieren.

- **Reiseveranstalter und Unterkünfte**
- ***(e) cyagrotourism.com.cy:** Alle Agrotourismus-Häuser Zyperns auf einen Blick.
- *** (d) attika.de**: Die Seite des Griechenland- und Zypern-Spezialisten Attika Reisen ist sehr liebevoll gestaltet. Interessantes Angebot und auch das Forum ist einen Blick wert.
- **(d) Zyperninfo.de**: Hier findet man keine Infos, sondern Flugreisen nach Zypern, Hotels, Mietwagen, Fly & Drive, Kreuzfahrten, auch Verkauf von Immobilien.
- **(d) http://zypern-traum-villen.de**: Panorama-Strand-Villen auf Zypern zu mieten und zu kaufen.
- **(d) zypern-spezial.de**: Ferienwohnungen, Ferienhäuser, Aktivurlaub, Tagesausflüge und Flüge können hier gebucht werden.
- **(d) molnet.de/zypern**: Ferienhäuser und Ferienwohnungen zu vermieten. Englisch lernen auf Zypern, Fallschirmspringen und Linderung bei Asthma, auch das kann man auf dieser Seite finden.
- **(d) travel.com.cy/german.html**: Thalassa Travel & Tourism bietet Incentivereisen, Konferenzen, Sport- und special interest-Reisen an.

- **(d) Friedrich-reisen.de:** Neben den üblichen Hotels auch last-minute-Angebote.
- **(e) cyagrotourismo.com/**: Ein erster Überblick über die Agrotourismushäuser auf Zypern, deren Preise, Ausstattung und kurze Angaben von Wanderwegen.
- **(e) cyprushotels.com.cy/:** Vielzahl von Unterkunftsmöglichkeiten (auch Ferienwohnungen, Campingplätze etc.)
- **(d) single-solo-touristik.de/reisen-erlebnis.html**: Noch single? Dann auf nach Zypern auf die Insel der Aphrodite!

Nordzypern

- **Allgemeines**
- ***(e) tourism.trnc.net/**: Unbedingt einen Besucht wert. Beschreibungen vieler Sehenswürdigkeiten, schöne Bilder.
- ***(d) schwarzaufweiss.de/Nordzypern/Lefkosíahistorisch.htm**: Die Seite freier Reisejournalisten informiert hervorragend über Touren, Städte, Personen, Geschichte und Hintergründe, Historie und praktische Reiseinfos und ist absolut einen Besuch wert.
- ***(e) cypnet.com/.ncyprus/root.html**: Jede Menge Fakten zum Thema „Nordzypern" sind hier zu finden! Infos zu den wichtigsten Städten, Regionen, zur Geschichte und Archäologie, zur Kultur, Literatur, Musik, zu Traditionen und zum Bildungswesen.
- **(d) cypriot.de**: Der Wolf im Schafspelz: Wenig konkrete Infos für den Nordzypernurlauber, aber umso mehr politische Meinungsmache gegen die Zyperngriechen, die, auch wenn sie vielleicht fundiert sein mag, auf einer touristischen Site nichts zu suchen hat.
- **(e) north-cyprus.com/:** Northern Cyprus Website. Wer noch wenig über Nordzypern weiß oder sich eingehend mit dieser Region beschäftigen möchte, wird auf der privaten Londoner Homepage gut informiert bzw. durch Links weitergeleitet.

Schnäppchen- und last-minute-Reisen

- *(d) travelchannel.de
- ***(d) expedia.de** (Internet-Reisebüro mit Hotelbeschreibungen, Testsieger der Stiftung Warentest 9/2002)
- ***(d) traveltropia.de** (Testsieger der Stiftung Warentest 11/01)
- **super-last-minute.de** von L'Tur, täglich um 20 Uhr purzeln die Preise, Abflug 48 Stunden späer
- **(d) opodo.de** gute „Nur Flug"-Suche, ansonsten etwas umständlich zu bedienen
- (d) kleine-preise-reise.de
- (d) travelscout24.de
- ***(d) nordzypern-touristik.de** (gelegentlich Angebote nach Nordzypern)

- **Politik**
- **(d) cypern.de/:** Gesellschaft für Zypernstudien. Eine Menge zur Politik auf Zypern (aus türkischer Sicht!) erfährt man auf dieser Website. Hohe Aktualität der Daten. Sehr interessant ist das Gästebuch auf dieser Seite.

- **Reiseveranstalter und Unterkünfte**
- **(d) oeger.de**
- **(d) nordzypern-touristik.de**

J

⇨ Jugendherbergen

Zypern verfügt in den großen Städten und im Tróodos-Gebirge über Jugendherbergen, die allerdings ziemlich einfach sind. Ausländer brauchen einen Internationalen Jugendherbergsausweis. Mitglieder der „International Youth Hostels Association“ können diese Herbergen benutzen. Es wird empfohlen, Zimmerreservierungen rechtzeitig im Voraus vorzunehmen.

Auskunft erteilt die Cyprus Youth Hostels Association, P.O.Box 1328, Nikosia. **Die Jugendherbergen befinden sich in Nikosía, Lárnaka, Páfos, Tróodos und Stavrós tis Psókas**, siehe auch die regionalen Reisetipps in den gelben Seiten.

In Nordzypern gibt es keine Jugendherbergen.

K

⇨ Karten

Neben der diesem Buch beigefügten Karte finden Sie Hinweise auf weiteres Kartenmaterial auf Seite 416.

⇨ Kinder

Ohne Zweifel, die Zyprioten sind sehr kinderfreundlich. In Gaststätten gibt es meist einen Kinderstuhl, in den Supermärkten ist die Auswahl an Babynahrung und Windeln vergleichbar mit unseren Supermärkten.

⇨ Kleidung

Zwischen Mai und September ist leichte Baumwollkleidung angesagt, für größere Wanderungen im Hochsommer unbedingt eine Kopfbedeckung. Zu jeder Jahreszeit Pulli oder Windjacke für den Abend. In den Hotels der gehobenen Kategorien (4- und 5-Sterne) wird am Abend das Tragen formeller Kleidung erwartet.

⇨ Klima

So viel Sonnenscheindauer hat nicht einmal Hawaii zu bieten: Statistisch scheint auf Zypern die Sonne an 340 Tagen im Jahr. In den Sommermonaten liegt die tägliche Sonnenscheindauer bei über 12 Stunden. Das Klima auf Zypern ist insgesamt trocken und warm bis heiß. Am höchsten sind die Temperaturen in den Monaten Juli und August: Im Landesinneren, seltener in Küstennähe, sind Temperaturen von bis zu 40 Grad keine

Seltenheit. Von Mai bis September regnet es praktisch nie, die Flussbetten sind trocken, das Land ist ausgedörrt. Erst ab Oktober gibt es Regen, wobei die feuchtesten Monate Dezember, Januar und Februar sind. In den Bergregionen des Tróodos fällt der Niederschlag als Schnee, und im Frühjahr treten viele Bergflüsse über die Ufer. Das Frühjahr beginnt Ende Februar/Anfang März: Die leichten Regen, im Einklang mit den steigenden Temperaturen, lassen die Sonneninsel in allen nur erdenklichen Farben blühen. Die folgende Klimatabelle ermöglicht einen genauen Überblick der Klimadaten der unterschiedlichen Landschaftszonen.

Als Richtlinie gilt: Pro 100 Höhenmeter nimmt die Tagestemperatur um ein halbes Grad ab.

Klimatabelle	Frühling			Sommer			Herbst			Winter		
	März	April	Mai	Juni	Juli	Aug.	Sept.	Okt.	Nov.	Dez.	Jan.	Febr.
Küstenregion												
Temperatur min. (°C)	9,3	11,1	14,8	18,8	21,1	21,8	19,3	16,1	13,5	9,7	7,9	7,7
Temperatur max. (°C)	18,5	22,2	25,9	29,7	31,8	32,7	30,5	27,1	22,7	18,6	16,6	16,9
Niederschlag Ø (mm)	50	20	10	2	0	0	3	30	55	115	95	60
Regentage (Std.)	7	5	2	0	0	0	1	4	6	11	13	9
Sonnenschein (Std.)	8	9	11	12	13	12	11	4	8	6	6	7
Wassertemperatur (°C)	17	18	20	23	25	26	26	24	21	18	16	16
Inland												
Temperatur min. (°C)	7,3	10,5	14,5	18,6	21,1	21,3	18,5	14,9	11,1	7,7	5,9	5,9
Temperatur max. (°C)	17,9	22,8	27,8	32,4	34,9	35,1	31,6	27,1	21,9	16,9	14,9	15,3
Niederschlag Ø (mm)	40	20	20	7	1	1	8	25	30	85	70	40
Regentage	5	3	3	0	0	0	1	3	4	8	9	7
Sonnenschein (Std.)	8	9	11	12	13	12	11	9	8	6	5	6
Bergregion												
Temperatur min. (°C)	4,0	7,3	11,1	15,4	17,9	18,4	15,0	11,5	7,9	4,1	2,3	1,9
Temperatur max. (°C)	12,1	16,6,	21,1	26,0	28,6	29,0	25,1	20,4	15,6	10,7	8,3	9,0
Niederschlag Ø (mm)	95	35	30	11	5	4	10	45	75	185	139	125
Regentage	9	6	3	1	1	1	1	4	6	12	14	11
Sonnenschein (Std.)	6	8	10	11	12	11	9	7	6	4	4	5

⇨ Konsulate

s. Stichwort „Botschaften und Konsulate"

⇨ Krankenhäuser

Im Notfall werden Touristen in allen staatlichen Krankenhäusern und Gesundheitszentren kostenlos behandelt. Private Kliniken und frei praktizierende Ärzte hingegen müssen bar bezahlt werden.

Krankenhäuser gibt es in Nikosía (Tel. 22 80 14 00), Lárnaka (Tel. 04/63 03 22, 630 300), Lemesós (Tel. 05/30 57 70, 305777), Páfos (Tel. 06/24 01 11), Paralímni (Tel. 03/82 12 11) und Pólis (Tel. 06/32 14 31).

⇨ Kreditkarten

Die gängigen Kreditkarten wie VISA, Diners Club, Eurocard/MasterCard oder American Express werden in allen größeren Hotels und in den meisten Hotels oder Geschäften akzeptiert.

Bei verlorenen oder gestohlenen EC-Karten bzw. Kreditkarten können Sie unter folgenden Telefonnummern Ihre Karten sperren lassen: EC-Karten: 0049 (0)180 5021021, Kreditkarten: 0049 (0)69 79331910. Für Eurocard und MasterCard gibt es auf Zypern zusätzlich folgende gebührenfreie Nummer: 08090569. Bei Verlustmeldungen muss immer angegeben werden: Name, Geburtsdatum, Adresse, Konto-Nummer und Bankleitzahl.

⇨ Kriminalität

Die Kriminalitätsrate Zyperns ist eine der niedrigsten der Welt. Einerseits wegen der traditionell engen Familienbande, andererseits wegen einer strengen null-tolerance-Politik (nach New Yorker Vorbild) bei auch nur kleineren Vergehen.

M

⇨ Märkte

Große Obst- und Gemüsemärkte (auf denen Sie auch Fisch, Brot, Wein, Körbe, und vieles mehr kaufen können) gibt es in den Markthallen von Lárnaka, Limassol, Páfos und Nikosía.

⇨ Maßeinheiten

Auf Zypern gilt das metrische Maß- und Gewichtssystem. Gelegentlich benutzen aber manche Zyprioten noch die alten, von den Briten übernommenen Maßeinheiten wie Meilen oder das osmanische Oká für Gewichte.

Gewichte	1 oka = 400 drans = 1,268 kg
Längenmaße	1 mile = 1760 yards = 1,609 km
Flächenmaße	1 donum = 14400 square feet = 1337,79 m^2 = 0,133779 ha
Hohlmaße	1 pint = 0,57 l
	1 gallon = 4,5461 l
Temperatur	Die Temperatur wird in Fahrenheit gemessen
	100 °Fahrenheit = 37,8 °Celsius, 32 °Fahrenheit = 0 °Celsius

⇨ Mietwagen

- Da die meisten Besucher per Flugzeug einreisen, gibt es entsprechend viele Autovermietungen. Neben den international renommierten Unternehmen wie Hertz, Avis, Europcar und Budget findet man auch viele kleine lokale Mietwagenfirmen (Empfehlung siehe „grüne Seiten"). Die Mietautos sind in vier Kategorien mit Hubräumen von unter 1.000 bis über 1.300 ccm eingeteilt.
- In der Vorsaison lohnt sich das Handeln, oft sind die Autos dann vor Ort preisgünstiger, als wenn man sie im Voraus bucht.
- Die Mietautos werden nur ungern tageweise abgegeben und kosten für nur einen Tag einen ordentlichen Aufschlag.
- Bei Übernahme der Autos sollte man unbedingt die Bremsen und die Lichtanlage prüfen, da die Autos oft in schlechtem Zustand sind. Bei Fahrten ins Gebirge empfiehlt sich ein Wagen mit Allradantrieb und Verdeck.
- Der Wagen wird meistens vollgetankt übergeben, wobei der Tankinhalt sogleich bezahlt werden muss. Hier sollte man kurz überschlagen, ob der verlangte Preis dem Tankvolumen des Mietwagens auch entspricht. Den Wagen gibt man mit leerem Tank wieder zurück.
- Der Mieter/Fahrer muss mindestens 21 Jahre alt sein. Er muss einen nationalen oder internationalen Führerschein besitzen, der noch mindestens zwei Jahre gültig ist.

In **Nordzypern** sind wegen des Wirtschaftsboykotts keine internationalen Ketten vertreten. Dafür sind die Mietwagen auch preiswerter als im Süden.

⇨ Musik und Tanz

Nationalhymne: Als Nationalhymne wählten die Zyprioten Griechenlands Hymne, die 1828 von Nikoláos Mantharos komponiert wurde. Sie beginnt mit dem Satz „Dich erkenne ich am Schnitt des Schwertes ..." und stammt aus dem Hymnos an die Freiheit von Dionysios Solomos (1798–1872), dem ersten bedeutenden griechischen Lyriker der Neuzeit.

Volksmusik und -tänze: Die traditionellen Volkslieder werden oft im 7/8-Takt gespielt, zyprische Musiker wechseln mit Leichtigkeit zwischen 1/4, 9/8, 5/8 und 6/8 hin und her. Die Noten entsprechen den äolischen und dorischen Modi, die in der frühen Kirchenmusik verwendet wurden.

Die Volkstänze Zyperns sind weitgehend die Tänze Griechenlands, wobei der Sirtaki (der Tanz geht auf den Film Alexis Sorbas zurück) der berühmteste ist. Die Tänzer halten sich oftmals an Taschentüchern fest, das hat den Hintergrund, dass sich Frauen und Männer früher vor der Ehe nicht berühren durften. Ein typisch zyprischer Tanz ist der Potiri-Tanz, der Gläser-Tanz, der in vielen Bouzoukilokalen und bei zyprischen Abenden in den Hotels getanzt wird. Dabei muss der Tänzer jeweils bis zu 20 aufeinander gestellte Gläser auf seinem Kopf balancieren.

Kirchenmusik: In der orthodoxen Kirche sind nur Gesänge erlaubt, Kirchenmusik gibt es keine.

N

⇨ Notfälle/Notrufnummern

s. Stichwort „Nützliche Telefonnummern"

⇨ Nützliche Telefonnummern

Auskunft	192
Notruf	112
Seenotruf	1441

ADAC-Mitglieder können sich an die Deutsch sprechenden Mitarbeiter der ADAC-Notrufsäule in Athen wenden, die ganzjährig unter der Tel. (0030) 1 - 960 12 66 erreichbar ist. Straßenhilfsdienst des zyprischen Automobilclubs AA: Tag und Nacht unter der landesweiten Rufnummer (02) 31 31 31.

Polizei	Apotheken-notdienste	Kranken-häuser	Privatkliniken	Flughäfen	Cyprus Tourism Organisation
Agía Nápa 23 72 15 53, **Lárnaka** 24 80 40 40, **Limassol** 25 80 50 50, 25 33 04 11, **Páfos** 26 80 60 60, 26-24 01 40, **Paralímni** 23 80 30 24, **Nikosía** 22 49 55 77	**Lárnaka** 14 04, **Limassol** 14 05, **Páfos** 14 06, **Paralímni** 14 03	**Notruf** 14 00, **Lárnaka** 24 63 03 00, **Limassol** General-krankenhaus 25 33 03 333, neues Krankenhaus 25 33 07, **Páfos** 26 80 31 00, **Paralimni** 23 82 12 11	**Agía Nápa** Poliklinik 23 72 32 22, **Lárnaka** St. Raphael 24 66 28 00, **Limassol** St. Mary´s 25 37 75 04, **Páfos** 26 94 46 56, **Paralímni** Poliklinik 23 82 50 50	**Lárnaka** International Airport 24 64 30 00, **Páfos** International Airport C.T.O 26 42 28 33	**Agía Nápa & Protarás** 23 72 17 96, **Lárnaka** 24 65 43 22, **Limassol** 25 38 61 11, **Páfos** 26 92 28 33

O

⇨ Öffnungszeiten

Geschäfte:
Mai bis September:
Mo., Di., Do. und Fr. ab 8/10 bis ca. 19.30 Uhr
Mi. und Sa. bis 14 Uhr
Mittagsruhe meist von 13–16 Uhr

Oktober bis April:
Mo., Di., Do. und Fr. ab 8/10 bis ca. 18 Uhr
Mi. und Sa. bis 14 Uhr
Mittagsruhe meist von 13–16 Uhr

Keep cool
Ein Picknick im Troodos-Gebirge sollte man sich nicht entgehen lassen. So sorgen Sie für gekühlte Getränke bei Ihrem Picknick: Wickeln Sie ein feuchtes Tuch um die Flaschen. Durch die verdunstende Flüssigkeit im feuchten Tuch entsteht Kälte. Befeuchten Sie die Lappen erneut, wenn sie getrocknet sind.

⇨ Organisierte Touren

s. Stichwort „Ausflüge"

P

⇨ Picknick

Picknicken ist eine Nationalleidenschaft der Zyprioten sowohl der des Südens als auch des Nordens. Besonders an den Wochenenden packt ganz Zypern den Picknickkorb ein und fährt zu einem der zahlreichen Picknickplätze. Weil die Zyprioten zwar gerne in der Natur sind, aber nicht gerne in sie hineinlaufen, sondern lieber in sie hineinfahren, sind die meisten Picknickplätze mit dem Auto zu erreichen.

⇨ Post

Die Post ins Ausland dauert im Durchschnitt 4-5 Tage (vorausgesetzt man wirft sie in einen offiziellen Briefkasten ein. Briefkästen in Hotels werden gerade in der Wintersaison erst nach Tagen geleert). Das Porto für Luftpostbriefe bis 20 g beträgt 30 Cent und 1 Cent Flüchtlingssondermarke, für Postkarten 25 und 1 Cent.

Mersin 10
Da Nordzypern als völkerrechtlich nicht anerkanntes Land nicht Mitglied des Weltpostvereins ist, werden hier aufgegebene Briefe in vielen Ländern nicht ausgeliefert. Deutschland, Österreich und die Schweiz bilden allerdings eine Ausnahme. Abgestempelte nordzyprische Briefmarken sind bei Sammlern eine geschätzte Rarität. **Post nach Nordzypern muss mit „Mersin 10, Türkei" ohne „Zypern" adressiert sein.** Andernfalls landet sie vielleicht irgendwo in der südlichen „Republik Zypern" und verbleibt dort bis auf weiteres ...

Briefträger gibt es auf Zypern nur in den großen Städten Nikosía, Lárnaka und Limassol. In den anderen Orten und Städten holen sich die Einwohner ihre Post aus den türkisfarbenen, zentralen Schließfachanlagen ab. Ein großer Fortschritt, denn noch vor wenigen Jahren wartete die Post im örtlichen Kafeneion auf ihre Empfänger.

Öffnungszeiten der Postämter: Mo. bis Fr. 7.30–13.30 Uhr, Do. 15–18 Uhr. Die Postämter von Nikosía, Lárnaka und Limassol sind zusätzlich auch Mo., Di. und Fr. nachmittags sowie Sa. 9–11 Uhr geöffnet.

R

⇨ Radio

- Englischsprachige Radiosendung der „Cyprus Broadcasting Corporation" auf der Wellenlänge FM 91-1 MHz täglich von 10–10.30, 13–15 und 20–24 Uhr.

- Weiterhin täglich die Sendung „Welcome to Cyprus", täglich 19–20 Uhr in Englisch und Deutsch auf den Frequenzen 603 kHz, 498 m VHF/FM 94,8 MHz.
- Der Sender der britischen Streitkräfte sendet täglich 24 Stunden auf Kanal 1, MW 1503 kHZ, FM 89.9 MHz.
- Weiterhin gibt es noch den privaten, englischsprachigen Sender „Radio One".
- Deutsche Nachrichten sind auf dem Sender PIK 2 täglich außer sonntags um 8 Uhr zu hören (603 kHz, 498 m, VHF und UKW 94,8 MHz).

⇨ Reiseveranstalter

Kaum ein großer Reiseveranstalter, der **Südzypern** nicht im Programm hat. Im folgenden einige Veranstalter, die nicht nur die Großhotels, sondern auch Ferienhäuser oder Wandertouren anbieten. Eine genaue Auflistung der Reiseveranstalter und ihrer Angebote findet man im halbjährlich aktualisierten „Urlaubsplaner für Zypern", der beim zyprischen Fremdenverkehrsamt in Frankfurt erhältlich ist. Was den **Norden** anbetrifft, so gibt es nicht viele Reiseveranstalter, die dorthin fliegen. Deshalb ist die folgende Aufstellung um Vollständigkeit bemüht.

Südzypern

- **Attika Reisen,** Sonnenstr. 3, 80331 München, Telefon: (089) 54 555-100, Fax: (089) 54 555-280, E-Mail: attika@attika.de: Ein Reiseveranstalter für Individualisten, die zum Beispiel bei einer einwöchigen oder zweiwöchigen Rundreise mit vorgebuchtem Mietwagen und Hotels Zypern erkunden möchten. Der Reiseveranstalter bietet auch Trekkingtouren, Golfreisen sowie Hotels in einfachen Gebirgsdörfern wie Koiláni an. Der äußerst schön bebilderte Katalog stimmt auf Urlaub ein!
- **Enduro-Urlaub auf Zypern – Motorbike-Funtours,** Gerhard Seidelmann, de Bary Str. 24, 60320 Frankfurt am Main, Tel.: (069) 59 33 16, www.motorbikefuntours.de, E-Mail: motorbikefun@t-online.de: Für Motorradfahrer ist Zypern sicher noch ein weitgehend unentdecktes Paradies.
- **Zypernbike**, Zur Lauterhecke 6, Postfach 70, 63877 Sailauf, Tel. (6093) 97 37 27, Fax 60 93 97 37 16, E-Mail: bike@race-travel.de, www.zypernbike.de
- **Explorer Tours & Travel AG**, Birkenstraße 12, Postfach 626, 4123 Allschwil (Schweiz), Tel. (061) 4815 697; Fax (061) 4820 019: Der Veranstalter bietet vogelkundliche Exkursionen an.
- **Sonnenklar**, www.sonnenklar.tv, Tel. (01805) 110125. Sehr preisgünstige Angebote im Winter, allerdings in wenig attraktiven Gebieten wie dem im Winter fast ausgestorbenen Protaras.

Nordzypern

- **Reisebüro am HBF Nord**, Dachauerstr. 4, 80335 München, Tel. (089) 557741, Fax (089) 5504142, E-Mail: reisen-hbf-nord@t-online.de, www.reisen-muenchen.de: Interessante Bausteinprogramme.
- **TEAM 3 Reisen GmbH**, Willicher Damm 109, D-41066 Mönchengladbach, Tel.: (0)2161 - 92 66 11, Fax: (0)2161 - 92 66 123, www.team3reisen.de/

Reiseveranstalter, die die Republik Zypern und den türkisch besetzten Teil gleichermaßen anbieten – das würde kein griechischer Zypriote akzeptieren. So findet man nicht einen einzigen Reiseveranstalter, der beide Teile der Insel in seinem Programm hat.

sommer/nordzypern/angebot.htm, info@team3reisen.de (hat auch günstige Sonderangebote im Club Acapulco im Programm)

- **Mediterranean Travel Management GmbH**, Oststr. 1, 40211 Düsseldorf, Tel.: (0211) 1792070, Fax: (0211) 17920730, www.mtmtravel.de, E-Mail: info@mtmtravel.de
- **FENER Reisen GmbH**, Brauhausstr. 20, , 22021 Hamburg-Wandsbeck, Tel.: (040) 689495-0, Fax: (040) 689495-29, www.Fener-reisen.de, E-Mail: Service@Fener-Reisen.de: Hotels, Ferienhäuser (in Karmi), Wanderreisen auf Nordzypern, auch mit Zwischenaufenthalt in Istanbul.
- **Kögel Studienreisen**, Hartmannstr. 30, 12207 Berlin, Tel.: (0721) 721151151, www.koegelreisen.de, E-Mail: reisen@koegelreisen.de
- **Dr. Koch Fachexkursionen**, Am Stadtgarten 9, 76137 Karlsruhe, Tel.: (0721) 151151, Fax (0721) 151152, E-Mail: natur@dr-koch-reisen.de, www.dr-koch-reisen.de, E-Mail: drkoch@dr-koch-reisen.de: Reisen zu speziellen Themen, zum Beispiel Touren nach Süd- und Nordzypern für Orchideenliebhaber.
- **Lupe Reisen**, Weilburgstr. 12 a, 53844 Troisdorf, Tel.: (0228) 654555, Fax: (0228) 654556, www.lupereisen.com, E-Mail: info@lupereisen.com (Vermietung von Ferienhäusern, Wanderstudienreisen)
- **Tauchreisen Spillmann**, Gustav-Rau-Straße 24, 74321 Bietigheim-Bissingen, Tel. (07142) 9755-0, Fax (07142) 9755-97, www.spillmann.de, E-Mail: info@spillmann.de (Tauchreisen und Hotelaufenthalte)

⇨ Reisezeit

Zypern ist ein Ganzjahres-Reiseziel, wobei es im Sommer sehr heiß und im Winter klammfeucht werden kann. Empfehlenswerte Urlaubsorte im Winter sind Páfos, Pólis und Limassol. Agía Nápa und Protarás im äußersten Osten der Insel gleichen im Winter noch einer Geisterstadt – wobei staatliche Programme mehr und mehr den Wintertourismus fördern.

- **Dezember bis Januar:** Die kältesten Monate mit dem meisten Regen, dicke Winterjacken braucht man aber nur im Tróodos-Gebirge.
- **Februar:** Die ersten wirklich warmen Tage. Die Mandelbäume stehen in Blüte. Beste Jahreszeit, um im Tróodos-Gebirge Ski zu fahren.
- **März:** Die schönste Jahreszeit für Naturfreunde, alles steht in Blüte. Idealer Monat für Wanderungen.
- **April bis Mai:** Angenehm warme Tagestemperaturen, am Abend kühlt es aber schnell ab.
- **Juni, Juli und August:** Die wärmsten Monate, es kann unangenehm heiß werden!
- **September und Oktober:** Warme Tage. Erster Regen.
- **November:** Die Tage und auch die Abende sind noch angenehm warm.

⇨ Restaurants

Zyprioten gehen ausgesprochen gerne zum Essen aus und das am liebsten mit der Familie oder einer größeren Gruppe. Die Auswahl an Restaurants und Tavernen der verschiedensten Preisklassen ist also groß, wobei in letzter Zeit sehr viele Restaurants mit „traditional cypriot food“ werben.

S

⇨ Schiffsverbindungen

s. Stichwort „Anreise"

⇨ Sonnenaufgang, Sonnenuntergang

Gültig für die Sommerzeit (April bis Oktober)

Monat	Sonnenaufgang	Sonnenuntergang
Januar	6.55 Uhr	17 Uhr
Februar	6.35 Uhr	17.30 Uhr
März	6.00 Uhr	17.55 Uhr
April	6.15 Uhr	19.20 Uhr
Mai	5.45 Uhr	19.45 Uhr
Juni	5.30 Uhr	20 Uhr
Juli	5.45 Uhr	20 Uhr
August	6.05 Uhr	19.35 Uhr
September	6.30 Uhr	18.55 Uhr
Oktober	5.50 Uhr	18.15 Uhr
November	6.20 Uhr	16.45 Uhr
Dezember	6.45 Uhr	16.35 Uhr

⇨ Souvenirs

s. Stichwort „Einkaufen"

⇨ Sport

Angeln

Im Meer ist das Angeln mit Leine und Haken ohne besondere Genehmigung erlaubt. Für die Stauseen bedarf es einer Genehmigung, die nur für Personen über 12 Jahre ausgestellt wird. Angeln ist bei einigen Seen das ganze Jahr über möglich. In den Stauseen sind insgesamt 17 verschiedene Speisefischarten ausgesetzt, pro Person ist ein Fang von bis zu 15 Forellen oder fünf Karpfen pro Tag beschränkt.

- **Ministry of Agriculture and Natural Resources**, Fisheries Department, Aiolou 13, Nikosía, Tel. 22 80 78 62 oder 22 40 35 26, Fax 22 77 59 55
- **Cyprus Anglers Society**, Paralímni, Tel. 23 72 37, www.windowsoncyprus.com/cyprus_anglersclub.htm

- **Fischereiverwaltungen (für Angelscheine),** in Páfos am Hafen, Tel. 26 24 02 68, Limassol, am alten Hafen, Tel. 25 33 04 70, Lárnaka, Piale Pasha, am Fischerhafen, Tel. 24 30 42 94.
- Eintagesausflüge incl. Ausrüstung, Erlaubnis und Barbecue vermittelt **Coarse Fishing Company,** Tel. 99 87 78 20. An den Ausflügen können auch Anfänger teilnehmen.

Die Fairways des Tsada-Golfplatzes winden sich um das in seinen Ursprüngen aus dem Jahr 745 stammende Kloster Stavros tis Minthas, dessen einziger Bewohner der se kontaktfreudige und liebenswürdige, über 70jährige Mönch Barnabas ist. Barnabas war auch schon Mönch in den Klöstern Ágios Neophytos und Stavrovoúni, und kar vor über 20 Jahren in dieses Kloster. Er tr den Namen des zyprischen Nationalheilig der vor seiner Taufe als Sohn einer jüdisch Priesterfamilie um Chris Geburt in Salamis gebor wurde. Barnabas selbst kannte Jesus nicht mehr, zum Christentum bekeh wurde er noch vor seine Mitstreiter, dem Apostel Paulus. Mit ihm reiste er im Jahr 45 n. Chr. nach Salamis, wo beide gemä der Apostelgeschichte vo ihren Glaubensbrüdern aufgenommen wurden. Hinweis darauf, dass Paulus und Barnabas entgegen der Legende nicht die ersten Missionierer der Insel waren. Um das Jahr 50 wird Barnabas der erste Bischof von Salamis. Als in der Synagoge zu predigen versuchte, wur er von aufgebrachten Juden zu Tode gesteinig

Golf

Es gibt zur Zeit drei offene 18-Loch-Golfplätze auf Zypern, weitere sind im Bau. Weitere Informationen unter www.cyprusgolf.com.

- **Tsada Golf Club**; 8 km nördl. von Páfos. 6.050 m lang, Par 72. Kontakt: Tel. 06/64 27 74, Fax 06/64 27 76: 1994 eröffneter Platz in den Bergen hinter Páfos. Hängende Spielbahnen, Gräben und ein teuflischer Rough sind hier des Golfers Herausforderung. Hier weht auch im Sommer eine frische Brise, da der Golfplatz in 550 m Höhe außerhalb von Páfos liegt.
- **Secret Valley Golf Club**: an der Südseite bei Petra tou Romeo, 18 km östl. von Páfos und 49 km westl. von Lemesós. 18 Loch, 6.158 m lang, Par 72. Kontakt: The Secret Valley Golf Club, P.O.Box 2290, CY - 8062 Páfos. Tel. 26 64 27 74, Fax 26 64 27 76. Lange wellige Fairs und kurze, tricky Locher.
- **Aphrodite Hills Golf** nahe dem Secret Valley Club, 2002 eröffnet. Der Par-71/70-Kurs hat eine Länge von 6.232 Metern.

> *„Barnabas war niemals so stark wie Paulus. Er war kein Ringkämpfer, kein dramatischer Eroberer. Er war ein ruhiger Mann. Er hatte ein sanftes Gemüt, vielleicht sogar ein „weiches" Herz. Er war freundlich, weich und nachgiebig. Paulus Charakterstärke lässt ihn kaum menschlich erscheinen, während die Vorzüge von Barnabas ihn besonders liebenswert machen. Der Paulus der Geschichte hat zum Fortschritt der Welt beigetragen. Barnabas und Menschen wie er machen es möglich, dass man darin leben kann."*
> J. F. Foakes Jackson in „The Acts of the Apostles".

Laufen

Vielerorts sind zwischen Pólis und Páfos die asphaltierten Strandpromenenaden zwischen den einzelnen Hotels miteinander verbunden – reizvoll für **morgendliche Jogging-Runden**. Reichlich Kondition und Durchhaltevermögen sollten alle Teilnehmer des alljährlich im März stattfindenden „Spidernet"-**Marathonlaufs** mitbringen. Start und Ziel der 42 Kilometer langen Strecke liegen nahe der Festung von Páfos. Ein Teil der überwiegend asphaltierten

Strecke führt an der Küste entlang und vorbei am alten Hafen. Ende November wird der Aphrodite **Halb-Marathon** in Páfos ausgetragen. Die fünf Kilometer lange Strecke führt entlang der Küste. Am Abend endet das Event mit einer Pasta Party, gefolgt von einem Gala-Dinner. Anfang Dezember findet dann ein Halb-Marathon rund um die Kolóssi-Burg in Limassol statt.

Mountainbike

Wer nicht das eigene Bike mitnimmt, kann in fast allen Ferienorten Zweiräder mieten.

Durch die spezielle Topografie Zyperns findet man auf der Insel eine große Auswahl an verschiedenen Routen mit Etappenlängen bis zu 200 km durch Flachstrecken, hügeliges Gelände oder stark coupiertes Bergland vor. Im Osten bei Lárnaka lassen sich ohne nennenswerte Steigungen Kilometer machen – entlang flacher Sandstrände oder mitten durch ein Meer saftiggrüner Felder und Wiesen, über gepflegte kleine Straßen mit wenig Verkehr – ein Paradies für Rennradfahrer oder für ungestörtes und ausgiebiges Ausdauertraining.

Bike-Fans finden auf der Akámas-Halbinsel und dem Tróodos-Vorgebirge im äußersten Westen auch viel Raum für aufregende Trails. Schnelle Flachpassagen auf verkehrsarmen Straßen durch Oliven-, Zitronen- und Orangenplantagen wechseln sich ab mit Abfahrtspaß über felsige Stufen und steile Abwärtsrampen auf Forstwegen und Naturtrails. **Dank seines hohen Anteils an deutschen Urlaubern hat sich Pólis zu einer Hochburg der Radfreunde entwickelt**. Dort können gute Räder auch vor Ort gemietet werden. Einzelne Reisebüros bieten sogar begleitete Tagestouren an. Zudem lassen sich über fast alle örtlichen Agenturen Mountainbike-Touren buchen.

Die höchste Erhebung und damit die größte Herausforderung für Radler bildet mit **1.951 Metern der Berg Olympos im Tróodos-Gebirge.** Die asphaltierten Serpentinen sind in sehr gutem Zustand und von nur wenigen Autos frequentiert. Hier gibt's alpines Rennradeln auf kilometerlangen Aufstiegen mit teils über 15 % Steigung auf guten Straßen. Eine schöne etwa zweistündige Tour führt vom idyllisch gelegenen Kloster Troodítissa zum Bergdörfchen Foiní. Die Fahrt verläuft auf einer Höhe von etwa 1.000 Metern über dem Meeresspiegel entlang des Olymp.

Motorrad fahren

Panoramische Pisten an der Felsenküste, gewundene Steilpassagen auf nacktem Fels, zahlreiche Wasserdurchfahrten und Schwingen auf Gebirgswegen, die sich einsam durch die Wälder schlängeln, sind auf Zypern des Bikers Freud. Die Region um Pólis ist ein optimales Enduro-Revier mit hohem Off-Road-Anteil. Es besteht Helmpflicht für alle Motorräder, auch für Mofas!

Reiten

Zwei Adressen sind besonders empfehlenswert: Die Lucky Horse Ranch in Skoulli südlich von Pólis (S. 173) sowie die Drapia Farm bei Kalavasós (S. 128). Infos zum Reiten auf Zypern unter www.windowoncyprus.com/cyprus_holidays.htm.

Segeln und Surfen

Ausritt über die weißen Felsen zwischen Governor's Beach und dem Kloster Àgios Geórgios Alamanos, buchbar über die Drapia Farm (s. Seite 128).

Im Sommer sind die mäßigen Winde eher ein El-Dorado für Anfänger, während die Winterwinde dann mehr für Könner geeignet sind: Zypern ist auf jeden Fall ganzjährig ein ideales Ziel für Segel- oder Motoryachten So ist zum Beispiel in der Bucht von Lárnaka bei Wintertemperaturen von 16 Grad im Wasser und 17 Grad in der Luft **Wintersegeln** möglich. Im Sommer bietet das Meer bei Lárnaka beste Voraussetzungen zum Segeln mit Winden aus Südwest bis Süd. Im Hafen selbst sind die Yachten vollkommen geschützt vor starken Winden. Der Yachthafen auf Lárnaka umfasst 1.050 Plätze, bis 2004 werden zudem die Marinas vor der Korallenbucht in Páfos und im alten Hafen von Limassol mit je 1.000 Plätzen fertiggestellt sein.

Die beiden Marinas in Lárnaka und Limassol haben Reparatur- und Versorgungsanlagen für Benzin, Diesel, Strom, Trinkwasser, Duschen und Reinigung.

- **Lárnaka Marina**: Lage 34° 55'N 30° 38'E. Anlegeplätze: 450. Lárnaka Marina betreibt rund um die Uhr einen Marine VHF-Service. Empfang CH 16, Sendung CH 8. Tel. 24 65 31 10-3, Fax 24 62 41 10
- **Limassol St. Raphael Marina**: Lage 34° 42'N 33° 11'E östlich der Stadt. Anlegeplätze: 227. Tel. 25 32 11 00 ext. 3312, Fax 25 32 92 08

Segel- und Motoryachten können in allen Feriengebieten gemietet werden.

- **Sail Fascination Shipping Ltd.**, 27 Nikiforou Foka Street, Limassol, Tel. 25 36 42 00 und 29 55 57 99, Fax 25 35 26 57.
- **Ladies Thetis,** P.O.Box 4548, Limassol. Tel. 25 32 61 08
- **The Old Salt Yachting Co. Ltd.,** Limassol. Tel. 25 33 76 24, Fax 25 33 77 68.
- **Interyachting Ltd.,** P.O.Box 4292, 3722 Limassol. Tel. 25 72 55 33, 29 65 26 86, 29 64 27 34. Fax 25 72 00 21.

Ski fahren

Vormittags Wasserski am Meer, Nachmittags Ski in den Bergen – das ist nur auf Zypern möglich.

Auf dem Tróodos-Gebirge Olympos (1.951 m) ist im Januar bis Ende März auch Wintersport möglich. Der zyprische Skiclub betreibt Schlepplifte zwischen 150 und 500 m Länge und eine Vesperstube, spurt zwei Langlauf-Loipen und vermietet Skiausrüstungen. **Cyprus Ski Club Federation**, Nikosía, Tel. 22 67 53 40, www.skicyprus.com.

Tauchen

Vor 9.000 Jahren waren Fischer, die an der Südküste nach Schwämmen tauchten, die ersten „Diver" Zyperns. Es ist eigentlich erstaunlich, dass Zypern von der Tauchreisewelt etwas stiefmütterlich behandelt wird, da die Bedingungen für Taucher durchaus gut sind. Keine Gezeiten, kaum oder keine Strömungen, Sichtweiten um die 25 m und Wassertemperaturen im Mai und Juli zwischen 18 und 26 °C, im August und September 28 bis 26 °C und zwischen Oktober und Dezember von 24 bis auf 17 °C abfallend. Weiterhin ist hier das Tauchen im Vergleich zum Beispiel zu Griechenland eine unkomplizierte Angelegenheit: zumindest was die gesetzlichen Vorschriften anbetrifft: Auf Zypern kann sich jeder eine Sauerstoffflasche umschnallen und ins Meer steigen – keiner stört sich dran, solange er nicht mit einer **Amphore oder einem Naturschwamm** im Arm wiederauftaucht und sich von den üblichen Verbotszonen wie in Häfen oder in militärischen Sperrgebieten fernhält. Wracks gibt's genügend in den Gewässern rund um Zypern, auch interessante Formationen. Was etwas rar ist, sind die bunten Fische. Flossenträger, denen man meist begegnet sind allerlei finger- bis handlange Fische, Lippfischkinder, Brassen, Grundeln, Schleimfische, Zackenbarsche, Drachenköpfe, Papageifische, Fahnenjunker, Mönchsfische, gestreifte Soldatenfische, rote Kardinalsfische und – manchmal – auch Schildkröten.

***Nordzypern**, bisher vom Massentourismus unberührt geblieben, hat noch eine relativ heile Unterwasserwelt. Interessantester Platz der ca. 20 Tauchplätze östlich und westlich von Keryneia ist der Fundort des im Keryneia-Kastell ausgestellten, antiken Schiffswracks. Eine englischsprachige Informationsbroschüre über Tauchmöglichkeiten in Nordzypern erhalten Sie unter www.nordzypern-touristik.de/ordnerb/info/broschueren.html, info@nordzypern-touristik.de.*

• Die besten Tauchmöglichkeiten

- Die Tauchplätze in **Páfos** liegen hauptsächlich Richtung Akámas Halbinsel. Dort ist das Wasser besonders klar und die Strände sind weitgehend unberührt. In Páfos selbst gibt es Tauchmöglichkeiten nahe dem Hafen, z.B. am Parrot Reef, an der Roman Wall im Hafenbecken, The Shoals (mit einigen teilweise antiken Wracks), The Valley zwischen zwei Felsriffen und den Jubilee Shoals, einem Riff südwestlich des Hafens. In 12 m Tiefe liegt hier ein Kutter.
- Um **Ágios Geórgios** westlich von Páfos Tauchmöglichkeiten bei der kleinen vorgelagerten Insel Gerónissos und eine Höhle beim Cape Drepanum.
- Auf der **Akámas-Halbinsel**. Am schönsten dort bei der Ágios Geórgios-Insel, in deren Südwesten sich eine Steilwand und im Westen eine große Höhle befindet. Weitere interessante Tauchplätze sind Camili Island, Devils Head (Tunnels und Kavernen), The Maze (Tunnels und Bögen sowie Cathedral Reff, einem Felsriff mit betauchbarer Höhle. Bei den Bädern der Aphrodite gibt es Einstiegsmöglichkeiten vom Strand aus.
- Die Tauchplätze bei **Agía Nápa** liegen um das Kap Grekomit vielen Steilwänden und Höhlen. Zwischen Protarás und Agía Nápa: Kap GrekoLagoon, Kap GrekoWall, die

Tunnels und Kavernen am Kap Greko namens Spilies, Agii Anargyroi mit einer 20 m steil abfallenden Steilwand (Einstieg bei der Kirche) und in der Cyclop's Cave.

- Vor **Lárnaka** liegt das Wrack der Zenobia in 30 m Tiefe (s. S. 138).
- **Limassol** hat sehr abwechslungsreiche Tauchgänge um „Kap Gáta" und „Kap Zevgári" mit dem einzigen fischgeschützten Gebiet der Insel. Südwestlich von Limassol liegen die Überreste des Schiffes Copper. Das „Farses II"-Wrack, ein 68 m langes Frachtschiff, gesunken 1978, liegt etwa 700 m vom alten Hafen von Limassol entfernt. Es liegt auf der Seite und ist für Taucher leicht zugänglich.
- Etwa 1km östlich der **Pissoúri-Bucht** gibt es zwei große Höhlen und verschiedene kleinere Höhlen zu entdecken. Die großen Höhlen könnten römische Gräber sein, die nach dem großen Erdbeben von 1954 ins Meer versunken sind. Maximale Tauchtiefe in diesem Bereich 9 m.
- **Nordzypern**, bisher vom Massentourismus unberührt geblieben, hat noch eine relativ heile Unterwasserwelt. Interessantester Tauchplatz der ca. 20 Tauchplätze östlich und westlich von Kerýneia ist der Fundort des im Kerýneia-Kastell ausgestellten, antiken Schiffswracks.

- **Tauchschulen**

Wer in einer der Urlaubsregionen der Insel Quartier nimmt, kann sicher sein, auch eine Tauchbasis in der Nähe zu finden. Die Basen bieten einen Pickup-Service an, man kann sich also von seinem Hotel abholen lassen. Die Preise für einen geführten Tauchgang entsprechen dem üblichen Mittelmeerniveau.

Zyprische Lebensweisheit
Man kann erst dann im Meer schwimmen, wenn die Carpusi (Melone) reif ist.

Nach Nachweis eines Tauchpartners füllen die meisten Tauchbasen Flaschen und verleihen Tauchausrüstung auch an Taucher, die nach eigenem Gusto tauchen möchten. Weiterhin nennen die Basen entsprechende Ufertauchplätze. Die renommierteste und älteste Tauschule Zyperns ist CYDIVE in Páfos (www.cydivce.com); sie hält eine kleine Info-Schrift mit 20 Ufertauchplätzen und genauen Wegbeschreibungen parat.

In Lárnaka gibt es auch eine Dekompressionskammer.

Tennis

Dank der britischen Kolonialherrschaft wurde Tennis zu einem Nationalsport der Zyprioten. Fast alle Hotels besitzen Tennisplätze mit Flutlicht. Sie sind im „Hotel- und Touristenführer" der Fremdenverkehrszentrale verzeichnet.

Wandern

Zyperns Küsten, Wald- und Bergwelt sind ein Wanderparadies – allerdings nur im Frühjahr und im Herbst. In den Sommermonaten sind Wandertouren allenfalls in den Morgenstunden oder im kühleren Tróodos-Gebirge ratsam. Organisierte Wandertouren wie auch Wanderurlaub werden von mehreren Veranstaltern angeboten. Die Fremdenverkehrszentrale hat im Tróodos-Gebirge und auf der Halbinsel Akámas markierte Wanderwege, die nature trails, angelegt. Wanderwege gibt es auch am Kap Greko und im

Páfos Forest. Die etwa 30 Wander- und Naturlehrpfade sind in der Regel zwischen 3 und 8 km lang. Eine besondere Kondition wird nicht benötigt, nur trittsicheres, rutschfestes Schuhwerk.

Hinweis

Um zum Ausgangspunkt der meisten Wanderwege zu gelangen, braucht man in der Regel ein Fahrzeug.

Weiterhin sind viele Wege nicht als Rundwanderweg angelegt, man muss sich also ein Taxi an den Endpunkt bestellen. Wanderreisen können bei verschiedenen Reiseveranstaltern gebucht werden, siehe Seite 101.

Wassersport: An der 620 km langen Küste Zyperns ist jede Art von Wassersport möglich; Schwimmen, Surfen, Segeln, Tauchen, alle Arten von Bootsfahrten, Jet- und Wasserski, Parasailing usw. Am besten ausgerüstet für Wassersportler sind die Strände von Geroskípou, Limassol und Lárnaka.

⇨ Sprache

Die **Landessprache im südlichen Teil** ist Neugriechisch. In der Schriftsprache sind die Unterschiede zum griechischen Mutterland nur geringfügig. Untereinander unterhalten sich viele Zyprioten, nicht nur in den Dörfern, in einem Dialekt, der auch für nichtzyprische Griechen manchmal gewöhnungsbedürftig ist.

So ausgeschrieben	So ausgesprochen
Ai	e (wie in „Nett“)
Ei	i (wie in „Ritt“)
Oi	i (wie in „Ritt“)
Ou	u (wie in „Suff“)

Eine „Lingua franca“, eine Art inoffizieller Landessprache, ist Englisch. Fast jeder Zypriote versteht sie und die meisten sprechen sie mehr oder weniger gut. Außerdem wird zunehmend Deutsch und Französisch gesprochen.

In Nordzypern ist die Landessprache Türkisch; Englisch wird von Vielen gesprochen, Deutsch hingegen nur von Wenigen.

Ne	ja
Ochi	nein
en taxi	bedeutet nicht, dass jemand im Taxi ist, sondern dass etwas ok ist...
kalós irthate stin Kipro	herzlich willkommen auf Zypern
kaliméra	guten Tag
kalispéra	guten Abend (ab ca. 15 Uhr)
kalinichta	gute Nacht
jássu, jássas	sei gegrüßt, seid gegrüßt (auch als Abschiedsgruß gebräuchlich)
addío	tschau, tschüss
ti kánis, ti kánete	wie geht es dir, wie geht es Ihnen?
kalá	gut
etsi kétsi	es geht so (recht und schlecht)

Das griechische Alphabet

Groß-buchstabe	Klein-buchstabe	Name	Umschrei-bung
Α	α	álfa	a
Β	β	wíta	w, v
Γ	γ	ghámma	y, g, gh
Δ	δ	délta	d, dh
Ε	ε	épsilon	e
Ζ	ζ	síta	s (stimmhaft), z
Η	η	íta	i
Θ	ϑ	thita	th
Ι	ι	jóta	i
Κ	ϰ	káppa	k
Λ	λ	lámbda	l
Μ	μ	mi	m
Ν	ν	ni	n
Ξ	ξ	xi	x
Ο	ο	ómikron	o
Π	π	pi	p
Ρ	ϱ	ro	r
Σ	σ ς	sígma	s, ss
Τ	τ	taf	t
Υ	υ	ípsilon	i, y
Φ	φ	fi	f, ph
Χ	χ	chi	ch
Ψ	ψ	psi	ps
Ω	ω	ómega	o

Buchstabenkombinationen

ΑΙ	αι	e
ΓΓ	γγ	ng
ΕΙ	ει	i
ΜΠ	μπ	b, mp
ΝΤ	ντ	d, nd
ΟΙ	οι	i
ΟΥ	ου	u, ou
ΤΖ	τζ	ds

Auf Zypern sprechen selbst die Hühner englisch – lautet ein Sprichwort.

signómi	Entschuldigung, Verzeihung
kalí órexi	guten Appetit
efcharistó	danke
parakaló	bitte (als Antwort auf danke; man kann mit diesem Wort einen Kellner rufen oder auch in einem Geschäft auf den gewünschten Gegenstand deuten und parakaló dabei sagen)
pu ine	wo ist?
i tualétta	die Toilette
dexiá	rechts
aristerá	links
apo pu íste?	woher kommen Sie?
apo tin Germanía	aus Deutschland
o fílos	der Freund
o patéras	der Vater
i mitéra	die Mutter
o adelfós	der Bruder
i adelfí	die Schwester
to pedí	das Kind
to agóri	der Junge
pandreménos	verheiratet
ti ora ine?	wie spät ist es?
sto kaló	alles Gute
trápeza	Bank
tachidhromíon	Post
farmakion	Apotheke
iatrós	Arzt

Zahlwörter

midén	**0**
énas (m.), mia (f.), éna (n.)	**1**
dhio	**2**
tris (m.f.), tria (n.)	**3**
tesseris (m.f.), téssera (n.)	**4**
pénte	**5**
éxi	**6**
efht´a	**7**
ochtó	**8**
ennéa	**9**
dhéka	**10**

Wochentage

kiriaki	Sonntag
deftéra	Montag
triti	Dienstag
tetárti	Mittwoch
pémpti	Donnerstag

„... das Türkisch auf Zypern ist ausgesprochen rein; man sagt, es sei nach dem, das in Konstantinopel gesprochen wird, das beste. Das zyprische Griechisch dagegen wirkt mehr wie ein Dialekt, und es enthält viele Wörter aus dem Italienischen ... ebenso wie auch eine Reihe von Ausdrücken aus dem Türkischen. Das Türkische wird ganz allgemein in Levkosía gesprochen; wir fanden nur sehr wenige Männer, die es nicht beherrschten, und eine ganze Menge, die ausschließlich Türkisch kannten; sogar die meisten der griechischen Frauen kennen sich vorzüglich darin aus. Ein sehr weit verbreiteter Brauch muss hier erwähnt werden, denn weder Griechen noch Türken sagen „nein", sondern sie heben nur einfach den Kopf ein wenig, ohne ein Wort zu sagen, und dies ist ihre Art der Verneinung."
Erzherzog Ludwig Salvator von Österreich in seinem Buch „Levkosía - Hauptstadt Zyperns" (1873)

Heute allerdings ist das Türkische auf Zypern nicht mehr so rein wie zu des Erzherzogs Zeiten, heute sprechen auch die Zypern-Türken einen Dialekt, den die Türken aus Istanbul manchmal nur mit Mühe verstehen.

paraskeví	Freitag
sávato	Samstag
Zeit	
méra	Tag
káthe méra	jeden Tag
ewdomáda	Woche
mínas	Monat
Chrónos	Jahr
Aná óra	stündlich
póte?	Wann?
proí	Morgen(s)
messiméri	Mittag(s)
apógewma	Nachmittag(s)
wrádi	Abend(s)
símera	heute
awrio	morgen
méthawrio	übermorgen
chtés	gestern
echtés	vorgestern
Unterwegs	
aristerá	links
dexiá	rechts
efthioan	geradeaus
makriá	weit
kondá	nah
piso	hinter, zurück

„Philoxenia" heißt Gestfreundschaft und mit „Kopiaste" meinen die Zyprioten: „Setz dich zu uns und sei unser Gast!" Darauf ein „Yamas" – „auf unser Wohl!"

⇨ Steuern

Die Mehrwertsteuer (V.A.T.) beträgt in Zypern 8 % für Waren und Dienstleistungen. Ausgenommen sind unter anderem Nahrungsmittel, Medikamente, Kinderschuhe und Bekleidung, Flugtickets, Bücher, Zeitungen, Zeitschriften, Bankdienste, ärztliche Dienste und Immobilien. Die Mehrwertsteuer wird bei der Ausreise nicht erstattet.

⇨ Strände

Strände sind auf Zypern grundsätzlich kein Privatbesitz, sondern öffentliches Eigentum.

Die schönsten Strände der Insel:

Südzypern

- **Agía Nápa**: Die **schönsten Sandstrände** der Insel erstrecken sich **in und um Agía Nápa.** Die langsam abfallenden Strände führen direkt ins flache Meer und sind somit sehr kinderfreundlich, wie zum Beispiel der **Nissi Beach**. Am Hafen von Agía Nápa erstreckt sich der 900 m lange Sandstrand Sandy Beach.

- Eine Kette kleiner Buchten mit hübschen Stränden zwischen markanten, glatten weißen Sandsteinfelsen ist der **Governor's Beach** östlich von Limassol. Der dunkle Sand kann im Sommer unerträglich heiß werden, und an Wochenenden kann hier sehr viel los sein. Sehr kinderfreundlich.
- Der **Lady's Mile Beach** auf der Akrotíri-Halbinsel ist der längste hotelfreie Sandstrand Zyperns. Ein hoher britischer Offizier pflegte hier mit seinem Lieblingspferd „Lady" regelmäßig entlang zu reiten.

Nordzypern

- Der **Dünenstrand von Nagkomi** auf der Halbinsel Karpaz.

⇨ Strom

220/240 V Wechselstrom. Die meisten Hotels und Appartements haben zusätzliche Steckdosen für 110 V (z.B. für Elektrorasierer). Da oft englische Steckdosen eingebaut wurden, braucht man einen Zwischenstecker (Adapter), der an der Hotelrezeption oder preisgünstig im Supermarkt zu haben ist.

T

⇨ Taxi

Gerüchteweise sollen die zyprischen Taxifahrer allesamt Andreas heißen, einen Schnurrbart tragen und einen Mercedes fahren... Manchmal stimmt das sogar und wer „seinen" Andreas gefunden hat, der sollte während seines ganzen Zypernaufenthaltes mit ihm fahren, denn dann wird das Taxifahren günstiger (Taxitarife siehe „Grüne Seiten").

- Taxis kosten auf Zypern in etwa so viel wie in Deutschland. In jedem Fall sollten Sie darauf achten, dass das Taxameter zu Fahrtbeginn auf Null zurückgestellt wird.
- **Stadt-Taxen** fahren im 24-Stunden-Service und sind mit Taxameter ausgestattet.
- **Land-Taxen** sind ohne Taxameter, es gelten die Fahrpreise der Stadt-Taxen. Es empfiehlt sich jedoch, den Preis vor Fahrtantritt auszuhandeln.
- **Sammeltaxen – auch Linientaxen oder Servicetaxen** genannt – fahren in regelmäßigen Abständen zwischen den größeren Städten. Diese Gemeinschaftstaxis, die in der Regel sieben Fahrgästen Platz bieten, verkehren etwa halbstündlich von morgens 6 Uhr bis abends 18 oder 19 Uhr zwischen den Städten Limassol, Lárnaka, Páfos oder Nikosía. Man kann sie auch an der Hotelrezeption bestellen. Einsteigen kann man entweder beim Büro des Taxiunternehmens oder vor dem Hotel.

Hinweis
Östlich von Lárnaka fahren keine Sammeltaxen.

⇨ Telefonieren

Zyperns Fernmeldenetz gehört heute zu einem der modernsten Europas. Zypern verfügt über ein hervorragend ausgebautes GSM-Mobilfunknetz, das man mit jeder deutschen Vertrags-Karte nutzen kann. Selbst in den Bergen gibt es eine gute Verbindung. Mittlerweile existieren gültige Verträge mit 169 Service-Providern in 79 Ländern.

Es gibt Münztelefone und solche, die mit Telefonkarten bedient werden. Telefonkarten gibt´s an Kiosken. Von 20–7 Uhr gelten für Ferngespräche und von 22–8 Uhr ermäßigte Tarife für internationale Verbindungen (ca. 2 € pro Minute). Auch an Sonntagen ist Telefonieren billiger. Am günstigsten telefoniert man mit der internationalen T-Card der deutschen Telekom, nach Deutschland kostet es dann 0,73 € pro Minute.

- **Vorwahlnummern innerhalb Zyperns**

Seit 01.12.2001 gelten in der Republik Zypern neue Vorwahlnummern. Jeder Teilnehmer hat nun eine 8-stellige Rufnummer, bei der bisherigen Vorwahl wird die Null der Vorwahl durch eine Zwei ersetzt.

Die **neuen Vorwahlnummern** lauten:

Nikosía	22
Agía Nápa	23
Lárnaka	24
Limassol	25
Páfos, Pólis	26
Mobiltelefon	99

In **Nordzypern** gibt es keine Ortsvorwahlen.

- **Vorwahlnummern von und nach Zypern**

Südzypern
Vorwahlen von Deutschland

nach Südzypern	00 357
nach Nordzypern	0090 (für die Türkei) 392 (für Nordzypern)

Von (Nord- und Süd-)Zypern

nach Deutschland	00 49
nach Österreich	00 43
in die Schweiz	00 41

Mit dem Call Direct Service kann man kostenlos nach Deutschland oder in die Schweiz telefonieren, vorausgesetzt der Gesprächspartner übernimmt die Gebühren.

Nach Deutschland	Tel. (080) 900 49
In die Schweiz	Tel. (080) 990 41

Telefongespräche zwischen Süden und Norden sind zur Zeit nicht möglich.

⇨ Trampen

Tramper berichten von guten Erfahrungen, das heißt, dass sie immer schnell mitgenommen wurden! Im Sommer kann das Warten am Straßenrand durch die große Hitze allerdings zu einer schweißtreibenden Angelegenheit werden.

⇨ Trinkgeld

In Restaurants wird ein Bedienungsgeld von 10 % erwartet.

U

⇨ Umweltschutz

Wie auch andere Länder, die jahrhundertelang von wechselnden Mächten besetzt wurden, haben die Zyprioten zwar ausgesprochen viel Sinn für eine kleine überschaubare Einheit wie ihre Familie, aber wenig Sinn für das (einstmals fremd beherrschte) Große und Ganze um sich herum – sprich für ihre Umwelt. Und so kann man überall griechischsprachige Schilder lesen, die zur Sauberkeit ermahnen und das Wegwerfen von Abfall verbieten ...

Anders sieht es an den Stränden aus, die öffentlich sind und von lokalen Behörden und Gemeinden gereinigt werden. Im Jahr 2001 wurden immerhin 34 Strände der Insel durch eine von der EU unterstützte Umweltinitiative ausgezeichnet, die die Strand- und Wasserqualität beurteilt. Die prämierten Strände waren unter anderem: Nissi, Lanta und Makronissos bei Agía Nápa, Dasoudi-Strand (Pólis), Mackenzie bei Lárnaka, Governor's Beach, Pissoúri Beach, Stadtstrand von Geroskípou, Pachýammos, Stadtstrand von Páfos, Coral-Beach.

Die Hotels sind gesetzlich verpflichtet, Abwässer mindestens biologisch zu klären. Allerdings verzögert sich die Fertigstellung der Abwasserkanalisation in Páfos und Limassol durch archäologische Funde – Zypern ist und bleibt eine geschichtsträchtige Region!

Gesetze zum Schutz der Umwelt: **Geklärtes Brauchwasser** wird zum Beispiel für die Bewässerung von Golfplätzen genutzt und neue Golfplätze haben eine Bewässerung mit Brauchwasser zur Auflage. Die überwiegende Zahl der Hotels sind mit Durchflussbegrenzungen und Spartasten ausgestattet. Was die Einrichtung weiterer wasserfressender Wasserparks anbetrifft – so wird die kontrovers diskutiert. Die Bevölkerung wird in Aufklärungskampagnen zum Wassersparen aufgerufen. Ein Stufenplan soll das Abfallmanagement bis zum Jahr 2010 erheblich verbessern.

Fast 50 % der Privathaushalte und viele Hotels nutzen **Solarenergie** zur Warmwasseraufbereitung. Der ständig steigende Energiebedarf wird hauptsächlich durch Wärmekraftwerke gedeckt (ein neues Kraftwerk wurde 2000 in Betrieb genommen).

⇨ Unterkunft/Unterkünfte

Allgemein hat die zyprische Hotellerie ein hohes Niveau. Wenn man beabsichtigt, überwiegend in sehr guten Hotels zu übernachten, lohnt es sich nicht, auf eigene Faust zu reisen: Über Reiseveranstalter gebucht, sind die teuren Hotels fast immer weitaus preiswerter, als wenn man individuell unterwegs ist.

Hinweis
Im August reisen die Zyprioten gerne ins kühle Tróodos-Gebirge, dann findet man dort nur schwer und zu hohen Preisen eine Übernachtung.

Im Unterschied zu Griechenland werden auf Zypern nur wenige Privatzimmer vermietet. Auch kleine Privatpensionen sind eher selten. Die überwiegende Zahl der Reisenden wohnt in Hotels und Hotel-Appartements. Die Zimmer sind hier häufig geräumiger und verfügen sogar noch über eine Küchenzeile. Was fehlt, sind der tägliche Reinigungsservice und der häufige Handtuch- und Wäschewechsel. Gemeinschaftseinrichtungen wie Lobby und Bar sind häufig kleiner oder fehlen sogar ganz. Die Hotelappartements sind eine **preisgünstige Alternative** zu den Hotels und Pensionen. Vorsicht ist nur bei den Häusern geboten, die ein eigenes Restaurant im Haus haben, dann ist die Küchenzeile des Appartements unter Umständen ziemlich dürftig ausgestattet.

Noch überschaubar ist auf Zypern die Zahl der **Hotels und Pensionen in historischen Gemäuern** – sie sind in diesem Buch größtenteils aufgeführt.

Die **Jugendherbergen** sind ziemlich klein und eher bescheiden ausgestattet. Einquartieren können sich Inhaber eines Internationalen Jugendherbergsausweises jeglichen Lebensalters. Jugendherbergen gibt es in Lárnaka, Nikosía, Páfos, Stavrós tis Psókas und Tróodos. Da die Kapazitäten nur beschränkt sind, sollte man vorher reservieren: **Cyprus Youth Hostel Association**, P.O. Box 21328, CY-1506 Nikosía, Tel. 22 67 00 27, Fax 22 67 28 96.

Um gleich einem Missverständnis vorzubeugen: Der zyprische **Agrotourismus** hat mit dem deutschen „Urlaub auf dem Bauernhof" rein gar nichts zu tun. Denn **auf Zypern gibt es keine Bauernhöfe**: Die Tiere werden in Pferchen abseits der Wohnhäuser gehalten. In der großen Hitze würde der Gestank und die Fliegen für die Menschen einfach unerträglich. Im Gegensatz zu anderen Ländern (wie zum Beispiel Italien), ist der Agrotourismus in Zypern noch ein sehr junges Projekt, das allerdings zügig ausgebaut

An der Südküste Zyperns reiht sich ein gehobenes bis luxuriöses Hotel ans andere. In diesem Buch sind von den gehobenen Hotels nur die absoluten Top-Häuser erwähnt, die in irgendeiner Weise etwas wirklich Besonderes sind. Ansonsten sei auf die Prospekte der Reiseveranstalter hingewiesen, die diese Häuser ausführlich beschreiben und darstellen. Es macht auch wenig Sinn, diese Hotels vor Ort zu buchen, da sie meist über einen Reiseveranstalter preisgünstiger angeboten werden. Reiseveranstalter, die ein umfangreiches Zypern-Programm anbieten, finden Sie unter dem Stichwort „Reiseveranstalter".

wird. Man kann den zyprischen Agrotourismus in etwa mit den Finca-Ferien auf Mallorca vergleichen. Alte malerische Wohnhäuser, zumeist im Tróodos-Gebirge, die durch die Landflucht oder die Teilung der Insel leer stehen, werden nun zu Herbergen umgebaut, einige als Hotels, die meisten aber als Appartementhotels. Cyprus Tourism Organisation, P.O.Box 4535, CY-1390 Nikosía Tel. 22 33 77 15 und 22 69 12 19, Fax 22 33 97 23, www.cyagrotourism.cy.

> Wie die Juden vom Heiligen Land glaubten, seine Luft mache heilig, so glaubte man einst, das die zyprische Erde sinnlich mache, wenn man auf ihr schlafe.

V

⇨ Vorwahlnummern

s. Stichwort „Telefonieren"

W

⇨ Währung

Derzeit (Stand Mai 2004) ist die Währung **Südzyperns** das zyprische Pfund (CYP), auch Lira genannt. Ein Pfund ist in 100 Cent unterteilt. Es gibt Banknoten in CYP 1, 5, 10 und 20. Münzen gibt es zu 1, 2, 5, 10, 20 und 50 Cent. An den Flughäfen sowie am Hafen von Limassol sind die Wechselstuben während aller Auslandsankünfte geöffnet. Abhebungen mit EC-Karten sind an den Geldautomaten problemlos möglich. Selbstverständlich kann man auch in den meisten Hotels Geld tauschen, allerdings, wie auch in anderen Ländern, zu einem erheblich schlechteren Kurs.

In **Nordzypern** ist die Landeswährung die stark inflationäre (bis zu 70 % Inflationsrate) türkische Lira, die Währung des türkischen „Mutterlandes". Man wechselt günstiger im Land als außerhalb, und zwar am besten Bargeld, da Reiseschecks um einige Prozent schlechter als Bargeld bewertet werden. Wegen der hohen Inflation sollte man immer nur kleine Beträge wechseln. Fremdwährungen wie Euro oder Pfund werden in den Restaurants und Geschäften zwar angenommen, aber meist zu einem oft äußerst ungünstigen Wechselkurs.

⇨ Weine

s. Stichwort „Essen und Trinken"

⇨ Wintersport

s. Stichwort „Sport"

Z

⇨ Zeit

Auf Zypern gilt die osteuropäische Zeit (MEZ + 1 Stunde). Weil auch Zypern die Sommerzeit eingeführt hat, bleibt dieser Unterschied (+ 1 Stunde) auch während des Sommers bestehen.

THE CYPRUS WEEKLY

We are in!

EU ruling opens Green Line to trade

VAT introduced on number of products

⇨ Zeitungen

Folgende englischsprachige Zeitungen werden auf Zypern veröffentlicht: die Tageszeitung „Cyprus Mail“ (außer montags), die „Cyprus Weekly“ und die „Weekly Review“ (jeden Freitag).

⇨ Zoll

Für den Warenverkehr innerhalb der EU gelten grundsätzlich keine Beschränkungen. Allerdings gibt es weiterhin noch sehr unterschiedliche Gesetzgebungen der einzelnen EU-Länder für bestimmte Warengruppen, wie zum Beispiel für Alkoholika, landwirtschaftliche Produkte und Tabakwaren. Aus- bzw. eingeführt werden dürfen 800 Zigaretten oder 400 Zigarillos, 10 Liter Schnaps oder 90 Liter Wein. Das dürfte für's Erste schon mal reichen...

Regionale Reisetipps von A–Z – Südzypern

Die Hotels Zyperns sind offiziell in fünf Kategorien eingeteilt:

******* Luxusklasse**	mit allem Komfort wie Klimaanlage, Pool und Fitnessbereich.
****** Gehobene Klasse**	mit ähnlich komfortablen Zimmern wie die Häuser der Luxusklasse, nur mit etwas weniger Gemeinschaftseinrichtungen.
***** Mittelklasse**	etwas kleinere Zimmer, nicht immer mit Bidet und Minibar.
**** Untere Mittelklasse**	alle Zimmer mit Dusche/WC, aber nicht immer mit Klimaanlage (Klimaanlage – wenn überhaupt – nur gegen Aufpreis).
*** Einfache Klasse**	In dieser Kategorie gibt es auf Zypern nur sehr wenige Hotels (meist im Tróodos). Sie sind von Qualität und Service her sehr unterschiedlich.
Pensionen, Privatunterkünfte	Hier schwankt die Qualität sehr stark von Haus zu Haus.

Die Eurozeichen auf den folgenden Seiten sollen einen ersten Überblick über die Zimmerpreise geben:

€	*bis 40 €*
€€	*40 bis 60 €*
€€€	*60 bis 80 €*
€€€€	*80 bis 120 €*
€€€€€	*120 € und darüber*

- Die angegebenen Preiskategorien gelten für zwei Personen im Doppelzimmer mit Frühstück. Sie können nur ein Anhaltspunkte sein, da die Preise je nach Saison sehr stark variieren. In der Vor- und Nachsaison (November bis März) sind Preisnachlässe von bis zu 50 % möglich!
- Die Hoteliers dürfen per Gesetz keine höheren Preise verlangen, aber Ermäßigungen über den niedrigsten Preis hinaus sind gestattet. Hier lohnt sich der Versuch, den Zimmerpreis auszuhandeln.

Agía Nápa (S. 190)

Information

• CTO, Kyprou Nerou 12, Tel. 23 72 17 96. Ab hier beginnen Führungen „Unbekanntes Agía Nápa" oder „Agía Nápa und das Meer", auch in deutscher Sprache.

• Im **Internet**: www.discoverayianapa.com, www.agianapa.gov.cy, www.agianapa.com

Unterkunft

• €€€ **Anesis Hotel-Appartements****, Oktovriou 1, Tel.: 23 72 11 04, Fax 23 72 22 04: mit 42 Zimmern und 20 Appartements und Studios von überschaubarer Größe.

• €€–€€€ **Cornelia****, Makarios Ave., Tel. 23 72 14 06, Fax 23 37 2 24 09: Bed & Breakfast-Hotel an der Flaniermeile zwischen Kloster und Hafen.

• €€ **Eligonia Hotel Appartements**, Tel. 23 81 92 92, Fax 23 81 92 93, www.eligonia.com: Im Ortszentrum gelegen, also nichts für Früh-ins-Bett-Geher! Rustikale Bar, von exotischen Bäumen umstandener Pool im Innenhof. 4-Bett-Appartements und 2-Bett-Studios.

• €€ **Leros***, Makarios Ave. 41, Tel. 23 72 11 26, Fax 23 72 11 27: Klein und recht gemütlich und zentral gelegen. Klimaanlage und Heizung.

• € **Xenis Guesthouse**, Dimokratias, Tel. 23 72 10 86, Studios, Zimmer mit Etagendusche – ein einfaches Dach über dem Kopf. Fahrrad- und Mopedverleih.

UNTERKÜNFTE AUSSERHALB VON AGÍA NÁPA

• €€€€€ **Aeneas*******, Nissi Ave., Tel. 23 72 40 00, Fax 23 72 36 77, www.aeneas.cy.net, aeneas@aeneas.cy.net: Erste-Klasse-Haus mit großer Poolanlage, durch eine Straße vom feinsandigen, flach abfallenden Sandstrand getrennt. Die für diese Klasse üblichen Fitness- und Sporteinrichtungen sind vorhanden.

• €€€€ **Grecian Bay*******, Krio Nero 2 Tel. 23 72 13 01, Fax 23 72 13 07, www.grecian.com.cy: Noch 1979 hatte dieses Hotel an einem weißen Sandstrand die Küste am Hafen von Agía Nápa ganz allein für sich. Noch heute liegt es herrlich, aber nicht mehr alleine, aber immer noch an einer mit Mimosen gesäumten Sandbucht.

• €€€€ **Alion Beach*******, Krio Nero, Tel. 23 72 29 00, Fax 223 72 29 01, alionbh@spidernet.com.cy: Ein ruhiges, stilvolles Haus, das für seine gute Küche bekannt ist. Wellness-Bereich. Das Hotel setzt wohl mehr auf seinen weißen Sandstrand und das smaragdblaue Meer, denn auf den ziemlich fantasielos gestalteten ovalen Pool.

• *€€€€* ***Nissi Beach*******, *Tel. 23 72 10 21, Fax 23 72 16 23, www.nissi-beach.com: D i e Hotelanlage, die in so gut wie keinem deutschen Pauschalreisenkatalog für Zypern fehlt. Die Kunden eines Reiseveranstalter wählten das Haus gar zu einem der beliebtesten Hotels. Es liegt an einer geschwungenen weißen Sandstrandbucht, zwischen dem Meer und dem Hotel erstreckt sich ein 100.000 m² großer, parkähnlicher Garten mit tropischen Bäumen. Hier fühlen sich auch Kinder (nebst Überwinterungs-Pelikanen) wohl, denn der Sandstrand fällt flach ab, es gibt einen Kinderpool, drei Spielplätze und stundenweise ein Kinderanimations-Programm. Sehr gutes Essen mit Themenbuffets, tolle Salate! Das Hotel wurde 1996 komplett renoviert, vermietet werden auch Bungalows. Die Kunden des Reiseveranstalters Attika Reisen bewerteten vor allem den Strand des Hotels sehr gut.*

Nissi bedeutet *Insel*, und eine solche liegt sehr malerisch vor dem Hotel Nissi-Beach. Drei Pelikane fühlen sich auf der Insel und an der wunderschönen Bucht gleichermaßen wohl und in der Gartenanlage zwitschern in Volieren weitere exotische Vögel.

Restaurants

• ***Markos***, *am Hafen: freundlicher Service, große Auswahl. Preisgünstig.*

• ***Limelight Taverna***, *Lipertis (gegenüber der Post), Tel. 23 72 16 50: Seit mittlerweile 20 Jahren eine Institution im Ort. Hier gibt's Souvla, Steaks, Lobster und zyprische Küche. Grünpflanzen wie Palmen und Steinbögen. Ganzjährig geöffnet.*

• ***Oleander***, *Kryou Nerou 10, Tel. 23 72 19 51: Schöner Ausblick. Stifado, Moussaka oder vegetarische Spaghetti. Relativ teuer.*

• ***Fischtaverne „Vassos Fish Harbour"***, *Tel. 23 72 39 19, auch im Winter geöffnet: Fischtaverne direkt am kleinen Hafen. Gut und nicht teuer, und das seit 40 Jahren. Bekannt für seine Fisch-Mezé. Empfehlenswert: die Kalamari oder der täglich fangfrische Tsipoura-Fisch. Im Aquarium kann man sich seinen Lieblingslobster aussuchen.*

• ***Nápa***, *mitten im Ort an der Dimokratias, tägl. 16–24 Uhr: Hier sitzt man sowohl drinnen als auch auf der Terrasse recht gemütlich. Rustikal, große Terrasse. Reichhaltiger Vorspeisenteller.*

• ***Kentro Times Laikes*** *(„Volkspreiszentrum"): Hier wird gegessen, was es gerade so gibt und per Fingerzeig auf die Vitrine gezeigt.. Die „Volkspreise" dieser Taverne wissen auch die Einheimischen zu schätzen.*

Nachtleben

Das Leben in Agía Nápa, eine einzige Party in ca. drei Dutzend Discos und Clubs sowie etwa 150 Pubs. Der Alkohol fließt in Strömen; getrunken und getanzt wird bis in den frühen Morgen. (Bei Drogen allerdings kennt die zyprische Polizei – zumindest offiziell – kein Pardon und zyprische Gefängnisse sind kein gemütlicher Ort...).

• *Viele Clubs und Diskotheken gibt es in der* ***Fußgängerzone der Agías Mavris*** *und in der* ***Odos Louka*** *oberhalb des Klosters.*

• *Nett anzusehen auch für „ältere" Semester: das* ***The Bedrock Inn*** *in der Agías Mavros 2: Eine Karaoke-Bar wie aus der Steinzeit, wo selbst die Kellner und Kellnerinnen wie Fred und Wilma daherkommen.*

• *Party-Clubber mit Anspruch amüsieren sich im* ***„Starsky and Hutch"***, *im* ***„Club Insomnia"*** *oder im* ***„Guru Club"***.

• *Für Agia-Nápa-Verhältnisse bürgerlich geht es im* ***ZicZac*** *zu, denn das ist die „einzige Schwiizer Bar uf de Insle" – laut Eigenwerbung. Zu trinken gibt es hier unter anderen roten*

Wodka, das Kultgetränk aus der Piano-Bar im Gstaad Hotel, selbstverständlich auch mit Schweizer Franken bezahlbar.

• *Im* ***Club Ice*** *in der Grigoris Afxentíou werden hauptsächlich die Hits der siebziger Jahre rauf und runter gespielt.*

Feste

• *Am* ***Dreikönigstag*** *findet im Hafen das traditionelle Tauchen nach dem Kreuz statt.*

• *Am* ***Pfingstsonntag und -montag*** *wird Kataklysmós (S. 137) gefeiert.*

• *Beim* ***Agía-Nápa-Festival*** *im September finden drei Tage lang Konzerte, Ausstellungen und Folkloreveranstaltungen statt.*

• *Jeden* ***Sonntag nach Ostern*** *bis in den Oktober kann man auf dem Platz vor dem Kloster kostenlos an Folkloreveranstaltungen teilnehmen.*

INFO Ja sagen auf Zypern

Beim Agía Nápa Municipality Cultural Department können sich Ausländer von Montag bis Freitag zwischen 11.30 und 13.30 Uhr in einem Trauzimmer in der Stadthalle des Ortes einander das Jawort geben. Zwischen dem ersten persönlichen Vorstellungsgespräch bei der Behörde und dem eigentlichen Hochzeitstag müssen laut Vorschrift zwei bis drei Tage liegen. Das exakte Datum und die Uhrzeit können aber auch schon vorher telefonisch vereinbart werden. Bei der Zeremonie selbst handelt es sich um eine kurze, amtliche Trauungsfeierlichkeit, die vom Bürgermeister oder stellvertretenden Bürgermeister der Stadt Agía Nápa auf Englisch durchgeführt wird. Beide Ehepartner sprechen ein Gelöbnis und tauschen die Ringe. Für diese Zeremonie ist eine spezielle behördliche Genehmigung erforderlich, die 110 CYP kostet und vom Standesbeamten ausgestellt wird. Folgende Dokumente müssen vom Hochzeitspaar vorgelegt werden: Reisepass, Geburtsurkunde, notariell beglaubigtes Heiratsfähigkeitszeugnis, bei Geschiedenen die Scheidungsurkunde, bei Witwen/Witwern die Sterbeurkunde des verstorbenen Ehepartners.

Infos beim Cultural Department, *Agía Nápa Municipality, P.O. Box 26 Agía Nápa, Telefon 00357 - 3 - 72 11 79, oder in Deutschland zu buchen über:* ***Reiseagentur Angelika Fleck*** *Adventure & Fun Events, Homburgerstr. 3, 61184 Karben, Tel. (06039) 55 33, Fax 06039) 4 37 49, info@reiseagentur-fleck.de*

Bus

Nach ***Lárnaka, Nikosía und Paralímni*** *fahren die Busse von der Haltestelle zwischen dem Hauptplatz und dem Hafen ab, Infos unter Tel. 23 72 13 21. Nach* ***Lárnaka*** *von Mai bis Okt. stündlich, sonntags 4x tgl. Nach* ***Nikosía*** *von Mo. bis Sa. tgl. hin um 8 Uhr, zurück um 15 Uhr. Sonntags kein Busverkehr. Nach* ***Paralímni via Protarás*** *von Mai bis Okt. Mo. bis Sa. halbstündlich, sonntags stündlich. Von Nov. bis April von Mo. bis Sa. stündlich. Infos unter Tel. 23 72 13 21.*

Boote
Bei ruhiger See einmal tgl. nach Lárnaka

Taxi
***Enab Taxi,** Louka, Tel. 23 72 13 78 und 23 72 14 44*

Mietwagen/Mountainbikes/Motorräder
- ***Champion Rent a Car,** Nissi, Tel. 23 72 17 00 und 23 72 34 44, www.cyplaza.com/champion, E-Mail: champion.rental@cytanet.com.cy*
- ***Viking** auf der Nissi Avenue 27 hat sehr preisgünstige und meist ziemlich neue Mietwagen. Tel. 72 17 74, Fax 72 15 29, Handy 09 669166.*
- ***Force Rent a Car,** Nissi 31, Tel. 23 72 26 20, Fax 23 72 22 57, www.force.com.cy:*
- ***HamYam Car Hire,** Nissi 17, Tel. 23 72 18 25, Fax 23 72 18 76: Neben Mountainbikes werden hier auch Tandems, Motorräder und Autos vermietet.*
- ***Easy Riders,** Yianni Ritsou (beim Hotel Senator), Tel. 23 72 24 38, www.easyriders.com.cy, E-Mail: easyriders@easyriders.com.cy*

Strände
- ***Sandy Beach:** 900 m langer Sandstrand, der vom Hafen aus nach Osten verläuft. Viele Wassersportangebote; auch Bungeespringen (von einem 90 m hohen Felsen).*
- ***Anonymous Beach:** Sandstrand 3 km westlich von Agía Nápa*
- ***Nissi Beach:** Langer, flach abfallender Sandstrand, 4 km westlich der Stadt.*
- ***Makronissos Beach:** 5 km westlich der Stadt erstrecken sich zwei helle Sandstrände beiderseits einer kleinen Halbinsel. Verschiedene Wassersportmöglichkeiten, Verleih von Liegestühlen und Sonnenschirmen. Spezialität im gleichnamigen Restaurant: Kleftiko.*
- ***Agía Thékla Beach:** Schmaler, mehrere Kilometer langer, relativ ruhiger Strand, 6 km westlich der Stadt*

Outdoor
Die üblichen Wassersportmöglichkeiten wie Surfen, Wasserski und Fallschirmgleiten findet man an allen größeren Stränden und bei allen größeren Hotels.

Tauchen
- ***Sunfish Divers,** Makarios, Tel. 23 72 13 00, Fax 23 72 12 81, E-Mail: sunfish@cytanet.com.cy, www.sunfishdivers.com, Das „Sunfish Divers"-Zentrum liegt auf dem Weg zum Hafen von Agía Nápa (Fischereihafen), Tauchschule. Reparaturwerkstatt für die bekannten Marken von Tauchausrüstung.*
- ***Scuba Base Diving,** Odos Nissi 17, Tel. 23 72 24 42.*

Agrós (S. 373)

Unterkunft
- ***€€€ To Rodon***,** 1,5 km außerhalb des Dorfes, Tel. 25 52 12 01, Fax: 25 52 12 35, www.swaypage.com/rodon, E-Mail: rodon@spidernet.com.cy: Ein kastenartiges Hotel, das doch eine ganz persönliche Geschichte hat: Ein aus dem australischen Exil heimgekehrter Zypriote gründete mit einigen Landsleuten eine Kooperative für den Bau*

eines Hotels, auf dass wieder Leben ins Dorf und Geld in die Kasse komme – und zwar für ALLE. Die Lage des Hotels ist großartig, man hat sowohl von den Zimmern (besonders von Zimmer 340) als auch von den beiden Pools einen herrlichen Panoramablick. Im Sommer kommen viele zyprische Familien, aber auch Deutsche und Österreicher. Zum Hotel gehört ein Minimarkt mit ausschließlich in der Umgebung produziertem Warenangebot wie Wein, Wurst, Marmelade, Honig und Eingelegtes. Vom Hotel werden Wanderungen in die Umgebung angeboten, zum Beispiel auf den 1.612 m hohen Madhari und auf die Zwillingsgipfel des 1.554 m hohen Papoutsa (= Schuhe) sowie viele interessante Vorträge und Exkursionen zu den verschiedensten Themenbereichen wie Naturkunde oder Archäologie. **Im Hotel können auch Nicht-Hotelgäste Dorftouren buchen,** *die zu Produzenten von Würsten, Schinken, Kassler, Rosenwasser und der Süßigkeit Souzouko führen.*

- ***€€ Vlachos*,*** *Tel. 25 52 18 90, Fax 25 52 18 90: familiär geführtes Haus mit einfachen Zimmern, größtenteils mit Bad.*

Einkaufen

- ***Kafkala****, an der Hauptstraße: Hier kann man die Spezialitäten des Dorfes probieren und bei ihrer Herstellung zusehen.*
- ***Destillerie Tsolakis****, an der Hauptstraße, 365 Tage im Jahr von Sonnenaufgang bis Sonnenuntergang geöffnet: Rosenwasser, Rosenwein, Rosenlikör, Rosenkosmetika, Rosenparfum (s. auch Seite 373).*

Neben Rosenprodukten in allen Variationen sind auch die Wurst- und Fleischwaren des Ortes zypernweit berühmt:
· **Loundsa** – eine Art Kasselerfleisch
· **Chiromeri** – luftgetrockneter Schinken
· **Loukanika** – scharf gewürzte Landwürste

Askás (S. 370)

Unterkunft

€ Evgenia's House, *Tel. 22 64 23 44, 22 43 52 77, Fax 22 64 31 22, ganzjährig geöffnet. Vier Studios für 2–6 Personen mit Heizung und Balkon.*

Avdímou (S. 253)

Restaurants

- ***Melanda****, Avdímou Bay, Tel. 99 56 53 36; tgl. 9-23 Uhr, Mo geschl., von Ende November bis Anfang März geschl.: Terrasse direkt am Meer, serviert wird ein einfacher, aber sehr gut schmeckender, gegrillter Fisch. Dazu gibt es immer Pommes frites.*
- ***Kerýneia Restaurant****, Avdímou Beach Kerýneia Restaurant, Avdímou Strand, Tel. 25 21 17 17. Direkt am Avdímou-Strand, das Lokal gibt sich mit seinem grünen Kunstrasen etwas edler als das einfachere Melanda. Hierher kommen auch gerne Briten, die mögen besonders die „home made pies". Große Auswahl an Weinen.*

Einkaufen

Von Avdímou führt eine Straße weiter in nordwestliche Richtung nach Anógyra. Dort sind zwei kulinarische Einkaufsadressen empfehlenswert:

- ***Coffe Shop / Apikrem****: Hier gibt´s eine Spezialität, die man nur noch selten findet: Pastelli, eine Süßigkeit, hergestellt aus dem gekochten, eingedickten Sirup von Karuben, dem Johannisbrot.*

• *Nicolaides Bros Winery*, Tel. 25 22 17 09: Empfehlenswert die Weine: La Noyère, leicht und weiß, der vollmundige Roter La Noyère und der fruchtige, trockene Apicreni Rd. Jassas.

Übrigens: Der beste Hallóumi wird aus einer Mischung von Schaf- und Ziegenmilch in der Gegend von Avdímou hergestellt.

Coral Bay (S. 293)

Campen

Feggari, Tel. 26 62 15 34: Platz für 47 Zelte und Wohnwagen. Ganzjährig geöffnet.

Übernachten

*€€€€€ Coral Beach Resort******, Tel. 26 62 16 01 www.coral.com.cy: 420 Zimmer und Suiten (in den Suiten haben Kinder draußen zu bleiben, ansonsten ist das luxuriöse Hotel kinderfreundlich). Ausgedehnte Gartenanlage rund um den Pool. Man kann auch mit seiner Yacht im hauseigenen Yachthafen anlegen!

Essen

• *Golden Barrel*, Tel. 26 62 17 90, tägl. 11–24 Uhr: Lockere Atmosphäre, bekannt für die exzellenten Saucen zu Fleisch und Fisch. Mittags gibt´s hier Kleinigkeiten wie einen Salat, und abends dann Fischgerichte oder Steaks.

• *Gute Restaurants sind auch in Pégeia nördlich von Coral Beach zu finden*. Das Dorf liegt 200 m hoch am Gebirgsausläufer. Neben einer sehenswerten Ikonostase in der Dorfkirche hat Pégeia nach einem alten Volkslied noch eine andere Sehenswürdigkeit aufzuweisen: Hier sollen die schönsten Mädchen Zyperns leben. Ob dem so ist, lässt sich hervorragend von einer der empfehlenswerten Tavernen (zum Beispiel in der rustikalen Pégeia-Taverne) am verkehrsreichen Marktplatz beobachten!

Geroskípou (S. 262)

Unterkunft

*€€ Hotel Villa Fytos Inn****, Tel. 26 96 56 66, Fax 26 96 51 11, E-Mail: fytosth@cytanet.com.cy. Etwas außerhalb von Geroskípou. Ein wirklich liebenswürdiges kleines Hotelchen, das von außen eher wie eine Villa wirkt. Es liegt paradiesisch etwa 4 km außerhalb von Páfos, umgeben von Orangen- und Zitronenbäumen. Vor dem Haus ein kleiner Pool. Terrasse mit Blick auf den Pool und die grüne Umgebung. Aufenthaltsraum (mit leider unbequemen Stühlen) und kleiner Bar. Zum Strand geht man zu Fuß etwa 20 Minuten. Sehr freundliche Besitzerin. Ihr Mann ist übrigens Vorsitzender der Gastronomen-Vereinigung von Zypern.

Hotel Villa Fytos Inn

Restaurant

Seven St. Georges. *Geroskípou, 2 Kilometer außerhalb von Páfos nahe der Straße nach Limassol. Sehr gute Küche, fantasivolle Gerichte wie zum Beispiel Kartoffelsalat mit Fenchel.*

Kakopetriá (S. 353)

Campen

Camping Tróodos, *Tel. 22 42 16 24, Mai bis Oktober geöffnet: an der Straße nach Kakopetriá in einem Wald gelegen. Teilweise schräges Gelände mit Taverne und kleinem Laden.*

Unterkunft

- *€€€* ***Linos Inn,*** *Palias Kakopetriás, Tel. 22 92 31 61, 22 92 31 81, Fax 22 92 31 81, www.linos-inn.com.cy: Ein Ensemble von sechs denkmalgeschützten Dorfhäusern mitten im alten Ortsteil. Holzdecken, Balken, Antiquitäten, Kunsthandwerk und Himmelbetten schaffen ein historisches Ambiente, gepaart mit modernem Komfort wie Fußbodenheizung und Bäder mit Whirlpool. Sehr freundliche Besitzer. Gutes Restaurant mit gehobenem Preisniveau.*
- *€€€* ***The Mill Hotel***,*** *Tel. 22 92 25 36, Fax 22 81 39 79, www.cymillhotel.com, s. „Restaurants": 13 suitegroße, elegante Zimmer mit Jaccuzzi-Wanne und Aussicht. Sehr empfehlenswert!*
- *€€€* ***Hekali **,*** *etwas oberhalb des Dorfplatzes, Tel. 22 92 25 01, Fax 22 92 25 03: Modern-helles renoviertes Hotel mit rustikalem Restaurant, Cocktailbar und Swimmingpool. Freundliche Atmosphäre.*
- *€€€* ***Hellas***,*** *Andreou Manantos 4, Tel. 22 92 24 50, Fax 22 92 22 27: Älteres Hotel der Mittelklasse mit neuen Zementsäulen am Eingang und schönem Blick auf Kakopetriá.*
- *€* ***Kentro Deilina,*** *an der Dorfstraße, unterhalb der Brücke, Tel. 22 92 24 56: Oberhalb eines Restaurants befinden sich die einfachen Zimmer mit Balkon und Kühlschrank. Vom Balkon Ausblick auf den rauschenden Wildbach und Einblick in Restaurants und chaotische*

Als die Briten Kühle suchten...
zogen sie sich ins Tróodos-Gebirge zurück. Erfahren in der Kolonialisierung warmer Länder, errichteten sie im Tróodos-Gebirge nach dem Vorbild der indischen „*hill stations*" Häuser mit Veranden, die an ihre Häuser in Indien erinnerten. In ihrer Freizeit wanderten sie gerne und schufen viele leicht begehbare Wanderwege mit schöner Aussicht. Im Jahre 1947 gab es an die dreißig touristische Einrichtungen, vom Luxushotel bis hin zum einfachen Zeltcamp. Tourismus auf Zypern, das hieß bis Anfang der 1950er Jahre Aufenthalt im Tróodos-Gebirge. Die Zyprioten selbst, aber auch Kolonialbeamte und britische Militärs, wohlhabende Ägypter und in Kairo und Alexandria lebende Griechen urlaubten hier in den kühlen Höhen des Tróodos. Ein Aufenthalt unten in den seaside-resorts hingegen galt eher als zweite Wahl. Bis dann die touristischen Zentren im Tróodos-Gebirge zum Übungs- und Rückzugsgebiet der Partisanen im Freiheitskampf gegen die Briten wurden. Lawrence Durrell notierte in seinem Buch *Bittere Limonen: „Eine Weile kamen noch Touristen, aber dann blieben sie aus. Schritt für Schritt wurde die Insel zum Feldlager, und all die Beschränkungen des Verkehrs, die Pässe und Ausweise ließen ein Gefühl des Erstickens aufkommen".*

Hinterzimmer. Üppiges Frühstück mit gebratenem Hallóumi, Fleisch und Eiern.

- *Weitere Privatzimmer:* **€ Demos Rooms:** *Tel. 22 92 23 43,* **€ Romeos Restaurant**, *Tel. 22 92 24 56).*
- **Jugendherberge**, *Tel. 42 16 49: 1 km außerhalb des Ortes gelegen.*

Kakopetriá ist auch für sein hervorragendes Walnuss-Glyko bekannt: Grüne Walnüsse werden in einen schweren, süßen Sirup eingekocht und den Gästen zusammen mit einem Glas Wasser angeboten. Natürlich gibt es Glyko auch mit anderen Früchten, doch das Walnuss-Glyko ist eine süße Besonderheit!

Restaurants

- **Maryland in the Mill**, *in der Ortsmitte, Tel. 22 92 25 46, Mo. bis Fr. ab 12 Uhr geöffnet, Sa. und So. 12.30–15 und 19.30–23 Uhr. Von weitem an ein tibetanisches Kloster erinnernder, schier riesiger Holzbau über einer alten Mühle – wenn das Gebäude auch noch so historisch aussieht: Es stammt dennoch aus den 1980er Jahren. Außer einer Treppe führt auch ein Lift ins große, mit viel bäuerlichem Gerät dekorierte Restaurant im fünften Stock. Von dort oben hat man einen Panoramablick auf Kakopetriá und das Tróodos-Gebirge. Spezialität der gehobenen Küche: Forellen. S. auch „Unterkunft"*
- **Village Café Serenty/I Galini**, *im oberen Teil des alten Ortskerns: Traditionelles Café in einem alten, restaurierten Haus. Besonder schön: der kleine Balkon mit Blick auf den Wildbach.*
- **Zoumos**, *Tel. 22 92 2145: Urige Einrichtung, Spezialität: Grillgerichte.*

Kalavasós und Tóchni (S. 218)

Unterkunft

- **€€€ Kontoyiannis House**, *Kalavasós, 103 Archbishop Makarios Avenue, Tel. 22 34 00 71: Vier Appartements mit ein und zwei Schlafzimmern in einem traditionellen Haus.*
- **€€ Ferienwohnungen Cyprus Villages*****, *Tóchni, Tel. 24 33 29 98, 24 33 22 95: Die Ferienwohnungen in einstigen Dorfhäusern verteilen sich über das ganze Dorf, so dass man sich wie ein Teil der Dorfgemeinschaft fühlen kann. Sie sind geschmackvoll wiederaufgebaut und im traditionell zyprischen Stil eingerichtet, jede einzelne Ferienwohnung hat ihren eigenen architektonischen Charakter. Studios sowie Appartements mit einem oder mit zwei Schlafzimmern. Es steht ein Swimmingpool zur Verfügung. Soweit so gut. Doch es kann schon sein, dass es am Pool/Restaurant dieser traditionellen Vorzeigehäuser zugeht wie auf dem Rummelplatz, dass ein Bus neben dem anderen vor den Häusern geparkt ist und ganze Gruppen hier gespeist werden. Dann ist es – zumindest am Pool – aus mit der zyprisch-göttlichen Ruhe! Buchbar unter anderem über Attika Reisen (München).*

Unterkunft/Restaurant

€€€ Socrates Hotel und Appartements, *Tel. 24 33 36 36, Fax 24 33 25 36: Anlage aus dem 19. Jh., in Zusammenarbeit mit dem Zypern-Museum 1999 renoviert. Im Haupthaus 9 klimatisierte Gästezimmer sowie Studios und Appartements in zwei in der Nähe liegenden Gebäuden. Das Hauptgebäude wurde Ende des 19. Jh. von den Urgroßeltern des gegenwärtigen Inhabers errichtet. Zwei Terrassen mit herrlichem Blick auf das Dorf, ein Empfangsraum mit Lobby, ein Frühstückszimmer mit Sitzmöglichkeit im Hof und eine aus Kalkstein gebaute urige Taverne mit hervorragenden zyprischen Speziali-*

täten. Haus Socrates gilt als ein Beispiel für eine gelungene, stilechte Restaurierung und ist eines der schönsten Agrotourismus-Häuser Zyperns – alles ist so liebevoll arrangiert, dass es abends im Kerzenlicht fast schon etwas museal wirkt.

Reiten

Drapia Farm (2 km nördlich von Kalavos), Tel. 29 43 71 88, www.cyagrotourismo.com, E-Mail: agrotourismo@cytanet.com.cy: von einer Schweizerin und einer Britin geführte Pferdefarm, angeboten werden Halb- oder Ganztagesausritte durch die südlichen Ausläufer des Tróodos-Gebirges sowie Reitunterricht.

Kelláki (S. 237)

Unterkunft/Restaurant

€ Manolas Tavern, Tel. 25 62 21 07: Mitten im Grünen, etwa 2 km außerhalb von Kelláki, liegt diese urige Taverne, die auch vier Zimmerchen beherbergt. Zum Haus gehören eine große, mit Reben überwachsene, schattige Terrasse und ein ausgedehnter Garten mit Obstbäumen. Alle vier Zimmer mit Kühlschrank und Deckenventilator. Ravioli, Stifado, Moussaka, Salatina (Sülze mit Rindfleisch) sind hier die Spezialitäten, und auch die Pommes Frites schmecken hier sehr gut – die Küche von Manolas Tavern liegt über dem zyprischen Durchschnitt. Sehr empfehlenswert: der rote, vollmundige Semeli-Wein! Gutes Frühstück. Die Besitzer, Andreas und seine Frau, kümmern sich liebevoll, aber sehr unaufdringlich um ihre Gäste, und selbst nach spätabendlicher Heimkehr wird noch üppig aufgetischt.

In Manolas Tavern hängen Körbe mit Pflanzen an der Decke und i Hintergrund zeigt ein kleines museales Räumchen alles, was einst einem zyprischen Haushalt gehörte. Zum Beispiel das Brotbrett (Mitte Vordergrund), mit seinen elf Vertiefungen. Die Vertiefungen si 11 Aposteln gewidmet – der zwölfte Apostel, Judas, der Verräter, bleibt ohne Vertiefung! In diese Aushöhlungen kam einst der Brotte hinein, der dann zum einzigen Ofen des Ortes gebracht wurde. Heute, wo auch die zyprischen Dörfer einen Bäcker haben, werden diese Bretter nicht mehr gebraucht. Man sieht sie aber allerorten a Ziergegenstand.

Koúklia (S. 258)

Übernachten

€ Leda Tavern, Koúklia, Tel. 29 63 24 39: Iannis und seine Frau Androula vermieten auch preisgünstige Appartements, tageweise, wöchentlich oder monatlich.

Lakkí/Latsi (S. 310)

Unterkunft

- *€€€€€ Anassa*****, Tel. 26 88 80 00, Fax 26 32 29 00, www.thanoshotels.com, E-Mail: thanos-hotels@spidernet.com.cy. Es ist immer wieder spannend zu sehen, was sich die Architekten eines Fünf-Sterne-Hotels so alles haben einfallen lassen, um die über gutes Schlafen, Essen und Sauberkeit hinaus gehenden Preise zu begründen. Bei* *diesem, 1998 eröffneten Hotel ist es ihnen rundum gelungen. Königin bedeutet der Name des Anassa, das sich selbst als exklusivstes Hotel der Insel sieht. Es ist die edle Adaption eines zyprischen Dorfes mit kleinem Dorfplatz und Kapelle (für Hochzeiten sehr beliebt), seine Lobby wurde einem klösterlichen Kreuzgang nachempfunden mit sparsam gesetzten, dekorativen Akzenten wie Keramiken oder Mosaiken. Wassersportzentrum und Haus-Yacht, Spa, Fitnessbereich, drei Pools und vier Restaurants gehören zum Haus. 184 Suiten im Haupthaus sowie in Bungalowgebäuden Wohneinheiten mit eigenem Pool. Im Garten wachsen in der Region heimische Pflanzen wie Thymian, Rosmarin, Lavendel. Nichts ist hier übertrieben, edel an diesem Haus sind die Form und das Material.*

- *€€€€* **Hotel-Appartements Elia Latchi Holiday Village*****, *Tel. 26 32 20 24, Fax 26 32 20 24, E-Mail elialaki@logos.cy.net: Inmitten einer weitläufigen Gartenanlage, 100 m oberhalb der Küstenstraße gelegen. 149 einfache Studios, Appartements und Maisonettes in ebenerdigen oder 1-stöckigen Reihenbungalows. Zwei Pools und ausgedehnte Liegewiesen. Selbstversorgung mit den Annehmlichkeiten eines Hotels. Zur Anlage gehört ein kleines Privatmuseum mit Funden aus dem antiken Griechenland und aus Zypern. Besonders lobenswert erschien den Gästen eines Reiseveranstalters die Freundlichkeit im Hotel.*
- *€€€* **Souli****, *Tel. 26 32 10 88, Fax 26 32 24 74, www.soulihotel.com, E-Mail: soulihotel@cytanet.com: Außerhalb von Lakkí in Richtung Akámas-Halbinsel direkt am Meer und in Sichtnähe des Anassa gelegen. Von einer sympathischen Familie geführt. Überschaubare Dimensionen mit 50 Zimmern auf zwei Etagen. Saubere, große, aber etwas sterile Zimmer. Zwischen dem Hotel und dem Strand ein Swimmingpool. Im Rezeptionsbereich zwei, drei Sitzgruppen, weitere Aufenthaltsräume gibt es nicht. Großes Terrassenrestaurant. Frühstücksbuffet. Extra-Luxus kann man hier nicht erwarten aber eine entspannte, familiäre Atmosphäre. Hierher kommen oft auch britische Rentiers, die hier ihre Familienfeste feiern. Die Kunden des Münchner Reiseveranstalter Attika Reisen loben das Hotel vor allem wegen seines Strandes.*

Restaurants

- **Porto Latchi**, *in Lakkí am Strand, Tel. 26 32 15 30, tgl. ab 10 Uhr. In diesem malerischen Restaurant isst man sehr gut Fisch, den man sich aus der Vitrine aussuchen kann. Man sitzt entweder im edel-rustikalen Innenraum mit den traditionellen Stützarkaden oder draußen auf der Terrasse mit Blick aufs Meer. Abends im ersten Stock Live-Jazz oder griechische Musik, im ersten Stock Café-Bar.*
- **Yangos und Peter**, *am Hafen: ältestes Restaurant am Platze, sehr gute Fischgerichte, die allerdings auch ihren Preis haben.*
- **Tsakkas Bay**, *zwischen Lakkí und den Bädern der Aphrodite oberhalb eines Sandstrandes. Im Winter wärmt ein Kaminfeuer.*

Strände

Ab Pólis bis zu den Bädern der Aphrodite zieht sich ein kilometerlanger Kiesstrand hin mit gelegentlich sandigen Abschnitten.

Das Restaurant Porto Latchi, ein ehemaliges, 300 Jahre altes Lagerhaus für Johannisbrot, diente bis 1984 als solches und wurde dann für 131.006 zyprische Pfund versteigert

Outdoor

- *Latsi Watersports Centre, Segeln, Surfen, Tauchen.*
- *Jalos Sports, Agiou Nikolaou, gegenüber der Touristinfo, Tel. 26 32 24 16, Fax 26 32 22 31: Verleih von Mountainbikes, der Inhaber spricht deutsch und gibt Tipps für Touren. Man kann hier auch Trekking- und Landrover-Touren buchen.*

Tauchen

- *Latchi Dving Centre, am Hafen, Tel. 26 32 20 95, Fax 26 32 20 95, E-Mail: lwsports@cyculture.net. Auf den Booten von Latrchi Diving Centre geht's meist eng zu.*
- *International Water Sports & Diving Center, Tel. 26 32 20 95: Tauchen, Segeln und Surfen. Unter holländischer Leitung. Gut sortierter Tauchshop, schöne Terrasse.*

Glasbodenboot-Fahrten

Alkion II, Tel. 26 32 14 11, Fax 26 32 14 68: tgl. ab 10.30 Uhr (falls sich genügend Teilnehmer finden) Abfahrten ab dem Hafen von Lakkí. Fahrt entlang der Akámas-Halbinsel zu den Bädern der Aphrodite, zur Insel Ágios Geórgios, Fontana Amorosa und zu einem Schiffswrack an der Spitze der Halbinsel, um 12 Uhr Pause mit Badegelegenheit in der Bucht Chamili. Rückkehr um 13.30 Uhr.

Laoná-Dörfer Akourdálieia, Akrousos, Aródes, Droúseia, Káthikas und Kritou Terra (ab S. 304)

• Droúseia (S. 304)

Unterkunft

- *€€€ Droúseia Heights Hotel***, Tel. 25 35 60 31, Fax 25 35 42 65, www.polipafo.com/Droushia_Heights_Hotel_PP.htm, george@polipafo.com: Droushioten, die nach Übersee und in andere europäische Länder emigriert oder in die Städte abgewandert waren, gründeten 1976 eine Vereinigung, sammelten Geld und ließen 1984 das Hotel bauen, um einen weiteren Exodus aus dem Dorf aufzuhalten. Inzwischen hat sich das mit dem Green Globe ausgezeichnete, umweltfreundliche Haus nicht nur zum größten Arbeitgeber des Dorfes, sondern auch zum Kommunikationstreff für Einheimische und Besucher entwickelt. Vorträge über Land und Leute, Kunst und Kultur, Flora und Fauna gehören zum Programm. Architektonisch ist das Hotel eher kastenartig, aber die Aussicht von der großen Terrasse ist wirklich schön. Das Hotel bietet einen Swimmingpool, Kinderspielplatz, Sauna, Restaurant. Die Hotelleitung organisiert Ausflüge in die Umgebung.*
- *€€ Sapho Manor House, Tel. 26 33 26 50, www.agrotourism.com.cy: Sieben traditionell möblierte Studios in einem Landhaus von 1912.*

Restaurant

Finikas, etwas abseits vom Dorfplatz an der Hauptstraße, Tel. 33 23 36: Im gemütlichen Innenhof sitzt es sich hier gut. Beste zyprische Küche.

• Káthikas (S. 305)

Übernachten

Alle drei unten genannten, traditionellen Häuser sind Mitglieder des zyprischen Agrotourismus, ganzjährig geöffnet und um einen Innenhof gruppiert.

• *€€ **Loxandras House**, Tel. 25 33 66 73, Fax 25 33 57 39, E-Mail: ganronikou@cytanet.com.cy, www.gmbds.com/lox.htm: Drei 2-Schlafzimmer-Wohnungen und ein Studio. Heizung.*

• *€€ **Michalis Anogia**, Tel. 26 94 42 29, Fax 26 94 32 86, E-Mail: papanna@cytanet.com.cy: Mitten im Ort gelegenes, ca. 70 Jahre altes Gebäude. Zwei Appartements mit einem Schlafzimmer im oberen Stockwerk. Pro Appartement bis zu vier Personen.*

• *€ **Chelidona Apartments**, 26 23 33 58, Fax 26 24 44 67, E-Mail: iolarch@spidernet.net: Drei Appartements mit jeweils einem Schlafzimmer. Innenhof mit Garten, geheizte Räume, Kamin in einer der Wohnungen. Den Namen „Chelidona" (Schwalbe) hat die Anlage von den vielen Schwalben, die hier ihr Nest in der Kirche der Jungfrau Maria und auf einem der Appartements gebaut haben.*

• *€ **Imogenes Inn**, Tel. 26 63 32 69: Über die Imogenes Taverne können Appartements für zwei Erwachsene und zwei Kinder gemietet werden.*

Essen

• *__Arouzos Tavern-Restaurant__, einige Meter hinter dem Imogenes Inn, Tel.: 26 63 20 76, geöffnet 12.30–23 Uhr, Di. geschl. Rustikale Taverne mit schönem Innenhof, im Winter wärmt ein Kaminfeuer. Empfehlenswerte vegetarische Gerichte und zyprische Desserts. Ein ruhiges Plätzchen, wenn nicht gerade lärmende Gruppen von lustigen Jeepsafaris hier einkehren.*

• *__Imogenes Inn Taverna__, Tel. 26 63 32 69, Mo. geschl.: Die Besitzer, George und Helen, Kinder zyprischer und griechischer Eltern, lernten sich in Ägypten kennen und lieben. Nach dem Exodus der Griechen aus Ägypten (infolge von Nassers Machtantritt) lebten sie zuerst in London, kehrten später in ihre zyprische Heimat zurück und gründeten diese Taverne. Besonders empfehlenswert: Moussaka, Spanakopitta (Blätterteig mit Spinat), die vegetarischen Mezé sowie Fouls Mesdames (Bohnen, Eier, Tomaten, Gurken, Zwiebeln, Olivenöl und Zitronensaft), wobei das Foul den ägyptischen Einfluss zeigt. Das Lokal mit verschiedenfarbigen Wänden ist von schummrigem Kneipencharakter, an den Wänden hängen Familienfotos und einige Kunstobjekte, die man kaufen kann. Man kann hier auch nett im Innenhof oder, wenn man nur eine Kleinigkeit essen möchte, in einer kleinen Bar/Weinprobierstube sitzen.*

• *__The FarmYard Tavern__, Tel. 26 632745, geöffnet täglich ab 10 Uhr bis Mitternacht: Vegetarische Gerichte und Weine aus der Umgebung sind hier empfehlenswert. Es gibt eine große Terrasse im Freien und freitags Kléftiko und Sonntags Souvla. Wer mag, kann sich auf dem Hof bei den Hühnern, Truthähnen, Hasen und Pferden umsehen.*

Einkaufen

__Sterna Winery__, nördlich von Káthikas an der Straße nach AkourDália, tgl. 9.30–18 Uhr: Die Kellerei wirbt mit ihren über 31 2.000–3.000 Jahren alten Weinkellern und damit, dass sie einst Wein an die Tafel der Pharaonen geliefert hätte. Rekordverdächtig ist heute die Geschwindigkeit, mit der der Winzer seinen Gästen *die vier Weinsorten (weiß trocken, rosé trocken, rot trocken und rot special trocken) nacheinander ins Probierweinglas kippt. Den Wein schnell, schnell in die Kehle schütten und dann noch ein kurzer Abstecher in einen der antiken Weinkeller (zu prähistorischer Zeit Wohnhöhlen), wo der Kellermeister ein kurzes Genuschel über die konstanten 15–16 Grad in dieser Höhle von sich gibt – und ab geht´s in den Verkaufsraum ...*

Amarakos, Sohn des Königs Kinyras, war Hohepriester der Aphrodite. Eines Tages unterlief ihm ein Missgeschick: er ließ einen Krug mit wertvollem Parfum fallen. Die Götter rochen im wahrsten Sinne des Wortes das Unheil und verwandelten ihn zur Strafe in eine „Amarako", die wir als Majoran kennen.

Es hängt ein Ziegenfrischkäse im Amarakos Inn in der Bar, den es dann abends neben anderen Köstlichkeiten zu essen gibt.

• Káto Arkoudáleia (S. 305)

Unterkunft/Restaurant

*€€€ **Amarakos Inn**, Tel. 63 31 17, Fax 31 50 26, E-Mail: amarako@amarakos.com, www.amarakos.com: Ländlich-edel aus Natursteinen gebautes Domizil – eines der (preisgekrönten) zyprischen Agrotourismus-Häuser. Die Besitzerin hat das 300 Jahre alte stattliche Haus ihres Großvaters zu einem großzügigen, auch familientauglichen Logis für Individualtouristen umgestaltet, mit Swimmingpool, einem kleinen Garten und – vielen Katzen. Bei der Dependance gegenüber gibt es einen Pool. Im gleichnamigen rustikalen, mit Familienfotos tapezierten und großen Restaurant oder draußen im stimmungsvollen Hof serviert sie sehr gute zyprische Küche mit Gemüsen und Kräutern aus dem eigenen Garten. Alle Wohnungen haben Wohn-/Schlafraum mit schmiedeeisernen Betten und eine kleine Küche sowie Heizung. Die Anlage ist umgeben von üppigem Grün mit Orangenplantagen und Granatapfelbäumen (die die Gäste plündern dürfen), allerdings auch den einen oder anderen (leeren) Bierkasten und ausrangierten Matratzen. Amarakos Inn ist ein guter Ausgangspunkt für Wanderungen. Der Besitzer, Sofrionos Mantis, gilt als einer der angesehensten Wildblumenspezialisten Zyperns.*

Das Amarakos-Gasthaus besteht aus einem im traditionellen Stil renovierten Haupthaus mit 10 Räumen und einer separaten Villa mit 3 Schlafzimmern und einem Pool.

Außergewöhnlich: der Tulipa Redego-Wein aus Trauben und TULPEN.

• Kritou Téra (S. 306)

Übernachten

Alle unten genannten drei Häuser mit Studios liegen inmitten eines Gartens.

- *€€* **Anastasia**, *Kritou Terra, Tel. 26 33 22 09, Fax 25 36 96 79: Studios für 2–3 Personen.*
- *€€* **Makrynari**, *Tel. 26 23 25 22: Studios für zwei Personen mit Heizung.*
- *€€* **To Konatzi tis Kritou**, *Tel. 22 76 63 36, Fax 22 76 28 90: Studios und Appartements für zwei Personen. Klimaanlage und Heizung.*

Restaurant

Vrisses, *vom Laoná-Projekt gefördertes Lokal mit schattigem Garten.*

Lárnaka (S. 203)

Information

CTO, *Platia V. Pavlou, Tel. 24 65 43 22: In diesem alten Gebäude mit seinen Arkaden nahe der Seepromenade findet man reichlich Infomaterial wie Buspläne und Landkarten. Hier beginnen jeweils mittwochs um 10 Uhr die „Lárnaka – Past and Present"-Stadtführungen. Führungen zu alten Handwerksbetrieben beginnen freitags um 10 Uhr (Treffpunkt: beim Fort).*

Campen

Forest Beach, *an der Straße nach Dekeleia, 8 km östlich von Lárnaka, Tel. 24 64 45 14, Fax 24 65 44 83 Stellplätze unter Eukalyptusbäumen oder direkt am Strand. Juni bis Oktober geöffnet.*

Jugendherberge

Youth Hostel, *Nikolaou Rossou 27, an der Lazaros-Kirche, Tel. 24 62 11 88: In einer alten türkischen Koranschule neben der Moschee im Bazarviertel.*

Unterkunft

- *€€€€* **Four Lanterns*****, *Athinon 19–24, Tel. 24 65 20 11, Fax 24 62 60 12, E-Mail: crown@cytanet.com.cy: Altehrwürdige Herberge, deren Geschichte bis ins 13. Jh. in die Zeit der venezianischen Herrschaft zurückreicht. Heute präsentiert sich das jüngst renovierte Haus im Kolonialstil als markantes weißes Gebäude*

Die Fassade des Four Lanterns Hotels ist fast schon ein Wahrzeichen von Lárnaka.

mit blauen Fensterläden. Gegenüber verläuft der Stadtstrand mit Liegestuhl- und Sonnenschirmverleih, dazwischen die breite Palmenpromenade. Zum Haus gehören ein sehenswerter Ballsaal, ein gutes Restaurant und eine elegante, in den Farben grau und schwarz gestaltete Vienna-Café-Bar mit einer kleinen Auswahl an Kuchen und Snacks.

- *€€€–€€€€* **Amorgos**,** *Mitsi 11, Tel. 24 62 19 00, Fax 24 62 63 97: Parallel zur Promenade gelegenes Hotel mit 41 gut eingerichteten Zimmern.*
- *€–€€* **Hotel-Appartements Livadhiotis,** *Nicolaou Rossou 50, Tel. 24 62 62 22, Fax 24 62 64 06: Einfaches Hotelappartementhaus, 100 m vom Strandboulevard.*
- *€–€€* **Tourist-Appartements Augusta,** *Athenon 102, nahe der Promenade, Tel. 24 65 18 02, Fax 24 66 54 69: Nette Studios und*

Die Hauskatze von Harry's Inn schaut, wer da so kommt.

Appartements mit kleiner Küchenzeile, Klimaanlage und meerseitigem Balkon. Wer sich ins Nachtleben stürzen möchte, aber auch manchmal selbst etwas kochen möchte, der ist hier gut aufgehoben.

- *€* **Pavion*,** *Ágios, Lazarus Square 11, Tel. 24 65 66 88, Fax 24 65 81 65: Einfaches Bed and Breakfast Hotel, zentral in der Altstadt gelegen.*
- *€* **Harry's Inn,** *Thermopyles 2, Tel. 24 65 44 53: Im Zentrum gelegene, als „Traditional House" eingestufte Unterkunft, die das einzige noch im Originalzustand erhaltene Gebäude aus dem 19. Jh. ist – was auch den etwas muffigen Geruch des Hauses erklärt. Ansonsten ist die Pension*

liebenswert-verwinkelt und mit allerhand Nippes ausgestattet. Kleine Bar, die so wirkt, als könnte sie viele Geschichten von lustigen Abenden erzählen. Lauschiger kleiner Innenhof. Klein und angenehm mit nur neun Zimmern, teilweise mit eigenem (etwas abgenutztem, aber sauberem) Bad.

UNTERKÜNFTE AUSSERHALB VON LÁRNAKA

• *€€€€€ **The Golden Bay*******, Dekeleia Road, Tel. 24 64 54 44, Fax 24 64 54 51, www.lordos.com.cy, E-Mail: gbadmin@goldenbay.com.cy: Der Zugang zu diesem Fünf-Sterne-Hotel ist so anonym wie der zu einer Vorstadt-Mietskaserne. Auch von innen wirkt das Hotel eher gesichtslos. Was an Atmosphäre fehlt, macht es durch seine zahlreichen Einrichtungen wieder wett, unter anderem drei Pools, Fitnesscenter und zwei Restaurants (eines als stimmungsvolle Taverne).*

• *€€€€ **Henipa*****, Dekeleia Road, Tel. 24 64 60 22, Fax 24 62 62 12, E-Mail: crown@cytanet.com.cy: Gerne von deutschen und osteuropäischen Reisegruppen besuchtes Hotel, das mit seinem Palmenbewuchs von außen wie eine Oase in seiner gesichtslosen Umgebung wirkt. Das markanteste an diesem Hotel ist ein kleiner Rundtempel mit vier korinthischen Säulen direkt am Hotelpool.*

Sandbeach Castle

• *€€ **Sandbeach Castle****, Piale Pasha,. Tel. 24 65 54 37, Fax 24 65 98 04, www.castelhotel.com.cy, E-Mail: castle.hotel@cytanet.com.cy: Südlich der Stadt am Makkenzie-Strand in einer wenig schönen Umgebung, dafür aber in der Nähe einer Reihe von Fischrestaurants. Der Bau wurde mit Zinnen, Spitzbögen und Rundturm auf Burg getrimmt. Das Hotel liegt nahe dem Flughafen, was störend sein kann. Andererseits: die Flugzeuge gleiten vor der meerseitigen Terrasse des Hotels äußerst filmreif und fast geräuschlos in einer großen Schleife übers Meer zum nahen Flughafen hin. Wenn das Hotel nicht gut belegt ist, ist diese Terrasse ein sehr idyllisches Plätzchen (ein weiblicher Gast schrieb in ihrem Tagebuch von einem „verwunschenen Hotel") – nicht nur für Menschen, die gerne Flugzeuge beobachten. Kleiner Hotelstrand, gleich nebenan beginnt ein fester, langer Sandstrand. 26 große Zimmer, die landseitigen Zimmer sind durch Verkehrslärm beeinträchtigt. Jeden Mittwochabend zyprischer Abend mit Gläsertanz von Mitte Mai bis Ende September.*

• *€€ **Daniandry*****, in Dekeleia, ca. 6 km von Lárnaka entfernt, Tel. 24 64 52 50, Fax 64 52 70: Kleine familiäre und sympathische Appartement-Anlage mit Pool, ca. 200 m vom Sandstrand von Dekeleia. Ruhig gelegen.*

• *In Richtung Agía Nápa sind in den letzten Jahren eine Reihe zum Teil erstklassiger Hotels entstanden, die an einem weiten Sandstrand liegen. Einschränkend muss man aber sagen,* dass der Küstenabschnitt aufgrund der grau-gelben Farbe des Sandes sowie des monotonen Küstenverlaufs nicht gerade aufregend ist, zumal die Anlagen einer Erdölraffinerie stets in Sichtweite bleiben.

Gegenüber der Taverne „I mawri Chelona" stellt ein kleiner Handwerksbetrieb all die Wachsköpfe, -beine, -arme und -kinder her, die man in so vielen zyprischen Kirchen als Dank für erfüllten Kinderwunsch oder die Heilung von einer Krankheit findet.

Restaurants

- ***Art Café 1900***, Stasíinou 6, nahe dem Periedes-Museum, Tel. 24 65 30 27; www.artcafecom1900.com.cy, ab 18 Uhr geöffnet, Di. geschl. Restaurant, Bar, Café in einem Haus aus der Wende vom 19. zum 20. Jh., innen über und über dekoriert und behängt mit Bildern, Fotos und Filmpostern. Hier finden oft Kunstausstellungen statt und freitags Live-Musik. Etwa 30 Sorten Tee, gute Weinauswahl. Vegetarische Küche und Fischgerichte, auch kleine Gerichte. Abends lauschige Kerzenlicht-Atmosphäre. Das Art Café ist sicherlich das stimmungsvollste Lokal in Lárnaka.
- ***Curiosity House & Tea Club***, Nikiforou Foka 10, Tel. 24 62 17 43, Mo. und Di. von 9.30–19 Uhr geöffnet, Mi. bis So 9.30–14 Uhr. Malerisches weißes Haus mit blauen Fensterläden. Innen im Stil eines viktorianischen Heims eingerichtet mit Decken, Kissen und Nippes. Vor dem Haus ein runder Tisch, ideal für den Nachmittagstee, hinten ein etwas skurriler Garten. Hausgemachte Kuchen und Sandwiches. Verkauf von Teppichen und Antiquitäten – „Curiosity House" ist ein wirklich treffender Name für diese liebenswürdige Villa.
- ***Crown-Restaurant***, im Four Lanterns Hotels (s. Unterkunft) an der Uferpromenade: internationale Küche in einem eleganten Umfeld.
- ***Panos Steak House***, Ankara, Tel. 24 65 37 07: Meerterrasse und Dachgarten. Urgemütlich und freundlich, sehr gutes Kléftiko, frischer Fisch.

„Ich glaub, ich steh in England" ... dieses Gefühl hat man auf Zypern sehr oft, so zum Beispiel vor dem Tudor Inn in Lárnaka.

- ***I mawri Chelona – Black Turtle Tavern***, Mehmet Ali, abends unregelmäßig geöffnet, Tel. 24 65 06 61, So. geschl.: Im ersten Stock eines alten Wohnhauses an der Lazarus-Kirche. Gästefotos, Kitsch, Krempel und Schildkrötenpanzer (mawri chelona = schwarze Schildkröte) an den Wänden. An manchen Tagen samstags Live-Musik.
- ***Odos Seferi Rempetiko***, Ecke Alithersi & G. Seferi, Tel. 24 65 55 52, 67 47 87, Mi. bis Sa. geöffnet: Mezé und griechische Musik.

• *The Tudor Inn, Lala Mustafa 28A, Tel. 24 62 56 08: Gutes Essen zu etwas gehobenen Preisen. Romantische Terrasse.*

RESTAURANTS AUSSERHALB VON LÁRNAKA

• *Al Halii, neben der Hala-Sultan-Tekke Moschee Tel. 24 64 30 60, Terrassen-Restaurant mit Blick auf den Salzsee und die Sultan Tekke. Als Deko einige Brunnen und Gipsstatuen. Kléftiko und Mezédes, Fisch und Fleisch vom Grill.*

• ***Das Dörfchen Zýgi westlich von Lárnaka auf halber Strecke nach Lemesós ist für seine Fischrestaurants bekannt.*** *Die malerische Kulisse eines Fischerhafens findet man hier allerdings nicht, die Lokale reihen sich einfach an der Straße aneinander, die hier zwischen Strand und Häusern verläuft.*

Hinweis

„Schau mir in die Augen Kleiner" – nur frischer Fisch hat klare, glänzende Augen! Auch sollten seine Kiemen rot und seine Schuppen fest sein

Nachtleben

In Agía Nápa und Limassol ist wesentlich mehr los als in Lárnaka.

Hard Rock Café, *hinter den Augusta Appartements am Südende der Uferpromenade.*

Einkaufen

• ***Cyprus Handicraft Service,*** *Odos Kosma Lysioti 6: Staatlicher Kunsthandwerksladen, alles garantiert made in Cyprus.*

• ***Stephan´s Shirts,*** *Evanthia Pierides 22-6, Tel. 24 65 24 57: Maßarbeit von Hemden und Blusen, Versand in alle Welt.*

• ***Tofarides Bookshop,*** *Zenonon 45-47, Tel. 24 65 49 12: Bücher in verschiedenen Sprachen, auch gute Auswahl an Büchern über Zypern.*

• ***Ophthalmic Optical Centre,*** *Avra Court No 1, Evanthias Pierdou (drei Seitenstraßen stadteinwärts vom Pierides-Museum), Tel. 24 65 12 42, Fax 24 62 64 66. Sehtests aller Art, große Auswahl an Brillengestellen, auch Kontaktlinsen.*

Feste und Events

• ***April:*** *Festival der Klassischen Musik*

• ***Mitte Mai:*** *Blumenfest*

• ***Juni:*** *50 Tage nach dem orthodoxen Osterfest wird auf Zypern Pfingsten, das Kataklysmós-Fest („Fest der Flut") gefeiert, während dessen an den meisten Küstenorten die Gemeinden nach dem Gottesdienst ans Meer ziehen. Nachdem der Priester ein Kreuz ins Wasser geworfen hat, tauchen junge Männer danach. Wer es zurückbringt, darf auf ein segensreiches Jahr hoffen. Das „Kataklysmós-Fest"*

„Dieses Vergnügen am Meer und das nur halb erinnerte Ritual des Wasserbespritzens ist bizarr und sehr alt und das Fest ist einzig in seiner Art auf ganz Zypern. Die Kirche hat es in Erinnerung an Noahs Errettung aus der Sintflut mit dem Namen Kataklysmós geweiht, aber dieser dünne, durchscheinende Segen verhüllt nur mit knapper Not ein heidnisches Fest, dessen Ursprünge nicht mehr auffindbar sind. Ob es sich, wie die meisten Leute glauben, um die Geburt der Aphrodite handelt, die wie in alter Zeit im Meeresschaum gefeiert wird, oder um ihre zeremonielle Reinigung nach Vereinigung mit Adonis, ist unbekannt. Die Zyprioten haben es vergessen. Sie sind ganz einfach glücklich, in einer warmen Menschenflut unterzutauchen, zu schauen, auf und ab zu wandern, süße Eiscreme und Streifen von Mandelgelee zu lecken, und je größer die Menschenmenge, desto überschwenglicher sind sie."

schreibt Colin Thubron in seinem Zypernklassiker, Prestel 1985

steht in einer mystischen Verbindung zum Wasser – es erinnert an die Errettung Noahs und der Menschheit vor der Sintflut. Anlässlich des Kataklysmós finden in Lárnaka von Donnerstag bis Dienstag ein Jahrmarkt, Konzerte und Veranstaltungen statt.

- ***1.–31. Juli:*** *Lárnaka-Festival mit Tanz, Schauspiel und Oper.*
- ***September:*** *Sommer-Film-Festival im Lárnaka Fort*

Strände

Gegenüber der Strandpromenade in der Stadt verläuft ein breiter Sandstrand mit Sonnenschirm- und Liegestuhlverleih. Weitere sandige Strände gibt es vor allem nördlich der Stadt, dort hat der feinkörnige Sand zumeist eine gelb-graue Farbe. Südlich von Lárnaka und dem Flughafen erstreckt sich der populäre **Mackenzie Strand,** *südlich des Flughafens der* **Kiti Beach** *(sandig mit Kiesabschnitten). Ungefährliches Baden ist an allen Strandabschnitten möglich.*

Glasbodenboot

Täglich um 11 und 15 Uhr fährt ab der Lárnaka-Marina ein Glasbodenboot zum Wrack der Zenobia, das man bei ruhiger See von oben sehen kann. Der Ausflug dauert etwa eine Stunde.

Das Wrack „*Zenobia*", eine schwedische Fähre, die auf ihrer Reise von Griechenland nach Syrien am 7. Juni 1980 gesunken ist, liegt ca. 1 km vom Yachthafen von Lárnaka in einer Tiefe zwischen 17 und 40 m. Gerüchteweise soll sie Waffen für die Palästinenser an Bord gehabt haben und deswegen vom israelischen Geheimdienst zum Sinken gebracht worden sein. Ihre Ladung von mehr als 100 Lastwagen befindet sich noch an Bord. Das Schiff soll heute zu den zehn interessantesten Wracks der Erde gehören, so behauptet eine Tauchschule, die Tauchtrips zur Zenobia anbietet.

Stadtbusse

Aktuelle Fahrpläne unter www.intercitybuses.com

- *nach* **Nikosía/Lefkosía, Limassol** *und* **Agía Nápa** *Bushaltestelle gegenüber dem Four Lanterns Hotel. Infos unter Tel. 24 64 34 92, für Agía Nápa unter 23 72 13 21. Abfahrten mehrmals täglich, sonntags kein Busverkehr.*
- *nach* **Paralímni/Protarás** *ab der Leof. Arch. Makariou III, Tel. 23 82 13 18: Abfahrten mehrmals täglich, sonntags kein Busverkehr.*
- *nach* **Páfos, Pólis und Tróodos** *Verbindung mit Umsteigen in Limassol.*
- *zum* **Flughafen Lárnaka** *stündliche Verbindung ab 6.30 Uhr bis 17.30 Uhr, im Sommer bis 19 Uhr. Tel. 24 65 04 77.*
- *vom* **Flughafen Lárnaka nach Nikosía/Lefkosía und Limassol** *mehrmals täglich, außer Sonntag. Tel. 24 64 34 92.*

Taxi

Andreas Makri Taxi, *Apostolos Pávlos, Tel. 24 65 29 29 und 24 65 55 77*

Mietwagen, Mountainbikes und Motorräder

- *Günstige Mietwagen gibt's bei* ***Viking,*** *Tel. 24 66 51 16.*
- ***Anemayia,*** *Zenonos Kitieos 120, Tel. 24 65 83 33: Neben günstigen Mietwagen kann man hier auch Motorräder (Suzuki, Honda, Yamaha, Enduro) mieten.*
- ***Ham Yam Bike Rentals,*** *Aphrodites 2, Larnka-Dekeleia-Straße (nahe der Taverne Pýla), Tel. 24 64 59 64, Fax 24 64 72 20, E-Mail: ham.yam@cytanet.com.cy*

Outdoor

• *Schöne Landschaft und schöne Ausblicke bietet eine* ***Fahrradtour durch die Dörfer Kalo Chorio (etwa 7 km westlich von Lárnaka), Agía Anna, Psevdas und Pýrga.***

• *Ebenfalls empfehlenswert:* ***die Küstenroute von Kiti 6 km südwestlich von Lárnaka nach Mazotós.***

• ***Zum Laufen und Joggen sehr angenehm*** *ist der außerhalb von Lárnaka an der Dekeleia Road verlaufende breite Sandstrand, der hier dunkel und fest getreten ist.*

• ***Tauchen: Octopus Diving Centre,*** *Tel. 24 64 65 71, Fax 24 65 65 71, www.octopus-diving.com*

Léfkara (S. 219)

Unterkunft

• ***€€€ Agora**,*** *Pano Léfkara, Tel. 24 34 29 01, Fax 24 34 29 05: Mitten im Ort liegt dieses historische Gebäude, einst die Markthalle von Pano Léfkara, was man an der ganzen Struktur des Gebäudes noch sehr gut erkennen kann. Ein Innenhof mit roten Säulen à la Knossos, auf Sperrholz aufgemalte Mäandermuster und Ionische Säulen, Swimmingpool und einem Olivenbaum in der Ecke. Von den 17 Zimmern ist besonders das über dem Eingang gelegene Zimmer mit seiner interessanten Fensterkonstruktion bemerkenswert. Frühstücksbuffet.*

• ***€€ Léfkarama*,*** *Pano Léfkara, Timiou Stavrou, Tel. 24 34 20 00, Fax 24 34 20 00: Nahe dem Agora mitten im Ort gelegen. Zehn Zimmer mit originellem schmiedeeisernem Mobiliar, kombiniert mit modernen Tischchen. Restaurant, Innenhof, kleine Bar. Zum Hotel gehört das winzige Kapellchen Ágios Mámas aus dem 10. Jh. (frei zugänglich).*

• ***€ Appartements Aloni***:*** *Am Rande des Dorfes gelegen. Innenhof mit den für Léfkara typischen verschnörkelten Balkonen. Appartements und Studios.*

UNTERKÜFNTE AUSSERHALB VON LÉFKARA

• ***€€€ Avli Georgallides Courtyard,*** *in Lythrodóntas nördlich von Pano Léfkara, Markos Drakos 3, Tel. 22 54 32 36, Fax 22 51 71 72, www.avli.net, E-Mail: avli@cytanet.com.cy: Agrotourismus-Haus, das der British Airways 1998 den ersten Preis des „Tourism for Tomorrow"-Wettbewerbs wert war. Das Avli, bestehend aus zwei Häusern aus dem 18. Jh., ist ein idealer Ausgangspunkt für Erkundungen der Insel, es liegt 25 km von Nikosía, 25 km von Limassol und 25 km von Lárnaka entfernt (nahe dem Ort gibt es einen Landstrich namens Kyprovasda, was soviel wie „geographische Mitte" bedeutet). Das Avli ist mitten im Ort Lythrodóntas mit seinen neun Tavernen ruhig gelegen. Um einen Innenhof sind fünf Studios (das größte ist für 6 Personen geeignet) gruppiert; zu jedem Möbelstück weiß der Besitzer eine Geschichte zu erzählen. Die Lampen sind von Blinden geflochten, einige Möbel von Taubstummen gezimmert. Eines der Appartements hat ein 100 Jahre altes Himmelbett von einer der Altvorderen. Große Wohnhalle mit Holzdecke und vielen Bildern an den Wänden und einer gemütlichen Küche für alle. Wer all die Bilder an den Wänden sieht, fragt sich, ob da nicht mal das eine oder andere gestohlen wird. Nein, meint Herr Georgallides, der Besitzer des Hauses, ihm sei noch nie was gestohlen worden und Vertrauen sei das Wichtigste. Herr Georgallides war führendes Verwaltungsmitglied des Distrikts Páfos: Der äußerst eloquente, an der Welt und den Künsten interessierte Mann weiß unermüdlich über die Geschichte des Hauses und der Insel zu erzählen, er war auch* einer der Mitinitiatoren des zyprischen Agrotourismus. Es ist eine Freude, ihm zuzuhören. Wer wirklich Zypern kennen lernen will, so wie es ist, und nicht das Zypern, wie es die Prospekte sehen, der ist hier gut aufgehoben!

- **Cosma´s House**, in Skarínou südöstlich von Léfkara, Tel.: 24 66 31 23, Fax: 24 66 26 70, E-Mail: danae@spidernet.com.cy: Studios mit je zwei Betten. Die Zimmer haben verschiedene Namen wie „palace", „tsampres", „anoi" und „sospita". Nur im Sommer geöffnet. Innenhof. Einst war der Ort eine beliebte Zwischenstation für die Händler, die die Insel durchreisten. Den Schlüssel für die Kirche von Skarínou gibt es in Harry´s Shop.
- **Papadopoulous House**, Tel. 24 65 63 27, Fax 24 62 82 47, E-Mail: katras@cytanet.com.cy: in Vavla südwestlich von Léfkara: Eines der originellsten Ferienhäuser der Insel ist ein 200 Jahre altes Steinhaus, über und über mit altem bäuerlichen Gerät dekoriert. Das Haus besteht aus einem Wohnraum mit Kamin, einem weiteren Wohnraum im Obergeschoss und drei Schlafzimmern. Zu diesem Museumshäuschen gehören ein kleiner Innenhof, ein großer Garten und eine Sonnenterrasse mit Blick über Weinberge, Mandel- und Johannisbrotbäume.

Restaurants

- **Taverna Pavillon**, am Dorfplatz von Pano Léfkara: Große Taverne, an deren Küche und Service nichts auszusetzen ist.
- **Chris Tavern**, im ehemaligen Türkenviertel, auch außerhalb der Saison geöffnet: Taverne, die nicht auf urig gemacht ist, sondern es in ihrer Einfachheit mit gekalkter Wand, grünweiß karierter Tischdecke und drei Neonröhren an der Decke wirklich ist. Empfehlenswertes Mezé.

Einkaufen

The beautiful Léfkara, Familienbetrieb, der seit 100 Jahren Loukoúmia herstellt.

Limassol/Lemesós (S. 231)

Information

- **CTO**, Spyrou Araouzou 115 A, am alten Hafen, Tel. 25 36 27 56
- **CTO**, George 35, Germasógeia, im Hotelviertel, Tel. 25 32 32 11

Campen

Kalymnos Camping, am Governor´s Beach, Tel. 25 63 23 00, ganzjährig geöffnet, 25 km außerhalb am Strand gelegen. Wenig Schatten. Fast durchwegs von Einheimischen besucht. Ganzjährig geöffnet.

Unterkunft

- **€€€€ Curium Palace******, Lordou Vyvronou 2, Tel. 25 36 31 21, Fax 25 35 92 93: Traditionsreiches Stadthotel, im April 2002 nach einer Komplett-Renovierung neu eröffnet. Das Haus liegt nahe dem Zoo etwas zurückgesetzt von der Strandpromenade. Das im Familienbetrieb geführte Hotel ist edel und geschmackvoll ausgestattet mit einer Mischung aus Stilmöbeln und modernen Gemälden und vermittelt eine sehr kultivierte Atmosphäre. Rückseitig des Hauses ein Swimmingpool mit Poolbar. Das Hotel wird auch gerne für Tagungen genutzt.

- *€€* **Continental****, *Spyros Araouzos 115, Tel. 25 36 25 30, Fax 25 37 30 30: zentrumsnah an der Uferpromenade gelegen. Das Haus selbst, viele seiner Gäste und das Personal machen einen etwas ältlichen Eindruck – hier wabbert noch die Kolonialzeit durch die abgenutzten Gänge. Die meisten der 30 Zimmer sind mit Blick auf Strandpromenade und Meer. Im Parterre ein stilvolles Café. Alles in allem: das Preis-Leistungsverhältnis stimmt.*
- *€* **Metropole**, *Iphigenias 6, Tel. 25 36 26 86: Einfaches gepflegtes Hotel in einem Haus aus dem 18. Jh. in der Altstadt. Nahe der Uferpromenade, aber ruhig gelegen. Zimmer teilweise mit Dusche/WC.*
- *€* **Icaros Guesthouse,** *Eleftherias 61, Tel. 25 35 43 48: In einer ruhigen Seitenstraße unweit der Burg gelegenes älteres Stadthaus mit Pflanzenurwald und viel Nippes, insgesamt ziemlich skurril. 9 Zimmer mit Etagendusche und Kochgelegenheit. Sehr sauber.*
- *€* **Hotel Studios Old Port,** *Demetriou Mitropoulou 9, Tel. 25 36 24 47, Fax 25 76 00 79: Zentral in Hafennähe und doch ruhig gelegene Studios mit Aufenthaltsraum. Die Besitzer lebten einige Zeit in Deutschland.*

Östlich der Stadt reiht sich an der 15 km langen „Touristenmeile" ein luxuriöses Hotel ans andere. Die Hotels sind alle zwischen einen schmalen Strand und die Hauptverkehrsstraße eingezwängt. Ein Nachteil, den sie durch eine exklusive Ausstattung und die zentrale Lage auf der Insel wieder wett machen.

- *€€€€€* **Four Seasons*****,** *in Amathoús, 9 km westlich von Limassol,, Tel. 25 85 800, Fax 25 31 08 87, cy, www.fourseasons.com.cy, E-Mail: inquiries@fourseasons.com.: Eines dieser Top-Hotels – neben dem Le Meridien – wo man keinen Fuß vor die Tür setzen muss, da alles da ist: Restaurants, Bar, Cafe, Boutiquen, Hallenbad, traumhafte geschwungene Poollandschaft, Gesundheitszentrum zur Rundum-Überholung. In diesem Hotel ist wirklich alles exotisch: nicht nur die Gäste kommen aus aller Welt (in letzter Zeit viele reiche Russen wie Jurij Luschkow, der Oberbürgermeister von Moskau), auch beim Frühstück sitzt man auf Bambusstühlen und blickt in einen Teich mit ca. 40 edlen, japanischen Koi-Fischen, von denen einige schon stolze acht Jahre alt sind. Gelegentlich gibt es auch ein „Marco Polo Büfett". Der Garten ist mit Palmen bepflanzt und zum Essen kann man in ein exzellentes chinesisches Restaurant gehen. Nachteilig ist die gelegentlich sehr umtriebige Atmosphäre voller Meetings und Anzug und Kostüm tragender Business-Menschen, auf deren Agenda wohl alles andere als ein entspannter Strand-Urlaub steht.*
- *€€€€€* **Amathus Beach*****,** *neben dem Four Seasons, Tel. 25 83 20 00, Fax 25 32 74 94, E-Mail: amathusl@spidernet.com.cy, www.amathushotel.com: Frisch renoviert und vom Charme einer eleganten, etwas kühlen älteren Dame, ist dieses Hotel, das zu*

Das Leben ist eine Pralinenschachtel,

und in der können durchaus 200.000 Dollar Trinkgeld drin sein. Geschenkt von einem der (ehemals) reichsten Männer der Welt persönlich, dem Sultan von Brunei, der hier vor einigen Jahren zu Gast war. Der Scheich bewohnte mit seinem Gefolge – dazu gehörten sein Bruder, der Finanzminister, ein Prinz, ein Diener und sechs Köche – drei Geschosse. Die Suite des Prinzen musste mit schwarzem Marmor ausgekleidet werden. Man blieb fünf Tage und zahlte zwei Millionen Dollar. Zur abschließenden Besprechung mit dem Diener habe dieser eine Schachtel mitgebracht, das Trinkgeld, wie es hieß. Als man auseinander ging, habe der Diener noch einmal extra auf die Schachtel aufmerksam gemacht. Im Hotelbüro wurde sie geöffnet: Dollarnoten über Dollarnoten kamen zum Vorschein, insgesamt 200.000 Dollar. Das Geld wurde auf die 300 Angestellten verteilt und ein großes Fest veranstaltet!

Beim Bau der Hotels rund um Amathoús wurden auch einige antike Gräber gefunden, von denen einige erhalten sind: Zum Beispiel die Gräber bei den Hotels Amathoús und Golden Arches, die auch für Nicht-Hotelgäste zugänglich sind. Das Grab rechts vor dem Hotel Amathoús stammt aus der Cypro-Archaischen Periode und ist sehr gepflegt und gut erhalten. Das Grab vor dem Hotel Golden Arches macht einen weniger gepflegten Eindruck.

den „Leading Hotels of the world" gehört. In der Lobby mit einer riesigen Glasfront und großen runden Lampengebilden herrscht eine antiquiert-futuristische Atmosphäre, die entfernt an die James-Bond-Filme der 1960er Jahre erinnert. Die Zimmer sind in beigebraun Tönen gehalten und mit zeitloser Eleganz ausgestattet. Zum Hotel gehört die Limanaki Fischtaverne, ein romantisches Plätzchen, wo besonders das Fisch Mezé (mit 24 verschiedenen Gerichten) empfehlenswert ist. Kurzum, das Hotel ist „ein Ort des ewigen Frühlings, wo die Nächte immer jung sind" – so zumindest sieht es der Autor des Hotelprospekts, der uns gleich noch eine Lebensweisheit mit auf den Weg gibt: „Das Leben ist wie ein Drink, es ist langsam zu genießen".

- *€€€€€ **Hawai Grand*******, östlich von Limassol an der Touristenmeile, Tel. 25 63 43 33, Fax 25 63 45 88, E-Mail: hawai@hawai.com.cy, www.hawaihotel.com: Elegantes Hotel mit drei Feinschmeckerrestaurants. Zwischen dem Pool und dem Strand verläuft ein dicht bepflanzter Palmenhain, den exotischen Bäumen und subtropischen Pflanzen verdankt das Haus wohl seinen Namen. Wellness-Bereich. Chinesisches Restaurant.*
- *€€€€ **King Richard*****, neben dem Four Seasons, Tel. 25 32 13 30, Fax 25 32 10 57: Der deutsche Reiseveranstalter, der auch einen dicken Warenkatalog herausgibt, hat diesen von außen nüchternen Zweckbau im Programm, ebenso britische und russische Reiseveranstalter. Das Hotel liegt in der Touristenmeile von Limassol und wird gelegentlich last minute im Internet angeboten. Also keine Adresse, bei der man Besonderes erwartet. Und dann die Überraschung: Das neu renovierte Haus ist mit Liebe zum Detail ausgestattet und von einer freundlich-familiären Atmosphäre. Lachsrot und beige gestrichene, klimatisierte Zimmer mit Tapetenbordüren, taubenblauem Teppichboden, nachgemachten Stilmöbeln. Von den meerseitigen Zimmern des Hotels (z.B. Nr. 216) hat man einen schönen Blick auf die Palmen des Four Seasons-Hotels nebenan. Einmal wöchentlich zyprischer Abend. Richtig heimelig wirkt der kleine Pool mit Sonnenterrasse und Poolbar (hier kann man auch frühstücken), zum Sandstrand geht man etwa 100 m.*
- *€ **Luxor**, Ágios Andreas 101, Tel. 25 36 22 65: Ein einfaches Guesthouse.*

© graphic

HOTELS AUSSERHALB VON LIMASSOL

- *€€€€* ***Episkopíana Hotel & Sports Resort*******, *Kremmastis, in Episkopí, Tel. 25 93 50 93, Fax 25 93 50 94, E-Mail: info@Episkopíana.com, www.Episkopíana.com: In diesem kleinen Ort fremd wirkendes Großhotel, das man so eher in Strandnähe vermuten würde. Des Rätsels Lösung: Das Haus ist auf Sportler eingestellt, die hier in einem riesigen Fitness-Center, auf fünf Fußballplätzen oder in einem großen Indoor-Pool (auch Außenpool vorhanden) trainieren können. Zwei Saunen und Jacuzzis stehen ebenfalls zur Verfügung.*

• *€€* ***Antoni´s Gartenhaus******, *in Episkopí, 14 km westlich von Limassol, Tel. 25 23 25 02, Fax 23 31 13, E-Mail: katerina.travel@cytanet.com.cy: Mitten im Dorf steht eines der ältesten Steinhäuser des Ortes mit einem sehr schönen Innenhof mit sechs Meter hohen Steinbögen, wie man sie auf Zypern öfters findet. Kleiner Swimmingpool. Einst war das Haus ein Hof mit Ställen für Kamele, heute sind hier acht nette, kleine und saubere Gästezimmer und ein Studioappartement untergebracht. Bei unserem Besuch in der Vorsaison machte der Innenhof allerdings einen nicht übermäßig gepflegten Eindruck.*

Restaurants

• ***Ladas***, *am Tor zum Alten Hafen, Tel. 25 36 57 60, So. geschl.: Gehobenes Fischrestaurant im rustikalen Ambiente eines früheren Johannisbrot-Lagerhauses – das Lokal gilt als eines der besten der Insel. Es gibt nicht einmal eine Karte, weil nur frisch gefangener Fisch auf den Tisch kommt. Am linken Seitengang holen sich Katzen und Pelikane regelmäßig das ab, was von den Gästen übrig blieb ...*

• ***Ta Kokkalakia***, *Ágios Andreas 239, geöffnet tgl. 18–23 Uhr, Tel. 25 34 00 15: Viele Zyprioten wanderten nach Afrika aus und brachten afrikanische Einflüsse bei ihrer Rückkehr mit. So auch die Eigentümer dieses Lokals, Vassilis und Maroulla, die zwanzig Jahre ihres Lebens in Johannesburg verbracht haben und nach ihrer Rückkehr dieses Lokal eröffneten. Wer hier eintritt, fühlt sich jenseits von Zypern in Afrika. Große Portionen, Spezialitäten wie Peri-Peri-Huhn, Chaka Zulu-Huhn, Swaziland-Schwein oder Straußensteak.*

• ***Folia tou Koukou,*** *Ágios Andreas 228, Tel. 25 35 70 46: Das „Kuckucksnest" ist mehr ein Trödlerladen denn eine Kneipe. In Netzen an der Decke hängen Schiffe, Fische und allerlei Maritimes. Man sitzt an einigen wenigen Tischen oder an einer schmalen Theke. Fotos an den Wänden berichten von zahlreichen fröhlichen Abenden im Kuckucksnest!*

• ***Vasilikós Tavern***, *Ágios Andreas 252, Musiktaverne in der ersten Etage eines Altstadthauses, wo man aus drei Zimmern ein Speiselokal (Mezé) gemacht hat. Reichhaltiges Mezé. Abends Live-Musik.*

• ***Al-Sahrieh***, *Ágios Andreas 330, Tel. 34 08 12, auch tagsüber geöffnet: Zyprisch-syrische Küche in einem 100 Jahre alten Haus am Ende der langgezogenen Ágios Andreas-Straße. Den Kircherbsen-Olivenöl-Mus namens Hoummous gibt es hier in sechs Variationen: Be Tahine mit Sesam, Snobar mit Pinienkernen, Fattit mit Pinienkernen und Pittabrot, me Lahme mit Lamm, Beiruti mit Petersilie und extra viel Knoblauch und Zitrone. Jeden Abend Live-Musik. Im Nebenraum kann man (und Frau auch) Wasserpfeife rauchen.*

• ***Irodion***, *Ágios Andreas, östlich der Fußgängerzone, ab 21 Uhr geöffnet, So. geschl.: ehemalige Wohnung im ersten Stock eines alten Stadthauses.*

• ***Glaros***, *am Westende der Ágios Andreas, Tel. 35 70 46: Fischspezialitäten, die Preise bleiben im Rahmen.*

• ***Aliada Restaurant***, *Irinis 117, nahe dem Markt, Tel. 25 34 07 58., ab 20 Uhr geöffnet, So. geschl., Reservierung empfehlenswert: Äußerst beliebtes, exzellentes Lokal mit vergleichsweise moderaten Preisen. Hauptsächlich internationale Küche mit zyprischen Anklängen. Zur Einstimmung gibt´s einen Tsivania, den zyprischen Tresterschnaps. Sehr gute Weinkarte.*

U nas jest menju na russkom – wir haben eine Speisekarte auf russisch

In Limassols Touristenmeile ist kaum ein Restaurant ohne eine russische Speisekarte zu finden und kaum eine Fremdsprache hört man hier häufiger als russisch. Der Treffpunkt der Russen aber ist das Restaurant Germania, wo diese bei gesurter Grillhaxe Berchtesgadner Art mit Knödeln und Sauerkraut gerne mal ihre Geschäfte besprechen – so zumindest wusste DER SPIEGEL am 20. September 2002 zu vermelden.

Markthalle, Kanari: In der größten und erlebenswertesten Markthalle der Insel gibt es neben Obst und Gemüse, Fisch und Fleisch auch handgearbeitete Körbe. Neben der Markthalle reihen sich einige Cafés nebeneinander. Sie unterscheiden sich alle durch eine andere Farbe der Stühle. Die Besitzer wetteifern miteinander, wer am besten, am witzigsten und am charmantesten die vorbei flanierenden Touristen ins Kaffee lockt. Lokalmatador ist Petros mit den roten Stühlen, der quer über die Straße per „Küchenzuruf" seine Bestellungen aufgibt und für seine guten, preisgünstigen Sandwiches bekannt ist.

• ***To Frourio**, Tsanakali 18, Tel. 25 35 93 32, So. geschl.: Nette, intime Restaurant-Taverne neben der Burg in einem Gebäude aus dem 18. Jh. Man kann hier auch im Freien (auf Holz- und nicht auf Plastikstühlen) sitzen. Gute Mezédes, auch für Vegetarier.*

• ***Rizitiko**, Tzamiou 4-8, Tel. 25 34 87 69: Hervorragende Afelia und Kléftiko, wie hausgemacht und preisgünstig.*

• ***Porta**, Odos Genethliou Mitela 17, Tel. 25 36 03 39: Renovierter Eselsstall im alten türkischen Viertel bei der Moschee. Das Eselstier grüßt von alten Fotos an den Wänden. Probieren: das foukoutha-Barbecue, wo Fleisch und Gemüse am Tisch auf glühender Holzkohle gegart wird.*

• ***The old Neighbourhood**, Angyras 14, in der Altstadt, Hausmannskost, abends oft Musik.*

RESTAURANTS AUSSERHALB VON LIMASSOL

• ***Kissos Taverna**, gegenüber dem Four Seasons in der Touristenmeile, Tel. 25 32 01 91www.3Ds.com.cy/kissos: Auch wenn das Lokal direkt an der Küstenstraße liegt, so sitzt man hier doch romantisch bei Kerzenschein und leiser Musik. Das Essen ist empfehlenswert und der Service freundlich.*

• ***Lefetris**, Germasógeia, wenige Kilometer nordöstlich der Stadt, hinter der Kreuzung 24 der A1. Alteingesessenes Restaurant, wo man auch im Sommer relativ kühl sitzt. Mit Antiquitäten und Trödel dekorierter Speisesaal.*

• *Außer den oben beschriebenen Restaurants gibt es noch unzählige weitere Restaurants und Bars aus aller Herren Länder entlang der Küstenstraße.*

Nachtleben

Die meisten Bars, Pubs und Diskotheken findet man im Vorort Pótamos tis Germasógeias, 6 km nordwestlich des Zentrums an der Uferstraße.

• ***Edo Lemesós**, Irinis 111, tgl. ab 18.30 Uhr: Eine alte Villa, wo Musiker von Tisch zu Tisch musizieren. Dazu gibt es ein Mezé.*

• ***Monte Caputo**, neben der Autobahn in Richtung Nikosía: der größte und auch teuerste Nachtclub weit und breit. Lasershow, Go-Go-Entertainment.*

Einkaufen

• ***Cyprus Handicraft Service**, Themidou 25: Staatlicher Kunsthandwerksladen in der Altstadt mit reellen Preisen.*

In einem großen Verkaufsraum am Hafen von Limassol werden Schwämme aller Art, hauptsächlich aber Massagehandschuhe aus der Loofah-Frucht (Zucchini) verkauft, der längliche „Gemüseschwamm" soll gegen Zellulitis gut sein und ist ein originelles Souvenir.

• ***Traveller´s Tales Bookstore – Internet,*** *Agiou Andreou 4, Tel. 25 87 83 40: Eine große Auswahl an Reiseführern zu Zypern allgemein, zu seiner Natur und Geschichte. Internetzugang mit Drucker.*

• ***A. P. Anastassiou Ltd,*** *am alten Hafen, Tel. 25 87 16 56: Der großzügig aufgemachte Verkaufsraum in der alten Johannisbrotlagerhalle ist nicht zu übersehen.*

• ***Tasos Sawides,*** *Enoseos 5, Mo-Fr. 8–12.30 und 15–18 Uhr: Der Ikonenmaler schräg gegenüber der Katholiki-Kirche malt überwiegend Auftragsarbeiten.*

• ***Ioannides,*** *Odos Athens 30: gute Auswahl an Karten*

• ***KEO-Weinkellerei und Brauerei,*** *Franklinou Rousevelt 1, Mo bis Fr ab 10 Uhr geöffnet: Führungen mit Weinprobe UND Bierprobe, denn hier wird beides produziert!*

Events

Vom ersten bis zum zweiten Septemberwochenende kann man beim Weinfest im Stadtpark zwischen 18 und 23 Uhr für einen festen Betrag soviel Wein trinken, wie man gerade noch verträgt. Dazu gibt´s Musik und Tanz. Schon vor einigen hundert Jahren wurde dieses Fest zu Ehren des Weingottes Dionysos gefeiert. Man probierte neue Weinsorten – wie heute auch, war fröhlich und sang – wie heute auch. Nur eines hat sich geändert: Heute werden anlässlich dieses Festes keine auserwählten Sklaven in die Freiheit entlassen. Im 16. Jh. schlief das Fest dann ein, um irgendwann in den 1970er Jahren wieder reanimiert zu werden, man wollte die zyprischen Weine unters Volk bringen.

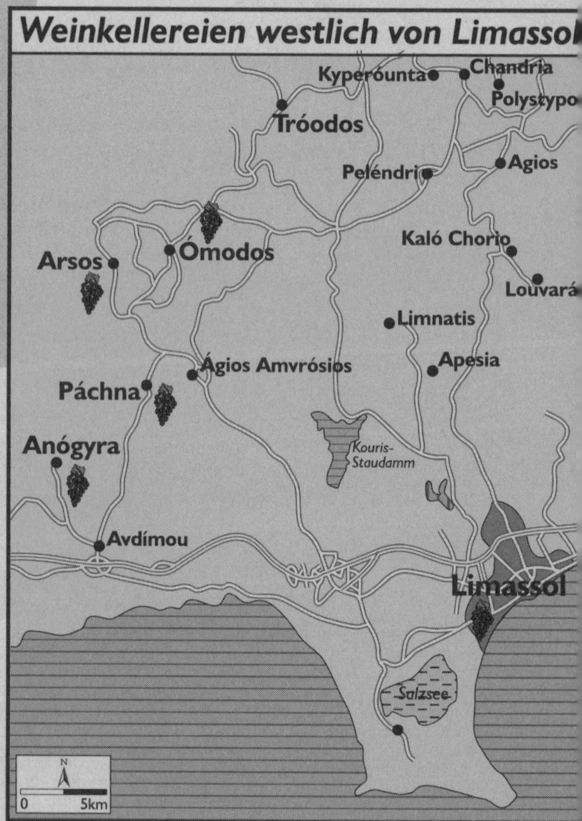

© graphic

Weinkellereien westlich von Limassol

• ***Laoná Arsos Model Kellerei (KEO Ltd),*** *Arsos, Tel. 25 23 32 00, von Mo. bis Fr. geöffnet.*

• ***La Noyere Kellerei,*** *Anógyra, Tel./Fax 25 22 17 09, Mo. bis Fr. 10–16 Uhr geöffn.*

• ***Linos Kellerei,*** *Ómodos, Tel. 25 42 17 97, Fax 25 42 16 60, tgl. geöffnet*

• ***Nikolettino Kellerei,*** *Arsos, Tel. 25 43 71 37, Fax 25 57 65 08, Mo. bis Fr. von 10 bis 16 Uhr geöffnet*

• *Olympus Kellerei (ETKO), Ómodos, Tel. 25 37 33 91, Fax 25 37 33 38, geöffnet Aug. bis Okt. Montag bis Freitag 10–13.30 Uhr*
• *Yiaskouris Kellerei, Páchna, Tel. 25 24 24 70, 25 37 40 82, geöffnet Mo.bis Fr. nach 13.30 Uhr oder samstags ganztätig.*

Busse

ÜBERLANDBUSSE

• *Nach Nikosía/Lefkosía fahren die Intercity-Busse vom alten Hafen (weitere Haltestellen entlang der Küstenstraße) Mo. bis Fr. 1 ½ stündlich, Sa. 2 x, Tel. 22 66 58 14.*
• *Nach Lárnaka Intercity-Busse ab alten Hafen (und ab der Küstenstraße) Mo. bis Sa. mehrmals täglich,*
• *Nach Páfos ein- bis zweimal tgl. vom alten Hafen und der Küstenstraße, Tel. 24 64 34 92, 29 62 50 27.*
• *Nach Pólis über Páfos, nach Agía Nápa/Paralímni/Protarás über Lárnaka.*

STADTBUSSE

Bus Nr. 30 fährt tgl. ab 8.15 bis 23.15 alle 15–30 Minuten (auch sonntags) auf der Küstenstraße entlang vom neuen Hafen bis zum Hotel Sheraton in Amathoús. Somit dürfte er die wichtigste Busverbindung für Touristen sein.

Mietwagen

• *Europcar, Od. Georgiou 1, Tel. 25 32 22 5*
• *Avis, Nicosia Rd., Tel. 25 32 41 92*

Taxi

ServiceTaxen Travel & Express, Thessalonikis (Ohtelos Building), Tel. 25 36 41 14, Ecke Kavazoglou & Misiaouli, Tel. 25 57 58 23.

Schiffsverbindungen

Ab Limassol fahren Schiffe nach Ägypten und Israel und im Sommer bestehen Fährverbindungen nach Italien und Griechenland.

Tauchen

Ninos Diving Centre, Ch. Hadjipavlou 181, Tel. 25 37 26 67, Fax 25 35 28 70, www.ninos-sports.com, E-Mail: ninos@ninos-sports.com

Ärzte

Dr. Sylke Hadjivassili, Agías Fyloxenos, Tel. 25 37 36 66, mobil 99 55 50 96: Deutsch sprechende Allgemeinärztin.

Lóufou (S. 250)

Unterkunft

• *€€ Panagía Makri, Tel. 25 76 56 10, Fax 25 75 16 35: Appartementwohnung für 2 Personen.*
• *€ Lófou Tavern (s. Restaurant)*

Restaurant/Unterkunft

• ***Lófou Tavern,*** *am Ortseingang von Lóufou, Tel. 25 47 02 02 und 25 46 81 51, Mo. geschl., ab 12–14 und wieder ab 17 Uhr geöffnet: Der Besitzer, Costas Violaris, Küchenchef und Musiker in Personalunion, fühlt sich – zu Recht – als Pionier. Als er dieses heruntergekommene Anwesen restaurierte, gab es nicht wenige, die ihn für verrückt erklärten und nicht ahnten, was für ein stilvolles und zugleich uriges Restaurant es werden würde mit seinen mehreren Räumen, Kaminen, geflochtenen Kaffeehausstühlen und hölzernen Decken. Von den Wänden blicken streng die Altvorderen, denen dieses Anwesen einst gehörte. Herrlich sitzt man auch im wunderschönen, schattigen Innenhof der Taverne. Das Mezé umfasst bis zu 30 Gänge, empfehlenswert ist auch der Hauswein. Gelegentlich greift Wirt Kostas nach dem reichhaltigen Mahl zur Bouzouki und singt schöne, alte Lieder. Zur Zeit der Drucklegung waren auch einige Zimmer geplant.*

Lófou Tavern

• ***Kazani Taverne,*** *Tel. 25 47 02 43: Die zweite der Tavernen von Lóufou hat eine große Terrasse und liegt am Ortsrand mit Blick ins Grüne.*

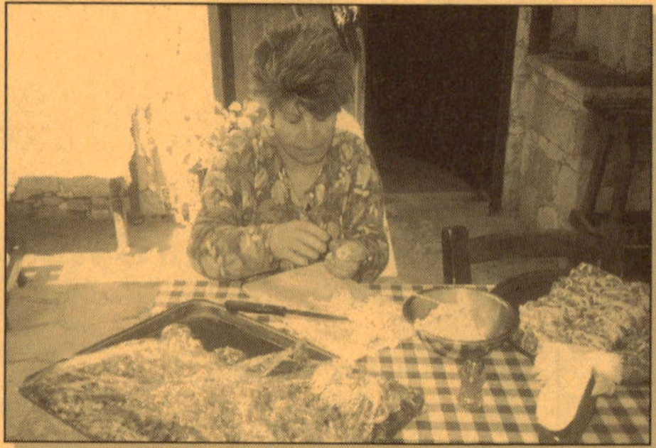

Frau Violaris bereitet im Innenhof der Lófou Tavern Scheftalies zu (gegrillte Würstchen aus Schweine- und Rindfleisch, gewürzt mit Zimt und Pfefferminze und in Lammbauchfell gegart).

Milíou (S. 302)

Unterkunft

VILLEN MIKOS UND CLEMENTINA

Im respektablen Preis sind nicht nur ein Mietwagen enthalten, sondern die Villenbesitzer auf Zeit dürfen auch so viele Orangen von den umliegenden Orangenbäumen essen, wie sie nur können! Info unter: www.holiday-rentals.com ***Villa Mikos*** *hat vier Schlafzimmer und ebenso viele Bäder sowie eine kleine Sauna. Villa Clementina hat einen Swimmingpool.*

VILLEN MILIANA, ARCH UND MAISO

Weiterhin gibt es im Dorf Milíou diese Villen, die sich alle einen gemeinsamen Swimmingpool teilen:

- ***Miliana House*** *(für zwei Personen, ein Schlaf- und ein Wohnraum)*
- ***Arch House*** *(für bis zu sechs Personen, zwei Schlafräume)*
- ***Maiso House*** *(für bis zu sechs Personen, zwei Schlafräume)*

Zu buchen über: Lemon Garden Cottages and Tourist Apartments, P.O.Box 66149, Polis Chrysochous 8820, Tel./Fax: 26 32 14 43, E-Mail: alvertos@cytanet.com.cy

Nikókleia (S. 271)

Unterkunft

*€€ **Vasilias Nikoklis Inn**, etwas außerhalb von Nikókleia, Tel. 26 43 22 11, Fax 26 43 24 67, ganzjährig geöffnet: Das historische, 110 Jahre alte Haus hat eine lange Gasthaustradition. Händler auf dem Weg nach Páfos machten hier eine Rast. Das Gasthaus liegt in Einzellage an einer Flussbiegung, etwa einen Kilometer vom Dorf entfernt. Mittlerweile ist das Haus restauriert und verfügt über 8 Doppelzimmer, vier der Zimmer mit Balkon mit Blick aufs Flusstal, am schönsten liegt Zimmer Nr. 6. Jedes Zimmer hat Heizung, die meisten haben auch einen Balkon mit Blick auf das Diarízos-Tal, akustisch untermalt von Froschgequake. Ein Innenhof und ein Garten sowie eine Taverne und eine kleine Bar (hier nisten alljährlich Schwalben an der Decke) gehören ebenfalls zum Haus. Im rustikal-dunklen Speiseraum wird bei kühlerem Wetter das Kaminfeuer angezündet. Herr Tassos und Ehefrau Dora sind sehr gastfreundlich und geben gern Auskunft über die Umgebung. Angler können ihre Angelrute mitbringen und im Asprokrémmos-Stausee angeln – der Hausherr wird dann den Fang zubereiten. Sonntags macht er Kléftiko – ansonsten gilt: Gegessen wird, was auf dem Grill liegt. Abends sitzt man wunderschön auf der romantischen Terrasse vor dem Haus. Ins Nikókleia kommen viele englische Gäste und viele Vogelbeobachter. Nahe dem Nikókleia steht ein riesiger Johannisbrotbaum.*

Das Nikókleia Inn ist ein guter Ausgangspunkt für Vogelbeobachtungen. Die runde „Pinnwand" an der Wand (rechts im Bild) war einst eine Art Tisch, den man auch mit aufs Feld nehmen konnte und zuhause einfach an die Wand hängte. Diese geflochtenen „Tische" kann man heute noch kaufen und wie hier als eine ausgefallene Pinnwand verwenden.

Nikosía/Lefkosía (S. 321)

Information

CTO, Aischylou Str., Laiki Yitoniá, Tel. 22 67 42 64: Hier erhält man neben freundlicher Auskunft und umfangreichem Infomaterial auch das kostenlose Heft „Lefkosía this Month".

Vom CTO-Büro in der Laiki Yitoniá aus beginnt jeweils donnerstags um 10 Uhr eine etwa zweistündige, kostenlose Stadtführung durch die Altstadt von Nikosía.

Hinweis

Aus Taktgefühl sollte man hier NICHT nach den Einreisemöglichkeiten in den türkisch besetzten Stadt- oder Inselteil fragen, sondern direkt an der Passierstelle beim Ledra-Hotel.

Campen

Bei der Jugendherberge möglich (s. Unterkunft)

Unterkunft

IN DER ALTSTADT

- *€€€€€* **Holiday Inn******, *Rigenis, Tel. 22 71 27 12, Fax 22 67 33 37, www.cyprus.online, E-Mail: hinnicres@cytanet.com.cy: Zentral an der Stadtmauer nahe dem Páfos-Tor gelegen. Japanisches Restaurant Bonzai mit gehobenen Preisen. Das French Café Opera ist ein beliebter Treffpunkt der Stadt, in der Bar des Holiday Inn gibt´s den besten Brandy Sour Zyperns – so sagt man.*
- *€€€€€* **Castelli*****, *Ouzounian 38, Tel. 22 71 27 77, Fax 22 71 12 88, E-Mail: hinnicres@cytanet.com.cy: Nahe dem Classic – und ganz anders als dieses. Das Castelli setzt mehr auf Gemütlichkeit und stilvolle Eleganz sowohl in den Zimmern als auch in den kleinen Räumen in der Lobby, die alle etwas anders eingerichtet sind. Ein wirklich nettes Plätzchen ist die kuschelige, schummrige kleine Bar im Erdgeschoss. Auch das Pago-Pago Polynesian Restaurant (12.30–15 und 17.30–23 Uhr) und die Pago-Pago Bar (ab 17 Uhr göffnet) sind einen Besuch wert: Wasserfall, Aquarium, Masken und eine gedämpfte Beleuchtung entführen in die exotischen Gefilde Polynesiens.*

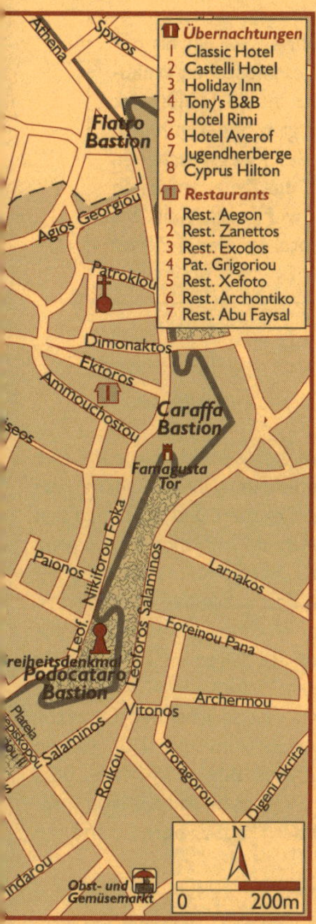

- €€€€ **Classic *****, Rigenis 94, Tel. 22 66 40 06, Fax: 22 67 00 72, E-Mail: classic@logos.cy.netv, www.classic.com.cy: *Eines dieser sog. Designer-Hotels im postmodernen Stil, es gehört zu den „Small Luxury Hotels of the World" mit netten, aber kleinen Zimmern. Dem Hotel angeschlossen das renommierte Restaurant „49 knives" mit Gourmet-Ambitionen. Im minimalistischen Stil gestaltet, das von außen eher wie ein Geschäft für Designermöbel aussieht. Die ambitionierte Küche strebt eine Verbindung von östlicher und westlicher Kochkunst an. Zum Hotel gehört die ebenfalls interessant gestaltete Bar, hier wird mehrmals wöchentlich Live-Musik von Soul Jazz und Funk gespielt.*
- €€€ **Rimi***, Solonos 5, Tel. 22 68 01 01, Fax 22 66 08 16, E-Mail: rimi@cylink.com.cy: *Ein restauriertes Stadthaus, mitten in der Laiki Yitoniá gelegen. Das Haus wird gerne von Russen besucht, auch das Personal ist teilweise aus den ehemaligen Sowjetstaaten. Große, sterile Zimmer mit unübersehbaren Hinweisen auf Pornofilme im Pay-TV. Großes Restaurant und Bar, aber kein Aufenthaltsbereich. Wegen des Restaurants vor dem Hotel ist das Rimi kein Haus für Geräuschempfindliche.*
- €€ **Averof ****, Averof 19, Ayios Andreas, Tel.: 22 77 34 47, Fax: 22 77 34 11 E-Mail:averof@spidernet.com.cy, www.averof.com.cy: *Die beste Empfehlung in dieser Preisklasse in Nikosía. 20 Gehminuten vom Zentrum, in der westlichen Neustadt, ruhig, nahe der Green line und dem Fluss, gelegenes Haus. Sehr schön im osmanischen Stil und farbenfroh ausgestattet. Zimmer mit Bad und Klimaanlage. Übrigens: Die Deutsch sprechenden Herren und Damen am Frühstückstisch gegenüber sind Angestellte der Botschaft, die hier ihre Leute unterbringt.*
- € **Tony´s B&B**, Solonos 13, Tel. 22 66 67 52, Fax 22 66 22 25: *Sehr einfache Pension mit zusammengewürfelten, ältlichem Mobiliar. Teilweise mit Etagendusche. Kochgelegenheit und Dachterrasse.*
- € **Youth Hostel,** Chatzidaki 5, Tel. 22 67 48 08, ganzjährig geöffnet: *Jugendherberge in einer ehemaligen Villa in der Neustadt: 24 Betten in zwei Schlafsälen und einem Doppelzimmer.*

Noch zu britischer Kolonialzeit 1946 in einem orientalisierenden Stil erbaut, war das Ledra seinerzeit d a s Prestigehotel, in dem VIPs, ausländische Diplomaten und Journalisten abstiegen. Seinen Rang als erstes Haus am Platze verlor es erst Jahre später, als das Cyprus Hilton erbaut wurde. 1964 waren die guten, alten Tage als Luxushotel dann endügltig vorbei: In der mittlerweile zwischen griechischen und türkischen Nikosianern aufgeteilten Stadt entstanden die ersten checkpoints, so auch vor dem Ledra-Hotel, wo sich die UNFICYP in Teilen des Hotels einquartiert hatte.

Auf der Rückseite des Hotels begann damals wie heute „türkisches Territorium". Während der Kämpfe im Juli 1974 geriet das „Ledra" zwischen die Fronten. Griechisch-zyprische Nationalgardisten schossen vom Hoteldach wahllos in den türkischen Sektor, Hotelgäste wurden für dreißig Stunden zu ihren Geiseln, bis der britische Hochkommissar eingriff und UNO-Soldaten die Eingeschlossenen evakuierten. Dann schloss das Hotel seine Pforten und ging ganz in die Hände der UNFICYP über. Zu Weltruhm kam das Ledra aber durch einen ganz anderen Krieg: durch den Golfkrieg, als die Journalisten von hier aus über das Kriegsgeschehen berichteten. Heute ist das Ledra Sitz der UNO, tja, und wenn die Zyperngriechen im April 2004 für die Wiedervereinigung gestimmt hätten, wer weiß, vielleicht wäre es ja dann nach mehr als 40 Jahren als das Luxushotel wieder eröffnet worden, das es einst war...

UNTERKUNFT IN DER NEUSTADT

- *€€€€€* ***Cyprus Hilton**********,** *Arch. Makarios, Tel. 22 37 77 77, Fax 22 37 77 88, www.hilton.com, E-Mail: hiltoncy@spidernet.com.cy: Das einzige Fünfsterne-Hotel von Nikosía hat einen Swimmingpool – ein nicht zu unterschätzender Vorteil an heißen Nikosía-Sommertagen. Das Hotel nennt eines der besten Restaurants der Insel sein eigen: das Restaurant Orangery mit internationaler und zyprischer Küche.*

„Hier in Lefkosía war nun auch eine Art Wirthshaus, wohl das einzige, was in Cypern existiert, und wenn man sich aus Flöhen nicht viel macht, auch ganz passabel, indessen muss ich doch bemerken, dass schon hier etwas die Leiden der Nachtquartiere anfingen, die sich nun die folgenden Tage gewaltig steigerten."
Dr. Carl Friederichs, der Direktor am Antiquarium des Königlichen Museums zu Berlin, im Jahre 1869, als er sich zum Ankauf von „Alterthümern" auf Zypern befand.

Restaurants

Die schönste Atmosphäre und ein meist sehr gutes Essen bieten die Lokale im Viertel Laiki Yitoniá. Einheimische allerdings gehen auch gerne zum Famagusta-Tor, wo auch die schicksten Bars, Cafés und Restaurants zu finden sind.

RESTAURANTS IN DER ALTSTADT

- ***Xefoto Taverne**, Laiki Yitoniá, tgl. ab 11 Uhr: DIE Adresse mitten im Gewühl der Laiki Yitoniá, hierher kommen auch Zyprioten. Tagsüber ist das Xefoto aber eine ziemliche Touristen-Abfütterungsfalle mit Schleppern vor dem Eingang. Im Erdgeschoss ein Cafe und oberhalb ein Restaurant mit Fotos an den Wänden. Man kann auch draußen sitzen. Hervorragendes Mezé, Wein vom Fass und ab 21.30 Uhr griechische Livemusik.*
- ***Archontiko**, Aristokyprou 27, Laiki Yitoniá, Tel. 22 68 00 80: Hier sitzt man sehr nett draußen zwischen zwei Häusern oder drinnen in einem Raum mit Wandmalereien. Freundlicher Service.*
- ***To Pyrofani**, Pasikratous 1-5, Tel. 22 67 82 82: Ihren Preis wert sind hier die Fisch-Mezédes, die aus 20 verschiedenen Gerichten bestehen können.*
- ***Exodos**, Patriarchou Grigoriou 1, Tel. 22 75 22 50: Hier sitzt man draußen mit Blick auf die Ömerye-Moschee gegenüber und die vorbeiflanierenden Menschen. Im Inneren weitläufige Räumlichkeiten. Das Lokal nennt sich übrigens „Cafestiatorio"; eine neue, auf Zypern öfters zu findende Wortschöpfung, die „Kaffeerestaurant" bedeutet.*
- ***Aegeon**, Ektoros 40, nahe dem Famagusta-Tor, tgl. ab 19.30 Uhr: Im alten Handwerkerviertel mit seinen Zimmermännern, Schlossern und vielen weiteren Handwerksbetrieben versteckt sich diese Taverne in einem ehemaligen Wohnhaus mit lauschigem Innenhof. Bestellt wird nicht nach Karte, sondern nach dem, was der Ober aufzählt – was eine längere, komplizierte Angelegenheit werden kann. Am besten, man lässt sich was von allem*

bringen – und wartet ab, was da so kommen wird. Ins Aegeon kommen gerne Ausländer, die in Nikosía wohnen, das Lokal gilt als eine schicke Adresse!

- ***Zanettos Taverne,*** *Trikoupi 65, Tel. 76 55 01: Umfangreiches, preisgünstiges Mezé.*

RESTAURANTS IN DER NEUSTADT

- ***Orangery,*** *im Cyprus Hilton Hotel (s. Unterkunft).*
- ***Joe´s Date Club,*** *Agathonos 2, Tel. 22 37 67 37, So. geschl.: Eines der besten Restaurants der Stadt.*
- ***Grecos Tavern,*** *Menandros Street 3, Tel. 22 47 45 66: Vegetarische Mezédes, viele Gerichte nach Rezepten aus dem antiken Griechenland.*
- ***Armenaki Kebab House,*** *San Sousi 15, So. geschl.: Verschiedene Sorten von Kebab und Döner, auch Vegetarisches zu günstigen Preisen*
- ***Abu Faysal,*** *Klimentou 31, Tel. 22 76 03 53: Stilvolles Lokal in einer alten Villa mit Gartenterrasse. Libanesische Küche, die noch vielfältiger und delikater gewürzt ist als die zyprische.*

RESTAURANTS AUSSERHALB VON NIKOSÍA

- ***Plaka Tavern,*** *Makariou Square, in Engkomi, einem Vorort westlich des Zentrums von Nikosía, nur abends geöffnet, So. geschl.: Die Taverne ist für ihre köstliche Mezé mit bis zu 30 verschiedenen Gerichten berühmt. Neben den Mezédes gibt es hier auch Grillspezialitäten.*
- ***Erenia,*** *im Vorort Strovolos, Archiepiskopou Kyprianou 64a, Tel. 22 42 28 60: Kleine sympathische Taverne.*

Nachtleben

Das findet so ab 22 Uhr in den Nachtclubs statt. Neben der üblichen Diskomusik wird hier noch viel zyprische und griechische Musik gespielt.

- ***Bastione,*** *Athinas 3: Kleine Pianobar neben dem Famagusta-Tor.*
- ***Cellari,*** *Korais 25, tgl. ab 21.45 Uhr: Griechische Musik und gelegentlich auch Tanz.*

Einkaufen

Die schickste Einkaufsstraße ist die Archiepiskopou Makariou III, weitere Straßen sind die Lidras und die Onasagorou, wo man auch WOOLWORTH, Kleider- und Schuhläden findet.

- ***Cyprus Handicraft Centre,*** *Athalassis Avenue: Ein modernes, staatlich gefördertes Zentrum am Rande der Sadt. Eines dieser zyprischen Handwerkszentren, in dem alte Handwerkskunst konserviert wird, die sonst vermutlich aussterben würde. In den einzelnen Werkstätten wird hier getöpfert, gewebt, es werden Körbe geflochten, Metall bearbeitet, Spitzen hergestellt, Holz geschnitzt – und überall sind Besucher willkommen. Im angeschlossenen Laden werden die Produkte dann verkauft, Kitsch wird man hier keinen finden.*
- ***MAM,*** *Aristokyprou 13, Laiki Yitoniá: Hier soll es (fast) jedes weltweit erschienene Buch über Zypern geben. Außerdem Postkarten mit historischen Motiven und zyprische Volksmusik.*
- ***Märkte:*** *Die Markthalle „Dimothiki Agora" in der Odos Theodotou ist von Montag bis Samstag jeden Vormittag geöffnet.*
- *Mittwochs gibt's den sehr pittoresken Bauernmarkt auf der Constanza-Bastion, wo neben Obst und Gemüse auch Kleider und Hausrat verkauft werden, sonntags den Frauenmarkt auf dem Parkplatz unterhalb der Bastion.*

Busse/Sammeltaxen
Der zentrale Busbahnhof für die Stadt- und Vorortbusse ist am Solomos-Platz in der Stadtmitte.
Innerhalb der Stadt verkehren etwa viertelstündlich kostenlos die gelben Busse. ***Linie Nummer 1 fährt durch die Altstadt.*** *Busse nach* ***Páfos*** *(ein- bis zweimal tgl.),* ***Limassol*** *(mehrmals tgl.) und* ***Lárnaka*** *(mehrmals tgl.),* ***Plátres*** *(einmal tgl. mittags).*
Zwischen den Städten verkehrt ein ***preisgünstiger Sammeltaxiverkehr*** *im halbstündigen Turnus ab der Leoforos Salaminos vom städtischen Parkplatz aus. Das letzte Taxi fährt um 18 Uhr. Sitzplätze können reserviert werden unter Tel. 22 77 14 44, die Taxen holen einen auch vom Hotel ab.*

Taxi
Millennium Taxi, *Tel. 22 76 37 63: pünktlich wie die Uhr und schnell wie der Teufel ...*

Outdoor
Städtisches Schwimmbad, *Louki Akrita Avenue. Heiß und staubig ist Nikosía im Sommer, die wenigsten Hotels haben einen Pool, da erfrischt ein Sprung ins azurblaue Wasser dieses Bades und die Augen saugen sich am Grün der Liegewiesen fest ...*

Nordwesten zwischen Pólis und Káto Pyrgos

• Green Valley (S. 316)

Restaurant
Restaurant Mylos, *Giala, Green Valley, (das Lokal ist ausgeschildert), Tel. 26 34 26 76: Ehemaliges türkisches Schulhaus, mit bäuerlichem Gerät und Trachten an der Wand. In der Ecke ein Kamin. Sehr gute, traditionelle zyprische Küche. Von der Terrasse des Mylos hat man – besonders im warmen Abendlicht – einen wunderschönen Blick ins Green Valley – Restaurant Mylos ist ein Restaurant von ganz eigenem Reiz.*

Hinweis
Die Strände an der Chrysochou-Bucht zwischen Pólis und Pachýammos bestehen aus grobem, dunklen Sand mit steinigen Abschnitten dazwischen. Mineraliensucher können hier mit etwas Glück den einen oder anderen Fund machen.

• Káto Pyrgos (S. 319)

Unterkunft
• *€€* ***Tylos Beach*,*** *Káto Pyrgos, Tel. 26 52 23 48, Fax 26 52 21 36, ganzjährig geöffnet: Großes Hotel direkt an der Durchgangsstraße. Terrasse mit Meerblick. Geräumige Zimmer. Ein paar Pflanzen in der Lobby – und das Ganze wäre schon erheblich gemütlicher.*

• *€€ **Pyrgos Bay****, *Tel. 26 52 20 01: Oberhalb einer Sandbucht gelegenes, modernes Hotel, zwei Kilometer westlich vom Ortszentrum an der Küstenstraße.*
• *€€ **Káto Pyrgos**, Tel. 26 52 23 22, Fax 26 52 23 06: Einfaches Haus am Fischerhafen, ca. 1,4 km westlich vom Ortszentrum.*

• Pomos (S. 318)

Unterkunft
• *€–€€ **Sun Camero Appartements**, Pomos: Kleine Anlage mit 11 Studios für 2 Personen und 8 geräumigen Appartements für 4 Personen, zwischen der Straße und dem Meer gelegen. Alle Wohnungen mit herrlichen Meerblick, Klimaanlage/Heizung sowie Farb-TV. Zum Haus gehört auch ein Swimmingpool mit kleiner Poolbar, Liegestühlen und Sonnenschirmen.*
• ***St. Barbara Appartements** (wochenweise Vermietung für 200–400 € pro Woche) an der Straße von Pomos nach Pyrgos: Die Anlage liegt zwischen der Uferstraße und dem Meer und besteht aus zwei, durch einen Swimmingpool getrennten Gebäuden. Das eine, in dem sich auch das Restaurant befindet, ist zur Straße hin gelegen, das andere liegt ruhig hinter dem Pool.*

Restaurant
***Paradise Place**, Tgl. 10–24 Uhr, an der Küstenstraße nach Pomos: Wenn bei Pomos die Sonne im Meer versinkt, lässt es sich hier bei Jazz- oder klassischer Musik herrlich auf der Terrasse sitzen und den Sonnenuntergang betrachten. Dabei isst man Grillgerichte oder vegetarische Gerichte und trinkt einen guten Landwein. Paradise Palace wirkt insgesamt ziemlich zusammengewürfelt und eben deswegen sehr charmant!*

Ómodos (S. 267)

Übernachten
• *€€ **Appartements des Kátoi Wine Cellar**(s. „Restaurants"), zwei Appartements mit je zwei Zimmern und gut ausgestatteter Küchenzeile. Vermietung von November bis April.*
• ***Panicos Tavern**, am Dorfplatz, Tel. 25 42 23 89: Der Wirt vermittelt preisgünstige Zimmer und Appartements im Dorf.*

Restaurant
• ***Kátoi Wine Cellar**: Die Empfehlung in Ómodos: eine kuschelige Kellertaverne in einem der ältesten Häuser des Ortes. Mit kleiner Bar und nur 30 Sitzplätzen innen und 12 außen. Im Winter (tagsüber geöffnet) wärmt hier ein Kaminfeuer. Täglich wechselnde vegetarische Gerichte, am besten ist die Moussaka. Auch Weinproben möglich. Besonders empfehlenswert: der fast schwarze Wein aus den Reben der Umgebung. Und auch der Besitzer ist sehr offen und sympathisch.*
• ***Kokos Tavern**, nahe dem Kloster, tgl. ab 12 Uhr geöffnet: Unscheinbare, kleine und preiswerte Taverne mit kontaktfreudigem Wirt, der sich auch gerne mit hübschen Touris-*

tinnen fotografieren lässt. Hier gibt's hauptsächlich Grillgerichte, Salate, besonders empfehlenswert: das Kebab und der rote Hauswein.

- **Ómodos Tavern**, an der Ausfahrt nach Pano Plátres: Grill- und Café-Restaurant mit schönem Blick auf die Weinberge.
- **Makrinari**, Tel. 25 42 21 51, an der Straßenkreuzung Tróodos – Limassol: Hier sitzt man auf einer von Grün überwachsenen Terrasse zwischen riesigen Pitharia (Vorratsbehältern). Rustikaler Innenraum mit altem Hausgerät an der Wand.

Einkaufen

Kellerei Olympus, am Dorfrand: Verkostung und Verkauf von Weinen dieser Gegend.

Busverbindung

Einmal täglich zwischen Limassol und Ómodos.

Páfos (S. 272)

Information

CTO, Gladstone, Ktíma, Tel. 26 23 28 41, Zweigstelle am Flughafen

Unterkunft

IN KÁTO PÁFOS

- €€€€€ **Annabelle*****, Tel. 26 23 83 33, Fax 26 24 55 02, www.thanoshotels.com, E-Mail: the-annabelle@thanos.hotels.com.cy. „Byzantinischer Charme in tropischem Ambiente" will ein Reiseveranstalter in diesem Hotel ausgemacht haben. Womit er zumindest mit dem tropischen Ambiente recht hatte: exotische Bäume in einer geschwungenen, fantasievollen Poollandschaft mit Wasserfall, Korbmöbel im einem Wintergarten ähnelnden Innenhof – die elegant-tropische Mischung dieses Hotels ist sehr gelungen.
- €€€€ **RIU Cypria Maris****, Tel. 26 96 41 11, Fax 26 96 41 25: Als das Hotel in den 1980er Jahren eröffnet wurde, war das noch eine kleine örtliche Sensation. Heute ist das im Jahr 2002 total renovierte Hotel nur noch eines von vielen in Páfos. Der Innenarchitekt orientierte sich an den Kreuzrittern, zum Beispiel im Restaurant „Coeur de Lion". Ein langer, eleganter Raum mit gewölbter Decke, der einer Bankettthalle nachempfunden ist. Die Riu-Hotelkette wurde übrigens im Jahr 2002 zur besten Hotelkette der Welt gekürt.

Leichen im Keller – Im Untergeschoss des Hotel Annabelle, neben der Toilette, führt eine Tür zu den „ancient tombs" (Schlüssel an der Rezeption, die Gräber sind auch von außen zugänglich) – Gräbern aus der hellenistischen und römischen Zeit. In einem von ihnen wurden chirugische Instrumente gefunden (sie sind jetzt im Archäologischen Museum von Páfos ausgestellt) und diverse Glasgefäße, die wohl Medikamente enthalten haben. Man geht davon aus, dass hier ein Chirug bestattet war. Zwei der anderen Gräber wurden schon in früheren Zeiten ausgeraubt.

Hotels

1 Hotel-Rest. Kiniras
2 Hotel Park Mansion
3 King's Hotel
4 Hotel Roman I
5 Hotel Roman II
6 Hotel Apollo
7 Hotel Dionysos
8 Hotel Neo Olympus
9 Hotel Kyproxenia Mansion
10 RIV Cypria Maris

Restaurants

1 Café Miranda's
2 Rest. Windmill-Anenomilos
3 Rest. Argo
4 Demokritos Tavern
5 Rest. Rock Garden
6 Rest. Maestros
7 Maroushia Internet Café
8 La Boite Artists
9 Prema Indian Restaurant

• €€€€ **Dionysos*****, Dionysos 1, Tel. 23 34 14, Fax 23 39 08, E-Mail: dionysos@spidernet.com.cy, www.dionysos-paphos.com: Zentral gelegen, mit großer Terrasse vor dem Haus und üppig bepflanztem Garten. Das Haus liegt direkt an der Straße, man sollte nach einem der ruhigen hinteren Zimmer fragen. Das Dionysos zählt zu einem der nettesten der kleineren Hotels von Páfos.

• €€€€ **Roman*****, Ágios Lambrianou, zwischen Ktima und Káto Páfos, Tel. 26 94 54 11, Fax 26 94 68 34, www.romanhotel.com.cy, E-Mail: romanhtl@cytanet.com.cy: Man glaubt seinen Augen nicht zu trauen, wenn man das Roman sieht. Ist das eine Kulisse für einen Hollywood-Historien-Schinken? Oder gar ein Etablissement im Rotlichtbezirk eines sehr orientalischen Landes? Oder hat das Walt Disney an einem schlechten Tag ersonnen? Außen ist das Roman über und über mit antiken Motiven und Säulen bemalt, und auch für das Innere hat sich der Innenarchitekt so allerhand einfallen lassen: Spiegel überall, Tigermuster, monströse Lampen irgendwo zwischen Gründerzeit und Horrorfilm, bunte Tücher hängen über den Stehlampen, Paphyri an der Wand und antikisierende Vasen stehen herum. Die Zimmer sind etwas gemäßigter eingerichtet – auf ihre Art ist diese konsequent kitschige Herberge durchaus eine Sehenswürdigkeit!

Was von weitem aussieht wie eine Hollywoodkulisse aus Pappmaché, ist von nahem ein Hotel mit einem ebenso gewöhnungsbedürftigen Innenleben.

• €€€€ **Kyproxenia Mansion*****, 25 Iacovou Christodoulides Street, Tel.: +26 95 09 95, Fax 26 95 09 98: kleines familiäres Hotel im traditionellen zyprischen Stil. Ruhig in einer Seitenstraße gelegen.

• €€€€ **Roman II**, Tel. 26 94 44 00, Fax 26 94 68 34: Schräg gegenüber vom Roman, im gleichen Stil, aber nicht ganz so schwülstig ausgestattet.

• €€€ **King's ****, Tafon ton Vasileon 38, Tel. 26 93 34 97, Fax 26 94 55 16, E-Mail Kingshotel@cytanet.comcy, www.tsiolis.com.cy: 1995 renoviertes Haus mit familiärer Atmosphäre und zuvorkommendem Service. Swimmingpool, Fitnessraum. Das Hotel liegt nicht nur nahe den Königsgräbern, sondern auch inmitten von Bars und Diskotheken, also kein Haus für früh-ins-Bett-Geher!

• €€ **Apollo****, Tel. 26 93 39 09, Fax 26 93 71 74, Apostolou Pavlou, zwischen Káto Páfos und Ktima: Das Hotel liegt sehr ruhig am Ausgrabungsgelände. Mauern aus handbehauenen Natursteinen und roh gefügte Arkaden geben dem Haus innen und außen einen rustikalen Anstrich. Familiäre Atmosphäre. Swimmingpool mit Blick auf das Ausgrabungsgelände.

UNTERKÜFNTE IN KTIMA

• €€€ **Kiniras*****, Makariou 91, Tel. 26 24 16 04, Fax 26 2421 76, E-Mail: info@kiniras.cy.net, www.kiniras.cy.net: zu den „Traditional houses" gehörendes Hotel, zentral in Ktima gelegen. Das Besitzerehepaar Gregoriou hat das 1924 erbaute Hotel mit sehr viel Liebe restauriert und dekoriert. Beide sprechen perfekt Deutsch und Englisch. Herr Gregoriou malt gerne Bilder, das Kiniras ist über und über mit seinen eigenen Gemälden und denen anderer

Künstler geschmückt. Im urgemütlichen Innenhof gibt es eine kleine Bar. Die Zimmer dieses verwinkelten Hauses sind mit Klimaanlage, Fernsehen, Kühlschrank und Radio ausgestattet. Der energiegeladene Herr Gregoriou denkt auch an Kleinigkeiten, stellt kaltes und heißes Wasser bereit – man merkt überall seine professionelle Ausbildung in einem Viersterne-Hotel in Bayern, was auch seine vielen Stammgäste zu schätzen wissen. Im stilvollen Restaurant wird gehobene Küche serviert.

Im Innenhof des verwunschen-verwinkelten Kiniras stehen exotische Bäume, einige steinerne Schönheiten und nette kleine Tischgruppen.

Jeder darf im Kiniras seine Zimmerwand bemalen, wie er will. Farbe und Pinsel stellt der Wirt. Wenn ihm das Gemälde gefällt, bleibt es an der Wand, wenn es ihm aber nicht gefällt, wird es übertüncht ... selbstverständlich erst nach Abreise des Gastes.

- *€€€* **Park Mansion**, *Melas Str. 16, Tel. 26 94 56 45, Fax 26 94 64 15: 1850 im Kolonialstil erbautes Haus, 1989 zum Hotel umgebaut. Die Erbauerin soll zwar sehr viel Geld, aber keinen Ehemann gehabt und dieses große Haus ganz für sich alleine gebaut haben. Der heutige Besitzer lebte lange Jahre als Restaurator in England. In dem schönen, zweistöckigen Gebäude, das unter Denkmalschutz steht, befinden sich 25 Zimmer. Im Inneren schattig-gedämpfte Atmosphäre und in erdigen Farben gestrichene Wände – ein Hauch von Marokko ist hier spürbar. Hinter dem Haus eine Veranda mit Blick auf die mit Blumen und Palmen bestandene Gartenanlage, Bar und kleinem Swimmingpool – hier eine Oase der Ruhe inmitten des Trubels von Páfos.*
- *€€* ***Neo Olympos*****, *Byron 12, Tel. 26 93 20 20, Fax 26 93 20 31: Auf dem Hügel der Oberstadt abseits vom touristischen Trubel gelegen, wenige Gehminuten vom Markt der Oberstadt und den Museen entfernt. 2 km zum Strand, Hafen und ins Touristenviertel. Ältestes Haus am Platze aus dem Jahr 1953. Restauriert im Stil der 1950-er Jahre, unter deutscher Leitung. Wandergruppen fühlen sich sehr wohl hier. Stein, Holz und hohe Räume lassen es hier auch im Sommer angenehm sein. Swimmingpool zum Garten mit Panorama über Páfos. Frühstück auf der Sonnenterrasse.*
- ***Jugendherberge**, Eleftherias Venizelos: mit zwei Sechsbettzimmern, mehr nicht.*
- ***Camping**, Geroskipos Zenon Gardens, geöffnet April bis Oktober*

Restaurants
IN KÁTO PÁFOS

Am stimmungsvollsten isst man immer noch direkt am Hafen mit Blick auf die Festung und die schaukelnden Boote. Wer aber nur mal schnell seinen Hunger stillen möchte, der sollte nicht in den Lokalen entlang der Uferstraße, sondern in den landeinwärts gelegenen Restaurants essen, dort ist es erheblich preisgünstiger. Neben den unten genannten Restaurants findet man auch viele Restaurants und Bars entlang der Tombs of the Kings Road (Tavon ton Vasileon).

- **La Boite Artist's Pub**, *direkt am Hafen, nette und urige kleine Kneipe, wo es auch Kleinigkeiten zum Essen gibt. Bei schlechtem Wetter sitzt man auch nett im ersten Stock des Pubs.*
- **Argo**, *Paphis Aphroditis 21, Tel. 26 23 33 27: Altes Haus mit grünen Fensterläden und verglaster Veranda. Freundlicher Service. Spezialität: Moussaka. Relativ preisgünstig.*
- **Windmill Restaurant – Anenomilos**, *Paphias Aphroditis 19, Tel. 26 23 35 18: Etwas abseits vom Trubel in einer ruhigen Straße gelegenes Restaurant mit zyprischer und internationaler Küche. Der Besitzer der Taverne, der 1974 nach Australien ausgewandert ist, hat hier nach seiner Rückkehr in seinem Geburtshaus, das auch mal als Kafeneion diente, dieses Restaurant aufgemacht. Der bunte Teppich an der Wand wurde vor 100–150 Jahren von der Urgroßmutter aus alten Kleidern gefertigt und mit Pflanzenfarben eingefärbt – die sich bis heute ihre Leuchtkraft wie aus der Waschmittelwerbung erhalten haben.*
- **Demokritos Tavern**, *Dionysou 1: Hier werden zyprische Abende mit Musik und Tanz veranstaltet, unter anderem mit dem zyprischen Gläsertanz. Mezédes, auch vegetarische, in vier verschiedenen Preisklassen mit vier bis 24 Gängen stehen zur Auswahl.*
- **Maestros,** *hinter dem Aquarium: Von drei Brüdern geführtes kleines Restaurant mit zyprischer und internationaler Küche.*
- **Seahorse,** *Icarou 5, Tel. 26 95 16 78: Chris Tsielepos serviert hier ein Mezé von bis zu 35 Gängen – ein Frühstück oder Snacks sind hier auch zu bekommen.*
- **Flambe master,** *Stella Court, Shop No 2, Ágios Antonios Pávlos, Tel. 26 93 65 26, E-Mail: flambepaphos@hotmail.com: Hierher kommt man gerne, wenn es kühler ist und schaut dem Chef beim Flambieren zu. Das Restaurant gehört zu den besten ausländischen Restaurants von Páfos.*
- **Rock Garden**, *Alkimis 7, Tel. 26 91 278 61: Gute indische Küche und entsprechend gut besucht. Tipp: die onion bhajis.*
- **Prema Indian Restaurant**, *Pantelli Michanicou 9, Tel. 26 22 21 26, Fax 26 22 15 78, E-Mail: prema@cytanet.com.cy: Gute indische Küche zu einem reellen Preis.*
- **Cloe's Chinese Restaurant**, *Poseidonos13: Wohl der beste „Chinese" von Páfos.*
- **Sanouto Tavern**, *Adamandios Korais, zwischen Ktima und Káto Páfos: Viele Einheimische halten es für das beste Restaurant für Mezé.*

RESTAURANTS IN KTIMA

- **Myrra Tavern**, *Neapleos 37, am Stadtrand von Ktima, Tel. 26 23 60 09: Bei Andreas und Antigone gibt´s keine Speisekarte, die Speisefolge sieht jeden Tag anders aus. Die Mezédes und Grillgerichte sind hier aber immer gut.*
- **Kiniras**, *Leoforos Makarios 91, Tel. 26 24 16 04, Fax 26 24 21 76: Eines der besten Restaurants der Stadt, wo man innen inmitten von vielen Gemälden oder in einem lauschigen Innenhof speisen kann. Spezialiät: Lamb Marinato à la Kýkko mit Rotwein, Rosmarin und Oregano. S. auch „Unterkunft".*
- **Mirinda´s**, *Ecke Pantelides/Makrios, nur tagsüber geöffnet, So. geschl: Eine gute Adresse für ein üppiges Frühstück. Die Besitzerin ist Engländerin und lebt seit undenklichen Zeiten in Páfos. Zusammengewürfelte Einrichtung aus den 1970er Jahren mit Resopaltischchen und Plastikstühlen.*

Bars und Pubs

• ***White Horse Pub**, Pafias Afroditis, Káto Páfos: Im ältesten Pub am Platze kann man sich trotz des zyprischen Inhabers nach good old Britain versetzt fühlen. Im Sommer wärmt draußen die Sonne, im Winter abends das Kaminfeuer.*

• ***Ta Bania**, Poseidonos, tgl. 8–24 Uhr. Stimmungsvoll direkt am Wasser, angrenzend an die Badeanstalt. Der beste Ort für Zyperns Nationalgetränk, den Brandy Sour.*

Internet

Beide Cafes sind im Sommer geöffnet: Mo. bis Sa. 10–24 Uhr, So. 15–24 Uhr. Im Winter: Mo. bis Sa. 10–22 Uhr, So. 15–22 Uhr

• ***Maroushia I**, in Káto Páfos, Kennedy 6,*

• ***Maroushia II**, in Ktima, Poseidonos, im Myrra Complex, Tel. 26 91 06 57, Fax 26 91 06 56.*

Einkaufen

• *In der **Markthalle** gibt es statt Obst und Gemüse fast nur noch Souvenirs zu kaufen.*

• ***Cave Othello**, im Myrra-Ladenzentrum an der Strandpromenade: Wein, Gewürze und feine Destillate.*

• ***Axel**, Makarios, in Ktima schräg gegenüber vom Kiniras-Hotel gelegen, Tel. 26 94 36 18, Fax 26 94 60 34: gut sortierte Buchhandlung mit einer kleinen Abteilung deutschsprachiger Reiseführer über Zypern allgemein sowie Flora und Fauna der Insel.*

• ***Mufflon**, Kinyras 30; die führende englischsprachige Buchhandlung, in Ktima gelegen.*

Weinkellereien um Pafos

• ***Amforeas Kellerei**, Statos – Ágios Fotios, Tel. 29 47 93 30, geöffnet 8–13.30 und 14.30–19 Uhr*

• ***Avakas Kellerei**, Statos, Tel. 26 72 24 25, geöffnet montags bis freitags*

• ***Fikardos Kellerei**, Mesogi, Tel. 26 24 98 14, Fax 26 23 85 17, täglich geöffnet außer dienstags 10 - 12 Uhr und freitags nach Vereinbarung (Herr Rhodoros Fikardos)*

• ***K & K Vasilikon Kellerei**, Káthikas, Tel. 26 63 32 37, 26 22 19 64, geöffnet montags bis freitags 9–13 Uhr*

• ***Sterna Kellerei**, Káthikas, Tel./Fax 26 63 22 77, tgl. von 9–18 Uhr geöffnet*

• ***Monte Royia Kellerei**, Chryssorrogiatissa Kloster, Tel. 26 72 24 55, Fax 26 72 28 19, geöffnet montags bis freitags*

• ***Vouní Panagía Kellerei**, Panagía, Tel. 26 72 27 70, Fax 26 72 28 79, geöffnet tgl. 8–17.30 Uhr*

© igraphic

Ausflüge

• *Ab dem Hafen verkehrt täglich viermal das **Glasbodenboot „San Antonio I“**.*

• ***Exalt excursion alternatives**, Ágios Kyriakis 24, Tel. 26 94 38 03, Fax 26 94 61 67, E-Mail exalt@spidernet.com.cy. Ab-*

seits ausgetretener Pfade auf abgelegenen Straßen und Wegen wandern, im Jeepkonvoi fahren, dem „Sanften Tourismus" verpflichtet und eine „Alternative zum Massentourismus" zu sein, das verspricht die Werbung dieses Veranstalters. Unter den Ausflugsagenturen Zyperns ist Exalt excursion sicher einer der besten. Beispiele für Exkursionen:

- 10 km lange Wanderung durch die Akámas-Schlucht.

- Am spektakulärsten, aber nur für Schwindelfreie geeignet, ist die 8 km lange „Mondlandschaftswanderung" über steil abfallende Meeresklippen und Kreidehochebenen (mit „Mondlandschaft" ist der Küstenstreifen südlich von Agios Georgios gemeint.

- „Tróodos-Flusstalerlebnis" zu verlassenen Dörfern, einsamen Klöstern, entlegenen Vogelstandorten, kühlen Flüssen, mittelalterlichen Brücken und dichten Kiefernwäldern.

- ***Ecologia Tours Travel**, Agiou Theodorou 2, Ktima, Tel. 26 94 88 08, Fax 26 93 43 32, E-Mail: ecologia@cytanet.com.cy: Naturwissenschaftliche Führungen mit den Schwerpunkten Geologie, Ornithologie, Archäologie, Botanik, Orchideen*
- ***Hercules Travel**, am Hafen, Káto Paphos, Tel. 26-93 10 09/26 91 23 00, mobil 99 42 28 11, Fax 26 91 07 31, E-Mail: hercules@avacom.net: Die Agentur bietet unter anderem Ausflüge mit den malerischen, ehemaligen Bedgefort-Bussen an, von denen immer weniger im Linienverkehr fahren.*

Busse

Stadtbusse epa LTD, Tel. 26 93 44 10, Fax 26 94 53 85

Linie 1 und 2: Karavella Parking – Geroskípou – Timi (verkehrt nicht Samstagnachmittag und Sonntag)
Linie 3: Karavella-Parkplatz – Chlórakas – Lemba – Kissonerga
Linie 4: Karavella-Parkplatz – Émpa – Kloster Ágios Neófytos
Linie 6: Karavella-Parkplatz – Hotel Cynthiana Beach
Linie 7: Karavella-Parkplatz – Pégeia
Linie 8: Karavella-Parkplatz – Krankenhaus (Anavargos)
Linie 10: Markthalle – Königsgräber – Küstenstraße - Coral Bay (Mo. bis Sa.)
Linie 11: Markthalle – Poseidon Avenue (Hotelviertel) – CTO Beach von Geroskípou
Linie 15: Káto Páfos – CTO-Beach – Hotelviertel – Küstenstraße – Coral Bay (im Sommer von 8–19 Uhr alle 15 Minuten, im Winter von 8–18 Uhr alle 20 Minuten, von Mai bis Okt./ Nov. von 19.30–23 Uhr alle 20–25 Minuten)
Linie 16: Káto Páfos – Hotel Venus Beach

Fernbusse

Ab dem zentralen Busbahnhof in Ktima auf der Leoforos Evagora Pellikaridi.
Nach Limassol Mo.–Sa. 5–6 tgl.
Nach Nikosía Mo.–Sa. 1–2 x tgl.
Nach Pólis Mo.–Fr. 10 x tgl. (Sa. 6 x) und 3–4 x tgl. weiter nach Pomos

Mietwagen

***G & L Antoniades Motor Rentals,** Permenionos, Tombs of the Kings Road, Tel. 26 22 11 25, Fax 26 22 06 51: Vermietung von Motorrädern.*

Taxi

***Demos Taxi,** Petridia Area, Handy: 99 42 37 43*

Outdoor

Reiten

Paddock´s horse farm, *in Kissonerga an der Küste nördlich von Páfos, Tel. 29 60 32 88, E-Mail: iolarch@sidernet.net, tgl. ab 8 Uhr geöffnet, im Winter bis 17 Uhr (mit Mittagspause). 30-minütige bis 6-stündige Ausritte. Pferdetrekking.*

Windsurfen, Fallschirmsegeln, Wasserski *bieten die großen Hotels*

Tauchschulen *in Káto Páfos:*

- ***Cydive*** *1, Poseidonions, Tel. 26 23 42 71, Fax 26 23 53 07, www.cydive.com, E-Mail: cydive@spidernet.com.cy*
- ***Dive Point,*** *Parmenionos, Tel. 26 93 77 40 und 26 93 87 30, www.cyprus-holidays/divepoint.com*
- ***Dinos Water Sport Centre***, *im Cypria Maris Hotel, Tel. 26 23 81 11, Fax 26 23 81 25.*
- ***Kalliopi Diving Centre***, *im Paphos Beach Hotel, Tel. 26 23 30 91, Fax 26 24 64 43*

Hochseeangeln

Dreistündige Ausfahrten werden (incl. Köder und Drinks an Bord) im Hafen angeboten.

Gesundheit

- ***Pafos General Hospitel, Grivas Digenis,*** *Tel. 26 24 01 11, 26 23 66 00: Notfallambulanz vorhanden.*
- ***The Royal Medical Centre,*** *Pavlou Crineou, Tel. 26 96 16 00, Fax 26 96 36 70: Privatkrankenhaus, das sich auf Touristen eingestellt hat.*
- ***Dr. Andreas Petrides,*** *Elfetheria Venizelou, Tel. 23 41 65: Deutsch sprechender Allgemeinarzt.*
- ***Dr. Andri Avraham***, *Od. Evagorou, beim Markt, Tel. 26 24 20 25: Deutsch sprechende Zahnärztin.*

Pano Panagía-Fýti (S. 286, 288)

Unterkunft

- ***€€€ Oniro***, *am Ortseingang, Tel. 26 72 24 34, Fax 26 72 29 74, www.onirohotel.com, E-Mail: onirohotel@cytanet.com.cy: Modernes Haus, teilweise mit schönem Ausblick. Sehr weitläufiges Restaurant mit großer Terrasse. In diesem neu renovierten, etwas unpersönlichen Hotel steigen gerne Busgesellschaften ab. Ganzjährig geöffnet.*
- ***€ Oak Tree Restaurant****; Tel. 26 67 25 15: gegenüber dem Makarios-Denkmal. Die Inhaberin des einfachen Eichenbaumrestaurants vermietet drei Zimmer mit Dusche/WC und Familienanschluss.*

In Panagía gibt es gleich zwei empfehlenswerte Agrotourismus-Unterkünfte:

- ***€€ Palati tou Xylari***, *Tel. 26 33 23 33, Fax 22 33 98 49, www.polifao.com/Palati_PP.htm, E-Mail: palati@cytanet.com.cy: Steinhaus mit umlaufenden Innenhof, über Treppen sind die vier Studios/Appartements zu erreichen. Gemütlicher, kuscheliger Aufenthaltsraum.*
- ***€€ Archontiko tou Meletiou,*** *Tel. 26 23 50 11, Fax 26 24 73 95, ganzjährig geöffnet: Mitten im Ort, nahe dem Makarios-Geburtshaus gelegen. „Das Haus des Meletios" ist ca. 200 Jahre alt und birgt vier um einen Innenraum gruppierte Appartements. Eines der Appartements hat einen kleinen Balkon, alle haben Heizung.*

Restaurant

AUSSERHALB VON PANO PANAGÍA

***Pefkos**, 10 km östlich von Panagía in Fýti: Die Eigentümerin der Taverne, Maria, spricht perfekt Englisch und kümmert sich meist in Personalunion von Köchin und Serviererin um ihre Gäste.*

Pano Plátres (S. 346)

Information

CTO, in der Ortsmitte neben der Post, Tel. 25 42 13 16, geöffnet Mo.-Fr. 9–15 und Sa. 9 -14 Uhr: Mit Informationsmaterial reichlich bestücktes kleines Büro. Auf einem Tisch in der Ecke eine kleine Mineraliensammlung.

Unterkunft

- *€€€€€* **Forest Park******, *am Ortsende in Richtung Troodítissa., Tel. 25 42 17 51, Fax 25 42 18 75, E-Mail: forest@cytanet.com.cy, www.forestparkhotel.com.cy: Das Traditions-Hotel im Tróodos verströmt noch viel vom britisch-unterkühltem Charme der Kolonialzeit. Zum roten Backsteingebäude mit den grünen Fensterläden ist noch ein neuer Anbau hinzugekommen, dort gibt es auch die weitaus besseren Zimmer. Wer hier absteigt, befindet sich in illusterer Gesellschaft: Indira Ghandi, Willy Brandt und Erich Honecker logierten schon im Park ebenso wie Telly Savalas, Sir Laurence Olivier und Vivian Leigh. Ägyptens ehemaliger König Faruk flüchtete aus seiner heimatlichen Sommerhitze hierher in die kühlen Wälder des Tróodos-Gebirges und Daphne du Maurier hat im Forest Park ihren berühmten Roman „Rebecca" zu Papier gebracht. Etwas unterhalb des Hauses liegt inmitten von Pinien ein Swimmingpool (nur bis 18 Uhr geöffnet – hier herrscht britische Korrektheit!) mit Poolbar, es gibt auch einen Indoorpool. Liegewiese und Gymnastikraum. Lauschige kleine Bar mit Klavier, etwas unpersönliches Restaurant.*

Hotel Forest Park, hier logierten schon viele berühmte Gäste.

- *€€€€* **Pendeli*****, *Arch. Makarios Ave., Tel. 25 42 18 08, E-Mail: pendeli@cylink.com.cy, www.pendelihotel.com.cy: Das alte Hotel Pendeli wurde vor einigen Jahren abgerissen und komplett neu aufgebaut. Entstanden ist ein von außen sehr nüchternes, für Platres-Verhältnisse sehr großes Hotel. Hohe Lobby mit vielen Palmen und Hängepflanzen. Sauna, Fitnessraum, Jacuzzi. Auf Höhe des ersten Stockwerks ein Swimmingpool mit komfortablen Liegestühlen mit Sonnenschutz. Zwischen dem Pool und dem Terrassencafé unter Arkaden (hier wird im Sommer auch das Frühstück serviert) wachsen einige riesige Pinien – mitten im*

Ort fühlt man sich hier wie im Wald. Das gepflegte Haus ist von innen weitaus schöner, als man es von außen vermutet.

- *€€€* **Minerva****, *Kalidonias 36, Tel. 25 42 17 31, Fax 25 42 10 75, E-Mail: minerva@cylink.com.cy, www.cylink.com./minerva/: Ein kleines Hotel im Ortszentrum mit netter Terrasse vor dem Haus. Von den hinteren Zimmern Blick auf die Waldlandschaft ringsum. Mit vielen Pflanzen und Kakteen geschmückte Rezeption. Der Besitzer des Hotels, Yiannis Christofides, kennt jeden Stein und jedes Pflänzchen in der Umgebung, Hobbybotaniker und -geologen sind bei ihm bestens aufgehoben! Er nimmt auch mal gerne Interessierte auf seine Exkursionen mit. Im Hotel zurück kann man das Gesehene in der kleinen Bücherei nachlesen. Vor dem Haus eine nette kleine Terrasse. Für Familien und Grüppchen gibt es eine 2-Zimmer-Dependance.*

Hotel New Helvetia – ein Haus mit Tradition

- *€€* **New Helvetia*****, *Helvetia 6, Tel. 25 42 13 48, Fax 25 42 21 48, E-Mail: helvetia@spidernet.com.cy, www.minotel.com: Außer dem Forest Park ist auch das traditionsreiche, 1929 gegründete Hotel New Helvetia auf deutsche Gäste eingestellt. Manager Nicos Mattheo, der seine Ausbildung in der Schweiz absolvierte, spricht fließend Deutsch und ist stolz auf seine vielen deutschen Stammgäste. Der Clou des im rustikalen Stil eingerichteten und mit dem Green Globe prämierten 50-Betten-Hauses mitten im Wald ist die um eine große, alte, vom Boden durch die Decke wachsende Pinie gebaute »Pine Tree Bar«. Motto des Hotels – das ganze Haus ein Wohnzimmer. Auf dem Speiseplan stehen Speisen aus der typischen Inselküche, auch vegetarische Gerichte und ein Kindermenü. Nur wenige Schritte vom Hotel entfernt beginnt einer der Naturlehrpfade, auf dem viele der 67 endemischen Pflanzen wachsen, die in dieser Gegend zu finden sind: der Krokus Cyprianus beispielsweise und verschiedene Orchideenarten.*
- *€* **Edelweiß****, *Kalidonias 53, Tel. 25 42 13 35, Fax 25 42 20 60, E-Mail: edelweiss@cytanet.com.cy: Alpenländisch angehaucht wie der Name des Hotels, der in Neonschrift über dessen Tür leuchtet, ist auch die Ausstattung des Hauses. Hier steigen gerne deutsche und schweizerische Wandergruppen ab.*
- *€* **Petit Palais****, *Tel. 25 42 27 23, Fax 25 42 10 65, E-Mail: petitpalais@hotmail.com.cy, www.enjoycyprus.com/petitpalais: Hohes, schmales Haus im Chaletstil mitten im Ortszentrum. Die Zimmer sind ansprechend und gut ausgestattet bis hin zum Haarfön, von den oberen Zimmern Ausblick bis ans Meer. Restaurant mit gehobenen Preisen, Terrasse vor dem Haus und im zweiten Stock.*
- *€* **Kallithea***, *Tel. 25 42 17 46, Fax 25 42 22 41: Äußerlich unscheinbares Hotelchen (mit einer Dependance gegenüber) am südlichen Ortsende mit für diese Preisklasse durchaus komfortablen Zimmern. Das Hotel war das einstige Privathaus des Hoflieferanten von König Faruk. Der heutige, 1923 geborene Besitzer, Evagoras Kyriakides, baute es zum Hotel um. Die Steineinfassungen zu beiden Seiten der Zimmertüren wurden einst per Esel von Limassol nach Plátres geschafft – so erzählt der reizende Herr Kyriakides. Nach des Tages Exkursionen lädt er Gäste, die er mag, gerne zu einer Tasse Tee (für die Dame) und einem*

Bier (für den Herren) ein und erzählt von der Zeit, als lungenkranke Ägypter, Palästinenser und Sudanesen hier in Plátres Linderung suchten. Er erzählt auch vom ägyptischen König Faruk, der die Frauen und das Kartenspiel liebte und öfter in Plátres abstieg. Und er erzählt von den glanzvollen Zeiten, als es hier in Plátres noch große Bälle gab, als die Straßen des Ortes vom Parfümduft der Frauen geschwängert waren. Auch von den Engländern weiß er zu berichten, deren Politik er für intrigant hält, die aber auch den zyprischen Wald wieder aufgeforstet hätten. Dieses Hotel verlässt man nicht; man verabschiedet sich von diesem Ort und fühlt sich getröstet von Evagoras Kyriakides mit den lachenden Augen, der weiß, dass alles fließt und dass nichts bleibt, so wie es ist.

- *Die günstigsten und daher sehr einfachen Unterkünfte sind das* **Spring Hotel**, *Tel. 25 42 13 30, und das* **Lanterns Guesthouse**, *Tel. 25 42 14 34.*

UNTERKUNFT AUSSERHALB VON PANO PLÁTRES

€ **Okella**, im Örtchen Saittas, nordöstlich von Moniátis (südlich von Plátres): Tel. 25 43 25 21, Fax 25 43 25 22: Falls man in Pano Plátres keine preisgünstige Unterkunft findet, kann man es hier versuchen: Die Geschichte des Hotels reicht mehrere Generationen zurück, schon damals war es eine Herberge für die durchreisenden Händler. Zum Haus mit am ersten Stock entlang verlaufenden Außenbalkonen gehört eine Taverne. Insgesamt wirkt das Okella aber bei weitem nicht so gepflegt und so liebevoll wieder Instand gesetzt wie ähnliche „traditional houses". Schön ist allerdings die idyllische Lage am Bach, dort kann man auch auf der Terrasse sitzen.

Restaurants

- **Yiolandel**, Makarios 3B (nahe dem Pendeli-Hotel), Tel. 25 42 17 20, Fax 25 42 18 20: Die Leuchtreklame vor dem Restaurant wirkt von außen touristisch, innen ist das Yiolandel von etwas plüschiger Wohnzimmeratmosphäre mit verglaster Front mit traumhafter Aussicht auf die Wälder des Tróodos. An der Wand hängen Bilder von abgearbeiteten, aber strahlenden alten Zyprioten. Dazu spielt dezent die Musik vom Band. Der Service ist flink-unterkühlt, das Essen zyprisch und italienisch und insgesamt sehr gut. Sehr zu empfehlen: der dunkle, äußerst gut verträgliche Hauswein von Yiolandel, der in einer eigenen „Yiolandel"-Flasche auf den altrosafarben gedeckten Tisch kommt. Zum Nachtisch ist die hausgemachte Karameleiscreme eine Kaloriensünde wert.
- **Skylight**, oberhalb des Pendeli-Hotels: das übliche „traditionel home made"-Essen, nicht schlecht, aber auch nichts Besonderes. Neben dem Restaurant gibt es einen öffentlich zugänglichen Swimmingpool.
- **Village Tavern**, mit Pitharia (den für Zypern typischen Vorratstöpfen) und Wandmalereien auf zyprisch gestylt, auch die Küche gibt sich „home made" und zyprisch.
- **Psilo Dendro**, am Beginn des Weges von Pano Plátres zu den Kaleidonia-Wasserfällen. Im Sommer gibt´s hier unter schattigen Platanen (daher auch der Name „Psilo Dendro" = hoher Baum) gegrillte Forellen aus der eigenen Zucht, die gleich nebenan liegt. Im Winter sitzt man gemütlich im geheizten, rustikalen Innenraum. Um die Mittagszeit muss man die Idylle oft mit Reisegruppen teilen.
- **Mandra Gardens**, am südlichen Ortsausgang in Richtung Ómodos: Auf zyprisch-folkloristisch getrimmte Großraumtaverne, der ideale Schauplatz für einen zyprischen Abend mit einer Busgesellschaft.

Busse

- **Pedoulás-Plátres-Bus nach Nikosía,** Tel. 22 95 24 37. Abfahrt um 5 Uhr (Reservierung notwendig)
- **Plátres-Bus nach Limassol:** werktags 7 Uhr und mit Gero Dimos um 7.30 Uhr.

Paralímni (S. 200)

Taxi

Sun Taxi, Agiou Georgiou, Tel. 23 82 01 15

Busverbindungen

Morgens nach Limassol und Nikosía

Pedoulás (S. 358)

Unterkunft

• *€€€€* ***Churchill Pinewood Valley******, *Tel. 22 95 22 11, Fax 22 95 24 39, E-Mail: churchill@cytanet.com.cy: An der Straße zwischen Pródromos und Pedoulás, ruhig gelegenes Waldhotel. Elegant eingerichtete Zimmer mit Heizung. Pool inmitten von Pinien, Tennis, Sportanlagen, an kühlen Tagen sorgen eine Sauna und ein Kaminfeuer für Wohlbehagen. Am schönsten ist es hier zur Zeit der Kirschblüte, da das Hotel inmitten eines Kirschbaumhains liegt. Das in den 1940er Jahren im Kolonialstil erbaute Hotel wurde 1993 als Komforthotel renoviert, wobei es etwas vom alten Charme verloren hat.*

• *€€* ***Christy´s Palace****, *Tel. 22 95 26 55, Fax 22 95 33 37, www.welcome.to/christyshotel, E-Mail: anchristys@cytanet.com.cy: Einfaches, nettes, freundlich geführtes Hotel mit 22 Zimmern und einer großen, von Reben überwachsenen Terrasse mit Aussicht über den Ort und die Umgebung.*

Restaurants

• ***To Vrysi***, *am oberen Dorfende, Tel. 22 95 22 40, tgl. ab 8 Uhr geöffnet: Im Zentrum hügelabwärts liegt „Harrys Quellwasser-Restaurant", umgeben von Pflanzen und Blumen – ein verwinkeltes höhlenartiges Gebilde mit schattiger Terrasse. Das Restaurant existiert seit 1992 und zählt (sich) zu den Besseren der Region. Harry serviert hier neben dem kostenlosen Quellwasser unter anderem große Portionen frischer Forellen und Gemüse nach Saison. Harry ist stolz auf seinen selbst gemachten Kirsch Brandy, seine süßsauren wilden Pilze und auch ein wenig auf sich selbst als ein Original, das in vielen Reisezeitschriften erwähnt wurde.*

• ***Rovanias***, *Tel. 22 95 23 70: Vermietung von Zimmern und Appartements.*

Pissoúri (S. 254)

Unterkunft

AN DER BUCHT VON PISSOÚRI

• *€€€€€* ***Columbia Beach Resort********, *am Strand von Pissoúri; Tel. 25 22 12 01, Fax 25 22 15 05, www.columbia-hotels.com, E-Mail: columbia@columbia-hotels.com: Eine sehr schöne Anlage, Haupthaus und zehn 2-stöckige Nebengebäude mit 120 sehr geschmackvoll im ländlichen Stil in erdigen Farben eingerichteten Suiten mit einer im Schrank verborgenen Kitchenette und Internetanschluss. Drei Suiten sind für Rollstuhlfahrer geeignet. Zwei Pools, Fitness- und Schönheitscenter. Jede Nacht Live-Unterhaltungsprogramm. Hochzeitskapelle. Kostenloser Shuttle-Bus-Service nach Páfos, Limassol und zu zwei Golfplätzen.*

• *€€€€* ***Columbia Beachhotel******, *am Strand von Pissoúri, Tel. 25 22 12 01, Fax 25 22 15 05, www.columbia-hotels.com, E-Mail: columbia@cytanet.com.cy: Einst stand hier das Zollgebäude von Pissouri. Das nach zertifizierten Umweltschutznormen geführte Hotel ist bei ziemlich allen Reiseveranstaltern, die Zypern anbieten, zu finden. Schön sind die Lage direkt an der Buch und die meerseitige Terrasse.*

IN PISSOÚRI-DORF

• *€€* ***Bunch of Grapes Inn****, *in der Ortsmitte von Pissoúri, Tel. 25 22 12 75: Von einer britischen Familie geführtes 200 Jahre altes Haus im englischen Countrystil. Das spitzbogige*

Eingangstor ist wie ein Dornröschenschloss statt mit Rosen mit Bougainvilleen umwuchert. Die neun Zimmer sind alle von einem im Innenhof umlaufenden Holzbalkon zugänglich. Einige Zimmer mit Steinfußboden, andere mit Parkett, alle sind etwas unterschiedlich, gemeinsam ist allen ihre Hellhörigkeit. Die Bar ist im ehemaligen Stall untergebracht. Das Frühstück nimmt man im pittoresken Innenhof zwischen einem 200 Jahre alten Maulbeerbaum, Palmen und Feigenbäumen ein. Zur Zeit der Drucklegung stand das Haus zur Verpachtung oder zum Verkauf an.

- *€–€€* ***Kotzias,*** *Tel. 25 22 10 14, Fax 25 22 24 49: 20 Appartements mit Küche. Pool im schattigen Garten, wo auch das Frühstück serviert wird.*
- *€–€€* ***Hillview,*** *Pissoúri, Tel. 25 22 19 72, Fax 25 22 25 47; das Haus mit 14 Apartments für 2 bis 6 Personen liegt über dem Dorf Pissoúri. Große Zimmer mit Balkon, Bad, Küche. Von November bis März günstige Angebote für eine Woche inkl. Mietwagen.*

Das über 100 Jahre alte Bunch of Grapes zählt schon seit Jahren zu den stimmungsvollsten Unterkünften Zyperns. Hier kann man nicht nur einen entspannten Urlaub verbringen, sondern auch sehr gut essen.

- ***€ Victoria The good Heart,*** *an der Platia von Pissoúri: Victoria, das „gute Herz", vermietet Privatzimmer über ihrer Snackbar am Dorfplatz von Pissoúri.*
- ***Kastro Tavern,*** *Tel. 25 22 17 72 oder 25 22 20 16: Die Besitzer der Taverne vermieten auch Appartements und eine Villa mit Pool, die Platz für 12 Leute bietet.*

Restaurants

IN DER BUCHT VON PISSOÚRI

- ***Kastro Tavern,*** *Tel. 25 22 25 26: Alt eingeführte Taverne, seit 1974 in Familienbesitz. Innen weiß verputzte Wände, rote Tischdecken und eine braune Flechtwerkdecke, als Dekoration hier ein Brotbrett, dort ein Bild. Überdachte Terrasse mit Blick aufs Meer. Das Restaurant hat sich auf Fisch-Mezé spezialisiert. Auch die Moussaka ist zu empfehlen, sonntags gibt es Kléftiko. Einst war das Gebäude ein Lagerhaus für Johannisbrotfrüchte und Wassermelonen (auf dem Weg zur Toilette noch gut zu erkennen). Kostas Evagoras, der Vater des heutigen Inhabers, war 1966 in Pissoúri der erste Besitzer eines Autos. Bevor er das Restaurant eröffnete, lebte er von der Ziegenhaltung, vom Weinanbau und vom Fischen – letzteres mit Dynamit, weil Netze zu teuer waren, Dynamit hingegen einfach selbst herzustellen war.*
- ***Paleo Limanaki (= alter Hafen),*** *neben Kastro Tavern, Tel. 25 22 12 88: Urgemütliche Ein-Raum-Taverne mit dunklen Wänden und Kerzenschein. Neben zyprischer Küche auch vegetarische und (für zyprische Verhältnisse) gute italienische Gerichte, saftige Steaks und Weine aus ökologischem Anbau. Der Wirt, der leider daran denkt, etwas kürzer zu treten, wuselt temperamentvoll von Tisch zu Tisch und verteilt ein dickes Lob, wenn man seinen Teller aufgegessen hat. Jeden Freitag in der Saison zyprischer Abend.*

IN PISSOÚRI-DORF

• **Pissoúri Square Tavern,** *Tel. 25 22 15 79: Direkt am Dorfplatz von Pissoúri gelegen. In der dunklen Einraumtaverne sitzt man recht gemütlich, des Wirtes Freundlichkeit ist allerdings Schwankungen unterworfen. In den Sommermonaten kann man von der Taverne aus traditionellen Tänzen der örtlichen Folkloregruppe zusehen (jeweils dienstags), die am oberen Ende des Dorfplatzes residiert.*

• **Pissoúrian:** *Zum Restaurant gehört ein öffentlich zugänglicher Swimmingpool, der besonders gerne von britischen Familien besucht wird.*

• **Moonlight Taverne,** *etwas abseits, seinen Namen hat die Taverne vom fantastischen „Mondblick", den man hier an manchen Tagen hat. Gut und viel: die „pork chops".*

• **The Bunch of Grapes,** *Tel. 25 22 12 75, Mo. geschl.: Zyprische Küche mit internationalen Einflüssen, die von gut bis sehr gut gilt, die Preise sind gehoben und das langgezogene Restaurant mit Kerzenschein ist sehr gemütlich, hier kehren gerne die auf Zypern ansässigen Briten ein (s. auch Unterkunft).*

• **Olympus Palace:** *Das edelste Restaurant in Pissoúri mit gehobenen Preisen, die zahlreichen, in Pissoúri lebenden Briten gehen gerne ins Olympus zum Essen.*

Events

Zwischen Juni und August im modernen Amphitheater Freiluftaufführungen antiker Tragödien und Shakespeare-Stücke.

Busse

Es gibt keine Busverbindungen im Ort, Taxen können aber gemietet werden.

Tauchkurse, Verleih von Mountainbikes, Internetzugang

im Black Rock Dive Centre, *in der Bucht von Pissoúri beim Supermarkt, Tel. 25 22 22 93*

Pólis und Umgebung (S. 309)

Information

C.T.O, Agiou Nikolaou 2, nahe der Platia, Tel. 26 32 24 68. Geöffnet April bis Okt. Mo. bis Fr. 9–13 und 14.30–17.45 Uhr. Mi. und Sa. 9–13.15 Uhr. Nov. bis März Mo.bis Fr. 9–16 Uhr, Mo. und Sa. 9–13.45 Uhr.

Camping

Zyprioten campen gerne in den Oliven- und Johannisbrothainen zwischen Lakkí und dem Bad der Aphrodite.

Pólis Camping, *am Strand, Tel. 26 32 15 26, Ende März bis Ende Okt. geöffnet: Zyperns schönster Campingplatz in einem Eukalyptushain am Kiesstrand, etwa 1 km vom Ortszentrum.*

Unterkunft

• **€€ Akámas,** *Tel. 26 32 15 21, Fax 26 32 15 61: Zur Zeit der Drucklegung wurde das Hotel im Ortszentrum von Polis gerade renoviert.*

• **€€ Elecon Appartements,** *Mariou, Tel. 26 32 19 83, Fax 26 32 18 13, E-Mail: info@elecon-cyprus.com: Saubere, freundlich geführte Appartementanlage mit Wohneinheiten für zwei Personen und Swimmingpool.*

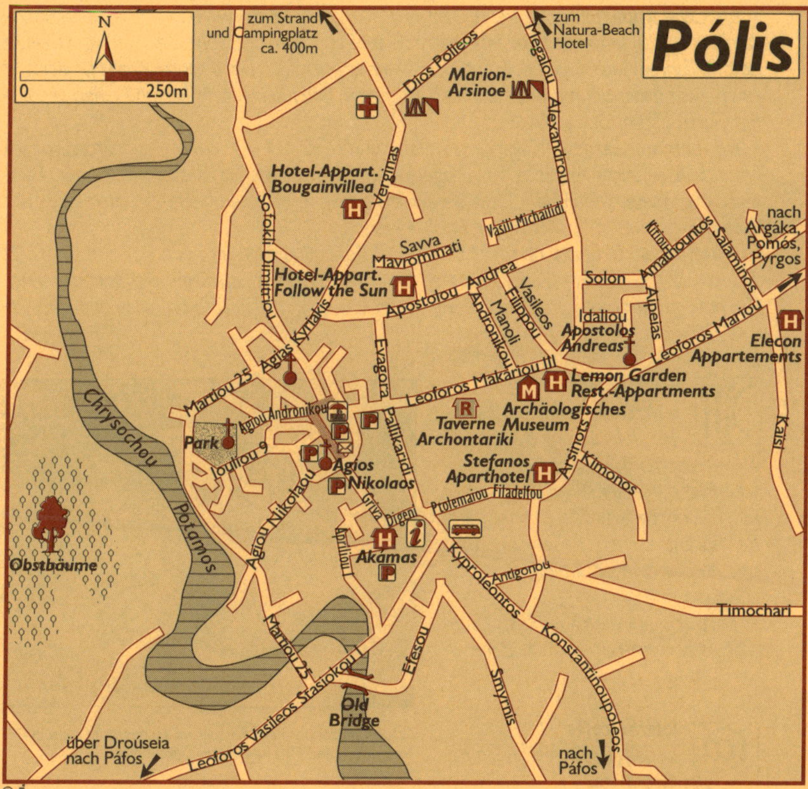

• €€ **Stefanos Aparthotel,** *Arsinoe Str., Tel. 26 32 24 11, Fax 26 32 25 82, E-Mail: stephanos.hotel@cytanet.com.cy: zentral gelegen und familiär.*

• **Follow the Sun**,** *Tel. 26 32 15 43, Fax 26 32 21 13: Familiär geführte kleine Anlage mit 6 Studios und 18 Appartements. Im schönen Garten ein Pool. Leger und herzlich geführt, Deutsch sprechende Besitzerin.*

AUSSERHALB VON PÓLIS

• €€€€ **Natura Beach Hotel & Villas***,** *Tel.: 26 32 31 11, Fax: 26 32 28 22, www.natura.com.cy, E-Mail: natura@cytanet.com.cy: Ende 2001 fertig gebautes Hotel mit sechzig Zimmern und fünf Villen (jeweils mit eigenem Pool und drei Schlafzimmern). Das Haus wird nach umweltfreundlichen Gesichtspunkten geführt. Es liegt etwa zwanzig Gehminuten vom Zentrum von Pólis direkt am Sand-/Kiesstrand und ist ein guter Ausgangspunkt für Wanderungen auf der Akámas-Halbinsel.*

• €€€ **Bougainvillea,** *Tel. 26 32 22 01, Fax 26 32 22 03, www.bougainvillea.com.cy: Ruhig gelegenes Bungalowhotel mit Garten und Pool. 5 Minuten vom Zentrum entfernt und 10 Minuten vom Strand.*

• *€€* ***C&A Appartements,*** *Tel. 26 32 18 81, Fax 26 32 18 81, www.ca-tourist-apts.com.cy: Familiäre Appartementanlage, sehr behindertenfreundlich, der Sohn der Familie ist selbst Rollstuhlfahrer. Auch Vogelbeobachter sind hier am richtigen Platz. Hinter dem Haus gibt es einen Swimmingpool mit mechanischer Anlage für Behinderte, eine Bar und einen gepflegten Garten. Frühstück auf Wunsch.*

• *€€* ***Lemon Garden,*** *Makarios 12, Tel./Fax 26 32 14 43, www.lemongarden.com.cy. Freundlich geführte Appartementanlage mit empfehlenswertem Restaurant. Familie Karamanos vermietet weiterhin in dem Bergwinzling Milíou (60 Einwohner) zwischen Páfos und Pólis drei pittoreske Häuschen, mit Pool, Telefon, TV.*

• ***Hotel-Appartements Tavros***,*** *in Neo Chorio 8 km westlich von Pólis, Tel. 26 32 24 21, Fax 26 32 24 96: Überschaubare, familiäre Appartementanlage, die sich um einen Swimmingpool herum gruppiert. Schöne Aussicht über die Bucht von Lakkí und die Akámas-Halbinsel.*

Restaurants

• ***Archontariki,*** *Makarios 14, Tel./Fax 26 32 13 28, www.archontariki.com.cy: Neue zyprische Küche in einer stilvollen alten Villa mit blauen Fensterläden, hinter dem Restaurant stehen Kaffeehausstühle und -tische, wie sie typisch für Griechenland sind.*

• ***Karouzis,*** *auf dem Weg zum Campingplatz. Gute Küche, auch Zimmervermietung*

Schräg gegenüber dem Restaurant Archontariki steht ein eindrucksvoller, 600 Jahre alter Olivenbaum.

Internetcafés

In der Fußgängerzone in der Ortsmitte.

Mietwagen/Motorräder

• ***Spyrou Europcar,*** *beim Dorfplatz, Tel. 26 23 69 44.*

• ***Pegasus,*** *Tel. 26 32 13 74: Motorradverleih.*

Busse

• *Nach* ***Páfos*** *ab der Kyproleontos, Mo. bis Fr. etwa stündlich, Sa. von 6.30 bis 14.30 ebenfalls etwa stündlich.*

• *Nach* ***Pomos*** *Mo. bis Sa. dreimal tgl. Abfahrt ab der Kyproleontos. Tel. 26 32 11 14 oder 26 32 11 15.*

• *Zu den* ***Bädern der Aphrodite und nach Lakkí*** *Mo. bis Fr. 3x tgl.*

• *Nach* ***Limassol und Nikosía*** *Mo. bis Sa. Abfahrt früh morgens. Tel. 26 35 23 32.*

• *Nach* ***Lárnaka und Tróodos*** *via Limassol, nach* ***Agía Nápa/Paralímni/Protarás*** *via Limassol und Lárnaka.*

Outdoor

Jalos Activ, *bei der Kapelle Ágios Nikoláos, Tel. 26 32 24 16. Der Inhaber spricht gut deutsch und verleiht gepflegte Mountainbikes.*

Reiten: ***Lucky Horse Ranch,*** *bei Skoulli 7 km südlich von Pólis, Tel. 29 41 32 78, Fax 29 33 27 82: Dressur- und Western-Reitunterricht in einem Orangenhain in der Nähe des Evrétou-Staudammes. Auch Ausritte um den Staudamm.*

Ärzte

Dr. Polydorou, *Efessou 13: Der Arzt spricht deutsch.*

Pródromos (S. 357)

Camping

Auf den Picknickplätzen Marathos zwischen Pródromos und Kakopetriá und am Staudamm zwischen Pródromos und Tróodos darf auch gezeltet werden. WC und Quelle sind vorhanden.

Übernachten

Themis House, *Tel. 22 42 238: Studios mit Pool zu vermieten.*

INFO Vorne Burg, seitlich Kloster – Hotel Berengaria

Hoch oben über Pródromos thront die Ruine des 1927 gebauten Hotels Berengaria. Von vorne sieht es aus wie die Burg von Kolóssi, an den Seiten eher wie Kloster Stavrovoúni. Von Anfang an war das Hotel, das für die Betuchten Zyperns und vor allem für ägyptische Edeltouristen wie König Faruk gedacht war, nicht frei von Problemen: In den ersten Jahren gab es keinen Stromanschluss, Generatoren mussten für die notwendige Energie sorgen. Die waren aber laut und mussten deshalb nachts abgeschaltet werden, das Luxushotel war somit nachts ohne elektrisches Licht. Weiterhin gab es in dieser Höhe kein Wasser, dies musste aus den tiefer gelegenen Dörfern nach oben gepumpt werden. Wenn die Bewohner dieser Dörfer ihre Felder bewässerten, reichte das Wasser nicht mehr für das Hotel.

Hotel Berengaria – wie lange noch eine Ruine?

Nachdem mit dem Regierungsantritt des ägyptischen Präsidenten Nasser keine Ägypter mehr ins Tróodos-Gebirge kamen, begann ab den späten 1950er Jahren der Niedergang des Hotels – da half auch der neue, 1962 angelegte Swimmingpool nichts mehr. Erzbischof Makarios III, seinerzeit ein häufiger Gast des Hotels, sollte mit

Regierungsgeldern weitere Investitionen unterstützen, doch die wurden in den mittlerweile modern gewordenen Strandtourismus investiert. 1979 wurde das Hotel von der zyprischen Tourismusbehörde nach einem Fall von Lebensmittelvergiftung dann endgültig geschlossen. Im Jahr 2000 kaufte die zyprische Salamis-Gruppe das Hotel, sie möchte es im Frühjahr 2004 als luxuriöses Feriendorf wieder eröffnen – falls nichts dazwischenkommt: Im Herbst 2000 brach im zweiten Stock des Hotels aus unbekannten Gründen ein Feuer aus ...

Nachtrag der Autorin: Während der Überarbeitung dieses Buches für die zweite Auflage (Sommer 2004) war das Berengaria immer noch eine Baustelle.

Protarás (S. 199)

Unterkunft

• *€€€€€* ***Louis Ayios Elias Village Resort*******, *Off Protarás Road, Tel. 23 83 13 00, Fax 23 83 13 98: Etwas landeinwärts, ca. 31,5 km vom Sandstrand entfernt, liegt das 1984 im Stil eines zyprischen Dorfes erbaute und im Jahr 2000 vollständig renovierte Ágios Elias-Touristik-Dorf. Die Anlage ist architektonisch geschickt angelegt: Kleine, im inseltypischen Stil gebaute Häuschen, umrankt von vielen Blumen und Sträuchern, liegen um einen „Dorfplatz" herum, wo sich ein Restaurant, eine Taverne, Geschäfte sowie eine Töpferei befinden. Auch wenn dies alles ausschließlich für Touristen gebaut wurde, so ist diese Anlage sympathischer als die stereotypen Bauten an der Küste. Ein riesiger Swimmingpool bietet die nötige Erfrischung. Im Hochsommer weht hier am Hang stets ein leichter Wind, so dass der Aufenthalt angenehm ist. Die mit einem Architektur- und Tourismuspreis ausgezeichnete Anlage ist geeignet für Urlaub mit den Kindern.*

• *€€€€* ***Malama Holiday Village*******, *Tel. 23 82 20 00, Fax 23 82 56 77, E-Mail: malama@cytanet.com.cy, www.logimetrics.com/malama: Umweltfreundlich geführte Hotelanlage an einer kleinen Badebucht. Die Appartements sind in ein- bis zweistöckigen Gebäuden untergebracht. Geschwungener Swimmingpool. Ausgefallenes Hallenbad in Form einer Tropfsteinhöhle mit Bar und Whirlpool.*

• *€€€€* ***Mimosa Beach******, *Tel. 23 83 27 97, Fax 23 83 27 98: In Einzellage ruhig in Richtung Kap Greko gelegen. Einige der Bungalows reihen sich am Strand entlang. Kleiner Pool und viele schöne Pflanzen. Eine sehr liebenswürdige Anlage für jemand, der abseits vom Trubel wohnen und seine Ruhe haben möchte.*

Restaurants

Welche Küche darf's denn heute sein: amerikanisch, brasilianisch, mexikanisch, thailändisch, indisch, britisch, japanisch, chinesisch, österreichisch, anatolisch oder – ganz exotisch – zyprisch? In Protarás kann man sich einmal rund um die ganze Welt durchprobieren.

• ***Zevia Taverna***, *an der Haupstr., Ecke Dionysiou: Hier gibt's Zyprisches wie Kléftiko, Afelia, Hoummous oder Tahini.*

• ***Flintstones Inn***, *an der Hauptstraße: Das Steinzeit-Thema dieses Lokals ist schon an den zwei Zementknochen über dem Eingang zu erkennen: Hier gibt sich Fred Feuerstein die Ehre in zwei Restaurants mit einem Pub in der Mitte.*

AUSSERHALB VON PROTARÁS

- ***Captain Panos Old Season Village Taverna:*** *Die 1974 gegründete urige Taverne an der Straße von Protarás zum Kap Greko sieht aus wie ein Open-air-Flohmarkt und ist mittlerweile eine Institution in der Gegend. Den Wein gibt's aus Fässern, die hier gleichzeitig dekorativer Blickfang sind.*
- ***Anemos Taverna,*** *an der Fig Tree Bay; Tel. 23 83 14 88, tgl. ab 9 Uhr geöffnet: Modern und mit sehr freundlicher Atmosphäre. Große Terrasse.*

Internet

- ***Greenery Pub,*** *Hotels Road, Tel. 23 83 22 48: ganzjährig geöffnet.*
- ***Maestro Music Bar*** *neben McDonalds.*

Busse

Nach ***Lárnaka*** *(via Derýneia, Frénaros) und* ***Agía Nápa*** *von Mai bis Okt. halbstündliche Verbindung, sonntags stündliche Verbindung. Nov. bis April montags bis samstags stündliche Verbindung, keine Verbindungen am Sonntag. Auskunft unter Tel. 23 82 13 18.*

Taxi

Comet Taxis, *Hotels Road, Protarás, Tel. 23 82 87 00*

Mietwagen/Motorräder

Ham Yam Rentals, *Kap Grekoroad, Tel. 23 83 24 74: Vermietung von Motorrädern.*

Tauchen

- ***Skandinavian Diving Centre,*** *Hotels Road, Tel./Fax 23 83 27 68*
- ***Aquanaut Diving School,*** *Kap Greko Road, Tel. 23 83 25 67, Fax 23 83 26 02, www.diveprotaras.com, E-Mail: aquanaut@cytanet.com.cy*
- ***Herbies Diving Paradise,*** *Kapetanios Bay Hotel, Tel. 23 83 11 70, Fax 23 83 11 17, www.herbiesdiving.com, E-Mail herbies @cylink.com.cy*

Tróodos (S. 351)

Unterkunft

- *€€€* ***Tróodos***,*** *Tel. 25 42 01 35, Fax 25 42 01 60: Modernes Hotel direkt am Hauptplatz. Viele Zimmer mit schönem Ausblick.*
- *€€* ***Jubilee**,*** *Tel. 25 42 01 07, Fax 22 67 39 91 E-Mail: jubilee@cytanet.com.cy. An der Straße nach Prodromos gelegen. Einfaches, kastenartiges Hotel, das gerne von Wandergruppen besucht wird und nur als Ausgangspunkt für Wanderungen zu empfehlen ist.*
- *€* ***Jugendherberge,*** *Tel. 25 42 24 00: in einem Pinienwald gelegen. 25 Betten überwiegend in Vier-Bett-Zimmern. Mai bis Okt. geöffnet.*
- ***Tróodos Camping,*** *Tel. 25 42 16 4: in einem Pinienwald 2 km außerhalb von Tróodos in Richtung Kakopetriá. Mai bis Okt. geöffnet. Für Leser F. Ruschewitz war dieser Campingplatz der schönste Südzyperns.*

Reiten

In den Sommermonaten werden am zentralen Platz Ausritte angeboten.

Vása (S. 266)

Restaurants

- *To* ***Palati***, *Tel. 25 94 38 88: mitten im Ort. Rustikale Einraumtaverne mit kleiner Terrasse mit Blick auf den Dorfplatz. Hier kommen gerne Busgesellschaften oder auch mal Reisebüroexpedienten, um das „ursprüngliche Zypern" bei einem üppigen Mezé kennen zu lernen.*
- ***Taverna O Pirko***, *erhöht hinter der Kirche versteckt sich diese Taverne mit Ausblick.*

Zýgi (S. 216)

Restaurants

Die Restaurants in Zýgi sind ein Treffpunkt von Leuten, die nichts lieber als Fisch essen!

- ***Apovathra***, *im alten Zollhaus am Kai, Tel. 24 33 24 14: Es gilt als das beste Fischlokal in Zýgi mit seiner seit Jahren gleichbleibenden Qualität.*
- ***Santa Elena***, *das Restaurant in einem alten Lagerhaus ist preiswerter als das Apovathra und bietet neben Fisch- auch Fleischgerichte.*
- *Auch gut sind das* ***Mellis*** *(Tel. 24 33 20 32) und die* ***Vokolida Fish-Tavern*** *(Tel. 24 33 20 48).*

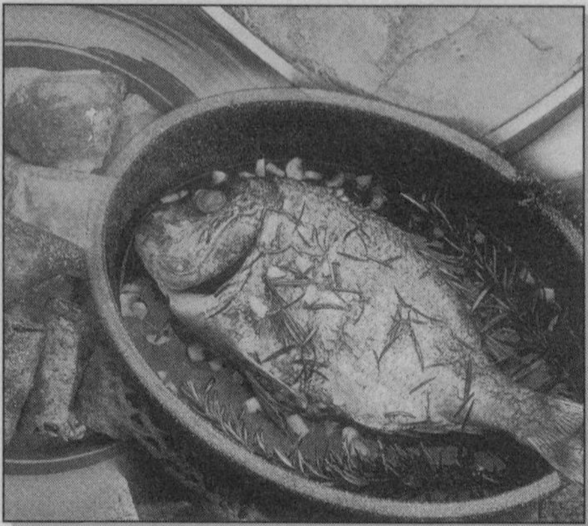

Regionale Reisetipps von A–Z für Nordzypern

Hinweis
Die folgenden Preise sind nur Anhaltspunkte (hohe Preisnachlässe in den Monaten November bis März). Direktbuchungen und Bezahlung vor Ort können in Nordzypern, im Gegensatz zu Südzypern, günstiger als Buchungen über einen Reiseveranstalter sein.

AUS AKTUELLEM ANLASS...

*Wochen vor der Wahl zur (gescheiterten) Wiedervereinigung Zyperns war die Insel täglich Gegenstand von umfangreichen Presseartikeln. Wie mehrere Reiseveranstalter berichten, sind die Buchungszahlen des bis vor kurzem nur wenig besuchten, paradiesisch vergessenen Nordzypern seither stark angestiegen. Also – wer noch das nordzyprische Idyll erleben möchte, der sollte jetzt hinfliegen. Ein Interview mit Frau **Claudia Volk-Eryüksel**, der auf Nordzypern spezialisierten Inhaberin des Reisebüros HBF Nord in München (www.reisen-muenchen.de).*

Frau Volk-Eryüksel, wie war die Lage in Nordzypern in den Wochen vor der möglichen Wiedervereinigung?

Durch die Neu-Mitgliedschaft Zyperns in der EU war die Insel seit über einem Jahr im EU-Fieber. Auch im noch nicht so touristischen Norden spürte man eine Veränderung des Lebens, die Grenze wurde für die Zyprioten beiderseits geöffnet, griechische Zyprioten besuchten den Nordteil der Insel, Bewohner des Nordteils griechischer Abstammung konnten nun endlich auch wieder einmal die Verwandten im Süden besuchen.

Endlich hatte man das Gefühl, dass seit 1974 etwas passiert. Natürlich kam der Nordteil der Insel, der sonst touristisch eher in einer Art „Dornröschenschlaf" liegt, etwas aus der Puste. Es gab Wochenenden zu Beginn der Auflockerung der Grenze, wo man in Kerýneia (Girne) nichts mehr am Hafen zu Essen bekommen konnte – kaum vorstellbar in der heutigen Zeit und auf der sonst sehr gastfreundlichen Insel. Euphorisch erwartete man im Norden das Fallen der Grenzen im Gesamten, endlich sollte der Tourismus die ganze Insel überfluten und endlich sollten Non-Stop-Flüge vielleicht auch in den Nordteil der Insel möglich sein. Das war bisher immer das Handicap für die meisten Besucher, die etwas beschwerliche – mit längerer Wartezeit verbundene – Anreise über Istanbul. Leider wurden durch die Volksabstimmung diese Hoffnungen erst mal wieder zerstört. Nordzypern darf seine unberührten Strände, seine typischen, idyllischen Dörfer, seine vom Tourismus unbeleckten Wanderwege in Kantara und seine kleinen, persönlichen Hotelanlagen behalten und vorerst noch ein Geheimtipp für Individualisten bleiben.

Seit wann kennen Sie Nordzypern und warum haben Sie sich auf diesen Teil der Insel spezialisiert?

Vor über 20 Jahren habe ich mich in diesen Teil der Insel verliebt und habe es mir seither zur Aufgabe gemacht, Interessierte mit entsprechender Vorbereitung und intensiver Beratung an den richtigen Ort in Nordzypern zu vermitteln.

Was ist Ihr persönlicher Hotel-Geheimtipp für Nordzypern?

2x jährlich (in den Pfingst- und Herbstferien) begleite ich selbst eine kleine Gruppe in mein favorisiertes Mimoza Hotel in der Nähe von Famagusta mit traumhafter Strandlage, klarem Meer und sehr persönlicher Hotelbetreuung mit famoser türkisch-zypriotischer Küche. Meine besten Ausflugstipps, die ich während der vielen Besuche und Aufenthalte auf der Insel gesammelt habe, stelle ich gerne zur Verfügung. Ein absolutes Muss für Schnorchler: das Eagle's Nest an der Nordküste in der Nähe von Esentepe. Man kann in der Bucht nach einem alten Wrack schnorcheln und anschließend in der Taverne hervorragende Salate und Mezé genießen.

Bellapais (S. 385)

Hinter dieser Tür entstand das Buch „Bittere Limonen", heute kann man diese Villa mieten.

Unterkunft

• *€€€€* ***Bellapais Gardens,*** *Tel. 815 60 66, Fax 815 76 68, Fax 815 76 67, www.bellapaisgardens.com, E-Mail: bellapaisgardens@northcyprus.net: Einen Steinwurf weit direkt unterhalb der Bellapais-Abtei inmitten von Orangen- und Zitronenhainen gelegene Appartementanlage mit 17 im traditionellen zyprischen Stil eingerichteten Wohneinheiten. Mit Antiquitäten und Kelimkissen in einem interessanten Stilgemisch zwischen zyprisch und orientalisch ausgestattete Hotellounge. Zur Anlage gehören ein kleiner Pool und ein gutes Restaurant mit den zyperntypischen Spitzbögen. Ausblick auf die Küste und die Gebirgsregion.*

• ***Villa Bitter Lemons,*** *Tel. (UK) 0161 903 8150, Fax: (UK) 0161 903 8150, www.holiday-net.com/cyprus/1100Cartwright1.htm: 100 m bergaufwärts vom Dorfplatz von Bellapais gelangt man zur über 100 Jahre alten Villa, wo Lawrence Durrell sein berühmtes Meisterwerk „Bittere Limonen" geschrieben hat (ein weißes Haus mit braunen Fensterläden, der gelbe Keramikteller über dem Haus weist es als die Durrell-Villa aus). Literaturbegeisterte pilgern zu diesem Haus, um es anzuschauen, und Scharen von Briten um es zu kaufen – doch es ist nicht verkäuflich, es ist nur (wochenweise) zu mieten. Wenn man durch die Torritze lugt, erhascht man einen Blick auf einen orientalisch anmutenden Minipool im Innenhof.*

Restaurants

• ***Bar & Restaurant Kybele,*** *neben der Abtei von Bellapais, Tel. 815 75 31, E-Mail: kybele@kktc.net, tgl. 11–23 Uhr geöffnet: Welch Lage! Direkt neben der Abtei von Bellapais liegt dieses Lokal im ehemaligen Wirtschaftstrakt der Abtei mit Ausblick auf gotische Spitzbögen und vier Zypressen. Abends speist man hier bei Kerzenschein zyprische Spezialitäten zu den Klängen klassischer Musik (kostenloser Taxitransfer von Kerýneia und zurück). Spezialität: das Kebab, mit Zwiebeln und Kartoffeln gegarter Lammbraten.*

Im Inneren des etwas düsteren Kybele gibt es einen stilvoll eingerichteten, intimen Raum mit Ritterrüstung und einem Traumausblick auf die Umgebung, sechs Leute können hier auf den geschwungenen Stühlen Platz nehmen.

Restaurant Kybele mit traumhaftem Ausblick

• ***The Abbey Bell Tower,*** *neben dem Kybele eine weitere empfehlenswerte Adresse in Bellapais. Ge-*

genüber der Abtei gelegen und an den vielen Kürbissen erkenntlich. Man sitzt auf der Dachterrasse an Tischen mit Häkeldeckchen – ein wirklich nettes Plätzchen.

• ***Garden of Irini**, etwas abseits vom Trubel gelegenes kleines Restaurant nahe der Villa Bitter Lemons (s. oben) mit hübschem, mit Reben überwachsenem Innenhof.*

International Bellapais Music Festival

Ende Mai bis weit in den Juni hinein sind die gotischen Gemäuer der Abtei Bellapais festlicher Rahmen für das „International Bellapais Music Festival".

Im Inneren des etwas düsteren Kybele gibt es einen stilvoll eingerichteten, intimen Raum mit Ritterrüstung und einem Traumausblick auf die Umgebung, sechs Leute können hier auf den geschwungenen Stühlen Platz nehmen.

Famagusta/(Gazi)magusa (S. 397)

Information

***Tourist Information**, Fevzi Cakmak Bulvari, an der Stadtmauer, Tel. 366 28 64, tgl. (außer So.) 9–17 Uhr geöffnet.*

Unterkunft

Nur das Palm Beach und einige kleinere Häuser liegen in oder bei Famagusta, alle anderen Hotels an den Stränden zwischen Salamis und Bogaz. Eine Flaniermeile mit Geschäften und Restaurants kann man zwischen den weit auseinander liegenden Hotels nicht erwarten.

• ***€€€€€ Palm Beach*******, Havva Sentürk Caddesi, Tel. 366 20 00, Fax 366 20 02: Nordzyperns bestes Hotel liegt ca. 20 Gehminuten außerhalb des Zentrums von Famagusta direkt an der Pufferzone mit Blick auf die Geisterstadt Varosha. Sandiger Strand mit malerischen Palmsonnenschirmen. Helle Lobby mit Stühlen aus Bambusrohr. Schwimmbad, Fitnesscenter mit Sauna, Nachtclub.*

• ***€€€€€ Salamis Bay Conti Resort Hotel*******, Tel. 378 82 01, Fax 378 82 09, E-Mail: Salamisbay@northcyprus.net: 8 km außerhalb von Famagusta an der Salamis Bay gelegen.*

• ***€ Portofino*****, Fevzi Cakmak Bulvari 9, Tel. 366 439 293, Fax 366 2949: Modernes Hotel im alten Hafen von Famagusta. Nüchterner Zweckbau mit 52 Zimmern.*

• ***€ Mimoza*****, Salamis Bay, Tel. 378 82 19, Fax 378 90 77, E-Mail: mimoza@northcyprus.net: An einem schönen*

„Diese Stadt ist ein Gomorrha, glühend im Feuer des Luxus, der Eitelkeit und des Hochmuths. Deshalb werden seine Gebäude stürzen, es wird öde und gering werden und seine Einwohner werden auswandern und vor Schmerz und Verwirrung klagen", *weissagte Brigitta von Schweden im 15. Jh. über Famagusta.*
Heute blickt man von Terrasse und Strand des Palm Beach Hotel – einem der besten Nordzyperns – auf die öde Geisterstadt Varósha, das einstige „Rimini" Zyperns, dessen zyperngriechische Einwohner nach 1974 in den Inselsüden voller Schmerz auswanderten.

Famagusta/Ammochostos (Gazimagusa)

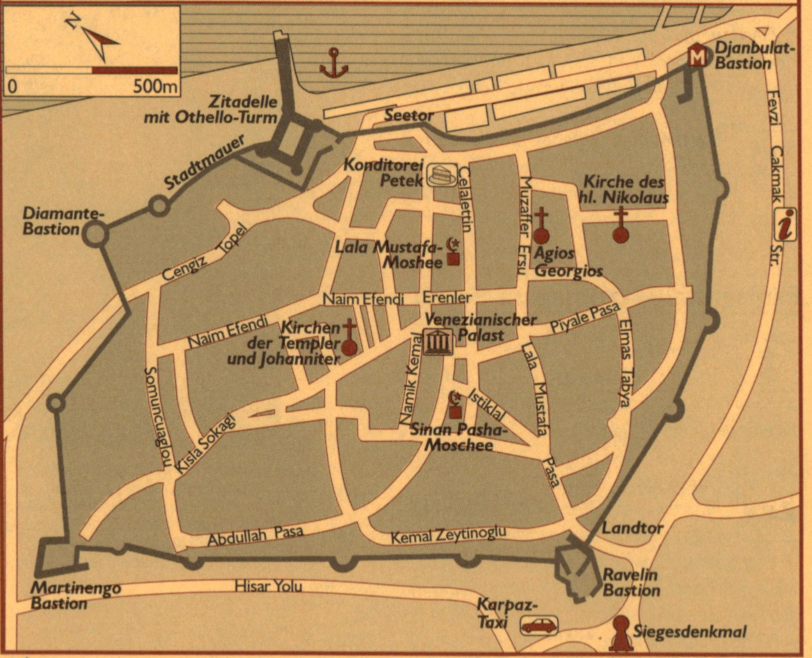

Strand nördlich der Ausgrabungsstätte von Salamis gelegen. Helle und saubere Zimmer. Sehr gute einheimische Küche!

Restaurant/Konditorei

- ***Cyprus House,*** *Hastahane Cad. 32, Tel. 36 64 845 (Reservierung empfohlen): Mit allerlei folkloristischem Zierrat wie Petroleumlampen im Stil eines zyprischen Landhaus der 1930er Jahre eingerichtet, auch mit einem sehr schönen Garten. Abends gibt's hier gelegentlich Bauchtanz zu sehen.*
- ***Patisserie Petek*** *am Seetor gilt tagsüber als d e r Treffpunkt Famagustas und ist auch abends geöffnet. Hier reihen sich nicht nur Leckereien wie Baklava, Lokum, Ekmek Kadyif und Baden Sekeri aneinander, Hier kann man auch frühstücken.*

Einkaufen

Ca. 50 m von der Lala-Mustafa-Moschee entfernt kann man sich, neben Lebensmitteln, mit duftenden Gewürzen eindecken.
Souvenirs wie Teppiche, Kupferarbeiten oder Schmuck werden am Seetor angeboten.

Karpaz-Halbinsel (S. 407)

Unterkunft

- *€–€€* ***Exotic Hotel******, *Iskele, Tel. 371 28 81, Fax 371 32 20, E-Mail: exotic@northcyprus.net, exoticmirillo@superonline.com 1999 eröffnetes Hotel, von einem langen Sandstrand durch die Zufahrtsstraße zur Karpaz-Halbinsel getrennt gelegen, wenige Gehminuten vom Fischerort Bogaz entfernt. 16 Zimmer mit Klimaanalge und Balkon. Frühstücksbuffet. Zwei Swimmingpools, einer mit Wasserrutschen.*
- *€* ***Theresa****, *Ágios Thýros, an der Straße nach Rizokárpaso (Dipkarpaz), Tel. 374 42 66, Fax 374 40 09, www.theresahotel.com, E-Mail: theresa@northcyprus.net: Kleines Hotelchen mit 18 Zimmern, rustikal ausgestattetem Aufenthaltsraum und Terrasse mit herrlichem Blick aufs Meer. Zum Hotel gehören ein Restaurant und ein kleiner Strand.*
- *€* ***Blue Sea Hotel****, *Tel. 372 23 93, Fax 372 22 55, E-Mail: blue@seanorthcyprus.net, am Meer neben der Straße von Rizokárpaso (Dipkarpaz) nach Agios Andreas gelegen, zwischen dem Hotel und dem Meer liegt ein Pinienhain. Der Besitzer des Blue Sea fährt gerne zum Fischen aufs Meer, abends gibt's dann den Tagesfang auf der überdachten Terrasse mit Blick auf einen kleinen Fischerhafen.*

Kerýneia/Girne (S. 388)

Information

In der Hürriyet Cad. am Hafen, Tel. 815 21 45, März bis Okt. Mo–Fr. 9–12.30 und 13.30–17 Uhr geöffnet. Besser wenig Information als gar keine Information...

Unterkunft

- *€€€€€* ***Kerýneia Jasmine Court Hotel*********, *Naci Talat Cad, Tel. 815 14 50, Fax 815 14 88, E-Mail: jasminecourt@northcyprus.net: Von den 18 Spielhöllen Nordzyperns beherbergt das Jasmine-Hotel das größte Casino des Mittelmeerraumes.*
- *€€€€€* ***The Dome********, *Kordonboyu Cad, Tel. 815 24 53, Fax 815 2 727, E-Mail: thedome@kktc.net: Ein Hotel, das gleichsam wie ein Spiegel der jüngsten Geschichte Zyperns ist. Das 1932 von einem Auswanderer, der es in den USA zu Reichtum gebracht hatte, im Kolonialstil gebaute Hotel wurde zum Domizil britischer Pensionäre und auch so manch eines Prominenten: Die Schauspieler Raquel Welch und Peter Sellers gaben sich hier die Ehre und Her Royal Highness Princess Margaret pflegte ein Buch nach dem anderen zu verschlingen. Nach der Teilung 1974 wurden hier griechische Zyprer interniert. Nach einer Totalrenovierung wurde das Dome 1998 wieder neu eröffnet, ein Brite meinte dazu: „Hier hält sich tatsächlich ein – wenn auch kleines – Relikt des britischen Empire." – obwohl, not amusing, heute im traditionellen Tea Room das Spielcasino untergebracht ist!*

Lawrence Durrell schrieb 1957 über das Dome-Hotel: *„Nirgendwo fand man so außergewöhnliche Exemplare der Gattung Mensch wie im Dome-Hotel. Es war, als hätte jede gottverlassene viktorianische Pension zwischen Folkestone und Scarborough einen Vertreter zu einer Weltkonferenz der Langlebigkeit entsandt ... Schattenhaftes, ausgeblichenes Gefieder hinfälliger Hühner und Krähen schleppte sich durch die sterilen weißen Korridore auf eine Terrasse voll kleiner Tische mit der geradezu religiösen Aufschrift „Afternoon Teas".*

Mehr als 15 Jahre später war dann in der Frankfurter Allgemeine Zeitung (am 4. März 1973) über das Dome zu lesen. Immer wieder trifft man Briten in den dunkel möblierten Hotels aus der Kolonialzeit, die eine architektonische Mischung aus Sultanspalast und Kreuzritterburg sind. Man trifft sie im Hotel von Kerýneia, das schon bei Durrell erwähnt wird. Sie sitzen in der Lounge in schweren Sesseln beim „High Tea", fern vom britischem Nebel und Nieselregen, suchen am Schwarzen Brett einen Bridge-Partner und werden dort durch einen Anschlag höflichst gebeten, eine Krawatte zum Diner zu tragen. Sie sehen aus, wie pensionierte Kolonialbeamte in einem Film über pensionierte Kolonialbeamte auszusehen haben: rosiges Altersgesicht, Schnurrbart, Tweed-Sakko und straff gescheiteltes Haar. Wie man hört, machen sich immer mehr Engländer auf Zypern ansässig. Sie kaufen Bungalows oder eine der neuen Wohnungen in den Appartementhäusern an den Stränden.

- *€€€ **Ergenekon Hotel***, Tel. 8154677/8152767, Fax: 815 60 10/81 56 781, www.ergenekon-hotel.com, E-Mail: info@Ergenekon-Hotel.com: 1992 eröffnetes kleines Hotelchen in einem älteren Gebäude. Das von außen etwas vernachlässigt wirkende Haus birgt innen neun saubere, einfache Zimmer, die nach berühmten Orten Nordzyperns benannt sind. Von den vorderen Zimmern und der Sonnenterrasse Traumausblick auf den Hafen von Kerýneia. Auf der Sonnenterrasse stehen auch Sonnenschirme und Liegestühle zur Verfügung. Im kleinen Aufenthaltsbereich wärmt im Winter ein Kaminfeuer.*
- *€€ **British Hotel****, Eftal Akta Cad., in zweiter Reihe am Hafen, Tel. 815 22 40, Fax 815 27 42, www.britishhotel.com: Nur 18 Zimmer, teilweise mit Meerblick. Viel deutsches Publikum. Freundlich und familiär geführt.*
- *€€ **Nostalgia***, Cater Pasa Sok, Tel. 815 30 79, Fax 815 13 76, E-Mail: nostalgia@northcyprus.net: Wenige Gehminuten von der Altstadt von Kerýneia entfernt. 18 Zimmer im türkisch-zyprischen Stil, die alle nach bekannten Persönlichkeiten aus der Geschichte der Zyperntürken benannt sind.*
- *€ **Bristol Hotel***, Ziya Rizki Cad, Tel. 81 65 70, Fax 815 73 65, E-Mail: bristol@northcyprus.net: Einfaches, freundliches Hotelchen im Zentrum. Nette Bar und kleiner, schattiger Innenhof, wo bei schönem Wetter das Frühstück serviert wird.*

AUSSERHALB VON KERÝNEIA/GIRNE

- *€€€ **Collonnade Club Hotel****, Orhan Durusoy Cad 11, Tel. 815 89 80, Fax 815 64 13: Ein elegantes kleines Familienhotel, ca. 1,5 km außerhalb von Kerýneia. Kleiner Swimmingpool mit Blick auf die edle, antikisierende Hotel-Fassade.*

© graphic

• €€€ **Chateau Lambousa*******, *Maresal Favzi Cakmak, Cad, 14 km westlich von Kerýneia in Lapta gelegen. Tel. 821 87 51-3, Fax 821 78 61, www.celebrityhotelonline.com, E-Mail: celebrityhotelonline.com: Der Name lässt es erahnen: Dieses Hotel ist einer Ritterburg nachempfunden, mit Elementen einer Karawanserei. Die Zimmer sind rustikal eingerichtet, die Zimmerschlüssel riesige Bartschlüssel. Es gibt auch Suiten mit bis zu vier Schlafzimmern. Hoteleigener kleiner Strand, vom Hotel durch eine Straße getrennt.*

Hotel Collonnade mit edler Fassade

• €€–€€€ **Courtyard Inn**, *ca. 2 km außerhalb des Zentrums am östlichen Stadtrand, Tel. 815 33 43, www.courtyard-inn-cyprus.com: Etwas zurückgesetzt von der Straße gelegene Pension inmitten eines Gartens. Einst das Haus eines britischen Kolonialbeamten, vermittelt das Courtyard Inn noch viel vom nostalgischen Flair britischer Kolonial-Vergangenheit, deren Überbleibsel meist viel idyllischer sind als es die Zeit selbst wohl war. Vermietet werden vier Zimmer und vier Bungalows (je zwei Bungalows für 4 und 2 Personen) mit Blick auf den Pool. Im rustikal-gemütlichen Restaurant hat man die Wahl zwischen europäischer und indischer Küche. Im Sommer ist am vom Palmen umstandenen Pool auch die Bar geöffnet.*

• €€ **Pine Bay Club****, *Karaglanoglu Cad Alsancak, Tel. 822 30 32, Fax 822 30 35, E-Mail: pinebay@northcyprus.net: Zwangloser Familienbetrieb, ca. 5 Minuten vom Strand entfernt.*

Restaurants

Auf dem Halbrund des Hafens von Kerýneia drängen sich Cafés, Bars und Bistros und ein Dutzend Restaurants.

• **Italiano Set**, *in der Altstadt, Tel. 815 15 49: Eines der besten Restaurants der Stadt mit gehobener italienischer Küche in einer romantischen Ruinenszenerie – die man fotografieren darf, auch wenn man nur schauen und nicht konsumieren will.*

AUSSERHALB VON KERÝNEIA/GIRNE

• **Grapevine,** *im Süden der Stadt an der Straße nach Nikosía: internationale Küche. Romantischer Garten und eine gemütliche Gaststube.*

• **Altinkya I,** *an der Straße nach Lapta: Einfach eingerichtet, ausgezeichnete Fischgerichte zu gehobenen Preisen.*

Strände

• **Acapulco Beach**: *feinsandiger Strand, 10 km östlich der Stadt.*

• **Lára Beach**: *Sandstrand 12 km östlich der Stadt mit Cafeteria.*

• **Twelve Mile Beach**: *Zwei Badebuchten mit flachem Wasser.*

Tauchen

• **Amphora Scuba Diving Centre**, *Sun Set Beach Alsancak, E-Mail: asimuygur@superonline.com, www.amphoradiving.com*

- ***Blue Dolphin Scuba Diving and Watersports**, Jasmine Court Hotel, E-Mail: bluedolphinscubadiving@hotmail.com, www.bluedolphin.4mg.com*
- ***Scuba Cyprus Ltd.**, Kazim Özalap Sokak, Alsanak-Kerýneia, E-Mail: scubacyp@cypnet.com*

Hinweis

Sowohl der Lára- als auch der Twelve Miles-Strand sind Brutplätze von Meeresschildkröten. Man sollte also nach der Dämmerung nicht mehr an den Strand gehen.

Nikosía-Nord/Lefkosa (S. 378)

Unterkunft

- *€€€ **Saray*****, Atatürk Meydani, Tel. 228 31 15, Fax 228 48 08, www.cyprusnorth.com.saray: Das einzig akzeptable Hotel in der Altstadt, Stil Plattenbau, Atmosphäre im Dachrestaurant: gehobenes DDR-Ambiente. Doch was soll´s: der Rundumblick auf Nikosía ist traumhaft! Man kann ihn auch genießen, wenn man hier nur einen Kaffee trinkt. Die meisten Zimmer sind neu renoviert, nur noch in einigen Stockwerken kann man erahnen, welch angejahrten Charme das Hotel noch bis vor kurzem hatte ...*
- *€€ **Royal**, Kemal Asik Cad. 19, Tel. 228 76 11, Fax 228 75 80, E-Mail: ichangar@kktc.net: Modernes Hotel in der Neustadt mit Spielkasino und Innenpool.*

Ich begriff nun, warum die Cyprioten Griechenland für so fortgeschritten hielten. Wenn man Hauptstadt mit Hauptstadt, Athen mit Nikosia verglich, hatten sie Recht. Mit all seinen verschlungenen und verrückten Absonderlichkeiten war Athen doch Europa. Wenn man die Annehmlichkeiten des zwanzigsten Jahrhunderts zum Maßstab nahm, ließ Nikosia sich höchstens mit einer von Fliegen heimgesuchten anatolischen Landstadt vergleichen, die verschlafen und vergessen in der Zentralsteppe lag. Auf allen Seiten sahen wir uns mit modernen Städten wie Beirut oder Alexandria konfrontiert. Der Vergleich war natürlich unfair, aber er war unvermeidlich, und in Gedanken zog man ihn täglich hundertmal. Nikosia war eine Stadt, die die Türken in Schlaf versetzt hatten und die nun in der staubigen Mesaoria ihr Leben verträumte. Was hatte man unternommen, um sie zu wecken? Bisher war es nicht nötig gewesen.

Lawrence Durrell in „Bitter Lemons", London 1957

Das Zentrum des Nachtlebens von Nikoísa ist seit seiner Renovierung die Karawanserei „Büyük Han". Neben Kneipen lockt hier auch das beste Restaurant der Stadt. Seit sich Zyperngriechen und Zyperntürken wieder besuchen dürfen, treffen sich in der Karwanserei nicht nur Intellektuelle des Nordens, sondern auch viele Zyperngriechen. Im Restaurant sollte man „Bidda Badadez" bestellen, also gerolltes Pita-Brot mit Kartoffeln, Tomaten und Käse. „Bidda Badadez" ist Zypern-Türkisch, auf Istanbuler Türkisch heißt es „Pita Patates".

IWANOWSKI'S
Das kostet Sie Zypern

News im Web: www.iwanowski.de

- Stand: Juni 2004 -

Derzeit ist die Währung **Südzyperns** das zyprische Pfund (CYP), auch Lira genannt. In **Nordzypern** ist die Landeswährung die stark inflationäre (bis zu 70 % Inflationsrate) türkische Lira.
Wechselkurse: 1 CYP (zyprisches Pfund) = 1,70 €
1,773,075.55 TRL (türkische Lira) = 1 €

Südzypern

Ein billiges Reiseziel ist die Republik Zypern schon seit längerem nicht mehr, unter den europäischen Sommersonnen-Reisezielen gilt die Insel mittlerweile neben Sardinien als eines der teuersten. **Im Winter allerdings werden sehr günstige Sonderangebote, vor allem nach Protarás, angeboten. Auch Februar oder März liegen die Übernachtungspreise erheblich unter dem Niveau der Hochsaison**, gleichzeitig ist das Wetter aber meist schön und die Natur steht in ihrer vollen Blüte. **Günstiger als in Deutschland** sind im Allgemeinen Kontaktlinsen, Brillen (ca. ein Drittel günstiger), viele (internationale) Medikamente, Lederwaren (no-name-Gürtel und -Taschen, aber auch Designerstücke von Versace oder Moschino), Benzin und der Wein im Restaurant.

Anreise

Im Allgemeinen ist ein Flug von Deutschland nach Zypern ab 230 € buchbar. Last minute ist aber gelegentlich auch ein Flug für 200 € und darunter zu bekommen.

Aufenthalt

Hotels: Die günstigen Unterkünfte vor Ort bekommt man selten unter 20 CYP pro Doppelzimmer (bei Buchung vor Ort), nach oben hin sind die Preise natürlich offen.
Camping: 1 bis 3 CYP pro Tag für einen Zelt- oder Wohnwagenplatz und 1 bis 1,50 CYP pro Person und Tag
Jugendherbergen: zwischen 3,50 und 5 CYP pro Person und Tag

Eintrittspreise für die Wasserparks Waterworld und Fasouri
Erwachsene und Kinder über 13 Jahre 13,50 CYP
Kinder bis 12 Jahre 7 CYP
Kinder unter 2 Jahre frei (Fasouri: Kinder unter 3 Jahre)

Eintrittspreise Museum
In der Regel 1 CYP pro Person

Preisbeispiel Essen gehen (mittlere Kategorie)

Meze (Fleisch)	ab 7 CYP
Meze (Fisch)	ab 8 CYP
Bauernsalat	ab 1,50 CYP
Portion Moussaka	2,50 CYP
Portion Kleftiko (Lammbraten)	5 CYP
Omelett	2 CYP
Spaghetti	2,50 CYP
Oktopus	4,50 CYP
Glas Wein	ab 2,40 CYP
eine Flasche Wein im Restaurant	6–20 CYP
Flasche Mineralwasser	0,80 CYP
große Flasche Mineralwasser	1,20 CYP
Flasche Bier	1,25 CYP
Nescafé	1,25 CYP

Auto fahren

1 Liter Benzin 47,5 Cent	Super bleifrei 46,3 Cent
Bleifrei 95 Ron 54,2 Cent	Diesel 33 Cent

Preisgünstige und empfehlenswerte **Mietwagen** gibt es unter anderem bei:

• **Nova Rentacar,** www.rentacar-europe.com: Die Preise sind unabhängig von der Saison ganzjährig gleich, also in den Sommermonaten äußerst günstig.

• **Manos car,** www.manos-car.com.cy: Hauptsitz der Firma ist in Nikosía, die Autos werden aber an den gewünschten Ort ausgeliefert. Die Wagen von Manos Car sind in einem sehr guten Zustand, die Firma ist insgesamt sehr zuverlässig und nur zu empfehlen.

Vergleich **Preisbeispiel Mietwagen** pro Tag vor Ort gebucht und ohne Kilometerbegrenzung:

Kategorie	*Sitze*	*Preis*
A (bis 800 ccm)	4	15–25 CYP
B (801–1.000 ccm)	6	18–28 CYP
C (1.001–1.300 ccm)	5	18–28 CYP
D (1.301–1.600 ccm)	5	22–34 CYP
E (1.601–1.800 ccm)	4–5	25–34 CYP
F (1.300–2.500 ccm)	4–6	25–30 CYP
G (über 1.800 ccm)	7	50 CYP

Mietwagen vergleichbarer Kategorien, zuhause über einen Reiseveranstalter gebucht, sind im Allgemeinen etwas preisgünstiger – vergleichen lohnt hier.

Preisbeispiele in CYP für Bus, Taxi und Sammeltaxen in Südzypern

Von nach	*per Bus*	*per Taxi*	*per Sammeltaxi*
Flughafen Lárnaka			
Lárnaka	-	4,00	-
Limassol/Lemésos	-	24,00	3.50–4,50
Nikosía/Lefkosia	-	18,00	3,00–4,00
Páfos	-	47,00	-
Agia Nápa	-	16,00	-
Paralímini/Protarás	-	18,00	-

Von nach	*per Bus*	*per Taxi*	*per Sammeltaxi*
Flughafen Páfos			
Páfos	-	7,00	-
Pólis	-	16,00	-
Limassol/Lemésos	-	22,00	3,25–4,25
Lárnaka	-	44,00	-
Nikosía/Lefkosia	-	47,00	-
Agia Nápa	-	56,00	-
Nikosía/Lefkosia			
Lárnaka	2,00	16,00	3,00
Limassol/Lemésos	2,50	28,00	4,00
Páfos (via Limassol)	4,50	49,00	7,25
Agia Nápa	3,00	27,00	-
Limassol/Lemésos			
Lárnaka	2,50	24,00	3,50
Agia Nápa (via Lárnaka)	4,30	36,00	-
Páfos	2,00	24,00	3,25
Páfos			
Agia Nápa	4,30	58,00	-
Polis	1,60	13,00	-

Fahr- und Motorräder
Mietpreis für Fahrräder zwischen 3 und 10 CYP pro Tag, für Motorräder pro Tag 3 bis 30 CYP

Wassersport
Im Folgenden einige Richtpreise der Fremdenverkehrszentrale Zypern:

Richtpreise in CYP
- Pedalos (Zweisitzer): CYP 4 pro Stunde
- Pedalos (Viersitzer): CYP 5 pro Stunde
- Kanu (Einsitzer): CYP 2,50 pro Stunde
- Kanu (Zweisitzer): CYP 4 pro Stunde
- Windsurfen: CYP 5,50 pro Stunde
- Windsurfen/Unterricht: CYP 5,50 pro 30 Min.
- Ruderboot: CYP 4 pro Stunde
- Segelboot: CYP 12,50 pro Stunde
- Segelunterricht: CYP 19 pro Stunde
- Jet-Ski (Einsitzer): CYP 10 pro 15 Min.
- Jet-Ski (Zweisitzer): CYP 12,50 pro 15 Min.
- Motorboot: CYP 12,50–37,50 pro 30 Min.
- Wasserski: CYP 5 für die km-Runde
- Wasserski/Unterricht: CYP 6,50 für die km-Runde
- Parasailing: CYP 15 pro 10 Min.

Tennis
Auf hoteleigenen Plätzen muss man 4 bis 6 CYP rechnen, auf städtischen Tennisplätzen mit 1 bis 3 CYP.

Schlüsselverwalter
von Kirchen und Klöstern sollten mit 2 CYP pro Stunde entlohnt werden.

Taxirundfahrt ab Nikosía nach Nordzypern

Halbtagestour nach Kerýneia, Bellapais und St. Hilarion ca. 40 CYP
Ganztagestour nach Famagusta, Salamis, Kerýneia, Bellapais und St. Hilarion ca. 60 CYP

Nordzypern

Die Lebenshaltungskosten sind im Vergleich zu Deutschland relativ gering und entsprechen etwa einem Drittel der deutschen Preise. Dafür gibt es aber sehr wenige günstige Last-Minute- oder Schnäppchenreisen nach Nordzypern.

Vor Ort gebucht, können die Hotels oft wesentlich günstiger kommen als zu Hause über einen Reiseveranstalter.

Anreise

Preisbeispiel Pauschalreisen

- Arabia Felix Synform GmbH (www.nord-zypern-reisen.de) bietet unter anderem eine einwöchige Studienreise nach Nordzypern für 990 € p.P. inkl. HP.
- Bei Fener Reisen (Tel. 040/694950) kostet eine Woche mit Flug und Übernachtung im Hotel Nostalgia in Kerýneia 615 €.

Mietwagen

zu buchen über Fener Reisen (jeweils ab 3 Tagen Mietdauer):

Wagentyp	*Nebensaison Nov. bis März*	*Zwischensaison April bis Juni*	*Hochsaison Juli bis Okt.*
Fiat Siena	18 €	25 €	30 €
Suzuki Vitara Jeep 4WD	26 €	28 €	37 €
Opel Astra	32 €	37 €	39 €

HBF Nord München (www.reisen-muenchen.de) bietet an:
Linienflug mit Turkish Airlines ab/bis München

- Erwachsene: € 315 zzgl. Tax (ca. € 55)
- Kinder (2–11 J.) € 234 zzgl. Tax (ca. € 55)
- Babies (0–2 J.) € 35

Hotel Mimoza Beach* incl. Transfers, Betreuung vor Ort**

Paket mit 7 Übernachtungen + Verl.-Tag

- Erwachsene Doppelzimmer/ÜF p.P. € 214 + € 22
- Erwachsene Doppelzimmer/HP p.P. € 277 + € 31
- Erwachsene Einzelzimmer/ÜF p.P. € 277 + € 31
- Erwachsene Einzelzimmer/HP p.P. € 340 + € 40
- Kind (3–6 Jahre) als 3. Pers. im Zimmer mit 2 Erw./ÜF: € 107 + € 11/HP € 139 + € 16
- Kind (7–11 Jahre) als 3. Pers. im Zimmer mit 2 Erw./ÜF: € 146 + € 17/HP € 193 + € 23, Babies sind im Hotel/Transfer frei

IWANOWSKI'S
Neuigkeiten aus Zypern

- Stand: Juni 2004 -

News im Web: www.iwanowski.de

Inhalt

WIE ES WEITERGING...

Seit der letzten Auflage dieses Buches im Dezember 2002 hat sich so einiges getan auf Zypern. Änderungen wie Preise oder Telefonnummern wurden direkt in den gelben Seiten vorgenommen. Neue Museen oder Hotels und andere News sowie neue Erkenntnisse und Entdeckungen der Autorin sind hier kurz und prägnant auf den blauen Seiten zusammengefasst.

Neu eröffnet...

Kulturroute der Aphrodite (siehe auch Seite 256)

Zypern hat jetzt auch einen: einen thematischen Lehrpfad. Der ist – wie sollte es auch anders sein – Aphrodite, der Göttin der Liebe gewidmet. Die Dame ist hier nicht nur dem Meer entstiegen, sondern war auch andernorts präsent. Wenn der Themenweg (endgültige Fertigstellung bis 2010 geplant) mal so vollendet wie Aphrodite selbst sein wird, dann wird er alle Orte der Insel, die an die Göttin erinnern, gut beschildert miteinander verbinden.

Orientierung gibt ein eigenes Logo, das die interessanten Punkte der Route wie Naturschönheiten und Museen kennzeichnet. Die drei Kernstücke der Route sind das Kulturerbe Palálaia Páfos in Koúklia, Amathúus in der Nähe von Limassol und Kition in Lárnaka.

Das erste Teilprojekt wird jetzt in Agia Nápa und Lárnaka umgesetzt. Dort steht nun in Kition ein Info-Zentrum mit umfangreichem Material über Aphrodite zur Verfügung. Die Route verweist ebenfalls auf das Archäologische Museum

News

und das Pierides-Museum in Lárnaka, in denen die Bedeutung der Aphrodite-Verehrung in der Geschichte Zyperns gezeigt wird. Dieses erste Teilstück geht bis zum Agia Nápa Municipal Museum, wo die Göttin als Schutzpatronin des Meeres dargestellt wird. Auch die Natur der Insel steht in enger Verbindung mit Aphrodite. Die Kulturroute führt zum Beispiel zum Salzsee in Lárnaka und zum Kap Greko, wo der Göttin zwei Heiligtümer gewidmet sind.

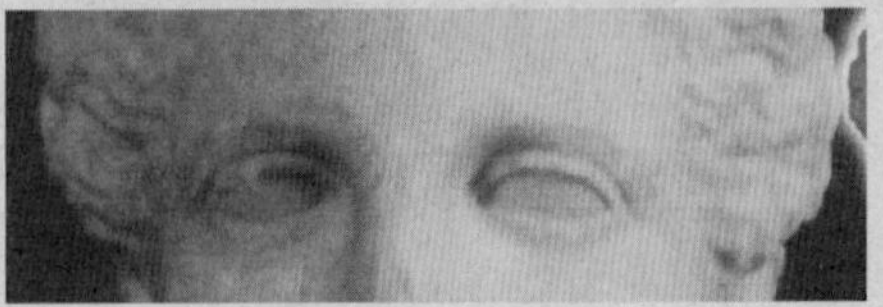

Wann wird wohl mein mir gewidmeter Themenpfad fertig sein – mag sich Aphrodite fragen.

News

Derýneia Folklore-Museum (siehe auch Seite 202)

Wie das traditionelle Landleben Zyperns in den vergangenen zwei Jahrhunderten ausgehen hat, ist im Folklore-Museum in Derýneia zu sehen: mit einer Sammlung von Haushaltsgeräten, Werkzeugen für Ackerbau und Viehzucht.
Das Museum ist im Haus der verstorbenen Mutter der Familie Hadjiliassi eingerichtet. Ein wichtiges Element auf dem traditionellen zyprischen Hof war und ist neben den Oliven-, Zitronenbäumen und Jasmin-Sträuchern der Ofen: Margarita Hadjiliassi benutzt ihn noch heute, um Brot zu backen. Familie Hadjiliassi wohnt direkt neben dem Museum und gibt den Besuchern die einmalige Chance, in einem persönlichen Gespräch mehr über das damalige Leben in Zypern zu erfahren.
Das Museum hat montags bis samstags von 9 bis 13 Uhr und von 16 bis 18 Uhr geöffnet.

News

Kulturhistorisches Museum in Agia Nápa (siehe auch Seite 190)

Und noch ein zweites Museum wird seine Pforten eröffnen: das von außen futuristisch anmutende Kulturhistorische Museum in Agia Nápa. Wenn es mal eingerichtet sein wird, soll hier auch der Nachbau einer antiken Galeere (siehe Kerýneia/Girne, Nordzypern) mit Amphoren zu sehen sein. Zur Zeit der Drucklegung war das Museum noch nicht eröffnet.

News

Aufgeschnappt
„Ayia Napa ist ein lockeres Pflaster. Die meisten, die hier Urlaub machen, wollen Sonne und Sex und sonst nichts", sagt Andreas Ehli, Chef des Hannoverschen Reiseriesen TUI auf Zypern...
„Ayia Napa, ein besseres Ibiza? Das ist Geschmackssache. Ibiza ist routinierter, Ayia Napa ist spontaner." schreibt DER SPIEGEL

News

Hotel Elysium Beach Resort in Páfos (siehe auch Seite 156)

Ein Ort der Freude und der ewigen Wonnen war in der antiken Mythologie „Elysium", und das soll dieses neue Luxushotel auch sein. Erbaut in einem Stilgemisch von Antike und byzantinisch-venezianischer Architektur ist es Stein gewor-

dene Geschichte Zyperns, allerdings in der geschönten Variante – denn Zyperns Geschichte war ja nicht immer die wonnevollste... Im Elysium wird nicht nur auf Wellness vom allerfeinsten, sondern auch auf kulinarische Freuden gesetzt, und die gibt's in mehreren Restaurants, so im Mediterraneo Restaurant im Freien, wo Mezé, Pasta und Fisch angeboten werden. Oder im Epicurean Restaurant am Ende eines Klosterganges.
Und zwischendurch hat man die Wahl zwischen einem Café Oriental und einem Café Occidental.
*€€€€€ Elysium Beach Resort*****, Queen Verenikis Street, Tel. 26 84 44 44, 26 84 43 33, E-Mail: info@elysium.com.cy, www.elysium-hotel.com.*

Hotel Almyra in Páfos (siehe auch Seite 156)

Wie aus einer Design- und Architektur-Zeitschrift muten die Sitznischen auf den Dächern des Hotels Almyra an.

Zypern hat jetzt auch eines: ein Design-Hotel. Aus dem ehemaligen Paphos Beach-Hotel, erbaut in den 1970er Jahren im klassisch-modernen Stil des „Béton brut", also in eher fantasieloser Betonbauweise, wurde nun ein stilvolles Hotel. Eingebettet in einen acht Hektar großen Garten, ist das Haus ohne verkrampften Design-Schnickschnack gestaltet, „so perfekt, dass man manchmal Sehnsucht danach bekommt, kurz ins wahre Leben zurückzukehren", laut eines Presseberichts! Besonders schön: die Kyma(ta)-Suiten, benannt nach dem griechischen Wort „Kyma" für Welle(n), die denn auch von hier aus zu hören sind.
€€€€–€€€€€ Almyra, Poseidonos Avenue, Tel. 26 93 30 91, Fax 26 94 28 18, E-Mail: almyra@thanoshotels.com, www.thanoshotels.com.

Neu erschienen... (siehe auch Seite 413)

Heinz Herbert (2003), **Ausgerechnet Zypern**: Der Frankfurter Anwalt Harry Bieber wird in Geschäfte der nordzyprischen Unterwelt verstrickt. Und der Leser wird so nebenher über den Zypernkonflikt informiert.

Andreas P. Pittler (2003), **Zypern**, Wieser-Verlag: Geschichtshandbuch im Reclam-Format, 9.000 Jahre der verschlungenen zyprischen Geschichte zum genauen Nachlesen.

Neu ausgegraben...

(siehe auch Seite 237)

Wie alt die Verbindung Mensch und Katze ist, haben nun Ausgrabungen auf Zypern ergeben. In einer neolithischen, etwa 9.500 Jahre alten Grabstätte haben Wissenschaftler im Jahr 2001 ein Katzenskelett entdeckt, sorgsam beigesetzt neben einem Menschen und allerlei Grabbeigaben. Die auf acht Monate alte geschätzte Katze wurde in derselben nach Westen orientierten Haltung wie ihr Herrchen beerdigt. Von der Rasse her war das Tier eine Wildkatze, und zwar eine nubische Falbkatze namens *Felis silvestris lybica*. Man vermutet, dass die Katze eigens für das Begräbnis getötet wurde, damit sie mit Herrchen in die Ewigkeit einginge.

Vor 9500 Jahren begraben - Mensch und Katze -

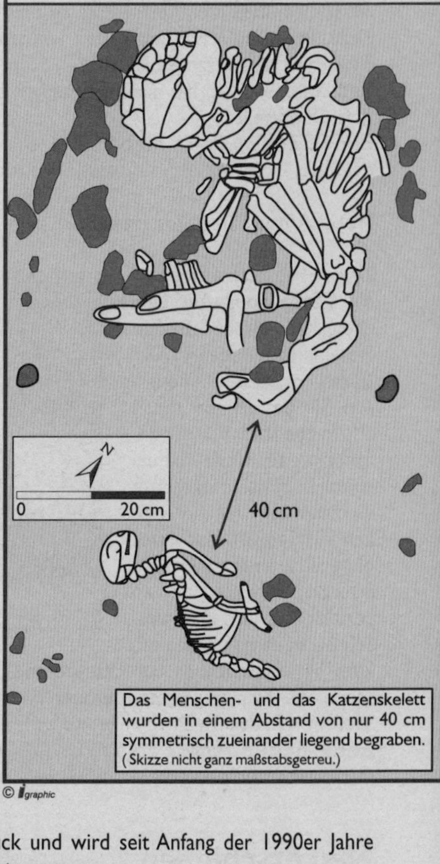

Das Menschen- und das Katzenskelett wurden in einem Abstand von nur 40 cm symmetrisch zueinander liegend begraben. (Skizze nicht ganz maßstabsgetreu.)

© igraphic

Neben dem Skelett fanden die Wissenschaftler geschliffene Steine, Werkzeug, Schmuck sowie einen Krug mit Muscheln als Grabbeigaben. Französische Anthropologen hatten das Grab in Shillourokambos entdeckt, einer jungsteinzeitlichen Siedlungsstätte nahe Parekklisiá, 6 km östlich von Limassol. Die Siedlung aus der so genannten Choirokoitía-Kultur geht vermutlich auf griechische Einwanderer zurück und wird seit Anfang der 1990er Jahre von Archäologen systematisch freigelegt.

Die Katze, die noch heute auf Zypern zahlreich vertreten ist und nach der sogar ein Kloster benannt ist, wurde ursprünglich von Siedlern auf die Insel eingeführt.

Neu probiert...

Zum auf Seite 86 aufgeführten **Filfar** hier noch einige Anmerkungen: Das Rezept des sehr süßen Orangenlikörs, dem einige Kräuter beigemischt sind, soll von den Mönchen von Kantara im Norden von Zypern stammen. Der Name hingegen auf einen Schreibfehler, denn sein Produzent, *Takis Phillipou*, der das Rezept von seiner

Großmutter übernommen hatte, wollte den Likör unter dem Namen „Fabrique Phillipou" registrieren lassen, kurz Far Fil. Er hatte sich aber verschrieben: Filfar – und bei diesem Namen ist es bis heute geblieben. Modernen Designansprüchen genügt die Filfar-Flasche sicher nicht, sie ist so altmodisch-liebenswert wie es auch die verstorbene Queen Mum einst war, und die soll den Filfar neben ihrem geliebten Gin sehr geschätzt haben.

Was den **Zivania** (siehe auch Seite 87) anbetrifft, den zyprischen Tresterschnaps, so war in der Frankfurter Allgemeinen Sonntagszeitung vom 2. Mai 2004 zu lesen: „Zur Zeit bangt man auf der Insel um den Zivania, dessen Preis sich mit dem EU-Beitritt mehr als verdoppeln wird. Mit dem Behauptungswillen von Kleinstaatlern sind die Zyprer mächtig stolz auf ihre Lesart des Grappa. Weil der Schnaps jedoch eher wie ein mit muffigen Traubenschalen gewürzter Wodka auftritt, muss sich die mediterrane Melancholie alsbald ein lohnenderes Objekt suchen." Und das könnte ja dann der süße Filfar sein...

Das Thema **Hallóumi**-Käse wurde auf Seite 81 schon ausführlich behandelt. Dennoch, hier als Ergänzung ein weiteres Kochrezept mit Hallóumi-Käse, herausgegeben von der Handelsabteilung der Republik Zypern – ausprobiert und für gut befunden:

Omelett mit Hallóumi

Zutaten:
1 Glas geriebener Hallóumi
6 Eier
2 EL Milch
fein gehackte Petersilie
5–6 Esslöffel abgetropfter Mais
Pfeffer
2 EL Öl
2 TL Butter

Die Eier mit Milch aufschlagen, den geriebenen Hallóumi, die Petersilie, den Mais und den Pfeffer hinzugeben und alles gut vermischen. Öl und Butter in einer Pfanne erhitzen, die Eiermasse hineingießen und die Masse solange braten, bis die untere Seite goldbraun ist. Nicht wenden, sonst könnte das Omelett auseinanderfallen, sondern die flüssige Eimasse am Rand nach unten auf den Pfannenboden fließen lassen. Das Omelett vorsichtig zusammenklappen und servieren.

Statt Mais können auch klein gewürfelte Champignons oder fein gewürfelter Schinken verwendet werden.

News News News News News News

Neu verhandelt...

„Wir haben keine Lösung für das Zypern-Problem finden können, weil dies eines der kompliziertesten Probleme auf der Welt ist", so hatte US-Präsident *Lyndon B. Johnson* schon im Jahr 1964 über Zypern geweissagt. Wie recht sollte er doch behalten.

„Verkehrte Welt, es ist eine verkehrte Welt", sagte der EU-Erweiterungskommissar *Günter Verheugen* fassungslos am Abend des 24. April 2004, als eine Wiedervereinigung Zyperns an dem entschiedenen Veto der Inselgriechen gescheitert war. Drei Viertel der griechischen Zyprer hatten mit Nein gestimmt und waren somit ihrem Präsidenten *Tassos Papadopoulos* gefolgt. Der hatte seine Bürger allerdings darum gebeten, das Wahl-Ergebnis nicht zu feiern, da er wusste, dass das Votum in Europa auf wenig Verständnis stößt.

Ein Ergebnis, das Monate vorher so die Weltöffentlichkeit nicht erwartet hätte. Denn lange Zeit war *Raul Denktasch*, der Präsident Nordzyperns, der Schurke, der sich gegen eine Wiedervereinigung stellte. Doch hatte er in letzter Zeit nicht mehr die Türkei als Verbündeten, denn die will ja in die EU. Und sein Volk, die Zyperntürken, hat ein überaus vitales Interesse an einer Wiedervereinigung – sind sie doch wirtschaftlich im Abseits und sehen, wie der Süden des Landes floriert.

Für die Politologin *Maria Chatzipawlou* gründet die Nein-Haltung der Zyperngriechen auf einem seit Jahrzehnten gehegten Chauvinismus. „Statt die Bevölkerung auf einen Kompromiss vorzubereiten, hat die politische Elite Mythen propagiert: Alle Flüchtlinge werden zurückkehren. Alle erhalten ihren Besitz zurück. Alle türkischen Soldaten werden abziehen. Der Wille zur Verständigung war so gut wie nicht vorhanden." (aus der Zeit vom 15. April 2004). Die Süddeutsche Zeitung wusste weiterhin zu berichten „Viel Geld kommt von Griechen in den USA, denen man gesagt hat, eine Zypern-Lösung sei gleichbedeutend mit Armageddon" (dem biblischen Endkampf zwischen Gut und Böse).

Im griechischen Süden demonstrierten am Samstag etwa 5.000 Menschen für ein „Nein" bei der Volksabstimmung. Orthodoxe Bischöfe, Sozialisten und auch Abgeordnete der Partei von Präsident Tassos Papadopoulos hatten zu der Kundgebung aufgerufen. „Unsere Würde fordert eine Zurückweisung des Plans, der 30 Jahre illegale türkische Besetzung rechtfertigt", sagte der Hauptredner, der frühere Sozialistenchef Vassos Lyssarides.
(SZ 5. April 2004)

Ein überraschendes Detail des Zypernproblems ist die Tatsache, dass ausgerechnet die jüngeren Zyperngriechen die größte Furcht vor der Einigung hatten: 86 Prozent der 18- bis 30-Jährigen sagten einer Studie zufolge, ein gemeinsames Leben mit türkischen Nachbarn fiele ihnen „sehr schwer". Dagegen meinten 62 Prozent der über 60-Jährigen, das Miteinander werde leicht, obwohl sie persönlich erlebt haben, wie die Volksgruppen sich gegeneinander aufhetzen ließen. Aber die Älteren haben eben auch einst friedlich nebeneinander gelebt.

Als Resumee des Referendums schreibt die Süddeutsche Zeitung: „Türkischer Übermut ist fehl am Platz. Denn die Türkei war in Sachen Zypern-Frieden ein Spätzünder. Sie hatte viele Chancen vergeben, weil sie bis kurz vor der Aufnahme der Insel in die EU wartete, ehe sie eine Lösung anstrebte. Vor einem Jahr hätte sie ihr Ziel erreichen können – da zog der Papadopoulos-Vorgänger *Glafkos Klerides* die Fäden in Nikosía, und er war für den Annan-Plan.

Nach dem EU-Beitritt der südzyprischen Republik sollen viele Beschränkungen des freien Personenverkehrs und des Handels entfallen, die bisher die wirtschaftliche Entwicklung im türkisch besetzten Norden blockierten. Nord-Zypern soll dann seine Exporte zollfrei über Häfen im Süden verschiffen können. Zudem prüfen die EU-Staaten, Direktflüge aus Europa in den Insel-Norden zuzulassen.

Schweiz im Mittelmeer

Nach dem nun gescheiterten Annan-Plan hätte aus Zypern ein Helvetien im östlichen Mittelmeer werden sollen. Die Inselgriechen und -türken hätten ihre Beziehungen nach denen der Schweiz und deren Verhältnis zwischen Bundesregierung und Kantonen modellieren sollen. Und zwar in einer „unauflösbaren Partnerschaft" in einem gemeinsamen Staatswesen mit zwei Teilstaaten, die sich nicht länger an Begriffen wie Mehrheit und Minderheit orientieren. Die Inselgriechen hätten der von der Bevölkerungszahl her deutlich geringeren türkischen Bevölkerung politische Gleichberechtigung zugestehen müssen. Den größten Teil des ebenso komplexen wie komplizierten Annan-Plans machte allerdings die Regelung der Eigentumsfragen aus, die vor drei Jahrzehnten durch die Vertreibung der Türken aus dem Süden der Insel und den Exodus der Griechen aus Nordzypern entstanden ist. Genauso problematisch wären die territorialen Veränderungen zwischen den beiden künftigen Teilstaaten gewesen: Seit Teilung der Insel stehen 36 Prozent des zyprischen Gesamtgebiets von 9.251 Quadratkilometern unter türkischer Verwaltung, obwohl die türkische Volksgruppe gerade einmal 13 Prozent der Bevölkerung ausmacht. Auch wäre zu klären gewesen, was mit den sogenannten Festlandtürken geschehen soll, die in den vergangenen 30 Jahren vornehmlich aus Anatolien nach Nordzypern umgesiedelt worden sind...

4. REISEN AUF ZYPERN

Die Insel ist klein genug, um alle Ziele im griechischen Teil im Rahmen von Tagesausflügen besuchen zu können (theoretisch inkl. des nördlichen Teils), vorausgesetzt, man wohnt weder im äußersten Westen noch im äußersten Osten Zyperns. Beginnend von Agía Nápa im Osten Zyperns werden nacheinander die wichtigsten Orte an der Küste bis hin in den Ostzipfel der Insel beschrieben, dann das Inselinnere mit dem Tróodos-Gebirge und Nikosía.

Vom türkisch besetzten Teil werden hier weitgehend die Ziele und Sehenswürdigkeiten beschrieben, die im Rahmen eines Eintagesausflugs (bzw. mehrerer Eintagesausflüge) von Nikosía aus erreicht werden können. Dies entspricht den tatsächlichen reisepraktischen Gegebenheiten, da die Republik Zypern einen Tagesausflug in den Norden der Insel gestattet, wohin gegen Ausflüge vom Inselnorden in den Süden nicht möglich sind.

Zeiteinteilung für Besichtigungstouren

Südzypern

Ort/Gebiet	Seite	mögliche Zeiteinteilung in Tagen	Was sieht und erlebt man
Agía Nápa	190	½	viel Trubel und ein Kloster, Vergnügungsparks
Umgebung westlich von Agía Nápa bis Pýla			
Hellenistische Gräber Agía Thékla • Pótamos Pótamos Liopétri • Pýla	196	½-1	Gräber, Kirche, Fischerhafen, griechisch-türkisches Dorf
Umgebung östlich von Agía Nápa			
Kap Greko • Agii Anargyri • Protarás • Paralímni • Àgios Kendeas • Derýneia	198	½-1	karge Kaplandschaft, bizarre Felsformation, lebhaftes Kleinstädtchen, einsames Kloster, Blick auf Geisterstadt
Lárnaka	203	½	Flanieren an der Hafenpromenade, Museum, Kirche, orientalisch geprägte Altstadt
Umgebung westlich von Lárnaka			
Salzsee • Hala Sultan Tekke • Panagía Angelokistós • Ágios Geórgios tis Arperás • Mazotós • Alaminos • Choirokoitía • Zýgi • Tóchni • Kalavasós • Léfkara • Lágeia • Ágios Minás • Káto Drys • Skarínou	210	1-2	See mit Flamingos, Moschee, Kirchen, Klöster, Kamele, prähistorische Siedlungen, Fischrestaurants, schöne Dörfer
Umgebung nordwestlich von Lárnaka			
Klöster Agía Barbara und Stavrovoúni • Pýrga • Kórnos • Perá Chorió • Ágios Sozómenos • Potamiá • Dáli • Lympía	223	1	Klöster, Kirchen, Geisterstadt, Ausgrabungen
Limassol	231	½	Markthalle mit lebhaften Cafés, Museum, Einkaufsstraße
Umgebung östlich von Limassol			
Germasógeia-Staudamm • Arakapás • Akapnoú • Kelláki • Pareklissiá • Ágios Geórgios • Alamanos • Amathoús • Armenochóri	235	1	Staudamm, Wanderungen, Ausgrabungen, Dorf mit Ausblick

Umgebung westlich von Limassol			
Halbinsel Akrotíri • Kolóssi • Koúrion • Sotíra • Koúris-Staudamm • Lófou • Monágri • Láneia • Trimíklini • Louvarás	240	1	ein Salzsee, ein Wrack und viele Klosterkatzen, Burg mit Baum und ehemaliger Zuckerproduktionsstätte, Ausgrabungen, Lochsteine, einsamer Staudamm, malerisches Dorf, gepflegtes Kloster, Künstlerdorf, Wasserfall, Kirche
Zwischen Limassol und Páfos			
Avdímou • Plataníteia • Aléktora • Pissoúri • Pétra tou Romioú • Koúklia • Geroskípou	253	1	halb verlassenes Dorf, Badebucht, sagenhafter Felsen, Ausgrabungen, Museum, Kirche, Töpfer- und Korbwaren
Ins Tal des Diarízos und nach Ómodos			
Pano und Káto Archimandríta • Vása • Ómodos • (Abstecher nach Péra Pedi, Koiláni und Vouní) • Ágios Nikoláos • Kédares • Gerovádes • Mesána • Mamonía • Fasoúla • Souskioú • Nikókleia • Asprokrémmos-Staudamm	264	1-2	idyllisches Flusstal mit vielen Vögeln und geologischen Formationen, verlassene Dörfer und Schluchtenwanderung, malerisches Weindorf, schönstes Dorf der Insel, Kirchen, alter Baum und alte Esel, Staudamm
Páfos	272	1	archäologische Ausgrabungen mit herrlichen Mosaiken, pittoresker Hafen mit vielen Restaurants, Museen
Umgebung nordöstlich von Páfos			
Kloster Stavros tis Minthas • Fýti • Kloster Panagía Chryssorogiátissa • Pano Panagía • Abstecher zu den venezianischen Brücken • Kloster Panagiá tou Sinti • Episkopí	286	1-2	Klöster, Museen, einsame Brücken, traumschöne Landschaft, Vögel am Kliff
Umgebung nördlich von Páfos			
Chlórakas • Lémpa • Émpa • Coral Bay/Máa • Ágios Geórgios • Avgás-Schlucht • Lára	292	1	historisches Boot, Künstlerdorf, prähistorische Siedlung, Badebucht mit Museum und Ausgrabungen, Fischerort, einsam-wilde Küstenszenerie, Schluchtenwanderung, Schlangenpark, Schildkrötenstrand

Zwischen Páfos und Pólis			
Milíou • Kloster Ágios Neófytos • Bäder des Adonis • Skoulli • Peristeróna	298	1	Schwefelquellen, umtriebige Einsiedlerklause, idyllisches Fleckchen Erde, Museum
Die Dörfer der Laoná nördlich von Páfos und Androlíkou			
Káthikas • Akoursós • Arkoudáleia • Aródes • Droúseia • Krítou Téra • Androlíkou	304	½-1	Wandern und gut essen, Volkskundemuseum, ein anrüchiges Casino und ein züchtiger Waschplatz, ein Dorf voller Ziegen
Pólis	309	½	im Café sitzen und spazierenschauen, ins Museum oder gut essen gehen
Umgebung westlich von Pólis			
Lakkí • Halbinsel Akámas • Bäder der Aphrodite • Wanderungen auf der Halbinsel Akámas • Fontana Amorosa	310	1	ein Fischerort mit Restaurant, eine einsame Halbinsel, wandern, wandern, wandern...
Der unberührte Westen zwischen Pólis und Káto Pyrgos			
Gialia/Green Valley • Pachýammos • Kókkina • Pyrgos	315	1	türkisfarbenes Meer und saftiggrünes Tal, geheimnisvolle Klosterruinen, wunderwirkende Kirche, türkische Enklave, Köhler, rätselhaftes Fresko
Nikosía	321	1	zwei äußerst interessante Museen, restaurierte Altstadt, Wochenmarkt, ein Handwerkerviertel, Übergang nach Nordzypern
Südwestliche Umgebung von Nikosía			
Panagía Chrysospiliótissa • Tamassós • Ágios Irakleídios • Ágios Machairás • Lazaniás • Fikárdou • Ágios • Panteleímon • Höhlenverstecke der EOKA-Partisanen • Mitsero	334	1-2	drei Klöster, Ausgrabungen, fast verlassenes Dorf, Museumsdorf, Partisanen-Schlupflöcher
Tróodos-Gebirge			
Von Plátres nach Nikosía			
Plátres • Foiní • Kloster Troodítissa • Tróodos • Amíantos • Mufflon-Gehege • Kakopetriá/Galatás • Asínou Vyzakiá • Peristeróna	349	2	kühle Bergdörfer, Wunde in der Landschaft, Mufflons, denkmalgeschützter Ort, viele byzantinische Kirchen, Wasserfälle, Töpferei, nostalgische Hotels

Marathasa-Tal			
Pródromos • Pedoulás • Moutoullás • Kalopanagiótis • Gerakíes • Kloster Kýkko • Mylikoúri • Zederntal/Stavrós tis Psókas	357	1-2	verfallenes Luxushotel, Klöster, Museum, Zedern über Zedern, Mufflons
Pitsiliá			
Lagouderá • Platanistássa • Askás • Palaichóri • Agrós • Peléndri	368	1	Kirchen und interessante Heilige, ein Rosendorf, Wanderungen

Nordzypern (ausgehend von Nikosía-Süd)

Ort/Gebiet	Seite	mögliche Zeiteinteilung in Tagen	Was sieht und erlebt man
Nikosía-Nord	378	½	Moscheen im gotischen Stil, Derwisch-Museum, orientalisch geprägtes Stadtbild
St. Hilarion, Kerýneia/Girne und die Abtei Bellapais (eventuell vormittags Stadtrundgang durch Nord-Nikosia)	388	1	eine romantische Burgruine, ein überaus pittoreskes Hafenstädtchen, eine Burg mit einem Schiffswrackmuseum und nachgestellten Folterszenen, eine traumschöne gotische Abtei, die Villa eines Schriftstellers
Famagusta, Salamis und das Kloster Barnabas (eventuell noch einen Abstecher auf die Halbinsel Karpaz oder zur Burg Kantara)	400	1	archäologische Ausgrabungen, ein historisch wichtiges Kloster und eventuell eine einsame Halbinsel oder eine Burg mit Traumausblick
Burg Kantara mit anschließendem Picknick und – soweit die Zeit reicht – einem Abstecher auf die Halbinsel Karpaz	407/408	1	die oben erwähnte Burg mit Ausblick, Picknick, einsame Landschaft mit vielen Eseln
Soli und der Palast von Vouní (eventuell vormittags Stadtrundgang durch Nord-Nikosia)	395	1	archäologische Ausgrabungen mit einem schönen Mosaik

5. REISEN IN SÜDZYPERN

Agía Nápa

(Einwohner: ca. 2.500, Höhe: Meereshöhe)

Aktuelle regionale Reisetipps zu Agía Nápa *entnehmen Sie bitte der gelben Seite 120*

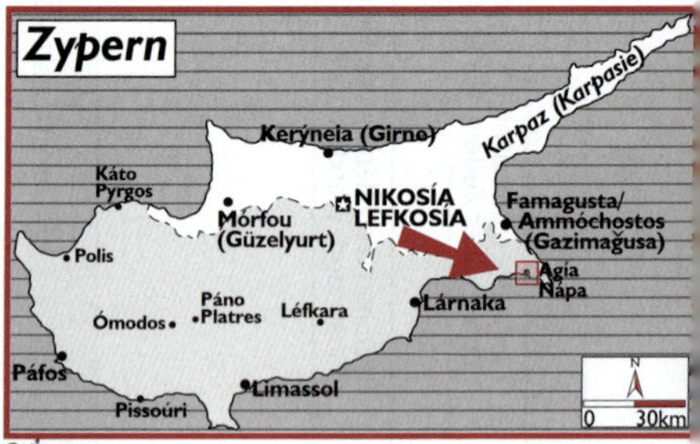

© graphic

„Heiliges Waldland" (Agía = heilig und Nápa = Waldland) – an diese einstige Bedeutung des Ortes erinnern nur noch der Name und ein Kloster. Der Legende nach verfolgten hier ein Jäger und sein Hund einen Wildhasen, der aber plötzlich in einer Höhle verschwand. Dort spürte der Jäger nicht nur den Hasen, sondern auch eine lichtumflutete Ikone der Jungfrau Maria auf, die wie viele andere Ikonen hier vermutlich zur Zeit des Bildersturms versteckt wurde. Das war der Anlass zur Gründung des Klosters von Agía Nápa. Die Kirche ist mitten im Dorf geblieben, mehr aber nicht, denn das ehemalige Fischerdorf ist heute nicht nur umtriebiges **touristisches Zentrum**, sondern auch – so sagen zumindest Insider – **die Nummer 1 der europäischen Party-Ferienorte noch vor Ibiza.** Agía Nápa ist die Nachfolgerin der einstigen Tourismushochburg Varósha, die heute so tot wie Agía Nápa lebendig ist und im türkisch besetzten Teil der Insel liegt.

As time goes by.....

„Wir fuhren bei Agía Nápa durch fruchtbare Ebenen, Tomatenfelder, auf denen das ganze Jahr über die Früchte gedeihen in Orangenhainen und Gemüsekulturen. Die Straße war eine einzige Schlaglochpiste, ein einfacher Feldweg für Bauernfuhren. In Kürze wird sie von der Regierung ausgebaut, sie führt dann zu einer Bungalowsiedlung an einem Strand, dessen weicher, weißer Dünensand die Füße umschmeichelt – ein Platz der Stille mit grünem Meer und hellem Licht."

So schrieb die Frankfurter Allgemeine Zeitung am 4. März 1971 über Agía Nápa, das heute alles andere als ein Platz der Stille ist.

Nach Agía Nápa kommt man heute wegen seiner **herrlichen Sandstrände** und seines pulsierenden Nachtlebens. Auch sind nirgendwo sonst auf Zypern die Straßen so fußgänger- und fahrradfreundlich.

Als Ausgangspunkt für Fahrten ins Inselinnere oder zu den archäologischen Städten an der Küste ist der Ort weniger geeignet, da er zu weit im Osten der Insel liegt – nach Agía Nápa sollte kommen, wer Bade- und Nachtleben sucht.

Und man sieht das Sonnenlicht,
so wie es einst beschrieben wurde...
Eigenartig, wie es vor mir erscheint,
das Sonnenlicht, dieses goldene Netz.
Wo alles zittert, wie die Fische,
die ein prachtvoller Engel
im Fischernetz einzieht.

Agía Nápa II
Gedicht von George Seferis, Nobelpreisträger der Literatur 1963

Sehenswertes

Venezianisches Kloster

Das Kloster ist frei zugänglich

Ein friedlicher Ort der Ruhe inmitten des Trubels von Agía Nápa. Als ein Jäger die eben erwähnte Ikone gefunden hatte, verbreitete sich das wie ein Lauffeuer in der Umgebung, orthodoxe Pilger strömten herbei. Man baute ein kleines Aquädukt, um Wasser von 2 km entfernt liegenden Quellen hierher zu befördern – noch heute entfließt es in der Anlage dem steinernen Maul eines Eberkopfes (der irgendwie auch etwas von einer Kuh an sich hat).

Im Jahr 1530 wurde dann das Kloster von den Venezianern gegründet, wie eine Inschrift belegt. Sie bauten es im Stil der Kreuzfahrergotik, einem Stilgemisch zwischen südländischem Flair und deutscher oder französischer Gotik. Mittelpunkt der Anlage bildet ein von Spitzbögen durchbrochenes Brunnenhaus mit einem fotogenen achteckigen Brunnen. Heute ist das Kloster Agía Nápa ein ökumenisches Konferenzzentrum der christlichen Kirchen im Nahen und Mittleren Osten.

Vom Klosterhof führen einige Stufen in die **archaisch anmutende Höhlenkirche**, deren Inneres entfernt an die Brunnenheiligtümer der Megalithkulturen (z.B. in Sardinien) erinnert. Um die Kirche rankt sich folgende Legende: Die Bevölkerung des Ortes hatte hier während eines Piratenangriffs Zuflucht gesucht. Als die Belagerer nicht abzogen, drohte den Eingeschlossenen wegen Wassermangels der sichere Tod. In ihrer Not baten sie die Jungfrau Maria um Hilfe, die sie ihnen auch gewährte. Sie zeigte ihnen eine kleine Quelle in der Ecke der Kirche, die bis heute nicht versiegt ist. Man kann das heilige Wasser in kleine Wasserflaschen abfüllen, die in der Kirche bereit liegen. Wundertätig ist auch die Ikone, mit der damals alles begonnen hat; sie ist allerdings hinter einem Vorhang verborgen.

Redaktions-Tipps

- **Kloster Agía Nápa** ist ein Ort der Ruhe inmitten der lauten, quirligen Urlaubswelt von Agía Nápa, die die Konkurrenz zum umtriebigen Ibiza nicht zu scheuen braucht.
- Von dramatischer Schönheit sind die **Meereshöhlen westlich des Kap Greko**, wo kleine und große Entdeckernaturen viele versteinerte Muscheln oberhalb des Riffs finden können (S. 198).
- Die **Zyklopen-Höhle und ein pittoresker Felsenbogen** (S. 198/199) sind weitere Naturschönheiten, die leicht zu erreichen sind. Die Meereshöhlen unterhalb des Hotels Grecian Sands in Agía Nápa können allerdings nur Taucher näher erkunden.
- Die kleinen **Höhlen-Kapellen Agía Thékla** (S. 196) und **Agía Saranta** (S. 194) nahe Agía Nápa umfangen einen mit einer mystischen Atmosphäre.
- In Derýneia liegen Ferngläser bereit für den **Blick auf die Geisterstadt Varósha** bei Famagusta in Nordzypern (S. 202).
- **Orientalische Ruh**e liegt über dem Ort Pýla, wo Griechen und Türken neben- und miteinander leben (S. 197).

Übernachten und Essen

- Erwachsene, Kinder und drei Pelikane fühlen sich **am traumhaften Sandstrand des Nissi Beach** und in der tropischen Gartenanlage des Hotels gleichermaßen wohl. Bildschön ist der Blick auf das vorgelagerte Inselchen von den oberen Stockwerken des Hotels (S. 121).
- **Fernagin-Taverne in Derýneia**, ein ehemaliges Bauernhaus mit lauschigem Garten, ist seit über 100 Jahren in Familienbesitz (S. 202).

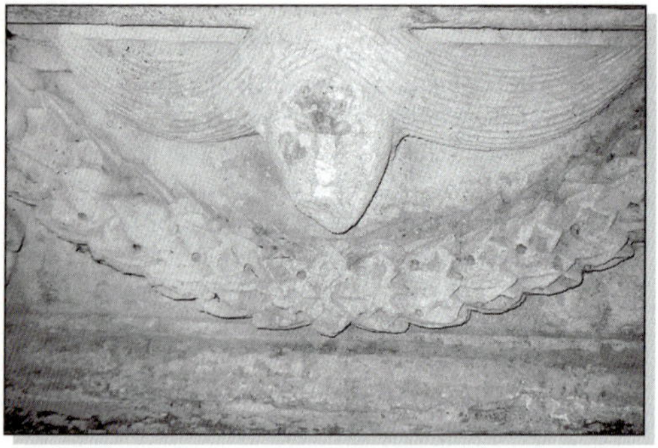

Auf der Umfriedung des Wasserbeckens im Kloster von Agía Nápa sind zwei Halbreliefs zu sehen, die angeblich eine reiche venezianische Aristokratentochter darstellen. Sie soll sich hierher zurückgezogen haben, um dem Druck ihrer Familie zu entfliehen, die sie mit einem Adligen verheiraten wollte. Das andere Relief soll ihren Geliebten darstellen. Nach einer anderen Version soll das Relief die Eltern der Dargestellten zeigen. Wie auch immer – die Porträtierten hatten eine ausgefallene Frisur!

zweitältester Baum Zyperns

Vor dem Südeingang des Klosters steht **eine 26 m hohe, geschätzte 600 Jahre alte Sykomore** (Ficus Sycomorus, auch Maulbeerfeigenbaum genannt), die (nach ihrer Verwandten vor der Kathedrale von Famagusta) der zweitälteste Baum Zyperns ist. Das sehr feste Holz dieses aus Nordafrika stammenden Baumes wurde früher für den Bau von Schiffen und Sarkophagen verwendet. Die Früchte des Baumes sind zwar genießbar, aber nur schwer verdaulich. Der Überlieferung nach wurde dieser Baum von der venezianischen Dame gepflanzt, die auch den achteckigen Brunnen in Auftrag gab und die in dem Sarkophag neben dem Brunnen bestattet sein soll.

Die erst 1990 vollendete, **im neo-byzantinischen „Monumentalstil" erbaute Marienkirche** unterhalb des Klosters ist innen über und über mit zahlreichen Szenen aus der Bibel und Heiligendarstellungen ausgemalt. Meist ist sie nur während des Gottesdienstes geöffnet, und neugierige Touristen sind dann nicht gerne gesehen.

Meereskundliches Museum

Agía Mavris, beim Rathaus. Geöffnet Mo. bis Sa. 9–14 Uhr, im Sommer auch Mo. und Do. 16–18.30 Uhr, im Winter Mo. und Do. 15–17.30 Uhr.

fossile Fische

Die Sammlung zeigt die Meeresfauna vor Zyperns Küste und im gesamten Mittelmeer. Zu sehen sind Exemplare aus der Vergangenheit, wie zum Beispiel 65 bis 220 Millionen Jahre alte Fischfossilien, aber auch derzeitige Meeresbewohner wie Muscheln, Wasserschildkröten, Fische und Vögel.

Agía Mavri-Lochstein

Nahe dem Meereskundlichen Museum steht einer dieser sagenumwobenen Lochsteine, die man auch in anderen Teilen Zyperns findet (s. S. 250). Um diesen Stein hier rankt sich die Legende, an Liebeskummer leidende Frauen würden von diesem befreit, wenn sie durch den Stein durchkriechen und ein Glas auf ihm zerschlagen würden.

Vergnügungsparks in und bei Agía Nápa

- **Yellow Submarine**

Im Hafen von Agía Nápa. Im Sommer Abfahrten tgl. 11 und 14.30 Uhr.

We all sit ... in einer Zeppelingondel, die nicht durch die Luft gleitet, sondern durchs Wasser, und nicht an einem Ballon, sondern an einem Schlauchboot befestigt ist. Große Glasfenster gewähren Ausblicke in die Wasserwelt ringsum. Wer will, kann auch schnorcheln – oder an die Bar gehen.

- **Lunapark**

An der Straße nach Lárnaka. Geöffnet tgl. 12–1 Uhr

Vergnügungspark mit Riesenrad, Auto-Scooter und Mini-Eisenbahn.

- **Waterworld**

An der Straße nach Agía Thékla, Tel. 72 44 44, www.waterworldwaterpark.com. Geöffnet von März bis Mitte Nov. tgl. 10–18 Uhr

Thema dieses Parks sind die alten griechischen Mythen: Aus dem friedlichen Trojanischen Pferd der Neuzeit springen keine Krieger heraus, sondern quietschende Kinder sausen eine Wasserrutsche hinunter. Und auch der alte Odysseus gibt sich die Ehre in Form eines gleichnamigen Flusses, über den man in kleinen Schlauchbooten gleiten kann. Ins riesige Wellenbad führen aus 21 m Höhe die beiden Riesenrutschen „Zeus Zenith" und „Mount Olympus" – anschließend geht's in „Homer's Fast Food". In die Luft gehen kann man gleich nebenan per Hubschrauber in der **Flyworld.**

Beim Zeus! Bei diesem Spaß werden die lieben Kleinen richtig nass!

> *„Die Landschaft hat mit Kleinasien eine größere Ähnlichkeit als mit den griechischen Inseln. Die Erde ist so ausgebleicht, dass sie weiß schimmert. Nur ein Feld voll Weinreben und einige dürre schwarze Ziegen unterbrechen diese ausgedörrte Einsamkeit. Über all dem liegt ein seltsames Licht, leicht lila getönt und wie Stahl, das die Konturen schärfer erscheinen lässt und den Dingen Tiefe gibt. Jede verirrte Ziege und jeder einsame Johannisbrotbaum erscheint in dieser weißen Landschaft wie durch ein Fernglas gesehen. Der Anblick ist wunderschön in einem abstrakten Sinne, gewaltsam und verschlossen wie jeder Wohnort des Menschen."*
> Lord Byron, „Die Straße nach Oxiana"

Umgebung nordöstlich von Agía Nápa

Agíi Saranta

Hinkommen: Vom Ortszentrum auf der Straße nach Paralímni in Richtung Norden fahren oder laufen, unmittelbar nach der Polizei rechts abbiegen in Richtung Fußballstadion. Kurz nach dem Stadion links, um einen Steinbruch herum und in Richtung Sendemast fahren. Kurz vor dem Sendemast parken und bei der Linksbiegung nach rechts abgehen. Nach ca. 15 Minuten durch niedrig bewachsenes offenes Gelände kommt man zur Kirche. Man erreicht die Kirche auch ab der Straße von Protarás in Richtung Kap Greko.

© graphic

Das **Höhlenkirchlein der „Vierzig Heiligen"** steht zu Füßen des immerhin 174 m hohen Berges Fanos nordöstlich von Agía Nápa. Zu erkennen ist es an einer kleinen Kuppel auf einem runden Tambour, durch den Licht in das Innere der Kirche fällt. Wie auch andere solcher Gotteshäuser Zyperns könnte auch diese mystische Felsenkapelle früher ein heidnisches Heiligtum gewesen sein. Die Gegend östlich des Kirchleins wäre von ungetrübter Idylle, lägen da nicht überall die leeren Patronen herum. Sie sind so zahlreich, dass man glauben könnte, sämtliche 35.000 (!!) offiziell gemeldeten Jäger der Republik Zypern wären hier auf Rebhuhnpirsch gegangen.

Kókkinochória – die roten Dörfer – so heißen die Orte im äußersten Südosten Zyperns. Rot bezieht sich auf die fruchtbare Erde aus Terra-Rossa-Böden, einem verwitterten Kalkstein mit einem hohen Anteil an Eisenoxiden, die diese Böden färben. Traditionell werden in diesem sanft hügeligen und etwas monotonen Inselteil Kartoffeln angebaut, in einem einzigen Jahr können hier bis zu dreimal jährlich Kartoffeln geerntet werden.

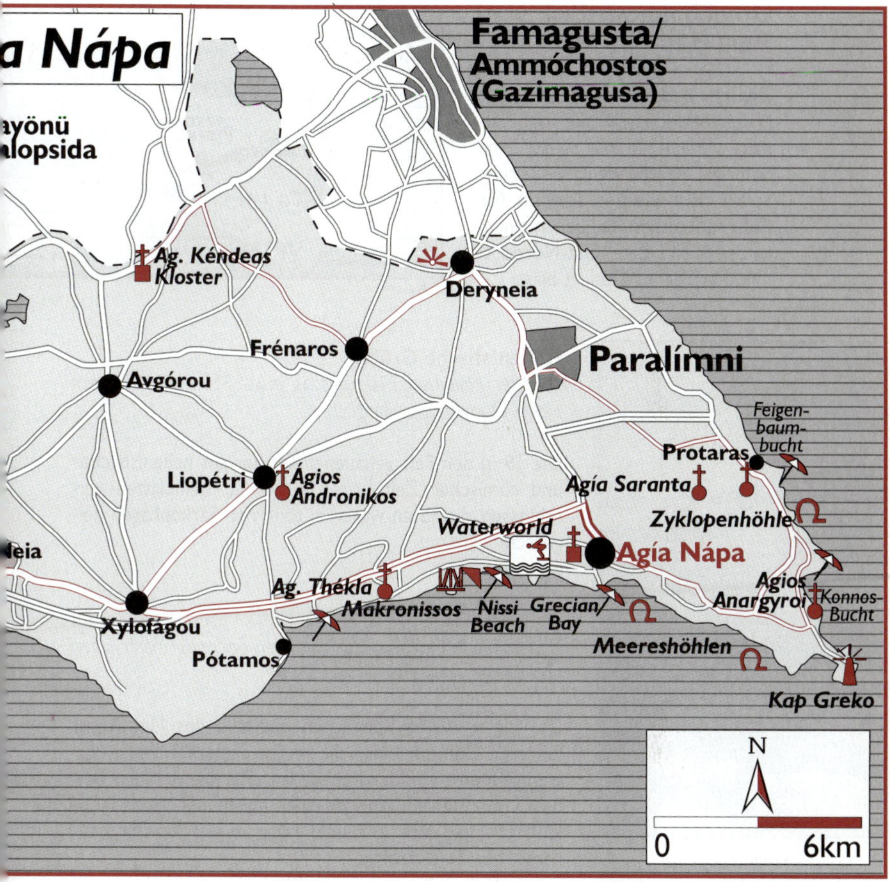

Famagusta/
Ammóchostos
(Gazimagusa)
Ag. Kéndeas
Kloster
Deryneia
Frénaros
Avgórou
Paralímni
Feigen-
baum-
bucht
Protaras
Liopétri
Ágios
Andronikos
Agía Saranta
Zyklopenhöhle
Waterworld
Agía Nápa
Ag. Thékla
Makronissos
Nissi
Beach
Grecian
Bay
Agios
Anargyroi
Konnos-
Bucht
Xylofágou
Pótamos
Meereshöhlen
Kap Greko
N
0
6km

Umgebung westlich von Agía Nápa bis Pýla

Zwischen dem Meer und der Hauptverbindungsstraße nach Lárnaka verläuft an der Küste eine holprige, relativ wenig befahrene Straße. **Ein ideales Terrain für Fahrradtouren,** bei denen einem gelegentlich der Ost-Nordost-Wind kräftig ins Gesicht bläst.

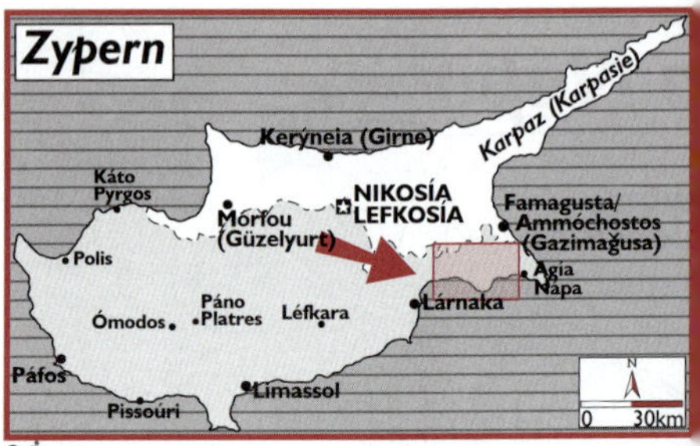

© igraphic

In dieser Höhlenkapelle soll einst die heilige Thékla gelebt haben, deren Namen man heute auf Zypern öfter antrifft. Ihr bewegtes Leben in Kurzform: Thékla war eine Anhängerin und Gefährtin des Apostel Paulus, die wegen ihres Bekenntnisses zum Christentum zum Feuertod verurteilt wurde. Als sie auf dem Scheiterhaufen stand, regnete und hagelte es wundersamerweise, daraufhin wurde sie freigelassen. Thékla reiste dann nach Antiochia, wo sich der Syrer Alexander in sie verliebte, sie sich aber nicht in ihn. In seiner männlichen Eitelkeit gekränkt, erwirkte er ihre Verurteilung zum Tierkampf. Im Verlauf des Tierkampfes sprang Thékla in eine Grube mit Wasser, um sich selbst zu taufen – worauf die Tiere von ihr abließen und Thékla freigelassen wurde. Thékla, die so viel überstanden hatte, starb später eines natürlichen Todes.

Hellenistische Gräber

Auf der Halbinsel Makronissos, etwa 250 m östlich vom Hotel Dome, frei zugänglich

Die 19 in den Fels gehauenen Gräber aus hellenistischer und römischer Zeit waren einst mit Steinplatten verschlossen, die Toten waren in tönernen Sarkophagen beigesetzt.

Agía Thékla

Frei zugänglich (den Riegel an der Seitentür nach oben schieben)

Das kleine weiße Kapellchen oberhalb des Meeres ist jüngeren Datums und nicht weiter bemerkenswert. Nur wenige Meter von der Kapelle entfernt markiert ein weißes Kreuz den Eingang zu einer mystischen alten Höhlenkirche, die sich in einem Felsgrab aus hellenistisch-römischer Zeit verbirgt.

Pótamos

Etwa 4 km westlich von der Agia Thékla-Kirche biegt eine Straße zur Flussmündung des Pótamos (= Fluss) ab. **Entlang der breiten Mündung dümpeln bunte Fischerboote**, und überall stehen die für Zypern charakteristischen Plastikbehälter mit den Fischernetzen – eine ruhige Idylle. Man hat hier die Auswahl zwischen zwei Tavernen, in denen es fangfrischen Fisch gibt.

Sehr alte Gebäudereste nahe dem Kirchlein Ágios Geórgios lassen vermuten, dass hier einst eine Siedlung bestand. Die Gegend um Pótamos soll im 19. Jh. als Steinbruch gedient haben, in dem der französische Dichter *Arthur Rimbaud* für kurze Zeit als Vorarbeiter beschäftigt war. Bewiesen ist das allerdings nicht.

> ***Zyprische Frauen beenden Café-Monopol***
> *Nikosia (dpa) – Die Frauen eines zyprischen Dorfes haben ein traditionelles Männer-Monopol auf der Insel gebrochen: In Xylofagou eröffneten sie ein Café, zu dem Männer keinen Zugang haben. „Wir wollten auch einen Ort haben, wo wir in Ruhe Backgammon spielen und Kaffee trinken können, ohne ständig von Männern angeguckt zu werden, die glauben, wir hätten ihr Refugium verletzt", sagte eine Frau aus dem östlich der Hafenstadt Larnaka liegenden Dorf im Fernsehen. Das traditionelle Café („Kafeneion") galt auf der Mittelmeerinsel Zypern wie in Griechenland und der Türkei bisher als reine Männersache.*
> so berichtete die Süddeutsche Zeitung am 23. Oktober 2002 über die Frauen von Xylofágou, nordwestlich von Pótamos.

Pótamos Liopétri

Der Ort, 9 km östlich von Pótamos, ist für seine Korbflechtereien bekannt, noch heute gibt es vier **Korbflechtereien** – in den warmen Monaten kann man Körbe flechtende Leute vor ihren Häusern erleben. Nahe dem Dorfplatz erinnert die **Akhyronas-Scheune (Barn of Liopétri)** an vier Freiheitskämpfer, die 1958 im Kampf gegen die Briten fielen. **Die eigenartig verschachtelte Kapelle Ágios Andronikos** stammt aus dem 15. Jh. und war einst vollständig mit Fresken ausgemalt.

Pýla

(Einwohner: 800 Griechen, 400 Türken)

In der UN-Pufferzone, entlang der Greenline, liegt Pýla, **der einzige Ort außerhalb des türkisch besetzten Teils, in dem noch griechische und türkische Zyprioten gemeinsam leben.** Auf dem Dach der Mechanikerwerkstatt am Dorfplatz wacht heute ein UN-Soldat über den Ortsfrieden. Die türkischen Invasoren trauten sich damals bei ihrem Einmarsch 1974 nicht, das Dorf einzunehmen, zu nahe lag das Hoheitsgebiet der britischen Militärbasis. Die Griechen ihrerseits hatten ihre Frontlinie südlich des Dorfes gezogen – Pýla gehörte also weder zur einen noch zur anderen Seite.

> **Unser Dorf soll schöner werden**
> Eine Million Dollar haben 1997 die Vereinten Nationen den Einwohnern von Pýla angeboten, wenn sie gemeinsam ihr Dorf verschönern würden. Also setzten sich die beiden Bürgermeister zusammen und handelten 2 ½ Jahre lang einen Plan aus, was der Reihe nach restauriert werden sollte: zuerst die griechische Kirche, dann das türkische Kaffeehaus, dann die neutrale venezianische Burgruine, dann der gemeinsame Dorfplatz ...

Türken und Griechen leben heute in Pýla zwar im gleichen Ort, sie gehen aber jeweils in ihre eigene weiterführende Schule, zu ihrem eigenen Militär oder zu ihrem eigenen Arzt. Wie sehr der **Zypernkonflikt** einem **Gordischen Knoten** gleicht, zeigt die Sache mit den Sportgeschäften: Bis vor einigen Jahren konnte man in Pýla preisgünstige, türkische Importware wie Sportbekleidung kaufen – die meisten dieser Geschäfte sind heute geschlossen. Weil die Touristen nur Original-Adidas und keine Plagiate kaufen möchten, meinen die Griechen. Weil die Griechen vor Jahren systematisch jedes Auto aus Richtung Pýla kommend filzten, und jeden zur Kasse baten, der mit Waren aus Pýla kam, meinen die Türken.

ein Gordischer Knoten

Umgebung östlich von Agía Nápa

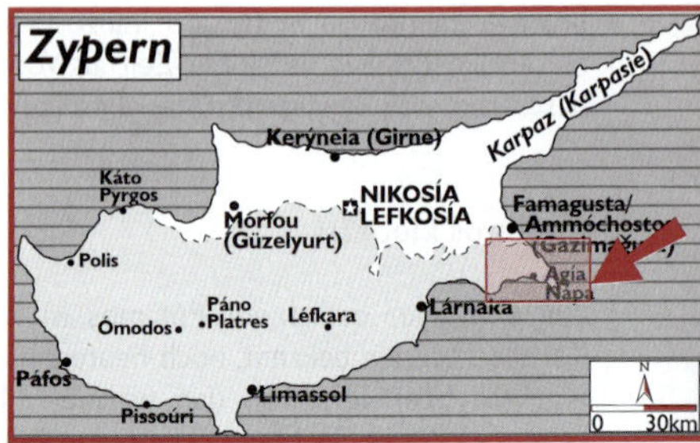

© igraphic

Kap Greko

Kap Greko, der südöstliche Zipfel Zyperns, ist Zyperns erstes Naturschutzgebiet. Hier verlaufen einige Naturlehrpfade, ein etwa halbstündiger, beschilderter Weg führt entlang dem Ufer um das Kap. Hier kann man über 30 Orchideenarten finden, von August bis September blühen Meerzwiebeln und Sandlilien. Aber nicht nur für Botaniker ist dieses Fleckchen ein Paradies, sondern auch für Taucher.

Die Küste oberhalb der Felshöhlen ist mit versteinerten Muscheln übersät.

An der südöstlichen Spitze der Halbinsel von Kap Greko liegt ein imposanter Felsen, der „Mount 100". **Viele Schiffe sollen hier gesunken sein**. Im 15. Jh., so wird berichtet, ging einige Kilometer vor der Küste ein genuesisches Schiff unter, beladen mit Commandaria-Wein, Gold und Edelsteinen, zyprischer Keramik, Spitzen aus Léfkara – das Schiff wurde bis heute noch nicht gefunden. Im Altertum soll sich hier das antike Pedálium befunden haben mit Tempeln, die der Diana und der Aphrodite geweiht waren.

Bei der Wanderung von Agía Nápa zum Kap Greko kommt man an diesen Meereshöhlen östlich des Kerr Beach vorbei (die Zufahrt ist ausgeschildert) – Zyper spektakulärste Küstenszenerie.

Vom Kap Greko nach Protarás

Felsbrücke

Auf der Verbindungsstraße vom Kap Greko zur E307 nach Protarás zweigt ein Sträßlein nach rechts ab, dort kommt man nach ca. 200 m auf der rechten Seite zu einer **imposanten Felsbrücke**, unterhalb der das Meer tost. In dieser wilden und einsamen Gegend soll sich Leucolla befunden haben, einer der bedeutenden Häfen der Ptolemäer. *Demetrios* habe hier, so wird berichtet, im Jahre 306 v. Chr. *Ptolemäos I.* und seine Flotte versenkt, bestehend aus 300 Schiffen, samt Truppen und Ladung.

Kapelle Agii Anargyri*

Folgt man der Straße weiter, kommt man zu einem strahlend weißen Kapellchen aus dem Jahr 1992. Hinter der Kapelle führt ein Stufenweg hinunter zu einer Meereshöhle mit einem **Naturwasserbecken**, wo einst die Apothekenheiligen *Kosmas und Damian* gehaust haben sollen. Angesichts der schönen, aber feuchten Wohnstätte verwundert einen ihr späteres arzneikundliches Engagement nicht sonderlich ... Wer wieder nach Zypern zurückkehren möchte, sollte hier zur Sicherheit eine Münze ins Wasser werfen! Nahe der Kapelle liegt ein großer Picknickplatz.

feuchte Behausung

** (Anargyri = ohne Silber/Geld). So werden in der Ostkirche die heiligen Ärzte genannt, die ihre Kunst ohne Honorar ausübten. Die bekanntesten dieser Ärzte waren die Heiligen Kosmas und Damian).*

Zyklopenhöhle

Hinkommen: Vom Parkplatz beim Hotel Grecian Park dem Kónnos-Naturlehrpfad folgen, zur Höhle sind es etwa 500 m (der Weg ist mit einem braunen Schild ausgewiesen).

Der Name trifft: Die etwa 2 m hohe Höhle des Zyklopen wirkt so, als ob hier ein ungehobelter, unbeweibter Klotz wohnen würde, der keinerlei Sinn für ein wohnliches Zuhause hat. Und schon gar nicht für einen netten Vorgarten, denn vor der Höhle des Zyklopen wächst nichts, hier liegen nur wild irgendwelche Steine herum. Ins Meer ragt eine Felsformation, die wie das Haustier eines Zyklopen – ein untertauchendes Krokodil – aussieht. Von der Zyklopenhöhle führt ein etwa einstündiger Weg zum Konnos-Strand.

ungemütliche Behausung

Protarás

Aktuelle regionale Reisetipps zu Protarás
entnehmen Sie bitte der gelben Seite 174

Protarás ist kein eigenständiger Ort, sondern ein in den letzten Jahrzehnten aus dem Boden gestampftes Touristengebiet, im Wesentlichen **nur aus einer Hauptstraße mit ein paar Nebenstraßen bestehend**. Einheimische wohnen dort fast keine, es gibt nur Hotels, Ferienwohnungen, Geschäfte und Restaurants. **Wer einen strandnahen Urlaub an einem Ort verbringen möchte, der nicht ganz so touristisch umtriebig wie Agía Nápa ist, der ist hier gut aufgehoben.** Noch bis vor wenigen Jahren war Protarás im Winter eine reine Geisterstadt. Seit die zyprische Regierung Initiativen gestartet hat, auch in der Nebensaison Touristen nach Protarás zu holen, sind mittlerweile in dieser Zeit einige

weit ab vom Schuss

Hotels und Restaurants geöffnet. Als Ausgangspunkt für Erkundungen eignet sich Protarás ebensowenig wie Agía Nápa, dafür liegt es zu weit abseits von den Sehenswürdigkeiten der Insel.

Strände

Der bekannteste Strand von Protarás ist die ***Fig Tree Bay****, die ihren Namen von den paar Feigenbäumem hat, die hier wachsen. Im Sommer ist die Bucht leider meist übervölkert, besonders Familien mit Kindern kommen gerne hierher. Die* ***Kónnos-Bucht*** *mit ihren Grotten ist vor allem ein Anziehungspunkt für Taucher.*

Sehenswertes

Ágios Elias

Über dem Ort steht die nachts dekorativ angeleuchtete Kapelle Ágios Elias. Ein 170 Stufen-Weg führt hinauf, oben bietet sich ein schöner Blick. Die Kapelle selbst wurde 1964 auf den Fundamenten einer älteren Kapelle gebaut.

Protarás Ocean Aquarium

Zwischen Protarás und Paralímni nahe dem Agía Triada-Kreisverkehr. Ganzjährig tgl. ab 10 Uhr bis Sonnenuntergang geöffnet.

Krokodile und Kaimane

An heißen Tagen findet man hier Abkühlung in der Gesellschaft von Schwarzfußpinguinen, Krokodilen, Kaimanen und Haien, Piranhas und anderen Fischen aus allen Weltmeeren.

Weiterhin gibt es noch den **Protarás Fun Park** beim Paschalia Hotel.
Geöffnet April bis Okt., tgl. 10–18 Uhr

Paralímni

Aktuelle regionale Reisetipps zu Paralímni
entnehmen Sie bitte der gelben Seite 167

nur noch Dekoration

„Neben dem See" heißt der Ort nach einem ehemaligen See in seinem Südosten. Dessen flaches Wässer war einst ein Paradies für kleine Vögel, die jedoch meist ein vorzeitiges Ende als eingelegte Delikatesse beccaficio nahmen (s. Info). Mittlerweile ist das Gewässer durch die Förderung von Grundwasser ausgetrocknet, mit dem die Bauern ihre Felder bewässerten – und heute die Hoteliers die Pools füllen. Die malerischen Windräder, die das Wasser nach oben beförderten und einst das Wahrzeichen der Gegend waren, sind meistens nur noch dekorativer Blickfang, das Grundwasser liegt heute so tief unten, dass es nur noch Motoren nach oben befördern können.

Paralímni besteht aus dem **Duo Altes Dorf im Binnenland und modernes Hotelviertel (Protaras) an der Küste.** Der große Dorfplatz – der größte der

Insel – wird von drei, wie aufgereiht wirkenden Kirchen flankiert: Die älteste der drei Kirchen, Agía Anna, stammt aus dem 13. Jh. und birgt heute ein Kirchenmuseum. Die Kirche der Panagía aus fränkischer Zeit ist mit ungewöhnlichen Porzellanplatten aus dem 18. Jh. ausgestattet. Wie auch so viele andere Orte auf der Insel, hat sich Paralímni durch die Teilung der Insel 1974 von einem agrarisch orientierten Ort in einen Touristenort verwandelt, ohne besondere Sehenswürdigkeiten, aber mit viel lebendigem kleinstädtischen Leben.

INFO

Es gibt einheimische Spezialitäten, die verschwinden von der Speisekarte, und das ist gut so

Paralímni war einst Zentrum einer fragwürdigen zyprischen „Spezialität": Ambeloubulia, auch Beccaficio genannt. Es handelt sich hierbei um Zugvögel, die Feigenschnepfen, die mit Knochen verspeist wurden. Schon im 16. Jh. galten sie als Delikatesse, die an Handelsfreunde in Smyrna, Marseille, Triest und anderen Hafenstädten verschenkt wurde. Die Vögel wurden mit grausamen Methoden gefangen: Stäbe wurden mit einem zähen Pflanzenklebstoff eingestrichen, dann im Unterholz versteckt, bis an ihnen die Vögel hängen blieben.

Dann wurde den Opfern der Kragen umgedreht, die kleinen Vogelleichen in eine besondere Marinade eingelegt und anschließend als Delikatesse verspeist. Jährlich wurden ca. vier Millionen Vögel gefangen und viele von ihnen in den Mittleren Osten exportiert. Kampagnen der zyprischen Friends of the Earth stoppten dieses Vorgehen einerseits, andererseits gibt es durch die Trockenlegung des Sees von Paralímni heute nur noch wenige Vögel in der Region – gerüchteweise sollen sich die Vögel und damit auch die Jäger am Kap Pýla (zwischen Lárnaka und Agía Nápa) aufhalten.

Wie auch immer: Wenn Sie solche Fallen im Unterholz entdecken sollten, einfach drauf urinieren, damit wäre die Waffe entschärft ...

Ágios Kendéas

Hinkommen: Der Beschilderung nach Ammóchostos (Famagusta) folgen, das Kloster ist dann ausgewiesen. Geöffnet im Sommer Mo. bis Sa. 8–12 Uhr und So. 7–18 Uhr, im Winter Mo. bis Sa. 8–12 Uhr und So. 7–16 Uhr.

kunsthistorisch nicht interessant, aber recht charmant

Kunsthistorisch ist das Kloster wenig interessant, dafür aber recht charmant in seinem Inneren, denn hier leben noch einige Nonnen und jede Mengen Katzen. Umgeben sind sie von einer hohen, unüberwindlich wirkenden Trutzburg-Mauer und bewacht von einigen UN-Soldaten gegenüber, denn das Kloster liegt direkt an der Demarkationslinie. Der heilige *Kendeas* soll übrigens ein Deutscher gewesen sein, der nach Zypern kam, um hier ein Einsiedlerleben zu führen.

Derýneia

Das große Dorf, 4 km nördlich von Paralímni, liegt direkt an der Demarkationslinie. **An mehreren Aussichtspunkten liegen oder stehen Ferngläser bereit, damit man auf die einst blühende Hotelstadt Varósha – heute eine Geisterstadt – blicken kann.** Keine Mauer markiert diese Grenze, die von der Ferne so friedlich wirkt. Der Eindruck täuscht, 1996 wurden hier ein junger griechischer Zypriote erschossen und ein weiterer zu Tode geprügelt, als sie versuchten, die Demarkationslinie zu überschreiten. So traurig die Teilung der Insel ist – wer die Hochhausklötze von Varósha sieht, fragt sich, ob diese Ansammlung von Touristenbettenburgen wirklich ein großer Verlust für die Zyperngriechen ist.

Von Westen auf der Nationalstraße 303 entlang der Grenze zum türkisch besetzten Teil fahrend, hat die dicht an der Demarkationsgrenze verlaufende Strecke etwas Beklemmendes an sich. Ins ausgeschilderte Ammóchostos allerdings kommt man von hier aus nicht, auch wenn die Schilder noch so neu wirken: Die Straße endet im Nirgendwo an der Demarkationsgrenze.

Nicht nur kulinarisch ist ein Besuch der Fernagin-Taverne in Derýneia ein Genuss. Auch optisch, denn das im Jahr 1885 erbaute Bauernhaus hat in seinen einzelnen Räumen noch viel von seiner alten Struktur bewahrt. Innen ist es mit alten Möbeln eingerichtet und Bilder der Ahnen hängen an der Wand. Im Innenhof sitzt man unter Bananenstauden und Olivenbäumen. Das Lokal ist ab 18 Uhr geöffnet.

Hinkommen: in Derýneia Richtung Frénaros fahren, vor der Kirche der Panagía rechts und dann links fahren (ausgeschildert).

Lárnaka

(ca. 70.000 Einwohner, Höhenlage: Meereshöhe)

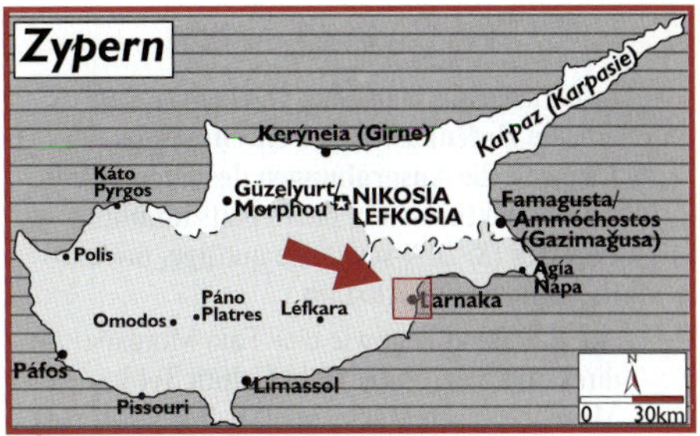

© graphic

Aktuelle regionale Reisetipps zu Lárnaka
entnehmen Sie bitte der gelben Seite 133

„Ich werde niemals den ersten Eindruck vergessen, den ich von der Stadt Lárnaka, meinem zukünftigen amtlichen Wohnsitz empfing, als das Schiff langsam dem Ankerplatz zudampfte. Es wurde etwa eine englische Meile von der Küste der Anker ausgeworfen, weil sich daselbst kein Hafen, sondern nur eine offene Bucht befand. In dieser Entfernung sah die Stadt just wie ein Bild der Zerstörung aus: kein Lebenszeichen, keine Vegetation sichtbar, mit Ausnahme einiger einsamer Palmbäume, deren lange Blätter gleichsam trauernd herabhingen. In der Tat war mein erster Gedanke, an Bord zu bleiben und nicht auf einer so verlassen erscheinenden Insel zu landen ...“ schrieb 1870 *Luigi Palma di Cesnola* über seinen ersten Eindruck von Lárnaka.

kein Lebenszeichen, keine Vegetation

Es ist noch nicht solange her, dass die fremden Besucher gar nicht gerne und freiwillig nach Lárnaka kamen: Als ungesund galt das Klima, als langweilig das Leben und nicht wenige von ihnen starben während ihres Aufenthalts auf Zypern, damals grassierte noch die Malaria auf der Insel. Tatsächlich vermutet man, der Name käme vom griechischen Wort larnax, was „Sarkophag“ bedeutet – man hat tatsächlich viele Gräber des ehemaligen Kition hier in der Gegend gefunden. Doch Lästermäuler behaupten, der Name beziehe sich auf den Ort selbst, der wirklich wie ein Grab wäre.

Lárnaka, das Anfang des 20. Jh. an Bedeutung verloren hatte, erlebte **nach der türkischen Invasion 1974 einen großen Aufschwung.** Nachdem der Seehafen von Famagusta nicht mehr zugänglich war, wurde der Hafen von Lárnaka nach dem von Limassol zum zweitwichtigsten Seehafen der Insel. Die einzige Erdölraffinerie Zyperns wurde am Stadtrand erbaut und Lárnaka zur Drehscheibe im Nahostverkehr, wo sich viele westeuropäische Firmen und arabische Geschäftsleute niedergelassen haben.

Auch wenn Lárnaka noch immer den Flair einer Provinzstadt aufweist: **An der Uferpromenade brodelt heute das Leben.** Sie wurde verkehrsberuhigt, ein amerikanischer Architekt hat die Pläne für die neue Prachtpromenade entworfen. Konzept: das Meer, dann der Strand, die Oleanderbüsche, die Straße, die hohen nostalgischen Lampen, die ebenfalls hohen Dattelpalmen, die Cafés und dann die klassizistischen Kolonialgebäude mit ihren Restaurants und Hotels – alles fein säuberlich hintereinander. Diese klare Strukturierung hat nichts Spektakuläres an sich – und wirkt doch nicht so möbliert wie manch eine mitteleuropäische Fußgängerzone. Lárnakas Promenade ist einfach überstrahlt von einer großen Leichtigkeit des Seins.

Leichtigkeit des Seins

Redaktions-Tipps

- In Lárnaka das markante, von den Türken erbaute **Hafenkastell**, die **Kirche Ágios Lazaros**, die **Ausgrabungen des alten Kition**, das **Distriktmuseum**, die **Privatsammlung Pierides** (S. 207) sowie die quirlige, orientalisch anmutende **Altstadt**.
- Am Stadtrand liegt wie eine Fata Morgana direkt am Salzsee die **Hala Sultan Tekke-Moschee**. Nach Mekka und Medina gilt sie als eine der wichtigsten Stätten des Islam (S. 212).
- Gleich daneben machen **auf dem Salzsee Tausende Flamingos im Frühjahr** einen stopover auf dem langen Weg in den Süden (S. 210).
- So lebten sie also, die Menschen aus der Jungsteinzeit in der Siedlung **Choirokoitía** (S. 216).
- Von den Engeln höchstpersönlich erbaut wurde die **Kirche Panagía Angelolókistos** in Kiti (S. 213).

Übernachten

- Das **Four Laterns**, eine edle Herberge aus der Kolonialzeit mit einem guten Restaurant und einer stilvollen Café-Bar (S. 133)
- **Harry's Inn**, preiswert, liebenswert und verwinkelt – alles andere als piekfein, einfach nur nett und klein (S. 134)
- Sauber und preiswert für Selbstversorger und zentral gelegen: die **Tourist-Appartements Augusta** (S. 135)

Ausgehen

- **Art Café 1900**, ein ehemaliges Herrschaftshaus. Über und über mit Bildern und Fotos behängt und von kultiviert-heimeliger Atmosphäre (S. 136)
- **The old Curiosity House & Tea Club** ist so liebenswert exzentrisch wie sein englischer Name vermuten lässt. Very british ist auch das **Tudor Inn** (S. 136).

Hinweis

Am besten lässt man den Wagen am Altstadtrand stehen, denn Lárnakas (Einbahn-)Straßen sind oft ziemlich verstopft, auch ist die Uferstraße im Zentrumsbereich zu bestimmten Zeiten für den Verkehr gesperrt.
Wer außerhalb von Lárnaka übernachtet, kann auch mit einem der Shuttle-Busse kommen, die viele Hotels anbieten.

Sehenswertes

Kirche Ágios Lazaros

Öffnungszeiten der Kirche: April bis Aug. Mo bis Sa. 8–12.30 Uhr, 15.30–18.30 Uhr, Sept. bis März Mo. 8–12.30 und 14.30–17 Uhr. Museum: Mo. bis- Fr. 8.30–13 Uhr und 14–17 Uhr

Man entdeckt Lárnaka am schönsten hier an der Uferpromenade und im lebhaften Bazarviertel rund um die Lazarus-Kirche.

Die Kirche – Blickfang und Mittelpunkt des heutigen Lárnaka – stünde nicht da, wenn man hier nicht ums Jahr 890 einen Sarkophag mit der Aufschrift „Lazarus" gefunden hätte. *Lazarus* soll der Legende nach das

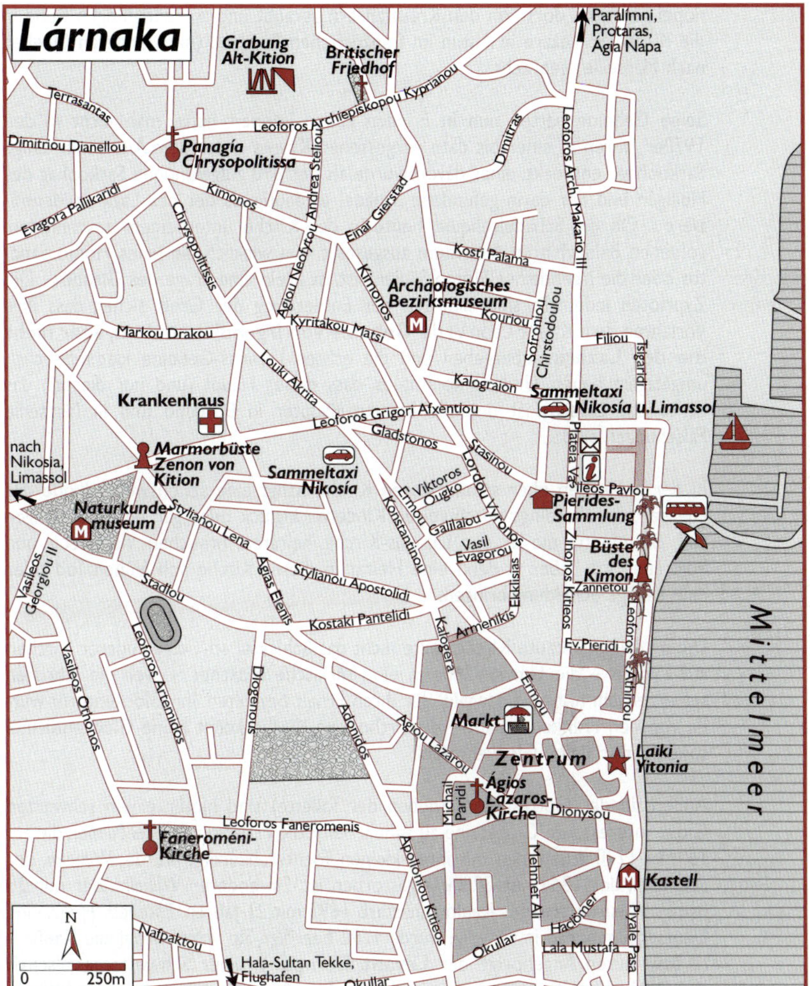

© graphic

Christentum in das heutige Lárnaka (damalige Kiton) gebracht haben. Auch soll er der Bruder Marias und Marthas gewesen sein, der von den Toten auferstand und von den Juden in ein segel- und ruderloses Boot ausgesetzt und nach Kition angetrieben wurde. Nach seiner Auferstehung soll er übrigens niemals mehr gelacht haben, hatte er doch noch im Diesseits ins Jenseits geblickt und in seinen noch folgenden 30 Lebensjahren am Diesseits nicht mehr so die rechte Freude gehabt. Nachdem Lazarus endgültig ins Jenseits verschieden war, wurden seine Gebeine nach ihrer Auffindung vom byzantinischen *Kaiser Leon VI.* nach Konstanti-

im Diesseits ins Jenseits geblickt

nopel gebracht, dort von den Kreuzfahrern geraubt und zur endgültigen Ruhe in die Kirche St. Lazare in Autun im französischen Burgund (nach anderen Quellen nach Marseille) gebracht.

ein vielköpfiger Heiliger

Seine Gebeine hätten nun in Frieden ruhen können, hätte man nicht in den 1970er Jahren in einer bis dato vergessenen Krypta unter dem Altarraum einige Sarkophage entdeckt, einer davon wurde als der 890 aufgefundene Sarkophag des Heiligen und der darin gefundene Schädel eindeutig als der des Lazarus identifiziert ... Ob die Schädelreliquie, heute in der Kirche unter einem geschnitzten, goldenen Baldachin im Altarraum ausgestellt, nun wirklich die jenes Homo Sanctus oder die irgendeines Homo Sapiens ist, ist allein eine Frage des Glaubens. Die Zyprioten jedenfalls sind sich seit der Entdeckung der Gruft sicher, dass ihre Vorfahren dem Kaiser Leon VI die **Gebeine von irgendjemandem, aber nicht die des Lazarus** übergeben und die echten Lazarus-Gebeine klammheimlich umgelagert haben. Und so kommt es, dass dieses Haupt (und nur dieses!) das echte des Lazarus ist und die Lazarus-Häupter in Burgund und in Marseille Fälschungen sind ...

In der ansonsten eher schmucklosen Kirche hängt eine sehenswerte Ikone des Heiligen, die allerdings unschuldigen Kindern Unglück oder gar den Tod bringen soll. Brautleute, die in der Lazarus-Kirche heiraten, brauchen viel Liebe und Vertrauen ins Leben – denn eine Heirat in dieser Kirche soll frühen Tod oder eine baldige Scheidung bringen.

Die im 10. Jh. erbaute Kirche teilte nicht das Schicksal so vieler anderer Kirchen auf Zypern – die Umwandlung in eine türkische Moschee – weil die Christen seinerzeit ein hohes „Lösegeld" für ihren Erhalt bezahlten. Ihr Glockenturm wurde von den Franken erbaut – die orthodoxe Kirche kennt keine Glockentürme, sondern nur kleine Glockengiebel.

jung verstorben

Außerhalb des Gotteshauses (neben der Toilette) sind hinter einem schwarzen Gitter interessante Grabsteine zu sehen: *Mary*, die Frau von *Samuel Palmer*, die am 15. Mai 1720 zusammen mit ihrer kleinen Tochter beerdigt wurde. *Wilhelm*, der Seemann, der 1849 nur 32jährig gestorben ist. Ein anderer *Wilhelm*, der nur 29 Jahre alt wurde, *Ian*, der Kaufmann, starb 1693 mit 21 Jahren. *Elisabeth Pfauz*, eine Deutsche, geboren in Venedig, wurde 1792 beerdigt. Sie waren wohl alle Kaufleute bzw. deren Angehörige der **Levant Company**, einer Schwestergesellschaft der **Ostindien-Kompanie**, die im 17. Jh. chinesische Seide aus Asien nach Europa verschiffte – alle hier Beerdigten sind in jungen Jahren verstorben, vermutlich an Malaria.

Archäologisches Distriktmuseum

Kalograion, Tel. 24 63 01 69. Geöffnet Mo. bis Fr. 9–14.30 Uhr, Do. auch 15–18 Uhr

Hier sind hauptsächlich Gegenstände zu sehen, die bei Grabungen im antiken Kition zum Vorschein kamen. Besonders interessant die mykenische und bronzezeitliche Keramik (mit einer großen Vase aus sieben zusammengewachsenen kleineren Vasen) und die Kalkstein-Torsi und -Köpfe. Im Obergeschoss sieht man, wie die Bewohner der steinzeitlichen Siedlung Choirokoitía lebten und bestattet wurden. Draußen im Garten stehen zahlreiche unvollständige Statuen.

Pierides-Museum

Zinonos Kition 4, Tel. 24 65 24 95. Geöffnet Mo. bis Sa. 9–13 Uhr

Während des 19. Jh. wurden wertvolle kunsthistorische und archäologische Schätze Zyperns gestohlen und ins Ausland verkauft. *Demetrios Pierides*, ein Vorfahr des heutigen Museumsbesitzers, kaufte damals so viele dieser Gegenstände, wie er nur konnte und gründete dieses Museum, um dem Land das Erbe seiner Ahnen zu erhalten. Sein Entschluss, das Vergangene zu bewahren, wurde durch den Tod seines Vaters im Jahr 1821 noch bestärkt: Der hatte sich geweigert, zum Islam überzutreten und wurde deswegen von den Türken ermordet.

Aus dem späten Chalkolithikum (3800–1200 v. Chr.) stammt diese 36 cm hohe Figur eines auf einem Hocker sitzenden Mannes. In seinen Hinterkopf konnte man eine Flüssigkeit eingießen, die dann vorne aus dem Penis wieder heraus floss (es könnte sein, dass es sich dabei um Sperma oder eine dem Sperma ähnliche Flüssigkeit gehandelt hatte). Eine Frage aber bleibt: Warum nur guckt der Kerl so komisch?

Die Objekte des Museums datieren bis ins Neolithikum um 7000 v. Chr. zurück und umfassen über 2.500 Objekte. Die interessantesten Stücke der Ausstellung:

- Im ersten Saal links Funde aus dem Chalkolithikum, der Bronzezeit und der geometrisch-archaischen Epoche. Kaum zu übersehendes Highlight ist **der kleine sitzende Mann** in der Glasvitrine. Und hinten in der Vitrine ganz rechts eine **Damenkapelle**. Daneben eine **Menagerie** von Esel, Pferd, Hund, Hausschwein und Wildsau aus der archaischen Epoche (750–475 v. Chr.).
- Die beiden nächsten Räume zeigen Keramik aus der geometrischen und archaischen Zeit, römische Glasgegenstände und Keramik aus dem Mittelalter.
- Ein eigener Raum ist einer **Sammlung von alten Zypern-Landkarten** gewidmet.
- Im Flur am Treppenaufgang hängt **ein unglaublich fein gearbeiteter** Bettüberwurf von den Ausmaßen 2,80 x 2,80 m.

Die Pierides-Familie vertrat zwischen 1907 und 1939 konsularisch das Deutsche Reich, wie Urkunden nahe dem Ausgang mit Unterschriften *Kaiser Wilhelms I.* und *Hindenburgs* zeigen. Der jetzige *Pierides* ist schwedischer Honorarkonsul – was die Bilder *Königin Sylvias und König Carl Gustavs* im Eingangsbereich erklärt.

Kastell

Am südlichen Ende der Uferpromenade. Geöffnet Mo. bis Fr. 9–17 Uhr, im Sommer bis 19 Uhr.

Vom 1625 von den Türken errichteten Kastell wurden einst Böllerschüsse zur Begrüßung vorbeifahrender Schiffe abgegeben. Während der britischen Zeit wurde es als Gefängnis genutzt; nahe dem Eingang sieht man noch Teile des Galgens. Im Fort sind heute Gegenstände aus der Hala Sultan Tekke-Moschee und aus Kition ausgestellt. Die drei Kanonen in der offenen Halle stammen aus dem Jahr 1911 und wurden von *Krupp* vor den Balkankriegen und dem Ersten Weltkrieg an die Türken verkauft.

Kanonen von Krupp

Höhlenkirche Panagía i Faneromeni

Frei zugänglich

Die aus zwei Räumen bestehende **frühchristliche Höhlenkapelle**, unterhalb der modernen Kirche wurde **an der Stelle eines vorhellenistischen Kammergrabes** errichtet. Diesem Ort werden allerlei magische Kräfte nachgesagt: Diejenigen, die an Kopfschmerzen oder Malaria leiden, sollen dreimal um den Platz herumgehen und ein Taschentuch oder eine Haarlocke auf dem Sims des südlichen Fensters zurücklassen. Die Marienikone in dieser Kirche hilft sowohl Kranken als auch Liebenden – was ja gelegentlich ein und dasselbe ist ...

krank vor Liebe

Kamares (Aquädukt)

3 km außerhalb der Stadt in Flughafennähe an der Straße nach Limassol gelegen.

Über dieses, 1745 errichtete Aquädukt schrieb der berühmte Orientreisende *Carsten Niebuhr* im Jahr 1770: „Man hielt diesen Ort (Lárnaka) ehemals für sehr ungesund; besonders waren bösartige Fieber unter den Einwohnern herrschend. Die Befreyung davon verdanken sie *Bekir Pascha*, der mit großen Kosten eine Wasserleitung von einem Dorfe Arpera nach Lárnaka und Saline führte, und sie dadurch mit reichlichem und gutem Wasser versah. Seitdem beklagt man sich hier weder über ungesunde Luft, noch über außerordentliche Krankheiten". Einst bestand das Aquädukt aus drei Teilen mit insgesamt 75 Bögen (kamares = Bögen), von denen noch 33 erhalten sind. Die Leitung war bis 1939 in Betrieb.

INFO

Von ruhigem Gemüt und frei von Begierden: Zenon von Kition – der Stoiker
(ca. 336–264 v. Chr.)

Begonnen hat es – wie so oft – mit einem Zufall: *Zenon*, ein erfolgreicher Handelsmann erlitt mit einer Ladung Purpur Schiffbruch und nahm bei einem Buchhändler Quartier, wo er begann, in einem Buch von Sokrates zu lesen: Er war begeistert – der Philosoph Zenon war geboren, der seit diesem geistigen Erweckungserlebnis Schiffbrüche als wohltätige Einrichtungen zu preisen pflegte.

Zenon, der bedeutendste Sohn Lárnakas, wenn nicht ganz Zyperns, wurde um 336 v.Chr. in Kition geboren, das er schon im Alter von 22 Jahren verließ, um in Athen Philosophie zu studieren. Seine (im Vergleich zur Statue des Feldherren Ktimon an der Uferpromenade unscheinbare) **Marmorbüste** unweit des westlichen Endes der Afxentíou Avenue ist eine Kopie der einzigen existierenden Zenon-Statue im Museum von Herculaneum bei Neapel.

- An die erste Stelle der Philosophie stellte Zenon von Kition die Logik, deren Ziel es ist, die Menschen zu lehren, richtig über die Dinge zu urteilen und sich von Irrtümern freizumachen. Die Logik ist nach Zenon wie ein Zaun, der einen Garten schützt, in dem die Bäume die Physik und die Früchte die Ethik sind. *Marc Aurel* – ein Anhänger der stoischen Philosophie, hatte es so ausgedrückt: *„Erst durch die Aufnahme in das Bewusstsein werden die Dinge als gut oder schlecht empfunden, das heißt unsere subjektive Einstellung ihnen gegenüber bewirkt, ob eine Sache als gut oder schlecht empfunden wird“.*
- Die Weltläufe unterliegen einer strengen Gesetzmäßigkeit, die sich strikt nach den Regeln der Vernunft richtet. Höchstes Ziel der Stoiker war das Erkennen dieser Weltgesetze. Um aber diese Gesetze zu erkennen, braucht der Mensch die **stoische Ruhe**, das heißt: **innere Unabhängigkeit**, **Gemütsruhe** und die **Freiheit von Begierden** – kurzum: die Tugend, denn „zu keinem anderen Zwecke ist es nötig, Naturerkenntnis zu betreiben, als zur Scheidung des Guten und Schlechten“. Der Mensch darf nicht auf Belohnung schauen, sondern muss die Tugend um ihrer selbst willen erstreben, sie verlangt keinen Lohn. Der tugendhafte Mann wird nicht in der Einsamkeit leben, denn er ist von Natur aus gesellig und für das tätige Leben geschaffen.
- Höchstes Ziel des Menschen ist es, in Harmonie mit der Natur zu leben und den Höhen und Tiefen des Lebens gegenüber gleichgültig zu werden.

Zu Zenon habe mal jemand gesagt, man dürfe kein Urteil fällen, ohne zuvor beide Seiten angehört zu haben. Zenon soll darauf geantwortet haben: Entweder kann die eine Seite ihre Sache beweisen, oder sie kann es nicht. Welches von beiden auch zutrifft: In keinem der beiden Fälle ist es notwendig, die andere Seite zu hören. Ist die Sache bewiesen, ist die Angelegenheit abgeschlossen, kann die Sache aber nicht bewiesen werden, ist sie nicht weiter von Belang – es besteht also kein Grund, die andere Seite zu hören.

„Interessant ist sein Gegensatz zur Lehre *Buddhas*. Seine Lehre ist strenger, mitleidsloser, aber aktiver und kraftvoller. *Buddhas* Lehre ist dem Epikuräismus ähnlicher, aber Zenon kennt kein Nirwana, kein Nichts, sondern überall ein Etwas, das vernünftig gemacht werden muss durch Tugend. Darum gehen aus seinen Lehren tüchtige, wenn auch stolze und eingebildete Männer hervor. Sie gibt Kraft und Charakter, während die Völker der Buddhistenlehre zu Sclavenvölkern, gleich den Cypriern versinken“, schrieb der zum Christentum konvertierte Jude *Paulus Stephanus Cassel* im Jahr 1880.

Konsequent wie *Zenon* zu Lebezeiten war, ging er auch in den Tod: Er, der lehrte, den Höhen und Tiefen des Lebens und auch dem Tod, gleichmütig gegenüber zu stehen, nahm sich das Leben, in dem er sich selbst erstickte mit den Worten aus der Niobe (des Aischylos): *„Ich komme doch schon, warum rufst du mich?“* Böse Zungen allerdings behaupten, er habe dies getan, weil er ein armer, einsamer Junggeselle gewesen sein soll ...

Hager sei Zenon gewesen, mit dicken Waden, aber von nicht kräftigem Körperbau. Den Kopf habe er immer etwas seitlich gehalten. In seinem Auftreten sei etwas Finsteres, in der Seele sei er aber zart besaitet und sittsam gewesen. Wein, Weib und Gesang wären seine Sache nicht gewesen, er habe nur ein- oder zweimal mit Freudenmädchen verkehrt, das aber auch nur, um nicht als Weiberfeind zu erscheinen. Und auch beim Essen und Trinken soll er zurückhaltend gewesen sein, seine Lieblingsspeisen seien grüne Feigen, Brot und Honig gewesen, wozu er sich höchstens ein Gläschen Wein genehmigte. Weil auch seine Kleidung sehr ärmlich wirkte, entstand sogar die Redensart „enthaltsamer als der Philosoph Zenon". Schlecht scheint diese Lebensweise nicht gewesen zu sein, denn Zenon wurde immerhin 72 Jahre alt (vielleicht sogar 92 oder sogar 98 Jahre – so genau weiß man das nicht).

Der Althistoriker Franz G. Maier nannte Zenon „den einzigen Beitrag zur Geistesgeschichte Zyperns".

Umgebung westlich von Lárnaka

Salzsee

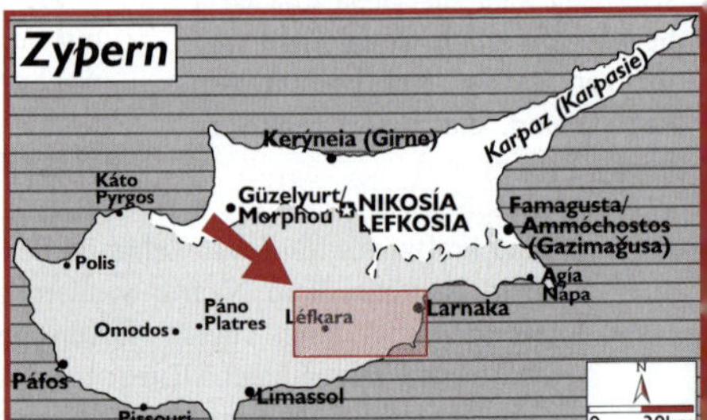

© graphic

Im Sommer kann man schon vom Flugzeug aus die glitzernd weiße Fläche des 3,5 km² großen Salzsees südwestlich von Lárnaka sehen. Diese Senke liegt unter dem Meeresspiegel und zeigt im Verlauf der Jahreszeiten unterschiedliche Gesichter: Während der Winterzeit ist der 13 Kilometer Durchmesser große Salzsee mit Wasser gefüllt, und zwar nicht nur durch Regenwasser, sondern auch durch Meerwasser, das durch die Dünen und den Sandstein sickert. In dieser Zeit, **von Dezember bis März, bietet er Flamingos und anderen Wasservögeln eine beliebte Zuflucht**. Niedriger Wasserstand, Flughafenlärm und Wasserverschmutzung haben allerdings zu einem drastischen Rückgang der Flamingo-Population von 5.000 auf etwa 1.500 Vögel geführt.

Zuflucht von Flamingos und anderen Vögeln

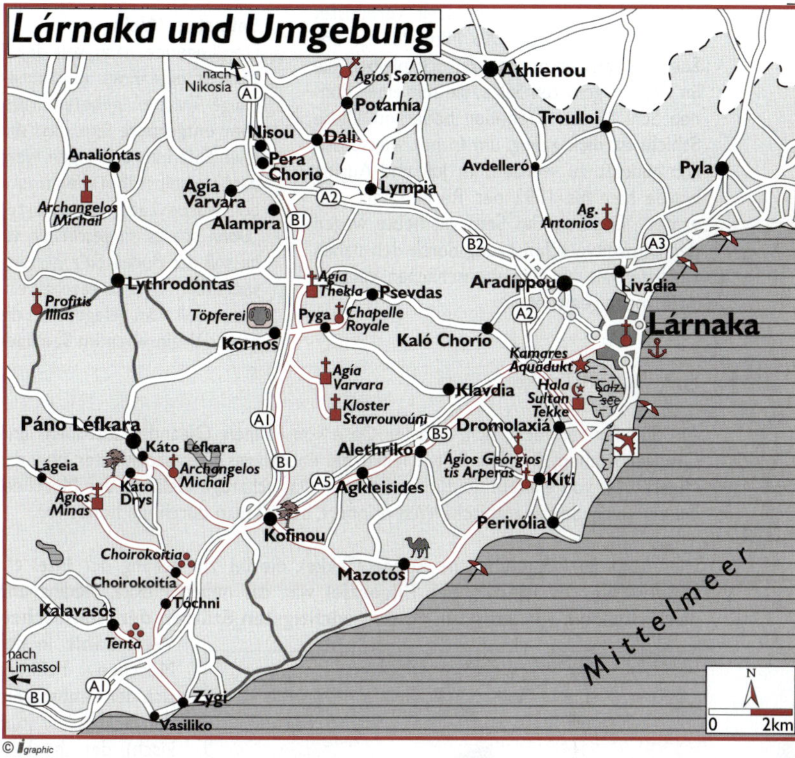

INFO Keine wankelmütigen Wechselsteher

Wissenschaftler haben herausgefunden, dass die Flamingos alles andere als wankelmütige Wechselsteher sind: Ein Flamingo, der sich entschieden hat, auf seinem rechten Bein zu stehen, steht auf demselben sein Leben lang. Umgekehrt bestehen die linken Vögel lebenslänglich auf der linken Beinposition. Rötlich angehaucht sind aber sowohl die Rechts- als auch die Linkssteher, denn sie ernähren sich von Algen, die ihrem Gefieder die zartrosa Färbung verleihen. Das ist nicht nur gut für die Optik, sondern auch für die Erotik, denn die Flamingofrauen finden nur die Flamingomänner mit der rosa Färbung attraktiv. Zoos, die ihren Flamingos die falsche Nahrung und somit die falsche Färbung gaben, mussten das mit Nachwuchsmangel büßen.

Tipp

Zum Flamingobeobachten brauchen Sie ein Fernglas und zum Fotografieren ein Stativ, da die Flamingos meist weit entfernt im See stehen.

Während der heißen Jahreszeit verdunstet allmählich das Wasser. Ab Mitte Juli ist der See dann ausgetrocknet. Zurück bleiben die im Wasser gelösten Salze, die mit einer dünnen Schicht den Seeboden bedecken. Diese Schicht ist dick genug, um früher wirtschaftlich genutzt zu werden: Im Juli und August wurde hier bis 1992 per Rechen Salz „geerntet". Das Salz des Sees gilt heute wegen der Umweltverschmutzung durch den nahen Flughafen als für den menschlichen Verzehr nicht mehr geeignet.

verschmutztes Salz im See

Salz statt Wein
Der Legende nach soll der heilige Lazarus eine Frau aus Lárnaka um einige Trauben gebeten haben. Sie aber entgegnete ihm, dass die Erde eher Salz hervorbringen werde, als dass sie selbst ihm Weintrauben geben würde. Lazarus antwortete ihr: *„Dann soll es so geschehen. Von nun an soll der Boden Salz hervorbringen statt Wein"*. Und so geschah es: Noch heute soll man gelegentlich die Reste von Weinreben im See finden.

Hala-Sultan-Tekke

Am Südufer versteckt sich, in einer Oase von Palmen, Oleander, Zitronen- und Orangenbäumen, die Hala Sultan Tekke, ein ehemaliges Derwischkloster. Nur das Minarett ist von weitem deutlich erkennbar. Das schattige Gelände der Moschee, die ein wenig an die arabische Welt erinnert, betritt man durch ein hohes Tor.

Hier liegt die klosterähnliche Anlage (Tekke), die bis zur Teilung der Insel ein **prädestiniertes islamisches Pilgerziel** war, das neben Mekka, Medina und dem Felsendom von Jerusalem **zu den wichtigsten Stätten der islamischen Welt zählt**. In der Moschee befindet sich der Grabschrein der *Hala Sultan* (türkisch), der „hochgeachteten Mutter" oder im Arabischen der „Umm Haram". Sie soll eine Tante von Mohammeds Vertrautem *Anas ibn Malik* gewesen sein. Als Frau des Statthalters von Palästrine begleitete sie ihren Mann im Jahre 647 n. Chr. auf dem Eroberungsfeldzug nach Zypern. An der Stelle, wo heute die Moschee steht, soll sie nach einem Sturz vom Maultier (oder war's ein Esel oder gar ein Pferd? – Die Quellen sind hier unterschiedlich!) ihren Verletzungen erlegen sein.

Die Hala-Sultan-Tekke auf einer Gravur aus dem 19. Jh.

Ihr Sarg steht unter einem imposanten Trilithon, den waagrechten Abschluss bildet ein Meteorit (eine einem Hünengrab ähnliche Konstruktion), der in etwa 5 m Höhe auf zwei senkrechten Steinen ruht und zum Zeichen der Trauer mit grünen Tüchern bedeckt ist. Um diese Steine ranken sich einige Legenden: Am Vorabend des Begräbnisses hätten sie sich „selbstständig" aus der Gegend um Jerusalem fortbewegt, um danach nach Zypern zu schwimmen ... Engel hätten sie von der Halbinsel Sinai nach Zypern transportiert ... Der quer liegende Meteorit sei nachts aus Mekka nach Zypern geflogen und habe dann sehr lange Zeit in der Luft geschwebt, bis man ihn, um die Gläubigen zu schützen, abgestützt hätte. Eine Legende, die an das schwebende Kreuz vom nahen Kloster Stavrovoúni erinnert, nach dem Motto: was die Orthodoxen können, können wir Muslime schon lange ... (oder umgekehrt!). Bis zu Beginn des Ersten Weltkrieges pflegten die an Lárnaka vorbeifahrenden Schiffe, die unter der Flagge von Moslems fuhren, Umm Haram mit Kanonendonner zu grüßen.

Als die Steine fliegen lernten

In der Moschee ist weiterhin die Großmutter (nicht die leibliche, sie war nur eine der Nebenfrauen) des verstorbenen Königs *Hussein von Jordanien* beerdigt, die 1929 im Exil auf Zypern verstarb.

Kiti – Panagía Angelolókistos

Geöffnet: Mo. bis Sa. 8–12 Uhr und 14–16 Uhr. So. 9.30–12 und 14–16 Uhr

Das Dorf mit dem ungewöhnlichen Namen leitet sich von dem antiken Kition ab. Vermutlich sind dessen Einwohner im 7. Jh. v. Chr. aus Furcht vor Arabereinfällen hierher geflohen.

Die Kirche in der Ortsmitte ist nicht nur von außen, sondern auch von innen eine **Sehenswürdigkeit ersten Ranges.** Durch die Südtür betritt man die römische Kapelle aus dem 13. Jh. Sie war eine Privatkapelle der *Familie de Gibelet*, wie das Familienwappen am Glockenturm und ein Grabstein aus dem 14. Jh. belegen, auf der in Umrissen die Tochter Simone zu sehen ist. Simone ist 1303 im Alter von 15 Jahren gestorben – eine Inschrift weist sie als *„Madame Simone, Frau des Sire Renier de Gibelet"* aus. Der mittlere Kirchenteil und die Nordkapelle stammen vermutlich aus dem Jahr 958.

jung verstorben

In der Ostapsis sieht man eine auf Zypern einzigartige Sehenswürdigkeit: ein frühchristliches Mosaik aus dem 6. Jh. Es gehört wegen seiner Seltenheit zum UNESCO-Weltkulturerbe. Auf Zypern gibt es nur ein einziges weiteres frühchristliches Mosaik, zu sehen im Ikonenmuseum in Nikosía. Das Mosaik von Kiti zeigt vor goldenem Hintergrund Maria mit dem Jesuskind auf dem Arm. Die Muttergottes wird umrahmt von den *Erzengeln Michael und Gabriel,* deren Flügel Pfauenfedern haben und die von beiden Seiten eine von einem Kreuz gekrönte Kugel bringen – die man für die Weltkugel halten könnte. Ist sie aber nicht. Denn damals, im 6. Jh. wusste man von *Galileis* „und sie ist doch rund" noch lange nichts. Auch ist die auf diesem Mosaik dargestellte Kugel nicht die Scheibe, für die man damals noch die Welt hielt, sondern eine Kugel, das **Symbol für die Vollkommenheit** schlechthin. Auffallend sind die große Dynamik der beschwingt schreitenden Engel und die menschliche Darstellung des Jesuskindes. Gold, Silber und Perlmutt in den Mosaiksteinchen steigern den Glanz und die Lebendigkeit der Figuren zusätzlich.

beschwingte Engel, menschliches Jesuskind

In der Vorhalle ist eine kleine Ikonenausstellung zu sehen, unter anderem mit einer Darstellung des heiligen Johannes aus dem 16. Jh. mit etwas femininen Gesichtszügen. Interessant auch die Darstellung des Heiligen, wie seine rechte Hand sein von Zahnweh geplagtes Gesicht stützt.

Ágios Geórgios tis Arperás

Hinkommen: In Kiti der Ausfallstraße Richtung Westen folgen. Nach der Brücke über den Fluss rechts abbiegen und der Straße talaufwärts folgen. Den Schlüssel erhält man im Hof neben der Kirche.

Heiliger mit Hundekopf

Die Kirche stammt aus dem 18. Jh. aus der Zeit der Türkenherrschaft. Über der Nordtür ist der Stifter der Kirche, der griechische Dragoman Christophakis dargestellt, er arbeitete als Übersetzer in der türkischen Verwaltung. Eine Darstellung in der Kirche gibt Rätsel auf: **Warum nur hat der heilige Christopherus einen Hundekopf?** Antwort: Weil er vor seiner Bekehrung zum Christen dem Volk der menschenfressenden Hundeköpfigen (Kynokephalen) angehört hatte – so zumindest behauptet eine byzantinische Legende.

Daktari Camel Park

Im Dorf Mazotós, Tel. 24 41 69 68, www.camelparkcyprus.com. Geöffnet ganzjährig 8 Uhr bis Sonnenuntergang.

Kamele wie in der Kindheit

Noch vor wenigen Jahrzehnten waren Kamele ein vertrauter Anblick auf Zypern, Karawanen aus fünf oder sechs Tieren beförderten Kupfer, Johannisbrotfrüchte oder Seide zu den Exporthäfen am Meer. Der Besitzer des Daktari Camel Parks, *Vangelis Paphitis*, erinnerte sich noch an die Kamelkarawanen seiner Kindheit – und etwas davon wollte er wieder nach Zypern bringen. Also reiste er nach Israel, um mit 28 Kamelen nach Zypern zurückzukehren, Tieren, die den freundlichen und gelehrigen Kamelen aus Vangelis Kindheit sehr ähnelten.
Und die scheinen sich auf Zypern wohl zu fühlen, denn mittlerweile hat sich schon Nachwuchs eingestellt. Die Kamele tragen heute keine Lasten mehr, sondern Touristen – aber die Ausritte finden wie in alten Zeiten noch in Karawanen statt.

Kofinou

In dieser Gegend, ca. 10 km nordwestlich von Mazotós (nahe bei der Taverne Marina), stehen die ältesten Olivenbäume der Insel, die auf 750 bis 800 Jahre geschätzt werden.

Governor's Beach
Eine Kette kleiner Buchten mit hübschen Stränden zwischen markanten, glatten weißen Sandsteinfelsen, die in vielen Werbeprospekten über Zypern abgebildet sind. Der dunkle Sand an den Stränden kann im Sommer unerträglich heiß werden, und an Wochenenden kann hier sehr viel los sein. Dem Strand ist ein sehr gepflegtes, sehr kinderfreundliches Strandbad angegliedert.

INFO Ein apokalyptisches Tier von schlechtem Charakter

Vielleicht war es während der Kreuzzüge, vielleicht irgendwann zwischen dem 7. und 10. Jh. während der Arabereinfälle: Wann das Kamel Fuß auf Zypern gefasst hatte, weiß man heute nicht mehr so genau. Die erste schriftliche Erwähnung stammt vom Jersualempilger *Ludolf von Sundheim*, der 1336 in seinem Reisetagebuch „De itinere terrae sanctae“ schrieb, dass die zyprischen Adligen während ihrer aufwändigen Jagden „in Wald und Feld in ihren Zelten schlafen und alles Notwendige und die Lebensmittel auf Kamelen bei sich führen.“

„Wir kreuzten den Weg einer schwer beladenen Kamelkarawane. Man hat viel geschrieben über dieses Tier der Wüste, aber ich weiß nicht, ob man anderswo schon dessen Gefallen am Tabakrauch bemerkt hat. Fast könnte man das zyprische Kamel die Narghile, die Wasserpfeife, rauchen sehen! Wenn es durch seine Nüstern den Rauch einer Zigarette aufnimmt, atmet es tief durch und macht den Kopf ganz lang. Es muss für das Kamel ein so großer Genuss sein, dass es dem Raucher folgt, dessen blaue Wolken sein Geruchsorgan erregt haben. Nun ist es wahrlich keine angenehme Vorstellung, von diesem apokalyptischen Tier mit seinen kolossalen Schritten verfolgt zu werden. Aber man kann sich dem leicht entziehen, indem man brüsk rechtwinklig von seinem Weg abweicht. Überdies lebt es sich schlecht als Kamel auf Zypern. Der Winter ist kalt und nass. Das Kamel hat dann einen schlechten Charakter und ist in den Regenmonaten übelgelaunt und jähzornig bis zum Exzess. Man sagt, wann immer es eine Gelegenheit findet, schafft es sich seinen in den heißen Monaten angestauten Hass vom Halse – und seine Bisswunden sind schrecklich. So sieht man oft Kameltreiber mit nur einem Arm ...“
schrieb der Franzose E. Deschamps 1897 in der Zeitschrift „Le Tour du Monde“

Die zyprischen Kamele waren etwas kleiner als ihre Kollegen vom Festland und hatten „nur“ eine Leistungsfähigkeit von etwa 35 km pro Tag mit einer Tragekraft von sechs Zentnern. Die einstmals 2.500 Kamele Zyperns schrumpften bis in die 1960er Jahre auf 100 Tiere – bis sie mit der beginnenden Motorisierung in diesen Jahren endgültig als Transportmodell von gestern ausgemustert wurden. Verbreitet waren die Kamele auf Zypern mehr im Küstengebiet, in bergigen Regionen wie dem Tróodos-Gebirge war das trittsichere Maultier dem Flachlandtier Kamel eindeutig überlegen.

„Bevor ich Salamis erreichte, passierte ich zahlreiche Kamel-Karawanen, die in einer Art würdevoller Prozession ihren Weg durch das Land nahmen. Mit Kamel-Karawanen transportiert man vor allem Petroleum, Holz und Futter, sie sind verbreitet auf Zypern.“
Oliver Murray Chapman in seinem Buch „Acesoss Cyprus“, London 1937

Zýgi

Aktuelle regionale Reisetipps zu Zýgi
entnehmen Sie bitte der gelben Seite 176

Einst wurde vom Hafen Zýgi aus die Johannisbroternte der Region verschifft. Heute gilt der Hafen als El Dorado für Fischesser, im Gegensatz zu manch anderen Inselteilen ist der Fisch hier noch frisch und nicht tiefgefroren. Der Ort selbst ist leider nicht im Entferntesten romantisch, hier reiht sich einfach der Straße entlang ein Fischlokal ans andere. Weiterhin wird das Bild durch einen Blick auf das nahe Kraftwerk und eine Betonfabrik getrübt.

Choirokoitía

Geöffnet tgl. 9.30–17 Uhr, im Sommer bis 19.30 Uhr

noch viel Arbeit für Archäologen

Noch bis vor einigen Jahren galt diese zum **UNESCO-Weltkulturerbe** gehörende Anlage als die **älteste Steinzeitsiedlung Zyperns**. Mittlerweile hat man weitere 17 Siedlungen aus dieser Zeit gefunden. Während um 7000 v. Chr. in Mitteleuropa noch Höhlen, allenfalls Holzbauten als Behausung dienten, wohnten in Choirokoitía ca. 1.000 Menschen schon komfortabel in rund 60 Steinhäusern in Hanglage, am Fuß der Anlage wurden mehrere Bauten im Originalzustand nachgebildet.

Woher die ersten Siedler Zyperns kamen, ist ungewiss. Die runden Gebäude, die Hirschhorn- und Karneolperlen weisen auf Syrien und Palästina hin, der Obsidian auf Anatolien (die Steine könnten allerdings auch später importiert worden sein) und die Wandmalereien auf beide Regionen. Auf jeden Fall war die Erstbesiedlung Zyperns in der Steinzeit ein durchorganisiertes Unternehmen, bei der die Neusiedler mit Pflanzensamen, Damwild, Schafen, Ziegen und Schweinen im Reisegepäck ankamen.

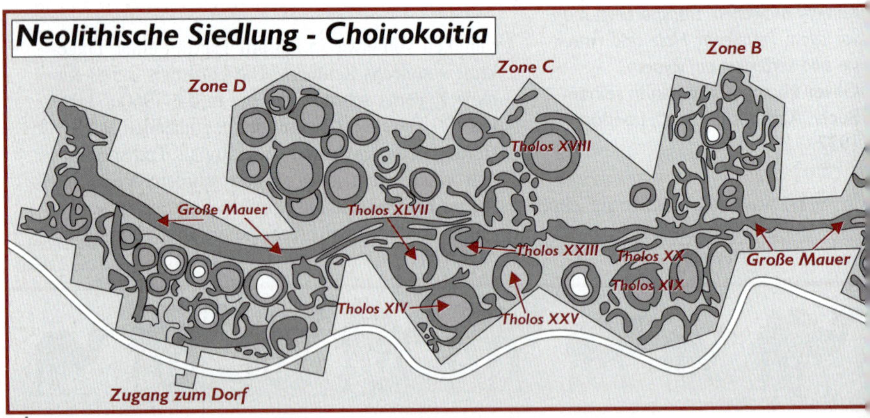

Choirokoitía bot die Nähe zum Maronifluss und somit Wasserversorgung und strategisch war seine Lage am Berghang optimal, da man Feinde bereits von weitem erkennen konnte.

Gleiche unter gleichen
Bemerkenswert an den Siedlungen von Choirokoitía und Kalavasós ist, dass die Gebäude alle ungefähr gleich groß waren. Es gab also keine herrschende Schicht; durch die schwierigen Lebensumstände wäre sie nicht zu ernähren gewesen.

Die Menschen lebten in runden (vielleicht bienenkorbartigen) Lehmziegelhäusern, in denen sich Herdstellen, Sitzbänke sowie Tische befanden. Sie lebten von der Jagd, worauf viele aus Obsidian – einem vulkanischen Glas – hergestellte Klingen und Pfeilspitzen weisen. Im Übrigen leitet sich aus der Tatsache, dass man hier Obsidian-Werkzeug fand, die Vermutung ab, dass die Bewohner Handelsbeziehungen nach Vorderasien oder Südosteuropa hatten, da es auf Zypern keine Obsidian-Vorkommen gab. Ebenso fand man Tierknochen, die zum Teil zu Haushaltsgeräten gestaltet wurden, woraus man auch ableitete, dass die Menschen schon Haustiere kannten. Sichelklingen deuten auf Getreideanbau hin.

Die Choirokoitía-Kultur verschwand um 5200 v. Chr. plötzlich, nach einer Pause von 1.500 Jahren wurde der Ort wieder besiedelt, um dann 3500 v. Chr. für immer verlassen zu werden. Nahrungsmangel, Krankheit, ein Klimaumschwung, neue Einwanderer oder Naturkatastrophen mögen die Gründe gewesen sein – Choirokoitía gibt noch heute Rätsel auf.

Männer wurden älter als die Frauen

Die Lebenserwartung der Menschen lag bei Männern um 35, bei Frauen um 33,5 Jahren (im Gegensatz zu heute wurden damals also die Männer älter!). Die Toten wurden in Hockstellung auf der Seite liegend begraben, unterhalb des Raumes, wo ihre Angehörigen lebten. Der Blick war zumeist nach Osten, zum Licht hin, gerichtet. In mehreren Hütten fand man unter dem Boden 26 Skelette von Kindern und Erwachsenen, die teilweise mit einem Stein beschwert waren, vielleicht wollte man ihre Wiedergeburt verhindern – diesen noch ungeklärten Brauch gibt es auch in anderen Kulturen. Die Schädel der Erwachsenen hatten einen abgeflachten Hinterkopf; vermutlich bandagierte man die Säulinge auf ein Brett, um diese rituelle Deformation zu erzielen. Die schönsten Gräberfunde sind im ersten Saal des Zypern-Museums in Nikosía ausgestellt.

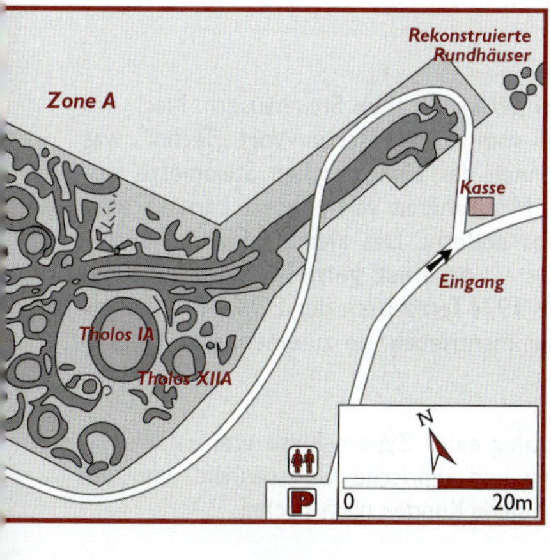

Tipp
Beste Fotografierzeit ist der Vormittag. Je weiter man nach oben steigt, desto besser erkennt man die Gesamtanlage.

Kalavasós

Aktuelle regionale Reisetipps zu Tóchni und Kalavasós
entnehmen Sie bitte der gelben Seite 127

Archäologen sehen sich im Vasilikós-Flusstal rund um Kalavasós einer Sysiphus-Aufgabe gegenüber: Hier sind **mehrere hundert prähistorische Siedlungsstätten** identifiziert worden, zum Teil reichen sie bis in die Zeit um 6500 v. Chr. zurück.

Bei Kalavasós sind bei der Brücke, die den Fluss Vasilikós überquert, noch eine Zugmaschine und Güterwagen zu sehen – sie wurden bis 1960 für die Eisen- und Gipsgruben genutzt.

Kommend von Süden liegt linker Hand die **Zeltkonstruktion über den jungsteinzeitlichen Ausgrabungen von Tenta**, die man schon von weitem von der Küstenautobahn aus erkennen kann. Das Zelt erinnert an den Namen der Gegend: lat. tenda = Zelt. Die heilige Helena soll hier ums Jahr 327 ihr Zelt aufgeschlagen haben, bevor sie die Kreuzesreliquie ins nahe Kloster Stavrovoúni brachte.

Richtung Autobahn, einige hundert Meter weiter sind die **bronzezeitlichen Siedlungsreste von Kalavasós** zu sehen. Hier fand man in zwei Kammergräbern Grabbeigaben des 14. Jh., unter anderem wertvollen Goldschmuck. Man fand auch die Reste eines rechteckigen Gebäudes mit einem 10 m² großen Innenhof – die Funktion dieses Gebäudes ist noch nicht erforscht.

Tóchni

(Einwohner: ca. 300, Tendenz steigend)

Tóchni ist ein kleines, malerisches Dorf mit vielen alten Steinhäusern. Nach der Überlieferung stammt der Name Tóchni vom altgriechischen Wort „Techni", was auf das handwerklich-künstlerische Können der einheimischen Steinmetze verweisen soll. Tóchni liegt zentral, ca. 30 Min. Fahrzeit von Nikosía, Lárnaka oder Limassol und ca. eine Stunde von Páfos entfernt. Das kleine Bilderbuchdorf – heute Vorzeigeobjekt des Agrotourismus – war **einst gemeinsamer Lebensraum von Griechen und Türken**. Bis 1974 Terroristen der EOKA-B in Tóchni eindrangen, die türkischen Männer zusammentrieben, sie zu einem schon ausgehobenen Grab brachten und erschossen.

zentral gelegen

Heute, Jahrzehnte später, lockt der Katalog eines Zypern-Reiseveranstalters mit den Worten „Ursprüngliches Dorfleben und zyprische Gelassenheit" und „im Kafeneion regieren Klatsch und Tratsch" seine Kunden nach Tóchni.

Kloster Ágios Minás

Geöffnet tgl. 8–12 und 15–19 Uhr. Frauen haben nur mit Röcken Zutritt (rockartige Stoffe werden aber im Kloster verliehen).

Dieses 1670 gegründete, einer Festung ähnelnde Kloster liegt in der Nähe des Dorfes Vavla. Jahrhundertelang war das Kloster nicht bewohnt; heute leben hier einige Nonnen, die vom Ikonen-Malen und vom Verkauf von Kräutern, Honig und Orangen leben. **Eine stille Berglandschaft umgibt die von hohen Mauern umfasste Anlage.** Durch ein Tor gelangt man in den Innenhof, in deren Mitte die Klosterkirche aus dem Jahr 1754 steht. Hier ist eine aus dem 18. Jh. stammende Ikonostase zu bewundern mit einem liebenswerten Detail: Auf der Ikone des heiligen Georg ist hinter dem Reiter ein kleiner Teeausschenker zu sehen, den Georg einst aus der Sklaverei befreit hatte. Der heilige Minás – der Namensgeber des Klosters – ist übrigens für Krankheiten des Verdauungsapparates zuständig, auf Ikonen wird er meist in Rüstung dargestellt. Und die Mutter-Gottes-Quelle im Klostergarten soll Hautkrankheiten lindern.

außen festungsartig, innen liebenswürdig

Léfkara

(Höhenlage: 600–650 m)

Aktuelle regionale Reisetipps zu Léfkara
entnehmen Sie bitte der gelben Seite 139

So ändern sich die Zeiten: Einst kam die Spitze zum Kunden und heute kommt der Kunde zur Spitze. Die Rede ist von der Léfkara-Spitze, die schon zu venezianischer Zeit so berühmt war, dass hier *Leonardo da Vinci* persönlich anno 1481 während seines Zypernbesuchs eine Altardecke für den Mailänder Dom kaufte – was allerdings noch zu beweisen wäre.

Altardecke für den Mailänder Dom

Damals waren es die Venezianer, die Zypern gerade besetzten, und deren Damen weilten gerne zur Erholung im kühlen Léfkara. Die Frauen des Ortes lernten deren mit Spitzen verzierte Kleidung kennen und integrierten Elemente davon in ihre eigenen Arbeiten. Nach den Venezianern kamen die Türken, und die hatten wenig Sinn für diese edlen Stickereien. Erst Jahrhunderte später, als die Briten Zypern besetzten, und wie einst die Venezianer in Léfkara luftkurten, ging's mit Léfkara wieder aufwärts.

Doch auch die Briten verschwanden wieder. Und so machte sich eine Dame des Ortes, *Theophila* hieß sie, mit ihrem Sohn auf den Weg nach Alexandria in Ägypten, um den dort lebenden Griechen ihre Produkte zu verkaufen. Das Geschäft lief gut, und alsbald begab sich halb Léfkara auf Verkaufstour ins Ausland, um ein halbes Jahr lang als fahrender Händler von Haustür zu Haustür zu ziehen. Zurück kamen die Händler nicht nur mit Geld, sondern auch mit großstädtischen Manieren. So standen sie im Kafeneion gerne zur Begrüßung auf und lüfteten den Bowler – ganz neue Manieren für die daheim gebliebenen Dörfler. Mit der Weltläufigkeit kam auch Bildung in den Ort, Lehrer aus Griechenland wurden gerufen.

ganz neue Manieren

Bis nach Europa, Australien und Amerika reisten die Männer, um die „Lefkaritika" zu verkaufen. Die Aufnahme dieser beiden Gentlemen stammt aus den 1930er Jahren.

Dann brach der Zweite Weltkrieg aus, das Geschäft stagnierte, bis dann in den 1980er Jahren die Touristen nach Zypern kamen. Was die Spitze anbetrifft, sind sie die besten Besatzer: denn jetzt können die Leute von Léfkara zuhause bleiben und dort auf kauffreudige Touristen warten. Sowohl in Ober- als auch Unter-Léfkara gibt es kaum ein Haus, vor dem nicht Frauen sitzen und die Männer die **Touristen zu einem Kauf der Stickereien drängen.**

Léfkara ist aber auch die Heimat vieler Gold- und Silberschmiede. An vielen Stellen kann man beobachten, wie die filigranartigen Arbeiten entstehen. Armbänder, Broschen und Anhänger, oft an antiken Vorbildern orientiert warten auf ihre Käufer.

Léfkara besteht aus dem unteren Ortsteil Káto Léfkara – sozusagen eine Miniaturausgabe des oberen Ortes – und dem malerisch oberhalb gelegenen Bergdorf Pano Léfkara (oberes Léfkara). Besonders in Pano Léfkara sind die stattlichen Häuser fast städtisch. Beide Ortsteile sind Ausgangspunkt für Wanderungen in einer sanften Hügellandschaft.

Oben oder unten?
Die Bewohner von Léfkara sind für ihre nicht eben übermäßige Bescheidenheit bekannt, wie Folgendes zeigt: Eine Frau aus Léfkara soll bei der Telefonauskunft von New York angerufen haben, um die Nummer eines Dorfbewohners zu erfahren. Rückfrage von der Auskunft „Pano oder Káto Léfkara" (Ober- oder Unter-Léfkara)?

Tipp
Wer Léfkara-Spitze kaufen möchte, der sollte schon morgens vor den Ausflugsbussen kommen. Wer aber keine kaufen möchte, sondern nur den Ort genießen will, der sollte am besten am späten Vormittag kommen, wenn die Ausflugsbusse da sind. Denn dann konzentriert sich das Interesse der Händler nicht so sehr auf die einzelnen Besucher.

Sehenswertes in Pano Léfkara

• Stickerei- und Juweliermuseum im Patsalos-Haus

Geöffnet Mo. bis Do. 9.30–16 Uhr, Fr. und Sa. 10–16 Uhr

unvollendete Stickerei

Das Haus der wohlhabenden Familie *Patsalos* ist heute ein Museum und zeigt altes Hausgerät, Möbel, Trachten und Stickereien, unter anderem eine unvollendete, an der man die Sticktechnik erkennen kann.

Hinweise
- *Nepper, Schlepper, Stickereikäuferfänger: Die Einladung zu einem Kaffee in ein Privathaus endet meist mit einer Präsentation der einheimischen*

Produkte. Einheimische Anhalter, die ins Dorf mitgenommen werden möchten, laden einen auch ganz gerne zu einem Tässchen Kaffee und anschließend zu einer Warenpräsentation ein.

- *In Pano Léfkara hängt an einem Haustor ein Schild mit der Aufschrift „Visit a 200 year old house". Was an diesem Haus vermutlich 200 Jahre alt ist, ist das Chaos im Innenhof. Ansonsten besteht die Führung aus dem Satz „My grandfather was very rich" und einem Hinweis auf den Verkaufsraum, alles darin sei zu haben „for not much money".*
- *In Páno Léfkara hat man oft den Eindruck, gerade zur Ausverkaufszeit zu kommen. Überall werden gerade zehn oder mehr Prozent Preisnachlass geboten. Den freilich gibt es das ganze Jahr über – man sollte darum das Handeln auf keinen Fall vergessen.*

***Lefkaritika** heißen die Stickereien aus Léfkara – ein einmaliges Gemisch aus griechischen, byzantinischen und venezianischen Einflüssen mit komplizierten geometrischen, durchbrochenen Mustern und oft viel Mut zur freien Fläche. Die Stickmuster auf Leinen erwecken den Eindruck von Licht und Schatten, genannt werden sie Laternen und Kreuze, Gabeln, Schlangen und Gänseblümchen. Die Herstellung eines Tischtuchs kann mehrere Wochen dauern, produziert werden außerdem Bettbezüge, Kopfkissen oder Blusen und was sonst noch alles bestickt werden kann.*

INFO Achtung Reliquienfälscher!

Im Ortsprospekt von Léfkara ist zu lesen: „According to tradition, the big silver cross, which bears a piece of the Holy Wood, is kept in the unseen crypt found in the shrine". Zu dieser Reliquie von Jesu Kreuz, die sich angeblich in der Kirche von Léfkara befindet, hat sich ein gewisser *Abbé Giovanni Maritit* geäußert. Seine Berichte und Schilderungen (englischer Konsulatssekretär von 1760 bis 1767) gelten als sehr verlässlich:

„In der Kirche wird ein Stück des Kreuzes unseres Herrn aufbewahrt, das etwa halb so groß wie ein Finger und so dick wie ein Daumen ist. In früheren Jahren wurde die Echtheit dieser Reliquie bezweifelt und ich will berichten, aus welchem Grunde. Einige griechische Priester aus dem Dorfe Léfkara brüteten einen Plan aus, das Kloster seiner so außergewöhnlichen Reliquie zu berauben, um ihrer eigenen Dorfkirche die Ehre zuteil werden zu lassen, ein solches Stück zu besitzen. So erfanden sie listig die Geschichte, dass ein ähnliches Stück des Heiligen Kreuzes ihnen vor kurzem angeboten worden wäre, und sie würden dies gerne mit dem Stück auf dem Berg vergleichen, dessen Echtheit außer jedem Zweifel stand, da es ja aus der Hand der heiligen Helena persönlich stammte. Diese pfiffigen Lefkorioten erhielten auch tatsächlich die Erlaubnis dazu. So kamen sie herüber auf den Berg mit der unechten Reliquie, die aber so geschnitzt war, dass sie der echten aufs Haar glich. Als man dann die zwei Stücke einander gegenüber legte, schoben und schüttelten sie diese schnell hin und her und durcheinander und schon begann der Zank darum. Am Ende wusste keiner mehr, welches denn nun das Stück vom wirklichen Heiligen Kreuz war, weil jeder der beiden Parteien diese Ehre für ihr eigenes Stück in Anspruch nahm. Die Leute draußen bringen dem Stück auf dem Berge nach wie vor mehr Verehrung entgegen, aber sie gehen auch zu den Feierlichkeiten, die in Léfkara abgehalten werden. Die Meinungen sind geteilt, aber bis auf den heutigen Tag beschäftigen Streit und Auseinandersetzungen die Priester der beiden Gotteshäuser ..."

Sehenswertes in Káto Léfkara

- **Kapelle des Erzengel Michael**

Frei zugänglich

Beim zentralen Parkplatz steht die Kapelle des Erzengels Michael mit einer Darstellung des Heiligen sowie des heiligen Georg. Die Malereien werden ins 12. Jh. datiert.

Wanderungen
Auf der Straße nach Vavatsinia beginnen zwei ausgeschilderte Wanderwege von 2,5 und 3 km Länge, die an der Kapelle Sotiros Metamorfosis vorbeiführen.

Staub aus deinem Haus
bedeutet Ärger. Wenn Sie sich in Léfkara übervorteilt fühlen, dann können Sie es dem Händler heimzahlen, und zwar nach Léfkara-Methode: Sie nehmen etwas Staub aus seinem Haus, dazu ein Kleidungsstück des oder der Betreffenden, stiften anschließend dem Archangelos (Erzengel) Khorinos einige Kerzen, machen sich auf den Weg ans Meer und werfen den Staub mitsamt dem Kleidungsstück ins Meer ... der oder die Verwünschte wird dann Zypern verlassen, denn da kennt Archangelos Khorinos, der *„Verbannende Erzengel"* keine Gnade!

Káto Drys

In diesem Dorf, drei Kilometer südwestlich von Léfkara, wurde 1134 der heilige *Neófytos* geboren – ob das Haus, das als sein Geburtshaus präsentiert wird, wirklich dieses ist, mag dahingestellt bleiben. Ein beliebtes Fotomotiv sind die vier pastellfarben gestrichenen Häusern aus den 1930er Jahren, die sich entlang der Durchgangsstraße aufreihen.

vom Stickereiverkäufer zum Millionär

Aus Káto Drys stammte der zyprische Millionär *Reo Stakis*, der im Alter von 14 Jahren Zypern mit einem Koffer voller Léfkara-Stickereien verließ und nach Glasgow reiste, wo er die Ware von seinem Motorrad herunter verkaufte. Einmal schrieb er an die *Königin Mary*, ob sie denn nicht zyprische Stickerei kaufen wolle. Sie antwortete, sie wäre interessiert und lud ihn zu sich in ihr Schloss ein. Später investierte er in altmodische Tea-Rooms, die er in eine Kette von modernen Restaurants voller Atmosphäre und mit preisgünstigem Essen verwandelte. 1988 wurde er zum Ritter geschlagen, im Jahre 2000 dann neben fünf weiteren Zyprioten, unter anderem dem Popstar *George Michael* – zu den sechs reichsten, zyprischen Männern Großbritanniens gewählt. 2001 starb er im Alter von 88 Jahren – nach einer Karriere vom Stickereiverkäufer zum Millionär.

INFO

Lágeia: Unsere Kinder sollen sauberer werden

Auf den Flughäfen von Páfos und Lárnaka erhält man einen kostenlosen Plan von Zypern. Neben einem Friseur und einer Buchhandlung wirbt in diesem Plan auch das Dorf Lágeia nordwestlich von Choirokoitía für sich: Ruhig und gastfreundlich sei es, 23 Einwohner und eine alte Kirche hätte es, weiterhin eine Architektur, die bis ins Jahr 1700 zurückgeht, acht Hotelappartements, ein Café-Restaurant und sogar einen Swimmingpool. Ein schnurrbärtiger alter Mann, ein altes Gebäude und eine Opuntie sind in der Anzeige abgebildet. Ein Vorortbesuch hat ergeben: Die Anzeige hatte nicht zuviel versprochen, sogar der alte Mann saß tatsächlich im Café-Restaurant. Das Interessanteste aber war ein Anschlag am Verwaltungsgebäude neben dem Café: Dort waren unter der Überschrift „Saubere Plätze, saubere Straßen, saubere Gärten“ elf detaillierte Regeln zum Thema Sauberkeit im allgemeinen aufgelistet, wobei Regel Nr. 10 speziell zur „allgemeinen Sauberhaltung der Kinder“ aufforderte. Mit Erfolg – wie man sehen konnte!

Umgebung nordwestlich von Lárnaka

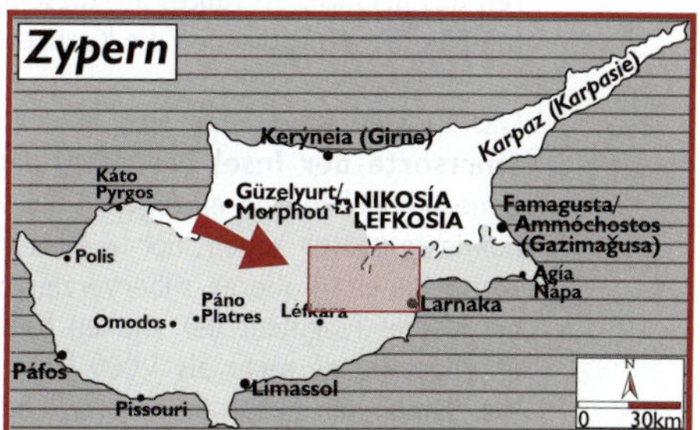

© graphic

Kloster Stavrovoúni und Kloster Agía Varvára (Barbara)

Geöffnet von April bis Aug. 8–12 und 15–18 Uhr. von Sept. bis März 8–12 Uhr und 14–17 Uhr. Zugang durch den Klosterladen.

Während Frauen in den 1970er Jahren (allerdings OHNE Lippenstift!) noch Zutritt zum Kloster hatten, dürfen heute nur noch Männer in diese heilige, einstmals von einer Frau gegründete Stätte. Die Mönche haben dennoch mehrmals im Jahr ein Herz für Frauen, denn dann wird für die weibliche Minderheit das heilige Kreuz außerhalb des Klosters ausgestellt! Schon die Auffahrt zum Kloster ist ein

Der greise Bruder Kallinikos malt in einer Art Wellblechbude neben dem Kloster Agía Varvára Ikonen, diese Kunst hat er einst auf dem Berg Athos in Griechenland studiert. Für seine Ikonenmalerei im alten byzantinischen Stil verwendet er flüssiges Wachs, Öle, manchmal Blattgold – und nimmt Damenstrümpfe zu Hilfe.

Erlebnis für sich. In Serpentinen geht es hinauf auf den 768 m hohen Kegelberg, vorbei an Gebüsch und Kiefernwäldern – immer grandioser wird die Aussicht. Unterwegs passiert man das Kloster der **Agía Varvára**, der Wirtschaftsstation von Stavrovoúni, wo Mönche den – so sagt man – besten Honig Zyperns sowie Olivenöl anbieten.

In vorchristlicher Zeit stand hier oben ein Aphrodite-Tempel, von dem man einige Reste gefunden hat. In der Antike, so die Überlieferung, war dies der dritte Berg, der „Olympos" hieß. Der Legende nach landete im Jahr 327 n. Chr. die ***heilige Helena,*** die **Mutter *Konstantins des Großen*** (des ersten christlichen Kaisers Roms), auf ihrer Rückreise von Jerusalem nach Konstantinopel in Zypern. Sie hatte Teile des heiligen Kreuzes sowie das Kreuz des reumütigen Schächers im Gepäck.

In der Nacht soll ihr dann ein Engel im Traum erschienen sein und befohlen haben, auf Zypern eine Kirche zu errichten. In jener Nacht verschwand das Kreuz, ein Diener Helenas fand es auf dem Gipfel des Berges wieder, auf dem das Heilig-Kreuz-Kloster ca. 327 n. Chr. gegründet wurde. Aus Teilen der Kreuzreliquie formte *Helena* ein neues Kreuz, das sie dann in der Kirche zurückließ. Manche vermuten, sie habe damit beabsichtigt, die Spuren des heidnischen Kultes auf diesem Berg auszulöschen. Im Jahr 1425 schleppten plündernde Sarazenen die Kreuzesreliquie fort.

Das Kloster entwickelte sich in der Folgezeit zu **einem der großen Wallfahrtsorte der Insel**, besonders unter der Herrschaft der Lusignans, als hier Benediktiner-Mönche einzogen. 1426 wurde das Kloster zerstört, erst drei Jahrhunderte später zogen hier wieder Mönche ein. Heute ist ganz rechts in der Ikonotase ein größeres, silberverziertes Kreuz aus dem Jahr 1476 zu sehen, das ein kleines Fragment der antiken Kreuzesreliquie enthalten soll. Weiterhin wird im Kloster eine mehr als 1.000 Jahre alte getöpferte Platte aufbewahrt, auf der die Namen der damals im Kloster lebenden fünf Mönche eingraviert sind.

Frauen haben draußen zu bleiben

„MEN ONLY BEYOND THIS POIND" steht heute orthografisch nicht ganz korrekt vor dem Kloster geschrieben. Mann geht also hinein ins Kloster und Frau bleibt draußen vor dem großen braunen Eisentor und fragt sich, welche andere Dämonen außer den Frauen diese frommen Gottesmänner denn noch so fürchten. Nun könnte ja Frau im kleinen Kirchlein St. Phanourios außerhalb der Klos-

INFO Ein schwebendes Verfahren – das Kreuz mit dem Kreuz

Ein wundersames Ding

„Da gibt es einen hohen Berg, auf dessen Gipfel die Kaiserin Helena ein Kreuz aus Zypressenholz errichtete, um die bösen Geister zu vertreiben und die Kranken zu heilen. In dieses Kreuz schlug sie einen Nagel vom Kreuz unseres Herrn. An diesem Ort und in seiner Umgebung geschehen bis heute viele Wunder und Erscheinungen. Das Kreuz schwebt in der Luft und ist nicht mit dem Boden verbunden. Ich der Unwürdige, verehrte dieses heilige und wundersame Ding und sah mit meinen sündigen Augen die Gnade Gottes über dem Platz."
Der *Abt Daniel* im Jahre 1106

Dessen man nicht so leicht Zeuge wird

„Auf dem Gipfel desselben ist ein Kloster. Der Lebenswandel der Mönche entspricht, das müssen sie mir zu sagen erlauben, ihrem Stande sehr wenig. Im Kloster ist eine kleine Kapelle, in welcher jenes hochwürdige Kreuz mit großer Ehrfurcht bewahrt wird. (Das Kreuz) so heißt es, hängt ohne Stütze oder Befestigung in der Luft und schwingt von einer Seite auf die andere – ein Wunder, dessen man freilich so leicht nicht Zeuge wird."
Willibrand von Oldenbourg, 1212

Das dann herabsank

„Als nämlich St. Helena die drei Kreuze in Jerusalem unter dem Berg Kalvarie fand und das allerheiligste Kreuz Christi behalten hatte, da nahm sie das Kreuz, an dem Dysmas, der Schächer, zur rechten Seite gehangen hatte, und brachte es in das Land Zypern auf diesen Berg und baute da eine Kirche und daneben ein Kloster und stellte das Kreuz da hinein. Damit aber dem Kreuz umso mehr Verehrung erwiesen würde, befestigte die heilige Frau ein Stückchen von dem echten heiligen Kreuz Christi daran ... Aber nach langer Zeit, als dem Kreuz nicht die gebührliche Verehrung erwiesen wurde, da ist es herabgesunken und an der Stelle zum Stehen gekommen, wo es jetzt steht".
Der Dominikaner *Felix Fabri* auf seiner Pilgerreise im Jahr 1480

Und niemals mehr in der Luft hing.

„Auf dem besagten Hügel gibt es ein Kreuz, von dem es heißt, es sei das Kreuz Christi. Dieses Kreuz hing in früheren Zeiten in einer Kapelle, jedoch in der Luft. Doch bei einem Erdbeben stürzte die Kapelle mitsamt dem Kreuz ein, so dass das Kreuz seit dieser Zeit niemals mehr in der Luft hing."
Der Engländer *John Locke* im Jahre 1553 über das Schwebekreuz

termauern Erbauung suchen (dafür scheint es da zu sein), aber Frau freut sich lieber am grandiosen Ausblick von hier oben: Besonders am frühen Morgen, wenn die Luft noch klar ist, kann man die grünen Weinberge, silbrig aufleuchtende Olivenhaine und die Weizenfelder der Tiefebene erkennen sowie den Salzsee bei

Wenn du stirbst,
bevor du stirbst,
stirbst du nicht mehr,
wenn du sterben musst.
steht über dem Empfangssaal für Besucher im Kloster Stavrovoúni.

Lárnaka. Im Westen zieht sich das Tróodos-Gebirge bis zum Olympos hinauf und der Blick reicht an klaren Tagen bis nach Nikosía und Famagusta. Gelegentlich kann man am Horizont gar die libanesische Küste erspähen.

Von der wechselvollen Klostergeschichte zeugt eine Geheimkrypta (vor dem Klostereingang), in der sich die Mönche vor unliebsamen Besuchern verbargen. Heute ist dort eine moderne, *Konstantin und Helena* geweihte, Kapelle eingerichtet.

Hinweis
Im Kloster darf weder fotografiert noch gefilmt werden.

Kórnos

(Einwohner: 220)

In dem zersiedelten Dorf haben sich viele aus Ägypten stammende griechische Zyprioten niedergelassen – man sieht es an den Häusern, die einen gewissen Wohlstand ausstrahlen.

süße Weine in großen Tontöpfen

Die riesigen **Pitharia-Gefäße**, die überall auf Zypern, vor allem in den Hotelgärten, zu sehen sind, wurden hier (und in Foiní) auf einer einfachen Töpferscheibe hergestellt. Die Tradition der Töpferei auf Zypern ist sehr alt, schon 1394 schrieb ein Reisender, dass in diesen Gefäßen „süße Weine aufbewahrt werden, weil sie keinerlei Risse haben". Und ein italienischer Priester reiste gar 1769 eigens nach Zypern, um sich über die Technik der Pithari-Herstellung zu informieren. Forscher haben herausbekommen, dass hier schon in prähistorischer Zeit getöpfert wurde, und zwar nur von Frauen – so ist es bis heute geblieben, noch zwei Frauen töpfern hier nach alten Vorlagen.

Töpfern nach alten Vorlagen

Prähistorisch mutet auch der Schmuck der Gefäße und deren Bezeichnungen an. So trug eine Kanne „Hände" und „Ohren", die „Brust" des Gefäßes war mit „Warzen" versehen. Die Kórnos-Töpferwaren sind heute weder glasiert noch mit irgendwelchen anderen Verzierungen versehen. Diese dekorativen Keramiktöpfe sind eine Wissenschaft für sich, ein Überblick über die alten Formen, die allerdings in ihrer ehemaligen Funktion auch auf Zypern nicht mehr verwendet werden:

Haloumokouzia – hier kommt der Hallóumi-Käse rein
Kouzopoules – hier das Wasser
Kouzes – ein etwas größerer Wasserbehälter
Vattes – ein großer Wassertopf
Kourelia – in diesem Gefäß mit der kleinen Öffnung wird das Fleisch im Ofen zubereitet
Pithari – riesige (heute nicht mehr hergestellte) Gefäße für die Aufbewahrung von Wein, Essig, Öl oder Wasser

Glastres – Pflanzgefäße verschiedener Größe
Satzi – fürs Braten und Backen
Piniathes – in diesen Gefäßen wurde einst auf den Feldern während der Erntezeit das Essen zubereitet
Tzivetia – große zylindrische Behälter, man benutzte sie als Bienenstöcke
Bodithes – Wein- oder Wasserkaraffen
Holetrees und Tzieramithkia – Dachziegel.

Galeftirka *– diese Gefäße benutzte man beim Melken, vermutlich gehen sie auf antike Vorbilder zurück.*

Pýrga – Kapelle der Katharina (Chapelle Royale)

Im Ort der Beschilderung „Medieval church" folgen. Geöffnet tgl. von 9.30–13 und 13.30–18 Uhr.

Orthographie schlecht
Der byzantinische Schöpfer der Fresken dieser Kirche wollte es seinem Auftraggeber recht machen und verfasste die Kommentare zu den Abbildungen *„Letztes Abendmahl"* und *„Pfingstwunder"* auf Französisch, dessen er allerdings nicht ganz mächtig war. Denn sonst hätte er aus der L´Ascension (Himmelfahrt) keine La sension und aus dem La Cene (Abendmahl) keine La sene gemacht!

Hier ist Hugo 1470 gewesen
lautet die Übersetzung des lateinischen Graffiti *„Hic fuit Hugon MCCLXX im Jahre 1470".*

Im kleinen Dorf Pýrga steht das einzige Zeugnis aus der Lusignan-Periode, als der bei seinen Untertanen sehr beliebte König Janus an der Macht war. Als Stifter der Kapelle sind der König und seine Frau *Charlotte von Bourbon* in der Altarnische dargestellt. *König Janus* soll am Vorabend des 7. Juli 1426, vor der Schlacht bei Choirokoitía in dieser Kapelle um den Sieg gebetet haben, allerdings vergebens, er erlitt im Kampf mit den ägyptischen Mamelucken eine Niederlage, wurde gefangen und nach Kairo verschleppt. Auch wenn ihn der Papst später freikaufte – Freude am Leben soll *Janus* nie wieder gehabt haben.

verlorene Lebensfreude

Den französischen Namen erhielt die Kapelle von einem gewissen *Camille Entlart*, der Ende des 19. Jh. die gotische Baukunst auf Zypern erforschte. *Entlart* berichtete auch von einer Inschrift, die als Baudatum das Jahr 1421 angibt. Diese, beim Besuch *Entlarts* 1896 noch vorhandene Inschrift, ist heute verschwunden.

Dodeka Apostolon in Perá Chorió

Am Rande eines Friedhofs steht hier die den zwölf Aposteln gewidmete Kirche aus dem 12. Jh. Der Künstler, der sie ausmalte, schien in Zeitnot geraten zu sein, denn Teile der Fresken sind auf den schon trockenen Putz aufgemalt und somit schlecht erhalten. Dafür aber sieht man noch an manchen die Stellen Vorzeichnungen für die Fresken. In der Apsis ist eine Apostelkommunion zu sehen, wo *Judas* als Zeichen seiner Feindschaft zu *Jesus* seinen Brotbrocken ausspuckt.

Ágios Sozómenos

Ein verlassenes Dorf, wie aus einer Wildwest-Filmkulisse; mit verfallenen Häusern in einer einsamen, kargen Gegend – weit und breit nur Schafe und einige einsame Palmen – **eine surrealistische Gegend**, die in den 1960er Jahren Schauplatz von blutigen Auseinandersetzungen zwischen den Griechen und Türken war. Heute ist die verfallene Kirche Ágios Mámas aus dem 16. Jh. mit ihren gotischen Spitzbögen der fotogene Mittelpunkt des Dorfes. Oberhalb des Ortes versteckt sich im Kalksteinkliff die verrußte, dunkle Höhleneinsiedelei des heiligen Sozómenos mit Fresken aus dem 12. und 16. Jh.

Die Ruinen der Geisterstadt Ágios Sozómenos waren einstmals Kulisse für einen Film.

Die Kirche ist frei zugänglich, ein schmales Sträßchen führt dorthin.

Kapelle Ágios Dimitrianos in Potamiá

Frei zugänglich

Griechen und Türken in einem Dorf

Neben Pýla ist Potamiá der einzige Ort Zyperns, in dem noch heute griechische und türkische Zyprioten miteinander leben.

An der Straße nach Potamiá liegt linker Hand die Kapelle Ágios Dimitrianos (frei zugänglich). An der linken Wand ist eine Darstellung des heiligen Georg auf seinem wohlgenährten Ross zu sehen, daneben einige Folterwerkzeuge, die Hackebeilen oder Schlüsseln ähneln – sie gehören zu einer Darstellung, bei der Christus einige Verdammte vor der Hölle rettet.

Dáli – Irakleion

Hinkommen: von Perá Chorió der Landstraße Richtung Lárnaka folgen.

Dáli, das antike Idálion auf dem Weg von Lárnaka nach Nikosía, war **eines der Stadtkönigtümer der Insel**. Am südlichen Ufer des Yialias gelegen, gibt es von den alten Bauwerken praktisch nichts mehr zu sehen. Doch auf den damals bewaldeten Höhen lagen Heiligtümer, die dem *Apollo*, der *Athene* und der *Aphrodite* geweiht waren. Die versunkenen Mauern der antiken Stadt sind von Schiefer bedeckt. Eine Sage berichtet, dass Idálion von *Chalkanor*, einem der Helden im Trojanischen Krieg, gegründet worden sei. Er folgte einem Orakel, das ihm hieß, er solle an jener Stelle eine Stadt gründen, wo die Sonne aufginge. Es soll geschehen sein, als er bei Salamis mit seiner Armee ankam und bei Egkomi sein Lager aufschlug.

fast nichts mehr übrig

Die Stadt existierte von der Bronzezeit bis etwa 400 v. Chr. Unter phönizischem Einfluss entstand hier ein wichtiger Handelsplatz. Doch von all dem ist nichts mehr zu sehen, spärliche Reste der antiken Stadtmauer, die vermutlich aus dem 5. Jh. v. Chr. stammt, sind südlich des Dorfes auszumachen: Bis zu 6 m hoch und 8 m stark war sie angelegt! Man vermutet, *Stasikrates* habe sie errichtet, um sich der Phöniker aus Kition besser erwehren zu können, vergeblich: sie nahmen Idálion später doch ein.

Schon in der Antike genoss die Stadt Berühmtheit vor allem des Aphrodite-Tempels wegen. Der Sage nach liebte *Aphrodite* den jungen *Adonis*. Sie habe ihn dessen Rivalen *Ares*, Sohn des *Zeus* und der *Hera*, vorgezogen. *Ares* konnte diese Niederlage nicht verkraften. Er verwandelte sich in einen wilden Eber und tötete *Adonis* eines Tages bei der Jagd in den Wäldern des Idálion. *Aphrodite* soll in tiefe Trauer versunken sein, und ihre Tränen, mit dem Blut von *Adonis* vermengt, nahmen die Gestalt der roten Anemonen an, die auch heute noch den Hügel der Akropólis bedecken.

Der amerikanische Amateurarchäologe *Di Cesnola* rühmte sich, in Idálion etwa 10.000 Gräber geöffnet zu haben, eine Zahl, die Experten für übertrieben halten. Seinem Bericht zufolge lagen die Toten auf einer tonartigen Schüssel, den Kopf zum Grabeingang gewendet; mit Schmuckgegenständen als Grabbeigaben.

amerikanischer Aufschneider-Alibi-Archäologe

Doch schon vor *Di Cesnola* waren Plünderer im 7. Jh n. Chr. am Werk gewesen, die die griechisch-römischen Gräber ausraubten, welche über den phönizischen lagen. Und vor etwa 100 Jahren, so berichtet *Ludwig Ross*, ein früherer Zypernreisender, hätten Bauern in dieser Gegend beim Pflügen große Mengen kleiner Figuren gefunden. Er hat sie als 30–60 cm große weibliche Darstellungen mit einer gegen die Brust gehaltenen Blume und Spuren einer ursprünglichen Bemalung beschrieben – es waren wohl Kultbildnisse, die der *Aphrodite* galten.

Auch die Olivenbäume, die vor den Toren Idálions wachsen, sind heiligen Ursprungs: Als die **Apostel Paulus** und **Barnabas** einmal in der Gegend rasteten, sollen sie Olivenkerne ausgespuckt haben, aus denen dann diese Olivenbäume sprossen.

INFO Vom Grabräuber zum Museumsdirektor – Palma Luigi di Cesnola

„Zum Ende des dritten Jahres meiner Ausgrabungen in Dáli hatte ich an die 10.000 Gräber geöffnet und daraus eine ungeheure Zahl von Vasen und anderen Grabbeigaben von höchstem historischem Interesse entnommen" brüstete sich Luigi Palma di Cesnola (in den 1860er Jahren amerikanischer Konsul auf Zypern) in seinen Erinnerungen. Als Konsul hatte er damals die Erlaubnis, jede bekannte antike Stelle der Insel zu besuchen. Doch es blieb nicht beim friedlichen Beschauen des antiken Erbes: *Di Cesnola* bestätigte sich als wütender Amateurarchäologe. Als ihn örtliche türkische Beamte am weiteren Verwüsten hindern wollten, kreuzte vor Lárnaka sogar ein amerikanischer Flottenverband auf, um sein weiteres „Forschen" sicherzustellen ... Europäische Archäologen waren alarmiert, und sie befürchteten – zu Recht – dass sehr wertvolle archäologische Einsichten in die Geschichte der Insel zerstört würden.

Luigi Palma di Cesnola (Harper's Magazine, 1872)

Insgesamt soll *di Cesnola* 12 Tempel, 65 Nekropolen sowie bald 61.000 Gräber „untersucht" haben. Einige der Funde gingen als Geschenk zum Sultan von Konstantinopel, andere wurden auf dem freien Kunstmarkt verkauft.

Die Mehrzahl der Funde fand aber den Weg ins Metropolitan Museum in New York, wo sie heute die **Cesnola Collection mit 35.573 Exponaten** bilden. Zur Belohnung für diese Schenkung wurde *Cesnola* zum Direktor des Museums ernannt.

Die Geschichte der Cesnola-Funde ist aber noch nicht zu Ende geschrieben: Auf der Fahrt von Zypern nach Amerika ist ein Schiff mit 5.000 Funden an Bord im Jahr 1871 gesunken – irgendwo vor der Küste Syriens. Wenn man bedenkt, dass *Cesnola* nur ihm wertvoll erscheinende Funde geborgen hat, **dann wartet noch bis heute auf dem Meeresgrund ein Schatz auf seine Bergung!**

Lympía

Schon von weitem sieht man den Berg, der gleich **dreifach geteilt** ist: Auf der Höhe erkennt man die Kirche Stavros tou Lympía, auf der heute die **türkische Flagge** weht. Talabwärts folgt dann etwas zur Bergmitte hin das **Niemandsland**, von UN-Posten überwacht. Am Fuße des Berges weht die **Fahne der Republik Zypern**.

Limassol (Lemesós)

(Einwohner: ca. 156.000, Höhenlage: Meereshöhe)

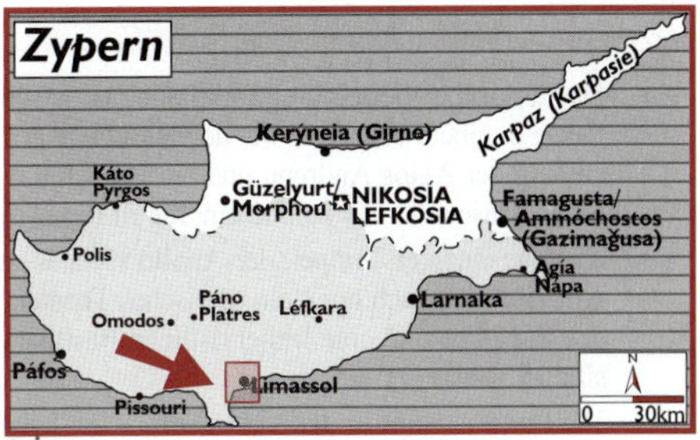

© graphic

Aktuelle regionale Reisetipps zu Limassol (Lemesós)
entnehmen Sie bitte der gelben Seite 140

Limassol, nach Nikosía die zweitgrößte Stadt und wichtigstes Touristenzentrum der Insel, liegt kaum eine Autostunde südlich des Tróodos-Gebirges. Seit türkische Truppen 1974 den Nordteil Zyperns besetzten, hat sich die Südküste jedoch stark verändert – und nicht immer zu ihrem Besten. Limassol ist heute doppelt so groß wie vor der türkischen Invasion und gleicht in seinem Außenbezirk einer zusammengewürfelten Ansammlung von Betonklötzen und Bürohäusern.

Nach der Teilung der Insel hat sich Limassol zu **einem der wichtigsten Touristenzentren** und zum **bedeutendsten Hafen des Südens** entwickelt. Viele Flüchtlinge aus dem nun türkisch besetzten Teil fanden in Limassol eine neue Heimat. Der Bürgerkrieg im nahen Libanon ließ viele Libanesen nach Limassol fliehen, wo sie Häuser und Appartements kauften. Ebenso schufen sich viele libanesische Firmen ein zweites Standbein, indem sie dort eine Filiale eröffneten. Am meisten fallen aber im Stadtbild die vielen Russen auf – seit dem Zusammenbruch der Sowjetunion haben sich hier viele neureiche, russische Geschäftsleute niedergelassen, deren Weste allerdings nicht immer ganz blütenweiß sein soll.

reiche Russen

Sehenswertes

So abschreckend Limassol entlang der verbauten Küstenstraße auch aussehen mag – rund um das alte türkische Viertel und die Markthalle hat die Stadt durchaus Flair zu bieten.

Türkisches Bad – Hamam

Genethliou Mitella, Nahe bei der Moschee. Tgl. geöffnet 14–22 Uhr (gemischte Sitzungen)

Nach einem anstrengenden Sightseeing-Tag durch Limassols malerisches Zentrum kann man sich in den mittelalterlichen Gewölben des jüngst renovierten, türkischen Dampfbads mit einer Massage verwöhnen lassen. Hier wurden übrigens Szenen des Softpornos „Black Emmanuelle“ gedreht.

Redaktions-Tipps

- Das türkische Viertel, die Markthalle und anschließend eine Pause in einem der Cafes bei der Markthalle, ein Bummel entlang der Ágios Andreou und ein Besuch des archäologischen Museums – so könnte ein Tag in Limassol aussehen.
- Zyperns einziger Tempel, der Apollo Hylátes, steht in **Koúrion**, wo auch noch ein römisches Theater, das Haus des Eustolios und eine frühchristliche Basilika zu sehen sind (S. 244).
- **Weit und einsam in der Vorsaison** ist der lange Lady's Mile Strand auf der Halbinsel von Akrotíri und auf der dramatischen, noch einsameren Westküste der Halbinsel liegt **ein Schiffswrack** (S. 241).
- Eine Fahrt durch die **Zypressenallee von Fasouri** führt vorbei an Zitrusplantagen (S. 240).
- **Lófou**, ein Dorf wie aus einem Guss mit einer urigen Taverne (S. 250)
- Der **Wasserfall des Green Valley in Trimíklini** soll der höchste der Insel sein (S. 252).

Übernachten und Essen

- **Hotel Four Seaons******* (S. 141) in der Touristenmeile, farbenfroh und exotisch, und gleich nebenan das liebenswerte **King Richard***** (S. 142)
- **Curium Palace******, frisch renoviert und von unaufdringlicher Eleganz (S. 140)
- Preiswert und ruhig nahe dem Hafen gelegen sind die **Hotel Studios Old Port**, ein guter Tipp für alle, die sich abends ins Nachtleben der Stadt stürzen und tagsüber die Insel entdecken wollen (S. 141).
- **Manolas' Tavern in Kelláki**, eine urige Unterkunft mit schönem Garten und vier preisgünstigen Zimmerchen (S. 237)

Essen

- Direkt am Hafen, in einem alten Johannisbrot-Lagerhaus, wird **im Ladas-Restaurant** Fisch vom Feinsten serviert (S. 144).
- Die Ágios Andreou-Straße nahe der Altstadt ist ellenlang und gesäumt von guten Lokalen: von der kuriosen **Kneipe Folia tou Koukou**, dem etwas exklusiveren afrikanisch angehauchten **To Kokkalakia** und dem syrischen **Al-Shaliwh** – um nur einige gute Adressen zu nennen (S. 144).

Einkaufen

- Die **Markthallen von Limassol** sind die größten und lebendigsten der Insel (S. 145).

© graphic

Panathinaion
nach Nikosía, Lárnaka
Griva Digeni
Archäologisches Museum
Kannigkos
Yparias
nach Amathous
Nikokleos
Agía Zoni
Armenische Kirche
Archimidous
Evangelistrias
Evripidou
Kannigkos
Stadt-Park
Lordou Vyronos
Gladstonos
Olympion
Städtische Kunstgalerie
Vasili Michailidi
Anaxagorou
Gladstonos
Androutsou
Giagkou Tornariti
ZOO
Karaiskaki
Boumpoulinas
Agias Zonis
Gladstonos
Zinonos
Agiou Andreou
Digeni Akrita
Oktovriou 28
Stasinou
Kolokotroni
Kapodistria
Volkskunde-museum
Zinas Kanther
Ierousalim
Vragadinou
Andrea Drousioti
Pavlou Mela
Zinonos
Solonos
Agía Tries
Agía Marina
Alexandrou
Anexartisias
Vasileiou Makedonos
Et. Palaiologinas
Afrokrateiras
Chr. Sozou
Chatzipavlou
Gennadiou
Georgiou
Stadtbusse
Kanari
Athinon
Markthalle und Cafés
Kitiou Kyprianou
Saripolou
Agiou Andreou
Christodoulou
Tositsa
Ágios Andronikos
Spartis
Agía Napa
Mitella
Genethliou
Sp. Araouzou
Uferpromenade
Mittelmeer
Hamam (Türkisches Bad)
Busse nach Lárnaka
Reptilienhaus
Akrotiri-Bucht
Alter Hafen
N
0
500m

Museen

- **Museum des zyprischen Mittelalters**

Irinis, Tel. 25 33 04 19. Geöffnet Mo. bis Sa. 9–17 Uhr, So 10–13 Uhr.

In diesem historisch einzig bedeutsamen Gebäude Limassols heiratete *Richard Löwenherz* seine *Berengaria*. Die Burg stammt aus dem 14. Jh., wurde 1525 geschleift und stammt in ihrer heutigen Form zum größten Teil aus der Osmanenzeit, als sie als Gefängnis diente. Zu sehen sind Fotos, Schießgewehre, alte Grabsteine, Öllämpchen, alte Münzen und eine Ritterrüstung. Besonders interessant sind die Grabstele einer schwangeren Frau aus dem 14. Jh. sowie ein vor wenigen Jahren bei der Stadtmauer von Nikosía gefundenes Skelett eines 20 bis 30 Jahre alten Mannes, dessen Kopf, Füße und Arme fehlen und dessen Hände auf seinen Genitalien lagen. Das Skelett gehörte vermutlich einem Soldaten, der verstümmelt und enthauptet wurde, als die Türken die Stadt nach dem Sieg von 1570 stürmten. Oben von der Burg bietet sich ein schöner Blick auf Limassol.

verstümmeltes Skelett eines Soldaten

- **Time Elevator**

Im Lanitis Carob Mill Complex bei Burg. Vorstellungen alle 40 Minuten auch deutschsprachig)

Eine Art historische Multimedia-Show, die durch 10.000 Jahre zyprische Geschichte führt.

- **Archäologisches Bezirksmuseum im Kastell**

Kanningos & Vyronos, nahe beim Stadtpark. Tel. 25 30 51 57. Geöffnet Mo. bis Fr. 9–17 Uhr, So. 10–13 Uhr.

gnomenhafter Gott Bes

Fundstücke vom Neolithikum bis zum Mittelalter sind hier zu sehen. Besonders interessant im Hof das Mosaik mit der badenden Aphrodite und eine große Statue des gnomenhaften Gottes Bes aus dem 2./3. Jh. v. Chr.

- **Volkskunst-Museum**

Agiou Andreou. 25, Tel. 25 36 23 03. Geöffnet Mo. bis Fr. 8.30–13.30 Uhr. Mo., Di., Mi., Fr. auch 15–17.30 Uhr und Juni bis Sept. 16–18.30 Uhr

Alte Trachten, Bauernmöbel, Stickereien, Schmuck und andere Volkskunst.

Reptilienhaus

Am alten Hafen. Geöffnet tgl. 9–19 Uhr

Pythons, Boas, Kobras, Klapperschlangen, Eidechsen und Krokodile kreuchen und fleuchen hier und wer will, darf sie – unter den Argusaugen des Inhabers – sogar berühren.

Wet'n Wild Wasserpark

An der A1, Ausfahrt Mout Agíaka. Tel. 31 80 00, www.wetnwild.com.cy, geöffnet April bis Okt. Tgl. 10–18 Uhr.

Mehrfach preisgekrönter Wasserpark, von den drei Wasserparks Limassols (in einem Land, das Probleme mit der Wasserversorgung hat) ist er der wohl Beste. Auf Flussfahrten und in einem Wellenbad geht´s rein ins nasse Vergnügen.

Umgebung östlich von Limassol

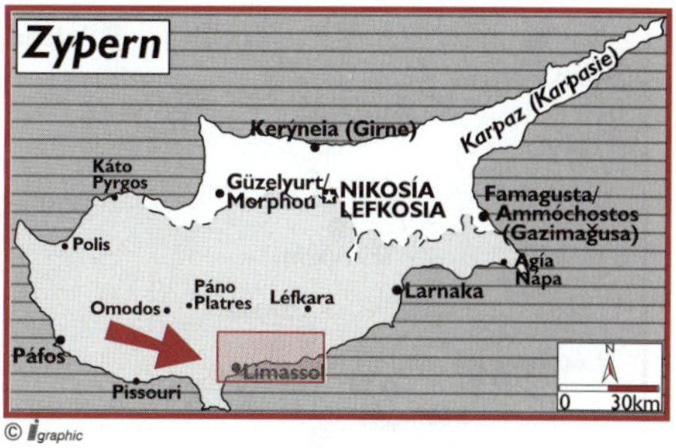

© igraphic

Germasógeia-Staudamm

Der See, der **nach Norden in einer durchaus malerischen Landschaft** liegt, hat vollständig gefüllt eine Fläche von 1,10 km². Sein Wasser wird durch einen Erddamm gestaut, was ihm in einer geologisch unruhigen Region wie dem östlichen Mittelmeer ausreichende Stabilität verleiht. Der Staudamm dient vor allem zur Bewässerung landwirtschaftlicher Flächen wie der Fassouri-Plantage bei Limassol, einem landwirtschaftlichen Musterprojekt. Oberhalb der Staumauer auf dem Westufer gibt es einen inoffiziellen Picknickplatz unter Olivenbäumen. Hier ist das Seeufer auch flach genug zum Baden.

Picknickplatz am Staudamm

Südlich des Staudamms steht die Kirche der Agía Christina aus dem 16. Jh., die heute ein Kirchenmuseum beherbergt.

Ab Foiníkaria im Osten des Staudamms führt ein **markierter Wanderweg** in drei Stunden auf den Moutti tis Kyparissias.

Arakapás

Viele der Einwohner des Ortes sind einst nach Australien ausgewandert. Und nur wenige zurückgeblieben. Das kleine Dörfchen hat zwei Kirchen, die beide der Panagia gewidmet sind. Wie an so vielen anderen Orten Zyperns wurde auch hier eine Ikone gefunden, die Ikone der Muttergottes mit dem Kinde. Ihr wird die Fähigkeit nachgesagt, bei Hämorrhoiden zu helfen. In der im Inneren dreigegliederten Kirche der Panagía Lamatiki befinden sich Fresken im italienisch-byzantinischen Stil des 16. Jh.

Panagía tou Kambou in Akapnoú

An der Straße von Eptagóneia nach Akapnoú. Der Schlüssel zur Kirche liegt auf der Seitentür der Kirche (das Aufschließen ist eine ziemliche Fummelei), ansonsten im nebenan gelegenen Restaurant nach dem Schlüssel fragen.

Eine Seltenheit auf Zypern sind diese einfarbigen Rötelzeichnungen, besonders gut zu erkennen sind die Gesichter von Aposteln und von Maria.

Peléndri
Páno Plátres
Ágios Pávlos
Kaló Chorío
Arakapás
Trimíklini
Louvarás
Láneia
Dieróna
Loúfou
Limnatis
Monagri
Kelláki
Prastió
Apesiá
Kyparissia
692m
Alassa
Fasoúla
Páno Kivídes
Kouris-
Staudamm
Germasógeia-
Staudamm
Foinikária
Armenochori
Palódeia
Ágios
Athanasios
Germasógia
Sotíra
Mouttagiaka
Amathous
Páno Polemídia
Mesa
Geitonia
Káto
Polemidia
Hotelmeile
Apollon Hylátes
Heiligtum
Koúrion
Limassol/
Lemesós
Episkopí
Kolossi
Zakaki
Trachoni
Zitrusplantagen
Fasouri
Lady's Mile
Strand
Salzsee
Akrotíri
Kloster Ágios
Nikoláos
ton Gaton
Militärflughafen
Umgebung von Limassol

© graphic

Kelláki

Aktuelle regionale Reisetipps zu Kelláki

entnehmen Sie bitte der gelben Seite 128

Manolas Tavern in Kellaki lohnt einen Besuch

Der Ursprung dieses Orts verliert sich in der Geschichte, man glaubt aber, dass sich hier schon im 3. Jh. n. Chr. Einsiedler niedergelassen haben. Kelláki liegt fast auf einem Hügel mit Blick auf das Obere Germasógeia-Tal, einer der schönsten Gegenden der Insel.

Wandern

Kyparissia Trail

Ca. 1 km südlich von Kelláki (dem Wegweiser „Prastiou 2 km, Earthen Road" folgen) führt ein 3 km langes Holpersträßchen zum Ausgangspunkt des Naturlehrpfads.

Parekklisia

Ein weit gezogener Ort am Rande eines großen Tals. Da es hier im Sommer kühler als in Limassol ist, hat sich der Ort zu einer „Sommerfrische" der Wohlhabenden entwickelt. Im Ort ragt die Kirche Timios Stavros aus dem 12./13. Jh. auf.

Ágios Geórgios Alamanos

Die Ursprünge des Nonnenklosters Ágios Geórgios Alamanos, östlich von Amathoús nahe der Autobahn, sind heute nicht mehr nachzuvollziehen – die heutigen Baulichkeiten stammen aus dem Jahr 1880. Die Nonnen des Klosters haben sich hauptsächlich auf die Pflege von Blumen und Kräutern, die Herstellung von Bienenhonig und die Ikonenmalerei spezialisiert. Im Übrigen: Die Eier, die sie verkaufen, sollen die besten weit und breit sein.

Blumen, Kräuter, Bienenhonig und Ikonen

Amathoús

Geöffnet tgl. 9–17 Uhr, im Sommer bis 19.30 Uhr

Von Amathoús, **einem der ältesten der antiken Königreiche Zyperns**, ist nicht mehr viel zu sehen: Man geht davon aus, dass Teile der Stadt sowie ihr Hafen im Meer versunken sind. Archäologische Unterwasser-Untersuchungen haben diese Vermutung bestätigt, da überspülte Mauerreste und Schiffswracks ausgemacht werden konnten. Von diesem Hafen aus exportierten Phönizier Kupfer und Holz für den Schiffsbau.

Dieser riesige, 1,85 m hohe und 2,20 m breite Vorratsbehälter wurde bei Ausgrabungen in Amathoús gefunden. Nebst einem zweiten, gleichartigen Steintopf soll er einen der Aphrodite geweihten Tempel von Amathoús geziert haben. 1862 wurde er vom türkischen Pascha Zyperns an die französische Regierung verkauft und steht heute im Louvre in Paris.

Noch im 19. Jahrhundert waren erhebliche Reste des alten Amathoús vorhanden; doch dann wurden viele Steine zum Bau der Hafenbefestigungen von Port Said und Alexandria und für den Bau des Suez-Kanals verwendet.

Über die Ursprünge von Amathoús ist nur wenig bekannt, vermutlich wurde das Gebiet schon zur Eisenzeit besiedelt. Die Mythologie berichtet von *Amathoúsa*, der Mutter von *Kinyras*, die den Ort gegründet haben soll. *Kinyras* war der erste König von Zypern und Vater des *Adonis*. Zu Ehren des *Adonis* und seiner *Aphrodite* soll hier ein Heiligtum bestanden haben. Plutarch berichtet im 1./2. Jh. n. Chr. von einem anderen Stadtgründungsmythos: *Theseus* soll wegen eines Unwetters seine hochschwangere *Ariadne* an Land abgesetzt haben, er selbst wurde vom Sturm abgetrieben. Als er dann endlich an Land gehen konnte, war *Ariadne* im Kindsbett gestorben – *Theseus* gründete daraufhin ihr zu Ehren diese Stadt. In antiker Zeit war Amathoús auch für seine Tempelprostitution und seine Menschenopfer – wie auch das Aphrodite-Heiligtum in Koúklia – bekannt.

Tempelprostitution und Menschenopfer

Als einziges Königreich der Insel beteiligte sich die Stadt nicht am Aufstand gegen die Perser, sondern stellte sich sogar an ihre Seite und hatte sich so von allen Gemeinschaften der Insel am längsten der „griechischen Überfremdung" widersetzt.

Zu sehen sind heute noch die Reste eines späthellenistischen Aphrodite-Tempels, Gräber aus dem 7. bis 2. Jh. v. Chr. und eine antike Stadtmauer sowie eine teilweise rekonstruierte Agora.

INFO Eine bodenlose Zuchtlosigkeit

„In Paphos und Amathus herrschte eine bodenlose Zuchtlosigkeit. Die zyprischen Jungfrauen verkauften sich an die Höfe der Großen. Die Jünglinge schmückten sich wie Weiber und gaben sich zu unzüchtigen Zwecken her. Es ist ein Beispiel erhalten wie damals ein Prinzenkind erzogen wurde: Auf einem silberfüßigen Sopha, das auf einem kostbaren Teppich aus Sarfes steht, lag das Kind, um das Haupt einen köstlichen Schleier, bedeckt mit einer Decke von Purpur. Die Hitze sollten drei Kissen von feinstem Leinen mit Purpurbesatz mildern. Drei Diener hatten die Pflege. Was der eine that, läßt sich nieder wiedergeben. Der andere saß neben dem Kinde, um es zu streicheln; er hatte den Namen Sikna, etwa Schröpfkopf. Der dritte hieß Ther, das Thier. Während der erste für die Füße, der zweite für die Hände beschäftigt war, hatte es dieser mit dem Kopf zu thun; er achtete darauf, daß die Löckchen nicht in Unordnung kamen, und in der Rechten hielt er einen Fächer gegen die Fliegen. Wenn aber doch einmal eine Fliege den Knaben stach, so entstand ein völliger Aufruhr."

Paulus Stephanus Cassel, 1880

Armenochóri

Die kurvige Auffahrt von Limassol nach Armenochóri führt durch eine hügelige, nahezu baumlose Landschaft mit weiter Aussicht auf Limassol und die Küste. Ein verschlafener Ort, in dem eine Straße hinein- aber keine hinausführt und es auch nur ein einziges Kafeneion gibt. Der Name von Armenochóri könnte auf eine armenische Bevölkerung der Insel zurückgehen (Armenochóri = Dorf der Armenier).

weite Aussicht

Im Jahr 2000 gelang hier einem gewissen *Léger* die Isolation des *Leishmania infantum- Zymodems* (MON-1) aus der Sandmücke Ph. Tobbi; sie ist der Überträger einer Krankheit, die Karl May-Leser als Aleppobeule kennen. In Armenochóri, wo die infizierte Sandmücke gefangen wurde, wurden zwar 1996 ein Fall, 1998 zwei Fälle und 1999 drei Fälle von Leishmaniose beim Hund bekannt – von Übertragungen auf Menschen wird aber nichts berichtet!

Aleppobeule in Armenochóri

Umgebung westlich von Limassol

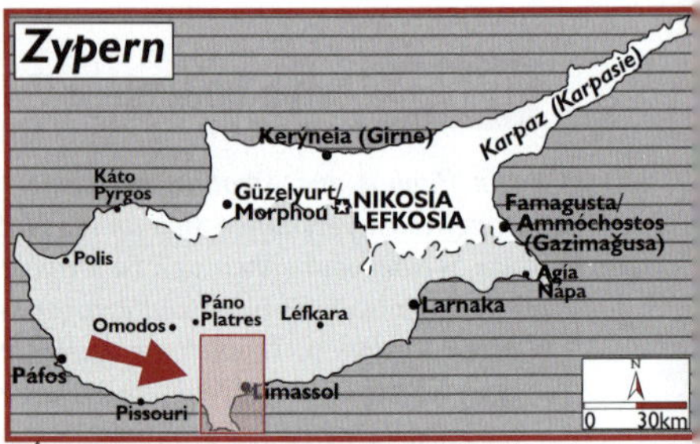

© graphic

Pano Polemidia

Zwischen Pano und Káto Polemidia steht die **Doppelkirche der Agía Anastasia**, bestehend aus zwei architektonisch völlig gleich errichteten Gebäuden, die sich jedoch in ihrem Alter erheblich voneinander unterscheiden. Die Kirche an der Ostseite stammt aus dem 12. Jh., die andere auf der Westseite aus dem 14. Jh. Die Kirchen waren beide einst vollständig mit Fresken ausgemalt, das interessanteste Fresko ist das der Kreuzabnahme, wo eine Person am Fuß des Kreuzes versucht, mit einer Zange die Nägel aus Jesu Füßen zu ziehen.

Halbinsel Akrotíri

Zypressenallee und Plantagen von Fasouri

1974 aus Mórfou geflohene Zyprioten haben hier Obstplantagen (Zitrusfrüchte, Avocados und Kiwis) angelegt und als Windschutz die schnellwüchsigen Zypressen angepflanzt, die heute einen dunklen Tunnel entlang der Straße bilden.

Kloster Ágios Nikoláos ton Gaton (St. Nikolaus der Katzen)

Katzen, auf in den Kampf!

Gegründet im 4. Jh. – in den Klostermauern sind einige antike Spolien verbaut – stand das Kloster lange Zeit leer, bis es 1983 wieder von einigen Nonnen bezogen wurde, die sich um die alte Tradition der Katzenpflege kümmern: Die heilige Helena soll im 4. Jh. exakt **100 Katzen nach Zypern** gebracht haben, die den Menschen bei einer **Schlangenplage** beistehen sollten. Denn damals suchte das Land eine 30-jährige Dürre heim, während der die Brunnen versiegten und menschliches Leben – besonders auf der Halbinsel Akrotíri – nicht mehr möglich war, dafür gab es aber umso mehr Schlangen. Die Katzen zeigten sich in der Schlangenbekämpfung erfolgreich und so halten die Nonnen bis heute hier noch 100 Katzen.

„*Die Katzen sind höchst merkwürdig anzusehen, denn fast alle sind von den Schlangen irgendwie verstümmelt: Die eine hat die Nase verloren, die andere ein Ohr, bei der einen sind die Haut und das Fell zerfetzt, die andere ist lahm; eine ist blind auf einem Auge, die andere auf beiden.*“ So schrieb der venezianische Pilger Francesco Suriano im 15. Jh. über die Katzen vom Cape Gato, die auch heute noch auffallend derangiert aussehen.

Seit einigen Jahren haben die Nonnen Unterstützung in der Katzenpflege bekommen: Im Malcolm Cat Protecting Society an der Straße westwärts vom Kloster werden ebenfalls zahllose Katzen gehegt und gepflegt (zur Zeit der Drucklegung allerdings auf der Suche nach einem anderen Standort). Hier ist das Grab des riesigen, legendären Katers *Buster*, der die irdische Welt im Alter von 23 Jahren verlassen hat – nicht ohne vorher eine Menge vierpfötiger Nachkommen zu zeugen ...

An der einsamen Westküste der Halbinsel Akrotíri liegt zwischen den windgepeitschten Wellen dieses Wrack (südlich des Antennenwaldes beim kleinem Wärterhäuschen der Piste zum Meer folgen).

Kolóssi

Geöffnet tgl. 9–19.30 Uhr, Okt. bis Mai nur bis 17 Uhr

Hier schlug wahrscheinlich um 1191 *Isaac Komnenos* nach seiner Flucht vor *Richard I. Löwenherz* sein Lager auf. Im Jahre 1210 übertrug *Hugo I. von Lusignan* das umliegende Land dem Johanniter-Orden. Um diese Zeit wurde die erste Verteidigungsanlage gebaut.

Nach dem Fall von Akkon im Jahre 1291 zogen die Johanniter und Templer nach Limassol. Kolóssi wurde Hauptsitz der Johanniter bis zu seiner Verlegung nach Rhodos im Jahre 1310. Fortan war Kolóssi die „Commandaria" der Johanniter (wovon sich die Bezeichnung des Dessertweines Commandaria ableitet, der in dieser Umgebung zuerst hergestellt wurde). Kolóssi galt als **wohlhabendster Besitz des Johanniter-Ordens**, der sein Geld mit der Weinkelterei und dem Anbau und der Verarbeitung von Zuckerrohr verdiente.

1373 mussten sich die Johanniter gegen Angriffe der Genuesen wehren, doch die späteren Mamelucken-Angriffe in den Jahren 1425 und 1426 fügten große Schäden zu.

Hauptsitz der Johanniter

Man renovierte die Burg um die Mitte des 15. Jahrhunderts und **ihr gegenwärtiges Erscheinungsbild stammt aus dieser Zeit.**

Rundgang durch die Burg:

- **Erdgeschoss:** Hier waren die Lager- und Vorratsräume sowie die Zisternen – bei einer Belagerung dienten sie den Eingeschlossenen zur Versorgung. Diese so wichtigen Räume waren zu früheren Zeiten nur vom Stockwerk oberhalb zu erreichen.
- **Erste Etage:** Kapelle und Küchenraum. In einem der zwei Räume sorgte ein Kamin für die Wärme – ein Luxus zu damaligen Zeiten. Links neben dem Eingang befinden sich die Freskenreste einer Kreuzigungsszene mit dem Wappen von *Louis de Magnac*.

- Über eine Wendeltreppe kommt man ins **zweite Geschoss**, wo die Repräsentationsräume des Vorstehers lagen. Große Balkonlöcher in der oberen Wandhälfte zeigen, dass sich hier ein Zwischengeschoss aus Holz befand, dort war wohl das Schlafgemach.
- Vom **Dach des Wohnturms** hat man einen herrlichen Ausblick auf's Meer. Von dort sind auch die Reste des Aquädukts zur Bewässerung der Plantagen zu erkennen.

Burg von Kolóssi: Was so hübsch aussieht wie ein kleiner Balkon, war in Wirklichkeit eine Pechnase. Wenn unten ungebetene Gäste eindringen wollten, dann konnte man oben durch die Pechnase heißes Öl auf sie schütten.

Nahe dem Aquädukt steht ein Machärionbaum (Machahaerium tipu), ein aus Nordamerika stammender, über 160 Jahre alter Baum, der zur Familie der Schmetterlingsblütler gehört. Seinen Namen hat er von seinen messerscharfen Schoten (macheri = Messer).

Kolóssi-Johanniterburg Zuckerrohrfabrik

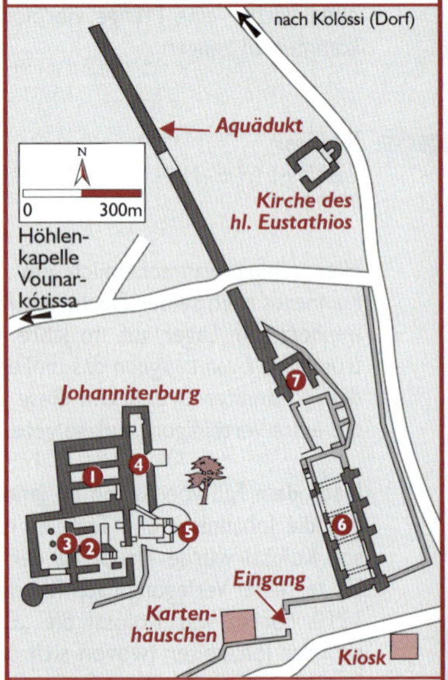

1 Donjon (15. Jahrhundert)
2 Hof mit Stallungen (15. Jahrhundert)
3 Halle
4 Reste der Burganlage (13. Jahrhundert)
5 Brunnen
6 Zuckerrohrfabrik
7 Ehemalige Wassermühle

© igraphic

Ritter von Gumppenberg berichtet 1449: *„Wir ritten zu einem Hause, das ist der Johannser Herren, da wächst der Zucker, und das Haus heißt Koloss“.* Die Burg diente den Johanniterrittern als Zentrale für die Verarbeitung von Zuckerrohr. Von der Zuckerproduktion zeugen noch Reste einer Verarbeitungsstätte, einer Mühle und eines Aquädukts.

INFO

Gib dem Adel Zucker

Von der Kreuzfahrerzeit bis zum 16. Jh. war Zuckerrohr eines der wichtigsten landwirtschaftlichen Anbauprodukte der Insel. Die meisten Plantagen befanden sich an der Südküste bei Kolóssi und bei Koúklia sowie an der Mórfou-Bucht. Die Zuckerrohr-Produktion nahm einen enormen Aufschwung, als die Johanniter Ende des 13. Jh. in Kolóssi ebenfalls mit der Zuckerherstellung begannen. Für sie war das Metier nichts Neues, denn bereits in Palästina galten sie als Zuckerproduzenten. Der zyprische Zucker wurde an die Venezianer, aber auch an andere Kaufleute verkauft. 1494, so berichtete der italienische Reisende *Casola*, sollen in Kolóssi und Episkopí etwa 400 Menschen in der Zuckerherstellung gearbeitet haben.

Damit der Saft aus dem Zuckerrohr gewonnen werden konnte, musste man es pressen. Dazu diente ein schwerer Mühlstein, der einen Durchmesser von 3,20 m aufwies. Angetrieben wurde die Mühle vom Wasser, das ein Aquädukt vom Koúris-Fluss heranführte. Nachdem der Zuckersaft gewonnen wurde, erhitzte man ihn in großen Kupferkesseln. Dann wurde der Sirup erneut gekocht und er wurde dabei dickflüssiger und heller. Schließlich goss man den Sirup in konische Tongefäße, durch deren untere Öffnung die Flüssigkeit in einen Auffangkrug tropfte, während sich die Zuckerkristalle in dem oberen Gefäß als „Zucker-Hut" ablagerten. Dieser Produktionsabschnitt fand wahrscheinlich in der noch sichtbaren tonnengewölbten Halle von Kolóssi statt. Ebenso ist noch das rechteckige Steinbassin zu sehen, in dem man die konischen Gefäße abwusch, die der Ablagerung der Zuckerkristalle dienten.

Bis ins Mittelalter war Honig das einzige Süßungsmittel, das man in Europa kannte. Die Araber, die im 8. Jh. Spanien eroberten, hatten den Zucker nach Europa gebracht, weitere Verbreitung fand er aber erst mit den Kreuzzügen, als ihn der europäische Adel kennen und lieben lernte. Seit dem 13. Jh. war er in jeder Apotheke vorhanden. Er galt als Medikament, aber auch als Konservierungsmittel und Geschmackskorrigens für bittere Ingredienzien.

Die ägyptischen Rindviecher sollen verrückt nach Zucker gewesen und deswegen regelmäßig auf ein Leckerli von Ägypten nach Zypern geschwommen sein ...

Der Zuckerrohr-Anbau ging in den ersten Jahrzehnten des 16. Jahrhunderts allmählich zurück. Die Gründe hierfür waren: Die Entdeckung Amerikas und der dann einsetzende Import von Rohrzucker nach Europa aufgrund des niedrigeren Preises. Durch die türkische Eroberung Zyperns im Jahre 1570/71 geriet die Insel in eine immer stärker werdende Isolation von den Kunden in Westeuropa.

Die englischen Reisenden *William Lithgrow* und *George Sandys* berichten, dass der Anbau von Zuckerrohr sowie die Produktion von Zucker bis etwa 1610 andauerten. In späteren Jahren trat anstelle des Zuckerrohrs der Anbau von Baumwolle.

Ágios Eustathios

Schlüssel im Haus nebenan

Ca. 100 m von der Burg steht die kleine, im 12. Jh. errichtete und im 15. Jh. restaurierte byzantinische Kirche des heiligen *Eustathios*, der einst als Offizier unter *Kaiser Trajan* (1./2. Jh. n. Chr.) diente. Zum Christen wurde er bekehrt, als er einem Hirsch begegnete, der ein weißes Kreuz zwischen den Hörnern trug (man kennt das Motiv von einem weit verbreiteten alkoholischen Getränk ...). Freskenreste zeigen ihn in voller Rüstung auf einem Pferd sitzend.

tierische Bekehrung

Panagía Vounarkótissa – bei Kolóssi

Frei zugänglich

christliches Mäntelchen

Hinter einer modernen Fassade verbirgt sich in einer Kalksteinhöhle diese Wallfahrtskirche am Fuße eines langgestreckten Hügels. Wie viele dieser Heiligtümer scheint auch diese eine ursprünglich heidnische Kultstätte zu sein, der das christliche Mäntelchen umgehängt wurde. Mit ihrer schummrigen Kerzenbeleuchtung und ihren bizarren Votivfiguren aus Wachs, Hände, Köpfe, Herzen, Kinderfiguren, hat sie noch viel von einer vorchristlichen Kultstätte an sich. Der Boden der Kirche gilt als heilig: Man muss nur das Erdreich abkratzen, in Wasser auflösen und kann es dann gegen Hautkrankheiten und Verbrennungen auflegen.

Koúrion

(Höhenlage: 70–80 m)
Geöffnet 8–17 Uhr, in den Sommermonaten 8–19.30 Uhr.

unterirdische Schatzkammern

Von Kriegern der Stadt Argos (Peloponnes), die sich auf der Heimreise von Troja befunden hätten, sei Koúrion gegründet worden, erzählte *Herodot* – Funde von Grabbeigaben bestätigen diese Annahme. *Luigi di Cesnola*, der berüchtigte Ausgräberräuber, berichtete von unterirdischen Schatzkammern, die erste nur mit bronzenen Gegenständen, die zweite mit silbernen und die dritte mit güldnem Gerät, die er bei seinen Ausgrabungen 1873 hier gefunden haben will – was allerdings noch bewiesen werden muss.

Unter den Ptolemäern und Römern erlebt Koúrion seine Blütezeit. Auf dem Höhepunkt **während der römischen Herrschaft lebten etwa 20.000 Menschen hier.** Was heute als archäologische Reminiszenzen hier zu sehen ist, stammt aus dieser Periode: Theater, Akropólis, das Heiligtum des Apollon, die reich ausgestatteten Häuser der Römer mit Mosaiken und Bädern. In den Jahren 332 und

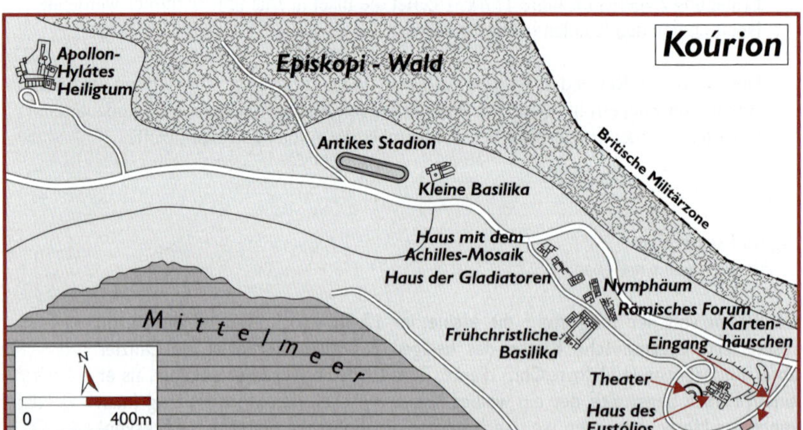

© igraphic

365 n.Chr. beendeten zwei verheerende Erdbeben die Stadtentwicklung. Doch wie der Bau der frühchristlichen Basilika im 5. Jh. zeigt, gab man die Stadt noch nicht auf. Koúrion wurde sogar Bischofssitz. Das endgültige Aus für die Stadt kam mit den Arabereinfällen des 7 Jh. und den damit verknüpften Plünderungen und Zerstörungen.

Heute erstrecken sich die Ruinen über ein Felsplateau, das auf drei Seiten 70 Meter tief abfällt. Am beeindruckendsten ist das 3.500 Zuschauern Platz bietende Amphitheater, über das ein britischer Regisseur einmal sagte: *„In der Tat, es gibt wenige Orte in der Welt, wo man in einem so großen, aber zugleich intimen Theater sitzen kann, mit einem so perfekten Hintergrund wie die zyprische Landschaft und das Mittelmeer."* Das Theater geht auf eine kleinere griechische Bühne aus dem 2. Jh. v. Chr. zurück und wurde etwa 100 n. Chr. auf die heutige Größe mit 17 Sitzreihen für 3.500 Zuschauer gebracht. Das Theater, einst in der hellenistischen Zeit für die Aufführung von Tragödien gebaut, verkam unter den Römern zu einem **Spektakelplatz für Gladiatorenspiele und Tierkämpfe**; man schließt dies aus einem Absperrgitter, das Anfang des 3. Jh. anstelle der untersten Sitzreihen angebracht wurde. Als diese blutrünstigen Spiele aus der Mode kamen, diente das Forum wieder als Theater, stürzte jedoch während des schweren Erdbebens im Jahre 365 ein – das Theater diente von nun an als Steinbruch. Inzwischen längst wieder hergestellt, finden heute inmitten der antiken Ausgrabungsstätte alljährlich im September Opernaufführungen statt.

Tragödien, Gladiatorenspiele, Opernaufführungen

Sehenswertes

• Villa des Eustolios

Östlich des Theaters liegt das Haus des *Eustolios* aus dem 5. Jh. v.Chr., von dem aus man einen besonders schönen Blick über die tief unten liegenden Felder zum Meer hin hat. Betritt man den Eingang der Villa im Westen, so begrüßt einen im Korridor ein **Bodenmosaik** mit der Inschrift *„Tritt ein ... und bringe Glück für das*

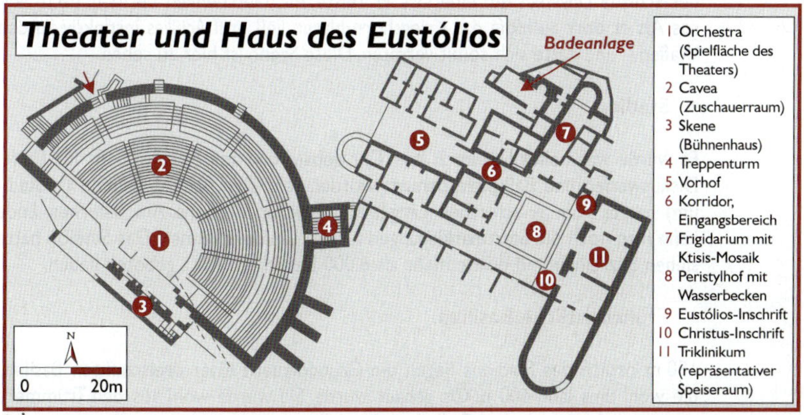

Haus". Danach gelangt man zu einem Innenhof, in dessen östlicher Vorhalle Mosaiken zu sehen sind. Die drei Inschriften erwähnen *Eustolios* als den Erbauer des Hauses, *Apollon* als den ursprünglichen Beschützer von Koúrion und *Christus* als Fundament des Lebens überhaupt.

Man geht davon aus, dass das Haus ursprünglich eine private Luxusvilla mit mehr als 35 Räumen war, seit der Errichtung von Thermen aber öffentlich genutzt wurde.

Marmor, Stein und Bronze bricht, aber die Symbole Christi nicht

Die Mosaiken in der Villa stammen aus der Mitte des 5. Jh., einer Zeit, wo das alte Heidentum und die antiken Mythen nicht mehr in waren, aber eine neue christliche Bildersprache wie die Ikonografie noch nicht sehr entwickelt war. Also stellte man christliche Tiermotive und geometrische Formen dar, mit solch harmlosen Bildchen konnte man nichts falsch machen. Nur das Kreuz, das in den Mosaiken immer wieder auftaucht, zeugt vom noch relativ jungen Christentum. Eine Inschrift in einem Mosaik mit christlichen Tiermotiven wie dem Fisch und Vögeln besagt: „Anstelle von großen Steinen und festem Eisen, anstelle von glänzender Bronze und Diamant ist dieses Haus umgürtet von den viel verehrten Symbolen Christi." Die einzige Darstellung eines Menschen zeigt Ktisis, die Verkörperung der Schöpferkraft, die eine Maßeinheit, einen römischen „Fuß" in der Hand hält.

- **Haus der Gladiatoren und Achilles-Mosaik**

Im **Haus der Gladiatoren** aus dem 3. Jh. n. Chr. zeigt ein Mosaik der zwei Gladiatoren, wie *Margareitis* gerade auf seinen (nicht mehr vorhandenen) Gegner losgeht, die weiß gekleidete Figur im Hintergrund ist wohl der Schiedsrichter.

listiger Odysseus

Die **Villa des Achilles** erzählt in einer Szene gleich eine ganze Geschichte: *Achilles* wurde von seiner Mutter an den Hof des *Königs Lykomedes* von Skyros geschickt, damit er dort – als Mädchen verkleidet – dem Kriegszug nach Troja entginge. Troja konnte ohne *Achilles* jedoch nicht besiegt werden und so verfiel der schlaue *Odysseus* auf eine List: Er reiste, mit Geschenken beladen, nach Skyros. Als er dort zu Hofe das Kriegshorn blasen ließ, griff *Achilles* instinktiv zu den Waffen – und hatte sich somit verraten. Diese Szene ist hier zu sehen.

- **Stadion**

Es wurde wahrscheinlich im 2. Jh. n.Chr. gebaut und soll bis zum 5. Jh. für Läufe, Diskuswerfen und Ballspiele benutzt worden sein. Den Namen Stadion (= Stadium) hat es vom griechischen Längenmaß gleichen Namens. Am östlichen Ende kann man noch die Startmarkierungen für die Läufer erkennen. Das Stadion hatte sieben Sitzreihen und dürfte mehr als 6.000 Besuchern Platz geboten haben.

- **Frühchristliche Basilika**

150 m östlich des Stadions liegen die Grundmauern einer dreischiffigen Basilika, die wohl ums Jahr 400 n. Ch. gebaut wurde. Sie wurde wohl aus den Trümmern gebaut, die hier nach dem Erdbeben des 4. Jh. entstanden waren.

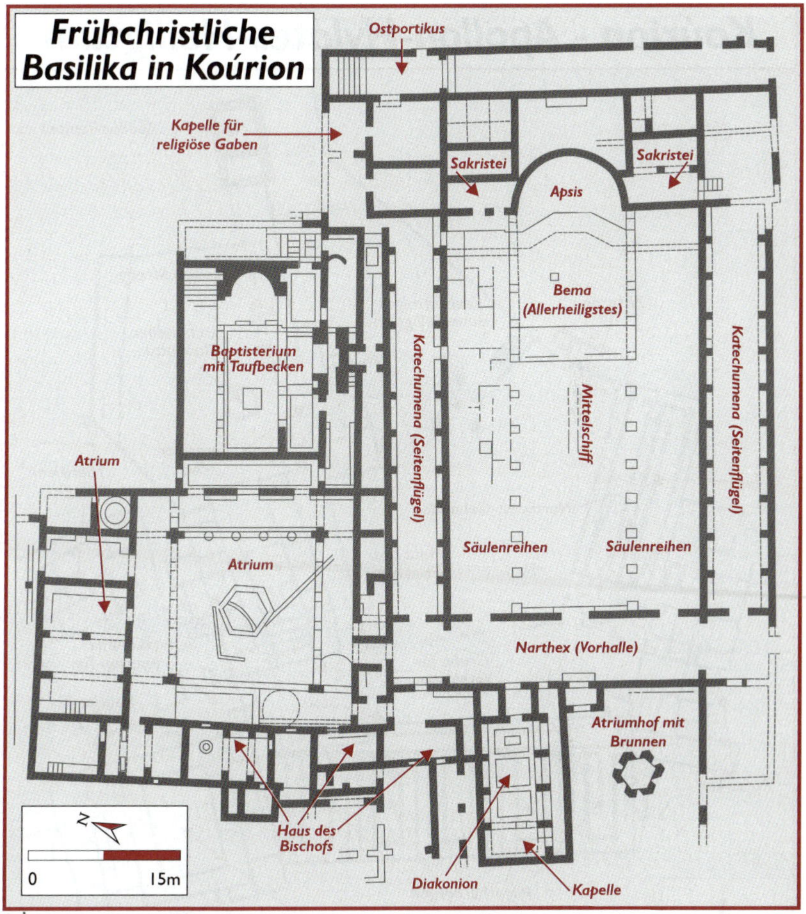

© igraphic

• **Apollon Hylátes-Heiligtum**

Geöffnet tgl. 8–19.30 Uhr, Okt. Bis Mai nur bis 17 Uhr.

Apollon, in seiner Funktion als Beschützer des Waldes (deshalb der Beiname „Hylátes"), wurde hier vom 8. Jh. v. Chr. bis zum 4. Jh. n. Chr. verehrt. Die meisten der heute noch erhaltenen Gebäude stammen aus römischer Zeit aus dem 1. und 2. Jh. Besonders eindrucksvoll sind die fünf Pilgerherbergen im Süden des Geländes, in denen Wallfahrer auf umlaufenden Steinbänken ruhten, sowie der teilweise rekonstruierte kleine Apollo-Tempel.

Pilgerherbergen

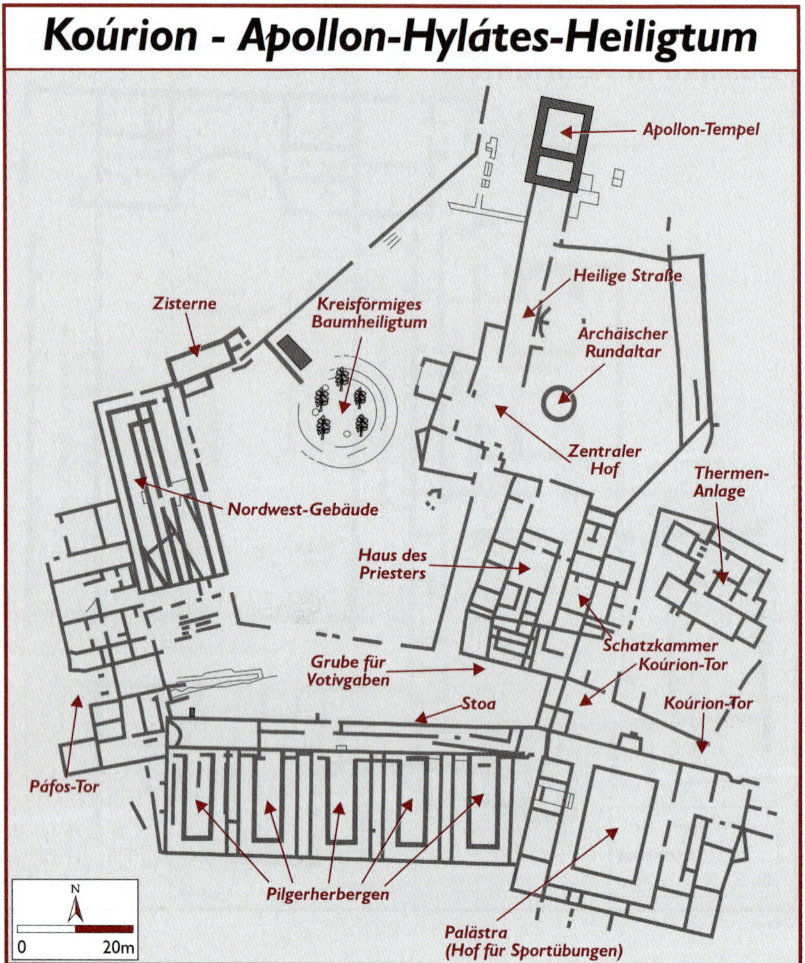

© graphic

kreisförmiges Baumheiligtum

Einen weiteren Beleg für die Waldschützer-Funktion des Apollon liefert die 1978/84 ausgegrabene Anlage, die einen Durchmesser von 18 m aufweist. Sieben in das Gestein eingelassene **Gruben** lassen heute vermuten, dass in ihrem Inneren wahrscheinlich **heilige Bäume** wuchsen. Im Kreis verlief ein Rundgang, auf dem die Pilger oder Priester vermutlich das Heiligtum umrundeten oder umtanzten. Was sich dort einst abspielte, zeigen antike Terrakotten, die eben diese um einen Baum tanzenden Menschen darstellen. Nach *Strabo* hätten übrigens um das Heiligtum viele wilde Tiere gelebt, respektiert von den Menschen und von den Hunden.

Die Pilger brachten unzählige Terrakotten mit, die betende Menschen oder Tiere darstellen, viele dieser Figuren fand man in einem antiken „Müllgraben“ – als heilige Opfergaben durften sie nicht vernichtet werden.

Schräg gegenüber der Felsplattform sieht man auf der anderen Seite der zum Tempel führenden Straße einen niedrigen, kreisrunden Altar. Auf ihm wurden die für die Gottheit bestimmten Teile der Opfertiere – hauptsächlich die Schenkel vom rechten Hinterbein von Lämmern und Zicklein – verbrannt. Den Rest der Tiere verspeisten dann die Priester und Pilger miteinander. In der Antike führten zwei Tore in den heiligen Bereich, das Curium-Tor im Osten und das Páfos-Tor im Westen. Der griechische Geograph *Strabo* schrieb im 1. Jh. n. Chr., dass diejenigen, die den Altar des *Apollo* mit der Hand berührt hatten, durch diese Tore geführt wurden und dann von einem Felsvorsprung bei Koúrion ins Meer gestürzt wurden ...

Berühren verboten

Hinweis
Am schönsten ist der Tempel am späten Nachmittag.

Episkopí (westlich von Limassol)

Hier liegt eine der beiden Exklaven, die sich 1960 die Briten für militärische Zwecke als Preis für die Unabhängigkeit Zyperns sicherten. In dieser Gegend mit **weißen englischen Reihenhäusern, gepflegten Vorgärten, Polo- und Golfplätzen** (im „Happy Valley“ im Koúris-Tal) fühlt man sich unwillkürlich nach England versetzt.

Das Dorf Episkopí selbst gehört nicht zur britischen Exklave. Sehenswert im Ort ist das archäologische Museum, eine gute Ergänzung zu einem Besuch der Ausgrabungen von Koúrion. Die Funde zeigen Votivgeschenke aus dem Apollon-Heiligtum, Männer mit Stiermasken, unbekleidete Terrakotta-Aphroditen, Inschriften und Münzen und als ergreifendstes Ausstellungsstück die so genannte Romeo-und-Julia-Szene: **die Skelette einer jungen Familie**, die in den frühen Morgenstunden des 23. Juli 365 von einem großen **Erdbeben** überrascht wurde. Der etwa 25-jährige Vater, die ca. 19-jährige Mutter und ein vielleicht eineinhalb Jahre altes Kind schliefen dabei in einem Bett. Der Mann hatte noch versucht – vergeblich – wie man sieht, seine Familie zu schützen.
Geöffnet Mo. bis Fr. 7.30–14.30 Uhr, von Nov. bis März auch Do. 15–18 Uhr. Das Museum ist in Episkopí ausgeschildert.

Romeo-und-Julia-Szene

Sotíra

Hier wurden auf einem Hügel über dem Dorf Funde aus dem Neolithikum ausgegraben; die von ca. 4800-3500 v. Chr. bewohnte Siedlung ist eine der ältesten Zyperns. Die Auffahrt hinauf zu den Ausgrabungen (frei zugänglich) lohnt aber vor allem wegen der schönen Rundum-Aussicht von dort oben, denn archäologisch wenig Versierte können an den Siedlungsspuren nur die Hausmauern erkennen und dass die Menschen dicht an dicht mit ihren jeweiligen Nachbarn lebten. Die wichtigsten Funde von Sotíra sind im Zypern-Museum in Nikosía ausgestellt.

Lóufou

Aktuelle regionale Reisetipps zu Lóufou
entnehmen Sie bitte der gelben Seite 147

Im 14. Jh. lebten hier mehr als tausend Menschen, damals war die hohe Zeit des Weinanbaus in Lóufou. Die Bevölkerung nahm kontinuierlich ab, bis Lóufou bis vor wenigen Jahren nur noch 15 Einwohner zählte. Doch nun ist neues Leben in Lóufou eingekehrt, die Stadtzyprioten kehren – zumindest am Wochenende – heim in das Dorf ihrer Vorfahren, überall wird gehämmert und gewerkelt, renoviert und restauriert.

Lóufou – ein wunderschönes Dorf, wie auf den Hang hingegossen

Ein Loch ist im Stein ...
Bei der Fahrt zur Ausgrabungsstätte von Sotíra passiert man auf der linken Wegseite eine Mauer, auf der ein Monolith mit einer rechteckigen Öffnung eingearbeitet ist – ein sogenannter Schlüpf- oder Lochstein, wie er auch in Deutschland, Großbritannien und anderen Ländern bekannt ist.
Um diese Steine ranken sich auf Zypern allerhand Legenden: Wenn unfruchtbare Frauen durchschlüpfen, würden sie schwanger werden. Kranke könnten hier ihre Krankheit abstreifen. Überhaupt könnte jeder durch diese Steine schlüpfen, egal wie breit oder dick. Nur betrogene Ehemänner kämen nicht durchs Loch durch – ihrer großen Hörner wegen.
Die Wahrheit ist aber, wie so oft, recht banal: die geheimnisvollen Steine sind schlicht und einfach ehemalige Verankerungen von alten Ölmühlen und Weinpressen.

Hier gibt's eine sehr empfehlenswerte Taverne

Bis auf 800 Meter Höhe ziehen sich die schönen, alten Bruchsteinhäuser mit ihren roten Ziegeldächern die Hügel hinauf. Steinmäuerchen säumen die schmalen, gepflasterten Gässchen. Hinter alten Toreingängen verbergen sich lauschige, weinumrankte Innenhöfe – alles ist so schön, dass es fast schon museal wirkt.

Monágri Foundation im Kloster des Erzengels Michael in Monágri

Das Kloster liegt kommend von der B8 am Ortsrand von Monágri. www.monágri.org.cy. Den Schlüssel zur Kirche gibt's im Klosterbüro oder beim Ortspriester – von 7 bis 16 Uhr ist er im Kafeneion zu finden oder unter Tel. 25 43 20 30 zu erreichen.

Zugang für Künstler zur mediterranen Kultur

Der letzte Bewohner des Klosters war ein Priester namens *Constantinos*, der hier mit seiner Frau *Olga* und seinen neun Kindern bis 1965 lebte. Dann verfiel das Kloster langsam – bis 1987 hier die Monágri Foundation entstand, dank der das verfallende Kloster wieder instand gesetzt wurde. Ziel der Stiftung ist es, "in der Republik Zypern ein internationales, residentielles Kunstzentrum zu etablieren, das anreisenden Künstlern den Zugang zum einmaligen kulturellen und historischen Ambiente der östlichen mediterranen Region erleichtert".

Ein Fresko über dem Eingang der Klosterkirche zeigt den *Erzengel Michael*, im Inneren der Kirche ist er dann ein weiteres Mal als sehr viel älterer Mann dargestellt. Um die Kirche winden sich Schnüre, nach altem Aberglauben die Trennlinie zwischen dem Heiligen drinnen und dem Profanen draußen. Das mit einem Korken verschlossene Loch in der Kirchentür soll einst ein aufgebrachter Türke verursacht haben – nachdem vor einiger Zeit im Hof zwei Patronen gefunden wurden, mag das wahr sein.

neues, riesiges Kloster

Schräg gegenüber der Monágri Foundation zweigt eine Straße zum 3 km entfernten **Kloster der Panagía Anargou** ab, einem neuen, in seinen Ausmaßen wirklich beeindruckenden Nonnenkloster. Die Klosterkirche in dessen Mitte birgt einige Fresken.

Drei Kilometer flussabwärts auf der anderen Flussseite liegt einsam die **Kirche Panagía Amasgou**, eine Klosterkirche, deren früheste Fresken aus dem 11. Jh. stammen.

Láneia

Mein Freund, der Baum, ist tot

Nachruf: Die **portugiesische Eiche von Láneia** (*Quercus lusitanica*), griechisch „Dris“ genannt, wurde einige Hunderte Jahre alt, hatte einen Stammdurchmesser von 6,50 m und eine Höhe von 17 m. Nach einem langen Leben, unter anderem im Dienste des Tourismus (in ihrem Schatten hatte sich ein Café namens „Golden Oak“ etabliert), musste sie 1997 wegen Altersschwäche gefällt werden.

Auch wenn der Baum nicht mehr lebt, so lohnt Láneia doch einen Halt. In seinen engen Gassen haben sich einige **Kunstgalerien sowie Glasbläser und Mosaikkünstler etabliert.** Das kleine Kloster auf dem Hügel oberhalb von Láneia wurde an der Stelle erbaut, wo eine Ikone im Gras gefunden wurde. Hier sollen Menschen mit Beinproblemen Linderung finden, dazu allerdings müssen sie in der Kirche im Schein einer Kerze übernachten. Viele der älteren Dorfbewohner erzählen noch Geschichten von Kindern, deren kranke Beine hier gesund wurden!

Trimíklini

In den Sommermonaten reihen sich hier Souvenirshops, Restaurants, Cafés und Stände mit frischem und eingelegtem Obst, den sogenannten „Glika", aneinander.

Schon viele Kilometer vor Trimíklini ist der **Wasserfall von Green Valley** (noch 8 km, noch 7 km, noch 4 km ...) ausgeschildert und im Ort selbst unübersehbar ab einem großen Restaurant mit Souvenirshop zugänglich (der Wasserfall ist in Privatbesitz und kostet Eintritt). **Er soll mit seinen 14 Metern Höhe der höchste Wasserfall Zyperns sein**, was allerdings schwer nachprüfbar ist, da es in irgendwelchen abgelegenen Schluchten der Insel sicher noch so manchen Wasserfall zu entdecken gibt. Ab dem Restaurant geht man etwa 500 m abwärts, vorbei an botanischen Lehrtafeln und allerlei Federvieh wie Enten oder einem Pfau kommt man zum Wasserfall. Er fällt in einer Stufe über einen Felsen ins moosgrüne Wasserbecken ab. Britische Soldaten sollen hier während des Freiheitskampfes gelegentlich das eine oder andere Bad genommen haben, um sich von der anstrengenden Partisanen-Verfolgung zu erholen.

zwei Brücken und ein Wasserfall

Einen Blick wert sind die beiden **Brücken von Triklimini**, die ältere der beiden ist die Brücke aus venezianischer Zeit mit drei asymmetrischen Bögen und einer Spannweite von 2,5 m. Die zweite, jüngere, ist die doppelstöckige Brücke über den Fluss Koúris.

Louvarás

(Höhenlage: 850 m. Einwohner: etwa 360)

Für Liebhaber byzantinischer Kunst ein lohnender Abstecher. Hier steht die **Kirche des Ágios Mámas** mit Wandmalereien aus dem Jahr 1455. Gemalt wurden sie von *Philippe Goul*, einem Christen aus dem heutigen Libanon, der auch die Kirche Stavros tou Agíasmáti ausgemalt hat. Zu sehen sind Fresken mit 27 Szenen aus dem Leben Christi, sowie lebensgroße Darstellungen verschiedener Heiliger und eine Kreuzigungsszene. Den Schlüssel erhält man in dem Haus, bei dem das zweite Hinweisschild zur Kirche steht.

Ágios Pávlos

(Höhenlage: 700 m)

Der einzige Ort Zyperns, der den Namen des Apostel Paulus trägt, verwunderlich insofern, weil *Paulus* als Missionierer der Insel eine herausragende Rolle in der Geschichte Zyperns spielte. Ágios Pávlos war über Jahrhunderte für seine Holzschnitzarbeiten bekannt. „Dorfgeschichten" erzählen von drei Dörflern, die während der türkischen Herrschaft von den Besatzern gekidnappt wurden, auf dass die Griechen den Türken die Holzschnitzerei lehren. Heute noch gibt es im Dorf Metall, Holz und Stein verarbeitende Handwerker, die Stühle, Brunnenumrandungen und Steinplatten für Fußböden herstellen. Ansonsten ist Ágios Pávlos ein isoliert gelegenes, fast vergessen wirkendes Dorf.

isoliert und vergessen

Zwischen Limassol und Páfos

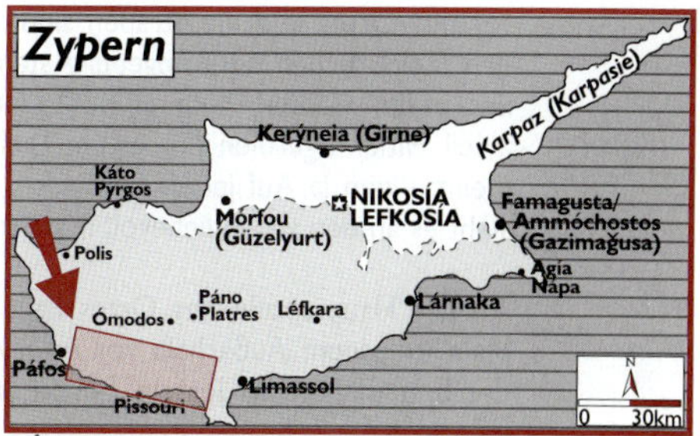

© igraphic

Avdímou

Aktuelle regionale Reisetipps zu Avdímou
entnehmen Sie bitte der gelben Seite 124

Der kleine Ort Avdímou nördlich der A 1 ist für seinen Hallóumikäse bekannt, der der beste der Insel sein soll. Die Bucht südlich von der Autobahn ist nicht nur bei Briten beliebt – die britische Exklave Akrotíri liegt in der Nähe – sondern auch bei dem einen oder anderen Nudisten. In der Bucht legen Meeresschildkröten ihre Eier ab.

Anógyra

Bei Anógyra stehen einige der so archaisch wirkenden Lochsteine (griech. Tripimenes Petres), die man auch andernorts auf Zypern findet. Der Bauer auf dem Bild fuhr mit dem Traktor voraus über Stock und Stein, denn ihre Lage ist wirklich schwer zu erklären ...

Ein auf 470 Meter Höhe gelegenes Dorf, „Treppe" bedeutet der Name von Anógyra, denn mühsam war einst der Transport der Johannisbroternte von Anógyra nach Avdímou die steile Straße hinunter ans Meer. An der steht am Straßenrand ein einsamer Johannisbrotbaum, knorrig und sehr fotogen. Die Häu-

Redaktions-Tipps

- D a s Wahrzeichen Zyperns, **Pétra tou Romioú,** bei Sonnenuntergang, fotogener geht´s fast nimmer (S. 255).
- **Koúklia** war in der Antike das Ziel ganzer Schiffsladungen voller liebeshungriger Pilgerer (S. 258).
- Von archaischer Schlichtheit ist die **Fünfkuppelkirche Agía Paraskevi** in Geroskípou (S. 262). Gleich in der Nähe ist das mit Liebe gestaltete **Volkskundemuseum** einen Besuch wert (S. 263). An der Durchgangsstraße des Ortes werden **Töpfereien und Korbwaren** verkauft.

Übernachten und Essen

- Nach wie vor eine der stimmungsvollsten Unterkünfte ist das traditionelle **Bunch of grapes** in Pissoúri (S. 169).
- Das **Fytos Inn bei Páfos** liegt mitten im Grünen und wirkt eher wie eine Villa denn wie ein Hotel (S. 262).

in britischer Hand

ser des Ortes und die Straßen sind aus einem hellen Kalkstein erbaut, der aus den Steinbrüchen der Umgebung stammt. Im urigen Kaufladen in der Ortsmitte und in den Gassen – überall hört man englische Laute, auch einmal ein kerniges „Heil Hitler", gerufen mit einem Lachen auf dem Gesicht. Komisch war es gemeint – nun ja. Auf jeden Fall haben die Briten den Ort für sich entdeckt, man sieht es an den vielen liebevoll restaurierten Häusern.

An der Hauptstraße des Ortes liegt eine alte Olivenpresse vor dem örtlichen Heimatmuseum. Außerhalb von Anógyra in Richtung Avdímou stehen die Ruinen des byzantinischen Klosters Timiou Stavrou, das irgendwann im 19. Jh. verlassen wurde.

Platanísteia

In dem ehemals türkischen heute halb verlassenen Ort leben nur noch 50 Menschen, darunter ein rotgesichtiger Brite, der auf Zypern eine Kleiderfabrik nebst einer zyprischen Frau hatte. Heute ist er pensioniert und geschieden und lebt nun mit einer Philippinin zusammen. In Platanistika genießt er seinen Lebensabend in einem von den türkischen Bewohnern verlassenen, kleinen Häuschen, 100 zyprische Pfund muss er dafür jährlich Pacht bezahlen. **Menschen wie diesem Briten, offen, kontaktfreudig und voller Geschichten, begegnet man auf Zypern überall.**

Pissoúri (piso oria = hinter den Bergen)

(Einwohner: Höhenlage: 200 m)

Aktuelle regionale Reisetipps zu Pissoúri
entnehmen Sie bitte der gelben Seite 168

Bühne des dörflichen Lebens

Das Dorf, das noch heute von manch einem Reiseveranstalter als ursprüngliches Bergdorf verkauft wird, ist es nicht mehr. Zumindest, wenn man ein ursprüngliches Bergdorf als einen Ort ohne Tourismus sieht, wo die alteingesessenen Einwohner noch unter sich sind. Der **Tourismus** hat aber schon lange Einzug in Pissoúri gehalten. Vom Dorfplatz verläuft eine Mini-Amüsiermeile mit Bars, ausländischen Restaurants und lauter Musikbeschallung und rund um das Dorf schießen die Appartementhäuser nur so aus dem Boden. Überwiegend Briten sind es, die hier ihren Lebensabend unter zyprischer Sonne verbringen. Doch der neu gepflasterte Dorfplatz ist noch immer Bühne des dörflichen Lebens, umgeben von zwei Souvenirgeschäften, einem riesigen Gummibaum und einem Barbier, dem man durchs Fenster beim Rasieren zuschauen kann.

Südlich von Pissoúri Ort liegt die Bucht von Pissoúri. Einst ankerten hier die Schiffe zwei bis drei Kilometer vor der Küste, von wo aus sie ihre Waren mit kleinen Booten zum Strand brachten. Auf diese Vergangenheit weist auch die heutige Beschilderung mit „Jetty" (kleiner Hafen) hin.

Pétra tou Romioú

Hinkommen: Auf der landeinwärts gelegenen Straßenseite parken. Links neben dem Restaurant/Kiosk geht man dann über eine Treppe zu einer Unterführung, die unter der Straße hindurch zum Strand führt.

Eine Magisterarbeit oder Dissertation könnte man über diesen Flecken Erde schreiben. Über das Phänomen, wie ein, wenn auch reizvolles, Fleckchen Erde zum touristischen Anziehungspunkt wurde. Die Felsformationen, die neben der Straße von Páfos nach Limassol im Meer liegen, sind schon ungewöhnlich, aber nicht außergewöhnlich spektakulär.

Thema für eine Doktorarbeit

Der „Fels der Griechen", was Pétra tou Romioú bedeutet, geht auf die Legende um den byzantinischen Helden *Dighenis* zurück. Der schleuderte den arabischen Eindringlingen riesige Felsbrocken entgegen und zerstörte so ihre Flotte. Auch habe Aphrodite, angetan von der Schönheit der Landschaft, hier die Fluten verlassen, um auf immer an diesem Ort zu wohnen.

Wutausbruch
Der Legende nach sollen Sarazenen den zyprischen Helden Dighenis als „Romiou", als „byzantinischen Griechen" beschimpft haben. Dighenis mochte den Ausdruck nicht und in seiner Wut schleuderte er die umherliegenden Steine in die Luft, sie liegen noch heute da.

Eine Engländerin wollte den realistischen Kern dieser Legende aufdecken und fand heraus: Im Herbst, wenn das Meer wild gegen die Felsen schlägt, fliegt der gelb-weiße Schaum der Wogen weit ins Land hinein, bleibt an den Ästen der Bäume hängen, wo er bizarre Formen wie Gewänder oder wie Gestalten bildet, denn: *„An den Felsen des Strandes von Páfos sammelt sich zuweilen, vermischt mit winzigen toten Schalentieren, ein bestimmter Seetang, der einen hell glänzenden Schaum erzeugt."* Eigenartig ist auch die Tatsache, dass die Felsen nicht mit dem Küstengestein übereinstimmen. Man kann sich das nur so erklären, dass sie weit oben vom Abhang herunter gerollt sind – was für ein Getöse muss das gewesen sein!

dreimal um den Felsen herum schwimmen

Wie es an einem solchen magischen Ort nicht anders sein kann, steht auch hier ein **Wunschbaum**, über und über mit Taschentüchern und Stofffetzen behängt.

Der Sage nach werden Frauen, die hier bei Vollmond baden, mit überirdischer Schönheit gesegnet (*Aphrodites* Symbol war der Mond). Die Sage verspricht auch demjenigen, der dann dreimal um diesen Felsen herumschwimmt, ewige Jugend. Die Sage verrät uns aber leider nicht, wie oft man dreimal um diesen Felsen herumschwimmen muss ...

Der Sage nach habe eine Muschel Aphrodite an den Strand getragen – eine Szene, die Botticelli *in seinem Gemälde „Die Geburt der Venus" aufs Schönste dargestellt hat.*

INFO Aphrodite – ein ganzes Weib wie ein echter Kerl

Schon ihre Geburt war ungewöhnlich: *Kronos*, der jüngste Sohn des *Uranos* und der *Gaia*, entmannte seinen Vater auf Drängen seiner Mutter mit einer Sichel. Aus dem Blut der Wunde entstanden die Rachegöttinen (Erinnyen) und die Giganten. Das Glied des Uranos trieb im Meer und aus dem Schaum, der sich von ihm absetzte, entstand Aphrodite, die an den Gestaden von Zypern an Land stieg. Später wurde sie das Sinnbild für Schönheit, Liebe, Fruchtbarkeit und der Natur mit all ihren Elementen und der Inbegriff des bösen Mädchens, das nicht in den Himmel, sondern überall hinkommt. Ihre Liebesabenteuer sind legendär: Die *Götter Ares, Hermes, Poseidon und Dionysos* teilten ihr Lager, aber auch Sterbliche wie der Schafhirte *Adonis* (Vater ihrer beiden Kinder). Diese wilde Geschichte legen die Wissenschaftler übrigens als Widerstand des Matriarchats gegen das Patriarchat aus, also als eine Art frühe Form des Feminismus.

„Es gibt auf Zypern eine bärtige Statue der Göttin, zwar mit Frauenkleidern, aber mit männlichen Attributen, so dass die Gottheit zugleich männlich und weiblich erscheint."
Der römische Schriftsteller Macrobius im 6. Jh. in seinen Saturnalien über Aphrodite

Pro Aphrodite

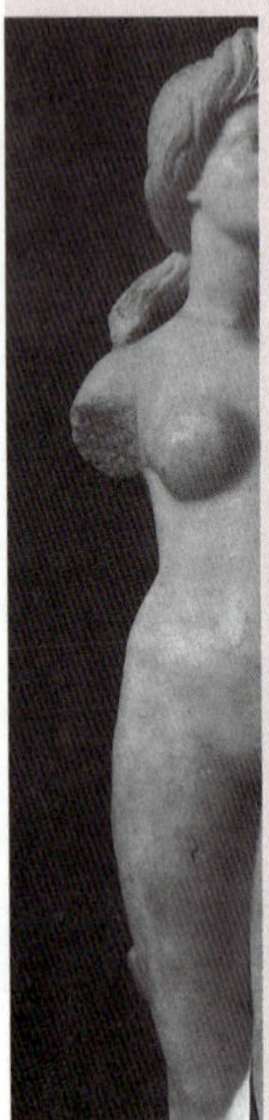

... da hob sich
Weißlicher Schaum aus unsterblichem Fleisch, es wuchs eine Jungfrau
In ihm empor, sie nahte der heiligen Insel Kythere
Erst, doch gelangte sie dann zum ringsumflossenen Kypros.
Aus dem Meer stieg dort die Göttin, die hehre, herrliche; Blüten
Sproßten unter den Schritten der Füße und Götter und Menschen
Nennen sie nun Aphrodite, weil sie aus Aphros, dem Schaume, aufwuchs ...
Eros geleitete sie, und der herrliche Himeros folgte,
als die soeben Geborne zur Sippe der Götter emporstieg.
Dieses Ehrenamt und Anteil ward ihr von Anfang,
Unter den Menschen sowohl wie unter den ewigen Göttern:
Jungfräuliches Gekose und frohes Lachen und Arglist,
Süßes Ergötzen und Wonne und Liebe und schmeichelnde Milde ...
Hesiod, Theogenie, um 700 v. Chr.

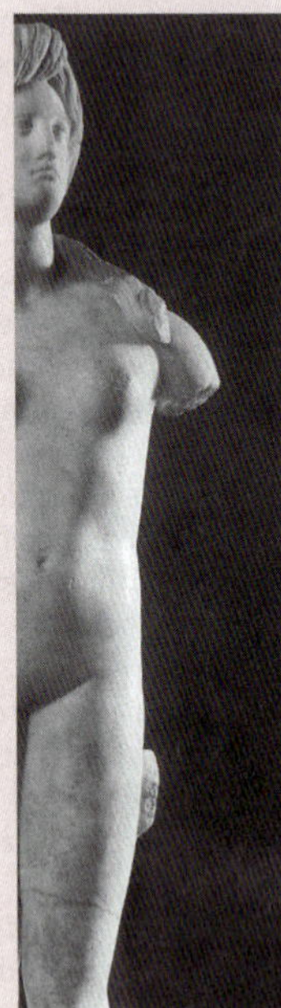

Von der erhabenen Aphrodite will ich singen,
der gold-gekrönten und schönen,
Deren Reich die ummauerten Städte
des meerumschlungenen Zyperns sind.
Dort wehte der feuchte Atem des Westwinds
sie über Wellen des laut stöhnenden Meeres einher ...
Homer

Die Aphrodite von Soli steht im Zypern-Museum in Nikosía. Die Schönheit aus dem 1. Jh. vor Chr. gilt allerdings unter Fachleuten qualitätsmäßig eher als zweitrangiges Serienprodukt einer namenlosen Werkstatt. Genial aber dennoch, wie der Künstler die linke Körperhälfte der Lady vollkommen weiblich und die rechte vollkommen männlich gestaltet hat; die Drehung des Körpers und die Frisur lenken geschickt von dieser Zweigeschlechtlichkeit ab.

Contra Aphrodite

Droben auf der Höhe von Amathoús, dem heutigen Lemesós, stand das berüchtigte Heiligtum der Aphrodite, die nach der Sage hier zum ersten Mal unter den Menschen erschienen sei und als Venus Amathusia, als die Weltkönigin des Weltaltertums gefeiert wurde. Es war nicht die Aphrodite Plöatos, die Göttin der Schönheit und Anmut der Griechen, sondern die lüsterne Göttin Astarte der Phönizier, der Söhne Chams, mit ihren schändlichen Mysterien, ihrem Fruchtbarkeitszauber und ihrer brutalen Verherrlichung niedrigster Triebe, deren Kult an bestimmten Tagen nicht nur die Bewohner der Insel, sondern auch Abordnungen anderer Völker anlockte ...
entnommen aus: Paulus, von Prof. Dr. J. Holzner, 1940

Vater Zeus und ihr andern, unsterblichen Götter,
Kommet herzu und sehet die unanständigsten Taten,
Dass mich lahm wie ich bin, die Tochter Zeus´Aphrodite,
immer schändet und buhlt mit dem Störenfriede, dem Ares
Weil er schön ist und hat zwei richtige Füße. Dagegen
Humpl ich auf beiden. Wer ist mir das schuld? Mich dünket,
die Eltern.
Oh, so wollt ich doch lieber, sie hätten mich nimmer gezeuget!
Aber so schaut mir die beiden nur an! Sie buhlten und schliefen
Mir im eigenen Bett; und sehend frisst es das Herz mir!
Freilich, keine Minute, so hoff ich, möchten sie jetzt noch
Liegen, und wären sie noch so verbuhlt: sie werden mir balde
Überdrüssig des Schlafs; doch hält sie die listige Schlinge,
Bis mir der Vater aufs Kleinste die Mitgift alle herauszahlt,
Schön ist die Tochter fürwahr, doch arg verlotterten Sinnes.

Homer, Odyssee, VII/306 ff
... so beschwert sich der missgestaltete Gott Hephaistos
über seine Gemahlin Aphrodite, nachdem er sie und den Kriegsgott Ares in flagranti
erwischt hatte. Um die Untat beweisen zu können,
hatte er die beiden mit unsichtbaren Stricken ans Bett gefesselt.

Fototipp
Der späte Nachmittag ist die beste Zeit, um diese Felsen zu fotografieren. Überhaupt ist der Sonnenuntergang an diesem Ort ein wunderschönes Erlebnis.

Koúklia (Palea Páfos = Alt-Páfos)

(Höhenlage: 100 m)

Aktuelle regionale Reisetipps zu Koúklia
entnehmen Sie bitte der gelben Seite 128

Bösen Gerüchten nach soll sich der Name des Ortes vom lateinischen cubiculum (= Schlafgemach) ableiten – wohl in Anspielung auf das Treiben zur Römerzeit, als hier ganze **Schiffsladungen voller liebeshungriger Pilger** herkamen. Wahrscheinlicher ist aber, dass der Name auf die fränkische Festung Covocle zurückgeht. Vom sinnenfrohen Treiben im Aphrodite-Heiligtum von Alt-Páfos sind nur noch wenige steinerne Reste übrig geblieben – das Geschehen von damals bleibt der Fantasie vorbehalten.

Paláia-Páfos-Koúklia (Alt-Páfos)

Geöffnet Mai bis Sept. tgl. 9–19.30 und 9–17 Uhr

schnöder schwarzer Stein

Mittelpunkt des Aphrodite-Heiligtums war keine schön anzusehende, selbstverständlich unbekleidete *Aphrodite*, sondern ein schnöder, schwarzer Stein, Symbol der Gottheit seit Urzeiten. Der schwarze Stein wurde bereits vor dem Aphroditekult verehrt und später in die Tempelanlage integriert. Beinahe 1600 Jahre, vom 2. Jh. v.Chr. bis zum 4. Jh. n.Chr. war diese Stätte Mittelpunkt des Aphrodite-Kults. Bis das „Dictum Theodosanum" nach dem Befehl des byzantinischen Kaisers *Theodosius* diesen durchaus irdischen Pilgerfahrten ein Ende bereitete.

Was sich zu dort abspielte, weiß man heute nicht mehr so genau. Auch wann der Aphrodite-Kult hier entstanden ist, liegt im Dunkel der Geschichte. Fest zu stehen scheint, dass bereits im 2. Jt. v.Chr. die Fruchtbarkeitsgöttinnen *Ischtar-Astarte* hier hochverehrt wurden. Im Frühjahr jeden Jahres fanden die sogenannten Aphrodisien statt. Nicht nur die Inselbewohner, sondern auch von weit her gereiste Pilger nahmen an diesen Feierlichkeiten teil. Vom Hafen in Nea Páfos zogen die Pilger zum Aphrodite-Heiligtum und machten unterwegs im heiligen Hain von Geroskípou Station. Dort salbten sie sich ein, schmückten sich mit Blumen und begaben sich mit Weihegaben in Form von Terrakotten zum Ort der Verehrung.

Dort sollen Mysterienspiele stattgefunden haben, Zeremonien, während denen der Priesterkönig der Stadt und die Hohepriesterin des Tempels die heilige Hochzeit der *Aphrodite* nachvollzogen, damit die Natur wieder zu neuem Leben erwachte. Wer also an dieser symbolischen Hochzeit teilnahm, hatte sich nicht nur den Schutz der Göttin erworben, sondern auch ziemlich Spass gehabt! Denn auf ihn warteten Frauen, die als eine Art Krone ein Seil auf ihrem Haupt trugen und in einer Reihe am Tempeleingang saßen, bis sie von einem Pilger erwählt wurden. Fand einer von ihnen an einer Frau Gefallen, dann warf er ihr eine Münze in den Schoß und nahm sie mit sich fort ... Die Frauen durften nicht nein sagen, denn die Silbermünze gehörte dem Tempel (auch sollen die zyprischen Männer den Vollzug der Entjungferung für gefährlich gehalten haben ...). Nicht alle Mädels saßen damals gleich lange da, die Schönen nur ganz kurze Zeit, die Hässlichen warteten manchmal jahrelang – wie *Herodot* im 5. Jh. ziemlich spöttisch berichtete.

florierender Sex-Tourismus

Kein Wunder also, dass sich Paláia Páfos zu einem sehr beliebten Pilgerziel entwickelte. Eine römische Komödie berichtet von Zuhältern aus Rom, die ganze Schiffsladungen voller Damen nach Páfos schickten. Die zyprischen Frauen ihrerseits sollen auch ganz gerne auf die Schiffe voller Pilgersmänner gewartet haben. Das muss man sich alles vorstellen, wenn man im heutigen Aphrodite-Heiligtum von Páfos steht, denn außer **Säulenresten, Grundmauern, Mosaikresten und diversen Mauern** ist nichts mehr geblieben vom einstigen süßen Lotterleben.

Ein Schiff wird kommen, das bringt dir den einen...

Sehenswertes auf dem Ausgrabungsgelände

- **Museum La Covocle**

Ein ehemaliges kleines Landgut, das bis in fränkische Zeit zurückreicht und wie Kolóssi einst Mittelpunkt einer Zuckerplantage (s. unten) war. Im Haupthaus ist ein Museum eingerichtet, das wenige Objekte recht gut präsentiert.

Im ersten Raum besonders sehenswert sind der Kultstein der Aphrodite, römische Münzen (die die Frauen für den oben erwähnten Tempeldienst erhielten), und eine an die 2.000 Jahre alte Badewanne ohne Abfluss. Im zweiten Raum besonders interessant: Ein Modell des persischen Angriffs auf Paláia-Páfos im Jahr 498 v. Chr., wie ihn Archäologen rekonstruierten: Die Perser schütteten vor dem Graben der Stadtmauer eine Rampe auf, von der herab sie die Verteidiger mit einer Steinschleuder (der ersten bekannten der Geschichte) angreifen konnten. Die Bewohner von Páfos versuchten, mit Tunneln die Rampe zu untergraben und die Belagerungsmaschine in Brand zu setzen (s. a. unten).

Im kleinen Museum von La Covocle steht der kegelförmige schwarze Kultstein der Aphrodite, den man einst mit Ölen zu salben pflegte. Kein Mensch durfte ihn sehen, überhaupt soll er wundersame Kräfte gehabt haben. Wie Tacitus berichtet, sei der Stein nie vom Regen benetzt worden, obwohl er im Freien stand. Römische Münzen allerdings belegen, dass er wahrscheinlich von einem Baldachin überdacht war ... Der Stein ist ein Andesit und es könnte gut sein, dass es sich dabei um einen Meteoriten handelt.

- **Lochsteine**

Rechter Hand vom Eingang zum La Covocle stehen zwei Lochsteine (s. auch Seite). Noch bis in jüngere Zeit wurden diese Steine in Verbindung zum Aphrodite-Kult gesetzt. Betrogene Ehefrauen aus der Umgebung sollen sich hier Hilfe erhofft haben und auch Mädchen, die die Zuneigung ihres Liebsten verloren hatten. Wie man heute weiß, sind diese Steine Bestandteile einer alten Olivenpresse.

- **Aphrodite-Heiligtum**

Suche nach dem Schatz

Der südliche Teil der Gesamtanlage stammt aus der späten Bronzezeit (Heiligtum I.) und wurde im Jahre 12 v. Chr. durch ein Erdbeben zerstört. Der nördliche Teil (Heiligtum II) stammt aus römischer Zeit. In der Südwestecke des Geländes verläuft die Zyklopenmauer aus der Bronzezeit, deren Steine von Schatzsuchern durchlöchert wurden auf der Suche nach dem legendären, mythischen Schatz der *Aphrodite*.

- **Leda und der Schwan**

Etwa 40 m westlich des Aphrodite-Heiligtums ist eine Kopie des berühmten Mosaiks „Leda und der Schwan" zu sehen. Das Original wurde einst von Kunsträubern gestohlen und ist heute nach Irrwegen im Zypern-Museum in Nikosía zu sehen.

- **Katholiki-Kirche**

Schnüre um Schreine

Im Norden des Ausgrabungsgeländes unterhalb einer schmalen Asphaltstraße steht die mittelalterliche Marienkirche, umwickelt mit vielen Schnurreihen. Für diese Schnüre gibt es verschiedene Deutungen, allgemein sollten sie das Profane vom Heiligen trennen. Auch wurden zu Zeiten von Epidemien Schnüre um Schreine oder gleich um ganze Kirchen geschlungen. Die bösen Geister, die die Epidemie verursacht hatten, sollten sich in den Fäden verfangen und so konnte sich die Krankheit nicht verbreiten. Es gibt aber auch Historiker, die in den Schnüren den wundersamen Gürtel *Aphrodites* sehen, der jeden, der ihn sah, unsterblich in sie verliebt machte. Im Inneren der Kirche beeindruckt ein ungewöhnliches, großes Fresko, auf dem Euphrat und Tigris den Garten Eden bewässern; an der Nordseite außen speit ein steinerner Eber Wasser vom Kirchendach.

Belagerungsrampe

Etwa 450 m außerhalb von Koúklia in Richtung Archimandríta sind auf dem Marcello-Hügel die Reste der zuvor erwähnten Belagerungsrampe der Perser zu sehen. Die Griechen brachten seinerzeit die Rampe zum Einsturz, indem sie Stollen unter der Stadtmauer hindurch zur Rampe führten und durch diese Unterhöhlung und durch das Legen von Feuern die Rampe zum Einsturz brachten. Trotzdem gelang es den Persern, die Stadt zu erobern: Sie stürmten einfach durch das Stadttor – wie Speer- und Pfeilspitzen sowie Steingeschosse beweisen.

Zuckerraffinerie

Auf der anderen Seite der Hauptstraße wurden zu Beginn der 1980er Jahre im Rahmen eines Industrie-archäologischen Projekts eine Mahl- und Raffinerie-Anla-

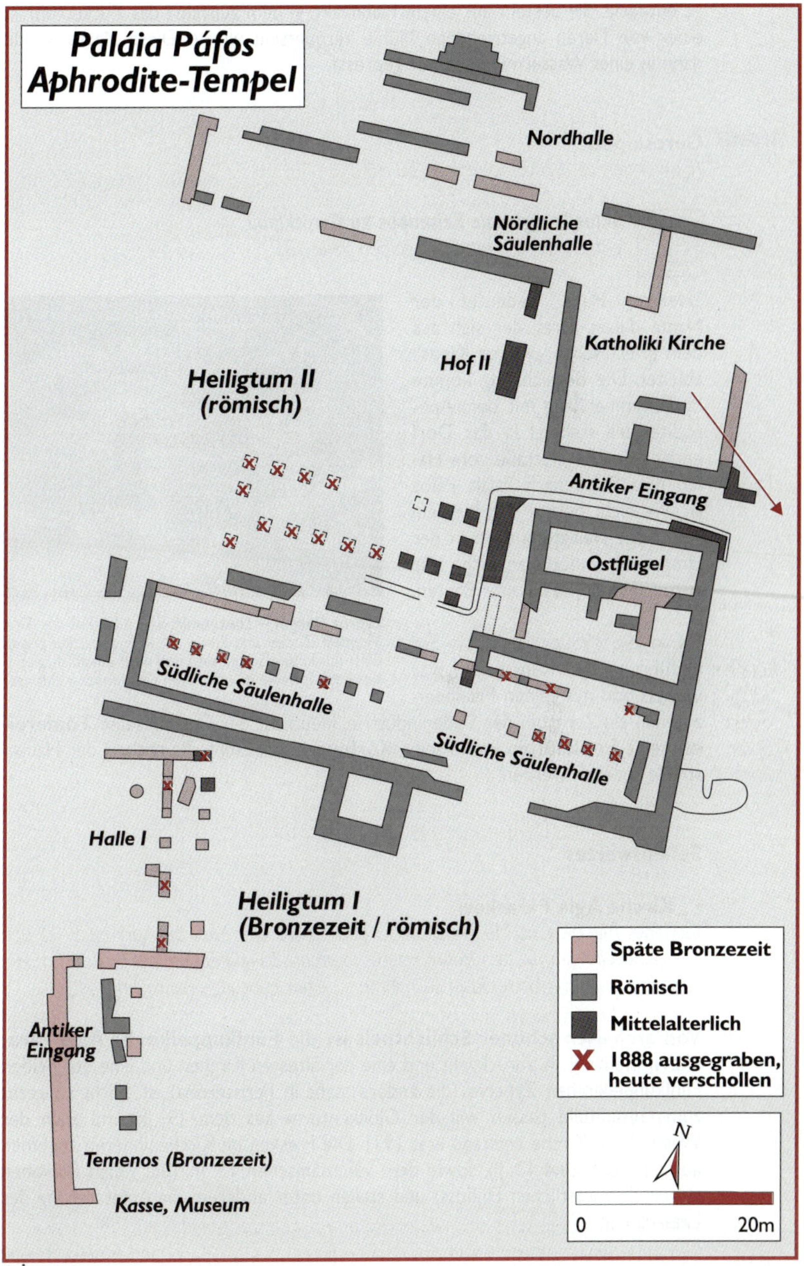
Paláia Páfos
Aphrodite-Tempel
Nordhalle
Nördliche Säulenhalle
Katholiki Kirche
Hof II
Heiligtum II (römisch)
Antiker Eingang
Ostflügel
Südliche Säulenhalle
Südliche Säulenhalle
Halle I
Heiligtum I (Bronzezeit / römisch)
Antiker Eingang
Temenos (Bronzezeit)
Kasse, Museum
Späte Bronzezeit
Römisch
Mittelalterlich
1888 ausgegraben, heute verschollen
N
0
20m

ge entdeckt. Sie besteht aus einem Mahltrakt, in dem zunächst das Zuckerrohr in einer von Tieren angetriebenen Mühle zerquetscht wurde. Diese Masse wurde dann in einer Wassermühle weiter gepresst.

Geroskípou

(Einwohner: ca. 4.200, Höhenlage: 50 m)

Aktuelle regionale Reisetipps zu Geroskípou
entnehmen Sie bitte der gelben Seite 125

„Heiliger Hain" bedeutet der Name dieses Orts, der sich aus dem griechischen „Hieros Kipos" ableitet. Die Bezeichnung könnte in Zusammenhang mit dem Aphrodite-Kult stehen, da das Dorf entlang der Pilgerstraße vom Hafen Nea Páfos nach Paláia Páfos lag. Vielleicht befand sich hier ein Aphrodite-Heiligtum, denn in der Umgebung findet man nicht klar zuzuordnende Reste alter Bauten.

***Cyprus Delight – Loukoúmia**: Eine Süßigkeit aus Gelatine, Mandeln, Zucker und Stärke, die in Puderzucker gewälzt wird. Einst nur in den Sorten rosa und weiß erhältlich, gibt es die Köstlichkeit heute in unzähligen Geschmacksrichtungen.*

Körbe, Süßigkeiten, Töpferwaren

Bis in die 1950er Jahre, bis zur Einführung der Kunstseide, war Geroskípou mit seinen Maulbeerbäumen ein Zentrum der Seidenindustrie. Heute ist der Ort für seine **Töpfereien**, seine **Loukoúmia** sowie seine **Korbwaren** bekannt, die entlang der Hauptstraße verkauft werden.

Sehenswertes

- **Kirche Agía Paraskeví**

Geöffnet Mai bis Okt. Mo. bis Sa. 9–13 und 15–18 Uhr, Nov. bis April tgl. 9–13 und 14–16.30 Uhr (am besten frühmorgens kommen, da später mit viel Bustourismus – allerdings auch mit kostenloser Teilnahme an einer Führung – zu rechnen ist)

einfach schön

Von archaisch schöner Schlichtheit ist die Fünfkuppelkirche Agía Paraskeví, die ins 9. Jh. zurückgeht und eine der ältesten Kirchen und eine der beiden Fünfkuppelkirchen Zyperns (die andere steht in Peristeróna) ist. Nicht so recht zum Gesamtbild passen will der Glockenturm aus dem 19. Jh. und auch der Westteil der Kirche entstand erst 1931. Die Fresken im Kircheninneren stammen aus dem 8./9. und 12. Jh. sowie dem venezianischen 15. Jh. (die vielen Personen zeigen den westlichen Einfluss) und stellen unter anderem die Auferstehung des Lazarus dar.

Bei Reinigungsarbeiten entdeckte man in den 1970er Jahren im östlichen Innenraum eine große, rein ornamentale Darstellung eines Kreuzes mit floraler und geometrischer Dekoration. Sie scheint aus der Zeit des Bilderstreites (728-843) zu stammen, als Menschen zeitweise nicht dargestellt werden durften. Im 15. Jh. wurde die Szene mit einer Kreuzigung übermalt.

Letztes Abendmahl

Die Darstellung des Letzten Abendmahls gleicht eher einer angeregten Gesprächsrunde denn einem in sich gekehrten, wortwörtlich zu nehmenden l e t z t e n Abendmahl! Anatomisch etwas merkwürdig ist der Jünger im Vordergrund, der den Kopf scheinbar falsch herum aufhat. Interessant auch das Fresko, auf dem der Apostol Paulus einem Schreiber diktiert. Anders als in den meisten byzantinischen Kirchen ist in der Kuppel nicht Christus, sondern die Muttergottes dargestellt, Christus muss sich mit einem Nebenplatz in der Westkuppel begnügen.

Die berühmteste Ikone dieser Kirche ist die der Pangia Gerokipiotissa aus dem 15. Jh., die auf der dem Altarraum zugekehrten Seite eine Kreuzigung zeigt. Die weitgereiste Ikone war schon auf Ausstellungen byzantinischer Kunst in Russland, USA und Deutschland.

geboren an einem Freitag

Die Kirche ist nach der *Agía Paraskeví* (Paraskeví = Freitag) benannt, die der Legende nach an einem Freitag geboren wurde, zur Freude ihrer Eltern, die schon lange auf Nachwuchs gewartet hatten. Nach dem Tod ihrer Eltern verschenkte sie ihr ganzes Hab und Gut und wurde Nonne, noch zur Zeit der Christenverfolgung. Als *Paraskeví* sich weigerte, dem christlichen Glauben zu entsagen, wurden ihr am 26. Juli des Jahres 180 n. Chr. die Augen ausgestochen, anschließend wurde sie enthauptet – heute wird *Agia Paraskeví* bei Augenleiden um Hilfe angerufen.

• Volkskundemuseum

Nahe der Kirche in der Leonidou. Tel. 26 24 02 16. Geöffnet tgl. Mo. bis Fr. 9–14.30 Uhr

Bis 1950 arbeitete in Geroskípou **eine der größten Seidenspinnereien Zyperns**; in diesem mit viel Liebe gestalteten Museum kann man dieses alte Handwerk nachvollziehen. Weiterhin sind hier ausgestellt: Alte Trachten, Haushaltsgeräte, Holzschnitte und ein Hochzeitsraum mit Stickereien, Truhen und Handarbeiten. Das Museum ist im Haus von *Andreas Zymboulakis* untergebracht, der einst vom Briten *Sir Sydney Smith* zum Honorarkonsul von Westzypern ernannt worden war und Proviant für die britische Mittelmeerflotte beschaffen musste.

Nach Ómodos und Vouní und ins Tal des Diarízos

© graphic

Tal des Diarízos

Zwischen der Küste und den Bergen verläuft in nordöstlicher Richtung das dünn besiedelte Tal des Diarízos, die Fahrt durch diese Gegend gleicht einem überwältigenden Landschaftserlebnis. Oft begegnet man über lange Strecken keinem einzigen Auto. Im Tal liegen nur wenige, einstmals von Türken bewohnte Dörfer, die heute verlassen sind. Auch wenn das Tal noch immer ein einmaliger Tipp für Naturfreunde ist: Der Fluss Diarízos, der hier einst durchrauschte, ist seit dem Anlegen des Asprokremnos-Staudammes leider nur noch ein dünnes Rinnsal.

Redaktions-Tipps

- Eine Fahrt durch das **Tal des Diarízos** gehört – besonders in der Abenddämmerung – zu einem der schönsten Landschaftserlebnisse Zyperns.
- Die **Gebeine von 318 Heiligen** sollen im mystischen Höhlenkirchlein von Pano Archimandríta liegen (S. 264).
- Ab Káto Archimandríta führt eine **Wanderung durch die idyllische und einsame Khapotami-Schlucht** (S. 265).
- Die **Bewohnner des Eselaltersheims von Vouní** freuen sich nicht nur über Besuch, sie können sogar adoptiert werden (S. 267).
- Der **Dorfplatz von Ómodos** ist zweifellos der schönste der Insel. Auch sonst geben die mit Blumen geschmückten weißen Häuschen und blauen Türen des Dorfes ein sehr malerisches Bild ab (S. 267).

Übernachten und Essen

- Im **Vasilis Nikoklis Inn in Nikókleia** quartieren sich gerne Vogelbeobachter und andere **Naturliebhaber** ein. Neben netten Zimmern gibt's in diesem alten restaurierten Steinhaus auch sehr gutes Essen (S. 149).
- Die **Leda Tavern in Koúklia** serviert nicht nur gute Fisch-Mezédes, sondern vermietet auch preisgünstige Appartements (S. 128).

Tipps

- *Für Vogelbeobachter ist das Tal des Diarízos ein wahres Paradies.*
- *Auch für Geologen ist es ein El Dorado, denn die Straße durch das Tal führt an verschiedenfarbigen Felsen vorbei, in denen Risse in der Erdkruste verborgene Schichten freigelegt haben.*
- *Diese Tour gehört in der Abenddämmerung zu einer der stimmungsvollsten Routen Zyperns.*

Pano Archimandríta

Hinkommen: Im Ort der Beschilderung „The cave of the 318 saints" folgen, am Ende des Parkplatzes führt dann ein Stufenweg zum Kirchlein hinunter.

Die Beine von genau 318 Heiligen sollen es sein, die hier hinter einem Gitter in der Höhlenkapelle Agíi Patéres am Hang oberhalb des Dorfes liegen. Neben dem Ossarium sind die Heiligen *Kosmas und Damian* dargestellt. Darunter liegen Wachsbeine, -arme und Wachsbabies – als Dank für eine Heilung

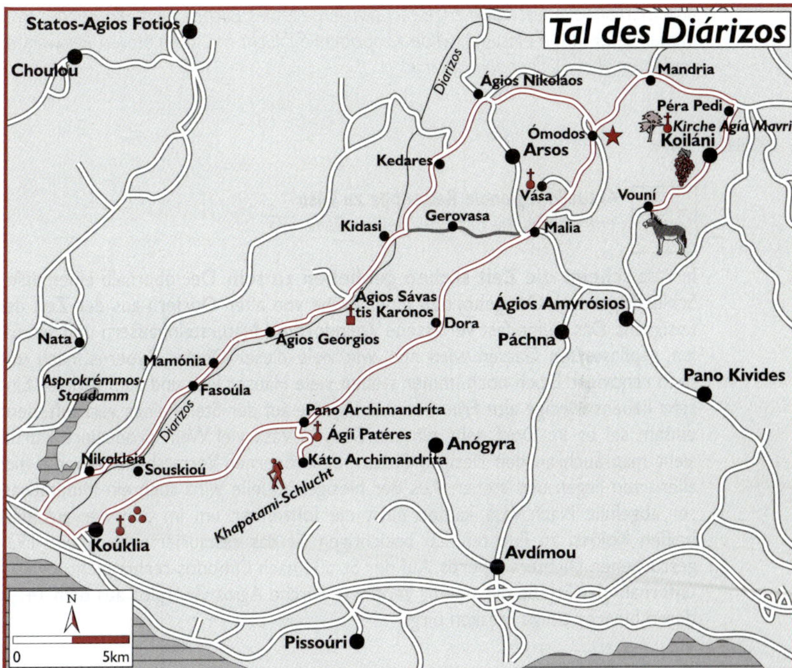

von Krankheit oder erfüllten Kinderwunsch – anrührend, wie hier Tod und Leben auf engstem Raum nebeneinander liegen. Wie auf Zypern üblich, rankt sich eine Legende um die Kapelle: Die 318 Heiligen sollen zur Zeit der Christenverfolgung nach Archimandríta gekommen sein. Dann trat die Pest auf und die war (natürlich!) eine Frau. Die Heiligen stachen auf die Pest, bzw. die Frau ein, besiegten sie und noch heute soll man im Gestein den Abdruck ihrer Messer erkennen ...

Wanderung durch die Khapotami-Schlucht

Strecke: Káto Archimandríta – Khapotami-Schlucht – Káto Archimandríta, Wanderdauer: ca. 2 Stunden

Ein holpriges, ca. 2,5 km langes Sträßchen führt ab Pano Archimandríta zum verlassenen Dorf Káto Archimandríta (die Einwohner wurden in den 1960er Jahren nach Pano Archimandríta umgesiedelt). Hinter dem idyllisch-einsam gelegenen Dorf kann man beim Bachbett parken. Diesseits des Bachs führt ein wildromantischer Weg durch die Schlucht und teilweise durch das Bachbett, er ist

Einst war diese Höhlenkapelle wohl ein Grab aus römischer Zeit

aber mittlerweile fast völlig zugewachsen. Jenseits des Baches führt ein ebener Weg immer tiefer in die einsame, wilde Khapotami-Schlucht mit ihren steilen Felswänden und ihrer überwältigenden Botanik.

Vása

Aktuelle regionale Reisetipps zu Vása
entnehmen Sie bitte der gelben Seite 175

Häuser zu verkaufen

In Vása **scheint die Zeit stehen geblieben zu sein.** Der oberhalb einer tiefen Schlucht gebaute Ort gehört zu einer Reihe von alten Dörfern aus der Zeit der Lusignans. Das kleine fast verlassene Weindorf mit Natursteinhäusern und schmalen, gepflasterten Gassen wird nun, wie viele dieser Dörfer Zyperns, nach und nach renoviert. Doch noch immer stehen viele Häuser leer und zum Verkauf. Eine sehr liebenswürdige alte Frau hätte uns gerne auf der Stelle eines verkauft, denn einsam sei es im Dorf, sehr einsam. Dass in Vása viel Wein produziert wurde, sieht man auch an den riesigen Pithari, den tönernen Vorratsbehältern, die hier allerorten liegen und stehen. Aus der hiesigen Quelle wird auch ein Mineralwasser abgefüllt. Nach Vása kamen einst die Johanniter, um im Sommer aus dem heißen Kolóssi zu flüchten. Zu besichtigen ist das restaurierte Haus des 1937 gestorbenen Dichters Lipertis. Auf der Straße nach Ómodos rechts steht idyllisch unterhalb der Straße die ständig geöffnete Kirche Ágios Geórgios aus dem 14. Jh. deren Inneres einige Fresken birgt.

Agía Mavri zwischen Péra Pedi und Koiláni

Schräg gegenüber der Kirche Agía Mavri an der Straße zwischen Péra Pedi und Koiláni ragt eine **40 m hohe Riesenplatane in den Himmel**. Ihr Stammumfang beträgt 10 m, ihr Alter geschätzte 1.000 Jahre. In der Kirche selbst sind Fresken aus dem 12. Jh. zu sehen (in der Taverne nach dem Schlüssel fragen). In dieser Gegend wird ein schon in der Renaissance sehr begehrtes Material gefördert: Umbra, ein Eisenoxid, das sich am Übergang von sedimentiertem Kreidegestein zu den darunter liegenden Schichten erkalteter Lava bildet.

Koiláni

Kellerei und Kirchenkunst

Ein fast autofreies, pittoreskes Dorf im Herzen des Weinanbaugebietes des südlichen Tróodos-Gebirges, 600 Menschen leben hier. Koiláni ist für seinen Wein berühmt, gleich vier Kellereien gibt es hier, alljährlich Anfang Oktober wird ein großes weinseliges Fest gefeiert. Wein und Kirche, das gehört ja immer irgendwie zusammen, und so kann man sich hier im Kirchenmuseum einen kleinen Überblick über die byzantinischen Kirchen- und Kunstschätze Zyperns verschaffen. Die Sammlung in der Kirche Panagía Eleousa zeigt Ikonen vom 13. bis zum 19. Jh., sakrale Gefäße, Silberarbeiten und Gebetsbücher. Auch zum Thema Wein gibt es eine kleine Ausstellung.

Donkey Sanctuary in Vouní südöstlich von Ómodos

Geöffnet Mo. bis Sa. 10–16 Uhr

Tja, manchmal kommt es halt anders, als man denkt: Als sich 1991 ein britisches Ehepaar hier in die Tróodos-Berge zurückzog, um nur noch über Wein, Essen und ländliches Leben zu schreiben (er) und um ein schönes Heim mit einem schönen Garten in einem ländlichen Umfeld einzurichten (sie), da war es alsbald aus mit dem beschaulichen Landleben. Sie hielten sich als Haustiere drei Esel, aus denen bald sechs, dann 17 wurden. Heute haben die beiden eine 7-Tage-Woche, die sich rund um mittlerweile ca. 125 Esel dreht. **Hier finden alte oder kranke Esel ihr Auskommen**, die keiner mehr braucht, weil ihre Besitzer selbst alt geworden sind, oder die Esel durch moderne Technik ersetzt wurden. Die beiden Briten gründeten die gemeinnützige Organisation „Freunde der zyprischen Esel", die ausschließlich von Eintrittsgeldern und Spenden finanziert wird. Und wer einen Esel braucht, zum Beispiel bei der Weinlese oder für einen Ausritt, der kann sich hier kurzfristig einen ausleihen. Zum Eselbesucher-Zentrum gehören ein Imbissstand, ein Picknickplatz und ein Souvenirshop, in dem, wie eine Eselbetreuerin sagt, alles verkauft wird, „was Geld für die Esel bringt", Kräuter, Bücher, Wein und anderes. Neben dem Souvenirshop hängt eine Tafel, auf der fein säuberlich alle Tiere dem Namen nach aufgeführt sind.

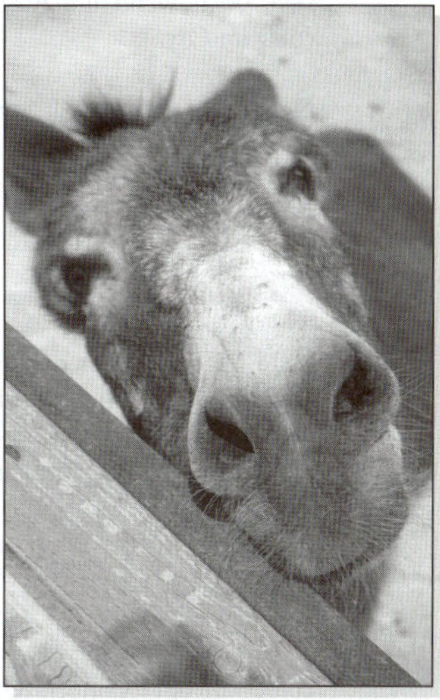

IIIAAAH ... Die alten Esel von Vouní freuen sich über jeden Besucher, ganz besonders, wenn er als Gastgeschenk ein paar Karotten mitbringt. Kinder, die einen Esel in ihr Herz geschlossen haben, können ihn für nur wenige Euro pro Jahr adoptieren.

Nach dem Besuch der Esel von Vouní lohnt unbedingt ein **Spaziergang durch das malerische Örtchen Vouní** mit seinen steilen, engen Gässchen und eine Einkehr in der Taverne „Orea Hellas" (= schönes Griechenland), das mit seinen blauen Fensterläden an Griechenland erinnert.

Ómodos

Höhenlage: 750 m

Aktuelle regionale Reisetipps zu Ómodos
entnehmen Sie bitte der gelben Seite 155

Misst man die touristische Entwicklung eines Ortes an dem Kitsch, der dort verkauft wird, dann steht Ómodos auf dem Höhepunkt seiner touristischen Vermarktung – immerhin zählt der Ort mit Recht zu einem der schönsten der Insel. Ómodos, umgeben von Weinreben, birgt in seiner Ortsmitte ein Kloster – was auf Zypern sehr ungewöhnlich ist. Vor dem Kloster erstreckt sich der verkehrsberuhigte, langgestreckte Ortsplatz inmitten eines engen Gassengewirrs mit blu-

schönes Dorf mit großem Platz

fast wie in Griechenland

mengeschmückten Innenhöfen – Ómodos ist zweifellos ein sehr fotogener Ort, in dem vieles an Griechenland erinnert. Berühmt ist Ómodos für seine Stickereien. Viele ältere Frauen stellen die Tischtücher und Deckchen, die hier verkauft werden, noch mit der Hand her.

Ómodos, als Ziel von Busausflügen angeboten, kann tagsüber sehr überlaufen sein, doch wenn die Ausflugsbusse Ómodos verlassen haben, wird es wieder ruhig im Ort.

Neben den Spitzen gilt auch das kranzförmige Brot (arketana) als Spezialität des Ortes.

Sehenswertes

• Dorfmuseum

Beim Schlendern in den engen Gassen stößt man auf ein kleines Museum: ein traditionelles Wohnhaus, eingerichtet wie vor Jahrzehnten. In den einzelnen Räumen sind Hochzeitsfotos auf der Kommode, ein altes Radio, die Kinderwiege und die Stickereien vergangener Generationen zu sehen.

• Moní Timiou Stavrou (Heiligkreuzkloster)

Auf der Stirnseite des Dorfplatzes liegt das Kloster, dessen heutiger Komplex 1816 erbaut wurde. Seine Ursprünge müssen aber sehr alt sein, denn die hier aufbewahrten Reliquien (ein Stück des Christuskreuzes sowie Jesus-Fesseln), stammen von der heiligen *Helena*, die sie im 4. Jh. aus dem heiligen Land mitbrachte. Die Reliquie des Heiligen Kreuzes befindet sich hinter einem Vorhang unter einem geschnitzten Baldachin.

kostbare Reliquien

Besonders wertvoll in der reich verzierten Ikonostase ist die Ikone des Apostels *Philippus*, die nur an besonderen Tagen, so zum Osterfest, gezeigt wird, sonst aber in einem Schrein aufbewahrt wird. Ein byzantinischer Kaiser schenkte dem Heiligkreuzkloster den versilberten Schädel des Apostels (links bei der Ikonostase in einem geöffneten Tresor), die Stempel von vier byzantinischen Kaisern sollen dessen Echtheit bestätigt haben. Der Schlüssel des Klosters soll der größte der Insel sein.

In den Jahren 1955-1958 diente das Kloster als Versteck von EOKA-Partisanen. Daran erinnern einige Exponate im Museum. In einem anderen Raum sind einige haus- und landwirtschaftliche Geräte zu sehen.

Hinweis

geologisch interessant

Geologisch Interessierte können auf der Wanderung von Ómodos nach Káto Plátres den Übergang von hellem Kalkgestein, über bräunlich-grauen Lavatuff bis zu vulkanischen Diabasen (Grünstein) bei Káto Plátres beobachten. Diabas ist der Name für das Gestein, das auf vulkanische Tätigkeit tief unter dem Meeresspiegel zurückgeht. Die Lava tritt aus und erstarrt schlagartig beim Kontakt mit dem kühlen Meerwasser – solche Gesteinsformationen kann man unter anderem auch in Bayern oder auf Hawaii beobachten.

- **Ágios Nikoláos**

Die Moschee von Ágios Nikoláos war bis 1571 eine zwischen Katholiken und Orthodoxen aufgeteilte Doppelkirche, heute ist sie eine etwas heruntergekommene Moschee – vom orthodoxen Kirchenteil sind nur noch die Fundamente übrig geblieben.

Mesána – Kirche Ágios Geórgios ton Mesanón

Die Kirche liegt etwa 3 km außerhalb von Mesána am Flussufer.
Hinkommen: Bei einem Schrein des Ágios Geórgios auf der Straße Mesána-Arminou außerhalb von Mesána einer Holperstraße in Richtung Flussbett folgen (am besten mit einem Jeep zu befahren). Taschenlampe mitnehmen.

nicht leicht zu finden

Die Kirche stammt aus dem 15. Jh. und zeigt Darstellungen aus dem Leben des heiligen *Georg* und des Erzengels *Michael*. Einst soll sie auch eine wunderwirkende Ikone der Jungfrau Maria beherbergt haben. Zu dieser Ikone schreibt *Rupert Gunnis* in seinem 1936 erschienenen Buch „Historic Cyprus" Folgendes: *„Vor vielen Jahren kam ein Mann, um zur Ikone der Jungfrau zu beten, die außerhalb der Kirche auf einem Ständer stand. Er versprach der Jungfrau, zwei Dutzend Rinder zu stiften, falls sie helfen sollte. Die Rindviecher hatte er schon bei sich, er band sie an einen Baum, der in der Nähe der Ikone stand. Als es Abend wurde, ging es dem Kind schon erheblich besser, der Mann kam zurück und stahl seine ehemaligen Rinder zurück. Der Priester der Kirche aber, der den egoistischen Charakter des Mannes kannte, hatte die Ikone mit Honig bestrichen. Die Tiere, die in deren Nähe festgebunden waren, hatten von dem Honig geleckt und noch klebrige Mäuler – so konnte der Priester leicht herausfinden, welche Tiere der Kirche gehörten."*

dumm gelaufen

Kédares

Vermutlich wurde Kédares im 18. Jh. nach einer Seuche an diese Stelle umgesiedelt. Der Ort ist für seinen Wein und insbesondere für seinen Tsivania-Schnaps bekannt.

Gerovása

Nach Kédares zweigt eine Straße zu einem weiteren verlassenen Dorf – nach Gerovása – ab. Die Holzbrücke, die sich über das eingekerbte Flusstal spannt – bietet von weitem einen malerischen Anblick und lässt Näherkommende beim Blick in die Tiefe erschaudern: ein Ventilator, Wäscheständer, Reifen, Umzugskartons, Teppichbodenreste – diese eigentlich sehr malerische Schlucht ist eine einzige Müllkippe.

Wo sind sie geblieben, die Bewohner von Gerovása?

Gerovása ist seit 1964 von seinen Bewohnern verlassen – Artischocken und Feigen wachsen hier noch, die ehemaligen türkischen Bewohner hatten sie hier angepflanzt, jetzt ist niemand mehr da, um sie zu ernten. In einem Haus schwingt eine Holztür, dahinter steht ein wackliges Gitterbett mit vermoderten Decken. Auf dem Boden zwei gebrauchte Tassen und zwei Heiratsanzeigen: Nikos und Konstantina haben sich 1990 das Jawort gegeben und 1996 ein Georgos und eine Maria. Wer war der Empfänger dieser Anzeigen? Wurden sie glücklich, *Nikos und Konstantina, Georgos und Maria*? Ein melancholischer Ort.

melancholischer Ort

Die Brücke von Gerovása

Prastió

Ein weiteres, 1964 verlassenes Dorf. Auf der anderen Flussseite erkennt man die **Klosterkirche Ágios Sávas tis Karónos** aus dem Jahr 1501. Gegründet wurde sie 1120, und nach einem Brand im Jahr 1467 wenige Jahre später wieder aufgebaut. Eine Inschrift über dem Westportal datiert den Wiederaufbau ins Jahr 1501 und eine Restaurierung ins Jahr 1724. Die Kirche selbst ist wenig spektakulär, aber der Besuch lohnt sich wegen der aussichtsreichen, wenn auch langen kurvigen Fahrt dorthin.

Felsdurchbruch Kourtellorotsos

Nach Prastió sieht man einen interessanten Felsdurchbruch – die zwei großen Kalkfelsen rechts und links der Straße bilden eine gigantische natürliche „Toreinfahrt". Nach einer lokalen Legende sollen die *Khasanpoulia-Brüder*, drei Banditen, die in den Jahren 1894/95 den Distrikt Páfos tyrannisierten, sich hier hinter diesen Felsen versteckt und ahnungslose Reisende überfallen haben. Das wüste Treiben hatte ein Ende, als eine tapfere türkische Zypriotin aus dem nahen Ort Kithasi eine stark narkotisierende Pflanze ins Essen der drei Räuber mischte. Als die daraufhin in Schlaf fielen, wurden sie festgenommen.

Banditen, wollt Ihr ewig rauben?

Mamonía

Das Dorf hat einer Reihe antiker fossilienreicher Felsen, dem Mamonía-Komplex, seinen Namen gegeben. Die Straße führt am Ortsende am Mylos-Restaurant vorbei. Von der alten Wassermühle (mylos = Mühle) unterhalb des Restaurants ist so gut wie nichts mehr übrig geblieben. Im Lokal dafür umso mehr altes bäuerliches Gerät wie Brotbretter oder Brotkörbe, Körbe und Krüge. Schön sitzt man auf der Terrasse auf der rückwärtigen Seite des Hauses. Die Besitzer des Restaurants vermieten auch einfache Zimmer.

Lokal mit Terrasse und bäuerlichem Gerät

Fasoúla

Die monotone Siedlung wurde vermutlich zur Zeit der Briten hierher umgesiedelt. Die Moschee von Fasoulia ist deshalb erwähnenswert, weil sie von der griechisch-zyprischen Regierung instand gehalten wird – ein schönes Symbol der Hoffnung auf Wiedervereinigung.

Souskioú

ist flussaufwärts das erste der verlassenen Dörfer dieses Tals. Über Souskioú schrieb *Ibrahim Aziz*, Nachfahre von ehemaligen Dorfbewohnern, nach seinem Besuch im Winter 1983/84: „Warum diese Ruinen! Diese Wunden der Vertreibung. Warum! Warst du in jenem Dorf? Hast du den Aufruhr der nackten Wände in den Spuren des Windes gehört?" (aus dem Buch „Zyprische Miniaturen", Romiosini-Verlag). Südöstlich von Souskioú haben Archäologen einige Felsgräber aus der Chalkolithischen Epoche gefunden (im Gegensatz zur Autorin dieses Buches!).

eines der verlassenen Dörfer

Nikókleia

Höhenlage: 60 m

Aktuelle regionale Reisetipps zu Nikókleia
entnehmen Sie bitte der gelben Seite 149

Seinen Namen hat das Dorf von *Nikoklis* (520 v.Chr) bekommen, dem letzten König von Páfos. Nikókleia liegt im Tal des Flusses Diarízos unweit des Asprokrémmos-Sees (ca. 2 km). In diesem fruchtbaren Tal, mit Weinbergen, Obstbäumen und Gemüsegärten haben sich viele **Vogelarten** niedergelassen – ein wunderbarer Standort für Erkundungen der Gegend ist das traditionelle „Nikókleia Inn".

Westlich von Nikókleia breitet sich in einer trockenen ausgedörrten Landschaft der **Asprokrémmos-Staudamm** aus, er ist 80 m hoch und fasst 51 Millionen Kubikmeter Wasser.

Páfos

(ca. 40.000 Einwohner, Höhenlage: 0–150 m)

Aktuelle regionale Reisetipps zu Páfos entnehmen Sie bitte der gelben Seite 156

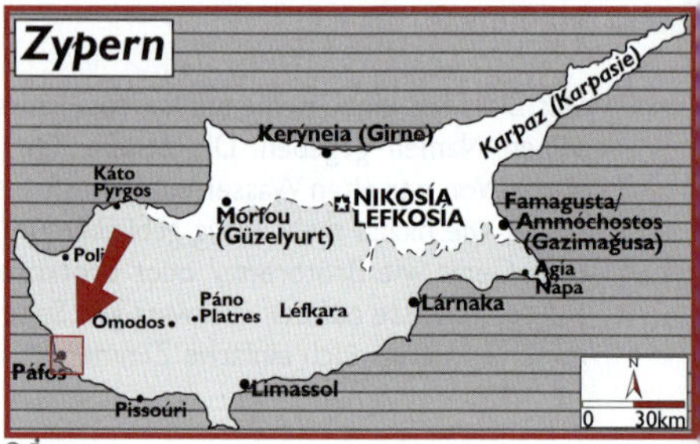

© igraphic

Über Jahrhunderte war dieses Städtchen ein abgelegenes Provinzkaff, das über seinen antiken Ruinen vor sich hin träumte. Dann wollte ein Bauer namens *Hasip* im Jahr 1962 seinen neuen Pflug ausprobieren und stieß auf spektakuläre römische Mosaiken. Dann kam 1974 die Teilung Zyperns, die Insel wurde neu strukturiert und auch der Tourismus, neue Straßen gebaut und Páfos mit dem übrigen Teil der Insel verbunden. Und dann 1984 mit dem Rest der Welt – damals wurde der Flughafen von Páfos eröffnet.

Alte Ruinen, neue Straßen und Hotels und ein Flughafen – Páfos´ Karriere als Touristenort konnte nun beginnen. Die Eröffnung des Hotels Cypria Maris in den 1980er Jahren war noch eine richtige Sensation, andere Hotels folgten, allerdings weniger spektakulär. Heu-

Die verschiedenen Namen von Páfos können manchmal etwas verwirrend wirken, denn mit dem Hauptnamen Páfos sind drei geographisch auseinander liegende Siedlungen bezeichnet:

- ***Ktima*** wird die knapp 2 km landeinwärts auf einer Anhöhe von 150 m gelegene Bezirkshauptstadt Páfos genannt.
- ***Káto Páfos***, auch als Nea (= neu) Páfos bezeichnet, liegt direkt am Hafen. Der Ort besteht zum überwiegenden Teil aus touristischer Infrastruktur.
- ***Paláia Páfos (Alt-Páfos)*** liegt etwa 16 km südöstlich von Ktima (Richtung Limassol) und ist der Name für das antike Páfos mit seinem berühmten Aphrodite-Tempel.

Redaktions-Tipps

- Grandiose Mosaiken, ein Odeon und die Festung Saranta Kolones sieht man **im archäologischen Park in Káto Páfos**, wo man nur einmal Eintritt für die Sehenswürdigkeiten bezahlt (S. 276).
- Das **Wärmeflaschenset im Archäologischen Museum von Ktima-Páfos** ist in seiner Art wohl weltweit einmalig (S. 283).
- Villen fürs Jenseits: die berühmten „**Königsgräber**“ aus dem 3. Jh. v. Chr. (S. 285)
- Der **Fabrika-Hügel** ist mit Felshöhlen durchlöchert (S. 275).

Übernachten und Essen

- **Hotel Annabelle******* liegt eingebettet in einer wunderschöne Garten- und Poollandschaft (S. 156).
- **Hotel Kiniras*****, die deutsch sprechenden Besitzer sind Künstler, die auch noch gut kochen können (S. 159).
- **Park Mansion**, hier wohnt man im nostalgischen Ambiente der Kolonialzeit (S. 159).
- Im wie eine Hollywoodkulisse wirkenden **Hotel Roman** kommt man aus dem Staunen nicht heraus (S. 158).

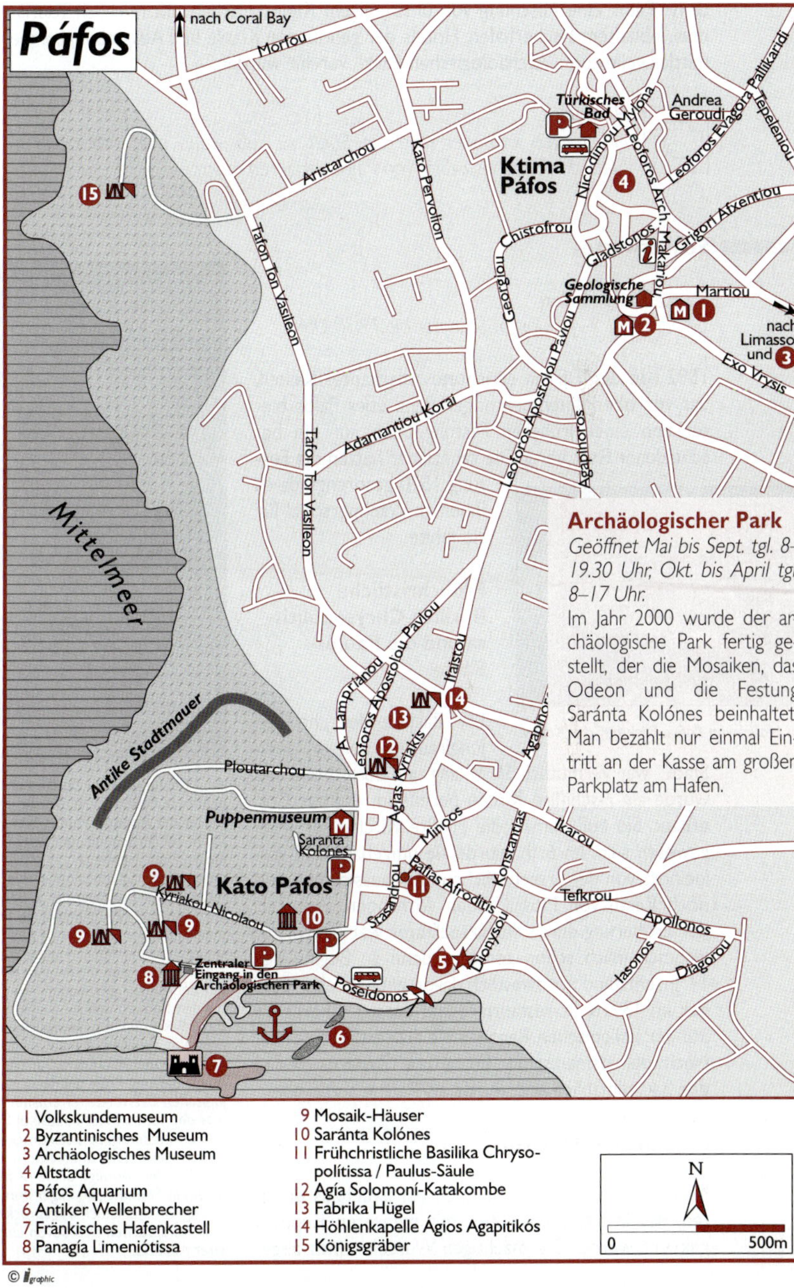

Archäologischer Park

Geöffnet Mai bis Sept. tgl. 8–19.30 Uhr, Okt. bis April tgl. 8–17 Uhr.

Im Jahr 2000 wurde der archäologische Park fertig gestellt, der die Mosaiken, das Odeon und die Festung Saránta Kolónes beinhaltet. Man bezahlt nur einmal Eintritt an der Kasse am großen Parkplatz am Hafen.

1 Volkskundemuseum
2 Byzantinisches Museum
3 Archäologisches Museum
4 Altstadt
5 Páfos Aquarium
6 Antiker Wellenbrecher
7 Fränkisches Hafenkastell
8 Panagía Limeniótissa
9 Mosaik-Häuser
10 Saránta Kolónes
11 Frühchristliche Basilika Chrysopolítissa / Paulus-Säule
12 Agía Solomoní-Katakombe
13 Fabrika Hügel
14 Höhlenkapelle Ágios Agapitikós
15 Königsgräber

N
0 500m

te ist Páfos eine Mischung von umtriebigem Kleinstädtchen mit reichlich Tourismus, lebhaftem Fischerhafen, Hotels der gehobenen Klasse und Ausgrabungen, die mittlerweile zum „Archäologischen Park" vereint wurden.

Hinweis
Am besten erkundet man die Stadt zu Fuß, wenn man sich nicht im Netz der Einbahnstraßen von Páfos verfahren möchte.

Sehenswertes

Kastell am Hafen

Geöffnet tgl. 9–17 Uhr, im Sommer bis 19.30 Uhr

1592 von den Türken errichtetes, markantes Kastell, das von oben einen prächtigen Blick über Páfos bietet. Von einer früheren Festung blieb nur ein bescheidener Rest übrig. Die Venezianer hatten die Festung 1570 gesprengt, da es ihnen an Wachpersonal für sie fehlte.

Am Hafen von Páfos, Blick auf das Kastell

Frühchristliche Basilika Chrysopolitissa und die Paulus-Säule

Die Basilika der „heiligen Jungfrau aus der goldenen Stadt" war vermutlich 50 m lang und 38 m breit und wurde als 7-schiffige Kirche bereits im 4. Jh. n. Chr. erbaut. Sie soll damals die größte Kirche der Insel gewesen sein. Im 6. Jh. wurde sie umgebaut und verkleinert, von der ursprünglichen Innenausstattung sind noch Reste von Mosaikböden vorhanden. Zur Zeit der Eroberung durch die Kreuzfahrer war die Kirche wahrscheinlich schon zerstört, denn zu Beginn des 14. Jh. entstand nordwestlich davon ein gotischer Bau, der im 15./16. Jh. restauriert und dessen Inneres im Stil der italienischen Renaissance ausgestaltet wurde. Nach der osmanischen Eroberung Zyperns verfiel der Bau allmählich und wurde als Kirche aufgegeben.

Am Westeingang der Basilika steht die so genannte Paulus-Säule. Der Legende nach erhielt der Apostel Paulus hier von den Juden 39 Peitschenhiebe (vierzig minus eins). In der Apostelgeschichte ist von diesem Vorgang allerdings nichts zu finden. Zwar berichtet der 2. Korintherbrief von drei Geißelungen, die Paulus erlitten hat, lokalisierbar ist aber nur die Geißelung in Philippi. „Vierzig weniger eins" nannte man die Art von Geißel, mit der der Apostel geschlagen wurde. Diese bei den Römern übliche Geißel bestand aus 39 Riemen, von denen jeweils dreizehn zu einem Bündel zusammen gefasst waren. Aus Rache für die Auspeitschung habe der Apostel den jüdischen Ortsvorsteher erblinden lassen, was den römischen Proconsul Sergius Paulus wiederum so beeindruckte, dass er sich gleich zum Christentum bekehren ließ. Die denkwürdige Säule ist heute nur noch ein Stummel, da Pilger immer wieder ein Steinstück abgebröckelt haben – sie versprachen sich davon Linderung ihrer Malaria.

Fränkisches Badehaus

Nahe der Paulus-Säule ist noch ein Badehaus erhalten, das in fränkischer Zeit mit mehreren Kuppeln gekrönt wurde. Die mächtigen Wurzeln eines abgestorbenen Olivenbaums im Mauerwerk des Badehauses ergeben ein schönes Fotomotiv.

Höhlenkirche Agía Solomoní

Apostolou Pavlou, frei zugänglich

Das einzige antike Felsengrab in Páfos, das noch heute als christliches

Gleich einem Schweizer Käse ist der ganze Fabrika-Hügel mit Gräbern und unterirdischen Kammern ausgehöhlt, in denen im Mittelalter Wohnungen und eine Baumwollspinnerei eingerichtet waren. Der Überlieferung nach liegt hier der Eingang ins unterirdische Reich der mythischen Königin Rigena.

Heiligtum dient. Da die Katakombe südlich des nahen Fabrika-Hügels liegt, nimmt man an, dass die Anlage aus hellenistischer Zeit stammt. Namensgeberin der Quelle war *Solomoní (Hannah)*, eine Jüdin, die während der Judenverfolgung in Palästina im 2. Jh. v. Chr. zusammen mit ihren sieben Söhnen zu Tode gefoltert wurde, weil sie den für Juden verbotenen Verzehr von Schweinefleisch ablehnten. Im 9. Jh. wurde die Katakombe in eine christliche Kapelle umgewandelt und im 12. Jh. mit Fresken ausgemalt, die durch das eindringende Regenwasser heute stark beschädigt sind.

Familiengeschichten

Pygmalion, Bildhauer und König, hatte sich rettungslos in eine von ihm geschaffene Aphrodite-Statue verliebt. Die Dargestellte hatte Mitleid mit ihm und ließ die Statue lebendig werden. Die Ex-Statue (später als Galatea bekannt) und Pygmalion hatten einen hübschen Sohn namens Pafos und eine Tochter namens Metharme. Die schlich sich eines Nachts in ihres Vaters Bett und wurde prompt schwanger. Der Vater und frischgebackene Großvater wollte sie daraufhin umbringen, sie wurde aber von ihrer Mutter Aphrodite gerettet, in dem diese Metharme in einen Myrrhenstrauch verwandelt. Aus diesem entstand dann Adonis. Und mit dem hatte dann Aphrodite wieder was ...

Vom Innenhof der Anlage führt eine steile Treppe hinunter zu einem **Brunnen, dessen Wasser man heilende Kräfte, besonders bei Augenleiden, nachsagt**. Heute ist die Wasserqualität so schlecht, dass man sich eher eines zuzieht ...

Vor der Höhlenkirche Agía Solomoní steht eine etwa 300 Jahre alte Terpentinpistazie, ein sogenannter „Wunschbaum"; der mit bunten Tüchern behängt ist, wie man sie auch als buddhistische Gebetsfahnen kennt. Gläubige haben sie an die Zweige geknotet, um in der Kirche gesprochene Gebete wirksamer zu machen oder Hilfe bei Augenleiden zu erbitten. Sobald sich das Tuch zersetzt hat, wird das Gebet erhört werden (Tipp: Papiertaschentücher nehmen!). Ursprünglich schnitt ein Pilger, nachdem er eine Kerze angezündet und sich bekreuzigt hat, ein kleines Stück von seiner Kleidung ab und sagte, indem er den Fetzen um den Baum gehängt hat, „Mein Heiliger, ich flehe Dich an, lasse meine Krankheit sich von mir trennen, wie ich diesen Fetzen abgetrennt habe."

Agapitikos und Mistikós
An der nordöstlichen Ecke des Fabrika-Hügels

Die Einsiedler Agapitikos, der **„Liebe Schaffende"**, und Mistikós, der **„Hass Schaffende"**, lebten einst Felszelle an Felszelle. Wer Erde von der Felszelle des Agapitikos mitnimmt (und einige Geldmünzen zurück lässt), diese der verehrten Person ins Trinkwasser rührt, darf bald auf Gegenliebe hoffen. Wer hingegen von der Zelle des Mistikós etwas Erde nimmt, diese jemandem ins Wasser rührt, der tut dem nichts Gutes ...

Dighenis-Felsen – Sie schlugen und vertrugen sich

Etwas weiter nördlich steht der Dighenis-Felsen. Mit ihm, der kantig auf einem anderen Brocken liegt, ist ebenfalls eine Legende verknüpft. Dighenis war ein griechischer Held mit ungeheuren Kräften. Als er auf Zypern weilte, verliebte er sich in die Königin von Páfos, Rigena. Páfos litt damals unter Wasserknappheit, also versprach ihm die Königin die Heirat, wenn er Wasser aus dem Gebirge herantragen würde. Dighenis erfüllte mit Eifer die ihm gestellte Aufgabe. Doch nachdem er wahre Wassermassen heran geschleppt hatte, änderte die Königin ihren Sinn und dachte nicht mehr an Heirat. Aus Wut warf er von einem Berg einen Felsen auf die Königin, die er aber verfehlte. Die Königin revanchierte sich, indem sie ihm ihrerseits eine Spindel nachwarf. Diese Geschichte hat ein Happyend, denn beide fanden doch noch zueinander und lebten fortan als glückliches Paar.

Archäologischer Park

Geöffnet Mai bis Sept. tgl. 8–19.30 Uhr, Okt. bis April tgl. 8–17 Uhr.

Haus des Dionysos

Gefunden wurde es durch Zufall bei Feldarbeiten im Frühjahr 1962. Der einstige Besitzer, ein Römer, muss ein reicher Mann gewesen sein, denn sein Anwesen umfasste stolze 2.000 m², wovon 556 m² mit Mosaiken belegt sind – sie wurden von der UNESCO in das „Weltkulturerbe der Menschheit" aufgenommen. Sicherlich nicht ohne Grund, denn diese Mosaiken sind nicht nur schön, sondern sie erzählen auch viele spannende Geschichten.

Archäologischer Park

- **Narziss (1)**
Narziss konnte den Frauen und Nymphen wenig abgewinnen. Dieser Tatsache konnte Aphrodite wiederum wenig abgewinnen und so verdammte sie den Frauen-Ignoranten dazu, für den Rest seines Lebens an Quellen und Flüssen zu sitzen, um sein eigenes Antlitz zu bewundern und in sich selbst verliebt zu sein. Irgendwann hatte sie aber doch Mitleid mit ihm und sie verwandelte ihn in eine Blume, die die Nähe von Wasser bevorzugt und die wir heute noch als Narzisse kennen.

Am Übergang von schwarz-weißen zu farbigen Mosaiken erkennt man, wo die römische Kultur die griechische ablöste.

- **Skylla, das Meeresungeheuer (2)**
Das Mosaik aus schwarz-weißen Kieselsteinen stammt wohl aus dem Vorläuferbau der römischen Villa. Archäologen datieren es in die hellenistische Zeit um das 4. Jh. v. Chr. zurück. Zu sehen ist hier Skylla,

Haus des Dionysos

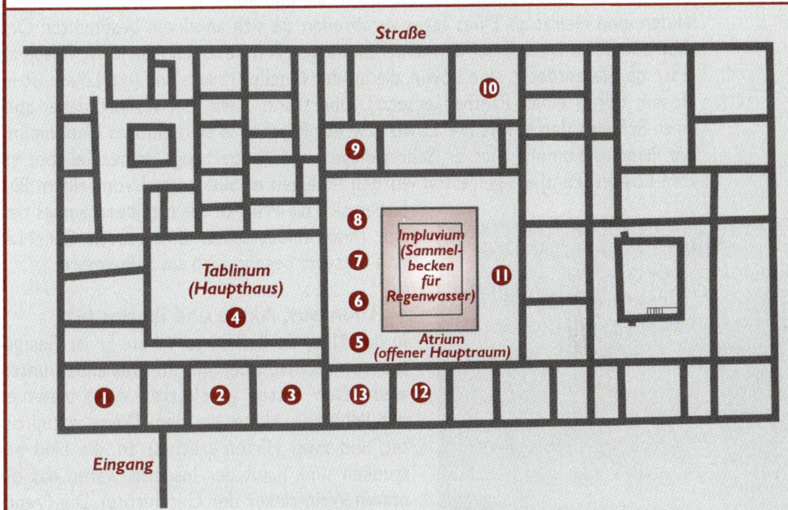

1 Skylla-Mosaik
2 Narziss-Mosaik
3 Vier Jahreszeiten
4 Triumphzug des Dionysos
5 Thisbe und Pyramos
6 Dionysos und Ikarios
7 Amymone und Poseidon
8 Daphne und Apollo
9 Phädra und Hippolyt
10 Entführung des Ganymed
11 Jagdszenen mit Mufflons
12 Pfauenmosaik
13 Geometrisches Mosaik

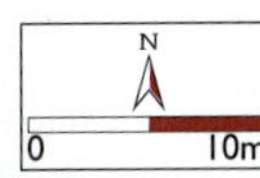

das zwölffüßige Ungeheuer mit sechs Hunde- oder Wolfsköpfen. Dieses liebenswürdige Wesen soll sich in der Meeresstraße von Messina von den Vorbeifahrenden ernährt haben.

- **Vier Jahreszeiten (3)**

Rechts neben *Narziss* sind die vier Jahreszeiten zu sehen, die sich um die „Mutter Erde" gruppieren. Am Kopf des Winters erkennt man einen Tonkrug, aus dem Wasser fließt (die mediterrane Regenzeit), der Frühling ist mit Blumen bekränzt, der Sommer voller Ähren und der Herbst trägt einen Blätterkranz. Dazwischen entdeckt man ein Quadrat mit einem einer Ziege ähnelnden Tier sowie Vögeln, Früchtekörben und Blumen.

Archäologischer Park

- **Triumphzug des Dionysos (4)**

Der Gott des Weines sitzt auf einem Wagen, der von zwei Panthern gezogen wird. Wie es sich für einen Triumphator gehört, trägt er in der rechten Hand einen Stab. Auf der linken und rechten Seite des Raumes befinden sich des weiteren unterschiedliche Einzelszenen aus der Weinlese: Alles steht im Kontext zum Gott des Weines.

Archäologischer Park

- **Thisbe und Pyramos (5)**

Pyramos ist der Mythologie zufolge der schönste Jüngling und *Thisbe* die schönste Jungfrau Babylons. Sie leben in Nachbarschaft und verlieben sich, doch die Eltern lehnen eine Heirat ab. Eines Tages verabreden sie sich an einem bestimmten Ort. Wer zuerst da ist, soll auf den anderen warten. Am besagten Abend ist *Thisbe* als erste da. Sie entdeckt eine Löwin, die an der Quelle trinken will (die Löwin ist im Mosaik durch einen Panther ersetzt). Überstürzt flieht sie, verliert dabei aber ihren Schleier, den sofort der Löwe bzw. der Panther in sein blutiges Maul nimmt. Als *Pyramos* kommt, ahnt er Schreckliches und – überzeugt, seine Geliebte sei vom Löwen (Panther) gefressen worden – begeht er Selbstmord. Von seinem Blut färben sich die Früchte des Maulbeerbaumes tiefrot. *Thisbe* findet später ihren toten Geliebten und entsetzt begeht auch sie Selbstmord.

Hätte er nicht so viel getrunken, wäre er nicht so bald zu Boden gesunken ...

- **Dionysos, Akme und Ikarios (6)**

In der Mitte ist Ikarios zu sehen. Er ist Gastgeber von *Dionysos*, der ihn im Weinanbau unterweist. Den ersten gekelterten Wein bietet er der lieblichen Akme, die dem *Dionysos* zuprostet, und zwei Hirten (rechts) an, die bald betrunken sind. (Laut der Inschrift waren das die ersten Weintrinker der Geschichte). Die Freunde der Hirten vermuten, dass *Ikarios* sie vergiftet habe. Deshalb werfen sie ihn in einen Brunnen.

- **Poseidon und Amymone (7)**

Der Gott des Meeres und des Wassers scheint mit schnellen Schritten auf *Amymone* zuzugehen. Ihm gegenüber sieht man *Amymone*, eine der 50 Danaiden, Töchter des Danos. *Amymone* ist nach Argos unterwegs, um Wasser zu holen. *Poseidon* stößt, um *Amymone* eine Freude zu bereiten, mit seinem Dreizack eine Quelle auf. Er schickt *Amymone* einen Satyr zu Hilfe, der sie aber sexuell belästigt. Poseidon will helfen, doch die Undankbare wehrt ihn mit einer abweisenden Armbewegung ab. Zwischen den beiden steht Eros, der bei ihnen das Feuer der Liebe wieder entfacht ...

- **Peneios, Daphne und Apollo (8)**

Auch wieder so ein Fall von sexueller Belästigung: Die Nymphe *Daphne* steht hier rechts neben dem liegenden *Peneios*. *Apollo*, der Gott der Schönheit, liebt *Daphne*. Schnell wie der Wind – zumindest der Mythologie nach – verfolgt er sie. Doch *Daphne* will lieber sterben, als seine Geliebte zu sein: „Verändere mein Äußeres, das mich in diese Lage brachte, oder lasse die Erde mich verschlucken", fleht sie. Und prompt wird sie von *Zeus* in den Baum der *Daphne* verwandelt, den Lorbeerbaum. *Apollo* jedoch liebt sie sogar als Baum und trägt fortan Lorbeer als eine Krone und schmückt seine Köcher mit Lorbeerzweigen. Wenn das nicht wahre Liebe ist! Übrigens heißt Lorbeer heute noch auf griechisch *daphni*.

- **Hippolyt und Phädra (9)**

Und schon wieder geht's um unerwiderte Liebe: *Theseus* liebt *Phädra* und entführt sie von Kreta nach Athen, um sie zu heiraten. *Phädra* aber liebt *Hippolyt*, den Sohn des *Theseus*, der sie aber seinerseits nicht liebt. Die bitter enttäuschte *Phädra* erzählt *Theseus*, dass *Hippolyt* ihr Avancen gemacht habe, worauf dieser seinen Vater *Poseidon* um Hilfe bittet. Der lässt, als *Hippolyt* mit einem Wagen an der Küste entlang fährt, aus den Wogen einen Stier auftauchen. Die Pferde scheuen, werfen den Wagen um und aus ist´s mit *Hippolyt*. Auch *Phädra* nimmt kein gutes Ende: Sie erhängt sich.

Archäologischer Park

Dies alles muss man wissen, um zu verstehen, warum *Hippolyt* auf dem Mosaik so abweisend dasitzt und *Phädra* auf ihrem Sessel so betrübt schaut. *Eros* lacht dabei höhnisch, während er der armen *Phädra* noch Öl ins feuerheiße Herz schüttet, während *Hippolyt* kalt und unnahbar bleibt.

- **Ganymedes und der Adler (10)**

Experten halten dieses Mosaik für das **gelungenste Motiv**, was Gestaltung und Farbzusammensetzung anbetrifft. Es geht hier um *Zeus*, der als Adler daherkommt und *Ganymedes*, den Sohn eines trojanischen Königs, auf den Olymp bringt, wo er als Mundschenk den Göttern dienen soll. Ob er da wohl viele Überstunden machen musste?

- **Mufflons (11)**

Hier springen vergnügte männliche Mufflons – die Wappentiere Zyperns – fröhlichen weiblichen Mufflons hinterher (sehr zum Verdruss einer älteren Dame, die angesichts der Szene meinte: *„Die Männer müssen doch i m m e r den Frauen nachstellen!"*).

- **Pfau und geometrische Muster (12/13)**

Hier sieht man ein überaus eitles Mannsbild, einen Pfau! Geometrische Muster lassen das andere Mosaik wie einen Teppich wirken.

> Nach der jeweils ersten Sagengestalt, die sie ausgegraben hatten, nannten die Archäologen die antiken Villen „Haus des Dionysos", „Haus des Theseus", „Haus des Aion" und „Haus des Orpheus". Damit nach der Restaurierung noch zu erkennen ist, welche der winzigen Steine antik und welche neu sind, ragen letztere leicht erhöht heraus.

Haus des Theseus

Mit über 100 Räumen gehörte es seinerzeit zu den größten und am üppigsten verzierten Wohnhäusern des Mittelmeerraumes. Die ab 1966 von einem polnischen Ausgrabungsteam freigelegte Villa liegt ca. 150 m südwestlich des Dionysos-Hauses. Es scheint festzustehen, dass das Haus des *Theseus* Sitz der römischen Prokonsuln auf Zypern war. In der palastartigen Anlage sind besonders zwei Mosaike bemerkenswert:

- **Theseus Kampf gegen den Minotaurus – Der Ariadnefaden**

Dieses Mosaik stammt aus dem 3. Jh. n. Chr. In einem Kreisbild holt *Theseus* zu einem Schlag gegen das Ungeheuer *Minotaurus* aus. Rechts daneben personifiziert eine Halbfigur Kreta. Links oben schaut *Ariadne* (die mit dem Faden) hinab, wäh-

Archäologischer Park

rend links unten ein bärtiger Mann das Labyrinth betritt. Die Mythologie erzählt, dass die Athener dem *König Minos* von Kreta alljährlich sieben knusprige Jünglinge und Jungfrauen als Tribut übergeben mussten. Einmal begleitete *Theseus* die Gruppe bei der Übergabe. *Ariadne* verliebte sich in *Theseus* und gab ihm ihren berühmten Faden mit auf den Weg ins Labyrinth. Bevor der *Minotaurus* die jungen Leute fressen konnte, wurde er von *Theseus* erschlagen. Und weil der ja den Faden der *Ariadne* hinter sich hergezogen hatte, fanden alle miteinander entlang des Fadens wieder aus dem Labyrinth heraus, aus dem vor ihnen nie ein Mensch wieder herausgekommen war. Seither ist der **Ariadne-Faden sprichwörtlich für ein Hilfsmittel, mit dem man sich in einer schwierigen Lage zurecht finden kann.**

Der Faden der Ariadne

- **Achilles Mosaik – Die Achillesferse**

Hier geht's darum, dass der kleine *Achilles* nach seiner Geburt im Unsterblichkeit verleihenden Wasser des Styx gebadet wird. Doch seine Mama, noch etwas erschöpft von der Geburt, hält ihn dabei an der Ferse fest, nicht daran denkend, dass er nun für immer an dieser Stelle verletzlich bleiben wird. Dargestellt ist die Amme, die gerade mit einem Krug des Wunderwassers herbeieilt. Seither ist die **Achillesferse sprichwörtlich für eine kleine verwundbare Stelle, die einem zum großen Verhängnis werden kann.**

Die Ferse des Achilles

Das Haus des Orpheus

Die Villa liegt westlich des Theseus-Hauses. Entdeckt wurde sie während des Zweiten Weltkrieges, doch erst ab 1982 ausgegraben. Ein Mosaik zeigt einen derart himmlisch Harfe spielenden *Orpheus*, dass sogar die wilden Tiere gebannt zuhören. Eine andere Darstellung zeigt den bärenstarken *Herkules* im Kampf mit dem mythischen Löwen Nemea. Und auch eine wilde Amazone mit einem Pferdezaum und einer Doppelaxt ist zu sehen.

Himmlisches Harfenspiel

Das Haus des Aion

Hier kann man den Einfluss des aufkommenden Christentums auf den Dionysos-Kult erkennen. Unter anderem an der Darstellung des Dionysos als Kleinkind in den Armen des Gottes *Hermes* – ein selten vorkommendes Motiv, das den Darstellungen der *Muttergottes* mit dem Kind ähnelt. Aber auch der alte Schwerenöter *Zeus* ist zu sehen, der sich *Leda* als Schwan verkleidet nähert. Weiterhin gibt's einen antiken Schönheitswettbewerb zwischen *Cassopeia* und den Nymphen des Meeres, als Richter steht zwischen den Kontrahentinnen *Aion*, der Zeitgott ohne Anfang und Ende. Gewonnen hat den Wettbewerb *Cassopeia*.

Saránta Kolónes (= Vierzig Säulen)

Die stark zerstörte, byzantinische Festung ist letzter Besichtigungspunkt bei einem Rundgang durch den Archäologischen Park. Ihren Namen hat die Festung von den 40 römischen Säulen, die man für ihren Bau vom benachbarten Forum benutzte und zum Teil zweckentfremdete; so liegt zum Beispiel eine dieser Säulen quer, sie diente als obere Kante der Futterkrippe für die Pferde. Wahrscheinlich wurde die Burg, von der aus man das Hafengebiet überblicken konnte, zum Schutz vor Arabereinfällen im frühen 7. Jh. gebaut. Nach dem Arabereinfall und dem Entmilitarisierungsvertrag im Jahr 688 n. Chr. zwischen *Justinian II.* und dem *Kaiser Abd al Malik* wurde die Anlage nicht mehr genutzt. Erst um 1100, im Zuge der Sicherungsmaßnahmen der Insel durch *Alexios I.*, erlangte das Kastell wieder seine alte Bedeutung. Im Jahre 1191 besetzte *Richard Löwenherz* die Insel, und man übergab ihm auch die Burg, die dann 1222 von einem heftigen Erdbeben zerstört wurde.

Archäologischer Park

Man muss sich die Burganlage als sehr trutziges Gebäude vorstellen: Acht verschieden gebaute Türme und drei Meter dicke, mächtige Mauern schützten die fast quadratische Anlage (ca. 70 x 70 m). Ein innerer Mauerring umgab das Zen-

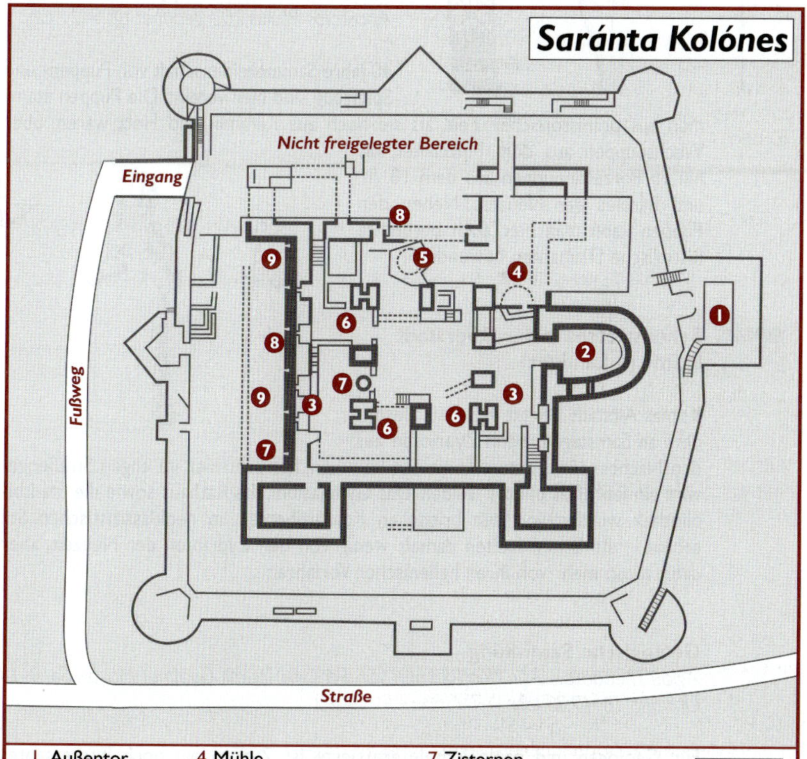

1 Außentor
2 Innentor
3 Stallungen
4 Mühle
5 Dampfbad
6 Pfeiler mit Latrinen
7 Zisternen
8 Mauern mit Schießscharten
9 Brunnen

trum, in dem unterschiedliche Gebäudefunktionen untergebracht waren. Was man heute noch sieht, sind zwei Reihen Futterkrippen für die Pferde, eine Zisterne im Westen, ein Dampfbad im Norden und das Örtchen für die Legionäre, wenn sie mal müssen mussten. Markenzeichen dieser Anlage sind ihre beiden fotogenen Rundbögen.

Paphos Aquarium SeaWorld,

Artemidos 1, Tel. 95 39 20, www.tsiolis.com.cy. In den Sommermonaten tgl. geöffnet 9–19 Uhr und im Winter 9–18 Uhr.

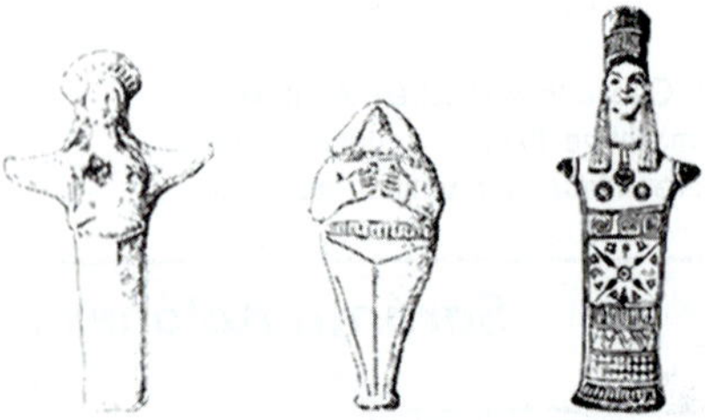

Hier schwimmen bunte Fische aus den tropischen Ozeanen durchs Aquarium.

Madame Celeste´s Puppensammlung

Apostolos Paulus 102, geöffnet tgl. 9–21 Uhr.

40 Jahre Sammelleidenschaft von Puppen- und Spielzeug sind hier vereint: Die Puppen stammen aus prähistorischer Zeit, als sie noch aus Keramik und Holz waren, über Wachspuppen aus dem Mittelalter, bis hin zu Porzellanpuppen aus dem 18. Jh. und Barbies der Neuzeit. Neben den Puppen kann man hier auch berühmte historische Diamanten bewundern.

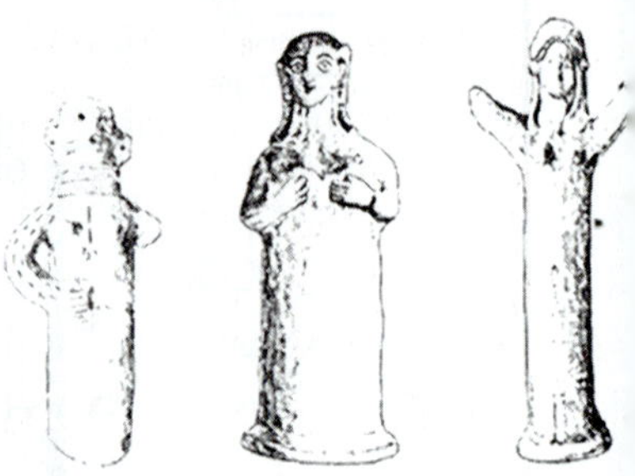

Sehenswertes in der Oberstadt Ktima (= Landgut)

Ktimas Altstadt besitzt viel Flair. Besonders an Samstagen, wenn Zyprioten aus den Nachbardörfern zum Einkaufen kommen, herrscht hier im engen Straßengewirr ein lebhaftes buntes Treiben. Das Gymnasium, das Rathaus sowie die Stadtbibliothek wurden von den britischen Kolonialherren im neoklassizistischen Stil erbaut – die Briten hielten damals wenig von den Zyprioten der Neuzeit, aber dafür umso mehr von ihren hellenischen Vorfahren ...

Altstadt mit viel Flair

Geologische Sammlung

Agiou Theodorou 2 (in den Räumen von Ecologia Tours). Geöffnet Mo. bis Sa. 8–13 Uhr und 16–19.30 Uhr.

Für Geologen und geologisch Interessierte ist Zypern ein hoch interessantes Reiseziel: Der geologische Aufbau der ozeanischen Kruste, Opiolith genannt, wird auf Zypern sichtbar wie nirgendwo sonst. In dieser kleinen Privatsammlung sind die Gesteinsarten und Fossilien Zyperns zu sehen nebst Erläuterungen stratigrafischer, sedimentologischer und tektonischer Natur, weiterhin auch geologische Profile und geologische Karten. Dipl.-Geologe *Christos Charalambous*, der Initiator der Sammlung (und gleichzeitig Inhaber von Ecologia Tours) spricht perfekt deutsch und bietet auch geologische, geführte Wanderungen über die Halbinsel Akámas an.

Geologische Ausstellung und Führungen

Volkskundemuseum

Geöffnet Mo. bis Fr. 9–13, 14–17 Uhr, Mai bis Sept. 15–19 Uhr, Sa. 9–13 Uhr.

Das volkskundliche Museum enthält Exponate von der neolithischen Zeit bis zur Gegenwart. In einem Bürgerhaus aus dem ausgehenden 19. Jh., das auf antikem Siedlungsgrund steht (in der Rückwand des Hofes befinden sich wahrscheinlich hellenistische Gräber) sind bäuerliche Gebrauchsgegenstände wie Mobilar, Koch- und Backutensilien, Holzpflüge, Webstühle und Keramik ausgestellt. Weiterhin Trachten und Stickereien. Im Obergeschoss sind geschnitzte Truhen und Produkte der örtlichen Silberschmieden zu sehen.

Byzantinisches Museum

Ioanou Andrea. Geöffnet Mo. bis Fr. 9–17 Uhr und Sa. 9–13 Uhr

Schräg gegenüber dem Volkskundemuseum liegt das Byzantinische Museum, das **Zyperns älteste Ikone, die Ikone der Agía Marina aus dem 7./8. Jh.**, zeigt. Auf ihr sind Szenen aus dem Märtyrium der Heiligen dargestellt. Neben weiteren mehr als 100 Ikonen sind noch Fragmente von Ikonostasen und Fresken, Manuskripte und liturgische Geräte zu sehen.

Archäologisches Museum

Grivas Dhigenis, an der Ausfallstraße Richtung Limassol. Geöffnet Mo. bis Fr. 7.30 - 14.30 Uhr, Do. bis 18 Uhr. Sa. und feiertags 10–13 Uhr.

• Erster Raum

Die Ausstellungsstücke stammen aus dem Neolithikum und der Bronzezeit. Sie umfassen Werkzeuge, „Red-polished" Keramik (frühe Bronzezeit), White-painted Keramik (mittlere Bronzezeit) und Dolche (späte Bronzezeit). Frühere Handelsbeziehungen zum griechischen Raum dokumentieren schwarz glasierte Stücke. Ebenso sind kleine Terrakotta-Figuren, teilweise noch bemalt, ausgestellt. Besonders interessant:

• **die Instrumente eines Chirurgen** (im ersten Raum in der Vitrine auf der linken Seite), dessen Grab unter dem Hotel Annabelle in Páfos zu sehen ist,
• in der Mitte des Raumes dann das **Skelett eines Mädchens** aus dem nahen Lémpa, das nur 20 Jahre alt wurde und irgendwann ums Jahr 3000 v. Chr. gestorben sein muss,
• **eine Sammlung von Theatermasken aus Ton**, man erkennt noch die Löcher, mit denen sie befestigt wurden.

Chirurgenbesteck und Mädchenskelett

- **Zweiter Raum**

beschädigte Aphrodite

Besonders interessant eine 1957 aus dem Meer bei Páfos geborgene, jedoch stark beschädigte **Aphrodite-Figur.**

Das originellste Ausstellungsstück ist ein System von Wärmeflasc aus der römischen Zeit – für alle menschlichen Glieder (wirklich ALLE!!!), die Ohren und den Rumpf gab es eine tönerne Wärmef sche mit einem Einfüllstutzen, wo man zum Beispiel warmes Öl hinein füllen konnte. Die einzelnen Teile waren so fein heraus modelliert, dass man sogar die Zehennägel und selbst die Falten den Fingern erkennen kann. War´s ein Arzt oder ein rheumakrar Privatmann, der sich diese Teile hat anfertigen lassen? Man weiß nicht.

- **Dritter Raum**

Die Ausstellungsstücke entstammen der hellenistischen und römischen Zeit. So findet man hier die Gegenstände, die bei der Freilegung des Dionysos-Hauses geborgen werden konnten. Des weiteren sind Terrakotta-Figuren zu sehen. Besonders interessant: die zwei rechteckigen **Sarkophage in Form eines Hauses**.

- **Vierter Raum**

Hier sind Gegenstände aus der byzantinischen und mittelalterlichen Zeit (4. bis 10. Jh.) untergebracht. Die römischen Töpferwaren und die byzantinischen Amphoren wurden bei Ausgrabungen im Haus des Dionysos gefunden. Besonders interessant: eine **Darstellung des betrunkenen Herkules**.

- **Letzter Raum**

Hier sind Funde aus der fränkischen (1192–1489) und der venezianischen Zeit (1489–1571) zu sehen. Besonders interessant:

- die **fränkischen Grabsteine**, die Auskunft über die in Zypern gestorbenen Adligen geben,
- ein Fund von den Ausgrabungen im Bereich der fränkischen Kirche in Páfos: **vier Engel tragen eine Art Baldachin**. Die Darstellung aus der italienischen Renaissance geht vermutlich auf venezianischen Einfluss zurück.

EOKA A' – Bootshalle

Waffenschmuggel für die Unabhängigkeit

3,5 km nördlich der Zufahrt zu den Königsgräbern steht südlich des Hotels St. George eine Bootshalle. Sie beherbergt ein Kaiki, ein Boot, das an den Unabhängigkeitskampf gegen die britische Herrschaft erinnert, *Oberst Grivas*, seinerzeit Anführer der Widerstandsbewegung EOKA, war am 10. November 1954 hier heimlich an Land gegangen, gefolgt von eben diesem Boot, das am 25. Januar 1955 mit fünf Mann Besatzung hier landete, um Waffen für die Untergrundorganisation zu schmuggeln. Beim Entladen wurden die Freiheitskämpfer von britischen Soldaten festgenommen und anschließend ins Gefängnis gebracht.

Königsgräber

Geöffnet Mo. bis Fr. 7–17 Uhr und Sa./So. 9–17 Uhr

Die Gräber hier sind so prachtvoll, dass sie eines Königs würdig wären, daher auch ihr Name. Tatsächlich liegen hier aber keine Könige begraben, die gab es damals auf Zypern nicht, sondern reiche ägyptische Beamte aus der Ptolemäerzeit vom 3. und 2. Jh. v. Chr. Auch sind es keine Gräber im üblichen Sinne, die hier tief ins Erdreich geschlagen wurden, sondern regelrechte Häuser mit einem von Pfeilern und Säulen umgebenen Atrium, hinter dem Treppen in die eigentlichen, in den Kalkstein getriebenen Grabkammern führen. Und wie es sich für eine schöne Immobilie gehört, wollten die Grabinhaber nicht auf einen schönen Ausblick verzichten und so blicken sie aus dem Jenseits und die Besucher im Diesseits auf das Meer vor Páfos.

Die Königsgräber – wichtigstes Zeugnis der Hellenistischen Zeit auf Zypern – gleichen herrschaftlichen Wohnsitzen. Sie wurden nach ägyptischen Vorbildern entworfen.

ausgeraubt und leer geräumt

Grabbeigaben wurden hier so gut wie keine mehr gefunden, da die Gräber schon während der Römerzeit ausgeraubt wurden, was noch übrig blieb, wurde dann von Grabräubern wie dem US-Konsul *Luigi Palma di Cesnola* weggebracht. Nur für die Diebe Wertloses, wie Skelette, Sarkophage, Stoffe und hin und wieder einen Metallbeschlag, haben sie zurückgelassen. **Die schönsten der Gräber sind die Haus-/Grabnummern 3 und 6**, und auch 7 und 13 sind beachtenswerte Jenseits-Behausungen mit ihren Stufen und Felsbrunnen im Atrium. Die Gräber wurden bis in die römische und frühchristliche Zeit für Bestattungen benutzt, einige von ihnen waren im Mittelalter sogar bewohnt.

Skelette, Sarkophage, Stoffe

Übrigens, die lange geglaubte Theorie, dass diese Gräber den Christen einst als Katakomben dienten, wurde mittlerweile von Archäologen widerlegt.

Umgebung nordöstlich von Páfos

© graphic

Fýti

(Einwohner: heute 80, vor 60 Jahren noch 500)

Fýti ist für seine Webereien bekannt; warum sich dieses Handwerk gerade in Fýti entwickelte, weiß heute niemand mehr. Noch vor etwa 30 Jahren gab es hier mehr als 40 Webereien. Heute gehen nur noch wenige diesem Handwerk nach, auf der Suche nach einem besseren Lebensunterhalt sind die meisten Bewohner des Dorfes nach Südafrika ausgewandert, wo mittlerweile mehr Menschen aus Fýti leben als im Dorf selbst.

Charalambos Mavrellis, der sympathische, pensionierte Lehrer des Ortes, kümmert sich als Kustos um **ein kleines, aber sehr stilvolles Heimatmuseum.** Seine Frau webt noch selbst nach den traditionellen Mustern und züchtet im Museum Seidenraupen, deren Kokons sie dann auch verspinnt.

Redaktions-Tipps

- **Das kleine Dorf Fýti** beherbergt ein liebenswertes Heimatmuseum, eine prachtvolle alte Eiche und zwei nette Tavernen (S. 286).
- Im Ort Pano Panagía kann man das **bescheidene Geburtshaus von Erzbischof Makarios** besichtigen (S. 288).
- Von den Klöstern Zyperns gehört das **Panagía Chrysorogiatíssa** vielleicht zu den idyllischsten. Hier wird auch ein **köstlicher Wein** gekeltert (S. 287).
- **Kloster Panagía tou Sinti** – eine einmalige Symbiose zwischen Landschaft und Architektur (S. 291)
- Von einem einstigen Handelsweg sind nur noch **die drei alten venezianischen Brücken** übrig geblieben (S. 289). Das **Vogelgezwitscher an der Elia-Brücke** lässt einen an Hitchcock denken (S. 290).

Übernachten

- Im **Archontiko tou Meletiou** mitten in Pano Panagía wohnt man weitab vom Trubel der Küste (S. 164).

Im Ortsteil Akrikous steht **neben einer alten Quelle eine Eiche** mit einem Stammumfang von 10 m und einer Höhe von 20 m. Mit ihrem Alter von 800 Jahren dürfte sie die älteste Eiche Zyperns sein. In einer Aushöhlung des knorrigen Charakterbaumes wurden in den letzten Jahrzehnten oft Kühe oder Schafe untergestellt.
Der Baum ist allerdings nicht ganz leicht zu finden: Vor der Kirche linker Hand der Taverne an deren Rückseite vorbei fahren, nach rechts abbiegen (vorbei an einem Gebäude mit drei markanten Rundbögen), dann links und in einer Linkskurve gleich wieder rechts abbiegen. Der befestigten Straße folgen, bis rechts ein Sträßchen in die Schlucht führt, am Ende des Asphalts nach rechts abbiegen, man sieht den Baum dann bald auf der linken Seite. Übrigens: Charalambos Mavrellis vom Heimatmuseum hält einen kleinen Lageplan des Baumes bereit.

Panagía Chrysorogiatíssa
(Höhenlage: 844 m)

2 km außerhalb von Panagía liegt dieses Kloster, dessen zungenbrecherischer Name von unklarer Bedeutung ist. „Rogia" bedeutet Granatapfel und „chryso" golden, übersetzt bedeutet der Name also „Jungfrau vom goldenen Granatapfel", ein Hinweis auf die Nährkraft von Marias Brüsten.

Panaretos, Bischof von Páfos ließ die Klosteranlage 1770 völlig restaurieren. Heute empfängt einem hier eine idyllische Atmosphäre. Das Kloster, von Wäldern umgeben und an einem Berghang über dem Meer liegend, lädt zum Verweilen ein. In der kleinen Taverne des Klosters sitzen Einheimische, Mönche und Besucher. Vom Frühling bis zum Herbst leuchtet hier im Innenhof eine **herrliche Blütenpracht**. Menschlich, überschaubar und gemütlich sind die Dimensionen dieser liebenswerten Klosteranlage.

idyllische Atmosphäre

Der Legende nach lebte hier ein Einsiedler namens *Ignatios*, der am Tage Mariä Entschlafung im Jahr 1152 ein merkwürdiges Leuchten in der Ferne sah. *Ignatios* folgte dem Licht, kam so nach Geroskipos, wo er in einer Höhle eine Marien-Ikone, gemalt vom *Apostel Lukas*, gefunden hatte. Diese Ikone soll zuvor im kleinasiatischen Isauria bereits Wunder gewirkt haben. Im Zuge der Bilderstürmerei hatte eine Frau die Ikone gerettet und sie ins Meer geworfen, später wurde sie dann an die Küsten Zyperns gespült. *Ignatios* nahm die Ikone mit auf seinen Berg und baute gemäß einer Bitte der Ikone eine Kirche. *Kaiser Manuel I. Komnenos*, der auch das Kloster Machairás gestiftet hatte, finanzierte diese Klostergründung. Die Ikone des Lukas hängt hinter einem roten Vorhang in der Ikonostase und wurde 1801 komplett mit vergoldetem Silberrelief überzogen. Sie hilft bei **Krankheiten allgemein, befreit Gefangene** und **unterstützt in Seenot Geratene** – Votivgaben beweisen ihre Wunderkraft, die soweit geht, dass sie sogar vor Bomben schützt wie anno 1974, als eine türkische Bombe das Kloster nur ganz knapp verfehlte. Neben weiteren Ikonen ist auch ein aus dem Jahr 1970 stammender Fund interessant: Ein türkischer Hirte entdeckte unterhalb von Panagía ein mit Silber überzogenes Holzkreuz.

Der Abt des Klosters, *Pater Dinonysios*, war der erste Zypriote, der sich auf die Kunst der Ikonen-Restaurierung verstand. Über mehr als 500 Ikonen hat er vor dem Verfall gerettet. Spezialität des Klosters sind aber noch ganz andere geistliche Werte, denn hier werden Weine gekeltert: Fünf verschiedene Weiß-, Rot- und Roséweine der Marke Monte Rogia, darunter der berühmte trockene **Rotwein Ágios Elias** mit dem Letzten Abendmahl auf dem Etikett. Die 84 Weinberge des Klosters wachsen bis in 1.500 m Höhe. Anfang der 1980er Jahre überzeugten zwei Franzosen den Abt, dass es sinnvoller sei, eigenen Wein zu produzieren, als die Trauben zu verkaufen.

fünf feine Weine

Seit 1990 gehört zum Kloster auch ein kleines, wunderschön gestaltetes **byzantinisches Museum** – die Ikonen und liturgischen Geräte sind allerdings nur auf griechisch erklärt.

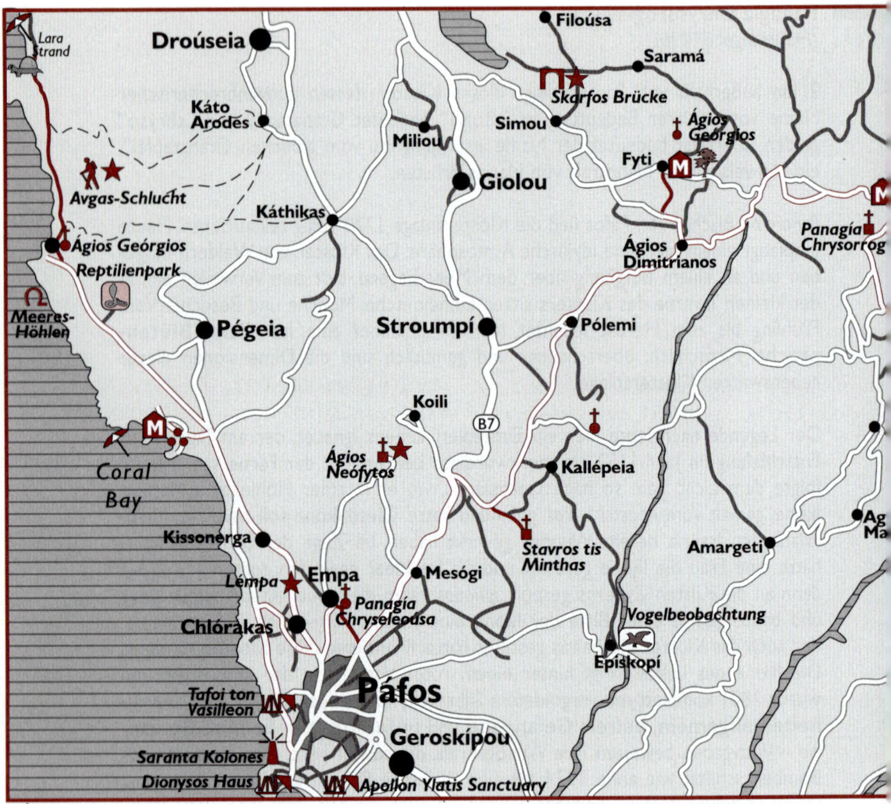

© graphic

Vor dem Kloster steht **eine 110 Jahre alte Pinie** mit einem Stammumfang von 1,30 m und einer Höhe von 14,4 m.

Pano Panagía

(Einwohner: ca. 100, Höhenlage: über 800 m)

Aktuelle regionale Reisetipps zu Pano Panagía
entnehmen Sie bitte der gelben Seite 164

großer Mann aus kleinem Haus

Erzbischof Makarios III., der allgegenwärtige große Mann Zyperns, wurde hier geboren. Etwas abseits vom Ortszentrum kann man sein **Geburtshaus** besichtigen (Schlüssel im Makarios Historical & Cultural Centre). Zwei ebenerdige Kammern, ein Boden aus gestampfter Erde, eine Feuerstelle, eine Schlafstatt auf einem Holzgerüst und als Schränke, wie seinerzeit auf Zypern üblich, Netze und Körbe an der Decke – der Erzbischof ist in einfachsten Verhältnissen aufgewachsen. Der

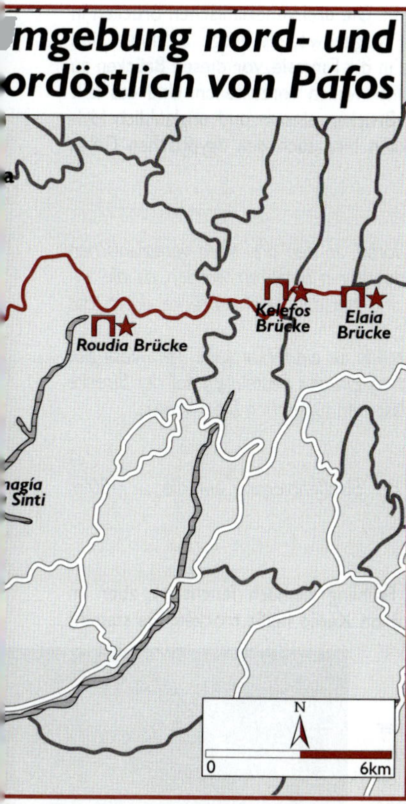

rückwärtige Raum des Hauses wurde als Stall genutzt, da die Tiere für die im Winter so wichtige Wärme sorgten. Einen Zugang von außen gab es nicht, denn dann hätten Viehdiebe leichten Zugang zu den begehrten Vierbeinern gehabt. Sollten also diese nach draußen, mussten sie zwangsläufig durch den Wohnraum getrieben werden.

alle unter einem Dach

Makarios Historical & Cultural Centre

Geöffnet tgl. 9–13 und 15–18 Uhr

Fotos und Dokumente über Leben und Wirken des übermächtigen Erzbischofs sind hier zu sehen, empfehlenswert nur für den wirklich Interessierten!

Wanderung auf dem Vouní Path

Die Wanderung beginnt bei der Kirche in Pano Panagía. Sie dauert etwa 3 Stunden und führt durch Weinberge mit herrlicher Aussicht in Richtung Westen um einen Berg herum. Zunächst geht es einen steilen Weg immer bergan. Nach etwa einer dreiviertel Stunde kommt ein Aussichtspunkt der Feuerwache in Sicht, mit Blick auf das Kloster Kýkko im Nordosten und die Halbinsel Akámas im Westen. Den Aussichtspunkt rechts liegen lassend führt dann der Weg immer durch Weinberge hindurch zum Kloster Chrysorrogiatissa, von dort nach Nordosten zurück nach Pano Panagía.

Westlich von Pano Panagía verläuft eine **aussichtsreiche**, gut ausgeschilderte und ausgebaute Strecke über die Dörfer Kannaviou, Mlása und Símou in Richtung Polis. Holprig hingegen und am besten mit dem Geländewagen zu befahren ist die **Straße zu den verlassenen türkischen Dörfern Saramá und Andiou,** ebenfalls westlich von Pano Panagiá.

Über drei Brücken musst Du fahren – Abstecher zu den drei venezianischen Brücken zwischen Pano Panagía und Foini

Es waren die Venezianer, die einst diese Transportwege bauten, um das Kupfer aus den Minen des Tróodos-Gebirge an die Küste zu befördern. Wie diese Routen genau verliefen, ist heute nicht mehr bekannt. Die drei venezianischen Brücken in dieser Gegend führen vom Irgendwo ins Nirgendwo, die Wege zu ihnen sind nicht mehr sichtbar. So bleibt es eine Reise in die Fantasie, vor diesen Brücken zu stehen und sich die Maultier- oder Kamelkarawanen vorzustellen. Und das fällt nicht schwer, denn noch heute liegen die Brücken einsam und unglaublich idyllisch in der Landschaft. Wer Glück hat, kann hier auch den ägyptischen Geier schweben sehen.

Hinweise

• Die Strecke von Pano Panagía vorbei an den drei alten venezianischen Brücken sollte nur mit dem Geländewagen befahren werden, da die anfänglich gute Straße später schlecht wird und bei der Kelefos-Brücke durch das Flussbett führt.

• Alle drei Brücken sind ein herrliches Plätzchen für ein Picknick, bei Pera Vása gibt es sogar einen großen Picknickplatz mit Bänken. Einziges Restaurant auf der Strecke ist die „Ta Vretsia village Tavern" im halb verlassenen türkischen Dorf Vretsia.

drei venezianische Brücken, einsam und idyllisch gelegen

• Roudiá-Brücke

Hinkommen: ein braunes Schild weist in der Straßenbiegung auf die ca. 150 m flussabwärts liegende Brücke

Länge: 2,80 m, Bogenspannweite: 10 m

Die Brücke steht im Xerós-Tal, das im Frühling ziemlich feucht ist, aber im Sommer seinem Namen alle Ehre macht, denn Xerós heißt trocken. Sie stammt aus dem 16. Jh. und wurde in den 1970er Jahren restauriert.

Pera-Vása ist eine ehemalige Siedlung, in der heute nur noch ein Forsthaus steht. In der Waldlichtung liegt der überdachte Stamm eines einst 7 m hohen und 30 m im Umfang messenden Baumriesen.

• Kelefos-Brücke

Länge: 2,50 m, Bogenspannweite: 10,70 m

Die mittlere der beiden Brücken liegt inmitten einer dichten Vegetation – besonders diese Brücke ist ein herrliches Plätzchen für ein Picknick!

• Elia-Brücke

Länge: 2,40 m, Bogenspannweite 5,50 m

Wunderbar einsam ist es hier und weit der Blick aufs Tal des Flusses Xerós. In etwa 250 m Entfernung gibt es einige Tümpel mit klarem, reinem und sehr kaltem Wasser.

Die Kelefos-Brücke – verwunschen-schön im Wald gelegen

Kloster Panagía tou Sinti

Hinkommen: In Pentalia bei der weißen Kirche mit dem blauen Fenstergitter der Beschilderung folgen.

Hinweise

Es gibt Leute in Agiá Marina, dem Dorf vor Pentalia, die steif und fest behaupten, man könne von Agiá Marina aus auch mit dem Auto hinunter fahren. Man kann nicht! Es sei denn, man liebt abenteuerliche Geländetouren, bei denen man riskiert, mit dem Wagen den Abhang hinunterzustürzen oder im günstigen Fall irgendwo im abschüssigen Gelände festzustecken!

Man kann von hier aus aber ins Tal hinunter gehen (etwa eine Stunde). Der Weg fällt relativ steil ab, unten im Tal wende man sich dann nach links, um zum Kloster zu kommen. Besonders in den Abendstunden, wenn die Ziegenherden den Hang hinauf getrieben werden, kann es hier arkadisch schön sein!

Idylle mit Ziegen

„Während meines Besuches hier gab es drei Mönche, wegen der hohen türkischen Steuern konnten sie keine weiteren Mönche aufnehmen. Sie leben von der Landwirtschaft. Viele Reisende bewundern die Bauweise des Klosters und seine Proportionen und so zögere ich nicht, das Kloster zu zeichnen".
Der russische Pilger B. Barsky

Das aus dem 16. Jh. stammende Kloster gilt als eines der wichtigsten Gebäude aus der venezianischen Periode Zyperns. **Wie ein Bild aus einem Traum liegt es einsam tief unten im weiten Tal** am Zusammenfluss des Xeropótamos mit dem Sintifluss (Sinti geht auf das altgriechische Wort sinomoa = Zerstörung zurück) und taucht nur in einigen Erwähnungen in ottomanischen Manuskripten aus dem 16., 17. und 18. Jh. auf, ansonsten ist von der Geschichte dieses Klosters wenig bekannt: Anfang des 17. Jh. versuchten die Türken, es in eine Moschee umzuwandeln. In den frühen 1950er Jahren wurde das Kloster dann an die Bewohner der umliegenden Orte verkauft und die wiederum verscherbelten alles aus dem alten Gemäuer, was nicht niet- und nagelfest war.

Kloster Panagía tou Sinti – tief unten im Tal gelegen wie ein Bild aus einem fernen Traum.

Das meist geschlossene Kirchlein birgt keine wertvollen Fresken, schön ist hier die Lage des Klosters und die Symbiose zwischen Kirche und Landschaft. Für die gelungene Restaurierung, einem **Spagat zwischen Restaurierung und Erhaltung des Überbliebenen**, erhielt das Restaurierungs-Team 1997 den Denkmalpreis des Europarats „Europa Nostra".

Episkopí

An der Zufahrt zu diesem Dorf passiert man ein eindrucksvolles Kliff, an dessen Fuß die alte Kirche von *Ágios Ilarion* steht. Der Überlieferung nach soll der Heilige einst hier gelebt haben. Die Höhle, in der er hauste und im Jahr 317 starb, liegt über dem Dorf. Vogelbeobachter kommen gerne nach Episkopí, um zu sehen, was dort in den Ritzen des Kliffs nistet und vor allem wegen des Gänsegeiers, der hier einen seiner letzten Zufluchtsorte gefunden hat.

Umgebung nördlich von Páfos

© Igraphic

Prähistorisches Dorf in Lémpa

Frei zugänglich (Eintrag im Gästebuch „No entrance fee and lot of infos!")

Westlich von Émpa liegt bei Lémpa ein prähistorisches Dorf mit der **Rekonstruktion einer etwa 4.500 Jahre alten bronzezeitlichen Siedlung**. Archäologen der Universität Edinburgh haben hier nach alten Grundrissen mehrere bronzezeitliche Rundhütten rekonstruiert, um die Haltbarkeit der damaligen Baustoffe wie Lehmziegel, Holz und Stroh zu testen. Dieses einzigartige Experiment basiert auf Erkenntnissen, die man bei Ausgrabungen von jungsteinzeitlichen Siedlungen wie Choirokoitía und Tenta gewonnen hat. Die Hütten haben bis heute Sturm und Regen standgehalten, allerdings: Die rote Bemalung an den Außenwänden, die man auf vielen Bildern sieht, ist kaum noch zu erkennen.

Redaktions-Tipps

- Die Küste südlich von Ágios Geórgios, **ein einsamer, teilweise wilder Küstenstrich mit bizarren Seehöhlen** (S. 295)
- Man kommt im **Künstlerdorf Lémpa** aus dem Staunen nicht heraus (S. 292).
- Die **Kirche Panagía Chryseleousa in Émpa** berbergt einen riesigen Feuer speienden Drachen und eine wunderschöne Ikone (S. 293).
- Eine **Wanderung durch die wildromantische Avgás-Schlucht** (S. 296)
- **Die einsame Akámas-Halbinsel,** bis heute (fast) unberührt vom Bauboom. Ein Paradies für Wanderer und Botaniker (S. 312).

Künstlerdorf in Lémpa

freies Tun für freie Künstler

Ist das das Anwesen eines skurrilen Hobbykünstlers? Oder eine Ansammlung von altem Gerümpel? Man muss schon näher hinschauen, um zu erkennen: **Das hier ist Kunst – und zwar eine sehr originelle!** Dozenten und Studenten des Cyprus College of Art und auch ausländische Künstler stellen seit 1981 hier ihre Skulpturen aus, integriert in eine 35 m lange Zementmauer, die einen Hof mit weiteren Kunstobjekten und diversen Werkstätten umschließt. Gründer dieses Projektes ist *Stass Paraskos*, der seinen Studenten eine Wirkungs- und Ausbildungsstätte fernab von der Bürokratie und den strikten Lehrplänen anderer Kunstschulen geben will. Künstler sollen voneinander und von jeweils drei Gastdozenten lernen. Besucher können hier frei herum spazieren und den Künstlern beim Arbeiten zusehen.

Diese strenge Lady bewacht die originelle Künstlermauer von Lémpa.

Émpa – Panagía Chryseleousa

In der Mitte dieses Ortes erhebt sich die schon aus dem 12. Jh. stammende Kirche der Panagia Chryseleousa, der Gold gesegneten Jungfrau. **Der byzantinische Bau mit drei Kirchenschiffen und zwei Kuppeln ist ein gutes Beispiel für eine mittelalterliche Bauweise, nach der auf Zypern noch viele weitere Kirchen errichtet worden sind.** Im Inneren sind Fresken aus dem 15. Jh. erhalten: ein Pantokrator, ein Jüngstes Gericht sowie ein riesiger Feuer speiender Drache sind besonders sehenswert. In der Ikonostase aus dem 16. Jh. sind besonders die Ikone des Christus mit dem Evangelium in seiner linken Hand (manche Spezialisten halten sie für **eine der schönsten Ikonen Zyperns**), die der Muttergottes und die des Johannes des Täufers beachtenswert (alle aus dem 16. Jh.).

Coral Bay – Máa-Palaiokastro

Aktuelle regionale Reisetipps zur Coral Bay
entnehmen Sie bitte der gelben Seite 125

Als vor etwa 3 Millionen Jahren die letzte große geologische Entwicklung Zyperns stattfand, bildete sich um die Küste ein Riff aus abgestorbenen Korallen – in der östlichen Korallenbucht entdecken Kenner noch heute rötliche Korallenreste. Die zwei Sandbuchten der Coral Bay waren noch vor zwei Jahrzehnten ein idyllisches Plätzchen, nur ein paar Restaurants und kleinere Ferienhäuser gab es hier. Heute gibt es in der Coral Bay das große Luxushotel Coral Bay, Appartementhotels, diverse Restaurants und eine Einkaufsstraße, wo es all das gibt, was ein Tourist braucht ... Der Strand der Coral Bay fällt flach ab und ist für Kinder und Nichtschwimmer ideal, entsprechend gut besucht ist er.

viel Rummel

Auf der schmalen Landzunge Máa-Palaiokastro, die die Coral-Bucht teilt, sind 1995 die Ruinen einer **spätbronzezeitlichen Siedlung aus den Jahren 1200–1150 v. Chr.** gefunden worden. Man erkennt noch eine 70 m lange und bis 3,5 m breite Zyklopenmauer, sie schützte einst die Halbinsel zur Landseite hin. Zum Gelände gehört ein **Museum der Mykenischen Zivilisation**, das über Bedeutung des Kupferabbaus und Kupferhandels auf Zypern informiert. Der halb in den Boden gebaute Rundbau hat einen Lichtschacht, der wie eine Kompassnadel übers Meer nach Griechenland zeigt – eine Erinnerung an die ersten griechischen Siedler der Insel. Das Museum gilt als eines der wenigen beachtenswerten zeitgenössischen Bauwerke Zyperns. Sein Architekt, *Andrea Bruna*, wollte gar ein **„Mu-**

interessante Architektur

seum des Nichts“ schaffen, also ein leeres Museum. Leider hatte die Altertümerverwaltung nicht den Mut zu diesem ungewöhnlichen Projekt.
Das Museum ist Mo. bis Sa. 10–16 Uhr geöffnet.

Schlangen-Georgs Reptilienpark

An der Straße von Coral Bay nach Ágios Geórgios. Geöffnet tgl. von 10 Uhr bis Sonnenuntergang.

böse Schlangen, gute Schlangen

Snake George, so wird der Österreicher *Hans-Georg Wiedl* hier genannt, hält hinter der BP-Tankstelle Reptilien, die allesamt einheimisch sind. Der ehemalige Blauhelmsoldat hat sich zuerst in eine einheimische Frau verliebt und anschließend in die einheimischen Schlangen. Sein Anliegen ist ein **verbessertes Verhältnis zwischen Mensch und Schlange.** (Keine leichte Aufgabe, denn viele alte Quellen erzählen Schreckliches über Schlangen wie zum Beispiel: *„Die Schlange ist das Thier, worüber Nicosia und Famagusta klagen und trauern, denn ihr Erscheinen bedeutet Unglück“, P. St. Cassel*, 1880). Ganz im Gegensatz zu vielen Zyprioten hält *Snake George* auch lebende Schlangen für gute Schlangen. So viel Einsatz wurde mit internationalen Auszeichnungen belohnt, nicht zuletzt durch seine Entdeckung einer Grasschlange, die auf Zypern schon lange als ausgestorben galt.

Ágios Geórgios

Boote, Gräber und Ruinen

Ein winziges, zwischen Gärten verstreutes **Dörfchen mit einem idyllischen kleinen Hafen**: Wer einen ruhigen Urlaub ohne glitzerndes Nachtleben verbringen möchte und seinen Strand nicht gleich vor dem Zimmer braucht, der ist hier richtig. Zu sehen gibt es auch was: Eingangs des Ortes als erstes eine christliche Basilika aus dem 6. Jh. – Beleg dafür, dass hier früher eine Stadt und vermutlich ein Bischofssitz war. Vor den Ruinen der Basilika steht das kleine Kirchlein Ágios Geórgios. Der Wunschbaum vor der Kapelle, noch auf einigen Bildern zu sehen, ist leider einer Straßenerweiterung zum Opfer gefallen. Oberhalb des Hafens liegen die Gräber der ehemaligen Siedler wie an Schnüren aufgereiht in den Klippen.

Fototipp
Besonders am späten Nachmittag bietet die Kirche Ágios Geórgios mit dem Meer im Hintergrund ein lohnendes Motiv, ebenso die sich nordwärts anschließende Steilküste.

Wanderung
Gehzeit: Hin- und Rückweg ca. 1 ½ Std.
Höhenunterschied: unwesentlich
Auf etwa halbem Weg zwischen der Ágios Geórgios-Kapelle und dem Hafen beginnt ein Weg (der anfänglich auch befahren werden kann) entlang

Er liebt mich, er liebt mich nicht ...
Diese schwerwiegende Frage kan im Kapellchen von Ágios Geórgic beantwortet werden: Man zünd eine Kerze in der Kapelle an, sa dreimal den Namen des oder d Angebeteten auf und dreht dab die angezündete Kerze nach unte Wenn sie dann noch brennt, ist gut, wenn nicht, muss man das Ga ze halt wiederholen ...

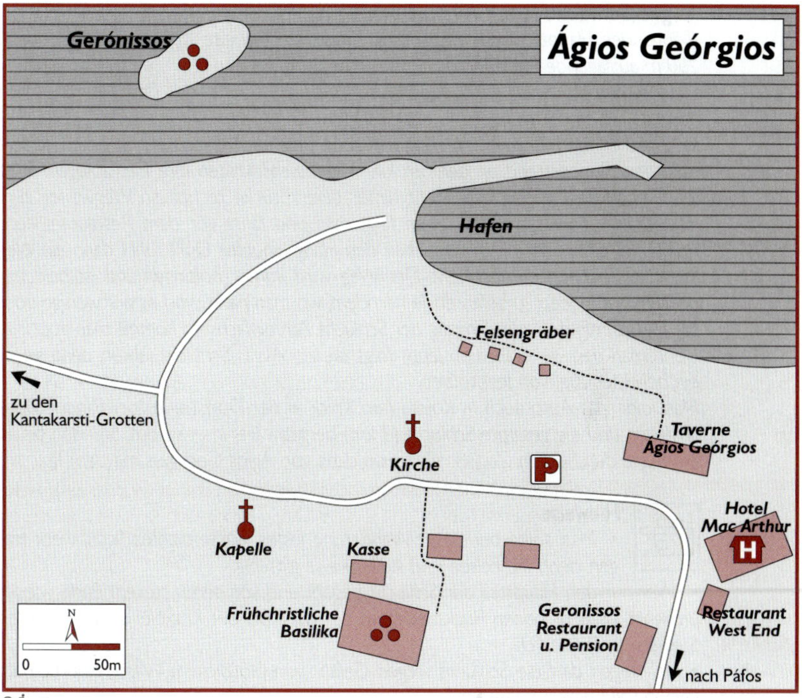

© igraphic

der Küste zu den ***Kantarkasti-Grotten****, mit vom Land schwer zugänglichen Badebuchten und bizarren Seehöhlen –* ***ein einsamer, teilweise wilder Küstenstrich****. Man geht immer der Küste entlang, bis man zu einer neuen Villensiedlung kommt, hier endet eine Straße an einem Wendekreis. Auf der Promenade gehend lässt man die Villensiedlung links liegen bis zum nächsten Landvorsprung – direkt unterhalb liegen die* ***Kantarkasti-Grotten****. Nach Aussagen von Einheimischen sollen noch vor Jahrzehnten Robben in diesen Höhlen gehaust haben. Oberhalb der Seehöhlen ist der Küstenstrich schon bebaut und wer weiß, wie lange noch der übrige Teil so ursprünglich bleibt ...*

bizarre Küste, weiße Felsen, dunkle Grotten

Inselchen Geronissos

Auf dem unbewohnten Inselchen vor Kap Drepano wurden Reste aus ptolemäischer und römischer Zeit ausgegraben. Hinüberschwimmen ist zu gefährlich.

Avgás-Schlucht (auch Avakas-Schlucht)

(Länge der Hauptschlucht: ca. 500 m, Breite: stellenweise nur 2 m, Höhe: bis zu 250 m aufragende Felswände)

Hinkommen: Kurz vor Ágios Geórgios beim Café Sunset der Beschilderung nach Akámas auf einem weitgehend unbefestigten Küstenfahrweg folgen (man sollte diese Strecke nur mit einem Geländefahrzeug befahren). Links der Strecke passiert man den Dünenstrand, an dem im Juni Meeresschildkröten ihre Eier ablegen. Etwa 2 km nach Beginn der Piste steht hinter einer Brücke rechts ein Wegweiser zum Restaurant „The last castle". Dem folgt man und fährt vor dem Restaurant nach rechts auf einem schmalen Sträßchen den Hang hinunter. Dort führt dann ein Weg ins linke Seitental der Schlucht. Der Weg wird immer holpriger und ist bald nur noch mit dem Jeep zu befahren. Je nachdem, wo man parkt, sind es nur wenige oder bis 15 Gehminuten zum Eingang der Schlucht. Am einfachsten kommt man aber hin, wenn man den vielen weißen Jeeps folgt, die zur Avgás-Schlucht fahren, denn sie ist ein beliebtes Ziel von Jeeptouren!

Man kann das Auto auch in Koloni (am Knick in der Dorfstraße) bei Pano Aródes abstellen und die gesamte Schlucht (3 km) bergabwärts in etwa drei Stunden bis an die Küste durchlaufen. Zurück fährt man dann von Ágios Geórgios mit dem Taxi.

Hinweise

- *Man sollte bei dieser Wanderung festes, wasserdichtes Schuhwerk tragen, denn die Felsen sind stellenweise glitschig.*
- *Wer nur den Hauptteil der Schlucht begeht und vor deren steilem Ende wieder umkehrt, braucht keinen Rucksack, denn der wäre bei der Kraxelei über die glatten Steine eher hinderlich.*
- *Bei Regen darf die Schlucht wegen Gefahr von plötzlichem Wassereinbruch auf keinen Fall begangen werden.*

tiefe Schlucht mit hohen Wänden

Ihren Namen erhielt die Schlucht vermutlich von den avga (= Eier), die hier einst auf den Klippen gesammelt wurden. Eine Wanderung durch die Avgás-Schlucht ist **eines der landschaftlich eindrucksvollsten Erlebnisse der Insel** – obwohl die Wanderung durch den spektakulärsten Teil der Schlucht nur eine knappe Dreiviertelstunde dauert (um dann wieder auf dem gleichen Weg zurück zu gehen).

wunderschön, viel besucht und relativ leicht zu durchgehen oder -waten

Es ist schon ein gewaltiger Eindruck, zwischen den senkrecht, stellenweise sogar überhängenden, aufragenden Felswänden hindurchzugehen oder zu waten, denn immer wieder führt der Weg durch das Flussbett über Steine zur anderen Seite des Flüsschens. Die Sonne dringt nur zur Mittagszeit auf den Grund der steilen und schmalen Klamm vor. Hier wachsen hängende Pflanzen wie die endemische *Centauria acamantis*, aber auch Feigen- und Olivenbäume, wilde Johannisbrot- und Oleanderbäume.

Hinein in die Schlucht findet man leicht, wer aber am anderen Ende wieder rausklettern möchte, der sollte das nur in Begleitung von Ziegen oder einem Wanderführer tun! (Entsprechende Touren bietet zum Beispiel exalt tours, s. S. 161, an.) Auch starke Niederschläge können zu einem frühzeitigen Ende der Wanderung führen, denn der Bach muss mehrmals überquert werden.

Lára-Bucht

Nördlich von Ágios Geórgios legen in der Lara-Bucht die Karetta-Schildkröten ihre Eier ab.

Zwei Arten der Meeresschildkröten legen noch immer Eier an der Küste Zyperns ab:
- die **Green Turtle** ***(Chelonia mydas)***, die man auch wegen ihrer Nutzung als „Suppenschildkröte" bezeichnet. Diese Schildkröte legt nur hier an der Westküste der Akámas-Halbinsel ihre Eier ab,
- die **Loggerhead Turte** ***(Caretta caretta)***, die auch noch an anderen relativ ruhigen Strandabschnitten Eier vergräbt.

Seit 1971 stehen die Meeresschildkröten auf Zypern unter Naturschutz. 1976 stellte man Überlegungen an, wie man den Lebensraum und die Überlebensmöglichkeiten der jungen Schildkröten verbessern könnte. 1978 schließlich wurde das Lára Projekt unter der Federführung des Department of Fisheries begonnen. An der Finanzierung war außer der zyprischen Regierung zeitweise auch der World Wildlife Fund beteiligt. Doch bevor das Projekt praktisch begonnen wurde, verschaffte man sich 1976 und 1977 einen Überblick über die Brutsituation der Meeresschildkröten, man fand dabei heraus, dass die Suppenschildkröte ausschließlich an den einsamen Stränden der Westküste brütet, insbesondere in der Region um Lára.

Meeresschildkröten gehören zu einer alten Gruppe von Reptilien, und haben, wie die marinen Säugetiere (zum Beispiel Delphine, Wale) ihren Evolutionsprozess umgekehrt und sich in die See zurückgezogen. Doch dieser Umkehrungsprozess ist nicht vollständig gelungen: Obwohl sich Meeresschildkröten sehr gut im Wasser zurechtfinden, schnelle Schwimmer sind und lange tauchen können, ist ihre Verwandtschaft zu den landortientierten Vorfahren doch unübersehbar. Wie diese müssen auch Meeresschildkröten Luft atmen und an Land zurückkehren, um ihre Eier zu legen.

schnelle Schwimmer

Beide Arten der oben genannten Meeresschildkröten erreichen eine Länge von ca. einem bis eineinhalb Meter. Die Muttertiere kriechen im Abstand von zwei bis drei Jahren im Schutze der Nacht an Land, hinterlassen dabei eine Art Raupenspur und graben dann im Sand Nester in eineinhalb bis einem Meter Tiefe, wo sie ca. 100 Eier ablegen. Beim Rückzug ins Meer glätten sie den Sand wieder und verwischen ihre Spur.

verwischte Spuren

Dieser Vorgang wiederholt sich bei den gleichen Muttertieren bis zu fünfmal im Zeitraum von Mitte Juni bis Mitte August.

Diese Nester sind bevorzugte Delikatesse vor allem von Strandfüchsen, die sie ausrauben. Davon werden aber Krähen und Habichte angezogen, die sich am „Ausgrabungsfund" gütlich tun. Falls die Nester ungestört geblieben sind – und in Lára werden sie mit umgestülpten Drahtkörben vor den Strandräubern geschützt – entschlüpfen den Eiern nachts die Jungen und eilen instinktiv dem Meer zu.

Man sammelt aber auch Eier an anderen Stränden und bringt sie hier nach Lára Bay, um sie unter den Schutz der besagten Käfige zu bringen. Doch überall, wo Menschen sind, versuchen sie, der Natur ins Handwerk zu pfuschen – so geschehen auch beim Láraprojekt. Jemand hatte die Idee, die Eier künstlich in Wärme isolierenden Polystyren-Dosen ausbrüten zu lassen. Dabei stellte sich heraus, dass bereits leichte Temperaturschwankungen zu Veränderungen der Geschlechterzugehörigkeit führen:

Pfusch an der Natur

- Temperaturen von 29–30 °C förderten die Entwicklung weiblicher Tiere.
- Temperaturen unter 29 °C, wie sie in den Polystyren-Kästen herrschten, förderten besonders die Entwicklung männlicher Tiere.

Da der Erfolg dieser Methode fragwürdig war und man bei der Stabilisierung der artgefährdeten Meeresschildkröten vor allem an weiblichen Nachkommen interessiert ist, experimentierte man anschließend, erfolgreicher, mit Brutstationen, deren Temperaturen exakt gesteuert werden können.

Hinweis
Zwischen Mai und August darf man mit dem Wagen auf keinen Fall direkt ans Ufer fahren (am besten natürlich, man ließe das gänzlich), da dann die kleinen Schildkröten schlüpfen und um ihr Leben ins Meer rennen.

Zwischen Páfos und Pólis

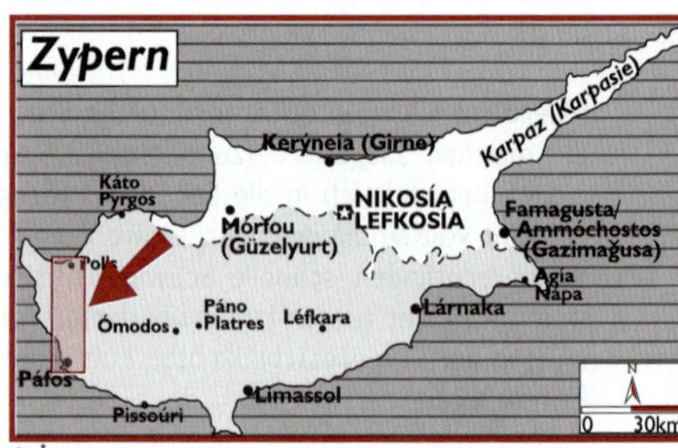

© igraphic

Kloster Ágios Neófytos

Geöffnet April bis September 9–13 Uhr und 14–18 Uhr. Oktober bis März 9–16 Uhr.

Hier lebte einst der Einsiedler *Neófytos*, der den Anstoß zur Klostergründung gab. *Neófytos* wurde im Jahre 1134 n. Chr. im Dorf Káto Drys in der Nähe von Léfkara geboren. Seinem Elternhaus kehrte er jedoch den Rücken, als eine Heirat anstand. So zog er als 18-jähriger ins Kloster Ágios Chrysóstomos nahe der Burg Buffavento (heute türkisch besetztes Gebiet). Der Novize lernte dort Lesen und Schreiben. Zuhause, wo sieben andere Kinder lebten, war für diesen „Luxus" kein Geld da. Danach besuchte er die heiligen Stätten in Jerusalem. Er beabsichtigte, dort zu bleiben, um an einem einsamen Ort mit einem Eremiten zu leben. Doch seine Erwartungen erfüllten sich nicht; er kehrte nach sechs Monaten wieder nach Zypern zurück und blieb für kurze Zeit in seinem Kloster. Bald erhielt er vom Abt die Erlaubnis,

Redaktions-Tipps

- Die **Bäder des Adonis** wurden vor einiger Zeit „entdeckt" (S. 301).
- Die **Atichouli-Schlucht** bei Peristerona wartet noch auf ihre Entdecker (S. 303).

dieses zu verlassen. Zu Fuß begab er sich auf den Weg nach Páfos, von wo aus er auf einem Schiff nach Latros, einem berühmten Mönchsstaat in Kleinasien, reisen wollte. Doch die Hafenwachen verhafteten ihn wegen zweier Münzen, mit denen er die Überfahrt hätte bezahlen müssen, aber nicht hatte: für 24 Stunden blieb er in Haft. Da er von nun an die Gegend nicht verlassen durfte, wanderte er in nördliche Richtung und fand eine Höhle an einem einsamen und friedvollen Ort – er beschloss, hier zu bleiben.

Am 14. September 1159, drei Monate nach seiner Ankunft, begann er hier mit dem Bau der Einsiedelei, die er genau ein Jahr später fertiggestellt haben soll. Eigenhändig arbeitete er mit Axt und Spaten aus dem Gestein eine Kapelle und Zelle heraus. Einige der Fresken, die man heute an den Wänden und den Decken sieht, stammen noch aus dieser Zeit. Sogar sein späteres Grab grub er selbst aus und vermerkte: *„Selbst wenn Du alles auf der Welt besessen hast, nicht mehr als dieses Grab wird deines sein."*

ein konsequenter, charismatischer Heiliger

***Neófytos* war auch ein wacher Beobachter des politischen Geschehens**. Seine Eindrücke legte er in Chroniken nieder. Heftige Kritik übte er an Richard Löwenherz und dem anschließenden Verkauf der Insel an die Lateiner. *Neófytos* starb im Jahre 1219 im Alter von 85 Jahren.

Erste Höhle – Kirchenraum

Die untere Hälfte der Westseite ist mit zwölf äußerst grimmig blickenden, lang- und spitzbärtigen Heiligen (zwei davon sind nackte, behaarte Einsiedlermönche) bedeckt, die als Vorbild des Klosterlebens gelten. Die Aufschriften auf den Weihtüchern, die sie in den Händen halten, raten: demütig und gehorsam zu sein, zu fasten, zu beten, die Sünden zu bereuen und den Glauben an Gott über die Liebe zu den Eltern zu stellen. Auffallend ist der zwölfte Mönch ganz rechts in der Wandvertiefung, der wie beleidigt auf die anderen blickt. Es handelt sich um *Stefanos den Jüngeren*, der im 8. Jh. lebte (die anderen elf stammen aus dem 4. bis 6. Jh.) und als Anführer im Kampf gegen die Ikonenbekämpfer mit weiteren 300 Mönchen ins Gefängnis geworfen wurde. Nach 11-monatiger Haft wurde er von einer aufgebrachten Menge misshandelt, erschlagen und anschließend sein Leichnam geschändet. Unter dem Pantokrator sind weitere sieben Einsiedler mit ihren Lebensmaximen zu sehen. Eine lautet: *„Nach der Lehre der Väter ist dies der rechte Weg zur Glückseligkeit: nur einmal am Tag zu essen".*

Streng blicken die bärtigen Heiligen von der Kirchenwand.

Zweite Höhle – Bema – (Altarraum)

Hier befindet sich ein kleiner steinerner Altar. Der Einsiedler ist zwischen den *Erzengeln Michael und Gabriel* dargestellt, die ihn an der Schulter fassen. Die Inschrift hierzu lautet übersetzt: „Ich bete inbrünstig, dass ich einmal durch die Tugend meiner Lebensführung in den Kreis der Engel aufgenommen werde" – „Oh heiliges Paar, ich ersuche euch mit all meiner Kraft, dass diese Darstellung eines Tages Wirklichkeit werden möge". Die Malerei gilt als zeitgenössische Darstellung des *Neófytos*. Übrigens: Die Darstellung des Pantokrators – des Herren – kann man nur (ehrfürchtig) liegend oder kniend genau betrachten.

Dritte Höhle – Wohnraum (Cella) des Neófytos

ein scharfsinniger Beobachter

Hier verbrachte dieser außergewöhnliche Mensch vier Jahrzehnte seines Lebens und von hier aus schrieb er mit unvergleichlichem Scharfsinn über die dramatischen historischen Ereignisse seiner Zeit. Bett, Tisch und Stuhl sind alle aus Stein und auch sein schon zu Lebzeiten von ihm selbst errichtetes Grab befindet sich hier. Um dieses ranken sich allerlei Wundergeschichten, so auch die: Wer auch immer sich in das Grab des Heiligen legt, es wird sich ihm in der Körpergröße und -form nach anpassen. Auch sollen sich hier zu Lebzeiten des Heiligen die Gebeine seiner verstorbenen Anhänger befunden haben ...

In den Vertiefungen und Nischen seiner Wohnhöhle bewahrte Neófytos seine Papiere und Schreibgeräte auf. Hier schrieb er einige Bücher, unter anderem „Die Widrigkeiten, die das Land Zypern bedrängen", ein Werk, das von den Verhältnissen auf der Insel im 12. Jh. handelt. Auf einer Darstellung blickt *Christus* von der Decke aus auf das Grab des *Neófytos*. Links vom Grab erkennt man *Neófytos* als kleine, kauernde Gestalt vor *Christus*. Der schmale niedrige Eingang wurde nach Auffinden der Heiligengebeine 1756 geschaffen, so dass auch Frauen zum Grab des Heiligen gelangen konnten.

Er suchte Einsamkeit und erntete Zulauf

Schon zu Lebzeiten des Heiligen hatte seine Einsiedelei einen derartigen Zulauf von Mönchen, dass *Ágios Neófytos* oberhalb der Kapelle einen weiteren Raum in den Felsen schlug, der nur mit einer Strickleiter zu erreichen war. Von diesem Hagíasterion nahm er an den Gottesdiensten teil, deren Klänge er durch einen extra dafür angelegten Schacht hören konnte. Während er einen neuen Pfad zu der Höhle anlegen wollte, entging er nur knapp dem Tod, als sich ein riesiger Felsbrocken löste und ihn teilweise begrub.

Von der Einsiedelei schaut man zur **Klosteranlage** hinüber. Die der *Muttergottes* gewidmete Basilika ist wahrscheinlich im 15. Jh. entstanden und enthält wertvolle Ikonen. Vorn links in der Klosterkirche befindet sich auch **der versilberte Schädel des Neófytos**, der von den Gläubigen als eine besondere Reliquie verehrt wird. Er wird in einer silbernen, pyramidenförmigen Lade aufbewahrt.

Heute leben nur noch wenige Mönche hier. In der Osterwoche ziehen große Pilgerscharen um das Kloster, um an der österlichen Liturgie teilzunehmen. Die Teilnahme an den Osterfeierlichkeiten gerade hier soll Glück bringen ...

Klostermuseum

Öffnungszeiten wie die des Klosters

Es besteht aus einer sakralen Abteilung mit Ikonen, liturgischen Geräten und Priestergewändern aus der Zeit vom 12. bis zum 19. Jh. (unter anderem einem **Holzkreuz**, das aus der Einsiedelei des Neófytos stammen soll) und einer nicht-kirchlichen Abteilung mit Gefäßen hauptsächlich aus der geometrischen Periode sowie Landkarten Zyperns aus verschiedenen Jahrhunderten. Wenn man die Frankfurter Landkarte aus dem Jahr 1719 mit anderen Landkarten vergleicht, so stellt man fest, dass die Frankfurter Karte erheblich schlechter als viele frühere Landkarten war!

Bäder des Adonis

Hinkommen: Die Bäder befinden sich 2 km nordwestlich des Dorfes Kili bei Páfos. Von Páfos aus liegen sie 12 km entfernt, man kann sie über Kili oder Tala oder über die Landstraße, die zum Dorf Akoursós führt, erreichen. Für die Fahrt empfiehlt sich ein Jeep.

noch auf wenigen Karten verzeichnet

Im Gegensatz zu den weitaus bekannteren Bädern der Aphrodite sind die abgeschieden liegenden Bäder des Adonis kaum bekannt. Sie sind erst seit 1996 über eine Straße zu erreichen und bislang auf kaum einer Karte verzeichnet. Auch werden sie bis heute nur von wenigen Jeepsafari-Veranstaltern angeboten und von Ausflugsbussen bis jetzt noch nicht angefahren.

Constantinos an der Kasse ist ein gottesfürchtiger Mann, der gerne von der allgöttlichen Macht und der Sintflut erzählt, dieses idyllische Fleckchen Erde im Besitz Gottes und nicht in Privatbesitz wähnt, und derweil den saftigen Eintrittspreis von ca. 4 € stellvertretend für den Allmächtigen kassiert. Zweifel an sich und seinen Preisen kennt Constantinos nicht, denn er weiß: **Dieses Fleckchen Erde ist ein Gottesgeschenk**. Ist es auch. Zwei etwa 10 m hohe Wasserfälle fallen hier in zwei Teiche von smaragdgrüner Farbe, die von Felsen umgeben sind. Taue liegen bereit, auf dass man sich wie *Tarzan* von Ast zu Ast oder ins Wasser schwingt. Und das ist Pflicht, darauf besteht *Constantinos*. Denn dieses Wasser, das sei wunderwirkend: Bei Frauen verstärke es das Weibliche und bei Männern das Männliche und es wäre allgemein von wundersam seelenheilender Wirkung.

wundersame Wirkung

Das Prinzip Frau und Mann könne man auch aus der Luft erkennen, denn das längliche obere Becken mitsamt seinem buschigen Umfeld sähe aus wie ein Mann und eine Frau bei der Liebe. Auch die Mythologie rund um dieses Gewässer weiß von den **Freuden der Liebe** zu berichten: *Adonis* war der Ehemann der schönen *Aphrodite* und mit der pflegte er nach der Liebe hier zu baden ...

Auf einer Strecke von fünf bis sechs Kilometern flussaufwärts gäbe es noch viele weitere schöne Wasserbecken, berichtet *Constantinos*. Nach und nach würden weitere Pools zugänglich gemacht werden. Doch bis dahin rät *Constantinos* dringend davon ab, tiefer in den oberen Teil der Schlucht vorzudringen. Schlangen lauerten dort, auch giftige. Auch könne man leicht in Gefahr kommen, wie das deutsche Ehepaar, das den Abhang herunterrutschte und den ganzen Tag dort festsaß, bis abends er, *Constantinos* der Befreier, kam.

Hinweis
Am stimmungsvollsten ist das Licht bei den Bädern des Adonis morgens gegen 9 Uhr.

Milíou

(ca. 60 Einwohner)

Aktuelle regionale Reisetipps zu Milíou
entnehmen Sie bitte der gelben Seite 148

Wohnen inmitten von Orangenhainen

Ein Winzling von einem Dorf, in dem das Leben noch wirklich geruhsam verläuft. Im Tal des Milíou liegen inmitten von Orangenhainen äußerst idyllisch einige exklusive Villen, die wochenweise vermietet werden. Das Tal des Milíou ist ein Nistplatz der Nachtigallen.

Kloster Agii Anargyri

Das Kloster liegt etwa 10 Gehminuten vom Weiler Milíou entfernt (ab der Schnellstraße 7 Páfos – Pólis ausgeschildert).

Der Überlieferung nach soll das Kloster von den *Heiligen Cosmas und Damian* gegründet worden sein. Die kümmerten sich um die Kranken und die Sterbenden und nahmen kein Geld dafür – was auch den Namen des Klosters (= kostenlos) erklärt. Um das heilige Brüderpaar rankt sich folgende Geschichte: Die beiden scherten sich wenig um Haushaltsangelegenheiten und ließen unter anderem auch Eier solange draußen in der Sonne liegen, bis sie verrotteten. Eines Tages bekamen sie einen heftigen Streit, in dessen Verlauf auch einige Eier durch die Luft und in den Bach flogen – der seit damals nach faulen Eiern riecht. Wie sich Ende des 19. Jh. herausstellte, war das eine böse Nachrede – denn was da so gerochen hat, waren nicht die Eier der Heiligen, sondern der Schwefelgehalt der Quelle.

Das 1659 an der Stelle einer steinzeitlichen Siedlung gebaute Kloster wurde in der zweiten Hälfte des 20. Jh. als Kurhotel genutzt, nach einem Umbau soll die heruntergekommene Anlage im Jahr 2004 als **modernes Kurzentrum** wieder eröffnet werden.

Reptilienzoo in Skoulli

Geöffnet März bis Okt. tgl. 9–13 und 15–19 Uhr

Einstmals vom legendären *Schlangen-Georg* gegründeter Reptilienzoo.

Ikonenmuseum in Peristerona

Geöffnet Mo. 10–13 Uhr und 14–18 Uhr, Sa. 10–13 Uhr

Im Gebäude, in dem auch der *Bischof von Arsinoe* residiert, wurde vor einigen Jahren ein gut gestaltetes Ikonenmuseum eingerichtet. Am interessantesten sind die Ikone des heiligen *Georg* aus dem 13. Jh. und ein *heiliger Mámas* aus dem Jahr 1540 sowie eine komplette Ikonostase aus dem 18. Jh. Auf einer Staffelei steht die Ikone des heiligen *Nikolaus* aus dem Jahr 1804 mit einer interessanten Rückansicht: Hier hat ein Pope einen Text (auf altgriechisch) über den Krieg mit den Türken aufgeschrieben.

Schlucht zu entdecken

Auf dem Weg nach Peristeróna (kommend vom Evrétou-Staudamm) passiert man ein Hinweisschild zur Atichouli-Schlucht. Sie ist ein El Dorado für Vogelbeobachter und könnte auch eines für Wanderer werden. Noch ist nichts beschildert, kein Wanderweg gebahnt – die Atichouli-Schlucht harrt noch ihrer Entdecker. Man sollte die Schlucht allerdings nur mit gutem Schuhwerk und geschützten Beinen entdecken – in der Schlucht schlängeln sich so manche Schlangen.

Von Peristerona zu den verlassenen Dörfern Lysós, Mélandra, Zacharia, Kios und Filousa

Hinweis
Für diesen Abstecher braucht man unbedingt einen Geländewagen.

Meládia ist das erste der verlassenen Dörfer, im nächsten Dorf, Lysós, sind einige Kirchen zu finden. In Lysos (hier gibt es noch einige Kirchen) fanden einst während des Unabhängigkeitskampfes gegen die Briten viele zyprische Partisanen Unterschlupf. Im Ortszentrum hinter dem „Coffee Shop Hot Corner" folgt man dann einer nicht ausgeschilderten Straße vorbei am Supermarkt. Der Piste entlang geht es nach Meländra, wo immerhin noch eine einzige Familie wohnt. 150 m hinter der Moschee fährt man nach rechts, kommt dann durch das unbewohnte Zachariá, dann nach Kiós (wie Meländra noch von einer Familie bewohnt). Am Ortsausgang nach links und nach ca. 400 m nach rechts nach Filousa fahren. Von hier aus hat man einen weiten Blick in Richtung Stavros tis Psokas und den Evrétou-Staudamm.

Von den Türken verlassen
Vor 1974 lebten in der Region nördlich von Páfos besonders viele türkische Zyprioten. Durch die Teilung findet man daher in dieser Gegend viele verlassene Dörfer.

Laoná-Dörfer nördlich von Páfos

© graphic

Aktuelle regionale Informationen zu den Laoná-Dörfern Káthikas, Akrousos, Akourdaleia, Aródes, Droúseia und Kritou Terra *entnehmen Sie bitte der gelben Seite 130*

Südlich von Pólis liegen am Ausläufer des Tróodos-Gebirges eine Reihe beschaulicher Dörfer – die Dörfer der Laoná. Lange Zeit waren sie so gut wie ausgestorben. Mit Hilfe der Europäischen Union, der Leventis Foundation und den Friends of the Earth sollen Architektur und Tradition dieser Dörfer gerettet werden. Privatleute, die Appartements für Urlauber bauen, erhalten günstige Kredite und so entstehen Übernachtungsmöglichkeiten in lokalen, restaurierten Bauernhäusern – also neue Einkommensmöglichkeiten, ohne das Alte zu zerstören.

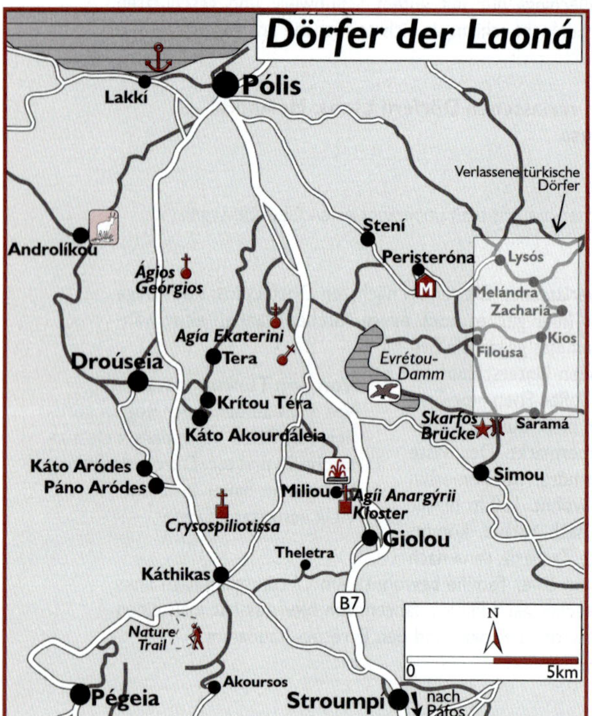

© graphic

Droúseia

(Einwohner: in den Sommermonaten ca. 1.500, Höhenlage: 700 m)

Jahrelang drohte das auf einer steilen Klippe liegende Dorf buchstäblich auszusterben. Die Menschen lebten hier hauptsächlich von den Kupferminen. Als diese schlossen, flohen die Bewohner vor der dörflichen Armut in alle Welt: *„In Detroit leben mehr Menschen aus unserem Dorf als bei uns selbst"*, sagt *Philoppos Drousiotis*, Vorstandsmitglied der „Association of Emigrants" und Manager des Hotels Droúseia Heights (s. gelbe Seite 130).

Drousha heißt „Kühle“, und tatsächlich weht hier aus Richtung Akámas oft ein frischer, im Winter schneidend kalter Wind.

Wanderung

Wandergruppen laufen gerne auf der wenig befahrenen Dorfstraße Droúseia – Androlíkou – Neo Chorio. Die Strecke führt stetig bergab in Richtung Meer und dauert etwa 3 Stunden.

Káthikas (= auf einer Anhöhe thronend)

Mo. geschl, geöffnet Di. bis Sa. 11–16 Uhr

In der alten Dorfschule ist heute ein Kulturzentrum untergebracht, neben recht ansprechend gestalteten Informationen über den bäuerlichen Alltag sind hier lokale Produkte wie Kräuter oder Weine erhältlich, wobei Káthikas besonders für die Qualität seiner Rotweine bekannt ist.

Folgt man der Straße vom Droúseia Hotel (das Hotel liegt rechter Hand), und biegt dann nach links in Richtung Pólis ab, kommt man auf die große Straße in Richtung Pólis. Dort, unter dem großen blauen Hinweisschild, ist ein kleiner Parkstreifen und da soll es ein interessantes Phänomen geben: **abgestellte Autos bewegen sich im Leerlauf ohne Motorkraft in Richtung bergaufwärts** – angeblich eine Störung des Erdgravitationsfeldes.

Dieses Phänomen ist wirklich eines: Es erschließt sich nicht jedem ...

Wanderung

Der Agíasma Nature Trail beginnt außerhalb von Káthikas an der Straße nach Pégeia. Der einstündige Rundweg führt mit teilweise schöner Aussicht zur Marienkapelle in die Schlucht hinunter und um den Berg herum wieder zurück. Der Weg ist größtenteils schattenlos!

Östlich von Káthikas liegt **das verlassene Dorf Theletra** (erreichbar von der Stroumpí-Pólis-Straße oder über die neue Asphaltstraße ab Káthikas), das vor 20 Jahren wegen eines Erdrutsches verlassen wurde und heute recht pittoresk wirkt. Man sollte die vom Einsturz gefährdeten Häuser nicht betreten.

Pano und Káto Akourdaleia

(Einwohner zusammen ca. 100)

Welch ein Duft von Lavendel und Minze umgibt einem da im **Kräutergarten** in Pano Akourdaleia! Ein kleines Kafeneion, eine Kapelle aus dem 16. Jh. und eine neue Kirche sind die Sehenswürdigkeiten von Pano Akourdaleia.

Unten in Káto Akourdaleia betreibt der Bürgermeister des Ortes ein kleines privates **Volkskundemuseum**. Es zeigt traditionelle Kleidung, Kunstgegenstände und bäuerliche Geräte. Vor der Tür stehen eine Olivenpresse, ein alter Brunnen und ein Weindestillier-Apparat.

Krítou Téra

Höhenlage: 600 m

gute, frische Luft

Der Ort ist für seine gute und frische Luft bekannt (ca. 5 Grad Temperaturunterschied zur Küste und auch nicht so feucht-drückend wie an der Küste). Aufgrund eines tektonischen Zufalls gilt Krítou Téra übrigens als absolut erdbebensicher. Der Ortsteil Téra war ehedem türkisch und ist heute verlassen. Aus Kritou stammt *Hadji Georgakis Kornésios*, der es als Dragoman im 19. Jh. zu großem Wohlstand brachte (s. S. 232).

Sehenswertes

Bevor man das Örtchen erkundet, sollte man den Schaukasten am Ortseingang anschauen, wegen der genauen Lage der „Sehenswürdigkeiten".

- **Casino**

sündige Vergnügungen

Das angeblich älteste und unter Denkmalschutz gestellte „Casino" Zyperns, ein etwas zweifelhaftes Kaffeehaus, wo die Männer dem Glücksspiel frönten, unterhalten von Tänzerinnen vom türkischen Festland. Das sündige Treiben fand in einem durchaus schönen zweistöckigen Gebäude mit den zyperntypischen Arkaden statt. Leider gibt es keine einzige Informationstafel über die Vergnügungen des „Casino", dafür aber eine über die Waschgewohnheiten der Frauen des Dorfes, siehe unten.

- **Waschplatz**

saubere Wäsche

Der alte Waschplatz besteht aus sechs Waschlöchern im Felsen, die bis ins frühe 20. Jh. in Betrieb waren. Ein- oder zweimal monatlich wurde hier gewaschen. Tags zuvor reservierten sich die Frauen ihren Waschplatz, indem sie einen weißen Schal oder ein Kleidungsstück hier deponierten, so wie heutzutage die Liegestühle am Pool reserviert werden. Ihr Bad nahmen die Frauen in der Höhle in der Maueröffnung (angeblich sollen sich die Männer dann ferngehalten haben!). Ihr Haar wuschen die Frauen mit *alousiva*, einer Mischung aus Holzasche und Wasser, die auch für den verführerischen Glanz der Haare sorgte. Mit dem gleichen Gemisch wuschen sie auch die Kleider. Die wurden zuerst eingeweicht, dann mit einer Art Waschhammer geschlagen, zum Spülen in den Fluss gelegt und anschließend zum Trocknen auf den Bäumen aufgehängt.

- **Agía Ekaterina**

Nicht zu verfehlen, da ausgeschildert, ist die etwa 3 km außerhalb des Ortes liegende, vor kurzem restaurierte Kirche Agía Ekaterina, einst im Besitz des Katherinenklosters auf dem Sinai. Von den sieben Kuppeln sind noch drei erhalten, wobei die lichtdurchflutete Laternenkuppel sehr ungewöhnlich ist. Von den

Fresken aus dem 16. Jh. hat ein Erdbeben nicht mehr viel übrig gelassen, doch einen Blick wert sind der Steinaltar und eine Ikone der Muttergottes mit Kind. Die Namensgeberin der Kirche, die heilige *Ekaterina*, war eine junge, schöne Zypriotin, die für ihren Glauben gestorben ist. Dabei soll Milch aus ihren Wunden geflossen sein. Und so sollen die Mönche für den Bau der Kirchen den Mörtel mit Milch angerührt haben (dazu ist zu lesen, dass es zu trockenen Sommerzeiten mehr Milch als Wasser gegeben habe und somit die Legende stimmen könnte).

Milch im Mörtel

Pano und Káto Aródes

Die beiden Dörfer wurden während der Feudalherrschaft der Johanniter gegründet und zum Andenken an das Hauptzentrum des Ordens „Rhodos" (= Aródes) benannt.

Pano Aródes war immer von griechischen Zyprioten bewohnt, von denen die meisten in die Städte abgewandert sind. Káto-Aródes hingegen war ein ausgesprochen türkisch-zyprisches Dorf. Nach 1974 verfielen die ehedem stattlichen Häuser, ein Erdbeben von 1995 tat ein weiteres. Mittlerweile restaurieren wieder „Städter" aus Páfos einige der alten Häuser.

Im griechischen Ortsteil Pano Aródes stehen rechts und links der Kirche **zwei römische Sarkophage**, in denen die christlichen Heiligen Agapitikós und Mistikós ruhen (die beiden lebten einst in Pafos). Man nehme ein Stück vom Sarg des *Agapitikós*, dem "Geliebten", rühre es dem oder der Angebeteten ins Getränk und schon wird man erhört. Wünscht man aber jemandem Schlechtes, nehme man ein Stück vom Sarg des *Mistikós*, dem "Gehassten" ... (Übrigens: Es funktioniert nur, wenn man sich den Staub persönlich abholt!).

die Asche des Agapitikós

Kapelle der Panagía tou Flou

Westlich der Straße zwischen Droúseia und Androlíkou soll ein sehr holpriger Weg zur winzigen Kapelle der Panagía tou Flou führen (den wir trotz aller Bemühungen nicht finden konnten), die Linderung bei Augenproblemen verspricht. Dem Brauch nach sollte man dort ein Auge aus Wachs hinterlegen und zusätzlich Staub vom Kapellendach ins Auge reiben. An der Stelle der heutigen Kapelle stand einst ein Kloster, das eines Tages von Piraten, wie auch andere Orte der Umgebung, zerstört wurde. Zur Strafe verwandelte die Muttergottes die Schiffe der Piraten in Felsen, die noch heute dort im Meer liegen.

Androlíkou

(Einwohner: eine Menschenfamilie und Hunderte von Ziegen)

Eine **Hochburg der Ziegenhaltung** ist das Dorf Androlíkou, das vor 1974 von zyprischen Türken bewohnt war – und dann bis auf zwei Höfe von ihnen verlassen wurde. Die, die geblieben sind, haben den Besitz ihrer Landsleute billig übernommen. So wurden sie Besitzer eines kompletten Dorfes und einer riesigen Ziegenherde, die sich die seit über 25 Jahren verlassenen Häuser als Unterkünfte eroberte hat. Um den Zerfall der leer stehenden Gebäude auf dem Lande zu stoppen, werden die Häuser seit kurzem von der zyprischen Regierung bis auf Widerruf als Wochenend- und Ferienhäuser vermietet. Die Mieter der ersten bereits in Stand gesetzten Häuser kommen aus Nikosía und Limassol und mussten zunächst kräftig in den Bau investieren, weil außer dem Mauerwerk alles zu erneuern war. Wie sich diese Mieter verhalten, sollten sie jemals aufgefordert werden, diese Häuser zu verlassen, lässt sich nur erahnen ... Wie diese Mieter jetzt mit dem Gestank der Ziegen fertig werden, lässt sich allerdings auch nur erahnen ...

Androlíkou, das Dorf, wo die Ziegen wohnen

Androlíkous Ortszentrum weist eine auf Zypern wohl einzigartige Besonderheit auf: Von dort gehen sechs Straßen in alle Himmelsrichtungen ab.

Pólis

(Einwohner: ca. 2.000, Höhenlage: Meereshöhe)

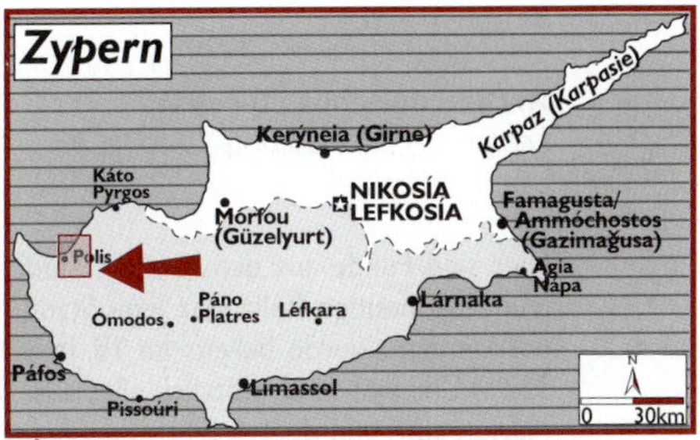

© graphic

Aktuelle regionale Reisetipps zu Pólis
entnehmen Sie bitte der gelben Seite 170

Noch zu Beginn der britischen Verwaltung gingen hier an der Küste Piraten und sogar Sklavenhändler ihren Geschäften nach und im Landesinneren sollen Räuber die Reisenden überfallen haben. Ein britischer Kolonialbeamter bezeichnete 1879 die Einwohner von Pólis als **einen Haufen Diebe und Halsabschneider.** 1972 schrieb der britische Autor *Colin Thubron*: „Inmitten ernster Menschen schlenderte ich die Straßen entlang, gesäumt von verlassenen Ladengeschäften und Häusern mit kaputten Dächern ... Es war die einzige Stadt, die ich gesehen habe, in die sich die Eulen abends hineinwagten und von den Dächern riefen".

Klein-Berlin

1974 dann, als es noch ein geteiltes Deutschland gab, flog Interflug, die staatliche Fluggesellschaft der DDR, einmal wöchentlich von Berlin nach Zypern. Diese Verbindung ab Schönefeld wurde in einem Westberliner Stadtmagazin für damals spottbillige 440 Mark für Hin- und Rückflug beworben. Überwiegend Rucksacktouristen nutzten das Angebot, um auf dem Campingplatz von Pólis in der Bucht von Chrysochous den Sommer zu verbringen. ***„Unsere Stadt hieß in den 80er Jahren Klein-Berlin,*** *und über jedem zweiten Balkon hingen zum Trocknen Streifenjeans"*, sagt *Michael Korakas*, der Bürgermeister von Pólis.

In der Fußgängerzone von Pólis reiht sich ein Café ans andere.

Heute Pólis als einen Geheimtipp für Alternativurlaub zu beschreiben, würde nicht mehr stimmen. Es gibt auch hier schon eine Fußgängerzone, wo sich ein Café und eine Bar an die andere reihen. Andererseits liegt Pólis im noch immer idyllischen Westen der Insel und das Städtchen konnte sich den **provinziellen Charme einer Kleinstadt** bewahren.

Sehenswertes

Archäologisches Museum

Leoforos Arch. Makariou. Geöffnet Mo., Di., Mi. Fr. 8–14 Uhr, Do. 8–18 Uhr, Sa. 9–17 Uhr

Hier sind Funde aus dem antiken Stadtkönigreich Márion zu sehen, dessen Zentrum das heutige Pólis war. Jene Stadt, reich geworden durch die nahen Kupfervorkommen, wurde bereits im 10. Jh. v. Chr. durch athenische Siedler gegründet. 312 v. Chr. war aber plötzlich alles aus: Der Statthalter in Ägypten, *Ptolemäos*, ließ Márion aufgrund dessen Eintretens für *Antigonos* total zerstören, unter den Ptolemäern wurde es zwischen 285 und 247 v. Chr. wieder aufgebaut und in „Arsinoe" umbenannt. Und wieder brachte das Kupfer Reichtum für die Stadt. Während der Lusignan-Zeit schwand allerdings die Bedeutung der Stadt, denn die fränkischen Herrscher bevorzugten andere Siedlungsplätze der Insel. In dieser Zeit erfolgte eine erneute Umbenennung, diesmal in Pólis, was wörtlich übersetzt „Stadt" heißt.

Goldene Stadt

Während der byzantinschen Epoche hieß der Ort Pólis Chrysochou – goldene Stadt. Vielleicht bezieht sich der Name auf den Bodenreichtum, oder auf die Entdeckung von Goldadern während der osmanischen Zeit. Die Einwohner von Pólis sollen diese verschwiegen haben, um nicht noch höhere Steuern an die Türken bezahlen zu müssen.

Die alte Nekropole wurde um 1866 von dem Archäologen *Ohnefalsch-Richter* freigelegt, doch die meisten Funde ins Ausland gebracht. Die kärglichen Überreste der Siedlung Márion liegen im Nordosten von Pólis und sind nur schwer zu finden. In diesem Gebiet machten Ende des 19. Jh. Grabräuber reiche Beute.

Umgebung westlich von Pólis

© igraphic

Lakkí

Aktuelle regionale Reisetipps zu Lakkí
entnehmen Sie bitte der gelben Seite 128

schöner Fischerhafen

Der kleine Ort westlich von Pólis ist sicher **einer der, wenn nicht der schönste Fischerhafen Zyperns**. Klein und überschaubar ist Lakkí, am Fischerhafen reihen sich die Lokale aneinander. Im Sommer kommen reihenweise Ausflugsbusse hierher, abends kehrt wieder Ruhe ein. Von Lakkí aus werden Bootsausflüge zur Akámas-Halbinsel, zu den Bädern der Aphrodite und zur Fontana Amorosa und ihren kleinen Stränden angeboten.

Bäder der Aphrodite

Vom Parkplatz bei den „Baths of Aphrodite" führt ein schmaler, gepflasterter Weg in wenigen Minuten zu diesem sagenumwobenen Ort.

Ob es denn geholfen hätte, fragte schmunzelnd ein älterer Brite, dem wir auf dem Rückweg vom Bad der Aphrodite begegnen. Er spielte (etwas uncharmant!) darauf an, dass ein (verbotenes!) Bad bzw. ein nicht zu empfehlendes Kosten des Wassers in diesem Tümpel zu jugendlicher Schönheit und Kraft sowie zu Glück in der Liebe verhelfe. Die strengen Verbotsschilder am Rande des Teiches „Do not enter the pool" und „Please do not swim" gehen aufs 19. Jh. zurück, als die Leute reihenweise in die Bäder der Aphrodite gehüpft sind mit dem Wunsch, sich zu verjüngen.

Tautropfen rinnen langsam von den Blättern eines Feigenbaums durch das transparente Licht in die Schale des exotischen Teichs. Den warmen nackten Körper entzücken die süßen Wünsche, die der duftende Strom hinterlässt.
gefunden in dem Büchlein „Alles über Zypern"

In diesem natürlichen Wasserbecken mit einer Quelle unter einem Felsüberhang überraschte *Akámas*, der Sohn des *Theseus*, der Mythologie nach die nackte *Aphrodite* und die tat, was sie tun musste: Sie vernaschte den knackigen Jüngling auf der Stelle. Beide wurden von einer Frau, der personifizierten Verleumdung, bei den olympischen Göttern verraten. *Aphrodite* musste auf den Olymp zurückkehren!

Warnung
„.... ich war nicht begierig, von dem Wasser zu kosten, da die Wirkung auf alte Leute wie mich sein soll, dass der Geist zwar willig wird, das Fleisch aber schwach bleibt ..." so schrieb der britische Konsul Alexander Drummond im April 1750.

Geografisch ist aber mit diesem mystischen Ort vielleicht eine weiter westlich gelegene Meeresbucht, die Fontana Amorosa, gemeint. Von der die Bewohner der Umgebung auch glauben, dass sie die eigentliche Liebesquelle sei. Welche immer die richtige Quelle sein mag: es wird jedenfalls behauptet, dass derjenige, der aus der Quelle trinke, jugendliche Schönheit und Kraft erlange und sich sofort verliebe. Im Zweifelsfalle trinke man also an beiden Stellen (und wenn man sich seine Gesundheit erhalten will, dann weder an der einen noch an der anderen ...).

Ludovico Ariost erzählt in seinem Orlando Furioso von dieser Quelle: *„und wahrhaftig, jede Frau, jedes Mädchen ist hier liebreizender als irgendwo sonst auf der Welt; die Göttin lässt sie alle, Alte und Junge, bis zu ihrem letzten Stündlein in Liebe erglühen."* Über die genaue Lage der Quelle schwieg sich Herr Ariost allerdings aus, wir erfahren nur, dass sie „am schönen Strand von Páfos" lag. (Ludovico Ariosto, um 1474-1533, war einer der meist gelesenen Autoren des 16. Jh., sein Buch „Orlando furioso – Der rasende Roland" war eines seiner Hauptwerke).

Fototipp
Beste Fotografierzeit vor allem für die auf der ersten Wanderhälfte liegenden Naturschönheiten sind die Vormittagsstunden, denn nachmittags befinden sich die tief unten liegenden Buchten im Schatten.

Wanderung zur Fontana Amorosa
(einfacher Weg 6 km): Als gesamte Wanderzeit muss man mit ca. 3 Stunden rech-

nen. Der Weg ist durchweg leicht und weist insgesamt nur wenige Steigungen auf. Der Küstenweg beginnt unterhalb der Abzweigung des asphaltierten Weges zum Bad der Aphrodite. Wer nicht den gesamten Weg laufen möchte, der wird bereits nach ca. 30-45 Minuten Wanderung durch herrliche Ausblicke auf ***türkisfarbene Meeresbuchten****, die vom Land aus nicht zugänglich sind, belohnt. Später, wenn der Weg auf ein Plateau hinabführt, liegt gleich zu Beginn an der rechten Seite eine interessante Felsenformation: durch einen Felsenschlund wird das Meerwasser hindurch gepresst und sorgt damit für eine* ***wilde Szenerie****.*

Der Weg ist das Ziel

Im weiteren Verlauf bis zur Fontana Amorosa ist der Weg eher monoton, führt aber an kleinen und einsamen Sandbuchten entlang. Die Fontana Amorosa mit ihrem Kiesstrand ist keine spektakuläre Bucht und wirkt eher enttäuschend, hier ist der Weg das Ziel. Denn an der Liebesquelle angekommen, einem einbetonierten Wasserbecken, fragt man sich unwillkürlich, ob es das denn nun schon gewesen war. Allerdings hat das kühle Nass der Legende zufolge (wie auch das umseitig erwähnte Bad der Aphrodite) ganz merkwürdige Eigenschaften: Wer davon trinkt, wird schön und jung und verliebt sich alsbald so unsterblich wie ehemals die Liebesgöttin – und zwar in den oder die Nächstbeste(n)! Also, Vorsicht!

Sollten Sie noch weiter vordringen wollen, dann gelangen Sie zum **Kap Arnauti**, auch Kap Akámas genannt, geographisch der westlichste Punkt der Insel. Kurz vor dieser Nordwest-Spitze Zyperns ist das Containerschiff Agnello aufgelaufen, dessen **Wrack** noch zu sehen, aber mittlerweile in zwei Teile auseinander gebrochen ist.

Etwas weiter in Richtung Osten erstrecken sich einige flachere Felsen, wo man gut Sonnenbaden kann. Im Süden des Kaps ragen einige spektakuläre Felsen auf, sie liegen allerdings zu weit im Meer draußen, um sie zu erreichen.

Hinweise

- *Bis vor einiger Zeit konnte man die schmale Straße ab den Bädern der Aphrodite zur Fontana Amorosa auch mit einem Geländefahrzeug zurücklegen – heute ist die schmale Straße nur noch als Einbahnstraße ab der Fontana Amorosa zu befahren.*
- *Kap Arnauti und der ganze Küstenstrich im Nordwesten der Akámas-Halbinsel werden von Ausflugsbooten ab Pólis oder Lakkí angefahren.*

Die Halbinsel Akámas

(Höhenlage: 0–668 m)

ursprünglich und fast unberührt

Irgendwo auf der Akámas-Halbinsel soll es einen Ort geben, wo bis heute **eine noch unerforschte Kraft** den Menschen von der Halbinsel fernhält. Das mag schon stimmen, denn es waren erst die Späthippies der 1980er Jahre, die (neben den Briten, die bis ins Ende des zweiten Jahrtausend hier ihre Schießübungen abzuhalten pflegten), diesen ursprünglichen Teil der Insel „entdeckten". Hier fanden sie eine noch intakte Landschaft ohne Bettenburgen, Schnellstraßen und Touristenmassen, denn nirgendwo ist Zypern so ruhig, nirgendwo so unberührt vom Bauboom, der den Süden Zyperns in den vergangenen zwei Jahrzehnten so vehement verändert hat. Und nirgendwo musste sich die Tourismusindustrie so zügeln – bis jetzt jedenfalls.

Bis heute ist die Halbinsel ein bevorzugtes Ziel für Wanderer, Mountainbiker und alle, denen nicht der Sinn nach dem lauten Strandleben an der Südküste steht.

Tiere und Pflanzen, deren Lebensräume anderswo längst verschwunden sind, haben auf Akámas noch ihr Refugium. Rund **530 verschiedene Pflanzenarten**, ein Drittel der auf Zypern existierenden Pflanzen, verwandeln die Halbinsel Akámas im Frühjahr in eine farbenfrohe impressionistische Szenerie. Pinien und Wacholderbüsche bedecken die zerklüftete Hügelkette der Insel. Am Rande der Naturpfade der Akámas sieht man Zypressen, Eukalyptus- und Erdbeerbäume.

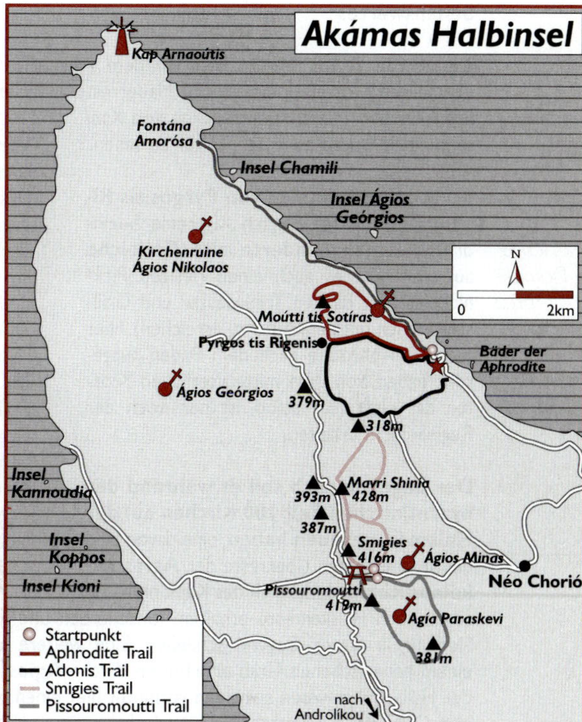

Hinweis

Die Akámas-Halbinsel ist ein Gewirr von Staubstraßen und Zufahrtswegen, die oft nach langer Fahrerei irgendwo ins Nirgendwo oder einfach nur zu einem Ziegenstall führen. Auf den Fahrwegen sind zwar Schilder angebracht, aber nicht an allen Abzweigungen ...

In diesem Gebiet kann man **186 verschiedene Vogelarten** beobachten. 16 Schmetterlingsarten, Schlangen und weitere **20 Spezies Reptilien** leben in dem Naturschutzgebiet der Akámas Halbinsel. Am Kap Arnaúti gibt es sogar noch eine Kolonie von Mönchsrobben.

Man glaubt, dass die Gegend ihren Namen von dem griechischen mythologischen Helden *Akámas*, Sohn von *Theseus*, bekommen hat, selbiger nach dem trojanischen Krieg nach Zypern gekommen war und die Stadt Akamantis gegründet hatte.

Sehenswertes

Die Kirche **Ágios Minás** liegt auf dem Weg zum Smigies-Picknickplatz, vom ehemaligen Kloster sind nur noch Mauerreste geblieben. Im Inneren des einschiffigen Kirchleins sind noch Fresken von *Konstantin und Helena* über der Südtür zu sehen.

riesiger Picknickplatz

Bei den **Klosterruinen von Pyrgos tis Rigainis** (Turm der Regina) ragt eine beeindruckende **Jahrhunderte alte Galleiche** auf, dort gibt es auch einen riesigen Picknickplatz mit Bänken, Trinkwasser und Grillstelle (auch mit dem Auto zu erreichen). Hier soll sich Aphrodite nach dem Baden ausgeruht haben. Von dem mittelalterlichen Kloster, das einst hier stand, ist nur noch der Regina-Turm erhalten.

Der Legende nach soll es während der byzantinischen Zeit 100 Kirchen auf der Halbinsel gegeben haben, eine davon sind die unscheinbaren Überreste der **Ágios Nikoláos Kirche** südöstlich des Kaps, hier sind sogar noch Freskenreste erhalten. Tonscherben und Fischbecken lassen auf eine Siedlung in dieser Gegend schließen. Eine weitere Siedlung soll bei der über einem hellenistischen Grab errichteten Kirche **Ágios Kónnon** an der Westseite der Halbinsel gewesen sein, man vermutet hier einen römischen Friedhof und hat eine Ölmühle und Dreschplätze entdeckt.

Vom Briten-Regen in die Investoren-Traufe

Das könnte das traurige Schicksal der Akámas-Halbinsel sein. Nachdem die Briten zur Jahrtausendwende von der Halbinsel abgezogen sind, wo sie von Zeit zu Zeit das Schießen übten, richten sich schon andere begehrliche Blicke auf dieses Kleinod der Natur. Investoren wollen hier Hotels hinstellen, in eine Gegend, die gerade wegen ihrer Unberührtheit so schön ist. Sollten dann eines Tages hier viele Hotels stehen, könnte das – um im militärischen Bilde zu bleiben, ein Schuss nach hinten sein ...

Hinweise

- *Die Quellen von Pyrgos tis Rigainis und Kefalovrisia können im Sommer versiegt sein, man sollte also immer ausreichend Trinkwasser mitnehmen.*
- *Die Weiterfahrt ab Smigies in Richtung Küste sollte man nur mit einem Geländewagen und guter Fahrpraxis unternehmen, da die Strecke teilweise äußerst tiefe Rinnen aufweist.*

Wanderwege

1. Aphrodite Trail (Rundweg)

Ausgangspunkt: *Bäder der Aphrodite. Das Teilstück zwischen den Bädern der Aphrodite und Pyrgos tis Rigainis (Ruinen eines mittelalterlichen Klosters) ist identisch mit dem Adonis-Trail. Der Pfad führt anfangs für Ungeübte schweißtreibend auf den 370 m hohen Hügel Moutti tis Sotíras. Unterwegs gibt es zwei Quellen, die eine bei Pyrgos tis Rigainis und die andere bei Kefalovrisia.*

Länge: *7.5 km,* Dauer: *drei Stunden*

Highlights: *Unterwegs Aussicht nach Pólis Chrysochous und den Wald von Páfos*

2. Adonis Trail (Rundweg)

Ausgangspunkt: *Bäder der Aphrodite. Wie auch auf dem Aphrodite Trail, geht es auf dem Adonis-Trail auf schmalem Pfad anfangs steil hinauf.*

<u>Länge</u>: *7.5 km* <u>Dauer</u>: *drei Stunden*
<u>Highlights</u>: *Unterwegs Aussicht unter anderem zur Lára-Bucht.*

3. Smigies Trail (Rundweg)
<u>Ausgangspunkt</u>: *Smigies Picknickplatz. Ab hier beginnen zwei Naturlehrpfade, ein längerer und ein kürzerer:*
<u>Länge</u>: *(a) 2.5 km* <u>Dauer</u>: *eine Stunde*
<u>Länge</u>: *(b) 5 km* <u>Dauer</u>: *zwei Stunden*
<u>Highlights</u>: *Ausblick im Osten auf Pólis, Chrysochous-Bucht, Lakkí, Pachýammos und den Páfos-Wald sowie im Westen zur Lára-Bucht*

Bank mit Aussicht
Wenn man ab Smigiés der Straße weiter, der ersten Straße links und dem Wegweiser nach „Koudounas" folgt und in der Linkskurve einen Pfad entlang geht – dann kommt man auf einen Aussichtspunkt mit Blick aufs Meer und – wenn es Abend wird – auf einen wunderschönen Sonnenuntergang.

Der unberührte Nordwesten zwischen Pólis und Káto Pyrgos

Aktuelle regionale Reisetipps zum Nordwesten zwischen Pólis und Káto Pyrgos
entnehmen Sie bitte der gelben Seite 154

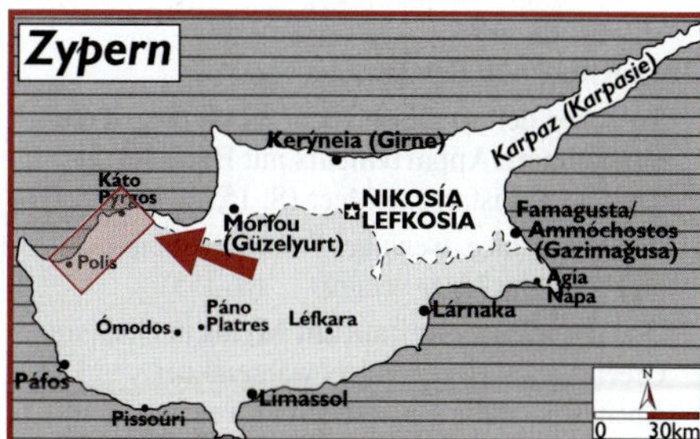

© igraphic

Die Küste im Nordosten von Pólis bis zur Demarkationslinie zum türkisch besetzten Teil bei Káto Pyrgos ist heute die von den wichtigsten Städten Süd-Zpyerns am weitesten abgelegene Gegend der Insel. Seit der Teilung Zyperns ist dieser Landstrich – die nördliche Tilliria – nur über Pólis erreichbar und somit einer übermäßigen touristischen Erschließung bislang weitgehend entgangen. Aber auch an dieser Küste wird schon gegraben und gebaggert ...

noch weitgehend touristenfreie Zone!

Die Straße führt entlang der **Küste mit nahezu menschenleeren, langgezogenen Kiesstränden** zur Linken und fruchtbarem, bewässertem Land zur Rechten. Noch im 19. Jh. trieben hier Seeräuber und Sklavenhändler ihr Unwesen. Die Bevölkerung zog es daher vor, landeinwärts im Bereich des heutigen Páfos Forest zu siedeln. Man lebte von Ziegen, der Köhlerei und anderen Arten der Forstbewirtschaftung. Diese waldzerstörerische Wirtschaftsweise war freilich der britischen Forstverwaltung bald ein Dorn im Auge. Ganze Dörfer wurden an die Küste umgesiedelt. Bis zum Beginn des Bürgerkriegs lebten hier vorwiegend türkische Zyprioten. Seit Ihrer Flucht und Vertreibung standen ihre Häuser leer und verfielen langsam. Griechische Zyprioten wurden angesiedelt, die größtenteils von ihren Bananen- und Zitrusplantagen leben. Ab Pólis geht die Fahrt vorbei an den aufgelassenen Verwaltungsgebäuden und Verladeanlagen der **Limni-Mine**. Nachdem die einst bedeutsamen Kupfer- und Pyritvorkommen weitgehend erschöpft waren, wurde sie 1979 stillgelegt. Heute führt ein Gleis ins Nichts ins blaue Meer hinaus.

Es führt ein Gleis ins Nirgendwo

Redaktions-Tipps

- Eine **Wanderung durch das Green Valley**, das einem Garten Eden gleicht. Von den Mauern der Klosterkirchen Ágios Mámas und Ágios Nikoláos ist nicht viel übrig geblieben, die Geschichte dieser beiden Kirchlein ist allerdings **voller Geheimnisse** (S. 316).
- Das **Kirchlein der Panagía Galokistís** wurde wunderschön restauriert und birgt ein merkwürdiges Fresko (S. 320).
- In Pano Pyrgos gehen noch **Dutzende von Köhlern** ihrem rauchenden Handwerk nach, das Dorf mit den Kohlemeilern ist eine eigene Welt für sich (S. 319).

Übernachten und Restaurants

- Zwischen der Straße und dem Strand liegen die **Sun Camero Appartements** mit Blick auf das bewegte türkisfarbene Meer (S. 155).
- **Paradise Place**, wenn bei Pomos die Sonne prachtvoll im Meer versinkt ... (S. 155)
- Die Terrasse des **Restaurant Mylos** in Giala im Green Valley ist besonders während der Abendstunden in ein wunderbar weiches Licht getaucht, der Blick auf das Tal ist im Preis enthalten (S. 154).

Green Valley

Vom Ort Giala aus erstreckt sich das **Green Valley**, ein Tal, verwunschen schön wie ein Garten Eden, ein duftendes Paradies voller Orangen- und Zitronenhaine, Olivenbäume, Palmen und Nadelbäume. Zu beiden Seiten des Flusstales verläuft eine Straße, wenn man ihr folgt, kommt man ins Tróodos-Gebirge.

Das Tal kann durchfahren, aber noch besser durchwandert werden, und abends kann man dann im Restaurant Mylos einkehren.

Und es gibt auch **Klosterruinen** zu entdecken, die voller Geschichte und Geschichten sind. Begonnen hat alles mit der legendären *Königin von Georgien, Tamara*, die hier eines rätselhaften Todes starb. Das war im 12 Jh., heute im dritten Jahrtausend werden hier vor den längst verfallenen georgischen Klosterruinen wieder Messen gefeiert, von Priester *Zacharias* und seinen Brüdern im Glauben. Aber die Geschichte von Anfang an:

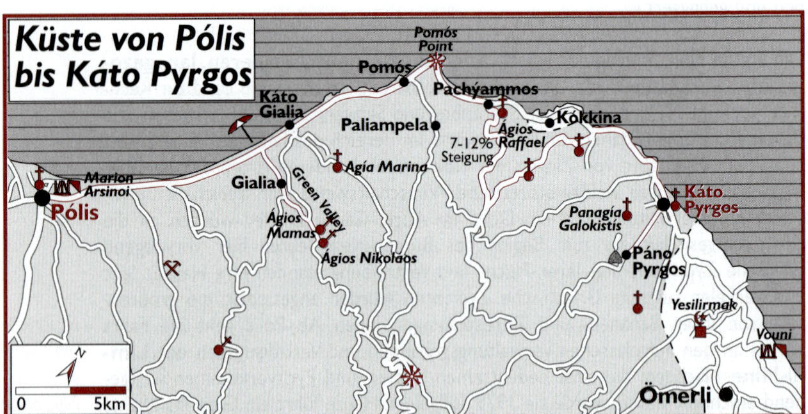

Es war irgendwann im 12. Jh., als georgische Christen unter der damaligen Monarchin Georgiens, *Tamara*, hier das Kloster des heiligen Mámas gründeten. Zur Regierungszeit Tamaras (1184-1213) erlebte Georgien seine kulturelle Blütezeit und höchste Machtentfaltung. Diese legendäre Königin reiste eines Tages nach Zypern, um dem Kloster des heiligen Mámas eines Besuch abzustatten. Nur noch sieben Mönche lebten damals noch dort. 10 Tage verweilte die Königin, um dann unter bis heute ungeklärten Umständen plötzlich zu versterben. Als die Nachricht von ihrem Tod Georgien erreichte, wurden 50 Boote mit Gold nach Zypern entsandt, damit sie der toten Königin auf der Fahrt heim nach Georgien das letzte Geleit geben. Doch plötzlich brach ein großer Sturm los, der die Abfahrt von der Insel unmöglich machte. Daher beschlossen die Mönche, ihre Königin auf Zypern zu beerdigen.

legendäre Königin

Am Abend hoben sie also an verschiedenen Orten im Tal **sieben Gräber** aus, wo sie das gesamte Gold begruben. In einem der Gräber wurde **die Königin bestattet** – die genaue Stelle ist bis heute nicht bekannt. Irgendwann kamen Piraten in dieses Gebiet, fanden das Kloster und raubten es eines Abends aus. Danach töteten sie sechs der Mönche. Der siebte entkam, indem er in den Fluss neben dem Kloster sprang und im Wald auf Nimmerwiedersehen verschwand. Bis heute ist dieser Ort als Mönchssprung bekannt.

Grab mit Gold

Tamara und das Kloster gerieten fast in Vergessenheit. Fast. Denn in Giala hatte sich bis auf den heutigen Tag die Erinnerung an diese Stätte erhalten. Zur Freude eines georgischen Historikers, der 1981 nach Zypern kam, um die Spuren der georgischen Mönche auf dieser Insel wiederzufinden.

Was er fand, sind nur noch spärliche Überreste des Klosters Ágios Mámas und einige Fresken wie ein Pantokrator, der ins 13. Jh. datiert wird sowie eine georgische Inschrift, die aus der Entstehungszeit stammt und den georgischen Ursprung des Klosters beweist. Nahe dem Kloster sind noch einige Mauerreste der Kirche Ágios Nikoláos zu sehen, Ausgrabungen würden sicher noch mehr zutage fördern. Und die sind zu erwarten, denn die große Vergangenheit soll hier wieder belebt werden, Archäologen sollen das **Grab der Tamara finden** und **ein neues Kloster** soll hier entstehen. So erzählt *Pater Zacharias*, der georgische Priester, der stolz darauf hinweist, dass hier Davids Psalm irgendwann im frühen zweiten Jahrtausend vom Griechischen ins Georgische übersetzt wurde.

Jeden Sonntag gegen 15 Uhr hält er hier eine Messe mit seinen georgischen Landsleuten ab. Sie sind alle Gastarbeiter auf Zypern, ein Boxer, ein Filmregisseur, ein Maurer, ein Zahnarzt, ein Steuerberater – ganz verschieden sind ihre Berufe und doch wirken sie wie eine eingeschworene Gemeinschaft. *Pater Zacharias* und seine Gemeinde sind so gastfreundlich wie sie gläubig sind: Wer hier an der Messe teilnimmt, kann damit rechnen, anschließend auf eine gesellige Runde mit zyprischen Wein und Schnaps und wunderschönen georgischen Gesängen eingeladen zu werden. Die Verständigung fällt leicht, auch wenn Pater *Zacharias* nur georgisch und griechisch spricht. Im Green Valley wird Geschichte fort geschrieben.
Hinkommen: Ab Giala der Beschilderung nach Kykkos und Stavros folgen bis zu einem kleinen braunen Schild auf der linken Straßenseite „Locality Polachandra".

Messe im Wald

Dort das Verbotsschild ignorieren und dem Weg, der links abgeht, etwa 500 m weit folgen, auf der rechten Seite stehen dann die Ruinen. Die Mauerreste der anderen Kirche, Ágios Geórgios (12. Jh.), sind äußerst spärlich (nur noch die Reste der Apsis sind zu erkennen) und schwer zu finden: Ca. 100 m nach den Ruinen von Ágios Mámas zweigt ein Weg ab, der bald eine große Linkskurve macht. In der Linkskurve geht man schräg nach links oben, wo die Ruinen liegen.

Immer wieder sonntags gegen 15 Uhr kann man an einer georgischen Messe mitten im Wald in einer fast 1.000 Jahre alten Kirchenruine teilnehmen.

Zur Zeit der Drucklegung war im Green Valley **ein Gehege mit vier Mufflons** geplant. Der Bürgermeister des Ortes, der uns von diesem Mufflongehege erzählte, hat auch privat seine Erfahrungen mit diesen angeblich so scheuen Tieren: Sie haben nämlich im Garten seiner Frau am hellichten Tag sämtliche frisch gepflanzten Kirschbäume vertilgt.

Etwa 700 m taleinwärts liegt eine weitere „Sehenswürdigkeit" des Green Valley, die sogenannte Mühle des Mohammed, einer **Wassermühle aus dem Jahr 1820**.

Dimmata

Eines der oben genannten umgesiedelten Dörfer ist auch Dimmata. Die 14 Familien von Dimmata erhielten 1953 in Nea Dimmata Ackerland und Häuser. Die Kolonialverwaltung ließ sich diese Aktion 1.000 Pfund pro Familie kosten.

Pomos

klares Wasser, himmlische Ruhe

Ein ruhiges Dorf, das mit kleinen Buchten mit klarem Meerwasser und göttlicher Ruhe punktet. Im Ort selbst findet man zwei Supermärkte, ein Postamt, eine Bank sowie einige Tavernen und ein Kafeneion.

Pachýammos

Ein Skelett outet sich

Auch wieder so eine **Geschichte rund ums Wunder**: 1959 entdeckte ein Bauarbeiter auf der griechischen Insel Lesbos in einem Olivenhain ein Skelett, das nicht nur gut roch, sondern überdies zwischen seinen Kiefern einen Ziegelstein mit einem eingeritzten Kreuz hielt. Bald darauf hatte ein Priester eine Erscheinung, bei der sich das Skelett als die sterblichen Überreste des heiligen *Raffael* offenbarte und seine Leidensgeschichte erzählte: Er wurde zusammen mit *Nikoláos* und *Irini* bei der Eroberung von Lesbos durch die Türken im Jahr 1454 grausam zu Tode gefoltert. 1962 wurde über der Fundstätte des Heiligenskeletts ein Kloster errichtet. Einer, der hier geheilt wurde, war ein Zypriote, der seine

Geschichte so überzeugend erzählte, dass genügend Spenden für die Raffael-Kirche in Pachýammos zusammenkam, Anfang der 1990er Jahre wurde sie gebaut.

Die Wandgemälde im Kircheninnern schildern hauptsächlich die Gräueltaten von schnurrbärtigen Schurkentürken an den drei griechischen Heiligen *Raffael, Nikoláos und Irini*: *Nikoláos*, an einen Baum gefesselt, wird enthauptet, dem Mädchen *Irini* wird mit einem Säbel die Hand abgeschlagen, bevor sie in einem Vorratstopf verbrannt wird. Über der Nordtür ist *Raffael* zu sehen, er wird von den Türken mit Knüppeln geschlagen, dann kopfüber aufgehängt und geköpft. Von den Wundern, die hier mittlerweile geschehen sind, künden Krücken, die (sehr werbewirksam!) mitten in der Kirche stehen.

schnurrbärtige Schurkentürken

Das Denkmal vor der Kirche erinnert an 60 griechische Zyprioten, die 1964 bei den Kämpfen um Erenköy (Kókkina) ums Leben kamen.

Unterhalb von Pachýammos liegt eine sandige Bucht.

Hinweis

Hinter Pachýammos führt die Straße ins Gebirge, für Mountainbiker ist die Strecke mit 7-12 Prozent Steigung eine Konditionsprobe. Mit zwei Leuten besetzte Mofas oder Mopeds schaffen diese steile Strecke nicht!

Die Hauptstraße führt nun ins Bergland rund um die Enklave Kókkina. Kókkina wurde bereits während der Auseinandersetzungen von 1964 zu einem Refugium für Zyperntürken aus den kleineren türkischen Orten der Umgebung. Auch nach der Invasion von 1974 hielten türkische Truppen das Gebiet von Kókkina. Es blieb türkische Enklave, bewacht von Grenzposten aus griechischen, türkischen und UN-Soldaten. Kókkina, auf türkisch Erenköy, war seinerzeit der einzige von türkischen Zyprioten kontrollierte Hafen auf der Insel. Griechische Zyprioten versuchten ihn unter der Führung von *General Grivas* zu erobern, was die Türkei mit einem Bombardement beantwortete, bei dem 60 Griechen und 12 Türken das Leben ließen.

„Die Türken wären in der Lage gewesen, ihren unsicheren Lebensstandard zu heben, hätten die Griechen nicht vier Jahre lang den Import von Straßenbaumaterial verboten. Zusätzlich wurden den Türken elektrische Geräte, Nägel und Schnürsenkel verboten; in manchen Fällen sogar Stroh, aus dem sie in biblischer Tradition Ziegelsteine herstellten. So wurden in der Kókkina-Enklave lange Zeit Zelte benutzt, weil es keinen Ton gab, um daraus Ziegelsteine herzustellen (...). Mit der Häufung solcher Verbote wurde eindeutig beabsichtigt, die türkischen Enklaven lebensunfähig zu machen."
schrieb damals der Brite Pucell

Erst hinter Kókkina folgt die Straße wieder dem Küstenverlauf.

Káto und Pano Pyrgos

Der kleine lebhafte Ferienort Káto Pyrgos ist hauptsächlich bei zyprischen Griechen beliebt. In unmittelbarer Nähe zur Demarkationslinie liegt Káto Pyrgos, ein vom internationalen Tourismus noch weitgehend unberührtes Dorf inmitten von

Was kohlt da hinten bei Tag und bei Nacht? Es ist der Köhler, der aus Holz Grillkohle macht.

Bananen- und Zitrusplantagen. Die Touristen, die man hier antrifft, sind meist Auswanderer, die ihren Urlaub in der alten Heimat verbringen.

Landeinwärts, auf einer schmalen Straße erreicht, liegt Pano Pyrgos, wo noch **Dutzende von Köhlern** ihrem alten Handwerk nachgehen. Dank der Nähe des Páfos-Waldes wurde hier früher fast die gesamte auf Zypern benötigte Holzkohle produziert – was eine beachtliche Menge gewesen sein muss angesichts der zyprischen Vorliebe für Grillfeuer! Auch eignet sich der hiesige Boden gut für den Bau von Kohleöfen. Heute werden Eisenöfen verwendet und die Herstellung der Holzkohle dauert nicht mehr wie früher ein bis zwei Wochen, sondern nur noch zwei Tage.

Panagía Galokistíu

Frei zugänglich. Hinkommen: Auf dem Weg nach der blauen Beschilderung mit der griechischen Beschriftung ΠΑΝΑΓΙΑ ΓΑΛΟΚΙΣΤΙΣ folgen und bei der ersten Gabelung links fahren.

Mit Milch anstatt von Wasser soll sie im 18. Jh. erbaut worden sein, daher auch ihr Name: Milchspendende Jungfrau Maria. Im Prospekt des Tylos Beach Hotel sieht man ein Bild von der Kirche, wie sie vor der heutigen Restauration ausgesehen hat: umwickelt von Schnüren (s. S. 409 „Böse Geister"). Mittlerweile restauriert, vom alten „Heidenzinnober" und vom roten Ziegeldach befreit, steht heute ein Kirchlein von einfacher, atemberaubender Schönheit da.

von schlichter Schönheit

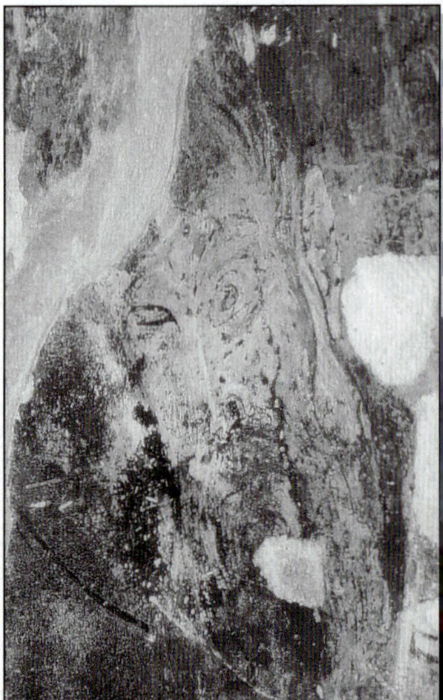

Rorschach-Test auf zyprisch: Das Urbild des Luzifer schlechthin, feundliches Lächeln, leidend wie Jesus am Kreuz, pessimistisch und hoffnunglos, ein sich fügender Mensch, dem Turiner Grabtuch ähnlich – jeder sieht etwas anderes in dieser Abbildung rechts unterhalb des Altarraums in der Kirche Panagía Galokistís. Wer sich sein eigenes Bild machen möchte, braucht eine Taschenlampe, die Kirche ist nicht beleuchtet.

Nikosía/Lefkosía

(Lefkosía = Verhandlung oder die weiß Aussehende)

(Einwohnerzahl: ca. 196.000, Höhenlage: 165 m)

Aktuelle regionale Reisetipps zu Nikosía/ Lefkosía

entnehmen Sie bitte der gelben Seite 149

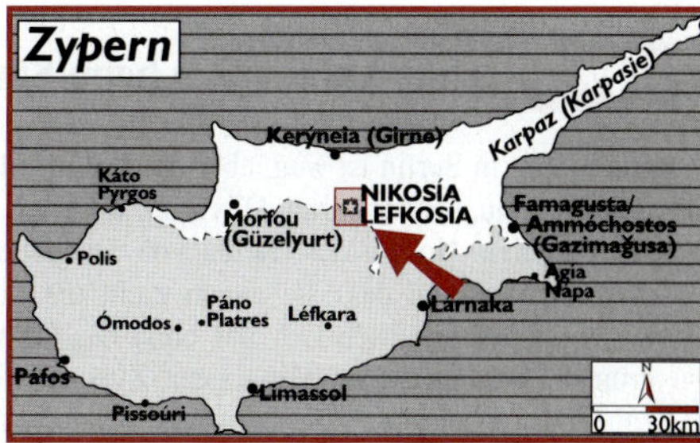

© igraphic

Wenn man sich Nikosía von Süden her nähert, durchfährt man ausgedehnte Industriegebiete; dann beginnt ein riesiges Häusermeer. Die Bebauung scheint ungeordnet: Da gibt es Vorstadtviertel mit gepflegten Gärten und schmucken Villen, moderne und nüchterne Zweckbauten, Hochhäuser ohne jeden Reiz, aber auch alte Viertel mit viel Flair, vor allem innerhalb der Stadtmauern. Seit der türkischen Invasion stieg auch die Bevölkerung von Nikosía stark an, aus dem verschlafenen Provinzstädtchen, dessen Einwohner einst voll Neid auf die modernen Metropolen Athen, Beirut und Alexandria blickten, wurde eine **verkehrsreiche Metropole** – zumindest mit zyprischen Maßstäben gemessen.

Nikosía ist schon seit der Zeit der Lusignans Hauptstadt der Insel. Die Stadt ist nicht nur Sitz der Regierung und der obersten Landesbehörden, sondern auch kulturelles Zentrum. Seit 1974 ist Nikosía geteilt: die Green Line verläuft quer durch das Stadtgebiet. Parallelen zum früheren Schicksal Berlins drängen sich auf, doch sind die trennenden Barrikaden längst nicht so perfekt und massiv, wie es die Berliner Mauer war. Alles wirkt etwas weniger brutal, vorläufiger, improvisierter, die mediterrane Vari-

Redaktions-Tipps

- Im **Zypern-Museum** stehen nicht nur das Wahrzeichen von Zypern, die Aphrodite von Soli, sondern auch die kostbarsten archäologischen Funde, die von Archäologen und Sammlern nicht ins Ausland verschleppt wurden (S. 328).
- Das hervorragend aufgemachte **Leventis-Museum in der Laiki Yitoniá** führt tief in die Vergangenheit und den damaligen Alltag der Menschen von Nikosía (S. 326).
- Weniger touristisch als im restaurierten **Stadtviertel Laiki Yitoniá** (S. 325) geht es im **östlichen Teil der Altstadt** zu, wo noch viele kleine Handwerksbetriebe arbeiten.

Unterkünfte und Restaurants

- Im **Restaurant Aegaeon** treffen sich gerne bei einer hervorragenden Mezé die in Nikosía lebenden Ausländer (S. 152).
- Edel und minimalistisch das **Classic Hotel****** im Westen der Altstadt (S. 150) und ein paar Schritte weiter das opulentere, elegante **Castelli Hotel****** (S. 151)
- So edel wie das Classic Hotel ist auch sein Restaurant **49 Knives** (S. 150), so opulent wie das Castelli Hotel ist sein **polynesisches Restaurant** (S. 151).
- In der mittleren Preisklasse ist das **Averof-Hotel** sicher die beste Wahl in der Stadt (S. 151).

INFO Und Annie blieb beim Stacheldraht

Die Mauer in Berlin ist weg, aber das Café Berlin steht noch im Niemandsland. Das ist nicht grau, sondern grün. Olivgrün, weil dort echte Olivenbäume wachsen, wie im Garten Eden. Nur ist der Garten von Stacheldraht umkränzt und auf Minen sollte man auch achten, dass sie einem nicht die Füße wegreißen auf dem Weg durch diesen mäuschenstillen Ort, der einst das lärmige Zentrum Nikosías war, auf der grünen Insel Zypern im Mittelmeer. Zyperns Herz heißt heute Pufferzone, „Bufferzone“ wie Louise Burt, Captain der British Army sagt. Es hält die Menschen mit griechisch-zyprischen Pässen, die bald EU-Pässe sein werden, fern von denen, die türkische Namen und Erinnerungen tragen.

Und als würde all das Kämpfen wieder losbrechen, wenn der Puffer fiele, stehen da Wachtürme und Männer mit Maschinengewehren auf beiden Seiten und gucken auf die unkrautüberwucherten Straßenzüge, in denen vor 28 Jahren die Uhr stehen geblieben ist. „Novelties, Wool Shop, Mallia“ verspricht eine verblasste Schrift. Und im Café Berlin liegt der Staub schwer auf den Tischen. Nur UNO-Offiziere wie Captain Burt und von ihnen geleitete Besucher dürfen in den toten Korridor, der sich auf 186 Kilometern Länge über die Insel zieht. An manchen Stellen ist er fünf Kilometer breit, in Nikosía bisweilen nur drei Meter. Da kann man rufen oder kindische Späße treiben mit denen auf der anderen Seite.

Die UN-Schiedsrichter können davon absurde Geschichten erzählen. Die von der Ziegelmauer etwa. Sie steht auf türkischer Seite und wurde plötzlich höher und höher, obwohl in der toten Zone doch nichts verändert werden darf. Da strich die UN die oberste Ziegelreihe mit weißer Farbe: bis hier hin und nicht weiter. Wundersamerweise aber wuchs die Mauer weiter, und der weiße Strich blieb dennoch oben – bis die UN-Leute den Trick herausfanden: Die türkischen Soldaten hatten die weißen Steine einfach abgetragen, weitergebaut und dann oben wieder drauf gelegt.

Wenn die Pufferzone wieder geöffnet wird, werden die Archäologen der Neuzeit dort 56 Toyotas finden, alle mit 38,7 Meilen auf dem Tacho. Das ist die Strecke vom Hafen Famagusta nach Nikosía. Von dort waren sie direkt in den Autosalon in Nikosía Mitte gefahren. Jetzt sind sie staubbedeckter 70er-Jahre Schrott. Eine abziehende UN-Einheit hat in der Halle etwas heftiger gefeiert und ist auf den Wracks herumgetrampelt. Captain Burt ist dies peinlich.

Wäre Nikosías Mitte nur eine Filmkulisse, dann wäre sie täuschend echt, mit Sandsäcken in den Fenstern und Einschüssen in den Mauern. Die letzte Bewohnerin der Kulisse hieß *Annie Couper*. Die Dame wollte nicht weg, als der Stacheldraht wuchs. Als sie 1991 starb, zahlte die UN das Begräbnis. An Annies Haus hängt ein Namensschild zur Erinnerung und darüber der Duft von Akazien.

Christiane Schlötzer in der Süddeutschen Zeitung vom 18./19. Mai 2002

ante zum preußischen Perfektionismus – äußerlich gesehen zumindest. Aber in Wirklichkeit ist sie noch tiefgreifender als die Berliner Mauer, denn zwischen den beiden Volksgruppen hüben und drüben bestehen so gut wie keine wirtschaftlichen und sozialen Beziehungen. Allerdings lässt so manches hoffen. Zum Beispiel haben sich die Bürgermeister von Nikosia-Nord und -Süd auf eine Zusammenarbeit bei der Abwasserentsorgung und Stadtsanierung geeinigt.

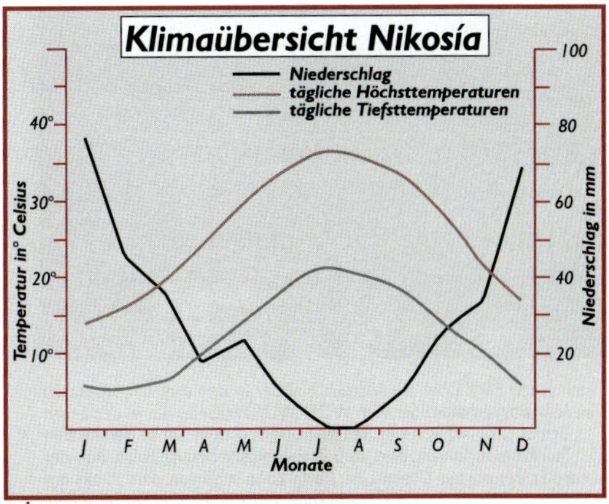

© igraphic

Nikosía liegt in der Mesaoriá-Ebene, die im Norden in die Kerýneia-Berge übergeht, im Westen und Südwesten über ein Hügelland schließlich ins Tróodos-Gebirge führt. Im Sommer ist es unsäglich heiß, über 40 °C im Schatten sind an der Tagesordnung. Kein Wunder, dass die Bewohner der Hauptstadt keine Möglichkeit auslassen, ans Meer oder ins Tróodos-Gebirge zu flüchten.

Drei Gesichter hat Nikosia

- **das eher nüchterne, zweckorientierte Nikosía** außerhalb der Mauern mit Geschäften, Hotels, Industrievierteln,
- **die pittoreske Altstadt** innerhalb der venezianischen Wälle,
- **der türkisch besetzte Nordteil der Stadt**, in dem die Zeit stehen geblieben zu sein scheint und wo praktisch nichts neu gebaut und angelegt wurde. Für Touristen eine malerische Szenerie, für die dort lebenden Menschen verbinden sich damit eher Stagnation und Resignation.

Geschichtlicher Überblick

Die Besiedlung des Stadtgebietes reicht weit in die neolithische Zeit (6. bis 4. Jahrtausend v. Chr.) zurück. Später taucht Nikosía als Ledra, Liti, Ledrae, Ledroi und Letra auf. Herrscher des alten Ledra war *König Onasagoras*, einer jener 10 zyprischen Könige, die im 7. Jh. v. Chr. dem Assyrerherrscher *Asarhaddon* tributpflichtig waren. Später (312–285 v. Chr.) wird die Stadt von Lefkos, Sohn des Ptolomäers *Soter*, weiter ausgebaut. Er gab der Stadt auch den Namen Lefkosía, den sie seit einigen Jahren wieder offiziell trägt. Lange Zeit sollte aber der Ort keine wesentliche Rolle spielen, denn die Römer bevorzugten die südwestliche Küstenregion. Mehrfach, so wird vermutet, wurde die Stadt auch von Erdbeben zerstört.

Schaut man vom Süden der Stadt in Richtung Norden, sieht man unterhalb der Burg Buffavento an den Hängen des Pentadaktylos-Gebirges eine Flagge im Felsen, so groß wie 15 Fußballfelder, gelegt aus vielen kleinen Steinen. Der Spruch neben der Flagge bedeutet *„Glücklich ist, wer von sich sagen kann, er ist ein Türke."*

Der Dornröschenschlaf wurde erst im 4. Jh. n. Chr. durchbrochen, als Nikosía Bischofssitz wurde, nun unter der Bezeichnung Leukothea und Leuteon. In der Zeit der Arabereinfälle (648–965 n. Chr.) flüchteten die Byzantiner aus den

Einen guten Blick über die Altstadt, hinüber in den türkisch besetzten Teil Nikosías, erhalten Sie vom WOOLWORTH-Gebäude in der Ledra Street (Zugang von der Seitenstraße, mit dem Lift in den letzten Stock hinauffahren, dort stehen Ferngläser bereit). Folgt man der Ledra-Street bis zur Green Line, dann kann man von dort direkt auf die Pufferzone, auf Ruinen und Verfall sehen.

Küstenregionen in das ihnen sicherer erscheinende Landesinnere und ernannten Nikosía zur Landeshauptstadt.

Die größte Blütezeit erlebte Nikosía während der Herrschaft der Lusignans (1192–1489): Nikosía wurde Sitz der Könige und Treffpunkt der griechischen, französischen und armenischen Adligen. Später wurde die Stadt durch Genuesen und Mamelucken geplündert und zerstört, doch die Grundsubstanz blieb erhalten. Als die Venezianer in Nikosía siedelten, errichteten sie von 1567 bis 1570 einen festungsartigen Stadtwall, um sich der erwarteten türkischen Angriffe erwehren zu können. Um aber ein gut überschaubares Schussfeld zu schaffen, wurden vor den Wällen die Gebäude dem Erdboden gleich gemacht – die wertvolle Bausubstanz ging für immer verloren, so insbesondere die Abtei des heiligen Domenikus, in der fast alle Lusignan-Könige bestattet waren.

Dennoch gelang es den Türken, 1570 die Stadt einzunehmen. Und ihre Herrschaft sollte das Stadtbild wesentlich verändern, Kathedralen und Kirchen wurden zu Moscheen umgewandelt, und es entstanden Basare und Khans (Karawansereien).

Der Mauerring (venezianische Wälle)

Auch heute noch bestimmen diese Verteidigungswälle das Stadtbild. Die mächtigen Festungsanlagen bilden einen Ring von 4 bis 5 km Umfang mit 11 Bastionen.

In drei Richtungen ließ der Baumeister Durchlässe bauen:

- Nach **Westen** hin stand die Porta Domenico, das heutige Páfos-Tor.
- Nach **Norden** gelangte man durch die Porta del Provveditore, dem heutigen Kerýneia-Tor.
- Im **Osten** lag die Porta Giuliana, das heutige Famagusta-Tor.

mächtige Festungswälle

Wie stark die Wälle waren, belegt mit seiner Tiefe von 45 m das Famagusta-Tor. Doch der Befestigungsring hielt dem türkischen Ansturm nicht stand. Am 25. Juni 1570 erreichte *Mustafa Pascha* Nikosía, nur sieben Wochen später konnte er die Stadt erobern, wobei Tausende umkamen und das mittelalterliche Stadtbild weitgehend zerstört wurde.

Der ehemalige Festungsring ist heute an vielen Stellen für den Verkehr durchbrochen, die Tore haben nur noch bauhistorische Bedeutung. In den ehemaligen Festungsgräben liegen nun Sportplätze oder Restaurants. Das **Famagusta-Tor** wurde restauriert und beherbergt das Nikosía Municipal Cultural Centre. Das imposante Tor und die hier liegende Passage mit Räumen werden für Ausstellungen, Vorlesungen und verschiedene Vorführungen genutzt. *Geöffnet Mo. bis Fr. 10–13 und 16–19 Uhr (im Aug. 17–20 Uhr).*

INFO Hierzulande unglaublich und unerhört

„In Cipro gibt es noch eine andere große Stadt, die heißt Lefkosía und ist die Hauptstadt Cypri. Sie ist auch Erzbischofssitz wie hierzulande Köln. Sie liegt in der Mitte der Insel unter den Bergen des Landes in einer weiten Ebene und in sehr gesunder Luft. Und wegen der milden und wohligen Luft hält Hof daselbst der König von Zypern und all die Bischöfe und Prälaten des Landes. Und auch versammeln sich dort die Fürsten, Grafen und edle Herren, auch die Barone und die Ritterschaft des Landes.

Und sie wohnen dort die meiste Zeit und sie haben dann ihre Kurzweil mit Spielen und Turnieren und besonders mit Jagdspielen, denn es gibt viel Wild auf der Insel. So sind dort wilde Widder (Mufflons), die auf der Welt sonst nirgends anzutreffen sind. Man fängt sie mit Leoparden, weil sie anders nicht zu fangen sind. In Cipro sind Fürsten, edle Herren, Barone, Ritter und Bürger die reichsten, die es in der Welt gibt. Ein Mann, der in diesem Land dreitausend Gulden im Jahr Einkünft hätt', würde nicht höher geschätzt als einer, der hierzulande drei Mark Geldes hätt'' – kurzum: was er in Zypern an Reichtum und Luxus gesehen habe, sei „hierzulande unglaublich und unerhört".

So schreibt der aus Osnabrück gebürtige Geistliche Ludolf von Sundheim nach seiner mehrjährigen Pilgerreise zu den heiligen Stätten der Christenheit, während der er auch auf Zypern Station machte. Sein Reisebericht wurde als entschieden bestes Itinerarium des 14. Jh. gelobt.

Sehenswertes im griechischen Teil Nikosías

Obwohl die Ursprünge von Nikosía bis in die Bronzezeit zurückreichen, gibt es hier doch kaum antike Monumente, dafür aber viele Zeugnisse des fränkischen Mittelalters aus der Lusignan- und Osmanen-Zeit zu sehen. Ein interessanter **Stadtrundgang durch den griechischen Teil** beginnt entweder am Páfos-Tor oder am Stadtpark und führt an der Stadtmauer entlang die Markou Drakou hinunter. Dann weiter zum UN-Hauptquartier im Ledra-Palace-Hotel.

Laiki Yitoniá

Das neue alte Viertel gibt es seit 1984, als ein Team von Architekten das vom Verfall bedrohte alte Nikosía wieder restaurierte. Anhand von Plänen aus dem Jahr 1920 renovierten sie die

Fahrn, fahrn, fahrn ... mit der Eisenbahn
Die heißt hier „To Trenaki" (Das Zügelchen) und rollt alle 20 Minuten durch die Altstadt und startet ab dem Südende der Odos Lidas, tgl. 10–13 und 15–19 Uhr.

Häuser oder bauten neue Häuser im alten Stil. Dabei verwendeten sie nur Originalmaterialien, sogar die Straßenlaternen stammen aus den 1920er Jahren.

Leventis-Museum

Geöffnet Di. bis So. 10–16.30 Uhr, Eintritt frei

ausgezeichnet als "Europäisches Museum 1991"

Mitten in der Laiki Yitoniá liegt das erste Geschichtsmuseum Zyperns in einem neoklassizistischen Kaufmannshaus aus dem 19. Jh. Die Geschichte der Stadt wird hier, beginnend mit der Antike, über die byzantinische, fränkische und türkische bis hin zur britischen Epoche gezeigt. Zu sehen sind unter anderem Kleider von Adligen aus der Lusignan-Herrschaft, frühe Bücher und Schriften über die Insel und Fotos. Die Exponate sind auf englisch und französisch erläutert. Ungewöhnlich: **Der Rundgang beginnt im Hier und Jetzt** und führt Schritt für Schritt in die Vergangenheit zurück. Ebenfalls aus dem Rahmen fallend: Hier geht es nicht um die Herrscher dieser Welt, sondern um den Alltag des „kleinen Mannes". Die moderne Gestaltung dieses Juwels von einem Museum wurde mit dem Europäischen Museumspreis ausgezeichnet.

Freiheitsdenkmal

Leoforos Nikiforou Foka, ständig zugänglich

Aufbruch in die Unabhängigkeit

Das 1970 errichtete Denkmal stellt anschaulich dar, dass am Freiheitskampf gegen die britische Herrschaft Zyprioten aus allen Gesellschaftsschichten teilnahmen. Zwei Kämpfer der Untergrundorganisation EOKA öffnen Männern, Frauen und Kindern die Gefängnistür in die Freiheit. Auf die pathetische und heroisierende Art, wie sie Denkmälern dieser Art nun mal eigen ist, wird hier auf der Podocatoro-Bastion an das Ende des britischen Kolonialismus 1960 erinnert. Einerseits. Andererseits kann man zwischen den lebensgroßen Figuren, unter anderem einem Mann im Anzug, einem Fischer und einem Priester, umhergehen, sozusagen mit ihnen in die Freiheit aufbrechen.

Rund um den Erzbischöflichen Palast

• Erzbischöflicher Palast

Plateia Archiespiskopou Kyprianou, nur von außen zu besichtigen

Bauen im Stil der Kolonialherren

Ein bisschen paradox ist das schon: Der Erzbischöfliche Palast wurde anlässlich der Unabhängigkeit von den Briten im Jahr 1961 gebaut – allerdings in deren Kolonialstil der 1950er Jahre (wie die Zyprioten die Engländer bewunderten und gleichzeitig von ihnen befreit werden wollten, beschreibt Lawrence Durrell ganz anschaulich in seinem Buch „Bittere Limonen"). Der Palast soll die Macht und den Reichtum der orthodoxen Kirche repräsentieren. Mancher erinnert sich vielleicht an Fernsehberichte des 15. Juli 1974, als hier die Putschisten den Palast beschossen und *Erzbischof Makarios III.* nur knapp entkommen konnte. Der Palast ist nur bei besonderen Anlässen zugänglich, dann kann auch das Schlafzimmer des Erzbischofs besichtigt werden, dort wird auch sein Herz – **das „Herz Zyperns“** – aufbewahrt. In einem Seitentrakt des Erzbischöflichen Palastes befindet sich das **Museum des Nationalen Kampfes**, das mit Exponaten wie einem Galgen den Freiheitskampf der EOKA dokumentiert.

In der Gegend um den Bischofspalast findet man noch Häuser im osmanischen Stil, die in traditioneller Lehmziegelbauweise errichtet wurden. Einigen konnte nicht mehr geholfen werden, sie waren schon fast zu Staub zerfallen, doch andere konnten restauriert werden.

- **Bronzestatue des Erzbischofs Makarios**

10 m hoch und 20 Tonnen schwer steht *Erzbischof Makarios III.* in Bronze vor seinem Palast und blickt gen Süden auf sein geliebtes Zypern. So monumental die 1987 aufgestellte und nicht unumstrittene Statue auch wirken mag: Das Gesicht des Erzbischofs ist weich, fast schon zärtlich, sein Gesicht und Oberkörper sind relativ fein ausgearbeitet, wie auch die Kette mit den Insignien seiner Herrschaft und sein Bischofszepter, das Zyperns Erzbischöfe als einzige in der orthodoxen Welt (statt des Bischofsstabes) als Insignium kaiserlicher Herrschaft tragen dürfen. Nach unten wird die Statue immer schemenhafter.

- **Byzantinisches Ikonen-Museum**

Plateia Archiepiskopou Kyprianou. Geöffnet Mo. bis Fr. 8–16.30 und Sa. 9–13 Uhr.

In einem Seitentrakt des Erzbischöflichen Palasts ist das Ikonen-Museum untergebracht. In zwei Sälen sind hier über 100 der schönsten und wertvollsten zyprischen Ikonen (8. bis 18. Jh.) und Mosaike (5. Jh.) ausgestellt. **Die älteste der Ikonen** aus dem 8. Jh. **wurde in der seltenen enkaustischen Technik gemalt**, wobei Bienenwachs statt dem ansonsten verwendeten frischen Eidotter als Bindemittel für die Farbpigmente benutzt wurde. Die sechs Mosaiken aus dem 5. Jh. im zweiten Saal wurden einst aus dem türkisch besetzten Teil gestohlen. Nach Jahren tauchten sie auf dem amerikanischen Kunstmarkt wieder auf und mussten nach einem Gerichtsbeschluss dann wieder an Zypern zurückgegeben werden.

„Denn eine Ikone ist nicht einfach ein Portrait. Sie ist der Schatten ihres Urbilds im Himmel, ein Fenster, durch welches das Göttliche hinaus blickt und durch welches der Andächtige ins Paradies zu blicken vermag. Für manchen Menschen ist selbst das Holz, das Öl und das Eiweiß eine lebende Verkörperung des porträtierten Heiligen. Mehrere Bildnisse der Heiligen Jungfrau sollen sich auf geheimnisvolle Weise selbst gemalt haben ... Gelegentlich sind Heilige auch unmittelbar vor den Künstlern erschienen, in die wartende Tafel eingetreten und haben sich dem Holz mitgeteilt.“
Colin Thubron, 1985

Hintergrund dieser Sammlung ist nicht nur ein kultureller, sondern auch ein politischer: Das Museum soll die byzantinische Tradition des zyprischen Griechentums unterstreichen.

- **Ömerye-Moschee**

Die einzige noch als solche genutzte Moschee in Nikosía, die heute von syrisch-libanesischen Muslimen gehütet wird. In einer Seitenkapelle befand sich das Grab des Heiligen und deutschen Kreuzfahrers *Johannes Montfort*, von dem, bzw. dessen Leichnam folgende Geschichte berichtet wird: Eine Verwandte des *Johannes Montfort* machte auf ihrem Weg ins Heilige Land Zwischenstation bei seinem Grab und verbrachte dort eine Nacht des Gebets, während der sie dem Heiligen ein Stück Schulter abgebissen hatte, um es als Reliquie mit nach Hause zu nehmen. Ihr Schiff aber konnte den Anker solange nicht lichten, bis sie ihre Untat gestanden und das Stück Fleisch wieder zurückgebracht hatte, das dann alsbald mit dem toten Leib wieder zusammen wuchs!

- **Hamam**

florierendes Chaos

Schräg gegenüber der Ömerye-Moschee liegt der Hamam, das türkische Bad. Den Leuten von der Tourist-Information sind Nachfragen nach diesem Bad peinlich: „they do not care much". Tatsächlich, der Hamam sieht von außen wie seit Jahren außer Betrieb aus. Aber – er floriert! Und wie! Bademäntel hängen an der Wand, Kissen liegen auf den Ruhebänken und davor stehen Badeschühchen aufgereiht. Und das inmitten einer unglaublichen Ansammlung von Kisten, Hausrat und Geräten. Eine eigene Welt für sich, hier macht man noch aus dem größten Chaos das Beste.

Cyprus Jewellers Museum

Odos Praxippou 7–9, Laiki Ytonia, geöffnet Mo.–Fr. 10–16 Uhr, Eintritt frei

Alter Schmuck, zyprisches Tafelsilber und traditionelle Juwelierswerkzeuge sind hier ausgestellt. Die 600 kostbaren Gold- und Silberarbeiten stammen aus dem 18. Jh.

Johanneskathedrale

Platia Archiepiskopou Kyprianou, geöffnet tgl. 8–12 und 14–16 Uhr, Sa. 8–12 Uhr

außen unscheinbar, innen prachtvoll

Ganz anders als unsere mitteleuropäischen Kathedralen ist diese **ein kleiner unscheinbarer Bau**, dessen **prächtiges Inneres** man von außen nicht ahnen kann. Innen ist sie über und über mit Fresken aus dem 18. Jh. ausgemalt, unter anderem mit einer seltenen Darstellung der ersten sieben Konzilien und einer sehr bewegenden Kreuzigung *Jesu*. Am schönsten aber ist die „Wurzel Jesse" über dem Südportal, mit dem weit verzweigten Stammbaum *Christi*, der aus dem Leib des Propheten *Jesaias* emporwächst. Im Vorgängerbau dieser Kathedrale, einer Benediktinerkirche, soll sich einst ein Finger *Johannes des Täufers* befunden haben, bevor er (der Finger) 1426 von den Mamelucken gestohlen wurde.

Tipp

Wer dem babylonischen Sprachgewirr und den großen Menschenmassen in der kleinen Kirche entgehen möchte, der sollte sie am besten morgens besuchen.

Archäologisches oder Zypern-Museum

Mouseiou, geöffnet Mo. bis Sa. 9–17 Uhr, So. 10–13 Uhr

Wenn man bedenkt, wie viele zyprische Alterümer vom Alibi-Archäologen *Luigi Cesnola* gestohlen wurden, dann sind Umfang und Bedeutung der Exponate dieses

Archäologisches Museum - Zypern Museum

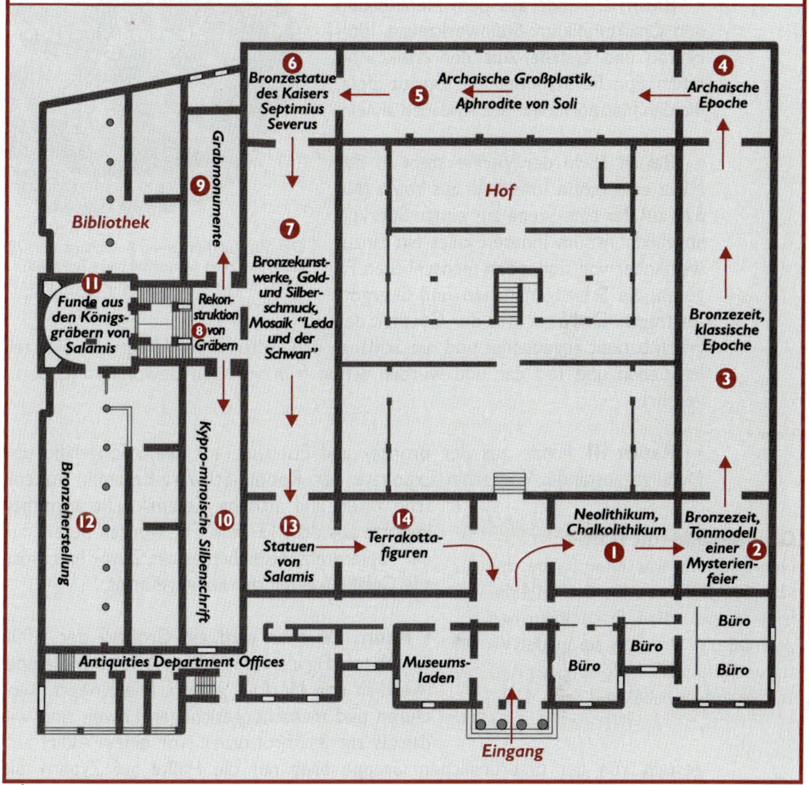

© igraphic

Museums sehr überraschend. Es wurde bereits 1882 gegründet, aber die heutigen Räumlichkeiten erst im Jahre 1909 bezogen. Das Museumsgebäude wurde zum Gedenken an *Königin Viktoria* vom damaligen britischen Gouverneur gebaut, 1835 umgestaltet und erweitert, eine erneute Vergrößerung wurde 1992 abgeschlossen. Es liegt gegenüber dem Parlamentsgebäude sowie dem Stadttheater. Die Exponate zeichnen ein **Bild der Kulturgeschichte** vom Neolithikum bis zur römischen Zeit. Daneben gibt es eine **ergänzende Sammlung aus dem früheren Christentum** sowie aus späteren Perioden. Beinahe alle Funde stammen von der Insel und wurden von zyprischen Archäologen und ausländischen Ausgrabungsteams zutage gefördert. Dem Museum ist eine Bibliothek mit archäologischer Literatur angegliedert, die Fachleuten zur Verfügung steht.

das bedeutendste Museum Zyperns

Schwerpunkt der einzelnen Räume

Der Stierkult fand unter Ausschluss der Öffentlichkeit statt, das zeigt humorvoll diese Terrakotta, bei der ein Mann neben dem Eingang heimlich über die Mauer späht.

- **Raum I**: Funde aus dem Neolithikum und Chalkolithikum: Steinwerkzeuge, Idolfiguren und Gefäße. Aus der chalkolithischen Epoche stammen die Steatit-Idole, die den Marmoridolen der Kykladen ähneln.

- **Raum II**: In der Vitrine steht in der Mitte eine große Tonschale aus Vouní (Nr. 52), auf der eine Szene aus einem Stierkult abgebildet ist. Im Inneren kniet ein Einzuweihender vor stehenden menschlichen Figuren, die Schlangen halten und Stiergötter tragen. Der Stier war der Gottheit der Fruchtbarkeit zugeordnet und die Schlange den Göttern der Unterwelt. Sie stellen Leben und Tod dar und wurden schon früh von den Bewohnern Zyperns verehrt.

- **Raum III**: Funde aus der Bronze- und Eisenzeit, vor allem Tongefäße und Metallgegenstände. Weiterhin Exponate der Rot-auf-Schwarz-Keramik, mykenische Vasen und attische Keramik. Die syrischen Importe aus dem 15. Jh. v. Chr. wurden bereits auf der Töpferdrehscheibe hergestellt. Zuvor hatte man alle Gefäße frei mit der Hand geformt.

Gruppenbild mit Dame
Der Stierkult war eher Sache der Männer. Und doch wurden im Agía-Irini-Tempel zwei Frauenfigurinen gefunden. Wo stehen sie in der Vitrine in Raum IV? Auflösung des Rätsels (Achtung Falle!) auf Seite 418.

- **Raum IV**: Hier wird ein Großteil der 2.000 Terrakotta-Figuren aus dem Agía Irini-Tempel (westlich von Mórfou) gezeigt. Die Krieger, Kentauren und menschengesichtigen Löwen sind wie damals zur Spätbronzezeit (vor einem Altar) aufgestellt. Von der ursprünglichen Gruppe blieb nur die Hälfte auf Zypern, die andere Hälfte steht in Kopenhagen. Nach damaligem Recht durften die Ausgräber die Hälfte ihrer Funde mit nach Hause nehmen, und so tat es auch der schwedische Archäologe, der damals die Ausgrabungen leitete.

Vorne hui und hinten pfui
Ganz hinten in der rechten Ecke steht ein von vorne harmloses Relief, das Dionysos zeigt, den griechischen Gott des Weines und der Fruchtbarkeit. Schauen Sie aber mal auf die Rückseite des Steines, auch dort geht es um das Thema Fruchtbarkeit ...

berühmte Aphrodite von Soli

- **Raum V**: Hier stehen Skulpturen von 600 v. Chr. bis zur römischen Zeit, vor allem Votivfiguren (Weihe-Gaben) aus verschiedenen Heiligtümern. Besonderes Interesse verdienen die berühmte Aphrodite von Soli sowie der Frauenkopf aus dem Aphrodite-Tempel in Arsos (3. Jh. v. Chr.). Da damals auf Zypern Mangel an Marmor herrschte, musste man sich bei archaischen Großplastiken vorwiegend mit Kalkstein begnügen. Wie man an den meist beschädigten Figuren sieht, war der nicht sonderlich haltbar. Durch Zufall wurden 1997 bei den Königsgräbern von Tamassós die prachtvollen Sphingen und Löwen aus dem 6. bis 8. Jh. v. Chr. gefunden, die einst vor einem Grab standen und wohl eine abschreckende Wirkung haben sollten.

Der kleine Eros in Raum VI schläft nun selig. Kein Wunder, hat er doch sein Werk getan (in Raum V hinter der Dionysos-Abbildung).

• **Raum VI**: Hier beeindruckt die über 2 m große Bronzestatue des römischen *Kaisers Severus* (193-211 n. Chr.) in der Pose eines Athleten. Diese Statue wurde, in viele Teile zerbrochen, bei Kythräa (nordöstlich von Nikosía in der Nähe des antiken Chytri) gefunden. Der Kopf ist nicht das Original, hier wurde ihm einfach ein anderes Haupt aufgesetzt. Das ist unschwer zu erkennen, weil er im Vergleich zum Körper zu klein ist. Außerdem sind hier Siegel und Amulette aus der ägyptischen, persischen, griechischen und assyrischen Periode ausgestellt. Ebenso werden Geräte und Werkzeuge vom Beginn der Kupferherstellung bis zur Römerzeit gezeigt.

Die berühmte Bronzefigur des „Gehörnten Gottes", späte Bronzezeit, 1600–1050 v. Chr.

• **Raum VII**: Bronzekunstwerke wie Waffen, Münzen und kleine Statuetten sind hier zu sehen, wobei eine Bronzekuh aus Vouní (5. Jh.) und der gehörnte Gott von Egkomi (12. Jh. v. Chr.) zu den interessantesten Exponaten gehören. Der Gold- und Silberschmuck in den Vitrinen ist nur ein Bruchteil dessen, was man auf Zypern gefunden hatte, wie ein einheimischer Führer bitter bemerkt, denn die meisten Schätze wurden von dem Ausgräber *Cesnola* gestohlen und verkauft. Die Münzen aus der hellenistischen Zeit sind zwar alle unterschiedlich groß, wiegen aber allesamt exakt das Gleiche. Hier hängt auch das berühmte, römische Fußbodenmosaik „Leda mit dem Schwan", das einst in Palea Páfos ausgestellt war, von dort 1980 entwendet wurde und erst nach 14 Jahren wieder bei einem Kunsthändler in London auftauchte. Neben dem Leda-Mosaik zeigt ein anderes Mosaik eine Jagdhündin, über die ihr Herrchen oder Frauchen einst in das Mosaik schreiben ließ: „Phiria (ist) gut".

• **Raum VIII**: Von hier aus führen Stufen zu Grabrekonstruktionen und Grabbeigaben aus der frühen Steinzeit bis ins 5. Jh. n. Chr.

• **Raum IX**: Sammlung von Terrakotten, Grabmälern, Stelen und Urnen.

rätselhafte Silbenschrift

• **Raum X**: Hier geht es um die Entwicklung der zyprischen Schrift. Rätsel gibt noch heute eine Tafel mit einer kypro-minoischen Silbenschrift auf, die der kretischen Linear A ähnelt und bis heute noch nicht entziffert wurde.

- **Raum XI**: Die Funde des Archäologen *Vassos Karageorghis* im heutigen Dorf Tuzla zählen zu den berühmtesten des Museums. Sie wurden aus dem Scheingrab des Nikokreon (der letzte *König von Salamis* beging im Jahre 311 v. Chr. Selbstmord, nachdem er *Ptolemäus I.* keinen Widerstand mehr leisten konnte) geborgen: Wie reich der Verstorbene war, zeigen ein großer Dreifußkessel, ein Königssitz mit Elfenbeinintarsien, ein Bett und ein bronzener Streitwagen.

Kupfer wertvoller als Gold

- **Raum XII**: Hier wird anhand der Nachbildung einer Kupfermine die Gewinnung von Kupfer und die Herstellung von Bronze dokumentiert. Kupfer war seinerzeit wertvoller als Gold!
- **Raum XIII**: Römische Statuen aus dem Gymnasium von Salamis (2. Jh. n. Chr.): Apollon mit der Lyra, Herakles, Nemesis und Hera.
- **Raum XIV**: Kleinere Exponate wie Terrakotta-Figuren der geometrischen bis zur klassischen Zeit, neben Götterfiguren Szenen aus dem täglichen Leben, so zum Beispiel eine Entbindungsszene. Auch sieht man hier den „Ersten Touristen“, einen im „Liegestuhl“ liegenden Mann (in der Glasvitrine rechts neben der Tür).

Der Schwan, der Schwan, was hat er nur getan? Oh Schreck, oh Schreck, zieht er doch der Leda das Tuch weg ...

Ágios Tripiotis

Solonos, die Kirche ist meistens verschlossen.

Die heutige Kirche stammt aus dem 17. Jh. Relief mit Tieren, Nixen und Seeungeheuern aus dem 14. Jh.

Haus des Chatzigeorgakis Kornésios

Patriarchou Gregoriou. Geöffnet Mo bis Fr. 8.30–15.30 Uhr

Steuern für den Sultan

Das gut erhaltene, stattliche Haus aus dem 18. Jh. gehörte einem Christen namens *Chatzigeorgakis Kornésios*, der in seinem Amt als Dragoman (1779 bis 1809) dafür zuständig war, von seinen Glaubensgenossen Steuern für den Sultan einzutreiben. Dieses Amt, das die Türken vom byzantinischen Reich übernommen hatten, war seinerzeit einer der wichtigsten Verwaltungsposten, der mit erheblichen Privilegien wie Steuerfreiheit verbunden war. Geboren als Sohn eines reichen christlichen Textilhändlers erhielt der junge *Chatzigeorgakis Kornésios* eine hervorragende Erziehung und lernte schon früh türkisch. Nach 30 Jahren als Dragoman führten die drückenden Steuern und eine Hungersnot zu einem Aufstand der Zyperngriechen, wobei sie auch das Haus des Dragoman plünderten. Der war da aber schon nach Istanbul geflüchtet, um mit Hilfe des Sultans den Aufstand niederzuschlagen. Das sollte gelingen, doch später wurde er in Intrigen am Hofe des Sultans verwickelt und 1809 aufgehängt (nach anderen Quellen enthauptet).

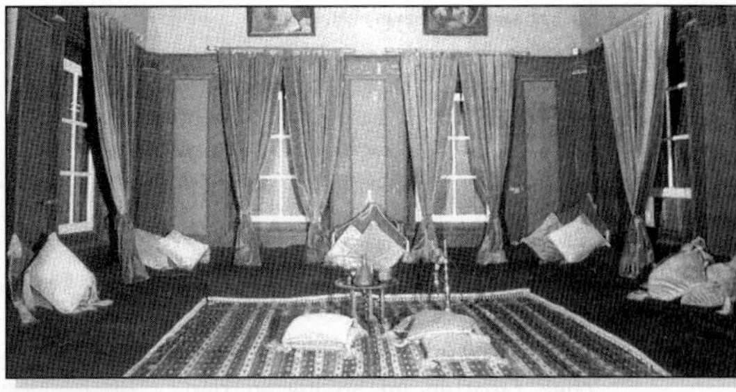

Der Wohnraum im Haus des Chatzigoergakis Konrésios – wer saß hier einst zusammen und was wurde hier wohl besprochen?

Das restaurierte Herrenhaus aus dem 18. Jh. war bis 1979 bewohnt. Es umschließt einen Arkadenhof mit einem türkischen Hamam (Dampfbad), Dienstboten- und Lagerräumen. Eine imposante Freitreppe führt in den ersten Stock mit den in erdigen Farben gestrichenen Wohnräumen. Einen sehr einladenden Eindruck macht der im türkischen Stil des 18. Jahrhunderts eingerichtete Salon mit seinen Sitzkissen. Besonders interessant in diesem Salon ist das Gemälde in der Nische über den Schränken, das eine Stadt mit Stadtmauern, Zypressen, Brunnen und Meer, aber keinem einzigen Menschen zeigt. Vermutlich handelt es sich bei dieser Stadt um ein idealisiertes Konstantinopel.

Wer aber in diesem Museum nach persönlichen Zeugnissen aus dem Leben des *Kornésios* sucht, der tut dies vergeblich. Was war dieser *Kornésios* für ein Mensch? Nichts ist zu finden über sein persönliches Leben, nicht in diesem Haus und auch anderswo nur die dürren Daten seiner Biographie. Es gibt nur ein Portrait von ihm und das zeigt das Gesicht eines Mannes, so undurchschaubar, wie es die Tatsache seiner verschwundenen Biographie auch ist. Rätselhaft auch die Marmortafel über dem Eingang des Hauses: Sie zeigt den venezianischen Markuslöwen – obwohl die Venezianer seit Jahrhunderten die Insel verlassen hatten ... *Chatzigeorgakis Kornésios* – ein Leben wie aus einem Roman, den es noch zu schreiben gilt.

Chatzigeorgakis Kornésios – *sein Leben war so undurchschaubar wie es sein Gesicht ist.*

Südwestliche Umgebung von Nikosía

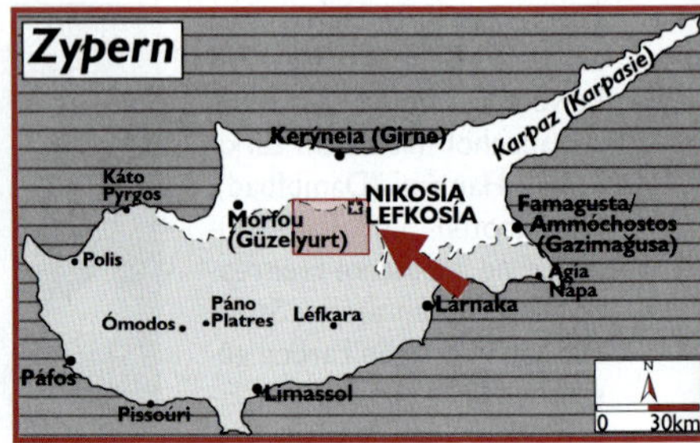

© igraphic

Panaghia Chrysospiliótissa

Frei zugänglich. Am Ortseingang von Káto Deftera in einer Felswand gelegen. Eine Stahltreppe führt hinauf.

Die Kirche, bzw. die vier künstlichen Grotten im Steilfelsen sind der Panagía Chrysospiliótissa (= Muttergottes von der Goldhöhle) geweiht. Schon in der Bronzezeit wurde hier vermutlich die kleinasiatische Muttergöttin verehrt. Nach Christi Kreuzigung soll sie die Grotten mit ihren Fingernägeln aus dem Stein gekratzt haben, um dort ungestört ihren toten Sohn betrauern zu können. Frauen, die hier um Kindersegen beteten, haben ungewöhnliche Votivgaben hinterlassen, man sieht aber auch einige Brautkleider. Die fruchtbringende Muttergottes gilt auch als Regenspenderin.

Bitte um Fruchtbarkeit

Straußenfarm

Ostrich Park,in Ágios Ioannis Mallountas an der E 903 von Nikosía nach Palaichori. Geöffnet Mai bis Okt. tgl. 9–20 Uhr, Nov bis April tgl. 9–18 Uhr.

Die schnellen Vögel, die einst in Europa heimisch waren, kehren nun wieder zurück, allerdings nicht in die freie Natur, sondern in Straußenfarmen. Zypern hat jetzt auch eine. Man erfährt hier so allerhand über diese interessanten Riesenvögel. Im Souvenirshop kann man sich dann mit Straußeneiern und Straußenledertaschen eindecken, oder man läßt sich Straußenburger oder Straußeneieromeletts schmecken.

Straußeneier, Straußentaschen

Tamassós

Geöffnet Di bis Fr 9–15 Uhr

Zur falschen Zeit am falschen Ort – und aus war es mit der Karriere des **Apollo von Tamassós**. Postkartenmotiv, Highlight eines Reiseführers, Ausflugsziel, Attraktion eines Museums: Der Apollo von Tamassós hätte berühmt werden können. So aber endete seine lebensgroße Bronzestatue, die 1836 ein Bauer in der Nähe von Tamassós fand, als schnödes Altmetall, als welches ihn der Bauer verkaufte. *„Theils aus Unverstand, theils aus Furcht vor den Türken, die wenn sie von einem Funde hören, immer an Schätze denken und den Findern Erpressungen machen“* – wie der Archäologe *Ludwig Ross* 1852 schrieb. Nur der Kopf des Apollo

> Homer lässt in der Odyssee Athena *„über das dunkle Meer zu unverständigen Völkern fahren“*, um in Tamassós *„Kupfer für blinkendes Eisen zu tauschen“*, denn *„In Tamassós gibt es reiche Kupferminen, in denen Kupfersulfat produziert wird und der in der Heilkunst nützliche Kupferspat“*, so berichtete Strabo in seiner Geographica (23. n. Chr.).

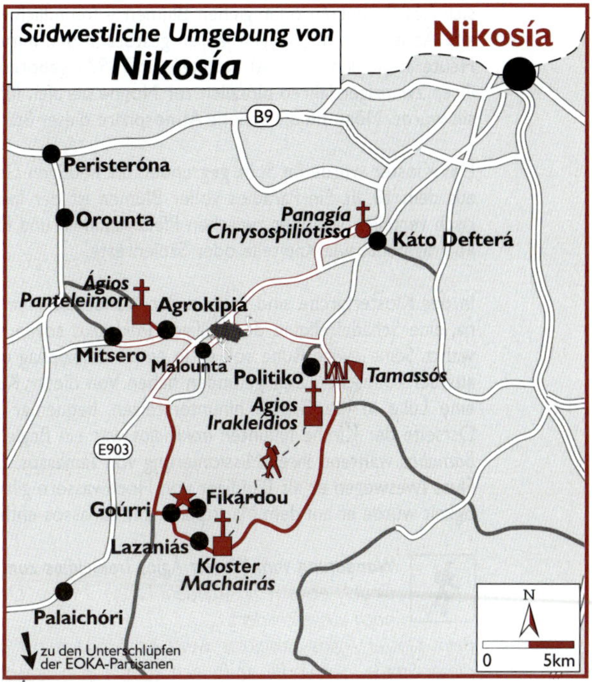

© igraphic

konnte gerettet werden, er ist heute im britischen Museum zu besichtigen. So wie von der Statue ist auch von der einstigen Größe Tamassós heute nicht mehr viel zu sehen.

Tamassós war in der Antike berühmt für seine reichen Kupfervorkommen. Vom einstigen Stadtkönigtum sind heute nur zwei sogenannte Königsgräber geblieben sowie Spuren des Kupferabbaus in den Tafelbergen dieser noch heute kargen Gegend, für den Abbau wurde jede Menge Holz verbrannt. Die 1889-94 von dem deutschen Archäologen *Max Ohnefalsch-Richter* erforschten **Gräber sind aus Stein gebaut**, sollen aber mit ihren Formen und Motiven **Holzgebäude** imitieren bis hin zu den „Balken" an der Decke und „Verriegelungen" (in Grab V).

Etwa 200 m südlich der Königsgräber liegt der Bereich des Astarte-Aphrodite-Tempels mit angrenzenden Wohn- und Werkräumen. Für archäologische Greenhorns sind die äußerst spärlichen Spuren aber nicht sehr interessant.

1997 wurden in Tamassós durch Zufall sechs spektakuläre Sandstein-Skulpturen aus dem 6. Jh. v. Chr., zwei Sphinxen und vier Löwen – gefunden, die heute im Zyprischen Museum von Nikosía zu sehen sind.

ein spektakulärer Fund

Hinweis
Für die Besichtigung der Gräber ist eine Taschenlampe sehr nützlich.

Ágios Irakleídios

Geöffnet täglich (Mittagsruhe 12–15 Uhr) von Mitte Mai bis Mitte September

Welche heitere Geschäftigkeit herrscht in diesem Kloster! Nonnen, auffallend viele von ihnen noch sehr jung, stehen in Grüppchen zusammen und unterhalten

freundlich und offen

sich lebhaft, putzen oder gießen Blumen – freundlich und offen sind sie alle. Die alte Äbtissin ist vor einigen Jahren gestorben und mitten im Klosterhof beerdigt. Heute steht den etwa 40 Nonnen eine 1973 geborene Äbtissin vor, die sich in ihren zwanziger Jahren plötzlich zur Nonne berufen fühlte und bald darauf Äbtissin wurde. Möge sie die schöne Atmosphäre dieser Stätte erhalten!

Das Kloster wurde im 5. Jh. gegründet, die heutigen Gebäude stammen allerdings aus dem 18. Jh. Ein Paradies voller Blumen ist der Innenhof des Klosters, malerisch verteilen sich hier zwischen Pfefferbäumen und Pflanzentöpfen diverse antike Fragmente wie Kapitelle oder Säulenreste.

In der Klosterkirche sind links in der Ikonostase eine sehenswerte Milchmadonna, eine Schädelreliquie des heiligen *Irakleídios* sowie seine Handknochen aufbewahrt. Seine ewige Ruhe soll er in einem Sarkophag unterhalb der Seitenkapelle aus der römischen Zeit gefunden haben. Von dieser Kapelle aus kann man durch eine Luke in die Grotte hinuntersteigen, bequemer gelangt man aber an der Ostseite der Kirche hinunter. *Irakleídios* war ein Begleiter der *Apostel Paulus* und *Barnabas* während ihrer Missionierung von Tamassós. Getauft wurde er in einem Fluss (weswegen er als Bändiger von Hochwassern gilt), wegen seiner Missionstätigkeit wurde er auf dem Marktplatz von Tamassós enthauptet.

Wanderung vom Kloster Ágios Irakleídios zum Kloster Machairás

Dauer: etwa 4 ½ Stunden, Länge: 14 km. Der Weg ist weder markiert noch ausgeschildert.

Während des Unabhängigkeitskampfes von Partisanen benutzter Pfad

Beim Kloster Ágios Irakleídios weist ein Schild zum Kloster Machairás. Wenn man dieser Straße folgt, vorbei an Ruinen, kommt man zu einer Kiesgrube, in deren Mitte ein kleiner türkisfarbener See leuchtet. Das **Echo, Echo, Echo ...** *an dieser Stelle ist wirklich bemerkenswert! Man folgt dem Sträßchen weiter bis zu einer Weggabelung. Dort folgt man dem Schild zum 11 km entfernten Lazaniás. Bei der ersten Abzweigung geht man nach links, der Weg wird nun zum Feldweg. Nach einer etwa halben Stunde erreicht man ein weißes Haus, 50 m hinter dem Haus folgt man linker Hand eines Steinmännchens dem Pfad in die Schlucht hinunter, wo der Pfad später durch das Bachbett und dann langsam ansteigend vorbei am Versteck des Grigoris Afxentiou zum Kloster Machairás führt.*

Kloster Machairás

(Höhenlage: etwa 800 m)

Mo, Di. und Do. 9.00-12 Uhr geöffnet (allerdings nur für Männer!)

Macht und Pracht des untergegangenen Byzanz

Eines der großen Klöster Zyperns, Macht und Pracht des untergegangenen Byzanz sind hier erhalten geblieben. Während der Herrschaft der Ottomanen hielten die Mönche hier das alte Griechentum am Leben und unterhielten eine Schule für die Kinder der Griechenzyprioten.

Schon wegen der Fahrt durch die schöne Landschaft ist der Besuch dieses Klosters lohnend. Woher das Kloster seinen Namen „Machairás" (Messer) hat, ist nicht gesichert. Eine der Theorien lautet, dass der Name „Machairás" von dem

Die Kloster-Chronologie weiß von einem bemerkenswerten Ereignis zu berichten
Alice d'Ibelin, die Gemahlin des König Hugo IV., erzwang ihren Eintritt ins Kloster, obwohl dies Frauen verwehrt war. Sofort soll sie stumm geworden sein, und erst drei Jahre später (1340) gewann sie ihre Sprache wieder, als die Echtheit der Kreuzesreliquie von Stavrovoúni bezeugt werden sollte. Ein Priester hatte sie gestohlen, ein Hirtenjunge fand sie in einem Johannisbrotbaum versteckt. Am Königshof wurde die Reliquie der Feuerprobe unterzogen, und als die Reliquie diese überstand, erlangte die Königin ihre Sprache wieder.

eisigen und schneidenden Wind herrührt, der hier oben gelegentlich weht. Nach einer anderen Version hatten die *Eremiten Ignatius und Neofytos* 1172 eine von einem großen Messer oder Schwert bewachte Ikone der Muttergottes entdeckt. Um zur Ikone zu gelangen, bekamen die Mönche von „göttlicher Hand" ein Messer, mit dem sie das Gestrüpp rund um die Höhle zerschnitten. Diese Szene ist auf den beiden großen Mosaiken beiderseits der Kirchentür dargestellt. Aufgrund des Fundes erhielten die Einsiedler von *Kaiser Manuel Komnenos* Ländereien, um hier das Kloster zu bauen.

von göttlicher Hand

Viele Klostergründungen Zyperns basieren auf der wundersamen Entdeckung einer Ikone. Das hat einen ganz realen Hintergrund: Während der arabischen Überfälle zwischen dem 8. und dem 10. Jh. und unter der Herrschaft der katholischen Franken vom 12. bis zum 15. Jh. mussten viele Kultgegenstände der orthodoxen Kirche versteckt werden. Im Laufe der Zeit wurden sie dann vergessen, um dann irgendwann wieder gefunden zu werden.

Ebenfalls einen realen Hintergrund hat die Wunder wirkende Ikone der Jungfrau von Machairás. Sie soll nämlich vor Seuchen schützen. Einst zog sich der Adel während der Herrschaft der Franken in dieses Kloster zurück, wenn in Nikosía Seuchen wüteten. Unter anderem im 14. Jh. der fränkische *König Jaques I.*, der hier mit seiner Familie der Pest entkommen wollte. Abseits der Seuchenherde der Stadt blieben sie im gesünderen Tróodosklima vor Ansteckung verschont – die Panagia hat geholfen.

1892 wurde das Kloster durch einen Brand zerstört, ein Schicksal, das es mit anderen Klöstern teilt. Die segenspendende Ikone entging der Feuersbrunst wie durch ein Wunder. Noch immer ist sie ein beliebtes Pilgerziel, da sie angeblich die Heilung von Wunden beschleunigt und für Regen sorgt. Um von Krankheiten verschont zu werden, zeichnen die Gläubigen mit dem oben erwähnten Messer ein Kreuz auf den befallenen Körperteil, auch bei Taufen werden Kinder durch ein mit dem Messer geschlagenes Kreuz vor zukünftigen Krankheiten bewahrt.

Kloster Machairás feierte im Jahre 2001 sein achthundertjähriges Juiläum.

Wie um viele Klöster Zyperns, rankt sich auch um dieses eine nette Geschichte: eines Tages kam ein Geschäftsmann mitsamt seiner Arbeiterkolonne ins Kloster. Er wollte wissen, wo denn der Marmorbruch zu finden sei. Sehr zum Erstaunen der Mönche, die nicht einen einzigen Stein- oder Marmorbruch in der Gegend kannten. Doch der Geschäftsmann bestand auf seiner Frage, hätte er doch in Büchern gelesen, dass es hier Marmor gebe. Plötzlich ging den frommen Männern ein Licht auf: die Rede war von der weißen Marmorplatte, auf der sie, während sie für Regen beteten, Weihrauch brannten ...

kämpfen und sterben wie ein Hellene

Etwas weiter talabwärts gedenken die Zyprioten mit einer etwas bombastischen Statue eines Nationalhelden. Der EOKA-Widerstandskämpfer Grigoris Afxentiou versteckte sich hier (nachdem er von einem Bauern verraten worden war) mit dem Schwur: *„Ich ziehe es vor, wie ein Hellene zu kämpfen und zu fallen."* Durch einen von den Briten gelegten Brand starb er dann hier am 3. März 1957. Im Kloster wurde ein Raum eingerichtet, in dem die persönlichen Gegenstände und Fotos des Freiheitshelden ausgestellt sind.

Seit kurzem gibt es auf dem Weg zum Machairás-Kloster ein weiteres Denkmal für Grigoris Afxentiou, das von weitem einer Haifischflosse ähnelt. Unterhalb des Denkmals auf dem Hügel sind auf eine drastische Art die verkohlten Reste des Freiheitskämpfers dargestellt.

Lazaniás

(Einwohner: unter der Woche ca. 10, am Wochenende weit mehr)

Lazaniás haftet etwas Geheimnisvolles, etwas lange Zurückliegendes an, so, als ob es viele Geschichten erzählen könnte. Der noch vor wenigen Jahren fast vollständig verlassene Ort erwacht wie so viele andere Dörfer Zyperns auch, an den Wochenenden mittlerweile wieder zu neuem Leben.

durch unterirdische Gänge verbunden

Beim Spaziergang bergauf und bergab durch die engen Gässchen, vorbei an alten Häusern aus dem 18. und 19. Jh. wurden wir in ein Haus gebeten, wir sollten ES sehen. Die Hausführung ging durch eine Klapptür unter dem Ehebett direkt in den Keller. Der wurde nicht nur für die riesigen Vorratsbehälter angelegt, die noch heute so dastehen wie vor 100 Jahren, sondern auch, damit sich die Frauen vor Angriffen der Türken verstecken konnten. Alle Häuser des Dorfes seien durch unterirdische Gänge miteinander verbunden gewesen, so konnten die Frauen sicher von einem Haus ins nächste flüchten. So erzählt mit großer Bitterkeit der Mann, der auf seine alten Tage in sein Heimatdorf zurückgekehrt ist.

In der Dorfkirche Agios Georgios (18. Jh.) lohnt ein Blick nach oben zur bemalten Holzdecke. Sie dürfte in ihrer Art die einzige auf der ganzen Insel sein.

Fikárdou

(Höhenlage: 886 m, Einwohner: etwa 5, am Wochenende das Vielfache)

Benannt wurde der Ort nach einer adligen Familie aus dem Mittelalter, die seinerzeit Verbindungen bis zum englischen Hof hatte. Das einst vom Aussterben bedrohte alte Bergdorf steht seit 1978 **unter Denkmalschutz** und ist mit seinen Häusern aus der Periode vom 18. bis zum Anfang des 20. Jh. mehr oder

INFO Sag mir, wo die Lazanier sind ...

wo sind sie geblieben, die im Jahr 1960 noch 101 Bewohner, 1992 nur noch 24 und heute noch etwa 10 zählenden Einwohner von Lazaniás? Eine Spurensuche.

Das Grab von Dimitrios Metrofanis, existiert noch heute auf dem Friedhof von Lazaniás.

Es war um die erste Hälfte des 19. Jh., als Dimitrios Metrofanis, orthodoxer Priester von Lazaniás, seine Frau **Maria**, heiratete.

Sie hatten einen Sohn, **Dimitrios Metrofanis** (1876–1946), der mit seiner Frau **Evtholkia** (1876–1946) in Lazaniás lebte und dort auch starb.
Beide hatten **zwölf Kinder**:
Charalambos Demas, der sich später Harry nennen sollte, am 7. Mai 1880 in Lazaniás geboren wurde und am 19. Oktober 1990 in Port Richey in Florida verstorben ist. Zusammen mit seiner Frau Mary Midaloras hatte er vier Kinder, unter anderem James, der in erster Ehe die dreimal geschiedene Laurel Lynn Harrington heiratete.
Von **Eleni** (die später zu Helen wurde), ist nur so viel bekannt, dass sie 1908 geboren wurde und einen gewissen Kypros Kyprionadou heiratete.
Alexander wurde 1912 in Lazaniás geboren, wo er nur 20-jährig auch sterben sollte.
Von **Lazaros** ist nur soviel bekannt, dass er eine Katarina Demetriades heiratete.
Nicholas (amerikanisiert dann Nicos) heiratete eine Anastasia und hatte zwei Kinder mit ihr. Er lebte in New York.
Maria, die 1901 geborene, verstarb mit 81 Jahren, sie hatte die Kinder Rodathea, Charalambos, Irene, Eleni (später Helen) und Elpida.
Von den anderen Kindern, **Panyiotis (Peter), Evanthia, Ignatius und Eftihia** und zwei weiteren ist nichts bekannt.

Eine Familie, vom Winde verweht, über deren Urmutter Maria Laurel Lynn Harrington, die dreimal geschiedene Schwiegertochter des **Charalambos Demas**, im August 1997 im Internet schrieb: *All children born same village, same place sitting on a chair. She is burried in the church yard you can see from the house.*

weniger ein Freilichtmuseum. Die Gassen des Dorfes sind so eng, das sie nur von Menschen und von Eseln passiert werden können, Autos müssen zwangsläufig draußen bleiben.

Häuser des Katsinioros und Achilleas Dimitri

Geöffnet: Mai bis Aug. Di.–Do. 10–17 Uhr, So. 10.30–14 Uhr. Sept. bis April Di. bis Fr. 9–16 Uhr, Sa. 9–15.30 Uhr, So. 10.30–14 Uhr.

Die beiden wichtigsten Häuser des Dorfes wurden restauriert und als Museum eingerichtet. Zu sehen sind Möbel wie ein Himmelbett, ein Webstuhl und eine Weinpresse, alte Fotos.

Im Hause des Katsinioros. So sah das früher aus, als die zyprischen Kühlschränke, die „Pitharia", noch als Vorratsgefäße für Wein, Olivenöl und Getreide dienten und nicht nur – wie heute – als Dekoration in Vorgärten liegen.

Agrokipiá – Kloster Ágios Panteleímon

Die Gegend um Agrokipiá gehörte im 12. Jh. zum Templer-Orden; damals baute man hier, wo jetzt Gemüse und Weizen gedeihen, die Trauben für den Commandaria-Wein an.

Im Ort zweigt eine Straße zum still gelegenen Kloster Ágios Panteleímon ab. Es wurde zu Beginn des 18. Jh. erbaut und war bis ins 19. Jh. von etwa 30 Mönchen bewohnt. Später verfiel das Kloster und erst in den 1960er Jahren wurde es wieder restauriert, um nun heute einigen Nonnen als Stätte der Besinnung zu dienen. Das stille Kloster ist von einer Blütenfülle umgeben. Liebhaber von Ikonen finden hier die sehr gut gelungenen Darstellungen des *Ágios Panteleímon* sowie des *Ágios Geórgios*.

Höhlenverstecke der EOKA-Partisanen

Kurz vor Palaichori bei der Abzweigung nach Profitis Elias – Sykopetra zieht sich eine 5 km lange Staubstraße (Beschilderung: EOKA FIGHTER Hide-Outs) entlang einer kargen Berglandschaft zu den Unterschlüpfen hin.

Höhenverstecke – interessant für Kinder

Dort liegen in vollkommener Einsamkeit zwei Höhlen, in denen sich EOKA-Kämpfer während des Unabhängigkeitskampfes versteckt hielten. Am Ende der Straße parkt man und geht zu einem Versteck etwa 10 Minuten auf einem Trampelpfad bergauf, oben muss man etwas nach der wirklich versteckten Höhle suchen. Nur kniehoch ist der Eingang zum etwa drei mal drei Meter großen Unterschlupf, in dem man gerade mal stehen konnte. Etwas unterhalb vom Parkplatz liegt dann der zweite Unterschlupf.

Mitsero

Im alten Kupferminendorf wird seit 1979 wie auf ganz Zypern kein Kupfer mehr abgebaut, doch in der Vergangenheit brachte das begehrte Metall Wohlstand. Die Römer nannten es „Aes cyprium", die mittelalterlichen Alchemisten ordneten dem Metall das Zeichen der Aphrodite zu. Legenden berichten, dass der König Kinyras das Kupfer entdeckt habe, der fortan als Vater des Ambosses und des Hammers galt.

Doch schon viel früher wurde das Kupfer praktisch abgebaut: die Schlackenhalden erlauben Rückschlüsse auf Fördermengen sowie Zeiträume der Kupfergewinnung (mit Hilfe der C-14-Methode). Demnach gab es einen Höhepunkt der Produktion zwischen 1000 v. Chr. und 500 n. Chr. mit Spitzenwerten von 240 t/Jahr um 500 v. Chr. In der Zeit der Lusignans, Venezianer und später der Türken wurde der Abbau allmählich eingestellt. Die Engländer begannen dann mit einer erneuten Ausbeute, nun mit industrieähnlichen Abbaumethoden. 1979 wurde der Kupferabbau bei Mitsero eingestellt, doch nördlich des Dorfes schürften Unentwegte weiterhin nach Gold ...

„Das Wasser, das Tropfen für Tropfen aus dem porösen Gestein hervortritt, wird 24 Stunden lang in Amphoren gesammelt. Sklaven tragen es hinaus und schütten es in viereckige tönerne Tröge, wo es nach einigen Tagen eindickt und Chalcantos *(Zwischenprodukt der Kupferherstellung) entsteht. Am Grunde der Mine herrscht ein erstickender, messingartiger Geruch, der kaum zu ertragen ist. Das Wasser weist einen ähnlichen Geschmack auf. Die nackten Sklaven tragen die Gefäße mit größter Eile, um nicht lange in der Mine verweilen zu müssen. In gewissen Abständen gibt es Lichter, doch sie verlöschen häufig. Die Mine wurde von den Sklaven über mehrere Jahre hin Stück für Stück ausgeschachtet. Wenn das tropfende Wasser schwächer wird, graben die Skalven tiefer in den Berg hinein (...). Manchmal kommt es zu einem Einsturz, der alle bis zum letzten Mann tötete."*

Schrieb Galenos aus Pergamon (129-199 v.Chr.) über die Kupferminen von Soli in Nordzypern, deren Arbeitsbedingungen mit denen in Mitsero vergleichbar waren.

Tróodos-Gebirge

(Durchmesser: ca 60 km, Höhe: bis zu 1.952 m)

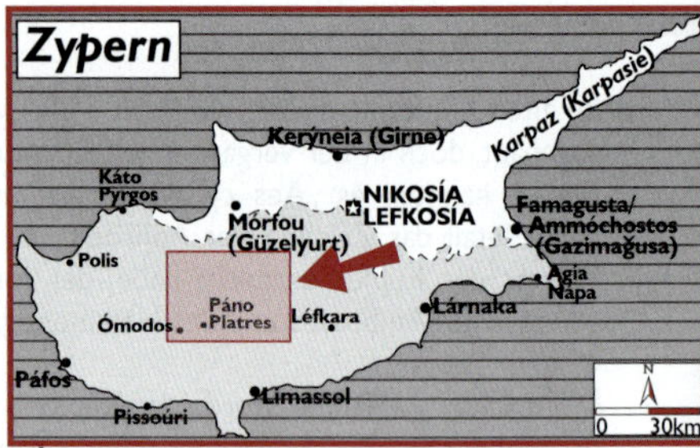

© igraphic

Wenn man von allen Gebieten über 300 Meter Höhe ausgeht, dann gehört ein Drittel Zyperns zum Tróodos-Gebirge, dessen Ausläufer im Nordwesten bis ans Meer zur Akámas-Halbinsel reichen. Im Süden schwingt das Gebirge zur Küste hin sanft ab, während es im Norden zur Ebene hin steil abfällt und im Nordosten bis auf 24 Kilometer an Nikosía heran reicht. Im Grunde besteht Zypern bis auf wenige Randbezirke aus diesem Gebirge, das die gesamte Westhälfte der Insel dominiert. *„Das Land, das wir durchquerten, ist äußerst malerisch, die Ebene geht allmählich in wunderbar grüne Hügel über, an die sich eine imposante Bergkette mit schneebedeckten Gipfeln anschließt"* schrieb *Ali Bey* im Jahr 1806.

Die schwarzen Pinien sind wohl der Grund, warum das Tróodos-Gebirge gerne als „Schwarzwald des Mittelmeers" bezeichnet wird. Das „grüne Herz" der Insel war schon bei den britischen Kolonialherren beliebt, die bis 1960 auf Zypern blieben. Seit den 1980er Jahren ist der Tourismus in der Bergregion wieder im Aufwind. Im Winter von Januar bis März können Urlauber sogar Ski fahren.

Im Sommer kommen vor allem Kletterer und Wanderer und Botanikfreunde. Das Tróodos-Gebirge, mit dem Berg Olympus (1.952 m) als höchste Erhebung, ist ein beliebtes Ausflugsgebiet der Zyprioten. Gerade in den Monaten Juli und August, wenn es in der Ebene sehr heiß ist, suchen die Menschen dort etwas Abkühlung, in den Abendstunden ist es

Redaktions-Tipps

- Ein bemaltes, biblische Geschichten erzählendes Schatzkästlein ist die von der UNESCO in die Liste des Weltkulturerbes aufgenommene **Scheunendachkirche von Asínou** (S. 354).
- Kunsthistorisch nicht bedeutsam, aber von anrührender Menschlichkeit und einer gewissen Komik sind die Ausmalungen der unscheinbaren **Dorfkirche von Vyzakiá** (S. 356).
- Wildromantisch der eine, steil herabfallend der andere – Pano Plátres hat gleich **zwei sehenswerte Wasserfälle** zu bieten (S. 345/346).
- Die ehemaligen **Asbestminen von Pano Amíantos** sind heute eine große Wunde im Gebirge, die nur langsam wieder zuwächst (S. 352).

Übernachten und Essen

- Nostalgie im britischen Kolonialstil im **Hotel Forest Park****** (S. 164)
- **Pendeli***,** von innen weit schöner, als man von außen meint (S. 165)
- **Kallithea*,** einfach und preisgünstig, von einem zyprischen Gentleman geführt (S. 165)

Einkaufen

- „A rose is a rose is a rose" in Agrós, wo Chris Tsolakis in der **Destillerie Tsolakis** vom Rosenlikör und -wein, Rosenkosmetika und Parfum so allerhand aus Rosen anpreist – und verkauft (S. 373)

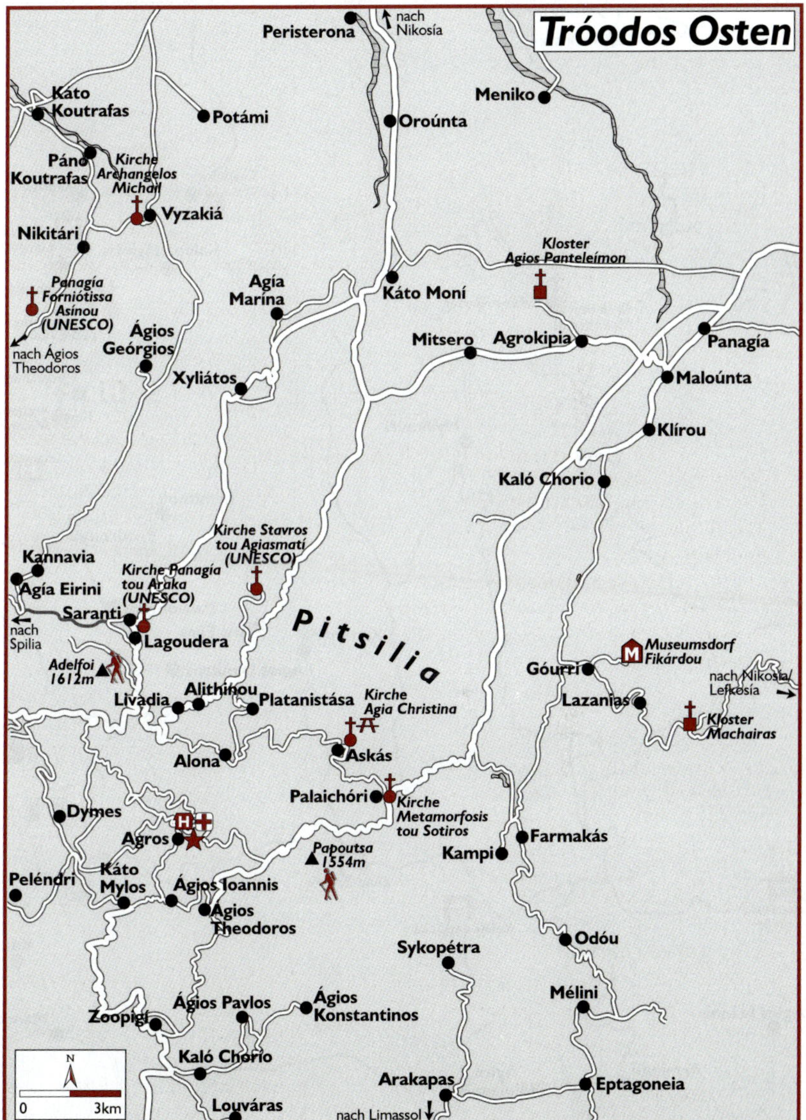
Tróodos Osten
Peristerona
nach Nikosía
Meniko
Káto Koutrafas
Potámi
Oroúnta
Páno Koutrafas
Kirche Archangelos Michail
Vyzakiá
Nikitári
Kloster Agios Panteleímon
Panagía Forniótissa Asínou (UNESCO)
Agía Marína
Káto Moní
nach Ágios Theodoros
Ágios Geórgios
Mitsero
Agrokipia
Panagía
Xyliátos
Maloúnta
Klírou
Kaló Chorio
Kirche Stavros tou Agiasmatí (UNESCO)
Kannavia
Agía Eirini
Kirche Panagía tou Araka (UNESCO)
Saranti
nach Spilia
Lagoudera
Pitsilia
Museumsdorf Fikárdou
Adelfoi 1612m
Góurri
nach Nikosía/ Lefkosía
Livadia
Alithinou
Platanistása
Kirche Agia Christina
Lazanias
Kloster Machairas
Alona
Askás
Palaichóri
Kirche Metamorfosis tou Sotiros
Dymes
Agros
Farmakás
Papoutsa 1554m
Kampi
Peléndri
Káto Mylos
Ágios Ioannis
Ágios Theodoros
Odóu
Sykopétra
Ágios Pavlos
Ágios Konstantinos
Mélini
Zoopigi
Kaló Chorio
N
0
3km
Arakapas
Eptagoneia
Louváras
nach Limassol

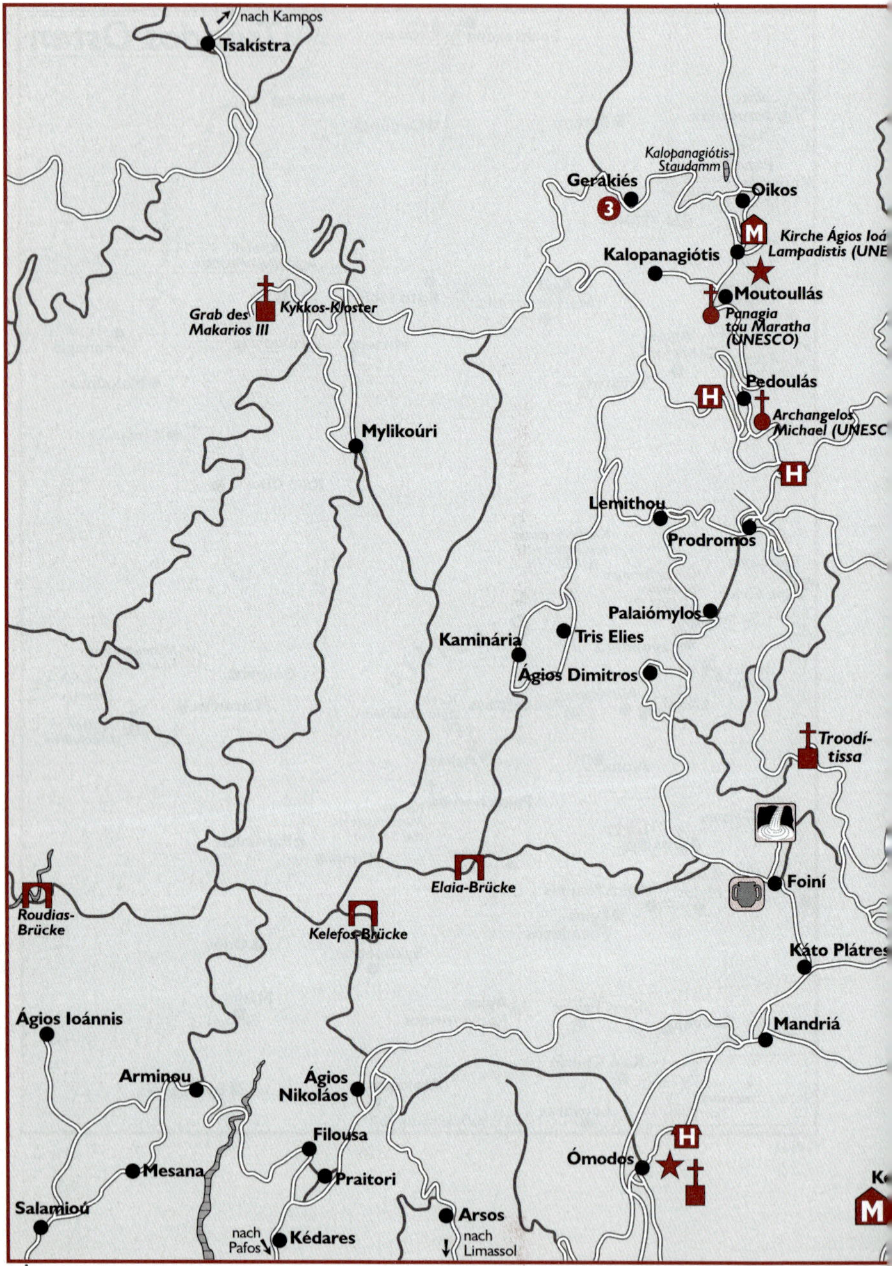
nach Kampos
Tsakístra
Kalopanagiótis-Staudamm
Gerakiés
3
Oikos
Kirche Ágios Ioá
Lampadistis (UNE
Kalopanagiótis
Moutoullás
Panagia tou Maratha (UNESCO)
Grab des Makarios III
Kykkos-Kloster
Pedoulás
Archangelos Michael (UNESC
Mylikoúri
Lemithou
Prodromos
Palaiómylos
Tris Elies
Kaminária
Ágios Dimitros
Troodítissa
Foiní
Elaia-Brücke
Roudias-Brücke
Kelefos-Brücke
Káto Plátres
Mandriá
Ágios Ioánnis
Arminou
Ágios Nikoláos
Filousa
Mesana
Praitori
Ómodos
Salamioú
Arsos
nach Pafos
Kédares
nach Limassol
© igraphic

Wanderer kommst du in den Tróodos – dann gibt es verschiedene markierte Wege

- **1. Artemis Trail**: *Startpunkt*: Oberhalb der Abzweigung der Straße Tróodos-Pródromos in Richtung Olympos. *Länge*: Ein 7 km langer (der Sonne ausgesetzter) Weg rund um den Berg Olymp.
- **2. Atalante Trail**: *Startpunkt*: Gegenüber dem Postamt im Ort Tróodos. *Länge*: 9 km. Benannt nach der mythologischen Waldnixe. Breiter, gut ausgeschilderter Naturlehrpfad, der den Berg Olymp fast eben verlaufend auf 1.750 m Höhe zu drei Vierteln umrundet.
- **3. Gerakiés – Kavállos (Rundweg)**: *Startpunkt*: Am Hotel „top Trees" in Gerakiés. *Länge*: 4 km. Rundweg.
- **4. Kaleidonia Trail zum Kaleidonia-Wasserfall**: *Startpunkt*: Beginn nahe dem Sommerpalais des Präsidenten oder beim Restaurant Psilo Dendro. *Länge*: 7 km. Der Trail führt entlang dem Fluss zum 20 m steil abfallenden Kaleidonia-Wasserfall. Auf der Strecke zwischen den Wasserfällen und dem teilweise steilen und Schwindelfreiheit erfordernden Aufstieg zur Straße nach Tróodos ist der Weg als Naturlehrpfad ausgeschildert. **Tipp:** Am besten kommt man morgens gegen 10 Uhr, denn da leuchtet ein kleiner Regenbogen am Wasserfall. Auch sind dann die kichernden Schulklassen und Ausflugsgruppen noch nicht da, die hier gerne im Gänsemarsch durchlaufen.
- **5. Kambos tou Livadiou**: *Startpunkt*: Kampos tou Livadiou (2 km außerhalb von Tróodos an der Straße nach Karvoúnas). *Länge*: 8 km. Weg durch dichten Schwarzkiefernwald, entlang an Felskanten mit Blick auf den Fluss tou Chromiou.
- **6. Myllomeri-Wasserfall** (s. Seite 347)
- **7. Persephone Trail**: *Startpunkt*: am Restaurant Civic an der Südseite des Hauptplatzes in Tróodos-Dorf. *Länge*: hin und zurück 6 km. Benannt nach der Frühlingsgöttin Persephone. Der bequem begehbare Trail ohne große Höhenunterschiede führt zu einem Aussichtspunkt oberhalb der Asbestgruben von Pano Amíantos – einem der spektakulärsten Aussichtspunkte der Insel, wo einem der ganze Süden Zyperns zu Füßen liegt.
- **8. Pouziaris Trail**: *Startpunkt*: an der Forellenfarm Psilo Dendro oberhalb von Pano Plátres. *Länge*: bis 9,5 km. Schmale Pfade mit kurzen An- und Abstiegen führen auf den Hausberg von Pano Plátres, den 1.629 m hohen Pouziaris. Höhenunterschied etwa 400 m.
- **9. Höhlen des Dhigenis – Agí Eirini**: *Startpunkt*: Dorf Agía Eirini. *Länge*: 3,2 km. Der Weg führt zu den sogenannten „Höhlen des Dhigenis", wo sich zyprische Partisanen im Unabhängigkeitskrieg von 1955-59 vor den Briten versteckten.

dort oben erheblich kühler. Im Winter schneit es des Öfteren, und sogar Skilifte sind vorhanden.

In den Pinienwäldern und an den Berghängen gedeihen gleich **127 endemische Pflanzen**, die einzig und allein in dieser Region anzutreffen sind. Neben Lavendel und Steinrosen wachsen hier auch Orchideen. Vor allem Kirschen kommen aus der Tróodos-Region, aber auch viele Äpfel und Birnen.

Berg Olympus

(Höhe: 1.952 m)

Ski fahren auf Zypern

Der Berg, von den Zyprioten auch Chionístra (= Schneestelle oder auch Frostbeule) genannt, ist tatsächlich oft bis in den April hinein von Schnee bedeckt, im Januar und Februar gilt er sogar als schneesicher. Gekrönt wird der Olympus von einer einem Golfball ähnlichen, britischen Radarstation – einst soll sich an diesem heute so technisierten Ort der Sitz der Liebesgöttin Aphrodite befunden haben.

Die Steinhaufen auf der westlichen Seite des Gipfels sollen den Ort markieren, an dem sich einst die Siedlung Palaia choria befunden habe. Die Steine wurden im 16. Jh. von venezianischen Soldaten als Verteidigungswall gegen die osmanischen Eroberer aufgeschichtet. Vergeblich, bald beherrschten die Osmanen ganz Zypern.

Pano Plátres

(Höhenlage: 1.000–1.200 m, Einwohner: ca. 800)

Aktuelle regionale Reisetipps zu Pano Plátres und Saitas
entnehmen Sie bitte der gelben Seite 164

»In Plátres lassen einen die Nachtigallen nicht schlafen«, schrieb der griechische Literaturnobelpreisträger *Geórgios Seferis* in seinem Gedicht »Eleni«. Außer dem Gesang der Nachtigallen gibt es hier wenig, was einem die nächtliche Ruhe rauben könnte, denn in Pano Plátres werden die Bürgersteige entlang der steilen Straßen frühabends hochgeklappt. **Ein bisschen blasiert, ein bisschen langweilig und sehr gelassen** ist die Atmosphäre in diesem nur im heißen Sommer lebhaften Ort, wenn die Zyprioten in den kühlen Tróodos kommen. Ein Ort für Romantiker und Naturliebhaber, für Menschen, die keinen großen Trubel, aber viel stille Atmosphäre suchen.

Durchschnittliche Tageshöchsttemperaturen in °C in Plátres

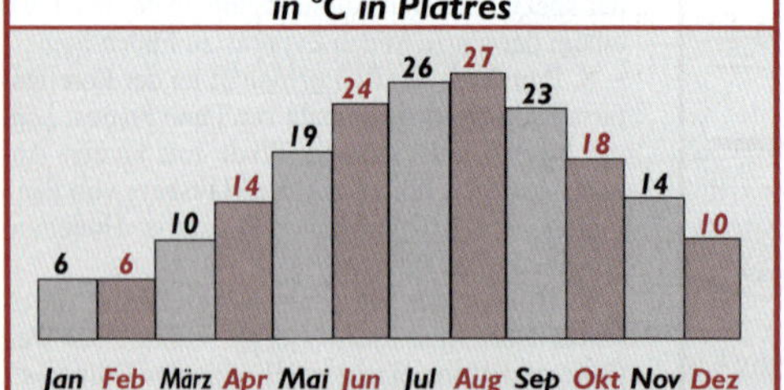

Bis 1952 waren hier 90 % der Touristen Ägypter, teilweise auch Palästinenser, Sudanesen, die in diesem gesunden Klima nicht nur Kühle, sondern auch Linderung von Lungenkrankheiten suchten. Der ägyptische Touristenstrom versiegte abrupt, als dort 1952 *Präsident Nasser* mit seinem sozialistischen System an die Macht kam und die Ägypter nicht mehr ausreisen durften.

keine ägyptischen Touristen mehr

Sommerresidenz des Präsidenten

Nicht zugänglich

In einer düsteren Schlucht nördlich von Pano Plátres in Richtung Tróodos ließ sich ein britischer Generalgouverneur 1880 eine Sommerresidenz bauen, die heute vom zyprischen Staatspräsidenten genutzt wird. Den Bau des feudalen Jagdhauses inmitten breit ausladender Kiefern überwachte kein Geringerer als *Arthur Rimbaud*, der unkonventionelle französische Poet, der schon mit 18, von den Möglichkeiten der Poesie enttäuscht, das Dichten aufgab, seitdem rastlos in Europa umherzog und sich auf einen raschen Gelderwerb in den Kolonien begab. Eine kleine Gedenktafel mit französischem Text erinnert an *Rimbaud*, „Dichter und Genie".

Poet am Bau

Myllomeri-Wasserfall

Hinkommen: Vom südlichen Ortsteil von Plátres (Zugang im südlichen Ortsteil, gegenüber der Kirche) führt ein ausgeschilderter ca. 30-minütiger, teilweise schattenloser Weg ins Tal hinab. Im ersten Teil verläuft der Weg an einem Bach entlang.

Der Wasserfall ist ein beliebtes Ziel von Jeepsafaris, am besten kommt man also morgens oder spätnachmittags, wenn man allein sein möchte.

Der zweite der Wasserfälle von Pano Plátres, der Myllomeri-Fall, ist weitaus weniger bekannt, dafür aber **spektakulärer als der romantische Kaleidonia-Fall**. Warum das so ist, erzählt der Besitzer des Cafés unten am Zugang zur Schlucht, in die der Myllomeri hinabfällt.

Bis vor wenigen Jahren habe außer ihm und seinen nächsten Angehörigen niemand von dem Wasserfall gewusst, denn das ganze Gelände rund um den Wasserfall sei im Besitz der Familie seiner Frau. Keine Straße und kein Weg führten zu ihm hinunter. Am Ende einer tief eingeschnittenen Schlucht ohne Seitenzugang gelegen, hätte man ihn nur durch ein Bachbett watend erreichen können und dabei noch einen kleinen Wasserfall vor dem eigentlichen überwinden müssen. Auch konnte man den Wasserfall – wenn man nicht gerade direkt davor stand – nur von einer einzigen Stelle aus sehen, aber auch diese Stelle ist im Besitz der Familie.

familieneigener Wasserfall

Es kam dann der Tag, an dem der Besitzer des Myllomeri-Cafés – ein ehemaliger Polizist – in den Ruhestand ging und somit Zeit hatte. Zeit, sich um die Vermarktung des Wasserfalls zu kümmern. Dazu musste ein Weg hinunter in die Schlucht und ein Felsdurchbruch zu ihr hindurch geschaffen werden. Das konnte nur die Regierung finanzieren und deren Vertreter waren Menschen, die erst einmal von dem Projekt überzeugt werden mussten. Er schaffte es: Eine Abordnung von Regierungsbeamten durch den Bach und über den kleinen zum großen Wasserfall zu lotsen. Sie kamen, sahen und waren überzeugt: Dieser Wasserfall ist eine Sehenswürdigkeit. So wurde alsbald ein Wanderweg hinunter ins Tal eingerichtet, ein Felsdurchbruch zum Wasserfall geschaffen und so kommt es, dass man heute bei Pano Plátres einen Wasserfall sieht, der bis zum Beginn des dritten Jahrtausends in kaum einer Karte verzeichnet war ...

INFO Die Scheunendachkirchen des Tróodosgebirges

Zu den beeindruckendsten Sehenswürdigkeiten Zyperns zählen sicher die kleinen Kirchen des Tróodos-Gebirges, die sogenannten Scheunendachkirchen. Ihren Namen erhielten sie von den lang herunter gezogenen Satteldächern, die den Kirchen das Aussehen von Scheunen geben. Die Expertenwelt ist sich nicht einig darüber, ob die Ziegeldächer der Kirchlein eine zyprische Erfindung sind oder ob sie Ende des 12. Jh. mit den Franken ins Land kamen. Man vermutet aber, dass die steilen Dächer wie ein Schutzschild über die ursprünglichen Kirchenkuppeln gelegt wurden, um sie gegen die extreme Witterung der Gebirgsregion zu schützen.

Ein weit herunter gezogenes Dach, ein Scheunendach, schützt die Kirchen des Tróodos vor den Wetterunbilden, wie hier die Panagía tou Arakou in Lagouderá.

Insgesamt gibt es mehr als 25 Kirchen mit gut erhaltenen Wandmalereien im Tróodos. Durch die Scheunendächer und die damit verbundene gute Luftzirkulation im Kircheninneren ist der eigentliche Reichtum der Kirchen – die Fresken – bis heute außerordentlich gut erhalten geblieben.

In Tróodos gibt es neun byzantinische Scheunendachkirchen, die in die offizielle Liste des Weltkulturerbes aufgenommen worden sind:

- **Agios Ioánnis Lampadistís in Kalopanagiótis**: drei Kirchen aus dem 11. bis 18. Jh. unter einem Dach (S. 359)
- **Agios Nikoláos tis Stegis** südlich von Kakopetriá (S. 353)
- **Panagía Theotókos** und **Panagía Eleousa Podithou in Galatás** (S. 354)
- **Archangelos Michael in Pedoulás** (S. 358)
- **Panagía tou Moutoullás**, die älteste der Scheunendachkirchen (S. 359)
- **Panagía tou Asínou (Panagía Forviótissa)** mit der prächtigsten Ausmalung aller neun Kirchen (S. 354)
- **Panagía tou Arakou in Lagouderá** aus dem 12. Jh. mit beachtenswerten Fresken, unter anderem einem Letzten Abendmahl (S. 368)
- **Timios Stavros tou Agíasmáti in Peléndri**: das Kirchlein aus dem 14. Jh. ist die abgelegenste der Scheunendachkirchen (S. 374)

Hinweis
Fotografieren ist in den UNESCO-Scheunendachkirchen verboten.

Von Plátres nach Nikosía

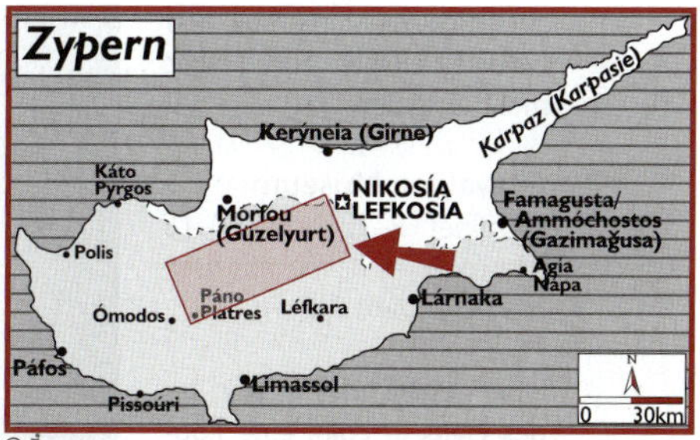

© igraphic

Foiní (auch: Phini)

(Höhe: 850 m)

Nur wenige Fahrminuten von Pano Plátres liegt das kleine Dorf, in dem einst das Töpferhandwerk weit verbreitet war. Hier wurden die sogenannten **Pithari**, die riesigen, für Zypern typischen Tongefäße, hergestellt. Sie waren die Kühlschränke früherer Zeiten, in denen Wein, Getreide oder Olivenöl aufbewahrt wurde. Die Gefäße wurden im Boden eingelassen und erst danach baute man das Haus, später hätten die Töpfe nicht mehr durch die Haustür gepasst. Da sie zu groß zum Transportieren waren, es gab ja noch keine Autos oder Straßen, sondern nur Eselspfade, ritten die Töpfer mitsamt dem Lehm zum Kunden, um den Topf vor Ort zu formen. **Das letzte dieser Gefäße wurde 1972 hergestellt.**

Neben dem Töpferhandwerk war Foiní auch für die Herstellung besonders haltbarer Stühle bekannt. Sie wurden aus Aststückchen der zyprischen Steineiche und speziell ausgesuchten Teilen des Erdbeerbaums gearbeitet, ein Korbgeflecht diente als Sitzunterlage (die Bänke heißen Canapés und die Schaukelstühle Kunisti) – noch viele dieser Stühle sollen heute in Wiener Cafés stehen. Das Handwerk war

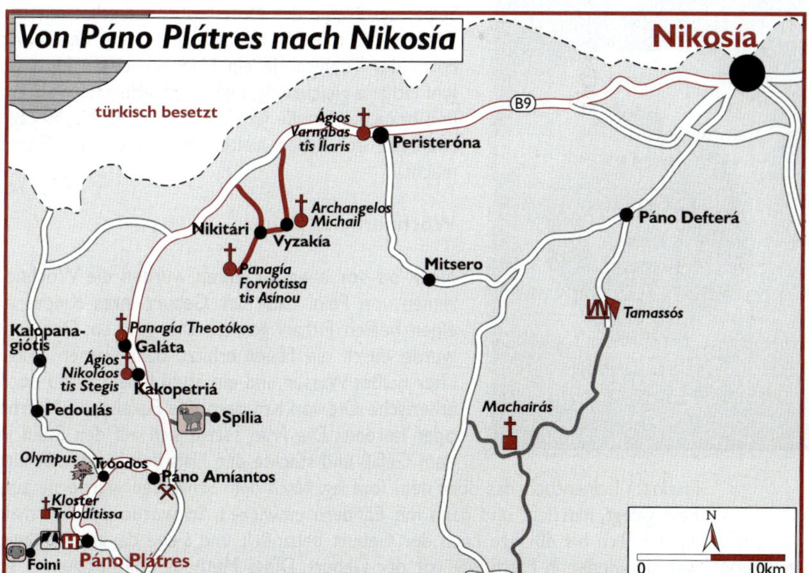

© igraphic

aber nicht mehr rentabel und wird seit einigen Jahren nicht mehr ausgeübt.

Theophanis Pilavakis zeigt das Kleid seiner Großmutter, das sie bis zu ihrem Tod im Jahr 1992 getragen hatte. Herr Pilavakis wurde übrigens später Modedesigner in London ...

Pilavakion Museum

Geöffnet 9–12 und 13–18 Uhr (oder im Kaffeehaus nach Herrn Pilavakis fragen)

Über Jahrhunderte war jedes Haus in Foiní eine Töpferei, in einer Tiefe von zwei Metern fand man hier die Tonerde. Der Ort belieferte einst die halbe Insel (die andere Hälfte lieferte der Ort Kórnos) mit den Pithari, den Vorratstöpfen, die heute in allen zyprischen Vorgärten herumliegen. *Theophanis Pilavakis*, der Inhaber des Museums verbrachte Jahrzehnte seines Lebens in Großbritannien. Heute, zurückgekehrt in das Dorf seiner Vorfahren, hat er das 400 Jahre alte Haus seiner Familie als Museum eingerichtet, das alleine schon seiner Person wegen einen Besuch wert ist. *Theophanis Pilavakis* schauspielert sich an den Exponaten vorbei, wird manchmal schlüpfrig, aber nie peinlich und wirkt einfach wie ein rundum positiver, strahlender Mensch.

schlüpfrig und strahlend

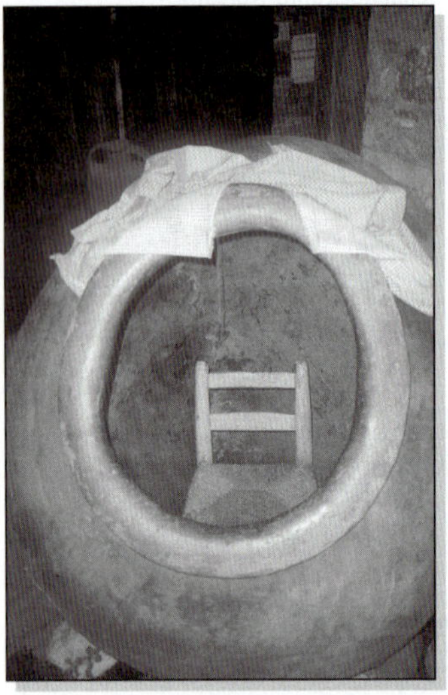

Selbst der Name des Museumsbesitzers hat mit der Töpferei zu tun: Pilavakis bedeutet eine bestimmte Form der Töpferei. Je ein Mann arbeitete einst an fünf Pitharia gleichzeitig, täglich schaffte er etwa 3 cm und brauchte für die fünf Töpfe etwa 40 bis 50 Tage (während der Arbeit hielten Weinblätter das Ganze feucht).

Wöchnerinnen-Sauna

Noch bis vor etwa 60 Jahren wurden die Wöchnerinnen von Foiní nach der Geburt ihres Kindes in einen heißen Pithari gesetzt. Das ging so: Der Topf wurde durch ein Feuer erhitzt, dann kamen einige Liter heißes Wasser und ein Stuhl hinein. Dazu noch ätherische Öle von Kräutern wie Eukalyptus, Myrrhe oder Lorbeer. Die Frau setzte sich auf den Stuhl in dem Gefäß und steckte den Hals durch einen Schlitz in einem Leinentuch, das über dem Topf lag. Nach dem Schwitzen wurde sie aufs Bett gelegt, massiert und dann mit Bändern umwickelt. So wurde sie mehrmals wöchentlich bis 40 Tage nach der Geburt behandelt und siehe da, anschließend war sie wieder in Form wie vor der Geburt. Diese Methode soll übrigens – so bestätigen heute Ärzte – von unschlagbarer Wirkung sein ...

eine zyprische Sauna

Foiní Pottery

Ausgeschildert mit „Phini pottery", ein schmaler Stufenweg führt ab der Ortsmitte zur Töpferin.

Die Töpferin von Foiní (s. Vorwort) fertigt hier fein gearbeitete Gefäße mit Vögeln und Blumenmotiven, die die zyprische Regierung mit einem Abdruck auf der 10 Cent-Münze würdigte.

2 km von Foiní steht das Kloster **Agíi Anargyri** aus dem 15. Jh., es ist 1963 abgebrannt und wurde danach wieder aufgebaut. Eine weitere Sehenswürdigkeit ist der **Kantara-Wasserfall,** der nördlich von Foiní liegt.

Kloster Troodítissa

Das Kloster ist nur orthodoxen Besuchern zugänglich und für Touristen geschlossen.

Im Kircheninneren ist insbesondere die Ikone der Heiligen Jungfrau sehenswert. Sie ist mit Silberblech beschlagen, nur ein kleines Stückchen des Holzes schaut hervor. Auf ihrer Rückseite klebt ein Stein, um den sich folgende Legende rankt:

Ein Mann aus dem Libanon versprach dem Kloster seinen erstgeborenen Sohn, der dann tatsächlich dem Orden als Novize beitrat. Später wollte der Vater seinen Sohn wieder zurückholen. Da löste sich ein Stein vom Felsen, der den jungen Mann getötet hätte, wenn da nicht die Ikone über ihm geschwebt und den Stein abgehalten hätte. Der Sohn und sein Vater wussten dieses Zeichen zu deuten, der junge Mann blieb zeitlebens im Kloster.

Gürtel für die Fruchtbarkeit

Die Ikone im Kloster soll unfruchtbaren Frauen zu Kindern verhelfen. Eine Frau, deren Kinderwunsch erfüllt wurde, stiftete einen mit Silber beschlagenen Ledergürtel, der wiederum, wenn man ihn umlegt, die Wirksamkeit der Ikone unterstützen soll. Auch einigen Frauen aus Deutschland soll der Gürtel geholfen haben, einmal sogar per Ferntherapie: Eine bettlägerige Frau wurde durch ihre Schwiegermutter vertreten, die anstelle ihrer Tochter den Gürtel umlegte. Das hat sogar zweimal gewirkt ... Einen Haken hatte die Sache allerdings: Wurde ein Sohn geboren, so sollte er im Kloster Mönch werden, es sei denn, seine Eltern kauften ihn frei.

Tróodos

Aktuelle regionale Reisetipps zu Tróodos
entnehmen Sie bitte der gelben Seite 175

Der Ort Tróodos ist kein eigentlicher Ort, sondern **eine Ansammlung von Cafés, Restaurants, Läden und zwei Hotels,** oder, um mit *Lawrence Durrell* zu sprechen: **„eine hoffnungslose Ödnis zum zu Tode gähnen".** Auffallend sind die zwei groß beschilderten öffentlichen Toiletten jeweils an den Ortszufahrten; hat man sich in Tróodos vielleicht Lawrence´ Worte von den „primitiven Latrinen“ zu Herzen genommen? Kurzum, es gibt im Tróodos-Gebirge schönere Urlaubsorte!

Pano Amíantos

Nachdem man der ansteigenden Straße folgend durch Mischwälder und mit Aleppo-Kiefern bewachsenen Berge gefahren ist, kommt man auf etwa 1.350 m Höhe an den Asbest-Minen von Amíantos vorbei. Weiß-grau und staubig wirkt der **riesige Tagebau**, der eine sehr hässliche Narbe in die sonst so grandiose Natur des Tróodos-Gebirges gefressen hat. Da das Mineral sehr weich ist, brauchte man kaum zu sprengen, sondern konnte das Asbest mit den Bulldozern zusammenschieben und abbaggern.

Wunde im Berg

Die **Asbestminen** waren von 1904 bis 1988 in Betrieb, Zypern war einer der größten Produzenten von Chrysotil in Europa. Den Abbau und die Nutzung von Asbest gab es auf Zypern seit der Antike, insbesondere in der klassischen und römischen Epoche. Einst waren hier 10.000 Menschen in einer eigenen kleinen Stadt beschäftigt, die Asbestmine war der größte Industriezweig der Insel. Nachdem die Krebs auslösende Wirkung des eingeatmeten Asbeststaubs festgestellt wurde, wurde gegen 1988 der Abbau eingestellt. Für die erkrankten Arbeiter laufen heute Hilfsprogramme. Seit 1996 wird hier wieder aufgeforstet.

Asbestgestein kommt in Form von Chrysotil-Adern im Serpentin verstreut im Zentralteil des Gebirges vor. Der Name Asbest stammt aus dem Griechischen und bedeutet „unverbrennlich“. Das weiche, faserige feuerfeste Material verwendeten die Römer als angeblich ewig brennende Lampendochte und für Leichengewänder für die Feuerbestattung. Und von *Marco Polo* erfährt man, dass am Hofe des Großkahns die aus Asbest gefertigten Tischtücher gewaschen wurden, indem man sie ins Feuer hing. In der Neuzeit wurde es dann in Schutzanzügen, Dichtungen, Isolierungen und hitzebeständigem Papier verarbeitet. Zypern gehörte zu den wichtigsten Asbest-Exporteuren der Welt. Das Asbest erkennt man übrigens leicht an den hellen Maserungen im Serpentingestein.

im Feuer waschen

Zu trauriger Aktualität kam das Asbest nach den Anschlägen des 11. September 2001, als gemäß Zeitungsberichten große Mengen Asbeststaub bei den Aufräumarbeiten aufgewirbelt wurden.

Spilia

An der Abzweigung nach Spilia gibt es seit einiger Zeit ein **Mufflongehege**. Dieses Gehege ist viel leichter zugänglich als das weitaus bekanntere in Stavrós tis Psókas. Während dort die Futtertröge mitten zwischen den Bäumen stehen, sind sie hier in einer Lichtung, die man von oben einsehen kann. **Die Chance, Mufflons zu sehen, ist hier also weitaus größer als in Stavrós tis Psókas.**

Wo die Mufflons muffeln

Kakopetriá

(Einwohner. ca 3.000, Höhe: ca. 670 Meter)

Aktuelle regionale Reisetipps zu Kakopetriá
entnehmen Sie bitte der gelben Seite 126

„Schlechter Fels" bedeutet der Name dieses Ortes. Einst soll es oberhalb des Ortes einen Felsen gegeben haben, dem man Glück bringende Eigenschaften nachsagte. Eines Tages ging ein jung verheiratetes Paar zu diesem Felsen, um von ihm Glück zu empfangen. Der Fels aber war dem Paar so gar nicht zugetan, denn er kam plötzlich ins Rollen (vielleicht durch ein Erdbeben) und erschlug die beiden Liebenden. Seither hat der Ort seinen neuen Namen. Den Felsen (Petra tou Androginou) kann man heute noch sehen, allerdings auf einem sicheren Fundament aus Beton ...

schicke Schlitten

Genau wie Plátres ist Kakopetriá ein beliebter Urlaubsort. Im Sommer trifft man dort viele Urlauber aus Nikosía, die dort Zuflucht vor der großen Hitze der Ebene suchen. Am Dorfplatz brodelt das Leben, die jungen Männer von Kakopetriá lassen den Motor ihrer schicken Schlitten aufheulen, immer rund um den Platz herum – sehen und gesehen werden in Kakopetría.

alter Ortskern

Auf einem Berggrat oberhalb des Flusses zieht sich der denkmalgeschützte alte Ortskern hin, wo dicht an dicht aus dem 18. und 19. Jahrhundert stammende Häuser aus Naturstein und Lehmziegeln aneinander gekuschelt liegen.

Der Nachbarort **Galatá** ist inzwischen mit dem nördlich gelegen **Kakopetriá** beinahe zusammengewachsen. Insgesamt sechs byzantinische Kirchen gibt es hier zu besichtigen, vier stammen aus dem frühen 16. Jh.

Sehenswertes

- **Agios Nikoláos tis Stegis**

3 km südwestlich von Kakopetriá am Ufer des Klarios. Geöffnet Di. bis Sa. 9–16 Uhr, So. 11–16 Uhr.

Naheliegend, warum diese Kirche „Heiliger Nikolaus auf dem Dach" heißt: Ihr Dach ist wirklich recht gewaltig. Die Kirche stammt aus dem 11. Jh., ihre Vorhalle und Kuppel aus dem 12. Jh. Die Fresken im Kircheninneren reichen teilweise in die Entstehungszeit des Gotteshauses zurück, einige andere ins 17. Jh. Im Narthex sind ein Jüngstes Gericht und ein *heiliger Georg* zu sehen, darüber das Märtyrium des Heiligen mit Rädern, Vierteilen und Kochen. Wie in der Kirche von Asínou sind auch hier die **40 auf einem See frie-**

Schon von außen ein Schmuckstück: die Kirche „Heiliger Nikolaus vom Dach"

renden Märtyrer von Sebaste dargestellt. Den schwarzbärtigen unbekannten Stifter der Kirche sieht man zusammen mit dem heiligen Nikolaus rechts von der Ikonostase. **Eine eher seltene Darstellung ist die der Maria**, die dem kleinen Jesus die Brust gibt – der Museumsführer erklärt, das sei die einzige Darstellung dieser Art weltweit.

- **Panagía Eleousa Podithou**

Ca. 2 km nördlich von Kakopetría in einem Hain links von der Straße nach Nikosía gelegen (die Kirchen sind ausgeschildert). Für den Schlüssel ist Mr Kiriakos Chramlambides zuständig: Er ist tgl. 9–13 und 14–17 Uhr unter Tel. 92 245 oder im Kafeneion des Ortes zu erreichen.

ganz und gar nicht byzantinisch

Der Name der Kirche verweist auf das Poitou, den Stammsitz der französischen Lusignan. Sie wurde 1502 von *Demetre de Coron* und seiner Frau Helene gestiftet, das Bild des Paares sieht man an der Westseite der Kirche. Die Fresken im Kircheninneren folgen nicht immer der strengen byzantinischen Malerei, sondern zeigen, von der italienischen Renaissance beeinflusst, perspektivische Darstellungen und Personen mit individuellen Gesichtern. Ganz unbyzantinisch auch die kniende Maria mit einer über die Schulter fallenden blonden Haarpracht.

Ágios Archangelos Michael – Panagía Theotókos

Ca. 100 m von der Panagía Podithou entfernt

Ähnlich wie ihre Schwesterkirche gleich nebenan. Die Stifter dieser aus dem Jahr 1514 stammenden Kirche sind über der Nordtür dargestellt: Besonders interessant sind der Hahn in der Verheißung des Petrus sowie der Schäfer in der Geburtszene, der selbst aussieht wie ein Schaf.

Panagía Forviótissa in Asínou

(= Wolfsmilch; viele Muttergottes-Kirchen haben Beziehungen zu Pflanzen als Hinweis auf die Heilkraft Marias)
Geöffnet Mo. bis Sa. 9.30–12.30 und 14–16 Uhr, So. 10–13 und 14–16 Uhr; wenn dennoch geschlossen, im Dorf Nikitári (beim Kafeneion) nach Priester Kyriákos fragen.

> *„Tausend Heilige schwärmen die Wände hinauf und drängen sich in den Bogenfeldern über Fenstern und Türen. Welch finstere Blicke der Archetypen, welches Runzeln der Stirnen und welche mahnende Erhebung eifernder Finger! Genug, um selbst den verhärtesten Ungläubigen auf die Knie zu zwingen"*
> Colin Thubron über die Heiligen der Panaghia Phorviotissa

ein wahres Schatzkästlein

Dem kleinen Scheunendachkirchlein sieht man von außen nicht an, dass es **der Höhepunkt jeder Kunstreise durch Zypern** ist. Bei einem Blick unters Ziegeldach bemerkt man aber, dass sich darunter zwei Kuppeln und zwei Halbkuppeln verbergen. Ein Blick auf die Fassade in der Nähe der Apsis zeigt, daß man schon früher das Bauwerk selbst für zu bescheiden hielt. Um seine einfache Mauerkonstruktion aus Feldsteinen zu vertuschen, überzog man es mit ockerfarbenem Putz, auf dem regelmäßig eingeritzte Linien und rötliche Farbstriche den Eindruck von wohl behauenen rechteckigen Quadern vortäuschten. So entstand von weitem der Eindruck, die Kirche sei aus großen Steinblöcken errichtet.

Betritt man die Kirche, wird man von der ganzen Bilderwelt der Orthodoxie umfangen. Der Innenraum ist vollständig ausgemalt. Die Farben der Wandmalereien leuchten so frisch wie am ersten Tag – und der liegt schon fast 900 Jahre zurück. Sie wurden nicht etwa restauriert, sondern nur gereinigt. Die ältesten können in die Jahre 1106/07 datiert werden, andere sind aus dem 14. Jh.

Naos und Narthex

An die 30 Fresken hier stammen aus der Zeit des Kirchenbaus. Die eleganten Bilder zeigen das reiche Leben am kaiserlichen Hof, die Figuren sind mit reich bestickten Gewändern gekleidet, überlängt und von würdevoller Mimik. Die meisten der Malereien sind aber im 14. Jh. entstanden, mit gedrungeren und mehr bäuerlich wirkenden Figuren. Dargestellt sind unter anderem

- der *heilige Mámas* auf einem zähnefletschenden Löwen, der ein Schaf im Arm trägt. Löwen wurden übrigens auf Zypern nur auf Fresken und Ikonen, nie aber in der freien Natur gesichtet ...,
- das jüngste Gericht,
- Höllenstrafen mit ungläubigen Mönchen und Nonnen, Wucherern und verdorbenen Kindern, Dieben, Verleumdern, Landdieben und betrügerischen Müllern,
- der rittlings auf dem Pferd sitzende heilige Georg

Besonders lebendig ist die Darstellung der 40 Märtyrer von Sebaste: Als sie sich zum Christentum bekannten, wurden sie gemartert und mussten frierend, nur mit Unterwäsche bekleidet, auf einem zugefrorenen See stehen. Wie sehr sie froren, zeigen auch die Fußabdrücke am unteren Rand des Fresko: Die Märtyrer sind vor Kälte von einem Bein aufs andere gesprungen. Wenn sie aber bereit waren, dem Christentum wieder zu entsagen, konnten sie am Ufer in heiße Bäder steigen. Einer konnte der Versuchung des wärmenden Wassers nicht widerstehen. Sein Platz wird gleich von einem neuen Märtyrer eingenommen. Den byzantinischen Offizieren galt diese Szene als ein Vorbild für Kameradschaft und Standhaftigkeit auch im Angesicht des Todes!

Über der Südtür

ist der Stifter der Kirche zu sehen, *Nikephoros* mit seiner zum Zeitpunkt der Einweihung der Kirche schon längst verstorbenen Frau. Und doch fühlte er sich „im Leben mit vielen Dingen gesegnet".

Tipp
Asínou besucht man am besten unter der Woche, denn am Sonntag ist hier gelegentlich mit Überfüllung zu rechnen.

Der Name Asinou geht auf eine schon von Homer erwähnte Stadt namens Asine zurück, die von griechischen Einwanderern im 11. Jh. v. Chr. gegründet wurde. Nahe dem Kentron Forviótissa (dort nachfragen) gibt es noch Überreste dieser Siedlung, die noch in jüngster Zeit bewohnt war.

- **Archangelos Michail in Vyzakiá**
Im Haus neben der Kirche nach dem Schlüssel fragen.

Die kleine, aus dem 16. Jh. stammende Dorfkirche des Erzengels Michael nahe Vyzakiá ist relativ schwierig zu finden (westlich von Nikitari in einer Kurve), weil sie im wahrsten Sinne des Wortes wie eine kleine alte Scheune aussieht. Auch wenn sie nicht auf UNESCO-Liste der erhaltenswerten Kulturgüter steht, so empfiehlt sich auf jeden Fall ihr Besuch. Der Maler dieser Kirche hatte von der Maltechnik als solches wenig Ahnung, von byzantinischer Kunst noch weniger und vom höfischen Leben überhaupt nur eine vage Vorstellung. Was diese Kirche so sehenswert macht, ist die Menschlichkeit, die hier zum Ausdruck kommt – im Gegensatz zu der durchgeistigten byzantinischen Malerei.

Kuriose Szenen wie diese hier entdeckt man mehrere in der Kirche des Erzengels Michael bei Vyzakiá. Auf dieser Szene ist der Schädel des Adam unterm Kreuz mit einer Schweinsnase, einer Hasenscharte, einem Katastrophengebiss und ziemlich tiefen Augenschatten versehen.

Da für den Bau der Kirche nicht viel Geld zur Verfügung stand, beauftragte man für ihre Ausschmückung einen weniger bekannten Maler. Er kannte sich zwar sehr gut in der Thematik der byzantinischen Ikonographie aus, hatte aber zum Malen weniger Talent: so stimmt beim gekreuzigten Jesus die Proportion des Kopfes in keiner Weise mit den dürren Ärmchen und Beinchen überein, der Blick des Gekreuzigten ist eher selig-trunken, denn schmerzhaft-qualvoll. Und *Maria* blickt ihren *Josef*, der da grübelnd dasitzt, mit traurigen Augen an, so als wollte sie sagen *„Josef, ich versteh die Sache mit der unbefleckten Empfängnis selber ja auch nicht!"* Dass der Maler wusste, wie man sich bei Hofe benimmt, zeigt die Darstellung des Abendmahltisches: Auch wenn damals auf Zypern noch keine Gabeln üblich waren, so benutzten die Jünger doch **Esswerkzeuge, die allerdings mehr wie Mistgabeln denn wie Essgabeln aussehen.**

selig-trunkener Christus am Kreuz

Damals im 16. Jh. waren Essgabeln noch nicht verbreitet, am venezianischen und französischen Hof waren sie allerdings schon seit dem 11. Jh. im Gebrauch. Im 16. Jh., als die Kirche ausgemalt wurde, besetzten gerade die Venezianer Zypern – also könnte es sein, dass der Maler dieser Fresken von diesen fremdartigen Esswerkzeugen zumindest gehört hatte.

Teufelszeug und Teufelsklauen

Die aus dem Orient stammenden Gabeln galten allerdings als weibisch, und die Kirche betrachtete sie als Teufelszeug, vor dem es sogar Luther graute. Was mag sich der Maler gedacht haben, als er diese „Teufelsklauen", wie die Kirche die Gabeln bezeichnete, hier dargestellt hat?

Peristeróna

(Höhenlage: 200 m, Einwohnerzahl: 1.200)

Schnurgerade durch wenig reizvolle Landschaft führt die Straße nach Peristeróna. Der Name dieses Ortes, der auf Zypern häufiger vorkommt, bedeutet „Taubenhaus". Im Mittelalter wurden die Tauben, die heiligen Vögel der *Aphrodite*, als Brieftauben eingesetzt. In einem Obstanbaugebiet nahe der Demarkationslinie stehen die Hilarion-Kirche und das Minarett einer Moschee in symbolischer Nachbarschaft, obwohl die türkischen Dorfbewohner schon 1963 ihre Heimat verließen. Im merkwürdig kleinstädtisch wirkenden Ortszentrum gibt es noch zwei ursprüngliche Kaffeehäuser, in denen alte Männer ihren Kaffee trinken, Zeitung lesen und Tavli spielen.

> Zu Beginn der britischen Herrschaft musste jeder Zypriote eine bestimmte Menge an Heuschrecken erlegen und zur Wiegestelle bringen. Wer sich dem verweigerte, wurde mit einer Geldstrafe belegt oder ins Gefängnis gesteckt. Hintergrund dieser Anordnung waren die Heuschrecken-Schwärme, die regelmäßig von Nordafrika ins Land einfielen.

Kirche der hl. Hilárion und Bárnabas

Wenn geschlossen, beim Wirt des Caféhauses nach dem Schlüssel fragen

Ins 10. Jh. datierte Kirche mit fünf archaisch wirkenden Kuppeln, sie ist eine der ältesten Kirchen der Insel. Im Narthex sind eine gedruckte Bibel aus dem Jahre 1604 sowie zwei Grabplatten fränkischer Ritter und ein Reliquienkästchen mit einer Zeichnung der Schlacht von Rhodos (1522) zu sehen. Die Ikonostase stammt aus dem 16. Jh. und ist somit eine der ältesten Zyperns. Auf einer der Ikonen ist der *heilige Tryfon*, der Schutzpatron der Bauern, dargestellt. Diese Ikone aus dem Jahr 1820 enthält ein langes Gebet zum Schutz der Ernte vor Insekten – Zypern litt lange Jahre unter der Heuschreckenplage.

Marathása-Tal

Am schönsten ist das grüne, fruchtbare Tal im April, wenn Hunderttausende von Kirschbäumen das Tal in ein Meer aus weißen Blüten verwandeln. Als besondere Spezialität gelten die getrockneten Kirschen des Marathása-Tals.

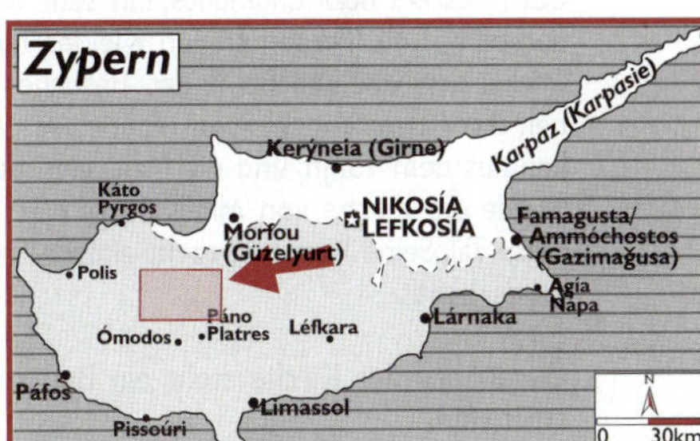

© graphic

Pródromos

(Höhenlage: 1.380 m)

Aktuelle regionale Reisetipps zu Pródromos
entnehmen Sie bitte der gelben Seite 173

Die Zeiten, als Pródromos ein mondäner Luftkurort war, in dem sich VIPs wie *König Faruk* die Ehre gaben, sind längst vorbei. Heute wird Pródromos von der *imposante Hotelruine*

imposanten Ruine des Berengaria-Hotels (s. gelbe Seite 173) überragt, in deren Nähe die Akademie für Forstwirtschaften steht. Alljährlich im Mai verwandeln sich die Wälder nahe Pródromos in ein Meer von blühenden Pfingstrosen. Wahrscheinlich wurden sie einst von Mönchen für medizinische Zwecke eingeführt. Im Mai blühen auch die lusitanische Wicke und die purpurfarbene Felsenkresse.

Pedoulás

(Einwohner: ca. 800, Höhe: 1.100 m)

Aktuelle regionale Reisetipps zu Pedoulás
entnehmen Sie bitte der gelben Seite 168

ein Meer von Kirschbäumen

Pedoulás ist für seine Kirschbäume berühmt, die im April die Hänge des Tals in ein Blütenmeer verwandeln. Ebenfalls auffallend sind die Reben, die sich hier über fast jede Hausterrasse winden.

Kirche Archangelos Michael

Den Schlüssel gibt es im Haus rechts neben der Kirche.

eine der schönsten Ikonostasen

Im alten Ortskern befindet sich die dem Erzengel Michael geweihte Scheunendachkirche, die die UNESCO in den Katalog des Weltkulturerbes aufgenommen hat. Sie wurde 1474 erbaut und ausgemalt, wie eine Inschrift über der nördlichen Tür verrät. Besonders sehenswert ist die hölzerne Ikonostase – eine der schönsten in Zypern.

Der Innenraum der Kirche ist einschiffig und von einer hölzernen Decke geschützt. Über der Südtür der Kirche befindet sich das Portrait der Stifterfamilie des Priesters *Basil Chamados*, das sehr detailliert die zyprische Kleidung der Zeit darstellt – die Frauen tragen Kleider mit Mustern, die man noch heute in den Stickereien von Léfkara findet. Besucher der kleinen Erzengelkirche können neben ihrer beeindruckenden Ikonostase und Bauart auch die gut erhaltenen Fresken aus dem 15. Jh. und die Malereien bewundern. Nach neuesten Erkenntnissen wurde die Kirche von *Minás* ausgemalt, einem zyprischen Maler aus dem Marathása-Tal. Seine Kunst ist recht einfach, sein Malstil eng der byzantinischen Tradition verhaftet.

Gegenüber der Kirche steht ein Byzantinisches Museum, in dem Ikonen ausgestellt sind.
Geöffnet April bis Okt. 9.30–13 und 14–17 Uhr, Nov. bis März 9.30–13 und 14–16 Uhr

An der Straße nach Kýkko ragt wie ein Fanal des Christentums ein riesiges Betonkreuz auf, gestiftet von einem Auswanderer.

Moutoullás

(Einwohner: ca. 500, Höhenlage 1.100 m)

Der Ort ist für folgende Produkte bekannt:

- seine hervorragenden **Birnen**
- **Soutzouko**, jene Mandelstränge, die mehrmals in eine dicke Masse Traubensirup eingetaucht werden
- sein erfrischendes und wohl schmeckendes **Trinkwasser**, das man in Flaschen abfüllt und in ganz Zypern und auch in arabische Länder verkauft
- die **Tröge**, in denen Frauen entweder Brotteig kneten oder Wäsche waschen (diese Tröge heißen „Vourna")
- **Brotbretter**, in deren Mulden die Frauen das Brot formen, um es darauf auch zum Backofen zu bringen

Die Holztröge und die Brotbretter werden heute allerdings nicht mehr hergestellt, auch auf Zypern gibt es mittlerweile Bäckereien. Dominiert wird der Ort von der riesigen neuen Kirche Agía Paraskeví. Als wir in der Umgebung der Kirche den Ort mit seinen engen Gassen näher erkunden wollten, beobachtete uns eine alte in schwarz gekleidete Frau argwöhnisch. Hier gäbe es nichts zu sehen, nur Häuser. Ja eben, die könnten ja auch sehenswert sein. Nein, hier gibt es nichts. Basta. Irgendwann haben wir vor dem eisernen Willen der Frau kapituliert. Warum wir nicht weitergehen durften, haben wir nicht herausgefunden.

Panagía tou Moutoullás

Den Schlüssel bekommt man im Haus unterhalb der Kirche.

Über dem Hang am Ortseingang liegt das **Kirchlein Panagía tou Moutoullás** aus dem Jahr 1280. Sie gilt als die erste wirkliche Scheunendachkirche, da sie von Anfang an ein solches Dach hatte. Heute gehört sie zum UNESCO-Weltkulturerbe.

die erste Scheunendachkirche

Kalopanagiótis

(Einwohner: ca. 500, Höhenlage: ca. 750 m)

Im unteren Marathása-Tal scheint dieses Dorf am Berg zu kleben. Sehenswert ist hier das Kloster Ágios Ioánnis Lampadistis.

Ágios Ioánnis Lampadistís

Geöffnet Mo bis Sa 8–12 und 13.30–17 Uhr

Der Legende nach sollte der junge Ioánnis im 11. Jh. lieber ins Kloster gegangen sein, als sich zu verheiraten. Aus Wut und Enttäuschung über diesen Entschluss bewirkten die enttäuschten Brauteltern durch einen Zauber seine Erblindung.

Die Kirche vereinigt drei Kirchen in sich: eine römisch-katholische, die von einem von der italienischen Renaissance beeinflussten Maler ausgeschmückt wurde. Die beiden anderen Kirchen reichen bis ins 11. Jh. zurück und sind mit Fresken im streng byzantinischen Stil geschmückt.

drei Kirchen in einer

Als nach seinem Tod ein Epileptiker zufällig das Grab des Ioánnis im Herakleidos-Kloster entdeckte, wurde er geheilt. Daraufhin wurde die heutige Kreuzkuppelkirche Ágios Irakleidos errichtet, die alsbald ein Pilgerziel kranker Menschen wurde. In den ehemaligen Klosterzellen sind heute alte landwirtschaftliche Geräte und eine Öl- und eine Weinpresse ausgestellt.

Pilger-Grafiti

In einem Silbergefäß wird die Schädelreliquie des Heiligen Ioánnis aufbewahrt, um die Reliquie haben verschiedene Pilger ihre Inschriften hinterlassen, unter anderem in den Jahren 1720 und 1730 zwei russische Mönche.

Ikonenkammer

Geöffnet März bis Sept. Mo. bis So. 9.30–16.30 Uhr und So. 11–19 Uhr. Okt. bis Feb. Mo. bis So. 9.30–16.30 Uhr und So. 11–16.30 Uhr

Seine Ehrwürden *Neófytos*, der Metropolit von Mórfou, wurde 1998 neuer Bischof der Gegend und reiste zum Amtsantritt durch sein Bistum. Seine good-will-tour führte ihn auch ins Kloster Ágios Lampadistis. Er kam, sah und stellte fest, dass die ehemaligen Mönchszellen restauriert werden müssten. So wurde also mal gründlich aufgeräumt und – im September des Jahres 1998 **ein überwältigender Fund** gemacht: Unter einem alten Schrank lagen wertvolle Ikonen versteckt.

Wie sind die dahin gekommen? Es muss so gewesen sein: Als 1571 türkische Truppen angriffen, haben die Mönche die Ikonen versteckt und vergessen, bis zum besagten Tag ... Heute sind diese Kostbarkeiten in der ehemaligen Dorfschule neben dem Kloster Lampadistis ausgestellt. Unter den byzantinischen Museen Zyperns ist diese Sammlung sicher eine der spektakulärsten, wenn nicht **d i e Ikonensammlung** der Insel.

Das mag auch an dem Museumswärter liegen, der bei interessierten Besuchern zum begeisterten Museumsführer wird. Über jede, wirklich jede, Ikone weiß er Spannendes zu berichten. *„Maria, warum hast du so eine lange Nase, so einen kleinen Mund, so große Augen und so lange Finger?"* – mag sich ein unkundiger Ikonenbetrachter fragen und der Museumsführer weiß es zu erklären: Das liegt am Komnenion-Stil des 10.–13. Jh. Der kleine Mund, weil Maria wenig gesprochen und gegessen hat, die großen Augen, weil sie alles gesehen hat und die langen Finger, weil sie Heilkräfte besaß.

Die älteste der Ikonen ist wohl die der Panagía aus dem 13. Jh. Fachleute erkennen das an den Nägeln in der Ikone, die man zu späteren Zeiten bei der Ikonenherstellung nicht mehr benutzte. Dann die Ikone der Jungfrau Elousa, ebenfalls aus dem 13. Jh., die dem Betrachter mit den Augen folgt. Die kleine feuerrote Figur auf der Ikone (spätes 14. Jh.) rechts neben dem Eingang stellt den Märtyrer *Bartholomäus* dar, der eines elenden Feuertodes gestorben ist.

magische Ikonen

Die Ikonen dieses Museums haben etwas Magisches an sich, dem man sich schwer entziehen kann; so wie es auch jener deutschen Frau geschah, die mehrmals hierher kam. Immer stand sie vor der einen Ikone des *Ágios Lampadistis* aus dem

13. Jh. Einen steifen Arm hatte sie, und der sei nun wieder in Ordnung – *Ágios Lampadistis* habe geholfen, so berichtet der Museumswärter. Das Wunder sei kein Wunder, denn hier sei ja auch ein heiliger Ort, kein Zweifel, hier hätte der *Apostel Paulus* ja seine Missionierung begonnen. Zehn Kapellen gäbe es immerhin in der Umgebung – selbst für Zypern ist das eine hohe Kirchendichte!

Ein Wunder ist geschehen!

Bachaufwärts hinter dem Kloster entspringen an seinem rechten Ufer **schwefelhaltige Quellen**. Man kann das Wasser trinken, sofern einem der Geruch des Wassers und die allgemeine Verwahrlosung der Anlage nicht davon abhalten. Die Temperaturen der drei Quellen sind unterschiedlich und jede wird medizinisch anders eingesetzt: zur Behandlung von allgemeinen Schwächezuständen, nervösen Depressionen, Blutarmut, Hautkrankheiten, rheumatischen Beschwerden und Verdauungsstörungen.

Der **Kalopanagiótis-See** wurde 1966 aufgestaut, mit seinem Fassungsvermögen von 390.000 m^3 bewässert er die umliegenden Obstbaumplantagen.

Gerakíes

Hier wird die bekannte zyprische Spezialität Soudzouko hergestellt, meist in den Hinterhöfen der Häuser. Zunächst einmal werden Trauben geerntet, deren Saft man in großen Kupferkesseln sammelt und bei Erhitzung unter Hinzufügung von Zucker und Glykose zu einem festen Sirup verdickt. Frauen ziehen auf etwa 1,5 bis 2 m langen Schnüren Mandeln auf. Diese Mandelketten werden an eine sich verzweigende Astgabel gebunden und mehrfach in den heißen Sirup getaucht, dessen süße Masse allmählich immer dicker die Mandeln umhüllt. Es entstehen so „Würste", die dann einige Zeit luftgetrocknet werden. Später schneidet man sie in kleine Stücke und bietet sie zum Verkauf an, oft werden sie zusätzlich in Puderzucker gewälzt.

süße Würste

Kýkko-Kloster

(Höhe: 1.160 m)

Ki-ko, ki-ko, ruft´s aus dem Wald

Ums Jahr 1140 war es gewesen, als *Kaiser Alexios Komnenos* dem Eremiten *Isaias* als Dank für die Heilung seiner gichtkranken Tochter eine Ikone der Heiligen Jungfrau schenkte. Nicht nur, dass der *Evangelist Lukas* höchstpersönlich diese Ikone gemalt hatte, nein, sie ist obendrein auch noch eine der drei Ikonen, deren Holz der Apostel *Lukas* vom Erzengel *Gabriel* empfangen hatte!! Die Ikone soll in der Wachsmaltechnik ägyptischer Mumienportraits gemalt worden sein, womit sie tatsächlich 2.000 Jahre alt sein könnte. Überprüfen lässt sich aber diese Angelegenheit nicht, da die Ikone seit 200 Jahren hinter einer Platte aus getriebenem Silber und einem roten Teppich verborgen ist – denn zu heilig sei sie, als dass sie ein menschliches Auge erblicken

Die Herkunft der Bezeichnung *„Kýkko"* oder *„kokko"* ist umstritten. Der Überlieferung nach stammt sie von der Hermes-Eiche, die vor Jahrhunderten in dieser Gegend wuchs. Einer anderen Überlieferung nach geht die Bezeichnung auf einen Vogel, beziehungsweise dessen Gesang zurück, der da lautete *„ki-ko, ki-ko"*.

solle! Auch würde jeder Sünder (also so ziemlich jeder ...) auf der Stelle geblendet werden, wenn er die Ikone sieht. Die Pinien rund um das Kloster seien aus Verehrung für die Ikone so gebeugt.

Das Kloster, das um die Ikone herum gebaut wurde, brannte im Laufe seiner Geschichte mehrmals ab, die heutigen Bauteile entstanden nach dem letzten Brand im Jahre 1913. Doch die Ikone überstand all diese Verwüstungen. Schon früh nach der Klostergründung erwies sie sich als sehr wunderwirkend, vor allen Dingen im Bereich der **Regenmacherei**.

meisterliche Regenmacher

Und die zog alljährlich Großgrundbesitzer und staatliche Abgesandte aus dem östlichen Mittelmeerraum hierher, um für Regen zu bitten. Wenn der nun kam – aus welchen Gründen auch immer – wurde das Kloster nicht nur mit Kunstwerken und Edelmetallen bedacht, unter anderem etwa 50 wertvollen Leuchtern und Lampen, sondern vor allem auch mit **Ländereien in der orthodoxen Welt, in Russland, Palästina und Syrien**. Heute defilieren auffallend viele orthodoxe Gläubige aus östlichen Ländern wie Serbien, Russland oder Bulgarien an der Ikone vorbei. Weiterhin waren im 19. Jh. die Steuern für die orthodoxe Bevölkerung besonders hoch und so trennten sich viele Bauern durch Schenkungen an die Klöster von ihrem Landbesitz. Die Grundstücke in Russland hat das Kloster verloren, heute gehören vermutlich die immensen Flächen an teurem Bauland in Nikosía zum wertvollsten Teil des Klosterbesitzes.

So soll sie aussehen, die segenspendende Ikone der Jungfrau Maria. Das Mosaik ist im Innenhof des Kýkko-Kloster rechts neben dem Eingang zu sehen. Nach orthodoxer Auffassung handelt es sich um ein authentisches, zeitgenössisches Portrait, das Ikonenmaler nachahmen müssen.

Rechts neben der Ikone sieht man einen Arm aus Bronze, der aussieht wie abgestorben. Er soll einem heidnischen (!) Neger (!) gehört haben, der sich erdreistet hat, an einer der Lampen, die die Ikone beleuchten, eine Zigarette anzuzünden. Weiterhin zu sehen ist das Schwert eines Schwertfisches, die Gabe eines Seemannes, den die Heilige Jungfrau vor dem Ertrinken gerettet habe.

Eine Taufe im Kýkko-Kloster gilt als besonders segensbringend, so herrscht an fast jedem Sonntagmorgen im Hochsommer auch ein Taufhochbetrieb, der manchen Dorfpfarrer, dem so einige Geschäfte entgehen, neidisch werden lässt. Fatal könnte es werden, wenn der Pope die jeweiligen Taufbecken der beiden Geschlechter verwechselt. Denn wer im gleichen Becken getauft wurde, ist von nun an miteinander verwandt und darf sich auch nicht heiraten – eine nicht ganz unproblematische Angelegenheit in früheren Zeiten, als die Auswahl an möglichen Ehepartnern in den kleinen Dörfer nicht groß war!

Kloster Kýkko hat sich nicht nur im Bereich der Regenmacherei als effektiv erwiesen, sondern auch im Widerstand gegen die Engländer: Hier wurde die

Widerstandsbewegung koordiniert. Das Kloster war Treffpunkt der **Guerillas** und deren Nachschubbasis.

Heute leben noch etwa 25 Mönche im Kloster, die sich – neben der Verwaltung der ausgedehnten Ländereien und der Klosterherberge – mit der Übersetzung alter orthodoxer Schriften beschäftigen. Die Verwaltung des immensen Besitzes, den das Kýkko-Kloster heute noch hat, liegt in den Händen Weltlicher, die in Büros in Nikosía residieren. Zum Kloster gehört auch eine ausgedehnte Herberge (Rezeption im Innenhof). Die Unterkunft dort kostet – außer Spenden – theoretisch nichts und hat deshalb den Widerstand der zyprischen Hoteliers auf den Plan gerufen. Heute dürfen nur noch Pilger hier übernachten. Wer auf vier Rädern kommt und Ausländer ist, gilt nicht als Pilger. Wer aber auf zwei Rädern kommt oder per pedes, der ist ein Pilger und der darf auch als Ausländer hier übernachten.

Pilger per pedes oder per Pedale

Hinweis
Fotografieren, die Beine übereinander schlagen, im Reiseführer lesen, Notizen machen – das sollten Sie in der Klosterkirche tunlichst unterlassen, falls Sie nicht von einem der argusäugigen Wächter ermahnt werden möchten!

• Museum des Kýkko-Klosters
Geöffnet Juni bis Okt .tgl. 10–18 Uhr, Nov. bis Mai tgl. 10–16 Uhr. Tel. 22 59 07 68.

Kloster Kýkko ist für manch einen eine eher langweilige, uninspirierte Sehenswürdigkeit, ein Ort byzantinischer Macht und Pracht. Ganz anders sein 1997 eröffnetes Museum: Sowohl dessen Exponate als auch seine Ausstattung suchen ihresgleichen. Dezente, indirekte Beleuchtung, leise byzantinische Musik im Hintergrund – die sakral-feierliche Atmosphäre dieses Museums nimmt den Besucher gefangen. Die Exponate reichen bis in die vorchristliche Zeit und die byzantinische und nachbyzantinische Epoche zurück. Man geht von Vitrine zu Vitrine und **staunt über des Menschen Fähigkeiten**, manchmal aber auch über Skurriles:

- „**Sklavenringe**" aus dem 18. und 19. Jh.; wer sich diese Halsringe umlegte, wurde von einer Leidenschaft oder einer Geisteskrankheit befreit.
- In der Vitrine hinter den liturgischen Gewändern steht ein Kreuz, das **Holz aus dem Kreuz Christi** enthalten soll.
- Äußerst praktisch war sicher das **Reliquienkästchen aus dem Jahr 1779** (rechte Vitrine vor den liturgischen Gewändern), wo man die Gebeine der verschiedenen Heiligen in einzelnen Schubladen ordentlich verstauen und sogar mit auf Reisen nehmen konnte!
- In der zweiten Mittelvitrine **ein unglaublich fein geschnitztes Kreuz aus dem 17. Jh**. Während der ottomanischen Zeit verschwand es aus dem Kloster und wurde später von einer geheimnisvollen, nicht zyprischen, schwarzen Frau dort abgegeben. Dieser dunklen Dame verdankt es auch seinen Namen: „Kreuz der schwarzen Frau".
- Eine beidseitig beschriftete, **4 m lange Pergamentrolle aus dem 12. Jh**. mit der sogenannten Chrysóstomos-Liturgie, die bis heute im orthodoxen Gottesdienst am meisten gefeiert wird.

Ordnung muss sein

INFO Ein zu großer Mann für eine kleine Insel – Erzbischof Makarios III

Der Mensch

Er war ein Mann aus Zypern, der Sohn eines Ziegenhirten, ein orthodoxer Erzbischof, eingewoben in einen politischen Konflikt, ein „zu großer Mann für eine kleine Insel", wie der damalige amerikanische Außenminister *Henry Kissinger* einmal über ihn sagte. Schwer vorstellbar, was aus Erzbischof *Makarios* geworden wäre, wenn er die Wahl gehabt hätte. Wenn er nicht auf Zypern geboren wäre, einer Insel, die wenig Perspektiven zu bieten hatte für einen, der sich wohl sein persönliches Lebensmosaik selbst zusammengebastelt hätte – wenn er denn das Thema dieses Mosaiks hätte wählen dürfen. Doch der Sohn eines Hirten hatte diese Wahl nie, nicht auf dieser Insel, nicht in diesen Lebensumständen. Schon ein Blick auf sein Äußeres ist schwer vorstellbar ohne seinen Mantel der orthodoxen Kirche.

Zypern ist griechisch,
Zypern ist seit den Anfängen der Geschichte griechisch gewesen
und wird griechisch bleiben.
Griechisch und ungeteilt haben wir es übernommen,
griechisch und ungeteilt werden wir es bewahren.
Griechisch und ungeteilt werden wir es an Griechenland übergeben.
brannte Erzbischof Makarios in die Seelen der griechischen Zyprioten ein.

Geboren am 13. August 1913 in Pano Panagía sollte *Michalis Mouskos* nach Abschluss der Dorfschule und dem Tod seiner Mutter eigentlich seinem Vater bei der Viehzucht helfen, aber sein Lehrer bestand darauf: „Der Junge ist zu begabt, um Ziegen zu hüten". Dem Lehrer waren aber nicht nur *Michalis*' Intelligenz und sein großer Fleiß aufgefallen, sondern auch seine Beharrlichkeit, die sich zum Starrsinn steigern konnte. Fuchsteufelswild soll der kleine *Michalis* geworden sein, wenn Freunde nicht seinen Vorschlägen folgten. Gemäß des Lehrers Rat wurde er mit 13 Jahren Novize des Klosters Kýkko, besuchte dort die Klosterschule, später das Gymnasium in Nikosía und wurde schließlich nach Griechenland zum Studium geschickt. Ein typischer Bildungsweg der damaligen Zeit, denn eine Ausbildung gab es seit der Antike in Zypern für Griechen nur durch die Klöster und deren Schulen. Dort wurden das Griechentum bewahrt, der Klerus ausgebildet und die Nöte der Bevölkerung gegenüber den fremden Machthabern formuliert.

Von den 1950er bis in die 1970er Jahre war der aufrechte, stolze, stets schwarz gekleidete Makarios ein vertrauter Anblick in den abendlichen Nachrichtensendungen. Zeit seines Lebens liebte er Macht und Pracht: Er ließ sich gerne im Mercedes 600 herumchauffieren und unterschrieb stets mit roter Tinte, ein Vorrecht der zyprischen Kirchenfürsten.

Härte, Zähigkeit, aber auch Freundlichkeit und diplomatisches Verhandlungsgeschick seien ihm eigen gewesen, eine Mischung, die Makarios´ Verhandlungspartner oft zur Verzweiflung brachte. Er war ein gewiefter Taktierer, der seine Gegner gegeneinander ausspielen konnte. Während seiner gesamten politischen Karriere wurde *Erzbischof Makarios* abgöttisch geliebt, aber auch abgrundtief gehasst.

Herny Kissinger mag mit der Äußerung über den zu großen Mann recht gehabt haben, ein Hotelier in Plátres sieht es ähnlich, aber ganz pragmatisch: „Er wollte viel zu viel auf einmal".

Im Geburtshaus des Erzbischof Makarios

Die Politik

Als *Makarios* im Oktober 1950 im Alter von 37 Jahren zum Erzbischof Zyperns gewählt wurde, wurde er nicht nur geistliches, sondern auch politisches Oberhaupt der Zyperngriechen. Seine Funktion der autokephalen (= eigenständigen) Kirche Zyperns als religiöser und politischer Führer in Personalunion entsprach der Weiterführung des ethnarchischen Prinzips der orthodoxen Kirchen während des Osmanischen Reiches.

Das Grabmal von Erzbischof Makarios III

„Das Herz Zyperns schlägt nicht mehr", vermeldete der zyprische Rundfunk nach Makarios' Tod am 3. August 1977. Mehr als ein halbes Dutzend Mordanschläge waren auf ihn verübt worden, gestorben ist er dann aber doch um 5 Uhr morgens friedlich in seinem Bett. Beerdigt wurde er zwei Kilometer vom Kloster Kýkko auf dem Hügel Throni tis Panagías („Throne der Maria"). Es war der Wunsch des verstorbenen Erzbischofs, dort mit dieser Traumaussicht auf seine geliebte Insel Zypern begraben zu werden. Erzbischof Makarios Werdegang als Geistlicher begann im Kýkko-Kloster und hier endete er auch. Neben seinem Grab stehen einige der zyprischen „Wunschbäume", von denen in diesem Buch mehrfach zu lesen ist.

Makarios's innenpolitisches Ziel war eine Verringerung des Einflusses, den die türkischen Zyprioten in Verwaltung, Politik und Polizei gemäß der Verfassung hatten. Die türkischen Zyprioten sollten nicht mehr 30 oder 40 % der Posten in der Verwaltung einnehmen, sondern nur noch die 18 %, die ihrem Anteil an der Gesamtbevölkerung entsprachen. Er duldete militärische Maßnahmen gegen türkische Zyprioten und trug so zu den Spannungen bei.

Intuition und Launen sollen seine Politik bestimmt haben, eine wenig verlässliche Ausgangsbasis für die türkischen Zyprioten, die sich deswegen in ihre Enklaven zurückzogen. Ob aus Furcht vor Restriktionen oder als Boykott der neuen Republik – ist unklar.

Außenpolitisch stand Erzbischof *Makarios* für die Minderung der wirtschaftlichen Abhängigkeit von Großbritannien. Er war ein glühender Anhänger des ENOSIS-Gedankens, das heißt des Anschlusses der Zyperngriechen ans griechische Mutterland. Auch versprach er dem Volk in seiner Amtsantrittsrede, seinen Augen keinen Schlaf und sich keine

Ruhe zu gönnen, „bis der heiß ersehnte Tag der Befreiung“ vom britischen Joch anbreche. Nachdem seine Interventionen bei den Vereinten Nationen, den USA und in Griechenland ohne Ergebnis waren, befürwortete er den bewaffneten Kampf gegen die Briten. Unter *General Grivas* begann bald darauf die EOKA den Partisanenkampf gegen die Briten, die deswegen 1956 *Makarios* auf die Seychellen verbannten.

Vor seiner Residenz in Nikosía blickt der bronzene Erzbischof Makarios auf sein geliebtes Zypern.

Als er 1959 zurück nach Zypern kam, willigte er 1960 in die Unabhängigkeit Zyperns ein, um nicht die Teilung der Insel zu riskieren. Auch wenn er sich offiziell von dem ENOSIS-Gedanken distanziert hatte, den Führungsanspruch hatte für ihn die orthodoxe Kirche und nicht die „Barbaren aus der asiatischen Steppe“ – die Türken. Dass die orthodoxe Kirche während der Osmanenherrschaft mit Hilfe der türkischen Inselherren wieder Macht erlangt hatte, spielte dabei für ihn keine Rolle. 1963 verlangte er eine Verfassungsrevision, bei der die Zyperntürken viele ihrer Rechte verloren hätten, es kam zu blutigen Auseinandersetzungen zwischen Griechen und Türken.

Makarios hatte viele Gegner, so auch die Amerikaner, die es dem „Castro im Priesterrock“ verübelten, dass er mit der Sowjetunion liebäugelte und das US-Embargo gegen Nordvietnam nicht mittrug. Auch vereitelte sein Beharren auf Blockfreiheit, Neutralität und Unabhängigkeit alle Versuche, das geostrategisch wichtig gelegene Zypern als Basis für militärische Einsätze im nahöstlichen Krisenherd zu nutzen.

Nach dem Militärputsch 1967 in Athen wandte er sich mehr und mehr von der Idee der ENOSIS ab, da er von einem Zusammenschluss mit einer Militärdiktatur wenig hielt – das führte zu einem zusehends verschlechterten Verhältnis zu den Obristen in Athen. 1974 forderte er den Abzug von 600 griechischen Offizieren, die die Nationalgarde Zyperns kommandierten. Mit Hilfe dieser Nationalgarde putschte Athen gegen den ehemaligen Verbündeten: *Makarios* konnte nach London fliehen, die Türkei nutzte die Gunst der Stunde und besetzte einen Großteil der Insel militärisch. Nach dem Sturz der Putschisten kehrte *Makarios* nach Zypern zurück, wo er bis zu seinem Tod am 3. August 1977 Präsident der griechischen Republik Zypern blieb.

- In der Ikonenkammer hängt eine **Ikone der *Muttergottes* aus dem 13. Jh.**, die eindeutig einen Kropf hat. Und das Jesuskind auf ihrem Arm hat ein Gesicht, wie man es auch heute noch oft in der Umgebung des Klosters sieht.
- Eine Ikone des heiligen *Basilius* aus dem 13. Jh., mit einer perspektivisch falsch gezeichneten Bibel und **sehr eindringlichen Augen**.
- An der Ikone des Erzengels *Michael* aus dem Jahr 1793 kann man sehr gut die damalige Entwicklung erkennen, als **die Ikonen mehr Gemälde denn Ikone** wurden, das heißt, man richtete sich nicht mehr nach der byzantinische Ikonographie, sondern malte um den Heiligen oder die Heilige eine schöne Szenerie mit Hintergrundlandschaft.

mehr Gemälde denn Ikone

Dörfer Tsakístra und Kámpos

Neun Kilometer nördlich vom Kýkko-Kloster lohnt ein Besuch der Dörfer Tsakístra und Kámpos. Letzteres hat einen sehr schönen Dorfplatz unter Bäumen.

Tal der Zedern – Ceddar-Valley

Südlich des Tripylos-Berges (1.048 m) liegt einsam das Tal der Zedern – Zyperns größtes zusammenhängendes Waldgebiet. Die Zypern-Zeder – *Cedrus libani brevifolia* – ist eine nur auf Zypern vorkommende Verwandte der libanesischen Zeder. Sie ist magerer als die Libanon-Zeder und schimmert grünlich-weiß. Die Bäume wachsen in Höhen von 150 bis 1.500 Meter, werden bis zu 30 Meter hoch und erreichen einen Durchmesser von bis zu 1,20 Meter. Den stattlichsten Bäumen sagt man ein Lebensalter von mehr als 600 Jahren nach. Die meisten der insgesamt 130.000 Zedern auf Zypern sind aber weitaus jünger: Die Bäume wurden seit Anfang des 20. Jahrhunderts wieder gepflanzt, nachdem der Bestand stark zurückgegangen war – in der Antike wuchsen in Zypern noch sehr viele Zedern, doch ihr wertvolles Holz war für den Schiffsbau sehr begehrt, so dass sich im Laufe der Jahrhunderte die Bestände dezimierten. In diesen besonders abgeschiedenen Auwaldteilen der Insel konnten einige Exemplare überleben, die heute unter Naturschutz stehen. Gemäß der rauen Lage hier oben sind sie ziemlich zerzaust und schütter, teilweise auch vom Blitzschlag verkrüppelt.

Überleben in der Abgeschiedenheit

Wanderung

Den schönsten Eindruck vom Zederntal bekommt man bei einer etwa einstündigen Wanderung (ausgeschildert) auf den höchsten Berg im westlichen Tróodos-Gebirge, den 1.362 Meter hohen Tripylos. Er bietet einen Ausblick über den Zedernwald sowie bis zum Olymp und zur Akámas-Halbinsel. Mit viel Glück kann man Gänsegeier, Falken und sogar Kaiseradler oder Mufflons entdecken.

Stavrós tis Psókas

„Kreuz der Maser" heißt übersetzt der Name dieser ersten zyprischen Forststation, die 1848 auf den Überresten eines alten Klosters errichtet wurde. Das Kloster erhielt seinen Namen „Stavrós tis Psókas" nach einer Quelle, die Heilung bei Masern bringen sollte. Bei der 1984 gegründeten, gleichnamigen Forststation Stavrós tis Psókas befindet sich ein Rasthaus mit einem kleinen Einraumrestaurant (hier gibt es guten Kuchen) und einer Tanksäule. Am Forsthaus und nahe der Klosterruine starten **drei markierte Rundwanderwege** (ca. 2 Stunden Gehzeit).

markante Mufflon-Männer

Nahe der Forststation tummeln sich in einem Gehege Mufflons, die zyprischen Wildschafe.

Pitsiliá

Die Dörfer der Pitsiliá liegen in tief eingeschnittenen Tälern, verbunden durch schmale, gewundene Straßen. In der Gegend wird, neben Birnen, Pfirsichen und Äpfeln, hauptsächlich Wein angebaut. In der Pitsiliá liegen drei der neun unter dem Schutz der UNESCO stehenden Kirchen Zyperns. Acht gekennzeichnete Naturlehrpfade führen durch die Pitsiliá.

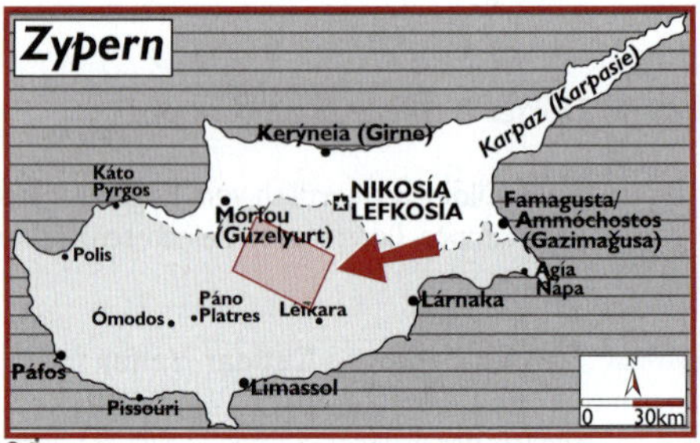

© graphic

Panagía tou Arakou (Unsere liebe Frau von der Erbse) in Lagouderá

Geöffnet tgl. 10–16 Uhr
(Höhenlage: 1.000 m)

vollständigster Freskenzyklus

Die Kreuzkuppelkirche Panagía tou Arakou (Arakiotissa) am Dorfrand von Lagouderá zählt zum Weltkulturerbe der UNESCO. Die ehemalige Klosterkirche aus dem 12. Jh. besitzt den vollständigsten Freskenzyklus der mittelbyzantinischen Zeit auf Zypern und ist über die Insel hinaus kunstgeschichtlich berühmt. Ihre heutige Reinheit und Farbenkraft verdanken die Fresken Wissenschaftlern der Harvard-Universität. Von 1968 bis 1973 untersuchten Forscher die Wandbilder, die laut Stiftungsinschrift aus dem Jahr 1192 stammen. Zu dieser Zeit suchten die Griechen bei den himmlischen Mächten Schutz vor den fränkischen Eroberern – sie bauten Kirchen. Die Maler der Fresken kamen aus Konstantinopel. Ihre Werke waren auf der Höhe der komnenischen Kunst in den Zentren des Reiches. Meisterhaft sind zum Beispiel die Szenen „Tempelgang der Maria“ und der melancholische „Christus Pantokrator“ in der Kuppel, dessen Augen einem zu folgen scheinen.

Ein witziges Detail: Simeon trägt einen Jesus, der mit einem Ohrring geschmückt ist. **Im Altarraum sitzen zu beiden Seiten der Ikonostase je ein Säulenheiliger, *Symeon Stylites der Ältere* (389/90-459) und *Symeon Stylites der Jüngere* (521-592).** Sie sind hier an der Bilderwand dargestellt, weil die beiden zu Zeiten des Bilderstreits als Verteidiger der Bilderverehrung galten. Insgesamt hat die Kirche mehr als zwanzig wichtige Fresken zu bieten.

Der Beiname der Kirche Arakou geht auf das griechische Wort für Erbse – arakas – zurück. Vermutlich wurde eine Marien-Ikone in diesem Landwirtschaftsgebiet entdeckt, in dem vor Jahrhunderten Erbsen angebaut wurden.

INFO Hoch auf der Säule oben sitz ich über dem Volk

Symeon der Stylit, der Ältere, wurde im späten 4. Jh. als Spross einer wohlhabenden Bauernfamilie geboren. Schon früh trat er in ein Kloster ein, musste es aber alsbald wieder verlassen, zu streng war seinen Mitbrüdern seine Askese: zur Fastenzeit ließ sich *Symeon* einmauern und später auch an einen Felsen ketten. *Symeon* war es leid, ständig von seinen Anhängern bedrängt zu werden, sie scheuten nicht mal davor zurück, ihm seine Kleider als Andenken vom Leid zu reißen. Also tat er das Naheliegende: Er stieg auf eine drei Meter hohe Säule. Doch auch dort hatte er seine Ruhe nicht, und so stockte er nach und nach die Säule auf, bis sie endlich zwanzig Meter hoch in den Himmel ragte, weit oberhalb seiner zudringlichen Anhänger. Dort oben lag auf dem Kapitell eine Platte, die war so groß, dass sich *Symeon* zum Schlafen hinlegen konnte. Ein Geländer schützte ihn vor dem Absturz, Schutz vor Regen und Sonne hingegen lehnte er als strenger Asket ab. Das Säulensitzen scheint *Symeon* gut getan zu haben: Zeitzeugen beschrieben ihn als einen freundlichen und gütigen Mann, den viele Menschen um Rat fragten. Nach *Symeon* stiegen weitere Asketen auf eine Säule, von denen einige zum Äußersten schritten, indem sie sich lange Zeit nicht niederlegten. Dienende Jünger trugen auf einer Leiter Nahrung und auch die Eucharistie nach oben, von den Pilgern unten sollen einige den Kot der Heiligen als religiöses Souvenir mitgenommen haben. Einige Heilige stiegen schon als Jugendliche auf die Säule, um sie ein Leben lang nicht zu verlassen, andere kamen nur aus bedeutenden Anlässen herunter. Auch nach dem Tod eines Säulenheiligen kamen zuweilen noch lange Zeit Pilger zum Säulenort, so dass hier Kirchen und Klöster entstanden.

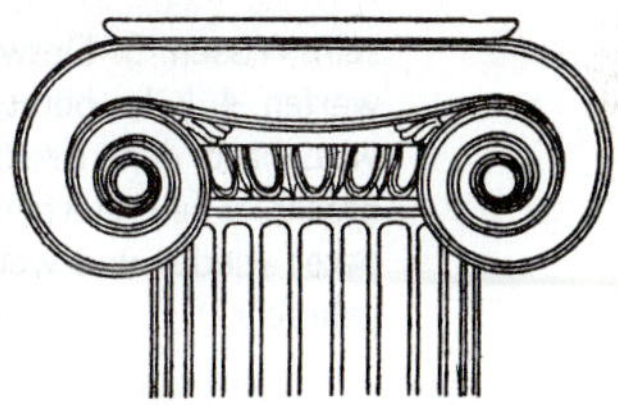

Diese Form des Askese, deren Ausgangspunkt und Zentrum Syrien war, war bis in die Spätzeit im ganzen Byzantinischen Reich verbreitet und hielt sich bis ins 19. Jh. Heute kennt man das Säulensitzen in Form vom Baumstammsitzen, nicht zum Zwecke der Askese, sondern zum Zwecke des Eintrags ins Guinness-Buch der Rekorde. Und heute dürfen auch Frauen auf Säulen bzw. auf Baumstämmen sitzen, was seinerzeit nicht gebilligt wurde. Na, wenn das nicht ein Fortschritt ist?!

Wanderung auf dem Madari-Trail

Einer der schönsten Naturpfade Zyperns beginnt südwestlich von Lagouderá beim CTO-Häuschen unterhalb einer Feuerausguckstation. Ein schmaler Geröllpfad führt auf den Gipfel des 1.612 m hohen Adelfí-Berges, die 4 km lange, sehr aussichtsreiche Wanderung erfordert Trittsicherheit und in manchen Passagen auch Schwindelfreiheit.

Stavros tou Agíasmáti in Platanistása

Den Schlüssel bekommt man in Platanistása im Kafeneion, von dort fährt man dann mit dem Schlüsselverwalter zur 5 km außerhalb des Dorfes gelegenen Kirche.

Über Kyperounta und Agridhia zu erreichen, liegt die Kirche Stavros tou Agíasmati. Hier findet man in der nördlich des Dorfes Platanistása in einer von einem tief hinab gezogenen Dach geschützten Kirche **die schönsten Fresken Zyperns**, gemalt von *Phillipos Goul*. Vor allem die **Szenen des *heiligen Mámas***, der auf einem Löwen reitet, sowie des *heiligen Demetrios* am westlichen Ende der Südwand sind besonders gelungen.

Detektivarbeit

In einer Inschrift ist der Maler der Kirche verewigt: *Phillipos Goul*. Sie benennt Dienstag, den 7. Oktober, als Tag der Fertigstellung des Gotteshauses. In welchem Jahr, das besagt sie nicht. Dienstag, der 7. Oktober war in den Jahren 1488, 1494 und 1505.

In einer Nische in der Nordwand werden in zehn Bildern die Auffindung des Kreuzes Christi durch die *heilige Helena* erzählt. Von links oben nach rechts unten: 1. Die Juden leugnen gegenüber der Kaiserin, zu wissen, wo das Kreuz ist. 2. Die Juden bringen Judas zu *Helena*, doch auch er leugnet sein Wissen. 3. Deswegen lässt ihn *Helena* in einen ausgetrockneten Brunnen werfen. 4. *Judas* betet in Golgatha und bekommt einen göttlichen Hinweis. 5. Es wird nach dem Kreuz gegraben ... 6. ...und gefunden ... 7. ...und zu *Helena* gebracht. 8. Eine Sterbende wird durch das Kreuz gesund – es ist also echt. 9. *Judas* betet wieder und weiß nun, wo die Nägel sind. 10. Auch die werden zu *Helena* gebracht.

Askás

(Höhenlage: 900 m)

Aktuelle regionale Reisetipps zu Askás
entnehmen Sie bitte der gelben Seite 124

Die extrem engen Straßen von Askás und einige alte Häuserensemble sind einen kleinen Spaziergang wert. Ob der Name des Ortes auf das antike Wort „askos" (eine Tasche aus Ziegenleder, mit der man einst den Wein beförderte) oder auf einen frühen Einwohner namens Askos zurückgeht, ist nicht mehr bekannt. Der Ort ist für sein chiromeria (geräucherte Schweinehaxen) und seinen Honig bekannt.

einsam und idyllisch

Direkt unterhalb des Dorfplatzes steht die äußerlich unscheinbare **Timiou Stavrou-Kirche** mit einer Darstellung des Heiligen Kreuzes (Schlüssel im Haus gegenüber dem Eingangstor zur Kirche). Außerhalb von Askás steht einsam und idyllisch die **Kirche der Agía Christina** (auch Paraskeví) aus dem Jahr 1411 (frei zugänglich, den Riegel nach oben schieben), dekorativ eingerahmt von zwei alten Olivenbäumen und einer Zypresse. Im Inneren an der Längswand reiten nebeneinander *Georg* auf seinem Pferd und *Mámas* auf seinem Löwen, in der Bema ist die *Mutter Gottes*, flankiert von zwei Erzengeln, zu sehen. *Hinkommen: Von Askás Richtung Alona fahren, rechts abbiegen, dann der ersten Straße links folgen.*

Tipp
Etwa 100 m vor der Kirche Agía Christina biegt ein Weg zu einem sehr idyllischen Picknickplatz ab.

Palaichori

Patch-work-Städtchen

„Alte Dörfer" heißt der Name des Ortes – und wirklich, **Palaichori wirkt wie ein Städtchen, zusammengesetzt aus mehren alten Dörfern.** Es lohnt unbedingt einen kleinen Spaziergang durch die steilen Gassen, vorbei an alten Holztüren mit verblichenem Anstrich, wackligen Holzbalkonen und verlassenen Häusern. Man parkt in der Ortsmitte, dort duftet auch ein neu angelegter Aromagarten. Etwas oberhalb des Ortes steht bei der Kirche Ágios Geórgios ein 700 Jahre alter Pistazienbaum.

Kirche der Metamorfosis tou Sotiros (= Verklärung des Erlösers)

Außerhalb des Ortes auf einer Anhöhe gelegen (die Kirche ist ausgeschildert). Den Schlüssel bekommt man beim Priester (im weißen Haus mit den grünen Balkonen nahe der Kirche, die Treppe auf der linken Seite auf die rückwärtige Seite des Hauses hochgehen und dort an die Tür klopfen).

Schon von außen beeindruckt die Kirche mit ihrem patchworkartigen, mehrfarbigen Mauerwerk. Auch die Konstruktion des Gotteshauses fällt aus dem Rahmen: in der Kirche versteckt sich eine kleinere, zweite: Die Bevölkerung war gewachsen, also wurde das Kirchlein aus dem 16. Jh. im 17. Jh. mit einem Anbau versehen. Über das früher weit heruntergezogene Dach der Kirche hat der örtliche Küster eine ganz eigene Theorie: Der Prediger im Kircheninneren sollte nicht von der Vorgängen vor der Kirche abgelenkt werden.

Stehen beim Letzten Abend-mahl

Die kleine Kirche in der Kirche ist über und über mit leuchtenden Fresken bemalt. Über ihrem Eingang ist ein gekrönter Pantokrator aus dem frühen 16. Jh. zu sehen – eine äußerst seltene Darstellung. Auffallend im Kircheninneren: eine Reihe soldatisch gerüsteter Heiliger (zum Beispiel der heilige Georg) – was wohl damit zu erklären ist, dass die Leute von Palaichori sich immer gegen die verschiedenen Besatzer Zyperns wehrten, sie sollen auch den berühmten Partisanen *Geórgios Asfentixiou* beherbergt haben. Eine weitere seltene Darstellung ist das **Letzte Abendmahl**, bei dem die Jünger um den Tisch herum stehen statt sitzen – hier soll nicht ein Essen, sondern der wesentliche, spirituelle Aspekt des Letzten Abendmahles dargestellt werden. Am eindrucksvollsten aber die **Darstellung des *heiligen Mámas***, dem Beschützer der Steuersünder.

Denkmal für die Mutter

Auf dem Hügel nahe der Kirche steht ein wohl **weltweit einzigartiges Denkmal**: Es ist der Mutter gewidmet. Nicht einer bestimmten Mutter, sondern der Mutter an sich. Der kryptische Spruch zu Füßen des Denkmals lautet frei übersetzt: „Meine Mutter, du hast mich mit Feuer ernährt. Das ist der Grund, warum mein Herz ein Stern ist." 145 Stufen führen hinauf, man hat von dort oben **einen herrlichen Ausblick**.

INFO

Und erlöse uns von den Steuern – Ágios Mámas – hilf!

Ein wichtiger, noch heute aktueller Heiliger: Er beschützt alle Steuerschuldner und -sündner (nebenher auch noch die Buchhalter), denn: Der *heilige Mámas* wurde schon im Mutterleib mit Mächten konfrontiert, derer man sich nicht immer erwehren kann ... Seine Mutter war eine frühe Christin und wurde – schwanger mit *Mámas* – während der Christenverfolgung ins Gefängnis geworfen. Als der Kleine dann zur Welt kam, war sein erstes Wort „Mama" – daher sein Name. Später wurde er dann Eremit; als solcher saß er tagaus, tagein meditierend in seiner Höhle. So sah er es auch nicht ein, am Steuerwesen teilzunehmen, was wiederum der byzantinische Gouverneur nicht einsehen wollte, dessen Garde *Mámas* mitsamt seinem Schaf auf dem Arm nach Nikosía verbrachte. Unterwegs stürzte sich ein Löwe auf das Schaf, um es zu fressen, doch *Mámas* sprach so beruhigend auf den wilden Löwen (der Löwe gilt als Symbol der weltlichen Macht) ein, dass dieser so lammfromm wie das Schaf wurde und höchstpersönlich den Einsiedler nach Nikosía trug (eine ähnliche Geschichte gibt es übrigens im Trentino in Norditalien, da reitet der Eremit allerdings auf einem Bären nach Trient). Ob nun der Löwe an sich das treffende Argument war oder die Worte des Heiligen – das ist nicht überliefert. Auf jeden Fall wurde der heilige Mámas von den Steuern befreit.

Nicht lange mit dem Finanzamt herumstreiten, sondern besser gleich auf dem Löwen vorreiten ...

Heute findet man auf Zypern unzählige, dem heiligen Mámas gewidmete Kirchen und Straßen, ebenso zahllos sind die Ikonen und Fresken mit Darstellungen des Heiligen. Nachgeforscht, warum gerade dieser Heilige so oft zu finden ist, könnte folgendes Zitat eine Erklärung sein: *„Alle sind Sklaven der Venezianer und zahlen dem Staat ein Drittel ihres Einkommens ... Außerdem ist jeder Mann verpflichtet, zwei Tage die Woche für den Staat zu arbeiten, was auch immer ihm aufgetragen wird. Und wer dabei säumt, egal, ob wegen anderer Verpflichtungen oder Krankheit, der muss für die Fehltage eine Strafe zahlen. Als ob das nicht genug wäre, wird ihnen mehrmals im Jahr noch die eine oder andere Steuer auferlegt, mit der das arme Volk so geschunden und geplündert wird, dass es kaum das Nötigste zu seinem ärmlichen Dasein hat."* So berichtet *Martin von Baumgarten* im Jahr 1508 über die von Steuern geplagten Zyprioten.

Auf vielen Fresken ist der Löwe als venezianisches Wappentier dargestellt, der Löwenritt des Mámas wird auch als Symbol der Befreiung von der venezianischen Herrschaft gedeutet, wobei das gerettete Schaf für das zyprische Volk steht.

Agrós

(Höhenlage: ca. 1.150 m, Einwohner: 1.200)

Aktuelle regionale Reisetipps zu Agrós
entnehmen Sie bitte der gelben Seite 123

Anders als viele Orte im Inneren Zyperns floriert Agrós. Aus verschiedenen Gründen: Hier steht das große genossenschaftliche Hotel To Rodon, die Familie des Präsidenten *Klerides* stammt aus Agrós und viele einstige Auswanderer sind zurückgekehrt, auch ist Agrós Schul- und Einkaufszentrum der Umgebung. Wirtschaftlich dreht sich in Agrós alles um die Rosen. Sie werden in der Umgebung gezüchtet und dann in den Monaten April und Mai zu allem verarbeitet, was sich so aus Rosen produzieren lässt. Agrós hat sich an ein neues kühnes Projekt gewagt: Ein Sportzentrum wird gebaut, das in reiner, Asthma kurierender Bergluft als Trainingsstätte auch für ausländische Spitzensportler dienen soll. *reine Bergluft*

Sehenswertes

- **Chris N. Tsolakis Ltd.**

Tel. 25 52 18 93, Fax 25 52 18 94, www.rose-tsolakis.com

Nach Jahren in Australien ist *Chris Tsolakis* wieder nach Hause gekommen, um den von seinem Vater eingestellten, schon seit 100 Jahre bestehenden Betrieb seiner Vorfahren wieder zu eröffnen. Die ***Rosa damascina***, um die sich hier alles dreht, **wächst unterhalb der Destillerie und des Verkaufsraums der Tsolakis Ltd.** Zur Rosenblüte werden hier täglich vor Sonnenaufgang 27.000 Rosen gepflückt.

Die Rose damascina

Christos Tsolakis persönlich führt mit einer derart wortreichen Begeisterung durch seine Destillerie, dass ein längerer Aufenthalt in einem Trappistenkloster für seine strapazierten Stimmbänder sicherlich eine Wohltat wäre. Und was stellt er nicht alles aus seinen Rosen her: Rosenmarmelade (1 Teelöffel soll die Verdauung in Gang bringen – die Marmelade hilft wirklich, schimmelt aber leider schnell), Rosenlikör und Rosenbrandy (wer's mag), Rosenwasser für die Haut (ohne chemische Zusätze, reinigt porentief und macht jünger!), Rosenwasser für den Pudding und Quarkkuchen (schmeckt wirklich gut), einen dickflüssigen Rotwein Rose Cabernet Savignon (fleißige Bienen bringen den Rosengeschmack in die Rebe). 30.000 Touristen kommen alljährlich hierher, erzählt er, kurz bevor der nächste Bus eintrifft. Alle Produkte gibt es nur bei ihm zu kaufen, Export hat er nicht nötig, er verdient auch so genügend. Und wer schon immer mal bei der Rosenernte mitmachen wollte, der kann es hier tun, *Christos Tsolakis* freut sich über jede helfende Hand. *aus Rosen gemacht*

• Panagía Eleoussa

Schlüssel zur Kirche im Kafeneion gegenüber

Vom Hotel To Rodon gelangt man zur 1884-1909 erbauten Marienkirche, vor der eine kleine Marienkapelle steht. In der Marienkapelle sind Ikonen aus der ersten, abgerissenen Kirche zu sehen. Eine von ihnen soll der Überlieferung nach vom *heiligen Lukas* gemalt worden und eine der wichtigsten zehn Ikonen Zyperns sein.

Wanderung auf den Berg Papoutsa

Ausgangspunkt: Bei der Straße Agrós-Paleochori bei der Abzweigung nach Ágios Theódoros parken, 25 m in Richtung Palaichori gehen und dort rechts einem alten, kaum sichtbaren Weg folgen. Für den Hin- und Rückweg braucht man etwa 1 ½ Std., man sollte über Trittsicherheit verfügen.

Immerhin 1.554 m über dem Meeresspiegel ist dieser Berg (papoutsa = Schuhe) am östlichen Ausläufer des Tróodos-Gebirges hoch. Von oben bietet sich ein herrliches Panorama. Der Aufstieg über den Kamm geht zwar stetig bergauf, ist aber leicht zu bewältigen. Unterwegs sieht man Blumen, die in ihrer Blüte vertrocknet sind – ein eigenartiger Anblick. Oben auf dem Gipfel steht dann ein Gipfelkreuz, wie es sich für einen Berg gehört.

Peléndri

(Höhenlage: 880 m)

Die **Kirche Timios Stavros tou Agíasmáti** ist als Scheunendachkirche auch kulturelles Welterbe der UNESCO. Der heutige Kirchenbau mit franko-byzantinischen Bögen entstand zur Wende vom 13. zum 14. Jh., auf der Nordseite kam 200 Jahre später noch ein Seitenschiff dazu. *Christus Pantokrator* in der Kuppel und die Thronbereitung mit Engeln und Evangelistensymbolen mit verfeinertem Stil sind der makedonischen Schule palaiologischer Renaissance zuzurechnen. Besonders deutlich wird dies in den Motiven Christi Himmelfahrt und der Kreuzabnahme an der Nordseite des Gewölbes. Die szenischen Darstellungen und Portraits – Kreuzigung, Anastasis, *Christus* vor *Pilatus*, die Verspottung, der Kreuzweg, der Verrat, die Fußwaschung und Jesu Begegnung mit der Samariterin – sind dagegen schlichter und volkstümlicher gestaltet.

verfeinerter Stil

Die andere Kirche des Ortes, die der **Jungfrau Maria (Panagía)**, steht auf der gegenüberliegenden Seite des Tals und birgt unter ihrem Scheunendach Fresken aus dem 16. Jh.

INFO

Die faulsten Bewohner Zyperns, der beste Wein der Welt und andere Superlative

Der Reiseführer, der ohne Superlative auskommt, muss erst noch geschrieben werden. Sie fehlen auch im vorliegenden Band nicht; einige der spektakulärsten und skurrilsten sind im Folgenden zusammengefasst.

Weltweit

- "**Eine der faszinierendsten Inseln der Welt**" so beschreibt der englische Autor Colin Thubron die Insel Zypern.
- Nach dem Fall der Berliner Mauer ist Nikosía noch die **einzige Hauptstadt der Welt, die durch eine Mauer getrennt ist.**
- **Eine der faszinierendsten Gegenden für Geologen** ist das Tróodos-Gebirge, in dem wie an nur wenigen anderen Stellen der Erde Gesteine des Erdmantels an die Oberfäche gekommen sind.
- **Der erste von einem Christen regierte Staat** war Zypern.
- Kirchen und Kneipen, geistige Werte und geistige Getränke in trauter Eintracht, das kennt man vielerorts im katholischen Raum. Aber ein **Golfplatz mit Kloster** – das gibts nur auf Zypern auf dem Tsada Golfclub.
- In der Bibel (in der Geschichte des Solomon) werden **Zyperns Weine als die besten der Welt** erwähnt. Und der Commandaria-, der süße Dessert-Wein, gilt als **der älteste, bekannte Wein** der Welt.
- Die **zyprischen Frühkartoffeln** aus der roten Erde um Ágia Nápa sollen zu den besten der Welt gehören.
- **Die erste Abbildung von Betrunkenen** sieht man auf den Mosaiken im Haus des Dionysos.
- **Die größte Kerze der Welt** wurde auf Zypern gezogen, sie war 3,5 m lang, hatte einen Durchmesser von 32 cm und ein Gewicht von stolzen 200 kg.
- In einem internationalen Wettbewerb wurde das auf Zypern gebraute **Keo-Bier zum besten Lagerbier** gekürt.

Europaweit

- Eine der **waldreichsten Inseln** ist Zypern.
- **Eine der besterhaltenen und größten Stadtmauern** nicht nur Europas, sondern auch des Orients, verläuft um die Altstadt von Níkosia.
- **Als eine der längsten europäischen Schlangen** gilt die schwarze Springnatter, die sich relativ häufig durch die zyprische Macchia und Phrygana schlängelt,aber trotz ihrer Länge ungefährlich ist.

*Die im Stil einer Lagune angelegte Poollandschaft des Hotel Aeneas in Agia Napa hat mit 3.500 m² **den größten Süßwasserpool Europas**.*

- **Die größte Straußenfarm** gibt's neuerdings bei Níkosia.
- **Das größte Flüchtlingsdrama** der Nachkriegszeit spielte sich auf Zypern ab.
- **Der größte Wasserthemenpark** ist nach eigenen Angaben die Waterworld bei Agia Napa, die zudem über das größte Wellenbecken und das weltweit größte Schachspiel verfügt.

Zypernweit

- Einen der **schönsten Hotelgärten Zyperns** hat das Hotel Annabelle.
- Zyperns wohl **beliebtester Wunschbaum** steht beim Grab von Erzbischof Makarios beim Kykko-Kloster.
- Die **höchst gelegene, ständig bewohnte Gemeinde** ist Pródromos auf 1.380 m Höhe. Tróodos liegt eigentlich höher, nur hat dort niemand seinen festen Wohnsitz.
- **Das beliebteste Fotomotiv** sind die Felsen der Aphrodite.
- **Die älteste Platane** der Insel steht beim Plane Tree Restaurant an der Straße von Lefkára nach Kato Drys, wo sie ein gewisser Herr Cavegas im Jahr 1906 gepflanzt hatte.
- **Den größten Dorfplatz** hat Paralímni im Osten der Insel.
- **Am schwersten zu erreichen, am höchsten gelegen, am wildromantischsten und am rätselhaftesten** ist zweifellos Burg Buffavento im Norden Zyperns.
- **Das beste Quellwasser** sprudelt in Moutoullás im Troodos-Gebirge.
- **Die einzige Kaufhauskette** ist die von WOOLWORTH.
- **Die erste Autobahn** wurde Mitte der 1980er Jahre zwischen Nikosía und Limassol erbaut.
- **Die seltenste Pflanze**, die *Delphinium caseyi*, wurde 1951 vom britischen Botaniker *Casey* entdeckt und wächst heute noch in der Umgebung der Burg St. Hilarion in Nordzypern.

*Die Bewohner von Bellapais gelten von alters her als **die faulsten Leute der Insel** – das vertraute der Ortsvorsteher von Bellapais dem Schriftsteller Lawrence Durrell an. Hier im Bild: der „Baum des Müßiggangs" in Bellapais.*

6. REISEN IN NORDZYPERN

Fast wie vergessen, wie ein Fleckchen Erde im Dornröschenschlaf wirkt Zyperns Norden, abgeschnitten vom Rest der Welt, eine ganz andere Welt als der Süden. Wo der Süden wirtschaftlich und touristisch boomt, stagniert der Norden der Insel. Das wirkt romantisch auf Touristen, für die Einwohner ist das eher deprimierend. Zu entdecken gibt es viel, die Nordküste Zyperns gilt als eine der schönsten Landschaften der Insel. Wie ein Riegel zieht sich die Besparmak-Kette quer durch den Inselnorden, sie fällt fast 1.000 m steil ab und lässt nur einen schmalen Streifen Land zwischen den Bergen und der Küste. Dort liegt Zyperns schönstes Hafenstädtchen: Kerýneia, auf türkisch Girne genannt. Im Osten dann zeigt wie ein ausgestreckter Finger die einsame Halbinsel Karpaz ins Blau des Meeres. Südöstlich davon liegen die ausgedehnten Ruinenfelder von Salamis, bewacht von Statuen, die mit dem neu aufkommenden Christentum ihre Köpfe oder ihre Gesichter verloren. Geradezu spektakulär in ihrer wildromantischen Lage sind die Burgen St. Hilarion und Buffavento, elegant die gotische Abtei Bellapais – literarisch meisterlich beschrieben von *Lawrence Durrell* in seinem Buch „Bittere Limonen".

ein Dornröschen, fast wie vergessen und noch zu entdecken

Zyperns Norden war lange Zeit nur durch eine relativ umständliche Anreise über Istanbul oder Ankara zu erreichen. Mittlerweile gibt es aber einige Flüge, die nach einer einstündigen Zwischenlandung in Istanbul direkt weiter nach Nordzypern fliegen. Eine Alternative sind Tagestouren vom Süden Zyperns aus. **Innerhalb von etwa einer Stunde ist man von Limassol aus an der Passierstelle in Nikosía** (der Übergang verläuft unkompliziert), von dort fährt man mit dem Taxi etwa eine weitere Stunde nach Kerýneia oder nach Famagusta.

Folgende Ausflüge empfehlen sich von Nikosía aus in den Norden von Zypern:

- **Sankt Hilarion, Kerýneia/Girne und die Abtei Bellapais** (eventuell vormittags Stadtrundgang durch Nord-Nikosia)
- **Famagusta, Salamis und das Kloster Barnabas** (eventuell noch einen Abstecher auf die Halbinsel Karpaz oder zur Burg Kantara)
- **Burg Kantara mit anschließendem Picknick** und – soweit die Zeit reicht – einem Abstecher auf die Halbinsel Karpaz.
- **Soli und der Palast von Vouní** (eventuell vormittags Stadtrundgang durch Nord-Nikosia)
- Wer sich einen kurzen Überblick (!) über Nordzypern verschaffen möchte, kann sogar einen Ganztagesausflug nach Salamis, Famagusta, Bellapais, Kerýneia und St. Hilarion unternehmen. Viel Zeit für die einzelnen Stätten bleibt dann natürlich nicht und man sollte wirklich schon so früh wie möglich die Tour beginnen.

Diese Ausflüge kann man gut mit einem Taxi unternehmen, nach der Passierstelle oder am Atatürk-Platz warten immer Taxen auf Ausflügler. Details zur Passierstelle, Zeiten oder Bedingungen, finden Sie auf den roten Seiten.

Hinweise

- *Ausflüge in den Norden sind* ***am Wochenende nicht empfehlenswert****, da dann viele Museen geschlossen sind. Weiterhin sind in Nikosía am Sonntag alle Geschäfte geschlossen. Die wie ausgestorben wirkende Stadt macht dann einen ziemlich heruntergekommen Eindruck – eine Tristesse, die auch die allerorten wehenden Fahnen mit dem Halbmond nicht mindern können.*
- *Man sollte* ***auf jeden Fall in türkische Lire wechseln (auch beim Taxifahrer möglich)****, Fremdwährungen werden zwar gerne angenommen, aber zu einem manchmal äußerst schlechten Wechselkurs.*
- *Die folgenden Seiten bezeichnen die Orte im Norden vorrangig mit den griechischen Ortsnamen, auch wenn vor Ort die griechischen Namen durch türkische ersetzt sind. Das ist nicht reisepraktisch. Aber: Noch ist der Norden politisch nicht anerkannt, also hieße eine türkischsprachige Benennung der Orte die jetzige Teilung als de facto zu sehen.*

Nikosía-Nord (türk. Lefkosa)

(Einwohner: ca. 42.000, Höhenlage: 165 m)

Aktuelle regionale Reisetipps zu Nikosía-Nord
entnehmen Sie bitte der gelben Seite 184

© graphic

Stagnation und Resignation

Die Zeit scheint hier stehen geblieben zu sein. Hier wird praktisch nichts neu gebaut und angelegt, manches Gebäude wirkt recht verwahrlost – malerisch vielleicht für den Touristen, für die hier lebenden Menschen allerdings eher ein Zeichen für Stagnation und Resignation. Wer aus dem Süden hierher kommt, übertritt die Grenze vom europäisch geprägten Süden in den orientalischen Norden. Die Stadt lässt sich sehr gut innerhalb eines Tages zu Fuß erkunden.

Sehenswertes

Selimiye-Moschee (Kirche der Heiligen Sophia)

früher Kirche, heute Moschee

Schon vom griechischen Teil der Stadt sind die beiden Minarette der einstigen Krönungskirche der Könige von Zypern als markanter Punkt im Häuserwirrwarr zu erkennen. Bereits im Jahr 1193 gab es einen kleinen Vorläuferbau, in dem *Amaraury de Lusignan* 1197 zum König von Zypern gekrönt wurde. 1209 begann man mit der Erweiterung zur heutigen Kathedrale, die aber erst 1326 eingeweiht wurde. Lange Zeit blieb sie die Krönungskirche der Könige von Zypern, die letzte Messe wurde am 19. September 1571, kurz vor der türkischen Einnahme, vom Bischof von Páfos abgehalten.

Die Türken bauten die Kirche zur Moschee um, äußerlich sichtbar vor allem durch die beiden Minarette. Ebenso entfernten sie den Skulpturenschmuck, geblieben sind aber am Hauptportal die Blütenrosetten, Wappen und einige Heiligen- und Bischofsfiguren, es war wohl zu aufwändig, sie zu entfernen. Doch schon vorher erlitt das gotische Bauwerk Schäden durch den Mameluckeneinfall 1426 und die beiden Erdbeben 1491 und 1547.

Drei Namenswechsel verzeichnet die Kirchengeschichte: Die Griechen nannten sie ursprüngliche Agía Sophia, die Türken später Ayasofya-Moschee. 1945 wurde sie nach *Sultan Selim II.* in „Selimiye-Moschee" umbenannt. Heute wirkt das Innere des Gebäudes kahl, ihr gesamter Innenschmuck fehlt.

Bedesten (Kirche des heiligen Nikolaus der Engländer)

Neben der Selimiye-Moschee liegt die heruntergekommene Ruine des sogenannten Bedesten, einer ehemaligen Kirche, die **ein Komplex byzantinischer, gotischer und venezianischer Stilelemente** ist. Von der byzantinischen Epoche (12. Jh.) blieben die beiden südlichen Seitenschiffe und Reste der Wandmalerei (dargestellt ist der *heilige Andreas*) erhalten. In die fränkische Zeit (13./14. Jh.) datiert das Mittelschiff mit der Kuppel über der Vierung. Am bemerkenswertesten ist die Nordfassade; das Nordportal ist faktisch eine Replik des Haupteinganges der benachbarten Sophien-Kathedrale.

bunter Basar

In der türkischen Zeit wurde die Kirche als Getreidespeicher und als Markthalle genutzt. Der Name „Bedesten" bedeutet „überdachter Basar" und auch heute noch empfängt den Besucher neben der Kirche ein buntes Treiben: Gemüse- und Obst, Textilien und nahezu alle Bedarfsgegenstände des täglichen Lebens werden hier angeboten. **Eine echt orientalische Atmosphäre.**

künstlerisch meisterhaft

Östlich der Selimiye-Moschee befindet sich die **Sultans-Bibliothek** mit ca. 3.000 Werken in türkischer, persischer und vorwiegend arabischer Sprache (1784–1839). Interessant ist das Innere: Über den Bücherregalen sind Koransprüche in arabischer Schrift zu sehen, ein Beispiel moslemischer Kalligraphie, die sich nicht zuletzt durch das islamische Bilderverbot zu einer meisterhaften künstlerischen Ausdrucksform entwickelte.
Geöffnet Mo. bis Fr. 8–13 und 14–17 Uhr

Lapidarium (Jeffery's Museum)

Hinter dem Platz am Chor der Kathedrale gelegen. In dem venezianischen Gebäude des 15. Jh. werden Grabplatten, Wappen und Mobiliar aus verschiedenen zyprischen Palästen und Kirchen aufbewahrt. Wichtigste Exponate sind der eindrucksvolle Sarkophag der *Familie Dampierre*, der Grabstein des zyprischen Generals *Adam von Antiochia* (13. Jh.) sowie ein gotisches Fensterwerk aus dem nicht mehr vorhandenen Gouverneurspalast *(Schlüssel bei der Altertümerverwaltung neben der Haidar Pascha-Moschee).*

Haidar Pascha-Moschee/Kirche der Heiligen Katharina

Tagsüber öffentlich zugänglich

Nördlich des Jeffery's Museums liegt die im 14. Jh. neben der Sophien-Kirche bedeutendste gotische Kathedrale Nikosías. Nach der Eroberung durch die Türken wurde sie zur Moschee umgestaltet, der Innenschmuck entfernt und bereits 1571 ein Minarett angebaut. Heute finden hier Kunstausstellungen statt.

Büyük Han (= der große Hof) und Kumarcilar Han (= der Hof der Glücksspieler)

Gelegen an der Straße, die von der Selimiye-Moschee zum Atatürk-Platz führt. Diese Herbergen dienten in früheren Zeiten der Unterkunft reisender Kaufleute und zählen zu den schönsten osmanischen Bauten des 16. Jahrhunderts. Gebaut wurden sie in den Jahren 1571/72, finanziert von Sondersteuern, die den zuständigen osmanischen Gouverneur sein Amt kostete. Rund um den Innenhof der Karawanserei verlaufen Arkaden und in der Hofmitte steht eine über dem Reinigungsbrunnen errichtete kleine Moschee. Unten im Gebäude befanden sich die Lagerräume und die Stallungen für die Tragtiere, oben die 68 Gastzimmer, in denen auch Handel getrieben wurde (da die Gastzimmer nicht miteinander verbunden waren, blieb die Diskretion bei den Handelsgeschäften gewahrt). Die Engländer richteten dann im 19. Jh. hier ein Gefängnis ein mit Zellen für 390 männliche und 18 weibliche Häftlinge sowie vier Zellen „for hospital purposes" ... Brot wurde gestellt, den Rest mussten die Angehörigen der Gefangenen beisteuern. Ende des 19. Jh. bis in die 1960er Jahre lebten hier dann arme Familien. Nach Ende der jahrelangen Restaurierungsarbeiten dient das Gebäude nun als **Ausstellungs- und Veranstaltungsort**.

diskrete Geschäfte

In der gleichen Straße liegt das kleinere Pendant, der **Kumarcilar Han,** die „Karawanserei der Glücksspieler". Sie ist wie der Büyük Han konzipiert, nur kleiner und schlichter. Neben dem Verwaltungsbüro beherbergt sie noch heute einige kleinere Geschäfte.

Wenn man nun die Asmalti Str. weiter nach Nordosten geht, trifft man auf die Girne Str., in die man rechts abbiegt, um zum Atatürk-Platz zu kommen. Hier steht die

Venezianische Säule

Sie ist aus Granit gemeißelt und soll aus Salamis stammen. Die Türken haben sie 1570 nach ihrem Sieg entfernt. Erst 1915 wurde sie wieder aufgestellt, allerdings ohne den Löwen von San Marco, der ursprünglich auf der Säule stand, sondern mit einer kupfernen Weltkugel.

Vom Atatürk-Platz gelangt man der Girne-Str. folgend nach Norden zum Kerýneia-Tor. Kurz davor liegt rechts das

Kloster der tanzenden Derwische/ Mevlevi Tekke-Museum für türkische Volkskunst

Geöffnet Mo. bis Sa. 8–13 und 14.30–17 Uhr, Mai bis Okt. bis 19 Uhr

Der im 13. Jh. gegründete, geheimnisumwitterte Derwischorden geht auf den Dichter und Philosophen *Jelal-el-din Roumi Mevlena* (1207 geboren) zurück. Durch Tanz versuchten die Mitglieder dieses Ordens, die Sufis, in einen Zustand religiöser Entrückung zu kommen.

Das Derwischkloster – das einzige seiner Art auf Zypern – wurde im 17. Jh. gegründet. 15 bis 20 Derwische unter der Führung eines Scheichs lebten hier. In einem Gewölbegang stehen ihre Sarkophage (bzw. Kenotaphe = leere Grabmale) mit den steinernen Nachbildungen der für den Orden charakteristischen Kamelhaarkappen. 1925 wurde der als reaktionär eingestufte Orden auf Veranlassung *Atatürks* aufgelöst – auf Zypern konnte er allerdings unter der britischen Herrschaft weiterbestehen bis zum Tod des letzten Derwisch-Scheichs im Jahr 1954.

„Die Tanzenden sind mit langen, faltigen Gewändern bekleidet, die bis zum Boden reichen. Auf den Köpfen tragen sie hohe braune Filzkegel. Jeder streckt, wenn er zu kreisen beginnt, seinen rechten Arm gerade in die Höhe, die Handfläche offen zum Dach, während der linke Arm steif herunter gehalten wird mit der Handfläche zur Erde gewendet. Der Kopf neigt sich leicht zur rechten Schulter". Die Bedeutung dieser Haltung ist, dass „der Tanz das Kreisen der Sphären, die Hände aber den Empfang des Segens von oben und seine Ausbreitung auf der Erde unten, symbolisiert".
H.V. Morton, „In the Steps of St. Paul"

Kerýneia-Tor

1821 hatten es die Türken als Militärstützpunkt ausgebaut und Koranverse in den Stein eingemeißelt: „O Mohammed, verkünde dieses den Gläubigen: Der Sieg stammt von Gott, der Triumph ist nahe." Seit die Briten rechts und links des Tores eine Schneise in die alte Stadtmauer schlugen, hat das Tor seine ursprüngliche Bedeutung als Stadttor verloren.

Der letzte der Torschließer, genannt „Ali der Hahn" hatte das Kerýneia-Tor 1946 das erstemal den Briten geöffnet, 1946 hat er dann im Alter von 121 Jahren seine Augen für immer geschlossen." Im Kerýneia-Tor ist heute eine kleine Touristeninformation untergebracht.

Umgebung südwestlich von Kerýneia

Das Europäer-Dorf Karmi (türk. Karaman)

© graphic

Sauber ist es hier, ruhig und geordnet. Inmitten von Obstbäumen und Oleander, Rosen und Bougainvillea stehen pittoreske Villen. Ein Ort so ganz anders als die anderen Dörfer Nordzyperns. Hier leben Ausländer, meist Briten oder auch Deutsche. Karmi, einst von Griechen bewohnt, war seit 1974 ein verlassenes, dem Verfall preisgegebenes Dorf, bis dann die zerfallenden Häuser Ausländern gegen eine Jahresmiete von 150 € und Übernahme der Renovierungskosten für 49 Jahre vom Staat angeboten wurden. Die Neubewohner sollten überdies die Häuser im einheimischen Stil mit Hilfe einheimischer Handwerker und Architekten wieder auf Vordermann bringen. Manche der Villen und Wohnungen werden auch vermietet. Auch sind in Karmi gute Restaurants zu finden.

einst verlassen und verfallen

Zwischen Nikosía und Kerýneia (türk. Girne)

© graphic

Zwischen Nikosía und Kerýneia liegt das langgestreckte 740 m hohe **Pentadaktylos-Gebirge**, das wegen seiner Form Fünffinger-Berg genannt wird und der Sage nach die versteinerte Hand des Helden *Dhigenis* sein soll. Während der Frankenherrschaft wurden, zum Schutz vor Arabereinfallen, entlang des Gebirgskammes die drei Burgen St. Hilarion, Buffavento und Kantara befestigt – alle drei standen untereinander in Sichtverbindung.

Berg mit fünf Fingern

Burg St. Hilarion

Hinkommen:

1. *von der Paßhöhe an der Straße Kerýneia – Nikosía zweigt eine nicht asphaltierte, 4 km lange Straße ab.*
2. *Von Lapta westlich von St. Hilarion aus führt ein Forstweg zur Burg, diese Strecke ist die längere, aber schönere Zufahrt. Geöffnet tgl. 8–16.30 Uhr.*

Ca. 30 Fahrminuten von Nikosia entfernt liegt St. Hilarion, eine beeindruckende Burganlage, die wie Buffavento und Kantara dem Ziel diente, den Übergriffen der Sarazenen von Norden her zu widerstehen. Hier bietet sich **eine grandiose**

Szenerie: 709 m über dem Meer, eröffnet sich der Blick auf die eindrucksvollen Berge sowie auf Kerýneia. Das Beeindruckende an dieser Burg ist nicht nur ihre Lage am Felsen, sondern auch das Unfertige, das noch vage zu Erahnende, das der Fantasie genug Raum lässt, sich vorzustellen,wie es hier hätte sein können.

Raum für die Fantasie

Geschichte der Burg

Ob es der heilige Hilarion (288–371), der Begründer des christlichen Mönchswesen im Orient, wirklich gewesen war, der diesem Ort den Namen gab, das wird sich wohl nie mehr klären lassen. Eine Biographie des Hilarion, vermutlich verfasst von Hieronymus, berichtet vage von einem kleinen Kloster, das am Grab des heiligen Hilarion errichtet worden war. Es gibt aber auch Historiker, die den Namen der Burg auf einen anderen, späteren St. Hilarion zurückführen.

Ums Jahr 1100 ließ hier der byzantinische Gouverneur Zyperns anstelle des Klosters eine Burganlage errichten. Die hier verschanzten Anhänger von *Isaak Komnenos* konnten sich längere Zeit der Eroberung durch *Richard Löwenherz* widersetzen, bevor sie 1191 aufgeben mussten. Die Franken benannten die Burg

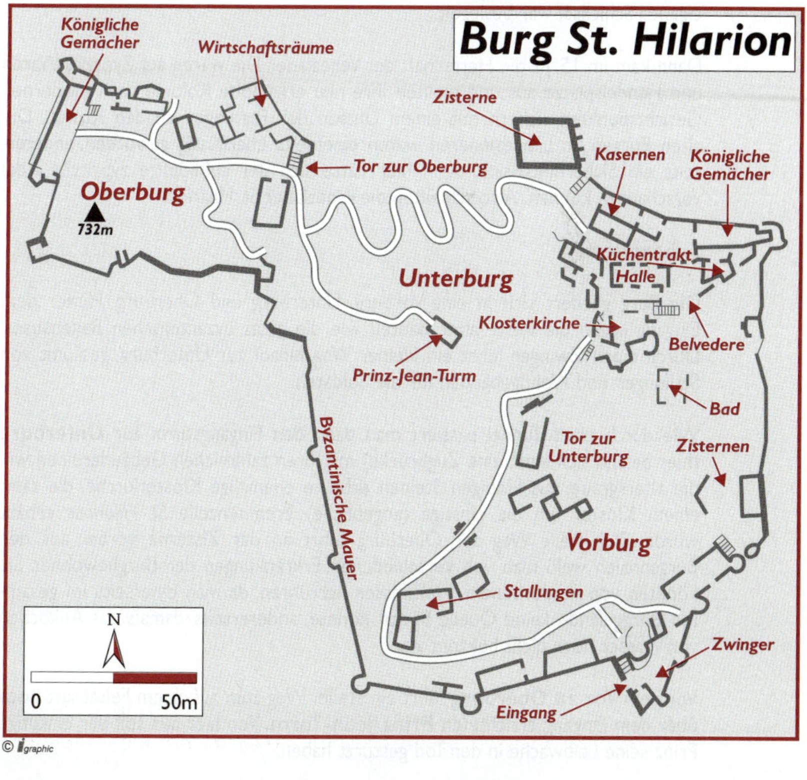

in „Dieu d'Amour" um, was sie irrtümlich von „Didymoi" ableiteten: Als Didymois (= Zwillinge) wurden die beiden Bergkuppen an der Oberburg bezeichnet.

In den Jahren 1229 bis 1232 war die Burg dann Schauplatz eines Bürgerkriegs zwischen den zyprischen Adligen und dem deutschen Stauferkaiser Friedrich I., der Zypern für sich beanspruchte. Nach einer längeren Belagerung mussten sich die Anhänger Friedrich II., die sich auf der Burg verschanzt hatten, gegen die Lusignans geschlagen geben. Nun begann eine friedliche Zeit, denn die Lusignans erkoren die Burg wegen ihres kühleren Klimas zu ihrer Sommerresidenz. Vorbei war vorerst die Zeit der blutigen Kämpfe, nun fanden hier höfische Intrigenspiele, glanzvolle Jagdgesellschaften und feudale Ritterspiele statt.

Intrigen, Jagd und Ritterspiel

1370 fiel der Burg wieder eine historische Schlüsselstellung zu, als *Jean von Antiochien* zum Nachfolger Peters I. aufsteigen sollte. Peters I. Witwe, *Eleanor von Aragon,* bekämpfte Jean von Antiochien aber erbittert. Der verschanzte sich auf St. Hilarion mit 300 bulgarischen Söldnern, um sich gegen die Genuesen zu verteidigen. Eleanor verbreitete jedoch das Gerücht, dass seine bulgarische Leibwache einen Hinterhalt planen würde. Der Prinz reagierte jähzornig und stürzte die vermeintlichen Verräter in den Abgrund. Nun stand er ohne Verteidiger da – sein eigenes Schicksal war besiegelt.

Unmut tut selten gut

Dann kam im 15. Jh. die Herrschaft der Venezianer. Die waren auf Zyperns Waren und Handelsplätze aus und wollten ihre neu erkämpfte Kolonie nach modernen Gesichtspunkten sichern mit einem Umbau der Festungen an den Küsten. Die alten Burgen im Landesinneren waren einerseits überflüssig geworden, andererseits ein Sicherheitsrisiko, denn hier hätte sich der aufmüpfige zyprische Adel verschanzen können. Also schleiften die Venezianer St. Hilarion.

Sehenswertes

Die Burg gliedert sich in eine Vorburg, Unterburg und Oberburg. Hinter dem Eingang liegen die Reste alter Bauten wie die eines byzantinischen Badehauses. Durch einen Zwinger führt ein kleiner Weg hinauf zur Unterburg, gesäumt von Stallungen und Wohngebäuden für die Soldaten.

Wie durch einen Tunnel passiert man dann den Eingangsturm zur **Unterburg** (hier befand sich einst eine Zugbrücke) mit ihren zahlreichen Gebäuderuinen wie die altersgraue, aus klobigen Steinen erbaute ehemalige Klosterkirche, die samt einem Kloster um die einstige (angebliche) Eremitenzelle *St. Hilarions* erbaut wurde. Der steile Weg zur Oberburg führt an der Zisterne vorbei; aus den Burgannalen weiß man von verschiedenen Erkrankungen der Burgbewohner. Sie könnten von verdorbenem Trinkwasser herrühren, da man einerseits im gesamten Burggelände keine Quelle finden konnte, andererseits damals das Abkochen von Wasser noch nicht bekannt war.

Vor dem **Tor zu Oberburg** führt ein steiler Weg zum auf einem Felsabsatz hoch über dem Eingang errichteten **Prinz Jean-Turm.** Von hier aus soll der einfältige Prinz seine Leibwache in den Tod gestürzt haben.

Die Zeichner von Walt Disney sollen sich von St. Hilarion inspiriert haben lassen, als sie ihr Schneewittchenschloss zeichneten.

Auf der **Oberburg**, die unterschiedliche Höhen besitzt – stehen die **Bauten des ehemaligen Lusignanschlosses**. Im Norden lagen die Wirtschaftsgebäude, im Westen die Königsgemächer, in denen der Legende nach die sagenhafte *Regina* lebte, von der auch auf anderen Burgen der Insel die Rede ist. Wie prachtvoll die Gemächer hier gewesen sein müssen, zeigen die mit gotischem Maßwerk geschmückten Fenster, darunter das legendäre „**Fenster der Königin**". Das gesamte Gebiet des zerklüfteten Felsenberges ist übersät mit Türmen, Türmchen, Wehrmauern und kleinen Bastionen, gleich einem Netz, das sich über Höhen und Tiefen spannt.

vergangene Pracht

Hinweise

- *Man sollte die Burg schon morgens ersteigen, der Aufstieg ist auch ohne heiße Mittagssonne relativ beschwerlich! Am besten kann man die* ***Burg in ihrer Totale*** *am Vormittag fotografieren, da am Nachmittag die Sonne hinter dem alten Gemäuer steht.*
- *Aus einer angemessenen Entfernung ein Lied singen, die Stimme kommt dann als* ***Echo*** *zurück.*
- *Die Wege, die zu den einzelnen Teilen der Burg führen, sind zum Teil sehr steil und ungesichert.* ***Vorsicht*** *– insbesondere mit neugierigen Kindern – ist dringend geboten!*

Bellapais (türk. Beylerbeyi)

(Höhenlage: 300 m)

Aktuelle regionale Reisetipps zu Bellapais
entnehmen Sie bitte der gelben Seite 178

„Von Cerines (Girne) nach dem Kloster Lapais geht der Weg gen Morgen; er erstreckt sich fünf Meilen in einer Ebene, die wegen des guten Anbaus und der Mannigfaltigkeit von Frucht- und wilden Bäumen und wegen der sie schmückenden, in allen Jahreszeiten

Wo Lawrence Durrell lebte

grünenden Hügel die schönste auf der Insel ist", notierte im 18. Jh. ein Reisender. Traumhaft schön über der Ebene liegt Bellapais noch heute. Einige Ausländer haben sich hier angesiedelt, doch die verschlafene Ruhe, die *Lawrence Durrell* so meisterhaft in seinen „bitteren Limonen" schilderte, herrscht hier noch heute, zumindest in den steilen Gassen abseits der Abtei. Neben diesem Meisterwerk der Gotik ist auch Durrells Haus zu besichtigen, am Ende der Gasse, die steil von der Abtei den Hang hinauf führt.

Abtei Bellapais

(Abbaye de la Paix = Abtei des Friedens, türk. Bellabbyis oder Beylerbeyi)

Geöffnet tgl. 8.30–17 Uhr, in den Sommermonaten bis 18 Uhr.

Augustiner haben im Jahr 1205 die Abtei gegründet, die als **eines der schönsten Bauwerke der Levante** gilt – zu Recht! Die Augustiner waren nach der

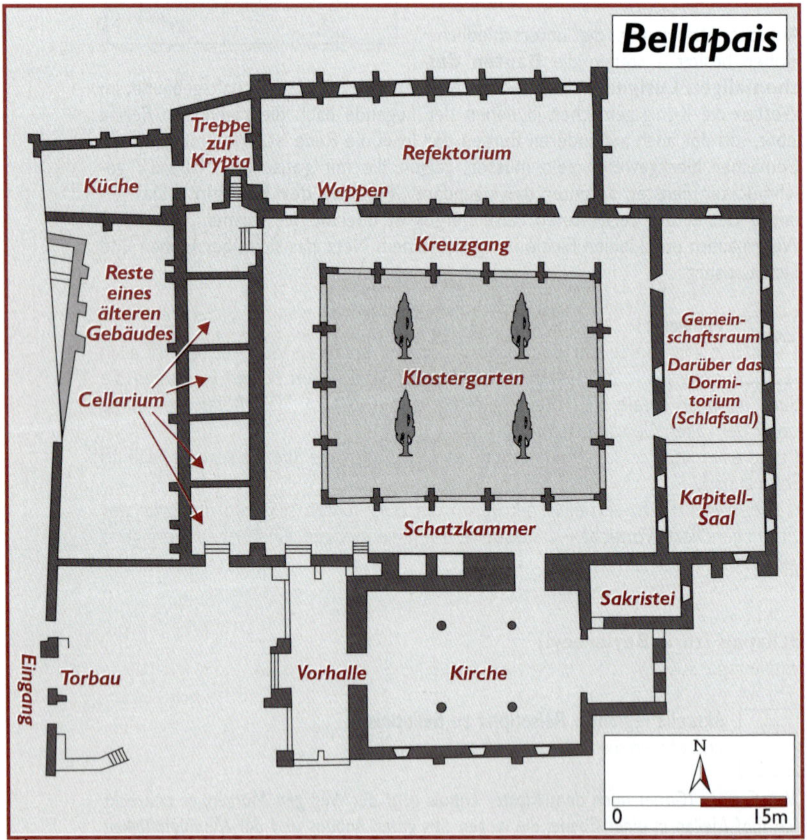

Eroberung Jerusalems durch *Saladin* aus dem Heiligen Land nach Zypern geflüchtet, in ihrer Begleitung einige Prämonstratenser-Mönche. Der Lusignan-*König Hugo I.* versah sie mit ausgedehnten Ländereien sowie dem Recht, bei Ausritten ein vergoldetes Schwert zu tragen und als Zeichen der Ritterlichkeit ebensolche Sporen. Gekleidet waren die ritterlichen Mönche in weiße Kutten, weshalb die Abtei auch die „Weiße Abtei" genannt wird. Die Augustiner nahmen bald die Ordensregeln der Prämonstratenser an. Bellapais begann zu florieren.

Wie Schweigen von Musik

„Wie herrlich die Lage der Abtei ist, wird einem erst klar, wenn man in den inneren Kreuzgang kommt. Durch ein wundervolles, mit marmornen Wappenschildern geziertes Tor tritt man ein und geht hinüber bis zum Rad des steilen Felsens, auf dem der Bau sich erhebt. Die Fenster des Refektoriums nahmen die Ebene unten mit ihren blühenden Hainen und ihren schwankenden Palmen ... Die Ruinen von Bellapais legten Zeugnis ab von jenen Menschen, die, wenn auch noch unvollkommen, versucht hatten, dies zu fassen und festzuhalten: Die innere Substanz der Phantasie, die im Gedanken, in der Kontemplation wohnt, in jedem Frieden also, der einen Teil des ursprünglichen Namens der Abtei gebildet hat und den ich in meiner Schreibweise immer festzuhalten versuchte. Abbaye de la Paix, von den Venezianern zu Bella Paese entstellt ... Die Kreuzgänge des Klosters mit ihren schwer beladenen Orangenbäumen und den leuchtenden Blumengärten waren eine Studie von Kontrasten. Die erste, kontemplative Ruhe der Gotik wurde überall von mediterraner Üppigkeit gelber Früchte und schimmernder grüner Blätter unterbrochen – wie Schweigen von Musik." (Lawrence Durrell)

Wer heute in der Abtei eine **merkwürdig weltliche, so gar nicht spirituelle Atmosphäre** verspürt, kann diesem Gefühl ruhig trauen, denn ein Abgesandter des venezianischen Senats notierte entrüstet, dass es die Mönche mit den Ordensregeln nicht so streng nähmen, bis zu drei Frauen hielten und sogar ihre eigenen Söhne als Novizen aufnehmen würden – für letztere seien die Einkünfte des Klosters bestimmt. Doch die Venezianer kamen nicht mehr dazu, die unzüchtigen Ordensleute zu disziplinieren, denn Zypern wurde von den Osmanen erobert. Die sorgten auf ihre eigene Weise für Ordnung: Sie übergaben die Kirche einfach der orthodoxen Dorfbevölkerung.

An der Außenwand der Westseite der Abtei sind noch Spuren der Grundmauern zu erkennen. An den südlichen Kreuzgang grenzen Kirche und Sakristei, im Osten liegen Kapitellsaal (man beachte die Konsolen der Kreuzrippen, wo unter anderem ein Affe, eine Katze, eine lesende Frau, ein kämpfender Mann und Odysseus zwischen den Sirenen dargestellt sind) und der Aufenthaltsraum der Mönche, darüber liegt das Dormitorium (Schlafsaal). An der Nordseite erhebt sich das sehr gut erhaltene Refektorium (Speisesaal), wo während des Essens von der steinernen Kanzel vorgelesen wurde. Zugang zum Kloster bot eine martialisch wirkende Toranlage, die mit ihren Schießscharten und Pechnasen, dem Wehrgang und den Schlitzen für die Schwungruten einer Zugbrücke zwar charakteristisch für einen mittelalterlichen Wehrbau war – das aber wohl mehr für die Optik als für die Verteidigung. Die vier so **pittoresken Zypressen im Klosterhof** wurden in den 1940er Jahren von einem Wächter der Abtei gepflanzt.

mehr Interesse an Röcken als an Rosenkränzen

Nach Besichtigung der Abtei kann man sich dann unter dem **„Baum des Müßigganges"** am Platz vor der Abtei ausruhen ...

Kerýneia (türk. Girne)

(Einwohner: 7.000, Höhenlage: 0–30 m)

Aktuelle regionale Reisetipps zu Kerýneia *entnehmen Sie bitte der gelben Seite 181*

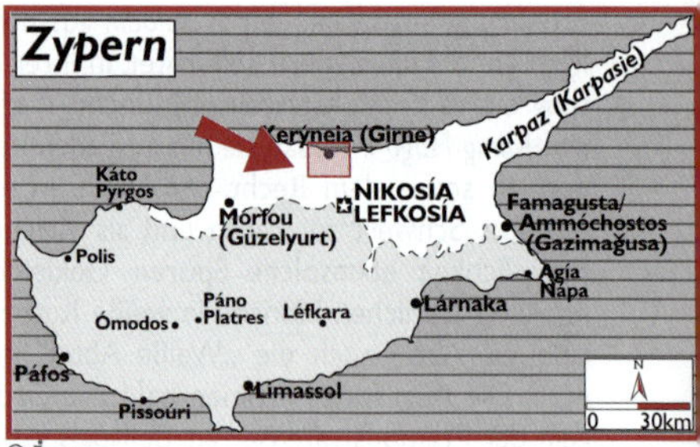

Was den Tourismus anbetrifft, hätte Kerýneia nichts Besseres als die türkische Besetzung passieren können. Denn diese selbst im Hochsommer nicht überlaufene kleine Hafenstadt hat alles, was sie zu einem Tourismusort par excellence machen könnte: einen idyllischen Hafen, gesäumt von Fischerbooten, Restaurants und Bars, dahinter malerische alte Gebäude und eine liebenswerte kleine Altstadt – alles umgeben von einer Gebirgslandschaft, deren Berge bis zu 1.000 Meter ansteigen – **Kerýneia ist zweifellos Zyperns schönste Stadt**.

Doch Kerýneia liegt im abgeschiedenen Norden Zyperns und so blieben dem Städtchen größere touristische Menschenansammlungen bisher erspart.

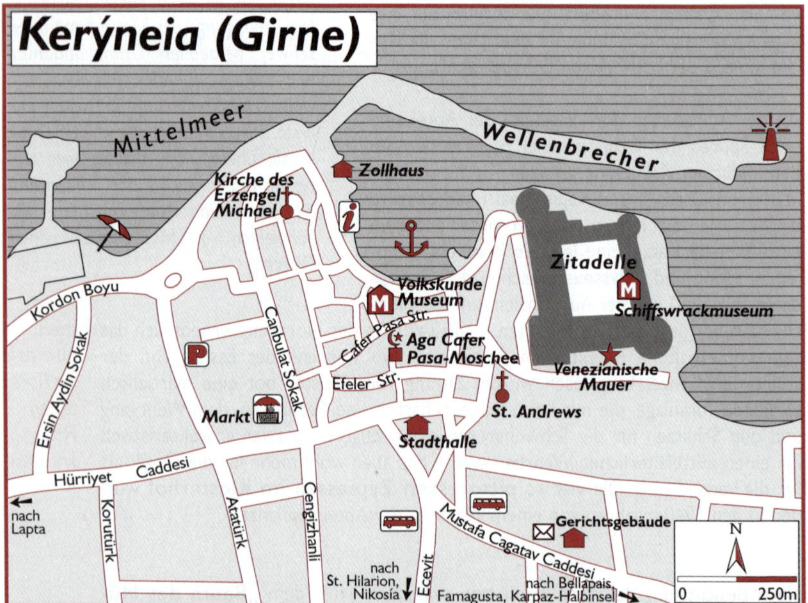

Die meisten Touristen kommen heute aus der Türkei. Für sie lohnt sich hier vor allem elektronische Waren, italienisches Geschirr und andere meist aus Europa stammende Marken-Luxusartikel einzukaufen. In den vergangenen Jahren ließen sich hier – neben einigen Deutschen – auch Engländer nieder, die schon früher Kerýneia als idealen Altersruhesitz entdeckten.

„Die Stadt ist die gesündeste der Insel ... Der Wind kommt direkt vom Meer ... Im Süden ist sie auch geschützt durch die Gebirgskette, die nahe genug ist, um dem Ort Schatten und ausgezeichnetes Wasser zu geben".
Tommaso Porracchi im Jahr 1576 über Kerýneia

Sehenswertes

Die Zitadelle

Ja, so warn's, die Krieger der Osmanenzeit

Königssitz und Gefängnis

Östlich des Hafenbeckens gelegen, ist sie **die besterhaltene Festungsanlage der Insel.** Sie wurde von den Byzantinern auf römischen Fundamenten im 7. Jh. erbaut, um die Arabereinfälle besser abwehren zu können. Die Lusignans bauten sie 1208 aus, von nun an diente sie sowohl als Königssitz als auch als Gefängnis. In Verließen sollen im Jahre 1319 insgesamt 22 aufständische aneinander gekettete Adlige und Ritter dem Hungertod preisgegeben worden sein, indem man sie aneinanderkettete. In der englischen Zeit war die Zitadelle Gefängnis für EOKA-Kämpfer. Ab 1950 wurde sie als historisches Monument restauriert. Sehenswert hier sind:

- die aus dem 10. Jh. stammende **Kapelle des heiligen Georg**
- die am Westwall gelegenen **Königsgemächer** sowie die **Lusignan-Wappen** auf dem Eingang
- der **Sarkophag des türkischen Admirals Sadik Pascha**
- die **Bastionen der Venezianer**
- die **Verliese mit nachgestellten Folterszenen** – eine weniger naturalistische Darstellung hätte sowohl dem guten Geschmack als auch der Fantasie mehr Raum gelassen!
- Nicht ohne Komik sind die **Puppen, die die einzelnen Besetzer der Burg darstellen**, insbesondere wenn man den wilden, schnurrbärtigen Osmanen mit dem bleichgesichtigen Briten vergleicht!
- **das kleine archäologische Museum mit Funden aus der Umgebung aus der Zeit nach 1974**. Hier sieht man auch nachgestellte Szenen von Steinzeithütten, Gräbern aus der Bronzezeit und römischen Katakomben
- eine **Galerie mit William Dreghorns Aquarellen von Kerýneia**

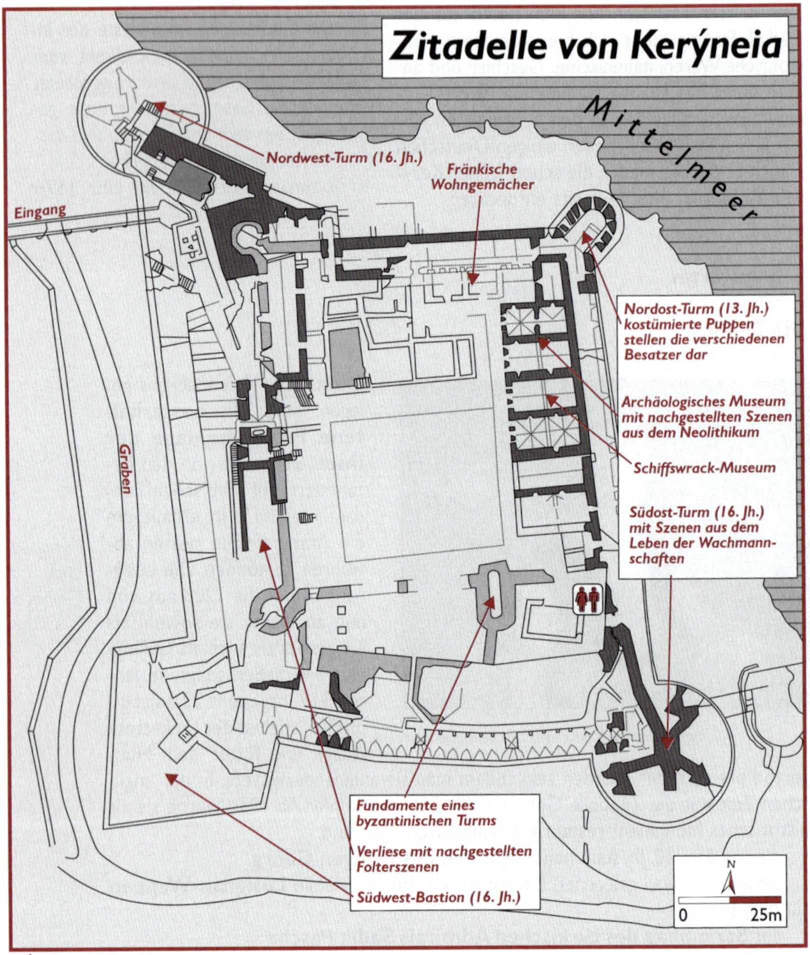

• Das Schiffswrack-Museum in der Zitadelle

Hier kann man ein 12 m langes griechisches Handelsschiff besichtigen, das zur Zeit *Alexander des Großen* um 300 v. Chr. etwa 1,5 km vor der zyprischen Küste untergegangen ist. Teile seiner Ladung (Salzfässer, Weinamphoren, Bronzemünzen, Tongefäße, Holzlöffel, Tischgeschirr und Mandeln) konnten ebenfalls geborgen werden. Gefunden wurde das Schiffswrack 1965 zufällig von Schwammtauchern.

INFO Delphine begleiteten das Schiff

Páfos – Am Morgen hatte es gestürmt und geregnet, aber dann, am späten Nachmittag, blähte eine milde Brise aus Südwest das rechteckige Segel, und auf einer leichten Dünung lief das Schiff in den Hafen von Páfos auf Zypern ein. Dort am Kai, flatterten Fahnen, eine Musikkapelle, viele tausend Schaulustige und allerlei Prominenz waren aufmarschiert: Zyperns Staatschef *Spiros Kyprianou* saß unter einem blauen Baldachin, hinter ihm das halbe Kabinett und aus Griechenland war Kultusministerin *Melina Mercouri* nach Zypern geeilt – ein großer Empfang für ein auf den ersten Blick unscheinbares, keine 15 m langes Schiff.

Vier Mann auf einem Boot gingen unter und mit ihnen 400 Amphoren, die noch sehr gut erhalten sind. Von den Männern sind nur ihre Holzlöffel, Trinkbecher und Salztöpfchen übrig geblieben.

Aber die Kerýneia 2 ist schließlich kein gewöhnliches Schiff. Sie ist der naturgetreue Nachbau eines Frachtenseglers der Antike – jenes berühmten „Kerýneia-Schiffes“, dessen 2.200 Jahre altes Wrack man am Anfang der sechziger Jahre an der Nordküste Zyperns, nahe der Hafenstadt Kerýneia, gefunden und später unter großen Mühen gehoben hatte. Der erstaunlich gute Zustand, in dem sich das Wrack befand, ermutigte die Wissenschaftler, ein ungewöhnliches Experiment zu wagen: Die Rekonstruktion einer modernen, aber mit den Materialien und Techniken der Antike gebauten Kerýneia 2.

Und weil der immerhin fast drei Jahre in Anspruch nehmende Nachbau so gut gelungen schien, ließen sich die Archäologen und die an dem Experiment maßgeblich beteiligten Nautik-Historiker der Universität von Texas (USA) dann gleich auf das nächste Abenteuer ein: Am 6. September dieses Jahres stachen neun Mann an Bord der Kerýneia 2 von Piräus aus in See, um jene Route nachzusegeln, die die antike Kyrenaia gefahren sein muss: Quer durch die Ägäis an der türkischen Südküste entlang bis nach Zypern.

Ihre erste „große Fahrt“ hat die Kerýneia 2 bravourös bestanden: „Wir sind verblüfft, wie seetüchtig das Schiff ist und gut es sich segeln lässt“ berichtete nach der Ankunft in Páfos der Kapitän Antonis Vassiliadis. Weht der Wind kräftig genug, läuft die Kerýneia 2 mit ihren 66 Quadratmeter großen Segeln sieben Knoten. Die Bändigung des Segels, so erfuhr die Mannschaft, erfordert allerdings einige Körperkräfte.

Holz und Hanfseile, Leder und Segeltuch – das sind die Materialien, aus denen die Kerýneia 2 gebaut ist. Moderne Werkzeuge waren beim Bau ebenso verpönt wie nun, bei der Fahrt, moderne nautische Mittel. Sicherheitshalber allerdings begleitete ein Zerstörer der griechischen Kriegsmarine das Schiff auf seiner Fahrt. Reisebegleiter waren auch, wie schon zu Zeiten des Odysseus, auf weiten Strecken fröhlich spielende und springende Delphine. Ebenfalls der Antike nachempfunden war auch jene schwere Fracht, mit der die Kerýneia 2 im warmen Licht der untergehenden Sonne in den malerischen Hafen von Páfos einlief: Erz vom Kap Sounion, Olivenöl aus Naxos, Mühlsteine von der Insel Nissyros und Amphoren voller Wein aus Rhodos. Auf Ro, einem kleinen, felsigen Eiland vor der türkischen Küste, ging die Mannschaft an Land und pflanzte einen Olivenbaum – seit den Tagen der Antike ein Symbol des Friedens.

Kölner Stadtanzeiger, 1/5.10.1986

Die Küste östlich von Kerýneia (türk. Girne)

© graphic

Buffavento

Höhenlage: 954 m

Hinkommen: Zufahrt von Osten ab der Passstraße, die Zufahrt ab Süden ist gesperrt. Ab dem kleinen Parkplatz unterhalb der Burg kann man noch 7 km auf einem holprigen Waldweg fahren, den man am besten mit einem Wagen mit großer Bodenfreiheit befährt, am besten mit einem Allrad. Dann aber geht's nur noch per pedes weiter. Der schweißtreibende Aufstieg dauert etwa 45 Minuten und verläuft auf einem steilen und steinigen Pfad und über 140 Stufen entlang des abfallenden Felsens. Innerhalb der Burg ist der Treppenweg zur Oberburg nur für Schwindelfreie begehbar.

schweißtreibender Aufstieg für Schwindelfreie

Die Burg ist Mo., Mi. und So. 9–13 Uhr, im Winter oft ständig geöffnet, da dann der Kassenwart meist nicht heraufkommt.

Hinweis

In den Frühjahrs- und Herbstmonaten kann es hier oben ganz schön regnerisch und windig werden und in den Sommermonaten sehr heiß. Also Wetterschutz und Proviant und Wasser einpacken, denn einen Kiosk gibt es in dem einsamen Gemäuer keines.

Vom italienischen „buffa di vento" („Windstoß") leitet sich der Name dieses wildromantischen Gemäuers ab. Übersetzt bedeutet Buffavento „dem Wind trotzend". In der Tat liegt die im 10. Jh. errichtete Burg ungeschützt Wind und Wetter voll ausgeliefert. Nachdem 1191 *Richard Löwenherz* die Burg erobern konnte,

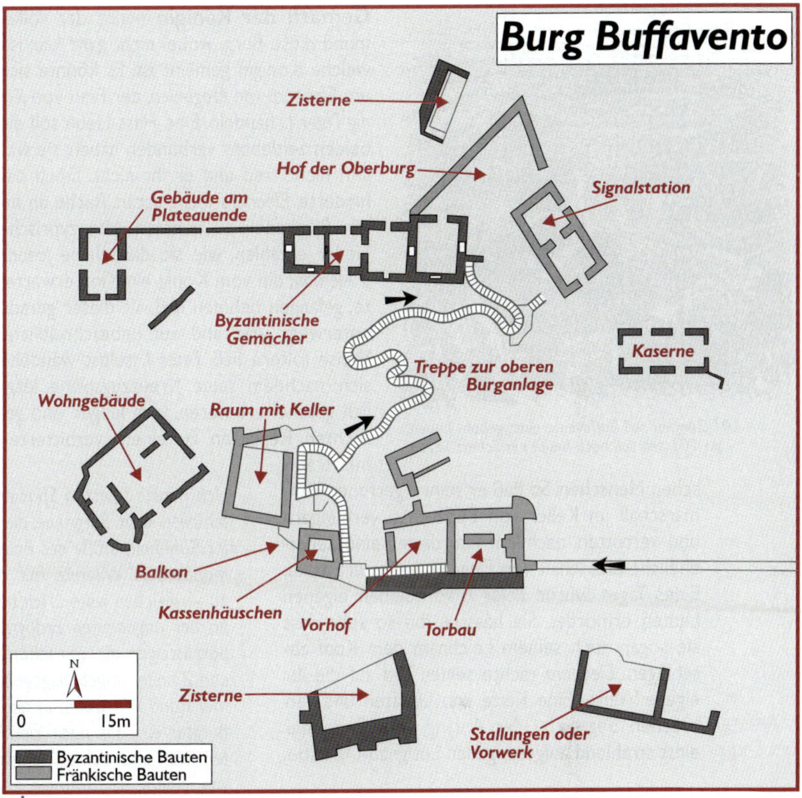

bauten sie die Lusignans im Zuge ihrer nördliche Verteidigungskette (wozu auch die Burgen von St. Hilarion, Kantara und Kerýneia gehörten) wieder auf, um sie unter anderem als Gefängnis für Aussätzige zu nutzen. Die Venezianer eroberten schließlich 1489 die Burg und rissen sie später ab (sie fürchteten, dass sich aufmüpfige Adlige hier zurückzogen).

Heute sind nur noch kümmerliche Fundamente der einstigen Burg zu erkennen, dafür lohnt sich der Aufstieg wegen der hervorragenden Sicht. Aus der Vogelperspektive überblickt man große Gebiete der Nordküste, schaut auf die Mesaoriá, nach Nikosía sowie auf die Höhen des Tróodos-Gebirges.

Buffaventos Lage auf einem unwegsamen und steilen Terrain lässt darauf schließen, dass sie nicht als Sommerfrische des Adels diente, sondern als Gefängnis und Fluchtburg. Historisch belegt sind einige Männer, die in den Verließen von Buffavento ihr Leben ließen.

101 Zimmer soll Buffavento einst gehabt haben, im 101sten soll noch heute ein Schatz liegen.

Gemach der Königin nennt der Volksmund diese Burg, wobei nicht ganz klar ist, welche Königin gemeint ist. Es könnte sich um *Eleonora von Aragonien*, der Frau von *König Peter I.*, handeln. Eine Hass-Liebe soll die beiden zeitlebens verbunden haben, sie war ihm nicht treu und er ihr nicht. Doch das hinderte *Eleonora* nicht daran, Rache an ihren Rivalinnen zu nehmen. Alte zyprische Lieder erzählen, wie sie die *schöne Jeanne d'Aleman*, die vom König ein Kind erwartete, gefangen nehmen ließ, als dieser gerade unterwegs war, und auf unbeschreibliche Weise foltern ließ. *Peter I.* selbst wandelte sich, nachdem seine Kreuzzugspläne kläglich gescheitert waren, vom klugen und gerechten Regenten zu einem verbitterten misstrauischen Menschen. So ließ er seinen getreuen Hofmarschall im Keller von Buffavento verhungern und verrotten, nachdem ihm dieser eine außereheliche Liebschaft von *Eleonora* geflüstert hatte. Eines Tages wurde *Peter I.* von seinen eigenen Leuten ermordet. Sie hassten ihn so sehr, dass sie sogar noch seinem Leichnam dem Kopf abschlugen. *Eleonora* rächte seinen Tod auf die ihr eigene Weise. Eine Kette von Untaten und Verbrechen begann – der Anfang vom Ende der einst strahlend aufgestiegenen Lusignan-Dynastie.

Der Anfang vom Ende

Kloster Sourp Magar

Hinkommen: Auf dem Pass unterhalb des Pentadaktylos-Berges biegt gegenüber der Abzweigung nach Buffavento eine kleine Straße zum Kloster ab. Leichter zugänglich ist das Kloster ab Chaleka. Man folgt etwa 300 m der leicht ansteigenden Asphaltstraße und dann dem nach halblinks abbiegenden Fahrweg, von dem eine etwa 1,5 km lange Piste zum Kloster führt.

Das ursprünglich koptische Kloster Sourp Magar wurde im 16. Jh. von den Armeniern übernommen. Die Klostergebäude aus dem Jahre 1811 wurden nach 1974 von den Zyperntürken zerstört – heute ist die abgeschiedene Stätte ein beliebter Picknickplatz.

„Ich wüsste selbst in Spanien und U teritalien keine Burgruine, die an schro fer Kühnheit, Größe des Baues und r mantischem Wildreiz mit Buffavent zu vergleichen wäre ... Ich begann nu an der ungeheuren Erdpyramide em porzusteigen, die, von scharfen Zacke und Zinnen umgeben, gegen den Hin mel stand. Wir traten in ein gewölbte Burgtor ein, das noch ziemlich erha ten war und kamen langsam höhe von einem in Trümmer zerfallende Gebäude zum anderen. Alles war m zähem Mörtel an den Fels wie angel tet. Es ist ein seltsames Gefühl, solc eine öde Trümmerwelt hoch in den Lü ten zu durchstreifen, die seit Jahre keines Menschen Fuß berührt hat. Ab noch immer verstellte die Felspyram de eine Seite des Himmels. Vergebe suchten wir einen gangbaren Steig. I dem wir uns hin und her an die Stei wände schmiegten, erklommen wir fr her, als ich dachte, die höchste Fel platte, auf welcher das oberste G mäuer stand. Lohnend aber über al Maßen war hier die Aussicht“, schrie der Deutsche Franz von Löher i Jahr 1878.

Kloster Ioánnis Chrysóstomos

Kloster Chrysóstomos ist heute eine Kaserne und nicht zugänglich.

Auf 570 m Höhe, 3 km südlich von Buffavento, liegt dieses einst berühmte Kloster aus dem 11. Jh. Der *heilige Neófytos* soll hier gelebt haben. Auch wird eine Geschichte von einer byzantinischen Prinzessin erzählt, die hier auf der Burg Buffavento lebte. Sie soll einen kranken Hund gehabt haben, dessen räudiges Fell nach einer Schnuppertour in der Umgebung wieder zu wachsen begann. Als sie daraufhin dem Hund folgte, kam sie zu einer Quelle, in der sie badete und alsbald von ihrer Hautkrankheit genesen war. Aus Dankbarkeit gründete sie dann dieses Kloster.

Mórfou (türk. Güzelyurt)

(ca. 12.000 Einwohner, Höhenlage: Meereshöhe)

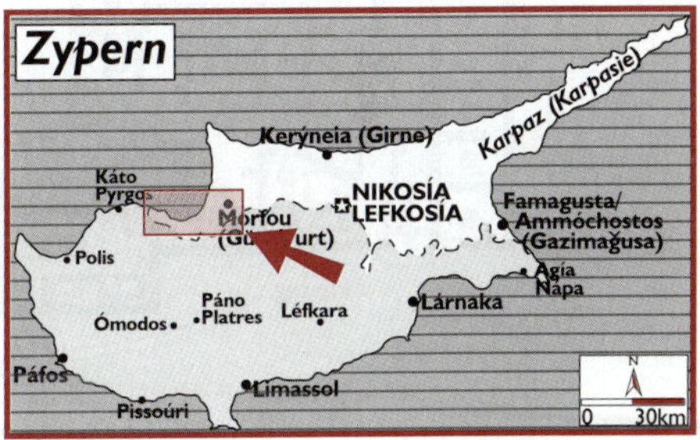

© igraphic

„Schönes Land" lautet die Übersetzung des türkischen Namens von Morfou, Güzelyurt. Umgeben ist die Stadt von ausgedehnten Zitronen- und Orangenplantagen, die durch die Bäche des Troodos-Gebirges bewässert werden. Bis 1974 mehrheitlich von Griechen bewohnt, ist heute Morfou nicht nur durch seine Bewohner, sondern auch durch sein Stadtbild mit zwei Minaretten eine türkische Siedlung.

Das frühere Wahrzeichen der Stadt, die **Kirche des Ágios Mámas,** ist heute ein Ikonenmuseum. An der Nordwand in der Kirche steht der heilige Mámas (s. Seite 372), der der Legende nach an der Mórfou-Bucht an Land geschwemmt wurde. Ein Bauer fand den Sarkophag und hatte dann eine Vision, nach der er den Sarg an diese Stelle bringen sollte. Zu Ehren des (Steuer-)Heiligen wurde dann diese Kirche gebaut. Im Sarkophag sind zwei Löcher, durch die gelegentlich ein Balsam fließen soll, der gegen Augen- und Ohrenleiden hilft und das stürmische Meer besänftigt.

Löcher im Sarkophag

Palast von Vouní (= Berggipfel)

(Höhenlage: 255 m)
Geöffnet: Mai bis Sept. tgl. 9–17 Uhr, Okt. bis April tgl. 9–13 und 14–16.45 Uhr

Der königliche Palast von Vouní liegt ungefähr 60 km westlich von Nikosía auf einem Felsenhügel, der direkt vom Meer zu einer Höhe von 250 m aufsteigt und die Nordwestküste der Insel überblickt. Der Palast, der einem zyprischen König des 5. Jh. v. Chr. gehörte, war **ein äußerst luxuriöses,** 4.200 m² großes **Gebäude mit hellenischen und orientalischen Merkmalen** und bestand aus 137

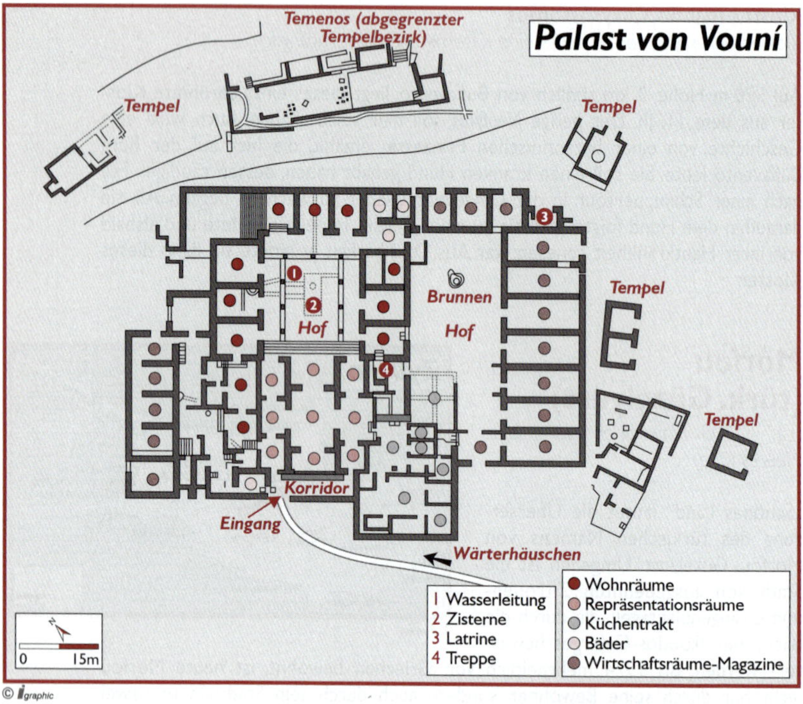

Räumen, die einen Hof in der Mitte, königliche Gemächer, Vorratskammern, Küche, kleinere Kapellen und Gebetsräume und **Badeanlagen** enthielten, **die zu den ältesten der Antike gehören**. 400 v. Chr. wurde der Palast durch ein Feuer zerstört. Neben verschiedenen Statuen, Vasen und dergleichen brachten Ausgrabungen als wesentlichsten Fund einen Schatz aus Gold- und Silberarmbändern, Silberschalen und Gold- und Silbermünzen zutage, bekannt wurde dieser Fund als der berühmte **Schatz von Vouní**.

der Silberschatz von Vouní

Der Legende nach soll in diesem Palast eine feine Gesellschaft getafelt haben. Sie hat ihr silbernes Besteck hier zurückgelassen hat, das bis heute noch von niemandem gefunden wurde.

Südlich des Palastes steht ein Tempel der Athene, in dem die berühmte Kuh von Vouní (heute im Zypern-Museum in Nikosìa) gefunden wurde.

Famagusta/ Ammóchostos (türk. Magosa, (Gazi)magusa)

(Einwohner: 22.000, Höhenlage: Meereshöhe)

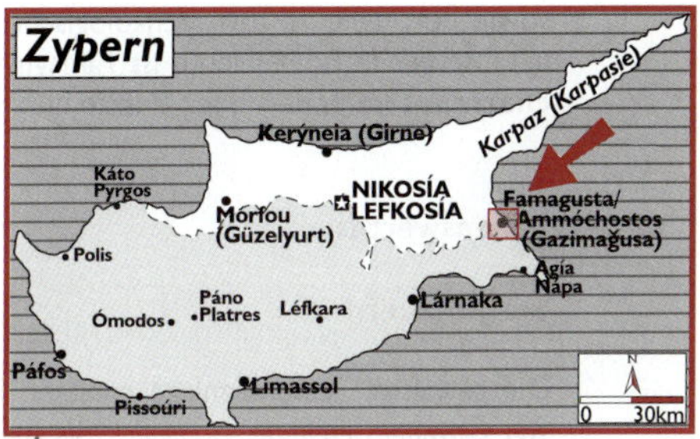

***Aktuelle regionale Reisetipps zu Famagusta** entnehmen Sie bitte der gelben Seite 179*

Famagusta blickt auf bewegte Zeiten zurück. Im 3. Jh. v. Chr. gründete *Ptolemäus* hier eine Siedlung, die er nach seiner Frau *Arsinoe* benannte. Doch das benachbarte Salamis war viel zu mächtig, als dass Arsinoe an Bedeutung gewinnen konnte. Erst als im Jahre 648 n. Chr. Salamis, nun als Constantia bezeichnet, von den Arabern zerstört wurde, zogen die Bewohner der einstigen Königsstadt ins südlich gelegene Ammóchostos (die „im Sand versunkene" Stadt). Inzwischen bestand der Ort zwar schon 900 Jahre, doch gab es nur noch wenige Bauten. Die aus Constania Geflohenen bauten unter anderem aus den Steinen von Salamis neue Behausungen auf.

Einen erneuten Aufschwung nahm die Stadt, als Akkon (Syrien), der Hauptsitz der Kreuzfahrer, gefallen war. Kreuzritter und reiche Kaufleute, die Akkon zu einem wichtigen Hafen entwickelten, flohen nun hierher. Schon vorher transferierten sie Teile ihres Besitzes. Diese Kapitalflucht führte zu einem enormen Aufschwung von Famagusta. Der **Reichtum der Kaufleute** muss damals **unermesslich** gewesen sein und auch andere Berufsgruppen müssen sehr wohlhabend gewesen sein, wie der Pilger *Ludolf von Suchen* im 14. Jh. schrieb: „In der Stadt halten sich unendlich viele reiche Kurtisanen auf, von denen manche bis zu 100.000 Florins besitzen. Ich wage nicht, über ihre Reichtümer zu sprechen".

reich an Geld und Kurtisanen

Gazimagusa, der türkische Name Famagustas, bedeutet „unerobert" Er spielt auf den erfolglosen Versuch griechisch-zyprischer Streitkräfte im Jahre 1974 an, als sie versuchten, das türkisch-zyprische Viertel einzunehmen.

Und je reicher die Stadt und ihre Bewohner wurden, desto gefährdeter waren sie: Von 1372 bis 1464 plünderten Genuesen die Stadt, 1489 fiel sie an die Venezianer, die sie zur Hauptstadt erkoren und mit gewaltigen Festungsanlagen ausstatteten. Doch die venezianischen Festungswälle vermochten die Türken nicht aufzuhalten. 1571 eroberten sie Famagusta unter Lala Mustafa. Ein fürchterliches Gemetzel sowie große bauliche Zerstörungen waren der Preis für diesen „Sieg". Die christliche Bevölkerung durfte nicht innerhalb der Stadtmauern wohnen. Sie musste weiter südlich siedeln und hier entstand Varósha.

Bis zur Teilung der Insel im Jahr 1974 war Famagusta die größte Hafenstadt Zyperns und spielte im Fremdenverkehr wegen der ausgezeichneten Strände sowie der Nähe zu den archäologischen Hauptsehenswürdigkeiten Salamis eine herausragende Rolle. Heute ist Famagusta eine Stadt, die – je nach Sichtweise – **charmant verfallen** oder einfach nur verwahrlost ist.

Sehenswertes

Stadtmauern

Die gewaltige Festungsanlage entstand im 16. Jh. in venezianischer Zeit. Planer war *Giovanni Gerolamo Sanmicheli*. Bis zu 17 m hohe und 7 m dicke Mauern sollten den Angriffen trotzen. Jeweils ein Tor von der Land- als auch Seeseite sicherten den Zugang. Bastionen sorgten für weiteren Schutz. An der Landseite lagen die Bastionen Martinengo im Nordwesten sowie im Südwesten Ravelin. Die Seeseite war durch den Diamanten- und Arsenal-Turm sowie die Zitadelle geschützt.

grausige Todesmaschine

Der Arsenal-Turm wird heute als „Djanbulat-Bastion“ bezeichnet. Als die Venezianer belagert wurden, bauten sie vor dem Arsenal-Turm eine Todesmaschine auf. Sie bestand aus einem riesigen Rad, an dessen Felgen scharfe Messer angebracht waren. Doch das schreckte den türkischen Kommandanten *Djanbulat Bey* im Jahre 1571 nicht ab: Er soll sich der türkischen Legende nach mitsamt seinem Pferd in dieses Todesrad gestürzt haben, um es zu blockieren. Es gibt allerdings nur osmanische Quellen, die über diese selbstmörderische Heldentat berichten. Sein Grab befindet sich heute am Arsenal-Turm, und *Djanbulat* wird von den Zypern-Türken als Nationalheld verehrt.

Neue Steine braucht das Land
Die Briten brauchten Baumaterial für ihre neue Kolonie Ägypten – und das fanden Sie auf Zypern: *„Die berühmte alte Stadt Famagusta verschwindet allmählich zu Gunsten von Port Said. Die Steine der an Althertümern reichen Stadt werden zum Preise von 2 Mark für 100 feilgeboten und nach Aegypten eingeschifft, gleichviel ob sie Sculpturen tragen oder nicht.“* schrieb 1900 die Deutsche Rundschau für Geographie und Statistik“ in Band 22, und Basil Stewart schrieb 1908 in „My Experiences of Cyprus“:
„Famagusta war der Steinbruch, der Alexandria mit Steinen passender Form und Größe versorgte. Der Wellenbrecher, der Alexandrias Hafen schützt, wurde fast vollständig daraus gebaut.“

ein Regen aus Stein- und Eisenkugeln

Hier befindet sich das **Djanbulat-Museum**, in dem Gebrauchsgegenstände, Amphoren und Krüge, Waffen des 17. bis 19. Jh. gezeigt werden. Von den Stein- und Eisenkugeln, die hier liegen, regneten während der osmanischen Belagerung weit über 100.000 auf Famagusta hinunter!
Geöffnet Mo. bis Fr. 8–13 und 15–18 Uhr

Bis zu 6 m dick sind die Mauern der um 1550 vollendeten **Martinengo-Bastion**, die nach einem venezianischen Kommandeur benannt wurde. 2000 Menschen konnten sich hier in zwei unterirdischen (erst 1966 entdeckten!) Hallen zum Schutz vor eventuellen Angriffen zurückziehen. Von der Martinengo-Bastion hat man einen guten Überblick über Famagusta und Umgebung.

Seetor

Es ist aus Marmor gestaltet, den man aus Salamis brachte und wurde 1496 erbaut. Der Markuslöwe über dem Eingang legt Zeugnis von der venezianischen Herrschaft ab. Die zwei steinernen Löwen an der Innenseite des Tores bewachen der Legende nach einen von den Christen vergrabenen venezianischen Schatz, den es allerdings noch zu finden gilt!

Zitadelle

Das Kastell wurde bereits im 14. Jh. unter den Lusignans erbaut. Die Venezianer erweiterten es 1492. *Shakespeare* soll die Zitadelle als Kulisse des Ehedramas von *Othello* und *Desdemona* gewählt haben und deshalb wird sie auch irreführend als „Othello-Turm" bezeichnet.

Il Moro – der Mohr

Weil Skakespeares Othello in einem Seehafen in Zypern spielte, ging man seinerzeit davon aus, dass es sich um den damals bekanntesten Seehafen der Insel – Famagusta – handelte, Sitz des venezianischen Gouverneurs. Dass Othello ein Mohr war, könnte auf einem sprachlichen Missverständnis beruhen: der „Mohr von Venedig" war dann in Wirklichkeit der zwischen 1506 und 1508 als Vizegouverneur in Famagusta residierende Christoforo Moro. Auch könnte es sich bei dem Mohren um den in einem venezianischen Archiv genannten Soldaten namens „il Moro" handeln. Sicher scheint lediglich zu sein, dass Shakespeare als historische Vorlage eine Novelle des Venezianers Giraldo Cinzio benutzt hatte.

Kathedrale des heiligen Nikolaus/ heute Lala Mustafa Pasha-Moschee

Der Namenswechsel erfolgte direkt nach der türkischen Eroberung Zyperns im Jahre 1571. Gemeinsam mit der Sophia-Kathedrale in Nikosía und dem Kloster Bellapais gehört die Kathedrale zu den hervorragendsten Bauwerken Zyperns. Auch heute noch überragt die ehemalige Kathedrale die Gebäude der Altstadt. Sie wurde von 1298–1326 als römisch-katholisches Gotteshaus erbaut. Als die Türken sie nach 1571 zur Hauptmoschee umgestalteten, fügten sie ihr zunächst ein Minarett an, entfernten den Skulpturenschmuck und tünchten Weiß über die Innenmalereien. Ebenso wurde der Innenraum mit Gebetsteppichen ausgelegt, Mimbar (Kanzel) sowie Mihrab (Gebetsnische) prägen des weiteren das heutige Innere.

Die Westfassade der gotischen Nikolauskathedrale, heute die Lala Mustafa Pasha-Moschee, wurde nach dem Vorbild der Kathedrale von Reims gestaltet.

Die Sykomore, ein ägyptischer Maulbeerfeigenbaum, der links neben der Kathedrale steht, soll so alt wie das Gebäude selbst sein.

gemeinsam wurden sie alt

Venezianischer Palast (Palazzo del Provveditore)

Gegenüber der Lala Mustafa Moschee stehen Ruinen des

einstigen venezianischen Gouverneurpalastes. 1571 wurde er fast völlig zerstört, der Rest diente den Osmanen als Gefängnis.

Für jeden Tag des Jahres eine Kirche

Heute ist nur noch das Renaissanceportal mit seinen vier dorischen Granitsäulen aus Salamis zu sehen. Über dem mittleren Bogen kann man das Wappen des Gouverneurs *Renier* aus dem Jahre 1552 ausmachen. Mehr ist nicht geblieben, wo einst der Palast stand, sind heute Autos geparkt. Neben diesen baulichen Reminiszenzen vergangener Glanzzeiten gibt es eine Reihe weiterer Kirchen bzw. Ruinen ehemaliger Kirchen, laut Berichten mittelalterlicher Pilger soll es in Famagusta insgesamt 365 Kirchen gegeben haben!

Kirche der Heiligen Petrus und Paulus/Sinan-Pasha-Moschee

Das frühgotische Bauwerk liegt hinter dem venezianischen Palast und soll von einem reichen Kaufmann Mitte des 14. Jh.´s gestiftet worden sein, als dieser sich über ein gutes Geschäft freute. Durch ihre mächtigen Strebepfeiler konnte die im 14. Jh. errichtete Kirche/Moschee einem Erdbeben im 17. Jh. standhalten. Zur Osmanenzeit eine Moschee, verkam sie unter den Engländern zum Kartoffel- und Getreidespeicher, heute ist in ihr eine Bibliothek untergebracht.

Ágios Geórgios der Griechen
Dies ist die alte griechisch-orthodoxe Kathedrale, die Elemente sowohl der gotischen als auch der byzantinischen Epoche aufweist. In der Apsis des Chores sind noch Freskenreste zu erkennen.

Umgebung von Famagusta

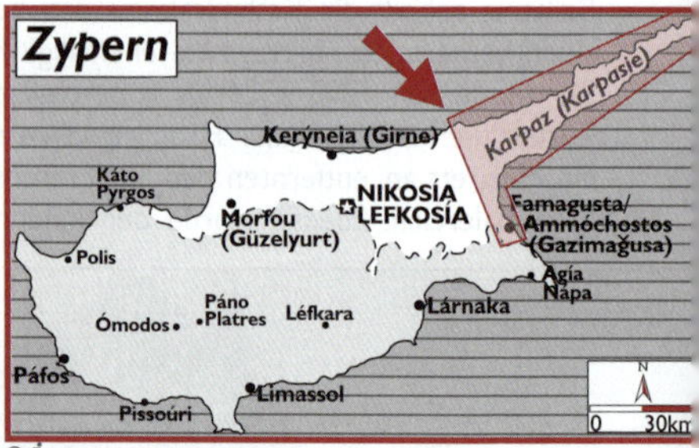

© igraphic

St. Barnabas-Kloster

Geöffnet tgl. 8–13 und 14–17 Uhr, in den Sommermonaten bis 18 Uhr

Die architektonisch nicht besonders hervorragende, 1756 gebaute Klosteranlage, birgt nach Jahren des Verfalls heute ein Ikonen- und ein archäologisches Museum.

Doch **das äußerlich eher unscheinbare Barnabas-Kloster ist von besonderer historischer Bedeutung**. Hier wurde das Grab des heiligen *Barnabas* gefunden, der sich in Jerusalem *Jesus* angeschlossen hatte. Als *Barnabas* 45 n. Chr. gemeinsam mit *Paulus* nach Zypern zurückkehrte, verkündeten beide Apostel das Christentum. So sollen sie auch den römischen Konsul *Sergius Paulus* in Páfos dem neuen Glauben zugeführt haben. Später wurde *Barnabas* wahrscheinlich von Juden bei Salamis ermordet. Der ihn begleitende heilige *Markus* beerdigte ihn heimlich, bis zum Jahre 477 n. Chr. blieb die Grabstätte unentdeckt. Zu diesem Zeitpunkt soll dem Bischof *Anthemios*, der um die Unabhängigkeit der zyprischen

heimliche Beerdigung

Kirche von der Kirche von Antiochien kämpfte, in einem Traum die Grabstelle erschienen sein. Im Grab fand man neben dem Skelett eine Abschrift des Matthäus-Evangeliums, die der *heilige Barnabas* angefertigt hatte.

Fund mit Folgen

Der Fund bewirkte, dass die Kirche Zyperns unabhängig und als „autokephal" anerkannt wurde, das heißt, dass ihre Gründung eindeutig auf einen Apostel zurückgeführt werden konnte. Dem zyprischen Erzbischof wurde fortan das Recht zugestanden, einen Mantel mit kaiserlichem Purpur zu tragen, ebenso durfte er das kaiserliche Zepter führen und Unterschriften in roter Tinte leisten.

In der Klosterkirche ist heute ein **Ikonenmuseum** untergebracht. Die Ikonen stammen allesamt aus dem 19. und 20. Jh. und wirken künstlerisch wenig wertvoll. Sie erwecken eher den Eindruck: Hier wird ausgestellt, was sich nach der Teilung der Insel eh nicht verkaufen ließ. Rechts neben der Eingangshalle ist die oben beschriebene Auffindung des Matthäus-Evangeliums dargestellt, gemalt von den drei Mönchen, die bis zur Teilung der Insel im Jahr 1974 hier lebten. Die grünlich schimmernde Säule, die dort in die Wand eingemauert ist, wird im Volksmund auch als „schwitzende Säule" bezeichnet. Sie soll eine Flüssigkeit absondern, der man besondere Heilwirkung nachsagt.

heilsame Säule

Sehenswerter als das Ikonenmuseum ist das **Archäologische Museum** im Klostergebäude mit Werkzeugen aus dem Neolithikum bis hin zur byzantinischen und fränkischen Zeit. Besonders interessant: die Votivgaben aus Terrakotta.

100 m vom Kloster steht eine 1953 errichtete Kapelle über einer antiken Grabanlage – hier soll der heilige *Barnabas* über einer wunderwirkenden Mineralquelle seine ewige Ruhe gefunden haben. „Es ist widerlich, in die kleine Höhle hinabzusteigen, auf deren Boden es hervorquillt, weil die hier Geheilten ihre zerlumpten Kleider an den Wänden aufhängen" schrieb der Archäologe *Ludwig Ross* im Jahr 1852 über diese Stätte, die sich heute so allerdings nicht mehr präsentiert.

Scheingrab des Nikokreon bei Egkomi/Alasia (türk. Tuzla)

Am Ortsrand von Egkomi an der Straße Richtung Famagusta

Vor einigen Jahren machte man hier eine sensationelle Entdeckung, die Aufschluss über das Schicksal der letzten Teukrer gab. In aussichtsloser Abwehr des ptolemäischen Angriffs nahm sich zunächst der *König Nikokreon* das Leben. Danach brachte die Königin ihre unverheirateten Töchter um und beging dann zusammen mit ihren Schwägerinnen Selbstmord. Die Brüder des Königs setzten den Palast in Brand und stürzten sich in ihre Schwerter. Einen 10 m hohen Tumulus hielten die Ausgräber zunächst für das Gemeinschaftsgrab dieser Unglücklichen. Doch sie fanden keine Skelette (wahrscheinlich waren die Leichen verbrannt), dafür aber die aus Lehm modellierten Bildnisstatuen der Toten. Die Flammen des hier veranstalteten Brandopfers hatten den Lehm hart gebrannt und damit das Aussehen bewahrt.

sensationelle Entdeckung

Salamis

(Einwohner: einst ca. 120.000, heute: 0)
Geöffnet tgl. ab 8 Uhr bis Sonnenuntergang

Salamis war das „*Venedig der Levante*", die ein Jahrtausend vor und nach *Christi Geburt* vielleicht reichste Stadt der Welt. Die Ruinen liegen 8 km außerhalb der Altstadt von Famagusta und sind erst zu zehn Prozent ausgegraben. Salamis soll eine Gründung des *Teukros* sein, eines Helden des Trojanischen Krieges, der sie nach seiner Heimat, der Insel Salamis bei Athen, benannte. Noch lange nach ihm führten zyprische Herrscher ihre Abstammung auf diesen legendären Trojakrieger zurück.

Nicht ohne seine Asche
Teukros, der tapfere Kämpfer im Trojanischen Krieg und angeblicher Gründer von Salamis, kehrte ohne die Asche seines im Krieg gefallenen Bruders heim. Sein Vater nahm ihm das sehr übel und verbannte ihn zur Strafe.

Geschichtlicher Überblick

Um 1184: Salamis wird von Teukros, dem Sohn Königs Telamon von der Insel Salamis bei Athen, gegründet, als dieser vom Trojanischen Krieg zurückkehrt. Die Stadt beginnt bald nach ihrer Gründung ihren Aufstieg zum bedeutendsten Stadtkönigreich der Insel.
707 v. Chr.: Salamis unterwirft sich den Assyrern.

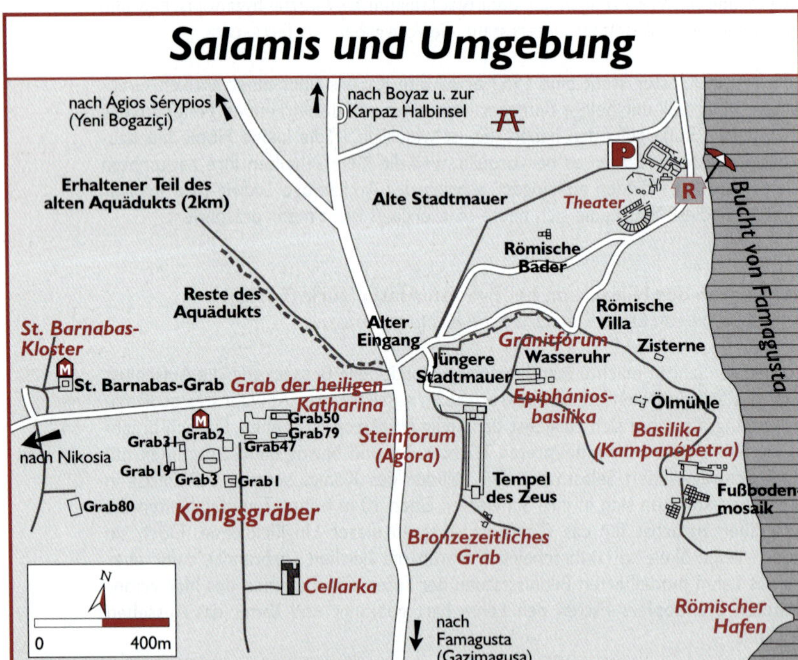

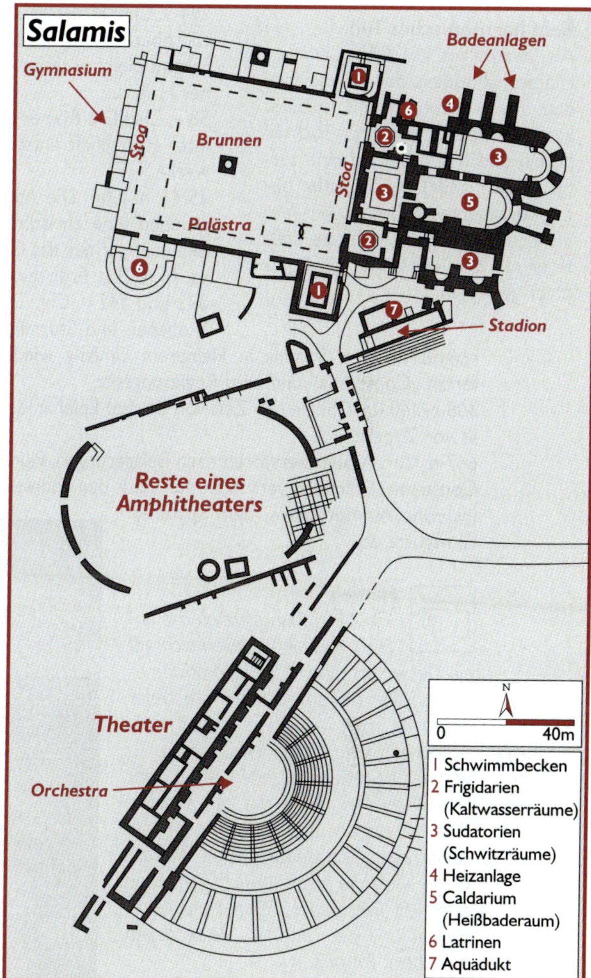

© igraphic

668 v. Chr.: Aus einer assyrischen Tontafel geht hervor, dass Salamis Tributzahlungen an Assurbanipal leistet.

560 bis 525 v. Chr.: Der von Herodot erwähnte Euelthon ist der erste uns namentlich bekannte König von Salamis.

497 v. Chr.: Die Perser erobern Zypern zurück.

410 bis 374 v. Chr.: Salamis erreicht eine Blütezeit unter König Evagoras, der die Unabhängigkeit Zyperns von der Perserherrschaft erreicht. Der griechische Einfluss nimmt wieder zu. Nur Kítion verbleibt zunächst unter persischem Einfluss, wird aber mit Hilfe einer athenischen Flotte 387 v. Chr. bezwungen. Schließlich muss Evagoras nach weiteren Auseinandersetzungen mit den Persern seine Herrschaft auf Salamis beschränken. Von seinem Sohn Nikokles wird er später ermordet.

332 v. Chr.: König Pytagoras verbündet sich mit Alexander dem Großen und kann durch dessen Hilfe Tylos erobern und somit die Perserherrschaft beenden.

323 v. Chr.: Durch den Tod Alexander des Großen entsteht ein neuer Machtkampf zwischen Ptolemaios als Statthalter von Ägypten und dem Herrscher über Syrien, dem Antigonos.

310 v. Chr.: Nikokreon, der letzte Teukrer-König, begeht Selbstmord, als sein Palast von feindlichen Truppen umstellt wird.

306 v. Chr.: Salamis wird von Demetrios, Sohn des Antigonos, belagert – die ptolemäische Flotte wird bezwungen.

Kein harmonisches Tun
Als Stratonikos aus Athen, ein berühmter Musiker, bei Nikokreon, dem Fürsten von Salamis, speiste, kam die Fürstin mit ihrer Tochter herein und trat dabei auf eine zerbrochene Mandel. Der Künstler bemerkte scherzend: *„Das war kein harmonischer Ton"*. Diese Äußerung büßte er mit dem Leben: Er wurde ins Meer geworfen.

294 v. Chr.: Ptolemaios gelingt es, Zypern zurückzuerobern. Pafos wird nun Inselhauptstadt, doch Salamis bleibt wichtigster Handelsort aufgrund seines Hafens.
58 v. Chr.: Die Römer beherrschen Zypern. Unter ihrer Herrschaft entstehen in Salamis große Bauwerke.
45/46 n. Chr.: Die Apostel Barnabas und Paulus gründen eine christliche Gemeinde und verkünden von hier aus das Christentum.
ca. 76 n. Chr.: Erdbeben erschüttern Salamis.
332 und 342 n. Chr.: Die Stadt wird erneut durch Erdbeben und Sturmfluten zerstört. Flavius Constantius II. lässt Salamis in kleinerem Umfang wieder aufbauen. Salamis heißt fortan „Constantia" und wird Regierungssitz.
368 bis 403 n. Chr.: In der Zeit von Bischof Epiphanios wird Constantia Metropolis von Zypern.
647 n. Chr.: Araber zerstören nach Belagerungen, Plünderung und Massenmorden Constantia. Erdbeben versetzen der Stadt den Todesstoß, die Bewohner wandern ins nahe Ammochostos, dem späteren Famagusta, ab.

Hinweis
Die Ausgrabungsstätten des antiken Salamis verteilen sich auf ein Gebiet von über 1,5 Quadratkilometern. In der heißen Sommerhitze bleibt einem da nicht viel übrig, als mit dem Auto von Stätte zu Stätte zu fahren. Zu weniger heißen Jahreszeiten ist es sehr reizvoll, zu Fuß durch das mit Akazien, Pinien, Zypressen und Eukalyptusbäumen bewachsene Gelände zur streifen. Wer das ganze Gelände nicht besichtigen kann oder will, beschränke sich auf das Gymnasium und die Thermen, beide liegen nahe beim Eingang.

riesiges Ausgrabungsgelände

Besichtigung der Ausgrabungen

• Gymnasium und Bäder

Das Gymnasium stammt aus dem 4. Jh. n. Chr., besonders eindrucksvoll ist die Palästra, die auch als Marmorforum bezeichnet wird. Dieser Übungsplatz der antiken Athleten wurde einst von vier Säulenhallen umgeben. Ihre Marmorsäulen, von korinthischen Kapitellen abge-

Persephone, die Gattin des Hades, des Herren der Unterwelt, verlor ihr Gesicht mit dem neuen Christentum. Denn da wurden die steinernen Repräsentanten des alten Heidentums geköpft oder des Gesichtes beraubt.

schlossen, wurden zwischen 1952–55 wieder aufgerichtet. Die wichtigsten Statuen, die man hier gefunden hat, stehen heute im Zypern-Museum in Níkosia. Im nördlichen Portiko sind aber noch einige zu sehen, unter anderem eine Frau ohne Gesicht – die dunkle Marmorstatue ist in ein schön fallendes Gewand gekleidet, man nimmt an, dass es sich bei ihr um die trauernde *Persephone* handelt.

Im Südwesten des Gymnasiums lagen die öffentlichen Latrinen.

Vom Ostportiko betritt man die Badeanlage mit den entsprechenden Funktionsräumen: Hier befanden sich Heißräume, Abkühlräume und Schwimmbasins.

In einer Nische der Südhalle kann man ein Mosaik sehen, das den Flussgott *Eurotas* und *Zeus* in Schwanengestalt darstellt. In einer weiteren Nische zeigt ein Mosaik *Apollon und Artemis* im Kampf mit den *Nioben*. Diese Mosaiken stammen aus spätrömischer Zeit.

40 Leute hatten hier in der öffentlichen Latrine von Salamis gemütlich nebeneinander Platz, um ihre Geschäfte zu verrichten und vielleicht auch über Geschäftliches zu plaudern. Durch das ständige Wasserrauschen unterhalb der Latrinen konnten Lauscher nicht hören, was man sich während der Sitzungen so zuflüsterte – nicht umsonst gibt es den Ausdruck „Latrinengerücht". Doch alle konnten die Sitzenden von der Straße aus beobachten. Mit dem Christentum und dessen neuem Schamgefühl war es dann vorbei mit der Aussicht, weil die Einsicht von außen mit einer Mauer zugebaut wurde. Ebenfalls mit dem christlichen Schamgefühl nicht zu vereinen waren die nackten Aphrodite-Statuen und die Hermaphroditen: Die wurden versteckt oder irgendwo verbaut.

• Theater

Es verfügte über 50 Sitzreihen und bot damit etwa 15.000 Zuschauern Platz – mit diesen Ausmaßen war es eines der größten im gesamten Mittelmeergebiet. Die Orchestra hat einen Dionysos-Altar, der Opferritualen diente. Der Bau stammt aus dem 2. Jt. v. Chr., also aus römischer Zeit. Es gibt Hinweise, dass sich hier bereits im 3. Jt. v. Chr. ein hellenistisches Theater befand.

• Römische Villa

Sie wurde 1881 ausgegraben. Überwucherte Fundamente sowie spärliche Reste eines Mosaikbodens (Tiermotive, Darstellung des Orpheus) sind zu sehen.

• Frühchristliche Basilika Kampanopetra

Dieser Kirchenbau aus dem 4. Jh. n. Chr gleicht der frühchristlichen Basilika von Kourion. Sie ist die vollständigste ihrer Art auf der Insel und ähnelt sehr der Kirche zum Heiligen Grab, die *Konstantin der Große* in Jerusalem errichten ließ. Besonders interessant ist hier ein geometrisches Mosaik in der Art eines Escher-Kippbildes – je nach Standort sieht man ein windradähnliches Muster oder einzelne Kreise.

• Hafen

Südlich der Basilika können im Meer Ruinen des alten Hafens ausgemacht werden – für Taucher eine interessante Unternehmung.

- **Granitforum**

Die Bezeichnung „Granitforum" leitet sich von den Säulen aus rosafarbenem, ägyptischen Granit ab, die hier gefunden wurden und von denen einzelne bis zu 5,5 m lang sind.

- **Zisterne**

Sie ist der größte Wasserspeicher Zyperns aus byzantinischer Zeit und kostete einen Hirten fast den Kopf, als unvermutet der Boden unter ihm nachgab ... Würde man sich in die Zisterne hinunter abseilen, könnte man an den Wänden Bibelzitate und Huldigungen des Apostels *Barnabas* sowie des Kaisers *Konstantinos* lesen.

- **Basilika St. Epiphanios**

Die größte Basilika Zyperns bedeckt eine Fläche von 58 mal 43 m. Man vermutet, dass sie Bischofssitz des heiligen Epiphanios (368 bis 403 n. Chr.) war. Im Verlauf der Arabereinfälle im 7. Jh. wurde der Bau zerstört. Die Zentralapsis ist noch relativ gut erhalten. Südlich davon liegt eine weitere Kirche, die wahrscheinlich 698 n. Chr. von heimkehrenden Zyprioten errichtet wurde, nachdem sie von *Justinian II.* nach Nea Justiniana umgesiedelt worden waren.

- **Agora/Stein-Forum**

Aus Inschriften geht hervor, dass dieser ehemalige Marktplatz unter *Augustus* am Ende des 1. Jh. v. Chr. erneuert wurde. Der Innenhof ist 228 x 55 m groß und hatte an den Längsseiten Säulengänge. In antiker Zeit betrat man von diesen überdachten Säulengängen die Läden der Händler.

Königsgräber

Nahe den Ausgrabungen von Salamis liegen die Königsgräber auf einem kargen, 5,3 km² großen Areal, der größten Nekropole Zyperns. An den Gräbern erkennt man noch die von *Homer* in der Ilias im Zusammenhang mit dem Begräbnis des Patroklos geschilderten Bestattungsriten der mykenischen Zeit. In den großen (Hügel) wurden einst Adlige bestattet. In jedem der trapezförmigen Dromi (Eingangsräume) wurden Grabbeigaben gefunden.

grausame Grabfunde

- **Grab 2** – Hier wurde ein **Leichenwagen mit zwei Eseln** bestattet. Einer der beiden Esel versuchte noch zu fliehen, wurde aber gesteinigt und anschließend lebendig begraben.
- **Grab 47** – Unter Glas sind die **Skelette der Pferde** zu sehen, die ihrem Herrn in den Tod folgen mussten. Eines der beiden Pferde verrenkte sich bei der Flucht den Hals und hat sich dann im Fallen endgültig das Genick gebrochen. Auch wurde hier das **Skelett eines Menschen** gefunden. Einerseits waren Menschenopfer zur damaligen Zeit sehr selten, andererseits hat man an anderen Stellen Zyperns solche belegen können.
- **Grab 50** – Der christlichen Überlieferung nach war dieses Grab während der Christenverfolgung das **Gefängnis der heiligen Katharina**. Sie war eine zum Christentum übergetretene Prinzessin, die von ihrer Familie hier lebendig einge-

mauert wurde. Soweit die Legende, als gesichert gilt, dass dieses Grab zu römischer Zeit ein Gefängnis war.

- **Grab 79** – Hier sieht man schön die Architektur dieser Grabanlagen: Eine trapezförmige Rampe führte zum Vorhof, wo die Totenfeier abgehalten wurde. Dahinter liegt dann die eigentliche Grabkammer. Hier wurden ein großes Bett, zwei mit Elfenbein verzierte Thronsessel und zwei Bronzekessel gefunden (heute im Zypern-Museum in Nikosía).

Halbinsel Karpaz – Zyperns wilder Osten

(Länge: 80 km, Breite: bis zu 15 km)

Aktuelle regionale Reisetipps zur Karpaz-Halbinsel
entnehmen Sie bitte der gelben Seite 181

Hinweise
Als Ziel eines Tagesausflugs aus dem Inselsüden eignet sich die Halbinsel wenig, da die Fahrt vom Süden bis zum Kap mindestens drei Stunden dauert (Entfernung von Nikosía zum Kap Andreas etwa 145 km).
Wer die Halbinsel mit dem Mietwagen befährt, sollte vorher volltanken, Tankstellen sind rar gesät.

wie ein langer Zeigefinger

Wie ein Zeigefinger ragt die wilde, einsame Halbinsel in das Meer, zerklüftete Steilküsten wechseln sich ab mit seltsamen Steinformationen und einsamen Sandstränden. Hier trifft man wenige Menschen, aber umso mehr wilde Esel. So wie sich im Süden nach der Teilung in Androlikoú die Ziegen des Dorfes bemächtigt haben, so sind es hier auf Karpaz die Esel. Als die Griechen in den Süden gingen, ließen sie die Vierbeiner zurück, auf dass sie die Frucht vom Felde fressen ... so sagen zumindest die Türken.

wenige Menschen, viele Esel

Größter Ort der Karpaz ist Rizokárpaso (Dipkarpaz), wo die „Weiße Kirche" Agios Synesios im Schatten einer neuen Moschee steht. Im Ort leben noch einige Griechen, sie haben ein eigenes Kafeneion und eine eigene Kirche.

An der Spitze der Halbinsel liegt das St. Andreas-Kloster mit einer Kapelle aus dem 15. Jh., die Hauptkirche stammt aus dem Jahr 1740. Der Legende nach segelte *Apostel Paulus* hier entlang der Küste und rettete den vor Durst schon erblindeten Schiffskapitän, in dem er ihm eine Quelle am Kap Andreas zeigte. Die Wunder nahmen kein Ende, Lahme, Blinde und Epilepsiekranke wurden hier geheilt, und an der Wende vom 19. zum 20. Jh. wurde sogar das Gebet einer Bäuerin um Wiederkehr ihres verschollenen Sohns erhört.

Hinweis
Vor dem Andreas-Kloster erstreckt sich der nahezu menschenleere traumhafte Dünenstrand von Nagkomi.

Burg Kantara (arab. „Brücke, Bogen")

Hinkommen: Ab Bogaz der Ausschilderung, dann der schmalen Panoramastraße zur kleinen, verlassenen Sommerfrische Kantara (es gibt aber ein Ausflugslokal) folgen, ab dem Parkplatz sind es dann noch etwa 30 Minuten Gehweg bis zur Burg. Sie ist tagsüber frei zugänglich.

Traumausblick

Sie ist nicht nur die östlichste, sondern auch mit einer Höhe von 700 m über dem Meer die tiefstgelegenste der drei Burgen entlang des Pentadaktylos-Gebirges. Trotztdem liegt sie hoch genug für einen herrlichen **Ausblick**: im Osten die Karpaz-Halbinsel, im Norden die Türkei und im Süden die Sandstrände bei Famagusta. Burg Kantara wurde von den Byzantinern im 11. Jh. und von den Venezianern im 16. Jh. geschleift. Heute sieht man noch die Latrinen, eine Zisterne, Reste des Wachturms auf der höchsten Spitze der Burg und im Untergeschoss noch eine schöne, romantische Fensteröffnung.

INFO

Wunder gibt es immer wieder ...

... und auf Zypern auffallend viele! *Colin Thubron* berichtete noch in der 1970er Jahren: „Zypern ist voll von diesen aus undenklichen Zeiten stammenden Hausärzten, denen am Krankenbett eine unfehlbare numinose (= göttliche) Kraft innewohnt. Sie nisten sich günstig hinter Dickichten von Kerzen ein und tropfen von Weihgaben: Armen, Beinen, Ohren und Augen aus Silber, Unmengen von Münzen, Halsbändern, Wachstatuetten. Eine Heerschar von Ikonen ist gegen schwere Leiden von unübertrefflicher Wirksamkeit". Ein Arzt der Neuzeit hat für diese wundersame Wunderdichte Zyperns eine recht plausible Erklärung: In abgelegenen Regionen wie dem Tróodos-Gebirge, wo unzweifelhaft die meisten Wunder wirk(t)en, gab es keinen Arzt und da half nur noch eines: ein Wunder!

Im Folgenden ein kurzer Überblick über diese Stätten, oft genügt aber nicht nur ein Besuch, es müssen zusätzlich bestimmte Zeremonien eingehalten werden, wie etwa eine Übernachtung in der betreffenden Kapelle bei Kerzenschein.

Da drückt's, dort hilft's

Augenleiden: Hier ist die heilige Solomoní von Káto Páfos zuständig, allerdings lässt die Wasserquelle des antiken Brunnens sehr zu wünschen übrig. Einen Versuch wert ist auch ein Besuch der Kapelle der Panagía tou Flou auf der Akámas-Halbinsel, die soll sehr wirksam sein, ist aber nur sehr schwer zu finden! Leichter zugängliche Hilfe kann man auch in der Kirche Agía Paraskeví in Geroskípou finden.

Beinprobleme: Das Kirchlein der Panagiá in Laneia ist hier zuständig.
Bindehautentzündung: Heilige Jungfrau vom Weißen Berg in Pýla (sie leiht ihren Bittstellern ein silbernes Auge).
Blindheit: Hier ist der heilige Andreas zuständig, der außerdem die Seefahrer beschützt und auch sonst gegen nahezu alles hilft.
Böse Geister: Hier erweist es sich als nützlich, eine Dorfkirche oder ein Grab eines Heiligen mit Schnüren „zuzubinden", denn die Geister werden sich in diesen Fäden verfangen. Umschnürte Kirchen sind zum Beispiel die Kirche des heiligen Michael in Monágri und die Kirche der Panágia in Koúklia.
Epidemien: s. „Böse Geister"
Epilepsie: Hier findet man Hilfe beim Grab des heiligen Johannes im Kloster Agios Ioannis Lampadistis und im Norden der Insel im Kloster Agios Andreas an der Spitze der Karpaz-Halbinsel.
Gefangenschaft: Die Ikone der Panagía vom Kloster Chrysorrogiotissa befreit einen, ob sie allerdings zwischen Recht und Unrecht unterscheidet, bleibt der Panagía überlassen. Heutzutage würde man das wohl Kirchenasyl nennen.
Geisteskrankheit: Der Erzengel Michael in Lemona soll wieder zu klarem Verstand verhelfen.
Glück soll es bringen, wenn man an den Osterfeierlichkeiten des Klosters Ágios Neófytos teilnimmt.
Halsweh: Der heilige Mámas befasst sich neben leidigen Steuerangelegenheiten auch mit leidigem Halsweh, und auch bei buchhalterischen Problemen und bei Ohrenweh soll er hilfreich sein.
Hautausschläge: Die Quelle bei Stavrós tis Psókas ist hier ein wirksames Wässerchen.
Hautkrankheiten: In Wasser aufgelöste Erde vom Boden der Höhle der Panagía Vournarkotissa auflegen.
Hochwasser: Ágios Irakleídios gilt als Bändiger der Wasserfluten.
Jugendliche Schönheit und Kraft sowie Glück in der Liebe und Liebeskraft bis ins hohe Alter: Man nehme einen Schluck aus der Fontana Amorosa bzw. aus dem Bad der Aphrodite oder schwimme dreimal um den Felsen Pétra tou Romioú.
Kinderwunsch: Für Erfüllung sorgen der silberbeschlagene Gürtel des Klosters Tooditissa, die Höhlenkirche der Panagía Chrysospiliotissa oder die Panagía Vournarkotissa.
Kopfschmerzen: Die Höhlenkirche Panagía i Faneromeni in Lárnaka lindert.
Lepra: Christus von Chrysorogiatissa sowie Ágios Chrisóstomos unterhalb der Kreuzritterburg Buffavento.
Liebeskummer: Die römischen Sarkophage der Heiligen Agapitikós und Mistikós in Arodhes sowie der Lochstein Agía Mavra in Agía Nápa.
Malaria (bei Kindern): Nicht nur bei Kindern hilfreich soll ein Stückchen aus der Säule sein, an der der Apostel Paulus in Páfos gegeißelt wurde. Auch ein Besuch der Kirche Panagía i Faneromeni könnte sich als hilfreich erweisen.
Masern: Eine Quelle bei der Forststation Stavros tis Psokás hilft.
Ohrenschmerzen: Alle Kirchen und Ikonen des Ágios Mámas.
Partner-/Partnerinsuche: Wallfahrtskirche Ágios Geórgios am Kap Drepano auf der Akámas-Halbinsel.
Rachegefühle und Abneigung: Hier wirkt sich Erde vom Zellenboden des Mistikós schädlich für den Gehassten aus.

Regen: Spezialisten im Regenmachen sind die Ikone der Panagía im Kýkko-Kloster und die Panagía von Machairás.
Seenot: Hier ist die Ikone der Panagía Chrysorrogiátissa zuständig.
Steifer Arm: Ikone des Ágios Lampadistis im Museum der gleichnamigen Kirche.
Steuersünden, Steuerschulden: Hier hilft der heilige Mámas (bzw. das Vorreiten per Löwen vor dem Finanzamt).
Unheil: Stellt man eine tote Schlange in einer Flasche auf ein Regal, dann wendet man Unglück ab – so zumindest glauben manche Zyprioten (plausibel, wenn man bedenkt, wie sehr Zypern einst unter einer Schlangenplage litt!).
Verbesserte Wundheilung: Für die sorgt die Ikone der Panagía von Machairás.
Verbrennung: In Wasser aufgelöste Erde vom Boden der Höhle der Panagía Vournarkotissa auflegen.
Verdauungsbeschwerden: Der Agios Minás im Kloster gleichen Namens führt ab.
Verlorene Tiere: Agios Geórgios in seiner Wallfahrtskirche über dem Kap Drepano.
Verlorene Söhne: Die findet man wieder, wenn man im Kloster Agios Andreas auf der Halbinsel Karpaz betet.
Wundheilung: Die Panagía von Machairás hilft und auch die „schwitzende Säule“ im Kloster Barnabas in Nordzypern.
Wünsche aller Art: erfüllen die Wunschbäume, der wirksamste soll der beim Grab des Erzbischof Makarios nahe Kloster Kýkko sein.
Zähneknirschen: Ikone der Jungfrau von Troodítissa (für Touristen nicht zugänglich).

7. LITERATUR UND KARTEN

Die folgende Liste an ergänzender (Hintergrund-)Literatur soll eine Liste der Highlights zum Thema Zypern darstellen. Im Einzelfall kann ein Titel vergriffen sein, aber alle unten aufgeführten Medien waren zum Zeitpunkt der Drucklegung entweder im Buchhandel, über das Internet oder in öffentlichen Büchereien erhältlich.

Bei den Jahreszahlen in Klammern nennt die erste Zahl das Jahr der Ersterscheinung und die zweite Zahl das Erscheinungsjahr der genannten Edition.

Reiseführer, Reiseberichte und Grundlagen

- Colin Thubron (1976), **Zypern**, Prestel Verlag. Thubron erwanderte im Jahre 1971 die Insel Zypern und schrieb dann einen (auch in diesem Reiseführer) viel zitierten Klassiker. Er schildert seine Begegnungen mit Landschaften und Menschen, die politischen Umbrüche der Gegenwart und die Denkmäler der Vergangenheit. *„Das Wandern zu Fuß"*, schreibt Thubron, *„hat viel für sich. Denn es bezeugt Vertrauen, es ist der sicherste Weg zum Herzen eines Volkes. Und das Land selbst wird größer und reicher dabei."*
- Johannes Zeilinger (1997), **Lesebuch Cypern. Orient und Okzident**, Verlag Matthes & Seitz, München. Den Texten in diesem Buch sind Kurzporträts der Autoren aus aller Herren Länder vorangestellt. Von dem Sizilianer Diodoros, einem Zeitgenossen Caesars, über Reisende des Mittelalters, wie Wilbrand von Oldenburg und Ludolph von Sudheim, bis hin zu Nikos Kazantzakis, Giorgos Seferis und Ernst Jünger berichten 30 Dichter, Pilger, Forscher und Historiker über „ihr" Zypern.
- **Zypern**, Band acht, Reihe Südosteuropa-Handbuch, Verlag Vandenhoek & Ruprecht Göttingen: ein Werk von geradezu enzyklopädischen Ausmaßen. Seine Herausgeber haben ein internationales Team von Experten zusammengeführt, die alle nur denkbaren Aspekte des Themas Zypern, sei es auf dem Feld der Politik oder Geschichte, der Geographie, Gesellschaft, Kultur oder Wirtschaft, umfassend abhandeln.
- Franz Georg Maier (1964/überarbeite Auflage 1982), **Cypern. Insel am Kreuzweg der Geschichte**, C.H. Beck'sche Verlagsbuchhandlung München: sehr gut geschriebener historischer Abriss von der Frühzeit bis zur Teilung 1974.
- Pávlos Tzermias (1995), **Geschichte der Republik Zypern**. Mit Berücksichtigung der historischen Entwicklung der Insel während der Jahrtausende, A. Francke Verlag in Tübingen: Fakten und Hintergründe aus betont griechischer Sicht.
- Jeanette Choisi (1993), **Studie Wurzeln und Strukturen des Zypernkonfliktes 1878 bis 1990**, mit dem Untertitel „Ideologischer Nationalismus und Machtbehauptung im Kalkül konkurrierender Eliten", Verlag Franz Steiner, Stuttgart.
- Uwe Berner (1992), **Das vergessene Volk. Der Weg der Zyperntürken von der Kolonialzeit zur Unabhängigkeit**, Verlagsgesellschaft Centaurus: Faktenreiche, umfassende Darstellung dieses Themas.

- Arnold Sherman, Zypern – **Die gefolterte Insel, Der griechisch-türkische Zypernkonflikt und seine Hintergründe**. Mit einem Geleitwort von Günter Wallraff, mit Zeittafel, Orts- und Personenregister.

- Michael Stephen (1999), **Die Zypern-Frage**, Önel-Verlag. Zypern war über Jahrhunderte hinweg neben Rhodos eine beliebte Zwischenstation auf der Pilgerreise ins Heilige Land (wobei sich einige Pilger auf Zypern mit der Malaria infizierten und die meisten von ihnen zwischen Rhodos und Zypern verstarben). Aus einigen dieser Berichte früher Pilger und anderer Reisender wurde in diesem Buch zitiert:
- Alexander Drummond (1765), **Die Reisen Alexander Drummonds**: „Eine Sammlung der besten und neuesten Reisebeschreibungen" nennt sich der Reisebericht des Briten Drummond, der mit trockenem britischen Humor abgefasst ist.
- Felix Fabri (1556/1990), **In Gottes Namen fahren wir. Die Pilgerfahrt des Felix Faber ins Heilige Land und zum St.-Katharina-Grab auf dem Sinai A.D. 1483**, Phaidon Verlag: Felix Fabri (bürgerlich Schmied oder Schmidt) war ein Dominikanerpater.

- Carsten Niebuhr (1837), **Carsten Niebuhrs Reisebeschreibung nach Arabien und andern umliegenden Ländern**, Band 3: Die Beschreibung der Reise des berühmten Forschers Niebuhr wurde erst 1870, Jahre nach seiner Rückkehr, aus dem Nachlass editiert.
- Paulus Stephanus Cassel (1880), **Vom Nil zum Ganges. Wanderungen in die Orientalische Welt** von D. Paulus Cassel, Hofman & comp, Berlin: Kulturgeschichtliche und historische Betrachtungen des ehemaligen Rabbiners und konvertierten Christen Paulus Stephanus.

- Oskar Schmieder (1969), **Anatolien und die Mittelmeerländer Europas**, Wiesbaden: Schmieder versuchte in den 1960er Jahren als einer der letzten Geografen eine synoptische Darstellung ganzer Erdteile.

Kunstführer

- Hans-Georg Pfeifer (1994), **Zypern**, Artemis: Schwerpunkt des Buches sind die Kunstschätze Zyperns, die ziemlich genau und in der einschlägigen Kunst-Terminologie beschrieben werden.
- Andreas und Judith Stylianou, **The Painted Churches of Cyprus**, Trigraph Press, Londons. D a s Buch zu den Scheunendachkirchen des Tróodos-Gebirges.
- Andreas Schneider (2002), **Zypern-Kunstreiseführer**, DuMont, Köln. Von den römischen Mosaiken im Páfos bis zu den Kreuzfahrerburgen im Pentadakty-

los-Gebirge. Stadterkundungen: Nikosía, Lárnaka, Páfos, Famagusta und Kerýneía. Natur und Kunst: Byzantinische Kirchen im Tróodos-Gebirge (UNESCO-Weltkulturerbe), Wander- und Naturlehrpfade. Sehr gute Beschreibungen der Fresken in den byzantinischen Kirchen.

- Ewald Hein, Andrija Jakovljewvi, Brigitte Kleidt (1996), **Byzantinische Kirchen und Klöster, Mosaiken und Fresken**, Melina Verlag, Ratingen: Dieses Buch stellt die wichtigsten Kirchen und Klöster aus Zyperns byzantinischer Zeit mit Bildern und eingehenden Erläuterungen vor. Die reiche oströmische Mosaiken- und Freskentradition hat auf Zypern viele Denkmäler hinterlassen. Durch den Arabersturm vom Mutterland abgeschnitten, konnten zum Beispiel Werke aus der Zeit vor dem Bilderstreit überleben, während im restlichen byzantinischen Reich kostbare Mosaiken und Fresken zerstört wurden.
- Wiktor A. Daszewski (1985), **Dionysos der Erlöser**, Philipp von Zabern, Mainz: Die Dionysos-Szenen von Páfos aus wissenschaftlicher Sicht gesehen.

Literaten in und über Zypern

Romane und Belletristik

- Lawrence Durrell (1957/2000), **Bittere Limonen. Erlebtes Cypern**, Rowohlt TB-V., Rnb.: Der 1912 in Indien geborene Erzähler und Dramatiker Durrell war nach Reisen durch Griechenland und Ägypten, wo er auch als Presseattaché tätig war, von 1953 bis 1956 als Lehrer und später als Presseattaché auf Zypern. Neben dem Werk von Colin Thubron ist auch dieses Buch ein Klassiker. Durrell schildert sein Leben aus der Sicht eines konservativen Bürgers des Empire. In diesem Buch schildert er unter anderem äußerst farbig Trinkge-

Der Muktar, der Ortsvorsteher, vertraute Durrell damals augenzwinkernd an: *„Ich muß sie warnen! Falls Sie hier zu arbeiten gedenken, setzen Sie sich nicht unter den 'Baum des Müßiggangs'. Haben Sie davon gehört? Sein Schatten macht den Menschen unfähig zu ernster Arbeit. Sie sind alle Grundbesitzer, Kaffeetrinker und Kartenspieler. Deshalb werden sie auch so alt ...“.* Obwohl Durrell selbst unter diesem Baum saß und in dessen Nähe lebte, vollendete er doch auf Zypern seinen großen Roman „Justine“ (den ersten Band des Alexandria-Quartetts). Auch skizzierte er hier die Anfänge von „Bittere Limonen“, das sein erfolgreichstes Reisebuch werden sollte.

Bitteres Ende

Der stärkste Charakter in „Bittere Limonen“ ist der Immobilienmakler Sabri, der für Durrell das Haus in Bellapais vermittelt und ihn in die Finessen zyprischen Verhandlungsgeschicks eingeweiht hatte. Sabri, der später den Dichter Durrell als der Wahrheit nicht sonderlich zugetanen Mann, also als Schriftsteller beschrieb, wurde im weiteren Verlauf seines Lebens Bürgermeister von Kerýneia und noch später Inhaber von Sabri´s Orient Hotel an der Straße von Nikosia nach Kerýneia. Am 10. Mai 2000 vermeldete die Cyprus Mail seinen Tod durch viermaligen Kopfschuss. Nach Spekulation der London Times sei Sabri Mitglied der türkischen Mafia und in Prostitutionsgeschäfte verwickelt gewesen. Sabri hatte schon zwei Mordanschläge überlebt, der vorletzte brachte ihn in den Rollstuhl. Ein zwiespältiger Charakter bis zum bitteren Ende ...

lage mit Zyprioten oder lange Hauskaufpalaver, alles thematisiert vor dem Hintergrund des sich anbahnenden Befreiungskrieges gegen die britische Kolonialherrschaft. Gleichzeitig ist dieses Buch ein Reiseführer, in dem insbesondere der Nordteil der Insel um Kerýneia/Girne in all seiner Schönheit beschrieben wird. Hier in der Nähe in Bellapais wohnte der Autor während seiner Zeit auf Zypern. Insgesamt ein äußerst empfehlenswertes, sehr gut zu lesendes und mit feinem Humor geschriebenes Buch!

• Leon Uris (1998), **Exodus**, Heyne, München: Der Bestseller über den langen, sehr steinigen Weg zur Geburt des Staates Israel spielt zum Teil in einem Internierungslager auf Zypern, das die Briten an der Küste bei Famagusta für Juden eingerichtet haben, als diese versuchten, illegal nach Palästina einzuwandern.

• Lotti Huber (1990), **Diese Zitrone hat noch viel Saft**, Edition dia: Nachdem Lotti Huber KZ- und Nazi-Deutschland verlassen hatte, eröffnete sie in Nordzypern ein Restaurant. Sie schildert in diesem Buch ihre 15 Jahre auf Zypern.

• Dorothy Dunnett (1992), **Das Spiel der Skorpione – Niccolo und der Kampf um Zypern**. Wunderlich. Dicker Historienschmöker über das Zypern am Vorabend der venezianischen Herrschaft. Es geht um den Krieg zweier Lusignans, den „Skorpionen". Beschrieben werden unteren anderem der Kampf um das Monopol der Zuckerplantagen, das Zypern und seine Verbündete Venedig eifersüchtig hüteten. Dorothy Dunnett beschreibt die ersten Versuche der Portugiesen, in den damaligen Kriegswirren Zuckerpflanzen zu schmuggeln.

• Jetta Sachs-Collignon (1998), **Caterina Cornaro. Königin von Zypern, Herrin von Asolo**. Ein Roman aus der italienischen Renaissance, DTV, Mchn.: Fesselnd geschriebenes Buch für diejenigen, die solche Historienromane lieben. Ein Leben zwischen Glanz, Macht, Liebe und Verrat, zwischen rauschenden Festen und bitteren Demütigungen: Caterina Cornaro, die letzte Königin von Zypern (1454 bis 1510), aus bester venezianischer Familie stammend, ist kaum vierzehn, als der König von Zypern um ihre Hand anhalten lässt. Venedig hat soeben den Scheitelpunkt seiner Macht erreicht, und eine Verbindung mit dem Osmanischen Reich erscheint also machtpolitisch sinnvoll.

• Raymond Benson (2000), James Bond. **Tod auf Zypern**. Heyne Verlag, München. Eher mittelmäßiger James-Bond, zur Zeit vergriffen.

• Nicos Kazantzakis (1953), **Freiheit oder Tod**: Die Beschreibung Kazantzakis' von der subtilen Verflechtung von türkischer Verwaltung und griechischem Klerus auf Kreta kann auch auf Zypern übertragen werden.

Mit Hilfe zweifelhafter venezianischer Ärzte lässt sich der Tod des Königs beschleunigen. Caterina, inzwischen Mutter und gefürchtete und bewunderte Königin von Zypern, will ihr ungeliebtes Kind im Sinne ihres persönlichen Ehrgeizes erziehen. Das widerspricht den Plänen der Venezianer, Kind und König sterben durch die Hände venezianischer Ärzte. Der Große Rat hat nicht geplant, dass Caterina den Verlust ihres Mannes und ihres Kindes schnell verschmerzt und sich mit Alfonso zusammentut, dem Sohn des Königs von Neapel, Venedigs mächtigstem Feind.

Märchen

• Niki Marangou (2001), **Und sie feierten Hochzeit vierzig Tage und vierzig Nächte lang**. Märchen aus Zypern. Romiosini Verlag, Köln

Von Menschen und Göttern

• Mario Leis (2000), **Mythos Aphrodite**. Was Klassiker über Aphrodite so schrieben. Reclam Verlag Leipzig
• Luciano DeCrescenzo (1994/2000), **Das Urteil des Paris. Antike Mythen neu erzählt**. btb
• Freddy Derwahl (2000), **Eremiten. Die Abenteuer der Einsamkeit**, von Pattloch Verlag Augsburg. In dem Buch geht's zwar um Eremiten der Neuzeit, aber es ist vielleicht eine interessante Lektüre, um die Eremiten um Neophytos besser zu verstehen.

Bildbände

• Gerhard P. Müller, Fotos, und Klaus Liebe, Text (1984), **Zypern**, Verlag C. J. Bucher, München/Luzern. Der Bildband enthält nicht nur schöne Bilder, sondern auch Zitate früherer Zypernreisender und einen ausgesprochen guten Text.

• Ernst Wrba, Klaus Bötig (1998), **Reisen in Europa. Zypern**. 80 Seiten, C. J. Bucher, München.
• Klaus G. Förg (1996), **Zypern – Urlaubsinsel der Götter**, Rosenheimer. Teilweise sehr schöne Bilder, wenig Text.
• Hans Christian Adam (1999), **Zypern – Insel der Aphrodite**, Orbis Edition: Minibildband aus der Reihe „Die bibliophilen Taschenbücher" mit sehr poetischen Fotos.

Wanderführer

• Asisa Madian, Kasi Matthießen (2002), **Wandern & Erleben, Zypern**, Bruckmann, 30 Wandertouren, mit herausnehmbarer Karte. Von den hier aufgeführten Wanderführern ist dieser der am schönsten gestaltete.
• Rolf Goeth (2002), **Zypern**, Rother Wanderführer: 42 Tal- und Höhenwanderungen. Kartenskizzen und Fotos. Das Buch beschreibt hauptsächlich die ausgeschilderten Naturlehrpfade Zyperns, es ist einfach in der Gestaltung, aber von wanderfreundlich-handlichem Format.
• Geoff Daniel (1998), **Zypern, Wanderungen, Autotouren**, Sunflower Landschaften, London. 7 Autotouren, 45 Wanderungen und Varianten, 15 Picknickvorschläge. www.sunflowerbooks.co.ut.
• Barbara Peters (1995) Zypern, **Der Süden der Republik**, DuMont Richtig Wandern, 34 Wanderungen.

Mountainbikeführer

• Thorsten Kirschnick (1997), **Zypern per Rad**, Verlag Wolfgang Kettler: 60 Streckenvorschläge für den griechischen Teil Zyperns.

Tauchen

• Gierschner (ständig aktualisierte Laserausdrucke), **Tauchen auf Zypern**, Tauchtipps zur gesamten Insel. Mehr als ein Dutzend Basensteckbriefe samt Lage und Preisen, rund 80 Tauchplatzbeschreibungen. 92 Seiten A4 mit ungefähr 100 Schwarzweiß-Zeichnungen, Cartoons und Kartenausschnitten. Zu bestellen über Tauch-Info-Büro Gierschner, Tel./Fax (030) 562 68 32, www.gierschner.de, E-Mail: NGierschner@t-online.de/
• Klaus Becker (2002), **Wracktauchen weltweit**, Peter Rump Verlag, Bielefeld: Dieses Buch stellt alle wichtigen Aspekte zum Wracktauchen vor, von den Reise- und Tauchvorbereitungen über das Suchen und Ansteuern eines Wracks, Tauchen an und in Wracks bis hin zur Wrackbiologie.
• Helmut Göthel (1997), Farbatlas Mittelmeerfauna, **Niedere Tiere und Fische**, Ulmer

Naturführer

• Peter und Ingrid Schönfelder (1987/1990), **Was blüht am Mittelmeer?**, Kosmos Naturführer, Franckh'sche Verlagshandlung Stuttgart: Bestimmungsbuch zu 750 der auffälligsten und häufigsten Pflanzenarten am Mittelmeer.
• Christos Georgiades, **Zyperns Natur – Landschaft, Flora, Fauna**, in Nikosía im Selbstverlag erschienen, auf Zypern auch in deutscher Ausgabe erhältlich.
• George Skifas, **Die Wildblumen Zyperns, Vögel und Säugetiere Zyperns**, Efstathiadis Verlag Athen, beide Bücher sind auf Zypern erhältlich.
• H. and Jeanne Paul, Antony J. Huxley, **Wild Orchids of Britain and Europe**, London, Hogarth Press: Die beiden Autoren schrieben das Buch auf Zypern und geben auch einige Fundorte an.

Karten

Vom zyprischen Fremdenverkehrsamt erhält man kostenlos folgende Karten:
• **Stadtpläne**: Paralímni, Portaras, Agía Nápa, Limassol, Nikosía, Lárnaka, Páfos, Pólis, Pano-Plátres
• **Umgebungspläne**: Agía Nápa, Limassol, Lárnaka, Tróodos-Westen, Tróodos-Osten, Páfos mit Akámas, Pólis

Videokassetten

- **Zypern, Der Norden. Reisewege zur Kunst**, DuMont Verlag
- Faszination Reise, **Zypern,** Bruckmann, 30 Minuten
- **Zypern**, Bavarian Video Verlag Hildegard und Peter Kitt
- (1989) **Zypern – Insel der Aphrodite**, terra magica, 30 Minuten
- (1995) **Zypern**, Falken Video, 60 Minuten
- (1997) Ontour, Videokassetten, **Zypern**, Videokassette, DuMont

8. GLOSSAR

Begriffe, die in diesem Buch vorkommen oder die Ihnen auf Zypern begegnen:

- **Agía, Ágios**: Heilige, Heiliger. Heilig kann man nach den Regeln der Römisch-Katholischen Kirche nur werden 1. Wenn man tot ist, 2. Ein Wunder gewirkt hat, als Nachweis dafür, dass man im Himmel ist. Ein Wunder reicht für die Seligsprechung, zwei braucht es für den Stand des oder der Heiligen; es sei denn, man ist als Märtyrer gestorben, dann reicht ein Wunder. Für die orthodoxe Kirche gelten diese strengen Regeln nicht, für sie sind die Menschen heilig, die vom Volk als solche verehrt werden.
- **Amphitheater**: ovale, von Sitzrängen umgebene Arena für Tierkämpfe und andere Darbietungen
- **Apsis** (griech. Bogen): Altarnische mit halbrundem Abschluss
- **Archángelos**: Erzengel
- **Attila-Linie**: So wird die Green Line auch genannt (Operation Attika war der Deckname der türkischen Invasion auf Zypern).
- **Bema** (griech. Altar): Der erhöhte Altarraum hinter der Ikonenwand, der von Frauen nicht betreten werden darf.
- **Bilderstreit**: In den frühen Jahren der byzantinischen Epoche entfernten viele Gläubige Teile der Farbschicht der Ikonen und bewahrten sie als heiligen Kunstgegenstand auf. Dies führte zu einem Disput im 8. und 9. Jh., als Ikonengegner an einer Bewegung gegen die Anbetung von religiösen Abbildungen in Kirchen teilnahmen, denn *„in frevelhafter Gewinnsucht stellt der unwissende Künstler dar, was nicht dargestellt werden darf, und will mit seinen besudelten Händen dem Form verleihen, das nur mit dem Herzen geglaubt werden darf"* – so entschied das ikonoklastische Konzil von 754. Zypern blieb mit seiner autokephalen Kirche vom Bilderstreit, der das übrige Reich von 726 bis 843 n. Chr. erschütterte, weitgehend verschont. Den selbstständigen Status verdankt es der Auffindung eines Evangeliums des Matthäus, von dem der damalige zyprische Erzbischof *Anthemios* behauptete, es handele sich um die private Abschrift des in Constantia beerdigten heiligen Barnabas; der heilige Markus habe diese Handschrift dem Grab beigegeben. *Kaiser Zeno* ließ den Beweis der apostolischen Herkunft der zyprischen Kirche gelten.
- **Byzantinisches Reich**: Bez. für den östl. Teil des Imperium Romanun mit der Hauptstadt Konstantinopel (Byzanz) mit einem kulturell griechisch orientierten, aber bewusst römischen Reichsdenken.
- **Dragoman**: Er war ein „Übersetzer", der auf Zypern die Steuern von seinen griechischen Landsleuten für die osmanischen Herrscher eingetrieben hat und gleichzeitig als Sprecher der zyprischen Griechen fungierte.
- **Enkleistra**: Klause eine Einsiedlers
- **Ethnarch**: Zu Zeiten der fremden Herrscher Titel des griechisch-zyprischen Erzbischofs
- **Fresken** (italienisch: fresko = frisch): Wandmalereien mit Wasserfarben, die auf frischen, das heißt noch feuchten Putz aufgetragen wurden. Auf Zypern nahmen die Maler das vielerorts allerdings nicht so genau, da wurde dann auch mal auf dem trockenen Putz gemalt.

- **Hamam**: türkisches Bad
- **Han**: türkische Herberge für Kaufleute (und ihre Kamele)
- **Ikonen**: Die Ikonen des orthodoxen Christentums sind kein Schmuck, sie sind kein Götzenbild – sie sind das direkte „Tor zum Himmel", auf dem der Abgesandte des Himmels auf Erden, also der oder die Dargestellte, verehrt wird. Nur die edelsten Materialien – Blattgold, Farben aus zerriebenen Halbedelsteinen und gehämmerte Ummantelungen – waren gut genug für diese Bilder. Weil das Göttliche unveränderlich und nicht individuell ist, wurden die Heiligen im immer gleichen, formal-starren Schema dargestellt. Dem Urbild aller Ikonen hatten alle Nachbildungen zu gleichen. Ikonen haben keine Perspektive, Größenverhältnisse dienen einzig dazu, die Bedeutung der dargestellten Heiligen auszudrücken. Ein sehr wichtiges Merkmal der byzantinischen Ikonen sind die Augen der Dargestellten – es scheint, als ob sie einem in jede Richtung folgen. Auf Zypern löste die Anbetung der Muttergottes den Aphrodite-Kult ab, auf der Insel gibt es auffallend viele Ikonen der Jungfrau Maria (Panagía) oder der Muttergottes mit Kind.
Wie in vielen anderen Lebensbereichen haben auf Zypern auch im Bereich der Ikonenmalerei die Fremdherrscher ihre Spuren hinterlassen. Oft waren die Franken und Venezianer Auftraggeber für Ikonen, und nach ihrem Geschmack mussten sich die Maler richten. So gibt es auf Zypern einige – wenn auch geringe – Abweichungen zu der formalen Strenge anderer Ikonen (im Ikonenmuseum in Nikosía ist zum Beispiel eine Ikone zu sehen, auf der einige Damen abgebildet sind, deren Dekolletés nur von dünnen Spitzen bedeckt sind). Nachdem im 18. und 19. Jh. die Ikonen immer mehr Gemälden glichen, müssen sie heute wieder den strengen Regeln genügen und werden erst nach einer dahingehenden Prüfung als Ikonen anerkannt.
- **Ikonostase**: Eine Wand mit Ikonen, die den Altarraum vom Raum der Gläubigen trennt. Die unteren Ikonen erscheinen oft etwas abgenutzt, weil die Gläubigen alle Heiligenbilder in Reichweite küssen, was man in allen orthodoxen Kirchen sehr gut beobachten kann (für gläubige Orthodoxe gibt es keinen Zweifel: Ikonen können Wunder bewirken, Kranke heilen, Tote erwecken, Teufel austreiben, Kriege und Katastrophen abwenden und Zeit und Raum überwinden).
- **Káto**: Unter (z.B. Káto Páfos – Unter-Páfos)
- **Krypta**: unterirdische Grab- oder Reliquienkammer
- **Leoforos**: städtische Prachtstraße
- **Levante** (lat.-italien. = Sonnenaufgang): Bezeichnung für die Länder des östlichen Mittelmeeres, speziell für deren Küste. Im Mittelalter besonders durch den Handel der italienischen Stadtstaaten mit dem Orient geprägt. Typisch für die Levante die europäisch-orientalische Mischbevölkerung, die sogenannten Levantiner, die sich sehr gut auf den Handel verstand.
- **Lukas**: Der Apostel soll 70 Ikonen gemalt haben, einige von ihnen sollen sich auf Zypern befinden.
- **Mimbar** (türk.): Kanzel für den Imam in einer Moschee
- **Muktar** (türk.): Bürgermeister, ein Wort, das noch heute manche Zyperngriechen (allerdings nur unter sich) verwenden

Auflösung des Rätsels von S. 331: Die gesuchte Dame steht in der Vitrine in der Mitte vorne. Die andere Dame steht in einem Museum in Schweden: Wie im Text erwähnt, durften die ausländischen Archäologen seinerzeit die Hälfte ihrer Funde mit nach Hause nehmen.

- **Naos**: Teil der Kirche, zu dem die Gläubigen Zutritt haben
- **Narthex**: im byzantinischen Kirchenbau der sich nach Westen anschließende Teil für den Aufenthaltsbereich der noch Ungetauften
- **Odeon**: mit Holz oder Segeltuch überdachtes Klein-Theater für Musikdarbietungen
- **Orthodox**: Für die orthodoxen Christen geht der Heilige Geist ausschließlich vom Vater aus und nicht vom Sohn. In der orthodoxen Kirche gibt es keinen (unfehlbaren) Papst und keine Hierarchie wie in der katholischen Kirche, ein orthodoxes Kirchenoberhaupt darf auch nicht in die Befugnisse der einzelnen Patriarchate eingreifen.

Trotz 800 Jahren Fremdherrschaft konnten sich die Zyprioten weitgehend ihre kulturelle Identität bewahren. Entscheidendes Bindeglied war dabei die christlich-orthodoxe Kirche.

- **Panagía**: Muttergottes
- **Pantokrator**: Christus, der Weltenherrscher, dessen intensiver Blick in orthodoxen Kirchen einem oft bis ins tiefste Innerste zu blicken scheint.
- **Petra** (griech.): Stein, Fels
- **Pithari (Pl. Pitharia)**: riesige zwiebelförmige Terrakottagefäße, in denen noch bis vor zwei, drei Jahrzehnten Getreide, Öl und Wein gelagert wurde.
- **Platheia** (griech.): Platz
- **Spolie**: Teil eines älteren Gebäudes, z.B. eine antike Säule, die in einem neuen Gebäude verbaut wurde.
- **Stavros** (griech.): Kreuz
- **Taksim**: Die von den Zyperntürken geforderte und von den britischen Kolonialherren wohlwollend unterstützte Teilung der Insel
- **Tekke** (türk.): ein Konvent, in dem, wie in christlichen Klöstern, Derwische oder andere muslimische Bruderschaften gemeinsam leben

Die wichtigsten geografischen Bezeichnungen (in Klammern die englischen Bezeichnungen)

Akrotíri	*Kap (cape)*
Andro	*Grotto (grotto)*
ano	*ober (bei Ortsbezeichnungen)*
Farángi	*Schlucht (gorge, ravine)*
Kato	*unter (bei Ortsbezeichnungen)*
Kolpos	*Bucht (bay)*
Moní	*Kloster (monastry)*
Moutti	*Berg (mount)*
Neo, -a	*neu (bei Ortsbezeichnungen)*
Ormos	*Bucht (bay*
Paleo, -a	*alt, früh (bei Ortsbezeichnungen)*
Paralia	*Strand (beach)*
Pelagos	*Meer (sea)*

9. STICHWORTVERZEICHNIS

Die neue zyprische Rechtschreibung...

... der 1990er Jahre sorgt für fast genauso viel Verwirrung, wie es die deutsche auch tut. Solange Zypern noch englische Kronkolonie war, galt es als selbstverständlich, bei der Umsetzung von der griechischen in die lateinische Schrift nach angelsächsischen Gesichtspunkten vorzugehen, das heißt, man orientierte sich an der Aussprache. Heute richtet man sich nach der griechischen Schreibweise.

Dabei wurde aus Paphos nun Páfos, das sich so oder so gleich ausspricht, und dass das Paphos Beach heute in Páfos steht, lässt sich ja noch nachvollziehen. Dito bei Ayia Nápa, aus dem Agía Nápa wurde. Aber dass aus Khirokitia nun Choirokoitía wurde, dient nicht unbedingt der Wahrheitsfindung im Sinne einer richtigen Aussprache.

Dieses Buch richtet sich im Allgemeinen nach der neuen Schreibweise, mit drei Ausnahmen: Nikosía (heute Lefkosía), Limassol (heute Lemesós) und Famagusta (heute Ammóchostos) – diese Städtenamen haben sich bei uns so eingebürgert.

Noch komplizierter wird es in Nordzypern: Im Zuge der Unabhängigkeit wurde vereinbart, dass die Orte jeweils einen griechischen und einen türkischen Namen haben. Seit der Teilung der Insel benutzen die Zyperntürken aber nur noch die türkischen Bezeichnungen. Es gibt aber auch Ausnahmen: für Kerýneia (türk. Girne) und Famagusta (türk. Gazimagusa) verwenden noch viele Zyperntürken die griechischen Namen. Die Zyperngriechen wiederum schildern Famagusta heute wiederum mit Ammóchostos aus – eine Reminiszenz an längst vergangene Zeiten.

Hinweis
Die Angaben hinter den Seitenzahlen bezeichnen das Planquadrat in der Karte.

A

Caterina Cornaro, eine Frau, deren Schicksal Stoff für Operetten, Komödien, Tragödien und historische Romane gab

Geórgios Grivas, ein nur 1,61 m großer Mann, der vom Widerstandskämpfer zum Terroristen wurde.

H

I

J

K

Der besseren Übersichtlichkeit wegen wurden die folgenden Orte ohne den Zusatz Káto (Unter) aufgeführt.

Offiziell gelten heute für Limassol und Lefkosía wieder die alten Bezeichnungen Lemesós (für Limassol) und Lefkosía (für Nikosía). Deutschsprachige Reisekataloge verwenden noch durchgehend die alten Bezeichnungen; vor Ort auf Zypern sind die Orte alle mit den alten und den neuen Namen ausgeschildert.

Richard Löwenherz – ein Mann, der mit Zypern nichts Rechtes anzufangen wusste und über den der heilige Neophytosals einen „elenden Schuft, der in Zypern landete" bezeichnete sowie als „niederträchtiger Bösewicht, der es nur zuwege brachte, dass unser Land an die Lateiner verkauft wurde".

M

N

Die Inselhauptstadt heißt
für die Griechen Lefkosía
für die Deutschen Nikosía
für die Türken Lefkosa

Der besseren Übersichtlichkeit wegen wurden die folgenden Orte ohne den Zusatz Pano (Ober) aufgeführt

R

S

T

U

"Bei den Stätten des Kulturerbes zählt die Authentizität der Gebäude. Es muss einen Erhaltungsplan geben, und die Stätte muss allgemein zugänglich sein. Ferner gibt es inhaltliche Kriterien. Bei Kulturgütern muss es sich um eine einzigartige künstlerische Leistung handeln. Oder um eine Stätte, die einen universellen Einfluss auf die Kultur ausgeübt hat. Eine potenzielle Kulturlandschaft könnte etwa ein herausragendes Beispiel einer überlieferten menschlichen Lebensform oder Landnutzung darstellen."
Dieter Offenhäußer, Pressesprecher der deutschen UNESCO-Kommission am 24. Juli 2001 in der Süddeutschen Zeitung

V

Wenn eine einen Reiseführer schreibt, dann hat sie Vielen zu danken, unter anderem meiner Mutter und meinem Mann, die mit auf Zypern forschten, Christine Schübel für Reisebegleitung und Bildmaterial, Dr. Susanne Luber von der Forschungsstelle für historische Reisekultur in der Eutiner Landesbibliothek, die sich für die Zypernrecherchen noch mit gebrochenem Bein in die Bibliothek schleppte, Rainer Oppermann, der die alten Reisebücher durchforstete, Petra Meier und Regina Richter, die nach Fehlern suchten, Stefan Krischer für Tipps zu Erzbischof Makarios und allen anderen, die immer Anteil genommen haben.

KALO TAXIDI = GUTE REISE!

IWANOWSKI'S REISEBUCHVERLAG

FÜR INDIVIDUELLE ENTDECKER

REISE-HANDBÜCHER

Europa
Dänemark
Finnland
Irland
Island
Kreta
Kykladen
Nord- und Mittelgriechenland 2003
Norwegen
Peloponnes
Rhodos/Dodekanes
Samos/Ostägäis
Schottland
Schweden
Toskana
Zypern

Afrika
Botswana
Kenia/Nordtansania
Mauritius/Réunion
Namibia
Namibia/Naturschutzgebiete
Südafrika
Zambia

Amerika
Chile
Kanada/Osten
Kanada/Westen
Karibik/Kl. Antillen
Mexiko
USA/Florida
USA/Große Seen
USA/Hawaii
USA/Nordosten
USA/Nordwesten
USA/Ostküste
USA/Süden
USA/Südwesten
USA/Westen

Asien
Bali
Sri Lanka/Malediven
Thailand

Pazifik
Australien
Neuseeland
Südsee

SPEZIAL-FÜHRER

Andalusien
Bahamas
Dominikanische Republik
Florida, Vergnügungsparks
Hongkong mit Macao
Kalifornien
Kapstadt & Garden Route
Kuba, Inselführer
Liparische Inseln, Insel- und Wanderführer
Madagaskar, Inselführer
Madeira, Inselführer
Mallorca, Wanderführer
Mallorca, Inselführer
Malta, Inselführer
Namibia, Gästefarmführer
New York, Stadtführer
Peking mit Umgebung
Polens Ostseeküste & Masuren
Rom
Singapur, Stadtführer
San Francisco, Stadtführer
Teneriffa, Inselführer
Trentino und Gardasee

REISEGAST-SERIE

China
England
Indonesien
Japan
Korea
Philippinen
Russland 2003
Thailand
USA

Salm-Reifferscheidt-Allee 37 • 41540 Dormagen • Tel. 02133/26030 • Fax 02133/260333